中国智能城市建设与推进战略研究丛书
Strategic Research on Construction and
Promotion of China's iCity

国家出版基金项目
NATIONAL PUBLICATION FOUNDATION

中国
智能制造与设计
发展战略研究

中国智能城市建设与推进战略研究项目组 编

ZHEJIANG UNIVERSITY PRESS
浙江大学出版社

图书在版编目（CIP）数据

中国智能制造与设计发展战略研究 ／ 中国智能城市
建设与推进战略研究项目组编. — 杭州 ：浙江大学出版
社，2016.5

（中国智能城市建设与推进战略研究丛书）

ISBN 978-7-308-16624-9

Ⅰ．①中… Ⅱ．①中… Ⅲ．①智能制造系统—制造工
业—经济发展战略—研究—中国 Ⅳ．①F426.4

中国版本图书馆CIP数据核字(2016)第323899号

中国智能制造与设计发展战略研究

中国智能城市建设与推进战略研究项目组　编

出 品 人	鲁东明
策　　划	徐有智　许佳颖
责任编辑	张颖琪
责任校对	余梦洁
装帧设计	俞亚彤
出版发行	浙江大学出版社
	（杭州市天目山路148号　　邮政编码　310007）
	（网址：http://www.zjupress.com）
排　　版	杭州林智广告有限公司
印　　刷	浙江印刷集团有限公司
开　　本	710mm×1000mm　1/16
印　　张	38
字　　数	662千
版 印 次	2016年5月第1版　2016年5月第1次印刷
书　　号	ISBN 978-7-308-16624-9
定　　价	98.00元

"中国智能制造与设计发展战略研究"课题组成员

课题组组长

吴 澄	清华大学	院士

课题组副组长

孙优贤	浙江大学	院士
王天然	中国科学院沈阳自动化研究所	院士

课题组成员

李伯虎	航天科工集团	院士
徐志磊	中国工程物理研究院	院士
祁国宁	浙江大学	教授
范玉顺	清华大学	教授
顾新建	浙江大学	教授
朱云龙	中国科学院沈阳自动化研究所	教授
邵之江	浙江大学	教授
张 霖	北京航空航天大学	教授
薛安克	杭州电子科技大学	教授
孔思淇	中国工程物理研究院	工程师
杨青海	中国标准化研究院	副研究员

本书主要执笔人（按章节顺序）

主编、主审：吴澄院士

副主编：孙优贤院士、王天然院士

第 1 章　智能制造的概念与内涵：范玉顺、吴澄

第 2 章　智能制造对智能城市的影响：顾新建、祁国宁

第 3 章　智能设计技术：顾新建、祁国宁、徐志磊

第 4 章　智能加工生产技术：薛安克、王天然、徐哲

第 5 章　智能制造服务技术：顾新建、祁国宁

第 6 章　智能制造中的建模与仿真技术：李伯虎、柴旭东、张霖、候宝存、肖莹莹、杨晨、邢驰

第 7 章　智能制造中的机器人技术：王天然、赵忆文、韩建达

第 8 章　智能制造中的控制优化技术：邵之江、孙优贤、朱云龙

第 9 章　智能供应链和物流管理技术：范玉顺

第 10 章　智能制造中的传感器及传感网技术：徐志磊、孔思淇

第 11 章　嵌入式系统：朱云龙

第 12 章　离散型智能工厂：朱云龙

第 13 章　流程型智能工厂：邵之江、荣冈、孙优贤

第 14 章　云制造系统：李伯虎、张霖、柴旭东

全书由吴澄、顾新建、杨青海统稿。

序

    "中国智能城市建设与推进战略研究丛书"，是由 47 位院士和 180 多名专家经过两年多的深入调研、研究与分析，在中国工程院重大咨询研究项目"中国智能城市建设与推进战略研究"的基础上，将研究成果汇总整理后出版的。这套系列丛书共分 14 册，其中综合卷 1 册，分卷 13 册，由浙江大学出版社陆续出版。综合卷主要围绕我国未来城市智能化发展中，如何开展具有中国特色的智能城市建设与推进，进行了比较系统的论述；分卷主要从城市经济、科技、文化、教育与管理，城市空间组织模式、智能交通与物流，智能电网与能源网，智能制造与设计，知识中心与信息处理，智能信息网络，智能建筑与家居，智能医疗卫生，城市安全，城市环境，智能商务与金融，智能城市时空信息基础设施，智能城市评价指标体系等方面，对智能城市建设与推进工作进行了论述。

    作为"中国智能城市建设与推进战略研究"项目组的顾问，我参加过多次项目组的研究会议，也提出一些"管见"。总体来看，我认为在项目组组长潘云鹤院士的领导下，"中国智能城市建设与推进战略研究"取得了重大的进展，其具体成果主要有以下几个方面。

    20 世纪 90 年代，世界信息化时代开启，城市也逐渐从传统的二元空间向三元空间发展。这里所说的第一元空间是指物理空间（P），由城市所处物理环境和城市物质组成；第二元空间指人类社会空间（H），即人类决策与社会交往空间；第三元空间指赛博空间（C），即计算机和互联网组成的"网络信息"空间。城市智能化是世界各国城市发展的大势所趋，只是各国城市发展阶段不同、内容不同而已。目前国内外提出的"智慧城市"建设，主要集中于第三元空间的营造，而我国城市智能化应该是"三元空间"彼此协调，使规划与产业、生活与社交、社会公共服务三者彼此交融、相互促进，应该是超越现有电子政务、数字城市、网络城市和智慧城市建设的理念。

新技术革命将促进城市智能化时代的到来。关于新技术革命，当今世界有"第二经济""第三次工业革命""工业4.0""第五次产业革命"等论述。而落实到城市，新技术革命的特征是：使新一代传感器技术、互联网技术、大数据技术和工程技术知识融入城市的各系统，形成城市建设、城市经济、城市管理和公共服务的升级发展，由此迎来城市智能化发展的新时代。如果将中国的城镇化（城市化）与新技术革命有机联系在一起，不仅可以促进中国城市智能化进程的良性健康发展，还能促使更多新技术的诞生。中国无疑应积极参与这一进程，并对世界经济和科技的发展作出更巨大的贡献。

用"智能城市"（Intelligent City，iCity）来替代"智慧城市"（Smart City）的表述，是经过项目组反复推敲和考虑的。其原因是：首先，西方发达国家已完成城镇化、工业化和农业现代化，他们所指的智慧城市的主要任务局限于政府管理与服务的智能化，而且其城市管理者的行政职能与我国市长的相比要狭窄得多；其次，我国正处于工业化、信息化、城镇化和农业现代化"四化"同步发展阶段，遇到的困惑与问题在质和量上都有其独特性，所以中国城市智能化发展路径必然与欧美有所不同，仅从发达国家的角度解读智慧城市，将这一概念搬到中国，难以解决中国城市面临的诸多发展问题。因而，项目组提出了"智能城市"（iCity）的表述，希冀能更符合中国的国情。

智能城市建设与推进对我国当今经济社会发展具有深远意义。智能城市建设与推进恰好处于"四化"交汇体上，其意义主要有以下几个方面。一是可作为"四化"同步发展的基本平台，成为我国经济社会发展的重要抓手，避免"中等收入陷阱"，走出一条具有中国特色的新型城镇化（城市化）发展之路。二是把智能城市作为重要基础（点），可促进"一带一路"（线）和新型区域（面）的发展，构成"点、线、面"的合理发展布局。三是有利于推动制造业及其服务业的结构升级与变革，实现城市产业向集约型转变，使物质增速减慢，价值增速加快，附加值提高；有利于各种电子商务、大数据、云计算、物联网技术的运用与集成，实现信息与网络技术"宽带、泛在、移动、融合、安全、绿色"发展，促进城市产业效率的提高，形成新的生产要素与新的业态，为创业、就业创造新条件。四是从有限信息的简单、线性决策发展到城市综合系统信息的网络化、优化决策，从而帮助政府提高城市管理服务水平，促进深化城市行政体制改革与发展。五是运用新技术使城市建筑、道路、交通、能源、资源、环境等规划得到优化及改善，提高要素使用效率；使城市历史、地貌、本土文化等得到进一步保护、传承、发展与升华；实现市民健康管理从理念走向现实等。六是可以发现和培养一批适应新技术革命趋势的城市规划师、管理专家、高层次科学家、数据科学与安全专家、工程技术专家等；吸取过去的经验与教训，重视智能城市运营、维护中的再创新（Renovation），可以集中力量培养一批基数庞大、既懂理论又懂实践的城市各种功能运营维护工程师和技术人员，从依靠人口红利，逐渐转向依靠知识与人才红利，支撑我国城市智能化健康、可持续发展。

综上所述，"中国智能城市建设与推进战略研究丛书"的内容丰富、观点鲜明，所提出的发展目标、途径、策略与建议合理且具可操作性。我认为，这套丛书是具有较高参考价值的城市管理创新与发展研究的文献，对我国新型城镇化的发展具有重要的理论意义和应用实践价值。相信社会各界读者在阅读后，会有很多新的启发与收获。希望本丛书能激发大家参与智能城市建设的热情，从而提出更多的思考与独到的见解。

我国是一个历史悠久、农业人口众多的发展中国家，正致力于经济社会又好又快又省的发展和新型城镇化建设。我深信，"中国智能城市建设与推进战略研究丛书"的出版，将对此起到积极的、具有正能量的推动作用。让我们为实现伟大的"中国梦"而共同努力奋斗！

是以为序！

徐匡迪

2015 年 1 月 12 日

前　言

　　2008 年，IBM 提出了"智慧地球"的概念，其中"Smart City"即"智慧城市"是其组成部分之一，主要指 3I，即度量（Instrumented）、联通（Interconnected）、智能（Intelligent），目标是落实到公司的"解决方案"，如智慧的交通、医疗、政府服务、监控、电网、水务等项目。

　　2009 年年初，美国总统奥巴马公开肯定 IBM 的"智慧地球"理念。2012 年 12 月，美国国家情报委员会（National Intelligence Council）发布的《全球趋势 2030》指出，对全球经济发展最具影响力的四类技术是信息技术、自动化和制造技术、资源技术以及健康技术，其中"智慧城市"是信息技术内容之一。《2030 年展望：美国应对未来技术革命战略》报告指出，世界正处在下一场重大技术变革的风口浪尖上，以制造技术、新能源、智慧城市为代表的"第三次工业革命"将在塑造未来政治、经济和社会发展趋势方面产生重要影响。

　　在实施《"i2010"战略》后，2011 年 5 月，欧盟 Net!Works 论坛出台了 *Smart Cities Applications and Requirements* 白皮书，强调低碳、环保、绿色发展。之后，欧盟表示将"Smart City"作为第八期科研架构计划（Eighth Framework Programme，FP8）重点发展内容。

　　2009 年 8 月，IBM 发布了《智慧地球赢在中国》计划书，为中国打造六大智慧解决方案：智慧电力、智慧医疗、智慧城市、智慧交通、智慧供应链和智慧银行。2009 年，"智慧城市"陆续在我国各层面展开，截至 2013 年 9 月，我国总计有 311 个城市在建或欲建智慧城市。

　　中国工程院曾在 2010 年对"智慧城市"建设开展过研究，认为当前我国城市发展已经到了一个关键的转型期，但由于国情不同，"智慧城市"建设在我国还存在一定问题。为此，中国工程院于 2012 年 2 月启动了重大咨询研究项目"中国智能城市建设与推进战略研究"。自项目开展以来，很多城市领导和学者都表现出浓厚的兴趣，希望投身到智能城市建设的研究与实践中来。在各界人士的大力支持以及中国工程院"中国智能城市建设与推进战略研究"项目组院士和专家们的努力下，我们融合了三方面的研究力量：国家有关部委（如国家发改委、工信部、住房和城乡建设部等）专家，典型城市（如北京、武汉、西安、上海、宁波等）专家，中国工程院信息与电子工程学部、能源与矿业工程学部、环境与轻纺工程学部、工程管理学部以及土木、水利与建筑工程学部等学部的 47 位院士及 180 多位专家。研究项目分设了 13 个课题组，涉及城市基础建设、信息、产业、管理等方面。另外，项目还设 1 个综合组，主要任务是在 13 个课题组的研究成果基础上，综合凝练形成"中国智能城市建设与推进战略研究丛书"综合卷。

两年多来，研究团队经过深入现场考察与调研、与国内外专家学者开展论坛和交流、与国家主管部门和地方主管部门相关负责同志座谈以及团队自身研究与分析等，已形成了一些研究成果和研究综合报告。研究中，我们提出了在我国开展智能城市（Intelligent City，iCity）建设与推进会更加适合中国国情。智能城市建设将成为我国深化体制改革与发展的促进剂，成为我国经济社会发展和实现"中国梦"的有力抓手。

目 录
CONTENTS

第3章　智能设计技术

第4章　智能加工生产技术

第5章　智能制造服务技术

第10章　智能制造中的传感器及传感网技术

第11章　嵌入式系统

第12章　离散型智能工厂

第13章　流程型智能工厂

第14章 云制造系统流

第1章

iCity 智能制造的概念与内涵

智能制造是经济和技术发展的必然结果。为了应对动态、复杂的市场和技术环境，制造系统必须具备敏捷性、柔性、鲁棒性、协同性等一系列特性。而实现这些特性的基础在于建立一个智能化的制造系统。智能化是实现敏捷化、柔性化、自动化、集成化的关键所在。智能化贯穿于制造活动的全过程。随着人工智能、自动化技术、信息技术的发展，制造系统的智能化程度将不断提高。

本章对制造业的发展历程进行了分析，指出了智能制造是指信息化与工业化深度融合后的一种新型工业形态，是一种全新的制造模式。这种模式给制造系统及制造过程赋予了全新的思想和内容，也催生了一批创新的智能制造技术，形成了系统化的智能制造技术框架。

智能制造是指在制造工业的各个环节，从智能技术的视角，融合信息、机械、工艺、管理等学科技术，以一种高度柔性与高度集成的方式，支持产品全生命周期的产品（包括服务）设计、加工、销售一直到报废处理的全过程，使制造产业得以可持续增长、包容性增长、智能增长。

智能制造系统是一种人机一体化智能系统，包括智能物件、智能服务、智能管理、智能控制四方面内容。智能化技术、信息技术、自动化技术、现代管理技术、先进制造技术和设计技术的互相融合，带来了制造方式和环境的全新变化，赋予了智能制造系统一些基本特征，实现了可视化制造和人机共融的制造方式，也使制造系统具备了智能感知、智能信息处理、自组织、自学习和智能集成的能力。

智能制造技术是制造技术、自动化技术、系统工程与人工智能等学科互相渗透、互相交织而形成的一门综合技术。其具体表现为：智能设计、智能加工、机器人操作、智能控制、智能工艺规划、智能调度与管理、智能装配、智能测量与诊断等。它强调通过"智能设备"和"自治控制"来构造新一代的智能制造系统模式。智能制造系统具有自律能力、自组织能力、自学习与自我优化能力、自修复能力，因而适应性极强，人机交互更加智能。

在智能制造技术的支持下，传统制造过程和制造方式将发生巨大的变化，智能制造强调采用"智能"技术整合与优化制造企业的设计、生产、管理、服务、商务等各个环节，以提高产品质量、生产效率和企业的创新能力，降低消耗，带动产品设计方法和工具的创新、企业管理模式的创新、制造技术的创新以及企业间协作关系的创新，从而实现产品的智能化和数字化，以及产品全生命周期中设计、研制、生产、管理、维护和回收过程的智能化和数字化。

一、智能制造的定义和内涵

（一）智能制造的定义

制造活动是人类最基础、最重要的活动。制造业、制造技术的发展是推动人类经济进步、社会进步、文明进步的主要动力，也是国家综合国力的体现。综观制造业的发展历程，人类的生产方式经历了手工制作到工业化、自动化及集成化制造的发展过程。在德国电气电子和信息技术协会发表的德国工业 4.0 标准化路线图（见图 1.1）中，将制造业领域技术的渐进性进步描述为工业革命的 4 个阶段，即工业 4.0 的进化历程（罗文，2014）。

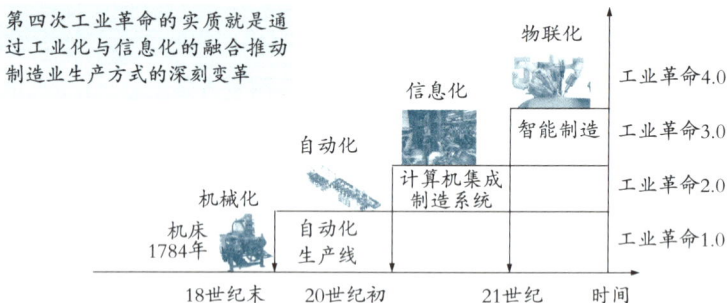

图 1.1　制造业发展历程

（1）工业 1.0。18 世纪 60 年代至 19 世纪中期，通过水力和蒸汽机实现的工厂机械化可称为工业 1.0。这次工业革命的结果是机械生产代替了手工劳动，经济社会从以农业、手工业为基础转型到了以工业以及机械制造带动经济发展的模式。

（2）工业 2.0。19 世纪后半期至 20 世纪初，在劳动分工的基础上采用电力驱动产品的大规模生产可称为工业 2.0。这次工业革命，通过零部件生产与产品装配的成功分离，开创了产品批量生产的新模式。

（3）工业 3.0。始于 20 世纪 70 年代并一直延续到现在，电子与信息技术的广泛应用，使得制造过程不断实现自动化，可称为工业 3.0。自此，机器能够逐步替代人类作业，不仅接管了相当比例的"体力劳动"，还接管了一些"脑力劳动"。

（4）工业 4.0。德国学术界和产业界认为，未来 10 年，基于信息物理系统（Cyber-Physical System，CPS）的智能化，将使人类步入以智能制造为主导的第四次工业革命。产品全生命周期和全制造流程的数字化以及基于信息通信技术的模块集成，将形成一个高度灵活、个性化、数字化的产品与服务的生产模式。

"工业 4.0"概念即是以智能制造为主导的第四次工业革命，或革命性的生产方法。智能制造是支撑未来工业体系的一种先进制造模式。

这种制造模式的产生也是先进信息技术不断发展的结果。随着 RFID、传感器网、工业无线网络、MEMS 和传感器技术的成熟和发展，以感知和智能为特征的新技术的出现和相互融合，使得未来信息技术发展的主要特征是无处不在的泛在信息技术。以无处不在的感知为代表的新一代信息化制造和自动化技术将是促进先进制造技术发展的新驱动力，将使得人们由现在对制造设备与过程的"了解不足"，向三维空间加时间的多维度泛在感知和透明化发展。以泛在技术为基础的计算模式将具有环境感知能力的各种类型终端、移动通信、信息获取、上下文感知、智能软件与人机交互等技术如同空气和水一样，自然而深刻地融入了制造业所能触及的各个角落。泛在制造信息感知空间作为下一代制造信息服务的基础设施，将大幅度提高制造效率，改善产品质量，降低产品成本和资源消耗，为用户提供更加透明化和个性化的服务，大大提高生产效率（杜品圣，2014）。

总之，以计算机技术、信息技术为基础的高新技术的迅猛发展，为传统的制造业提供了新的发展机遇。计算机技术、信息技术、自动化技术与传统制造技术相结合，形成了智能制造的概念。近年来由发达国家倡导的面向 21 世纪的"智能制造系统""信息高速公路"等国际研究计划，无疑是该背景下的产物，也是国际上进行高科技研究开发的具体表现和积极占领 21 世纪高科技制高点的象征[①]。

目前，人们对于智能制造尚无公认的定义。目前比较全面的一种定义是：智能制造是指在制造工业的各个环节，从智能技术的视角，融合信息、机械、工艺、管理等学科技术，以一种高度柔性与高度集成的方式，支持产

---

① 智能制造概述［EB/OL］.［2010-10-10］. http://wenku.baidu.com.

品全生命周期的产品（包括服务）设计、加工、销售一直到报废处理的全过程，使制造产业得以可持续增长、包容性增长、智能增长。

智能制造的研究开发对象是整个机械制造企业，其研究方向已从最初的人工智能在制造领域中的应用发展到今天的智能制造系统的研究。研究内容涉及的范围由最初仅一个企业内的市场分析、产品设计、生产计划、制造加工、过程控制、信息管理、设备维护等技术型环节的自动化，发展到今天的面向整个制造系统及环境的智能化、集成化与自适应能力，包括智能制造装备、智能生产管理信息系统、智能产品设计、智能车间及工厂、智能信息环境等。在智能制造系统中，人是制造智能的重要因素，在制造业走向智能化过程中起着决定性作用。目前在整体智能水平上，与人工系统相比，人的智力仍然是遥遥领先的。人工智能模拟的蓝本主要是人类的智能，但人类的智能是随时间不断变化的，而这种变化又是无止境的，只有人与机器有机地高度结合，才能实现制造过程的真正智能化（魏源迁等，1995）。

智能制造的研究开发目标主要有两个方面：①整个制造过程的全面智能化，它在实际制造系统中首次提出了以机器智能取代人的部分脑力劳动作为主要目标，强调整个企业生产经营过程大范围的自组织能力；②信息和制造智能的集成与共享，强调智能型的集成自动化。

从智能制造的研究目标我们可以看出，智能制造区别于传统自动化制造的特点在于：①强调部分代替人的智能活动，实现人机共融的制造方式；②使用智能计算机技术来集成设计制造过程，使之一体化，以虚拟现实技术实现虚拟制造，以智能人机交互接口技术实现设计制造过程的智能化；③强调全球制造网络的生产制造技术，通过互联网实现全球制造；④强调智能化与自律化的智能加工系统以及智能化装备的研究；⑤重视分布式人工智能技术的应用，强调自律协作代替集中递阶控制。

智能制造强调整个制造系统的整体"智能化"或"自组织能力"与个体的"自主性"。智能制造系统是一种在整个制造过程中贯穿智能活动，并将这种智能活动与智能机器有机融合，将整个制造过程从订货、产品设计、生产到市场销售等各个环节以柔性方式集成起来的能发挥最大生产力的先进生产系统。

智能制造是一种全新的制造模式，这种模式给制造过程及系统的描述、建模和仿真研究赋予了全新的思想和内容，涉及制造过程和系统的计划、管理、组织及运行各个环节，体现在制造系统中制造智能知识的获取和运用、系统的智能调度等，亦即对制造系统内的物质流、信息流、功能决策能力和控制能力提出明确要求。作为智能制造的技术基础，各种人工智能工具及人工智能技术研究成果在制造业中的广泛应用，促进了智能制造技术的发展。而智能制造系统中，智能调度、智能信息处理与智能机器的有机融合而构成的复杂智能系统，主要体现在以智能装备为核心的智能加工系统上。对于智能装备，不仅需要对系统内部中各种不确定的因素如噪声测量、传动间隙、摩擦、外界干扰、系统内各种模型的非线性及非预见性事件实施智能控制，而且要对制造系统的各种命令请求做出智能反应。这种功能已远非传统的制造设备所能胜任。从信息与控制的观点来看，智能制造系统是一个信息处理系统，由输入、处理、输出和反馈等部分组成。输入有物质（原料、设备、资金、人员）、能量与信息；输出有产品与服务；处理包括物料的处理与信息处理；反馈有产品品质反馈与顾客反馈。制造过程实质上是信息资源的采集、输入、加工处理和输出的过程，而最终形成的产品可视为信息的物质表现形式。

图 1.2 给出了智能制造系统的组成结构。

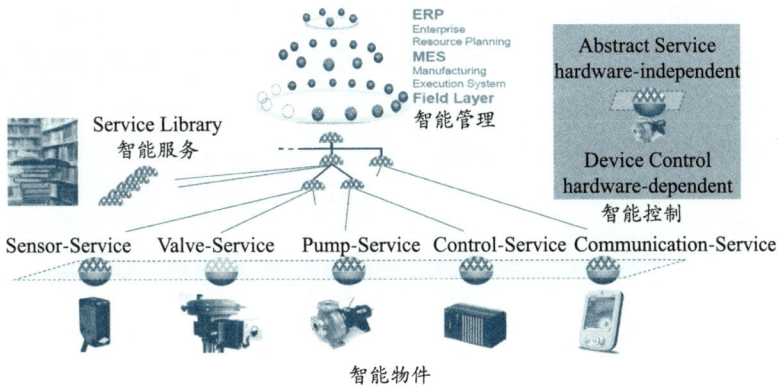

图 1.2　智能制造系统的组成结构

（1）智能物件。在生产系统中的人和各种加工设备及对象具有智能化、自我解释、自我意识、自我诊断、交互评估能力。

（2）智能服务。针对产品生命周期过程，从产品设计、制造、销售、使用、回收等各个维度，建立产品全生命周期服务系统，面向产品全价值链，提供增值服务。

（3）智能管理。在智能制造模式下，生产结构不会是固定的、预定义的。相反，将根据具体情况，通过可配置的规则进行工厂结构的拓扑结构配置组合；将面向开放网络下的组织结构，建立相关的智能管理信息系统，实现市场、生产计划、物流、销售等相关的智能化管理。

（4）智能控制。在智能感知的基础上，采用人工智能技术，根据信息的综合进行自主决策，实时调整自身行为，适应环境和自身的不确定性变化，即应具有"自主性"和"自组织"能力，实现对制造过程的实时干预与智能控制。

智能制造为我们展现了一幅全新的工业蓝图。

首先，智能制造将使得工业生产过程更加灵活、稳定，使得动态的、适时优化的和自我组织的价值链成为现实，并带来诸如成本、可利用性和资源消耗等不同标准的最优化选择，包括在制造领域的所有因素和资源间形成全新的循环网络、智能产品独特的可识别性、个性化产品定制以及高度灵活的工作环境等。

其次，智能制造的网络化、自组织、自适应等特征，也使得智能制造将发展出全新的商业模式和合作模式。这些模式将力争确保潜在的商业利润在整个价值链所有利益相关人之间公平地共享，满足动态的商业网络而非单个公司。

再次，智能制造将带来工作方式和环境的全新变化。全新的协作工作方式使得工作可以脱离工厂，通过虚拟的、移动的方式开展。员工将拥有高度的管理自主权，可以更加积极地投入和调节自己的工作。同时，随着工作环境和工作方式的巨大改变，可以大幅度地提升就业结构和比例，确保人口结构的变化不会影响当前的生活水平。

最后，智能制造将促进形成全新的基于泛在网络的信息平台。全新的信息平台能够联系到所有参与的人员、物体和系统，将提供全面、快捷、安全可靠的服务和应用业务流程，支持移动终端设备和业务网络中的协同制造、服务、分析和预测流程等（罗文，2014；杜品圣，2014）。

总之，智能制造技术是制造技术、自动化技术、系统工程与人工智能等学科互相渗透、互相交织而形成的一门综合技术。其具体表现为：智能设计、智能加工、机器人操作、智能控制、智能工艺规划、智能调度与管理、智能装配、智能测量与诊断等。它强调通过"智能设备"和"自治控制"来构造新一代的智能制造系统模式。智能制造系统具有自律能力、自组织能力、自学习与自我优化能力、自修复能力，因而适应性极强，人机交互更加智能。

智能制造系统及相关技术的研究与开发对于提高产品质量、生产效率和降低成本，提高国家制造业响应市场变化的能力和速度，以及提高国家的经济实力和国民的生活水准，均具有重大的意义。智能制造将大幅度地提高传统制造模式下的制造效率和产品质量，创新制造过程与生产运作模式，极大地降低产品成本和资源消耗，为用户提供更加透明化和个性化的服务。

（二）智能制造的特征

智能制造是经济和技术发展的必然结果。为了应对动态、复杂的市场和技术环境，制造系统必须具备敏捷性、柔性、鲁棒性、协同性等一系列特性。而实现这些特性的基础在于建立一个智能化的制造系统。智能化是实现敏捷化、柔性化、自动化、集成化的关键所在（见图 1.3）。智能化贯穿于制造活动的全过程。随着人工智能、自动化技术、信息技术的发展，制造系统的智能化程度将不断提高。

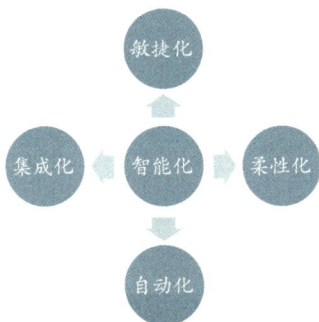

图 1.3　智能化是实现敏捷化、柔性化、自动化、集成化的关键所在

互联网、物联网、智能计算技术的飞速发展，以及复杂的市场与技术环境对智能制造系统提出了一些基本的要求。

（1）物联化。以前由人工创建和维护的制造信息将逐步由传感器、RFID 标签、仪表、执行器、GPS 及其他设备和系统来生成。在可视性方面，制造系统不仅可以"预测"更多事件，还能见证事件发生时的状况。由于像产品和部件之类的对象都可以自行报告，生产系统不再像过去那样完全依赖人工来完成跟踪和监控工作。设备上的仪表板将显示计划、承诺、供应源、预计库存和消费者需求的实时状态信息。

（2）互联化。智慧的制造系统将实现前所未有的交互能力，一般情况下，不仅可以与客户、供应商和 IT 系统实现交互，而且还可以对正在监控的对象，甚至是在制造过程中流动的对象之间实现交互。除了创建更全面的生产视图外，这种广泛的互联性还便于实现大规模的协作。

（3）智能化。为协助管理者进行交易评估，智能系统将衡量各种约束和选择条件，这样决策者便可模拟各种行动过程。智慧的制造系统还可以自主学习，无须人工干预就可以自行做出某些决策。例如，当异常事件发生时，它可以重新配置生产网络；它可以通过虚拟交换以获得相应权限，进而根据需要使用诸如生产设备、配送设施和运输船队等有形资产。使用这种智能不仅可以进行实时决策，而且还可以预测未来的情况。通过利用尖端的建模和模拟技术，智慧的生产系统将从过去的"感应—响应"模式转变为"预测—执行"模式。

针对这些要求和挑战，与传统的制造系统相比，智能制造系统需要具有以下基本的特性和能力[①]。

1. 可视化特性

智能制造要求生产状态实时透明可视、生产过程智能精益管控：对制造环境、设备与工件状态、制造能力的感知和处理；物理空间与信息空间融合，实现生产过程透明可视化（见图1.4）。

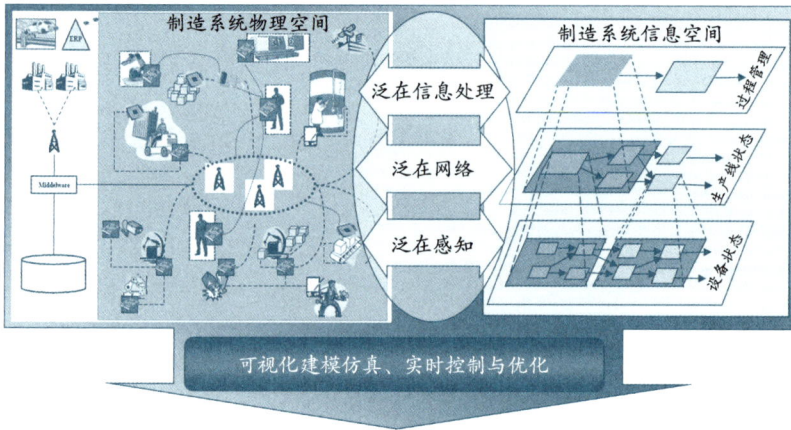

图1.4　可视化制造

2. 人机共融特性

智能制造模式下人介入制造系统的手段更加丰富，人机功能平衡系统智能协调；以泛在感知、人工智能、先进制造等领域的单元技术融合为支撑，突破传统制造系统将人排除在外的旧格局，通过信息空间、制造空间与执行空间的融合，实现人与制造系统的和谐统一（见图1.5）。

---

① 基于泛在信息的智能制造系统［J］. 标准生活，2010（2）：18—21.

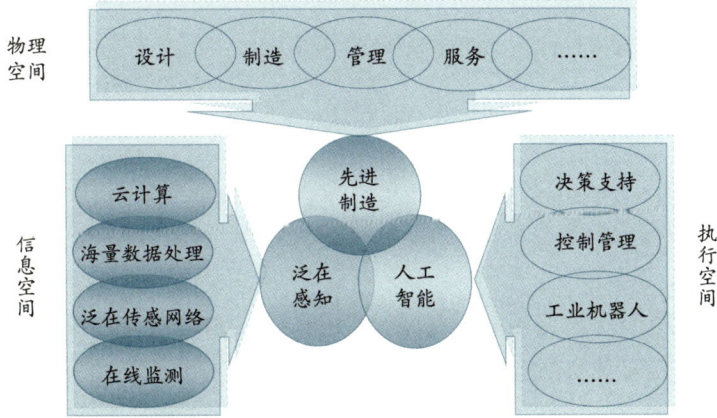

图 1.5　人机共融的智能制造

3. 自组织特性

智能制造中的各种组成单元能够根据工作任务的需要，自行集结成一种超柔性最佳结构，并按照最优的方式运行。其柔性不仅表现在运行方式上，还表现在结构形式上。完成任务后，该结构自行解散，以备在下一个任务中集结成新的结构。自组织特性是智能制造的一个重要标志。

4. 智能感知能力

智能制造系统具有搜集与理解环境信息及自身的信息，并进行分析判断和规划自身行为的能力。强有力的知识库和基于知识的模型是智能感知的基础。智能制造系统能根据周围环境和自身作业状况的信息进行监测和处理，并根据处理结果自行调整控制策略，以采用最佳运行方案。这种智能感知能力使整个制造系统具备抗干扰自适应和容错等能力。

5. 自学习和自维护能力

智能制造系统能以原有的专家知识为基础，在实践中不断进行学习，完善系统的知识库，并删除库中不适用的知识，使知识库更趋合理；同时，还能对系统故障进行诊断、排除及修复。这种特征使智能制造系统能够自我优化并适应各种复杂的环境。

6. 整个制造系统的智能集成能力

智能制造系统在强调各个子系统智能化的同时，更注重整个制造系统的智能集成。这是智能制造系统与面向制造过程中特定应用的"智能化孤岛"的根本区别。智能制造系统包括了各个子系统，并把它们集成为一个整体，实现整体的智能化。

7. 制造资源的社会化服务特性

制造资源的社会化服务成为一种趋势，与制造相关的支持技术和服务能力空前提升，面向制造需求的社会化资源和服务不断出现，并将逐渐丰富；全球化的制造服务网络逐渐形成，全球范围的无边界生产组织成为主流。制造服务企业专业化高效运行，制造资源的社会化无缝集成，使得制造可以在无边界企业意义上的社会化环境下及时重组，实现更大跨度的资源集成。全生命周期的制造过程将由全球范围内的多元企业，以社会化无缝集成的方式来完成，真正实现制造的无边界组织。

在先进信息技术和制造技术的支持下，在设计、制造、管理及各类智能装备方面也呈现出一些新的发展趋势。

（1）智能化工程设计。由于计算机和网络技术的发展，计算机辅助工程设计系统极大地解除了人的繁杂劳动，充分发挥了计算机在信息处理方面的优势，正在向着工程设计智能化的方向发展。工程设计将在设计自动化的基础上，向拟实化设计的方向转变。工程设计的拟实化主要是指利用信息处理和信息传输技术的新进展，并行采用数字技术处理、模式信息处理以及语义信息处理技术，突破数字信息处理的禁锢；运用微小传感器技术，扩展对产品微观尺度的观察手段，提高对物理对象的认识和建模水平；综合运用物理、化学等多学科知识和信息处理技术，突破对物质世界在微观尺度上认识的不足；利用泛在信息网络技术，实现高度同步的异地全球化专业知识汇集；在具备对各种尺度快速组装技术的支持下，综合产品的信息模型和快速物理模型，实现与产品高度一致性的半实物信息化辅助产品设计和分析技术。

（2）智能生产过程管理。生产过程的管理与控制是制造自动化系统正常和优化运行的关键，主要负责制造信息的处理、物流管理、制造过程监视与控制、生产计划与生产调度等。泛在感知技术的快速发展，将使生产线上物流在时间和空间维度上的实时追踪能力得到极大提高，并将对制造信息系统的功能进行极大的扩展，制造时间和空间相关模块的功能会有本质的提升；由此引发的海量信息，在信息处理技术的推动下，使得生产过程对于管理者来说更为透明，生产决策的速度和质量都有明显的跃升。车间内部向着

对制造过程的精细化控制和质量预测方向扩展；同时，对于车间外部，与物流、质量、计划等相关信息管理产生连锁式的影响，为企业信息管理提供即时信息服务，真正实现信息管理层次的无差别化或平面化。未来智能制造系统将会更好地展现与人类智能行为相关的特性，如理解语言、学习能力、逻辑推理和解决问题等能力，能够深入了解人脑活动机理，取代人的部分脑力劳动，强化企业的自组织能力。

（3）智能的生产装备。制造装备是制造自动化的硬件主体，主要包括专用自动化机床、组合机床、数控机床、加工中心、分布式数字控制、柔性制造单元、柔性制造系统、柔性生产线等加工设备，以及测量设备、辅助设备、夹具装置等。泛在网络和泛在感知技术的成熟，将会降低控制实施的成本，一方面促进制造装备控制应用的普及，另一方面多维度、多尺度信息的综合控制应用会极大地提高控制应用的水平。在装备的安全与健康维护方面，装备的自诊断、自维护、自恢复将成为现实，装备的智能化水平将得到本质性的提高。根据环境和任务的变化，装备不仅具有参数调节的适应能力，同时也具有结构适应能力。结合材料、信息技术的进步，装备的自我进化和升级的能力，装备的智能水平将由可控化、自动化真正进入自维护、自适应和自进化的高级智能阶段。

（4）智能的企业管理信息系统。管理信息系统是一个由人、计算机等组成的能进行管理信息的收集、传递、存储、加工、维护和使用的系统。企业管理信息系统是以企业为对象，把企业先进的管理思想和运行模式融入其中的一类管理信息系统。移动商务、协同商务的发展，使不受时间和空间限制、无所不在的电子商务成为现实。企业信息管理系统目前正由关注数字化信息处理和服务的阶段，迈向提供面向商务信息处理后端与服务前端相分离的泛在服务模式。未来企业管理信息系统的各组成部分完全可以在更基础的层面上、在更小的粒度下实现自由组装，实现信息系统无障碍重组和信息处理的柔性化。

二、智能制造的发展与研究状况

（一）制造模式的发展与演变

随着制造技术及相关的信息、自动化、管理等技术的发展，人类的生产制造模式也在不断变化。制造模式已从20世纪初期美国福特汽车公司创立的基于流水线的大批量生产模式、二战后日本以丰田公司为代表的精益生产方式、20 世纪 80 年代的计算机集成制造和 90 年代的敏捷制造（Agile Manufacturing），发展到当今的大批量定制（Mass Customization）、网络化制造、服务型制造、云制造、绿色制造等先进制造模式。每一种新的制造系统模式的出现，都代表着一个制造时代，在世界制造史中有着举足轻重的作用（李伯虎，2003；杨海成，祁国宁，2003）。

1. 计算机集成制造 / 现代集成制造 CIM

CIM 是一种组织、管理与运行企业的理念。它将传统的制造技术与现代信息技术、管理技术、自动化技术、系统工程技术等有机结合，借助计算机（硬、软件），使企业产品全生命周期——市场需求分析、产品定义、研究开发、设计、制造、支持（包括质量、销售、采购、发送、服务）以及产品最后报废、环境处理等各阶段活动中有关人 / 组织、经营管理和技术三要素及其信息流、物流和价值流有机集成并优化运行，实现企业制造活动的计算机化、信息化、智能化、集成优化，以达到产品上市快、高质、低耗、服务好、环境清洁，进而提高企业的柔性、健壮性、敏捷性，使企业赢得市场竞争。

CIMS 是一种基于 CIM 理念构成的计算机化、信息化、智能化、集成优化的制造系统。20 世纪 90 年代提出的 CIMS 总体结构轮图的内核是用户，外面一层为人员、小组和组织。其结构如图 1.6 所示。这表明了人们对 CIMS 的认识的变化，突出了人的重要性。

随着制造系统环境的变化，有的提出了先进制造系统新模式，如敏捷制造、分形企业、生物制造、大批量定制生产等；有的则根据先进制造系统新模式对 CIMS 的思想、方法和体系结构进行修正，以适应变化了的形势，如基于 Intranet/Internet 的 CIMS、基于精益生产的 CIMS、"以人为中心"的 CIMS 等。

CIMS 的"C"是 Computer，容易使人望文生义，以为 CIMS 只是计算机之间的集成，因此，我国提出采用 Contemporary（现代）代替 Computer，即现代集成制造（Contemporary Integrated Manufacturing，CIM）的概念。

现代集成制造系统（CIMS）技术的定义是：将现代信息技术、现代管理技术与制造技术相结合，在全球化制造环境下集成产品全生命周期各阶段与企业内外部相关的活动和资源，实现优化运行，使企业敏捷响应多变的市场，提高企业创新能力与综合竞争力。

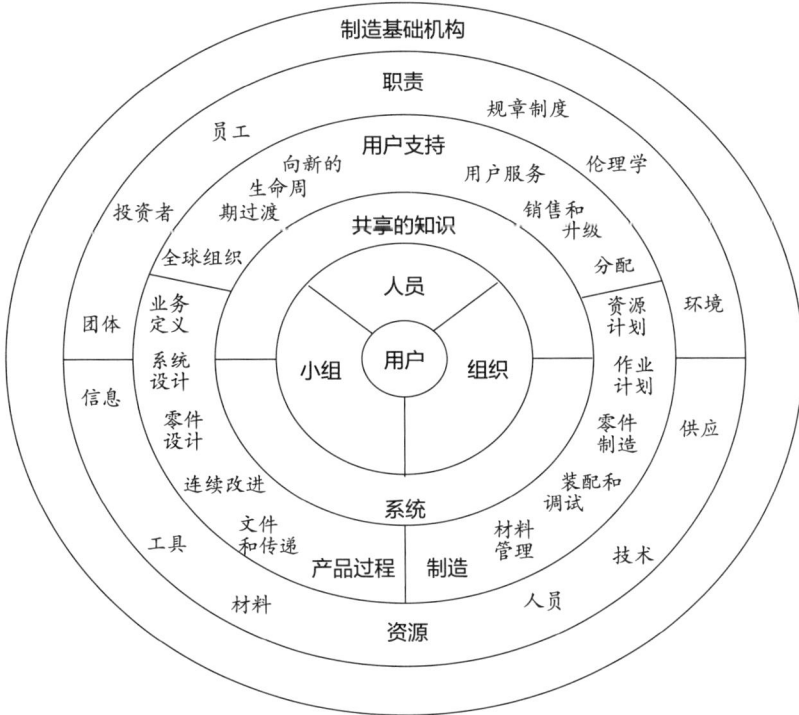

图 1.6　CIMS 总体结构轮

2. 敏捷制造

敏捷制造的理念是 1991 年美国国防部为解决国防制造能力问题而委托里海（Lehigh）大学亚柯卡（Iacocca）研究所拟定一个中长期制造技术规划框架时提出来的。亚柯卡研究所与工业界、学术界及国防部的代表组成的研究小组通过分析研究，提出了"21 世纪制造企业战略"研究报告。该报告的重要论点是提出了敏捷制造（Agile Manufacturing/Agile Competition）的概念，强调通过组织动态联盟（Virtual Company/Virtual Organization）这种合作与竞争的生产模式来适应当今持续多变、无法预料的市场变化。

敏捷制造理念是吸收了多种管理思想和制造理念而发展起来的一套适应多变的企业环境的制造理念，其核心思想是：为了适应变化的市场和取得竞争优势，企业不能仅仅依靠自身的有限资源，而必须以一定的机制利用其他企业的资源和技术，以适当方式组合产品开发、生产制造和市场销售等要素，实现综合资源动态优化配置，共同获利。敏捷制造特别强调企业的可重组性、可重用性和范围可变性，使制造系统能快速、以合理的成本和方式来适应多变的市场需求。

15

当然，敏捷制造并不是一种全新的理念，而是以全球范围内的资源动态优化配置以及企业的市场敏捷反应为目的，以建立企业竞争优势为主线，并以借鉴和发展有关制造理念为基础的综合理念。

敏捷制造理念认为，以信息技术为基础，在全球一体化或地区一体化的金融环境以及政治环境中，通过临时联合那些能适应环境变化的企业，组成动态联盟，共同承担风险，分担义务，共享成果，迅速开发新产品，响应市场需求（见图1.7）。敏捷制造系统是敏捷制造理念的工程应用系统，以多种形式实现竞争环境下的敏捷性，主要包括：满足个性化需求、快速反应、低成本、生产系统的快速重组与资源的重用等。

图1.7　优势互补、共同参与全球竞争

3. 精益生产

"精益"的英文是"lean"，原意是"瘦的"，在精益生产中转意为"简化的""精节的""精益的"等。其基本原理可以归纳为：以"简化"为手段，以"人"为中心，以"尽善尽美"为最终目标。精益生产中的简化包括以下4个方面：简化企业的组织机构，简化产品的开发过程，简化零部件的制造过程，简化产品结构。

精益生产的核心以"人"为中心。这里所说的"人"包括整个精益生产系统所涉及的人，如本企业各层次的员工以及协作单位、销售商和顾客等。在精益生产系统中，协作单位、销售商和顾客都是系统的有机组成部分。

精益生产所追求的目标是尽善尽美，不断地降低成本、减少废品、降低库存与增加产品品种。日本人将这一过程称为"改善"。准时制造（Just in Time，JIT）是日本丰田汽车公司发明的管理方式。其特点是生产计划系统只给最终装配线下达生产计划任务，由装配线开始一级一级地向前分解，从部件、零件、在制品、毛坯，直至原材料。后道工序只在必要时才到前道工序领取必要数量的在制品，且前道工序生产的在制品数等于被取走的在制品数。如图1.8所示。

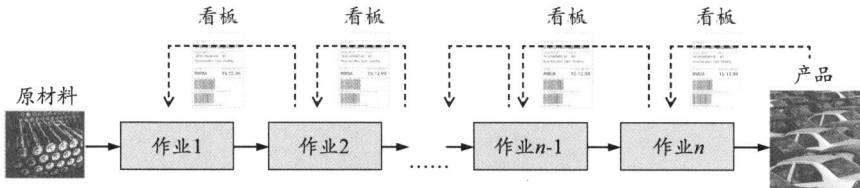

图1.8　准时制造系统的控制流程

准时制造的核心就是消除来自库存和生产运作过程中的浪费。准时制造系统是一个"拉动"系统，即上一道工序的加工品种、数量和时间由下一道工序的需求确定，零部件供应商的交货品种、交货数量和交货时间根据生产组装线的进度和需求来确定。

"看板"是实现准时制造的主要工具，通常情况下可以将看板分成"领取看板"和"生产指示看板"两类。在领取看板上记载着后道工序应该从前道工序领取的产品种类和数量；生产指示看板也称准备看板，指示前道工序必须生产的产品品种和数量。

4. 大批量定制

随着以计算机技术为主导的现代科学技术的迅猛发展和社会生活的不断进步，世界市场发生了重大的变化。这些重大的变化，使得曾一度在20世纪占主导地位的大批量生产越来越不适应市场的需求，而能以大批量生产的效率和成本快速向客户提供定制产品的大批量定制（Mass Customization，MC）很好地迎合了市场的需求。1997年年底，美国乔治·华盛顿大学的一个专家小组对新兴技术的发展做了预测，提出了2001—2030年的85项重要技术，其中包括大批量定制技术。

大批量定制的基本思想是：将定制产品的生产问题通过产品结构和制造过程的重组转化为或部分转化为批量生产问题。对客户而言，所得到的产品是定制的、个性化的；对生产厂家而言，该产品则是采用大批量生产方式制造的成熟产品。

按照客户需求对企业生产活动影响程度的不同，即客户订单分离点（Customer Order Discoupling Point，CODP）在企业生产过程中位置的不同，可以进一步将大批量定制分成按订单销售（Sale-to-Order，STO）、按订单装配（Assemble-to-Order，ATO）、按订单制造（Make-to-Order，MTO）和按定单设计（Engineer-to-Order，ETO）4 种类型。

大批量定制的核心策略是增加库存生产的比例，将 CODP 尽可能向生产过程的下游移动，减少为满足客户订单中的特殊需求而在设计、制造及装配等环节中增加的各种费用。在具体实现方面，即根据市场预测，按照大批量生产方式生产中性的基型产品或零部件，在此基础上，根据客户订单的实际要求通过对基型产品或零部件的重新配置和转型为客户提供个性化的定制产品，从而实现大批量生产和传统定制生产的有机结合。面向大批量定制的集成的产品和过程模型如图 1.9 所示。

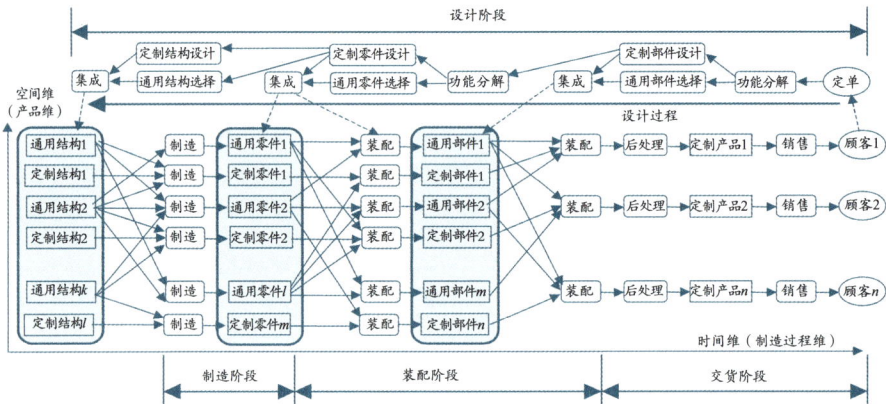

图 1.9 面向 MC 的集成的产品和过程模型

大批量定制在时间维优化的关键是有效地推迟 CODP。企业不是采用零碎的方法，而必须对其产品设计、制造和运输产品的过程以及整个供应链的配置进行重组。通过时间维的优化，企业能够以最高的效率运转，能够以最小的库存满足客户的订单要求。

大批量定制在空间维优化的关键是有效地扩大相似零件、部件和产品的优化范围，并充分识别、整理和利用这些零件、部件和产品中存在的相似性。显然，在一个地区或行业推广大批量定制可以比仅在一个企业实施大批量定制取得更好的效果。最理想的模式是在全球范围推广实施大批量定制。事实上，制造的全球化和专业化分工的目的也正是促使大批量定制在全球范围的逐步实施。

5. 绿色集成制造系统

环境、资源和人口是当今人类社会面临的 3 大主要问题。特别是环境问题，其恶化程度与日俱增，正在对人类社会的生存与发展造成严重威胁。绿色制造（Green Manufacturing）又称环境意识制造（Environmentally Conscious Manufacturing）、面向环境的制造等，特别是近年来，国际标准化组织提出了关于环境管理的 ISO 14000 系列标准后，学者们对绿色制造的研究更加活跃。

绿色制造是一个综合考虑环境影响和资源消耗的现代制造模式，其目标是使得产品从设计、制造、包装、运输、使用到报废处理的整个生命周期中，对环境负面影响最小，资源利用率最高，并使企业经济效益和社会效益协调优化。图 1.10 对近年来与绿色制造相关或相类似的概念进行了大致归类。

图 1.10 "绿色制造"与相关概念的关系

绿色集成制造系统（Green Integrated Manufacturing System，GIMS）是一种可持续发展的企业组织、管理和运行的新模式。绿色集成制造系统综合运用现代制造技术、信息技术、自动化技术、管理技术和环境技术，将企业各项活动中的人、技术、经营管理、物能资源和生态环境，以及信息流、物料流、能量流和资金流有机集成，并实现企业和生态环境整体优化，从而达到产品上市快、质量高、成本低、服务好、环境影响小，使企业赢得竞争，取得良好的经济效益和社会效益。

6. 网络化制造

20 世纪 90 年代，随着互联网的迅速发展，一种新的经济模式——网络经济正逐渐成为现代经济的主流之一。互联网由于其互联性、交互性和时空压缩性，对经济全球化、市场全球化等产生了巨大的影响，位于不同地点的人和设备通过网络和计算机集成起来，快速、准确地交流信息，人们的生活将因此而发生根本的转变，传统的制造业也将因此而发生巨大的变化，将产生一系列的新技术、新设备和新方法，网络技术将对产品设计、制造直到销售及售后服务的各个环节产生巨大影响。在这种背景下，一种新的制造模式——网络化制造正在形成。

网络化制造是制造业利用网络技术开展的产品开发和设计、制造、销售、采购和管理等一系列活动的总称。

面对网络经济时代制造环境的变化，传统的组织结构相对固定、制造资源相对集中、以区域性经济环境为主导、以面向产品为特征的制造模式已不能适应，需要建立一种市场需求驱动的、具有快速响应机制的网络化制造模式，这将是当前乃至今后若干年内制造业所面临的最紧迫的任务之一，是制造企业摆脱困境、赢得市场、掌握竞争主动权的关键。

网络化制造是传统制造业在网络经济中必然采取的行动，例如，制造企业将利用互联网进行产品的协同设计和制造；通过互联网，企业可以与客户直接接触，客户将参与产品设计；由于在互联网上信息传递的快捷性和制造环境的激烈变化，企业间的合作越来越频繁，企业的资源将得到更加充分和合理的利用；利用互联网，企业内部的信息和知识将高度集成和共享，企业的管理模式将发生很大变化。

面对网络空间这一全新的生存空间、网络经济这一全新的经济形态，制造企业需要用全新的眼光、从全新的角度、依据全新的理论、采用全新的方法来研究和制订企业的网络化制造战略，利用网络技术，进行企业内和企业间、企业与用户间的信息和知识集成，开辟新的生存空间和发展渠道，提高企业的创新能力。企业的网络化制造战略和方法是技术推动和需求拉动的结果。推动的技术主要是互联网技术，拉动的需求主要是经济的全球化和市场竞争的激烈化。图 1.11 描述了网络化制造战略和方法的体系框架。

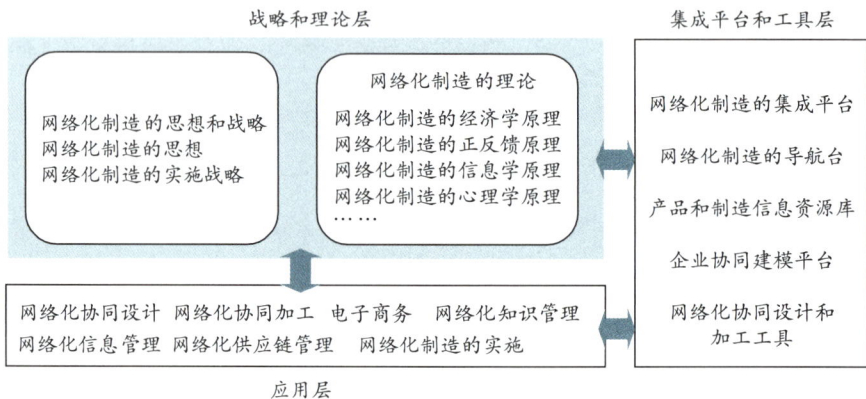

图 1.11　网络化制造战略和方法体系框架

7. 分形企业

分形企业是借用分形理论中的基本概念描述的一种新的生产方式。分形（Fractal）是 1975 年由曼德布罗特（Benoit Mandelbrot）提出并命名的一个新的概念，它指的是一类貌似无规律、复杂混乱，但又具有自相似性的体系。分形理论认为，真实世界中的复杂系统是由许多稳定的、具有很好协同性的子系统组成的，这些子系统具有自相似和自组织的特点。分形企业的自相似性包括企业组织结构的自相似即以过程为中心建立企业的组织，以及目标自相似即单元的目标与企业的目标相一致。

分形企业的优化目标是：时间、柔性、质量、成本、生态和社会性。组织结构的自相似性强调自主，目标的自相似性强调自律。分形企业通过自律和自主的统一实现了效率和柔性的统一。分形企业在自相似的基础上具有自组织性的特点，具体表现为自监控、自调控、自确定、自治和自优化等。

分形企业将制造系统看作是具有自相似过程和结构的集成系统，是非线性发展的、不能精确预测的、内外边界模糊的系统。传统企业可以为自己确定一个有限的目标，可以容忍一定的废品率、最低限度的库存、系列范围很窄的标准产品等。分形企业则把目标确定为不断完善，追求尽量低的成本、无废品、零库存、"一个流"生产和产品品种无穷多样，从而可以促使人们不断探索、不断奋斗，创造出难以想象的奇迹。图 1.12 的左面是一个分形体的自相似结构，右面描述了分形企业的特点。

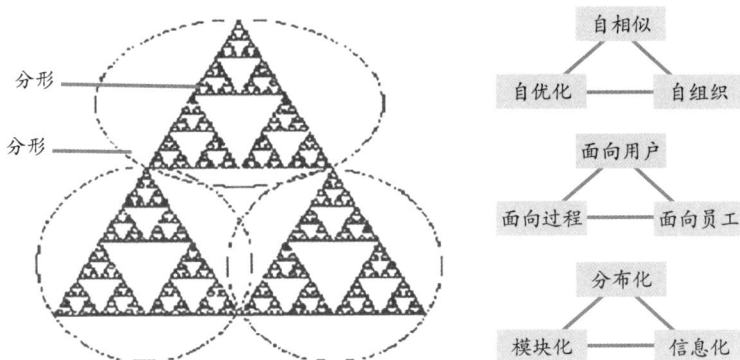

图 1.12　分形企业的特点

8. 生物型制造系统

生物型制造系统（Bionic Manufacturing System，BMS）概念最早由 Norio

Okino 在 1988 年提出，后来被作为智能制造系统的一个组成部分。

近几年来，制造系统的规模、复杂性和动态性有很大的变化。传统的集成式的信息系统已无法适应这种变化，因为生产过程中的随机因素很多，如订货规格和交货日期中途可能有变更、生产线临时出现故障、发货运输周期受到交通阻塞的影响等。传统的系统优化理论无法解决当今制造系统的高度非线性化的问题，因此，迫切需要有一种能包含混沌、模糊等概念的精确的模型，用来解决多维的非线性联立方程、非线性最优化问题和组合优化问题。BMS 可望解决上述问题。

BMS 要求每个生产环节都具有自发性、自律性和自相协调能力，出现问题就地解决，每个基层单位都有自主权和主动性，但又能够顾及整体，保证总体设计上相互协调一致。BMS 的基本单元称作基元（Modelon），采用面向对象方法定义。上下级与平行级的基元之间可以通过消息板（Message Board）交换信息。消息板与专家系统中的黑板机制相类似，只是取消了集中的控制机构。一个基元启动后，激活相关的基元，通过消息板对话，谋求问题的解决。BMS 强调的是自发驱动（Spontaneity）、自律决策（Autonomy）、自由结合（Connection Free）、可转换性（Transformability）和柔性（Flexibility）等。

BMS 具有类似于生物系统的功能，如自组织、自恢复、自生长和进化等功能。BMS 能为各层次提供方法学的支持。通过对产品全生命周期的系统化，使制造系统能快速满足需求，并能与自然界协调一致。

BMS 的主要研究内容如下：

（1）BMS 的核心系统。生物型产品模型（Biological Product Model，BPM）是 BMS 的核心部分。

（2）面向 DNA 的设计系统。采用生物型产品模型研究进化型（Evoluting-type）设计。

（3）生物型信息处理功能。研究类似于生物系统的信息处理功能，研究重点放在生产阶段。

（4）产品生命周期反馈。主要研究产品的遗传性和进化性。

（5）与宏观生态系统的协调。采用模拟等方法对包括产品报废处置和回收在内的产品全生命周期进行研究。

9. 可重组制造系统

可重组制造系统是一种能按市场需求的变化和设计规划的规定，以重排、重复利用和更新元素或子系统的方式，实现以较低的重组成本快速调整

制造过程的功能和生产能力的可变制造系统。

　　研究制造系统可重组性的主要目的是有效地解决现有制造系统存在的 3 个主要问题，即解决提高生产效率与系统柔性之间的矛盾；缩短制造系统重组所需的周期，迅速达到规定的产量和质量；充分利用已有的资源，减少重组制造系统所需的费用。

　　与一般的制造系统相比，可重组制造系统的主要特点是：制造系统的生产管理和控制软件具有高度灵活的重构性；制造装备便于更新组合，具有适应新需求的复用性；生产规模具有敏捷的可调整性。由于可重组制造系统的设计是高度自动化的，硬件是模块化的，因此，能很快地设计和重构低成本的生产系统。

　　可重组制造系统的特征为定制化、快速化、模块化、系列化、人机一体化、可集成性、可复制性、可变性、可诊断性、敏捷性、规模可调整性和可负担性。

　　模块化制造系统（Modular Production System，MPS）实际上也是一种可重组制造系统，这是一种针对一般技术难度的消费品的新型制造系统，是一种在标准化和模块化系统基础上建立的"柔性"制造系统。模块化制造系统通过对标准化的制造系统基本模块进行重组而快速得到面向新产品的制造系统。

　　模块化制造系统由于其建立方便、模块的适应范围宽等特点，为制造系统的重组提供了一种新的思路。通过建立租赁公司，向有关企业提供各种加工机器基元、模块化驱动单元、模块化的刀具和夹具以及可配置的控制系统，企业可以在几天内迅速建立起支持新产品生产的系统。当不再生产该产品时，可以容易地拆除有关的模块化制造系统，将各模块退还给租赁公司。当然，在这种情况下还需要有一些设计和制造模块的公司。

　　自治分布式制造系统是日本正在研究的一种可重组制造系统。图 1.13 表示了一个设想中的机械制造厂，它包括一个可移动机床的超级柔性制造系统，一个自动化的仓库及自动引导小车。图 1.14 中的无管道柔性工厂可以针对不同的产品，采用可移动的反应罐及可移动的管道，使反应过程更容易被改变。自治分布式制造系统与传统的批量生产工厂相似，但要灵活得多。在一个传统的工厂里，产品改变时通常要求增加如管道清洗等低效率的工作，因而对产品的改变与化学反应过程的改变难以适应。

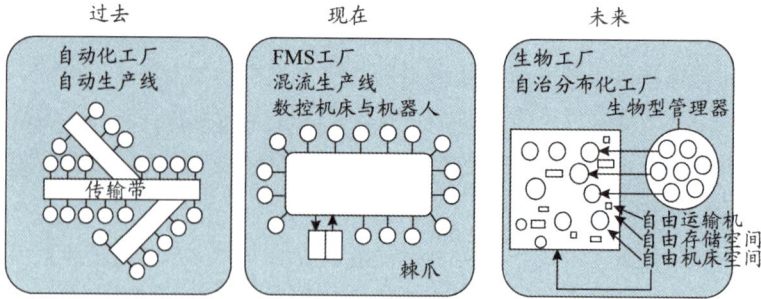

图1.13　一种自治分布式制造系统

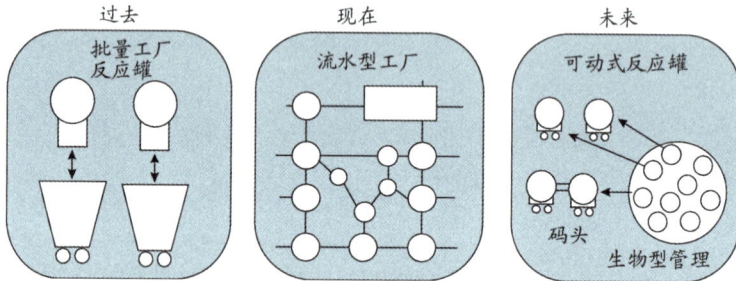

图1.14　无管道柔性工厂

10. 全能制造系统

全能制造系统（Holonic Manufacturing Systems，HMS）又称合弄制造系统或全息制造系统。全能制造系统是基于全能组织的制造系统，其要点是建立一个高度分布的制造系统体系结构。全能制造系统是由一系列标准的和半标准的、独立的、协作的和智能的模块组成。全能体（Holon）这个词是从希腊词holos（意思是"整个，全部"）加上词尾"on"转化而来的。全能体是一定程度独立自主的单元，执行任务时无须向上级请示。同时，全能体又是上一级的控制对象以及全能群体的一部分。一个制造全能体可以是运输、加工、存储等单元。人也是全能体的一部分。全能制造系统由全能体以自组织的方式组成，其结构是不固定的，是动态的和暂时的。

全能组织的优点在于它能够构建非常复杂的系统，能够高效地利用资源，对来自内部和外部的干扰保持高度的灵活性，对环境变化有很强的适应能力。全能组织并不是完全独立的组织，它们有一定的自主性，能够在没有上一层组织的协助下，在其所处的特定层次上处理问题并对环境的变化做出反应。整体也能接受来自上层的指导，在某种意义上受上层整体的控制。自主的特性保证了整体是稳定的，能够在干扰下生存，而对上层整体的服从又确保了更大整体的有效运转。

全能制造系统的功能和结构概念来源于生物学、心理学和社会科学等学科，人是全能制造系统的核心部分。

全能制造系统的主要特点有：全能体之间具有暂时的递阶层次关系；自动化规模可大可小，可以扩展；能够迅速地自组织以适应市场对产品、产量和交货期的要求；全能制造系统的目标不是取代人的技能，而是支持人的技能得到更充分的发挥；组织结构从传统的、固定不变的"机械型"向更适合市场竞争的"生物型"转变；全能制造系统的精髓是加强基本单元的独立自主性和相互协调机制。实现全能制造系统的前提是：精简一切不必要的环节、过程和结构，将企业的各种活动进行要素化和标准化，全面实行模块化。

（二）智能制造的国内外发展状况

随着计算机的问世与发展，机械制造大体沿两条路线发展：一是传统制造技术的发展，二是借助计算机和自动化科学的制造技术与系统的发展。自 20 世纪 80 年代以来，现代科技革命推动了人类社会从工业社会进入信息社会，使得现代制造系统由原先的能量驱动型转变为信息驱动型。传统制造技术得到了不同程度的发展，但存在着很多问题。先进的计算机技术和制造技术向产品、工艺和系统的设计人员和管理人员提出了新的挑战，传统的设计和管理方法不能有效地解决现代制造系统中所出现的问题，于是借助现代工具和方法，利用各学科最新研究成果，集成传统制造技术、计算机技术与科学以及人工智能等技术的一种新型的制造技术与系统便应运而生，这便是智能制造技术。

目前，生产线和生产设备内部、互联网上的信息流量增加，使得制造信息爆炸性地增长，处理信息工作量的急剧增加要求制造系统不但要具备柔性，而且还要表现出智能，否则难以处理如此海量而复杂的信息；并且，多品种、变批量、柔性生产的要求，瞬息万变的市场需求和激烈竞争的复杂环境，也要求制造系统表现出更高的灵活性、敏捷性和智能性。在此背景下，人们开始尝试智能技术在制造业中的应用研究，并取得了一批丰硕的成果。20 世纪 80 年代末期，一种集制造自动化、智能技术、计算机科学等高新技术而发展起来的智能制造技术和智能制造系统脱颖而出。随后智能制造作为一门新的学科，越来越受到高度重视，各国政府均将智能制造列入国家发展计划，大力推动实施。智能制造已成为影响未来经济发展过程的一种先进制造生产模式，被称为 21 世纪的制造模式。

1. 国外智能制造研究与应用情况

（1）美国的相关研究计划

◎美国制造业振兴计划

2009 年 12 月，美国政府发布《美国制造业振兴框架报告》，提出振兴制造业的建议，并相继大幅增加美国国家科学基金会（NSF）、美国国防部先进研究项目局（DARPA）、美国国家标准与技术研究院（NIST）和美国能源部（DOE）能源效率与可再生能源办公室等机构的预算，振兴美国制造业，在先进材料、产品技术平台、先进制造过程、制造设计体系结构等 4 个方面加大投入力度，如图 1.15 所示。

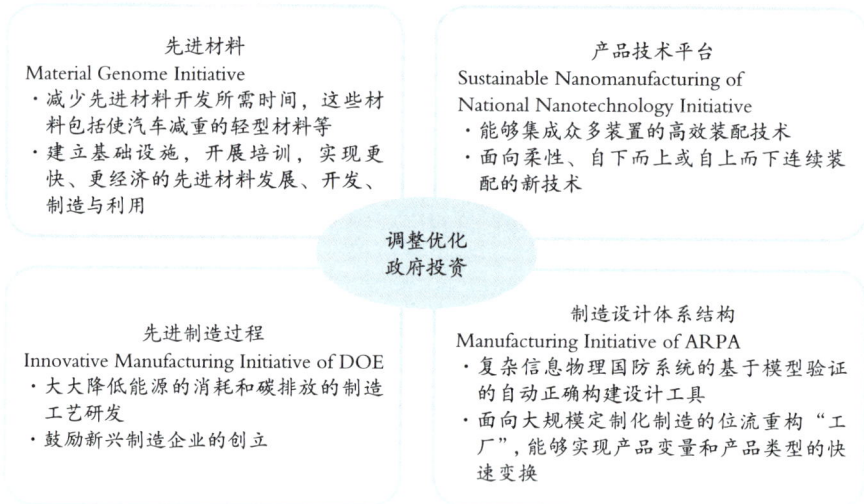

先进材料
Material Genome Initiative
·减少先进材料开发所需时间，这些材料包括使汽车减重的轻型材料等
·建立基础设施，开展培训，实现更快、更经济的先进材料发展、开发、制造与利用

产品技术平台
Sustainable Nanomanufacturing of National Nanotechnology Initiative
·能够集成众多装置的高效装配技术
·面向柔性、自下而上或自上而下连续装配的新技术

调整优化
政府投资

先进制造过程
Innovative Manufacturing Initiative of DOE
·大大降低能源的消耗和碳排放的制造工艺研发
·鼓励新兴制造企业的创立

制造设计体系结构
Manufacturing Initiative of ARPA
·复杂信息物理国防系统的基于模型验证的自动正确构建设计工具
·面向大规模定制化制造的位流重构"工厂"，能够实现产品变量和产品类型的快速变换

图 1.15　美国智能制造领域措施

◎美国《国家增量制造计划》

2012 年 8 月 16 日，美国政府宣布国家增量制造计划，主攻 3D 打印技术，以创造领先地位成为新兴产业中心，并由美国政府和私营部门共同资助，其中 DOD、DOE 和 DOC 等 5 家政府部门将共同出资 4 500 万美元，位于俄亥俄、宾夕法尼亚、西弗吉尼亚技术带（tech-belt）上的企业、学校和非营利性组织组成的联合团体将出资 4 000 万美元进行匹配。NAMII 是美国制造业创新网络的一个重要节点。

◎美国《国家机器人计划》

2011 年 7 月，美国国家机器人计划（NRI）决定耗资 7 000 万美元，加速开发和普及机器人的使用。2012 年 9 月 14 日，美国国家机器人计划获得了 5 000 万美元的首轮研发经费。其中，美国国家科学基金会（NSF）本次资助了下一代先进机器人的研究与开发，下一代"协作机器人"所引领的方向是能够和人类一同工作，并且在提高生产力的同时，不会对人类造成伤害。协作机器人的使命是革新生产领域，如汽车、航空等领域；协作机器人还会让医疗等主流市场实现自动化，其应用领域包括先进制造、土木与环境基础设施、医疗与康复、军事与国土安全、空间与海洋探索、食品加工与分销、改善人类生活质量和独立性的辅助装置，以及安全驾驶装置等，总金额达到 3 000 万美元。

◎美国《面向 21 世纪制造业的创新计划》

2012 年，美国国家标准与技术研究院（NIST）投资 1 330 万美元资助《面向 21 世纪制造业的创新计划》，该先导项目主要研究以下几个方面：

·研究增量制造领域的测量和性能评价标准，包括高性价比的光谱应用软件、专业的快速原型制造工具，以增加用户定制产品的制造、使用三维模型数据制造零部件和产品等；

·发展基础测量科学，用于增强机器人设备的多功能、灵活性和能力，提高人们工作的安全性，填补工人在力量、灵巧、高精度、重复能力上的缺陷，达到完全智能制造的能力；

·研究开发标准的信息基础构造，促进供应商、顾客、监管者之间关键信息的有效交流；

·鉴别和传播核心工业可持续制造技术的最优化方法、过程和评价工具，计量、计划和试点某个国家级项目，注重对最佳的可持续制造方法的推广。

◎美国《网络使能的材料、制造及智能系统计划》

为了响应先进制造技术伙伴计划，美国政府提出了一项 2.57 亿美元的《网络使能的材料、制造及智能系统计划》。该计划将资助具有嵌入式计算智能的智能制造系统研究，主要是在智能系统、穿透材料和先进制造 3 个领域建立一个全新的框架，并取得重要进展。其中在先进制造方面的研究包括：

·机器人、自主系统、仿真与建模、大数据对于计算机集成制造和信息化制造的辅助作用；

·面向更加高效和更快响应生产与分销的制造和供应链动态行为；

·面向先进制造的更加柔性化的界面协议、交互操作应用和服务体系；

·通过智能计算和通信实现适应性更强、响应更快的应用；

·低功耗、自标定、低成本信息系统的优化。

（2）欧盟国家的相关研究计划

1）英国

◎英国《制造业增长框架计划》

随着时间的推移，英国的制造战略出现了一定程度的调整，如创立了首个高价值技术创新中心（TIC），在未来四年将投入2亿英镑。首个TIC将依托全国的资源，包括Rotherham的先进制造研究中心、核先进制造研究中心、考文垂制造技术中心等7个中心。

2011年3月17日，英国政府宣布将投资5 100万英镑，以确保英国制造业的国际领先地位，尤其是制药、航空和汽车领域。其中，4 500万英镑将用于资助英国工程和自然科学研究理事会（EPSRC）的9个先进制造研发中心，其余600万英镑用于制造业的未来尖端研究（见表1.1）。

表1.1　EPSRC的9个先进制造研发中心概况　　　　（单位：万英镑）

中心名称（简称）	依托大学	EPSRC资助	业界资助
超精密中心	克兰菲尔德大学	520	120
产业可持续化中心	克兰菲尔德大学	450	130
全寿命工程服务中心	克兰菲尔德大学	480	350
复合技术中心	诺丁汉大学	490	180
智能自动化中心	拉夫堡大学	480	33.4
增量制造中心	拉夫堡大学	490	320
连续制造与结晶中心	斯特拉思克莱德大学	490	180
先进测量中心	哈德斯菲尔德大学	400	320
重大大分子治疗中心	伦敦大学学院	490	390

◎英国《智能制造计划》

从2008—2012年，英国投入640万欧元开展通过激光穿透技术的智能制造计划（Intelligent Manufacture from Powder by Advanced Laser Assimilation，IMPALA），主要为定制零件或小批量生产开发一种柔性的、高效的快速制造工艺，用于生产多种高价值零件。该项目将大大缩短从设计到产品交付所需的时间，大大降低制造成本。该计划将使欧洲从资源密集型工业转变成知识密集型工业，并将成为欧洲创新的使能技术，对于欧洲在快速制造领域保持世界领先地位具有重要的作用。

◎英国《高价值制造计划》

2012 年 2 月，英国技术战略委员会（TSB）发布英国未来高价值制造前景报告书，确定了高价值制造（High Value Manufacturing，HVM）将作为英国经济的主要驱动力，制定了从概念设计到产品实现的高价值制造战略，提供最有效的知识交换平台，如知识转化网络、知识转化伙伴、特殊利益集团和 HVM Catapult，帮助企业把最好的制造业创新概念变成世界一流的产品、工艺和服务。

2）德国

◎德国《智能网络化制造计划》

2005—2008 年，德国投入 440 万欧元实施了智能网络化制造计划（Intelligent Networked Manufacturing System，INMAS），主要目的是为制造企业研发一种新技术，即智能连接控制平台（Smart-Connected-Control Platform，SCC Platform）。结合学习型移动智能体平台、创新的机械电子学及增强现实技术，该计划将实现一个制造工厂的原型样机，能够进行主动的维护/自标定、动态可重构、实时故障诊断、自修复。SCC 平台将企业员工、制造设备、机器人、生产的零件和外围维护人员无缝地集成为一体。

该计划采用点到点的网络进行分布式信息处理，智能机器人按照智能连接控制平台实时规划好的柔性路径，运送贴有智能标签的物品；增强现实系统使操作者能够与系统进行现场交互，并在生产过程中利用 PDA 将复杂的信息赋予实际的零件，提供出传感器检测不到的信息；利用虚拟现实，客户可以设计所定制的产品，SCC 平台可以快速地制造出来。

◎德国《工业 4.0 计划》

2013 年 4 月，汉诺威工业博览会上德国政府正式推出以智能制造为主导的德国工业 4.0 计划，其目的是为了提高德国工业的竞争力，在新一轮工业革命中占领先机。该计划由德国联邦教研部与联邦经济技术部联手资助，在德国工程院、夫朗霍夫协会、西门子公司等德国学术界和产业界的建议和推动下形成，该战略已经得到德国科研机构和产业界的广泛认同，并已上升为国家级战略，德国联邦政府投入达 2 亿欧元。

工业 4.0 是以智能制造为主导的第四次工业革命，或革命性的生产方法。该战略旨在通过通信技术和网络空间虚拟系统——信息物理系统（Cyber-Physical System）相结合的手段，将制造业向智能化转型，以建立一个高度灵活的个性化和数字化的产品与服务的生产模式。在这种模式中，传统的行业界限将消失，并会产生各种新的活动领域和合作形式。创造新价值的过程正在发生改变，产业链分工将被重组。该计划将特别注重吸引中小企业参与，力图使中小企业成为新一代智能化生产技术的使用者和受益者，同时也成为先进工业生产技术的创造者和供应者。

3）法国

◎法国《未来智能工厂计划》

从 2010—2014 年，法国投入 1 000 万欧元，开展未来智能工厂计划（The Foundation for the Smart Factory of the Future，FOFDATION）。该计划针对制造企业所面临的与多个供应链伙伴之间的全球化合作挑战、产品的优化等问题，从产品可追溯性、安全性和可持续性等方面进行研究和开发。该计划提出了一个基于数据交换标准的全球制造信息系统，该系统可实现一个制造系统的不同实体及其关联设备之间的无缝信息共享，并将使得基于高带宽制造信息传输的智能工厂框架的实现成为可能。该项目主要目标包括：

· 产品、工艺和加工原料的终端数字化，实现从生产到企业的集成监控及整体可持续化管理；

· 智能机床控制器开发，包括用于监视工艺质量和能量使用效率的可扩展高级控制与数据获取系统；

· 智能制造优化器实现，利用来自于 CAD/PLM 和加工机床的虚拟产品信息，及在线的工艺信息来调整工艺控制信息，以获得最佳的工艺结果；

· 将 MES 系统扩展成为智能制造执行系统（SMES），支持原料使用率、可持续能力目标以及与通信相关的制造操作数据集成到 ERP 系统中。

4）欧盟整体

◎欧盟《智能制造与设计相关研究计划》

从 2000 年开始，欧盟在先进制造领域开始了大规模投入和相关技术的研究，并提出到 2010 年欧盟建成全球最具竞争力的知识经济体。2010 年 3 月，欧盟委员会公布指引欧盟发展的"欧洲 2020 战略"，该战略提出了 7 大旗舰计划。其中，提出在欧盟和国家层面启动"欧洲创新伙伴计划"，并将"改变欧洲工业未来的关键使能技术"作为重点领域之一，重点发展信息、节能、新能源和以智能为代表的智能制造，如图 1.16 所示。

◎欧盟《可配置型装配的柔性制造计划》

该计划从 2007 年至 2011 年，约投入 1 200 万欧元，通过推出一个全新的"制造工厂"概念，实现生产制造领域根本性的创新与知识突破。"制造单元"由装配生产工艺所需要的各种硬件和软件组成，具有先进知识系统，类似于机器人或受控机器。这使得其可以对于给定的任务选择最佳的生产参数。而"制造工厂"则是一个由"制造单元"组成的共同协调的团队。"制造单元"通过网络分享彼此的专家知识，进而实现同一生产线内和不同生产线间的互相学习，如图1.17所示。

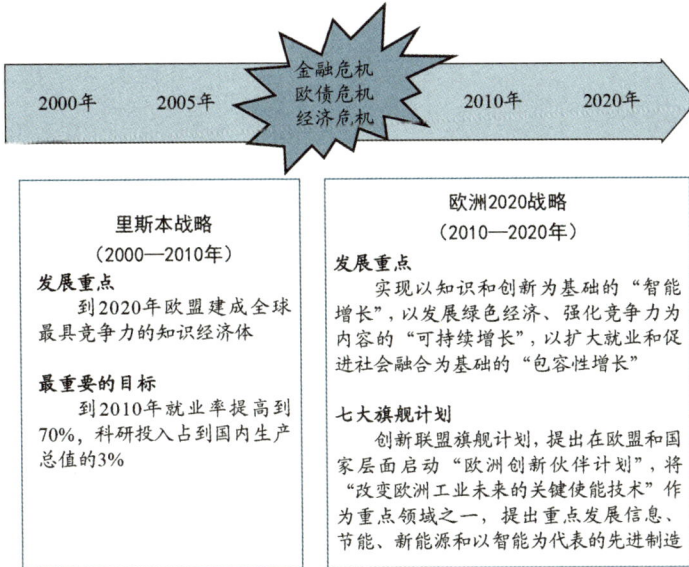

金融危机
欧债危机
经济危机

2000年　　2005年　　　　　　2010年　　2020年

里斯本战略
（2000—2010年）

发展重点
　　到2020年欧盟建成全球最具竞争力的知识经济体

最重要的目标
　　到2010年就业率提高到70%，科研投入占到国内生产总值的3%

欧洲2020战略
（2010—2020年）

发展重点
　　实现以知识和创新为基础的"智能增长"，以发展绿色经济、强化竞争力为内容的"可持续增长"，以扩大就业和促进社会融合为基础的"包容性增长"

七大旗舰计划
　　创新联盟旗舰计划，提出在欧盟和国家层面启动"欧洲创新伙伴计划"，将"改变欧洲工业未来的关键使能技术"作为重点领域之一，提出重点发展信息、节能、新能源和以智能为代表的先进制造

图1.16　欧盟先进制造领域计划

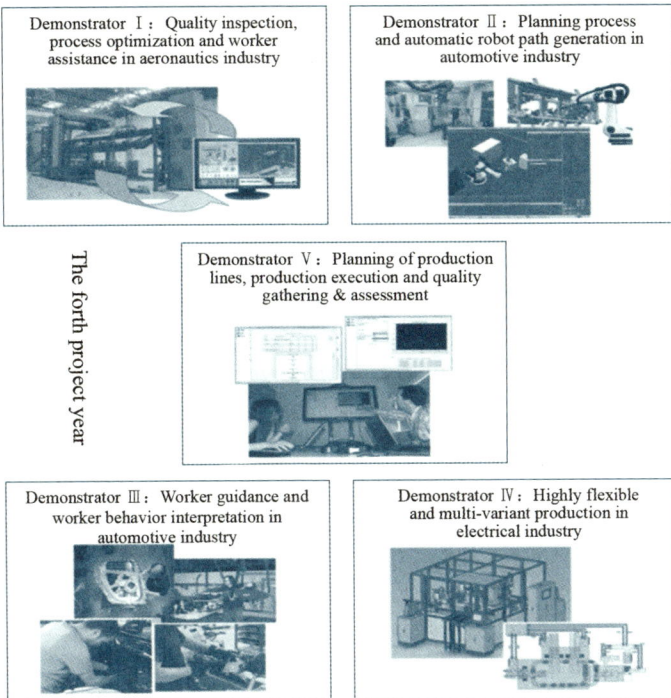

Demonstrator Ⅰ: Quality inspection, process optimization and worker assistance in aeronautics industry

Demonstrator Ⅱ: Planning process and automatic robot path generation in automotive industry

The forth project year

Demonstrator Ⅴ: Planning of production lines, production execution and quality gathering & assessment

Demonstrator Ⅲ: Worker guidance and worker behavior interpretation in automotive industry

Demonstrator Ⅳ: Highly flexible and multi-variant production in electrical industry

图1.17　可配置型装配的柔性制造计划

◎欧盟《智能制造系统 2020 计划》

2009 年 1 月，欧共体的纳米科学、纳米技术和材料及新产品技术部门资助启动了智能制造系统 2020 计划（Intelligent Manufacturing Systems 2020，IMS 2020）计划。由意大利牵头，参与的国家和地区包括欧盟诸国、日本、韩国、瑞士、美国。这个项目的重点是创建面向智能制造系统 2020 的路线图，这个路线图突出强调了创新活动的时间（研究与开发、管理和政策行为）需要达到一个理想的构想。该项目确定了相关的研究课题和支持行为，为的就是通过国际合作来打造未来的智能制造，如图 1.18 所示。

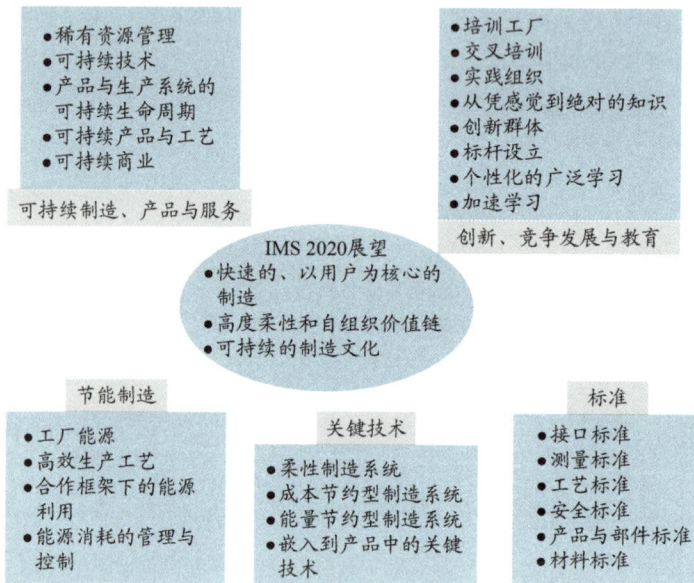

图 1.18　智能制造系统 2020 路线

IMS 2020 构想展示了制造业可实现的和令人满意的将来，被公认的研究领域能够通过国际性的合作落实到位。该计划主要关注以下 5 个核心领域：

· 可持续性制造、产品和服务（Sustainable Manufacturing，Products and Services）；

· 能源高效制造（Energy Efficient Manufacturing）；

· 关键技术（Key Technologies）；

· 标准化（Standardization）；

· 革新、竞争发展和教育（Innovation，Competence Development and Education）。

（3）日、韩的相关研究计划

1）日本

◎日本《智能制造系统计划》

日本提出的"智能制造系统（IMS）"计划研究包括智能活动、智能机器以及两者的有机融合技术，其中智能活动是问题的核心。在 IMS 研究的众多基础技术中，制造智能处理技术是最为关键和迫切需要研究的问题之一，因为它负责各环节的制造智能的集成和生成智能机器的智能活动。在一个国家甚至世界范围内，企业之间有着密切的联系，譬如，采用相同的生产设备和系统、有着类似的生产控制与管理方式、上下游产品之间的联系，等等。其间存在的突出问题是产品和技术的规范化、标准化和通用化、信息自动交换形式与接口以及制造智能共享等。

日本 IMS 计划的基本观点如下：① IMS 是 21 世纪的制造系统，必须开发与之相适应的制造技术；②应对这些技术进行组织化和系统化；③加强技术的标准化；④考虑人的因素；⑤保护环境。该计划由已有生产技术的体系化和标准化、21 世纪生产技术的研究与开发两大部分构成。

1992 年 4 月，在日本召开的第一次国际技术委员会会议确定了 4 个主题：①技术课题；②选择原则；③评价程序；④执行准则。由国际 IMS 中心成员提出的首批 10 项研究课题是：①企业集成；②全球制造；③系统单元技术；④清洁制造技术；⑤人与组织研究；⑥先进的材料加工技术；⑦全球并行工程（评估和实施）；⑧自主模块的系统设备与分布控制；⑨快速产品开发；⑩知识系统化（设计与制造）。

◎日本《制造基本技术振兴计划》

2002 年日本政府制定了《制造基本技术振兴基本法》，并在同年 6 月发表的《日本制造业白皮书》中明确提出了要重新确立日本制造业优势的政策与战略。为加强新技术、新产品的研究开发，日本制造业不惜投入巨额科研经费。据《日本经济新闻》调查，在 2004 会计年度中，日本 437 家上市公司计划投入的科研经费总额达到近 8.6 万亿日元，平均比上年度增长 5.9%。近年来，日本全国每年的 R&D 经费总额占国内生产总值的 3.3% 以上，这一比例大大高于美国、德国、英国等其他发达国家，为世界前列。R&D 经费总额的 85% 投向制造业，制造业科研经费占销售额的比重达到 4% 左右。增加科研投入使日本企业具备了较强的自主研究开发能力和新产品生产能力，从而提高了企业的竞争力。

◎日本《第四期科学技术基本计划（2011—2015）》

2011 年开始实施的日本《第四期科学技术基本计划（2011—2015）》，主要支持两个基本主题的创新：绿色和生命。其中，重点强调：

· 低碳能源的先进制造技术；

· 面向能源高效智能使用的创新制造工艺；

· 通过支持测量与分析技术、高精度加工技术等促进有利于增强日本竞争力的新型制造技术的形成。

◎日本《新产业创造计划》

2003 年日本为增强制造业在国际舞台上的竞争力，出台了《新产业创造战略》，将燃料电池、机器人、信息家电、生物产业、环境机械设备以及电子动画等作为突破重点，启动了全面提升制造业技术水平的庞大工程。

◎日本《未来新工业和新市场的研究计划》

2012 年 3 月，日本经济产业省发布创造未来新工业和新市场的研究计划。该计划将涵盖机器人、下一代汽车、飞机工业、航天工业、零件和材料工业等的先进技术工业作为主要的发展计划。

2）韩国

◎韩国《高度先进技术国家计划》

1991 年年底，韩国政府提出了高度先进技术国家计划（Highly Advanced National Project，HANP），由韩国科技部、工商部、能源部和交通部联合实施。该计划的目标是：到 2000 年把韩国的技术实力提高到世界一流工业发达国家水平。这一计划包括先进制造系统、新能源、电气车辆、人机接口技术等 7 个大项目。韩国信息产业产值已经占其国内生产总值的 17%。韩国经济的腾飞与信息产业的崛起有很大关系。在亚洲金融风暴之后，韩国政府深深感到"网络经济竞争"的重要性，尤其是宽带网络产业成为韩国 e-Korea 和 U-Korea 计划的基础。韩国政府的宽带网络发展策略，属 U-Korea 计划发展蓝图中的网络基础建设部分，因此，如何提供方便价廉的宽带网络接入，让韩国产业、政府、人民能够在宽带网络技术尖端上发展相关具有国际竞争力的产业，成为韩国政府的一个重要战略课题。

◎韩国《e-Korea 计划》

1993 年韩国政府制定了《信息产业育成计划》。1996 年韩国政府提出"促进信息化基本计划"，1997 年提出"网络韩国 21 世纪"计划，到 2002 年以建设 e-Korea 国家发展计划为契机，信息产业政策由"辅助地位"转为"领导策略"，其关注的重点是加紧建设 IT 基础设施，强调战略重点放在新兴技术与增值服务上，以求信息产业的国际领先。这些举措使韩国社会的各方面在尖端科技的带动下跨上了一个新的发展台阶。韩国选择新一代移动通信为突破口，打造国家高技术服务业与高技术制造业的互动平台，而以三星、SK电讯和 LG 为代表的韩国信息通信制造企业和运营服务企业已经成为实施"韩国以世界一流的信息产业提升国家竞争力"战略的主力军。

◎韩国《u-Korea 计划》

韩国 2004 年的"IT839 计划"实现了从传统的以重工业规模扩张向以信息化支撑下的集约发展转变，接着韩国情报通信部公布了 u-Korea 战略，在其发布的《数字时代的人本主义：IT839 战略》报告中指出，"无所不在的网络社会将是由智能网络、最先进的计算技术以及其他领先的数字技术基础设施武装而成的技术社会形态。在无所不在的网络社会中，所有人可以在任何地点、任何时刻享受现代信息技术带来的便利。u-Korea 意味着信息技术与信息服务的发展不仅要满足产业和经济的增长，而且给国民生活带来革命性的进步"。

2. 国内研究现状

随着国外智能制造系统（IMS）和智能制造技术（IMT）的发展，国内也认识到了智能制造与设计的重要性，在智能制造和设计及其相关方向上开展了大量的研究。智能制造系统是一种由智能机器和人类专家共同组成的人机一体化系统，在制造过程中能进行诸如分析、推理、判断、构思和决策等智能活动，并有效地管理和利用制造过程中的各种知识。将人工智能融进产品设计、工艺过程设计、生产计划调度、工艺过程控制、制造、装配、维护和回收等环节，能提高制造系统各个环节的智能水平，使制造系统具有更高的柔性。智能制造的主要研究内容包括智能化制造技术及系统、智能化设计技术及系统、智能化管理技术及系统、智能化集成技术及系统等。这些技术成为工业信息化技术的重要组成部分。同时，基于新一代信息技术的发展，也出现了泛在信息化制造和云制造等新兴制造模式。这些新兴制造模式的出现，也为智能制造与设计的研究提供了新的思路。

（1）智能化制造技术及系统研究方面。智能化制造技术及系统将各个层次的制造过程互相连接并加以集成，而无须考虑其所处的地理位置。智能化制造技术及系统可将信息收集、分析和处理功能集成到自学习环境中，对所有的制造能力和工艺过程进行全面的控制，而且还能预测问题，修正加工动作，并具有自学习、自调整和自恢复功能。智能化制造技术及系统发展的趋势和研究重点是：数字化与智能化数控机床、智能化物流系统、具有智能并基于模型和开放式控制结构的模块化加工装备、智能化自配置装配系统、智能化标签、智能化工业传感器和系统、智能化虚拟仪器仪表、智能化多相流计量技术、机械装备的智能自修复技术等。20 世纪 80 年代起，国内密切注意国际上智能制造的研究动态，已经针对人工智能与制造领域的结合开展了一些研究，国家自然科学基金委员会于 1988 年组织"机械制造的未来"研讨会，首次探讨了"智能制造"的研究问题。其研究包括：

1）智能制造系统理论基础与设计技术。作为一个新提出的理念，"智能制造"的理论基础与体系尚未完全形成，它的精确内涵和设计技术亟待进一步研究，包括体系结构与发展战略、开发环境与设计方法学、评价技术等几个方面。

2）制造智能理论及处理技术。研究整个制造环境中各种智能源的开发、描述、集成、共享与处理，最后生成智能机器的智能活动，具体包括制造环境的描述与建模、制造智能源的开发与获取、制造智能的表示、制造智能的集成与共享、智能活动的生成策略、智能活动的机器化技术等。

3）智能制造单元技术的集成。为了适应实际制造过程和面向 21 世纪的新型制造工业，需要对制造单元进行集成。集成这些单元的技术包括并行智能设计，生产过程的智能调度、规划、仿真与优化，产品质量信息的智能处理系统，制造过程与系统的智能监视诊断、补偿与控制，生产与经营管理的智能决策系统。

4）知识库系统与网络技术。知识库系统与信息网络技术是制造过程中系统与各环节"集成智能化"的支撑，在 IMT & IMS 研究中占有重要地位。其内容包括建立分布式异构联想知识库和发展信息控制与网络通信技术。

5）智能机器的设计。智能机器是 IMS 中模仿人类专家智能活动的工具之一，为消除制造过程依赖人脑决策的局限，对智能机器的设计方法及其相关技术的研究具有重要意义，其研究内容包括机器人智能技术、机器自学习与自维护技术、智能制造单元机的设计与制造技术。

6）人机交互。智能制造的目的之一就是减轻人类制造专家艰苦的脑力劳动负担，因此，与脑力劳动有密切联系的制造中人的因素理应受到充分的重视，研究内容包括人—系统柔性交互技术、未来制造环境的设计、人才培养与教学系统。

（2）智能化设计技术及系统研究方面。智能化设计即应用现代信息技术，采用计算机模拟人类的思维活动，提高人机系统中计算机的智能水平，使计算机更多、更好地承担设计过程中的各种复杂任务，成为设计人员的得

力助手。目前，智能化设计技术及系统发展的趋势和研究重点是：支持创新设计的智能化工具，智能行为建模技术，现代设计方法和技术，产品广义优化理论、方法和技术，设计知识表示技术，多种推理机制的综合应用技术，智能化人机接口，智能设计与分析顾问系统，支持从概念设计、产品设计、工艺设计到工厂设计全过程的智能设计软件，集成智能工艺信息系统，多模态智能建模方法等。

　　智能设计的发展经历了两个阶段：设计型专家系统和人机智能化设计系统。设计型专家系统采用单一知识领域的符号推理技术。它对于设计自动化从信息处理自动化走向知识处理自动化有着重要意义，但仅仅是为解决设计中某些困难问题的局部需要而产生的，只是智能设计的初级阶段。人机智能化设计系统是 CIMS 环境下的智能设计的高级阶段，是人机结合的集成化智能系统。它强调人和人的知识的重要性，认为人类专家将永远是系统中最有创造性的知识源和关键性的决策者。智能设计的发展与 CAD 的发展联系在一起，在 CAD 发展的不同阶段，设计活动中智能部分的承担者是不同的。传统 CAD 系统只能处理计算型工作，设计智能活动是由人类专家完成的。在智能 CAD 的初级阶段，智能活动由设计型专家系统完成，但由于单一知识领域符号推理技术的专家系统求解问题能力存在局限性，设计对象（产品）的规模和复杂性都受到限制，这样智能 CAD 系统完成的产品设计主要还是常规设计，不过借助于计算机支持，设计的效率大大提高。而在智能 CAD 的高级阶段，由于集成化和开放性的要求，智能活动由人机共同承担，这就是人机智能化设计系统。它不仅可以胜任常规设计，而且还可支持创新设计。因此，人机智能化设计系统是针对大规模复杂产品设计的软件系统，它是面向集成的决策自动化，是高级的设计自动化。目前，国内在智能设计研究方面主要的方法包括：

　　1）以设计方法学为指导。智能设计的发展，从根本上取决于对设计本质的理解。设计方法学对设计本质、过程设计思维特征及其方法学的深入研究是智能设计模拟人工设计的基本依据。

　　2）以人工智能技术为实现手段。借助专家系统技术在知识处理上的强大功能，结合人工神经网络和机器学习技术，较好地支持设计过程自动化。

　　3）以传统 CAD 技术为数值计算和图形处理工具。提供对设计对象的优化设计、有限元分析和图形显示输出上的支持。

　　4）面向集成智能化。不但支持设计的全过程，而且考虑到与 CAM 的集成，提供统一的数据模型和数据交换接口。

5）提供强大的人机交互功能。使设计师对智能设计过程的干预，即与人工智能融合成为可能。

智能设计系统的关键技术包括设计过程的再认识、设计知识表示、多专家系统协同技术、再设计与自学习机制、多种推理机制的综合应用、智能化人机接口等。

6）设计过程的再认识。智能设计系统的发展取决于对设计过程本身的理解。尽管人们在设计方法、设计程序和设计规律等方面进行了大量探索，但从计算机化的角度看，目前的设计方法学还远不能适应设计技术发展的需求，仍然需要探索适合于计算机处理的设计理论和设计模式。

7）设计知识表示。设计过程是非常复杂的，它涉及多种不同类型知识的应用，因此，单一知识表示方式不足以有效表达各种设计知识。建立有效的知识表示模型和知识表示方式，始终是设计类专家系统成功的关键。

8）多专家系统协同技术。较复杂的设计过程一般可分解为若干个环节，每个环节对应一个专家系统，多个专家系统协同合作、信息共享，并利用模糊评价和人工神经网络等方法以有效解决设计过程多学科、多目标决策与优化难题。

9）再设计与自学习机制。当设计结果不能满足要求时，系统应该能够返回到相应的层次进行再设计，以完成局部和全局的重新设计任务。同时，可以采用归纳推理和类比推理等方法获得新的知识，总结经验，不断扩充知识库，并通过再学习达到自我完善。

10）多种推理机制的综合应用。智能设计系统中，除了演绎推理外，还应该包括归纳推理、基于实例的类比推理、各种基于不完全知识的模糊逻辑推理方式等。上述推理方式的综合应用，可以博采众长，更好地实现设计系统的智能化。

11）智能化人机接口。良好的人机接口对智能设计系统是十分必要的，对于复杂的设计任务以及设计过程中的某些决策活动，在设计专家的参与下，可以得到更好的设计效果，从而充分发挥人与计算机各自的长处。

（3）智能化管理技术及系统研究方面。智能化管理技术及系统的发展趋势和研究重点是：商务智能及商务智能决策支持系统，企业的智能管理模型技术，生产管理知识表示与知识获取技术，集成环境下协同建模与仿真系统，基于多智能主体的群体决策支持系统，智能化企业组织与管理模型，智能管理优化方法，面向管理决策的多媒体人机智能接口系统，智能化计划优化技术，基于智能优化方法的企业管理信息系统，智能化生产车间的组织形式与体系结构，智能化车间生产过程重组与配置技术，集工艺知识、优化控制、智能技术为一体的智能化先进控制系统等。

（4）智能化集成技术及系统方面。目前对智能化集成技术的研究不断深入，智能化集成技术及系统主要包括：智能化制造网络平台，智能公共信息服务系统，制造知识共享使能工具集，智能化企业数据与资源管理系统，分布式智能协商（冲突消除）处理系统，传感器网络技术，过程混杂大系统决策与智能优化计算方法等。

三、智能制造的技术框架

智能制造是制造企业未来的发展方向，也是提升制造企业核心竞争力和经济效益的主要手段，其发展得到了各国政府的重视，德国政府推出的工业4.0 规划中，明确指出智能工厂是未来的重要发展方向（Nikolaus，2013）。中国科技部发布了智能制造科技发展"十二五"专项规划，以促进我国智能制造产业的发展（中华人民共和国科技部，2014）。

智能制造涉及的内容和技术非常广泛，图 1.19 给出了智能制造的技术框架。以下对技术框架中涉及的各部分内容进行介绍。

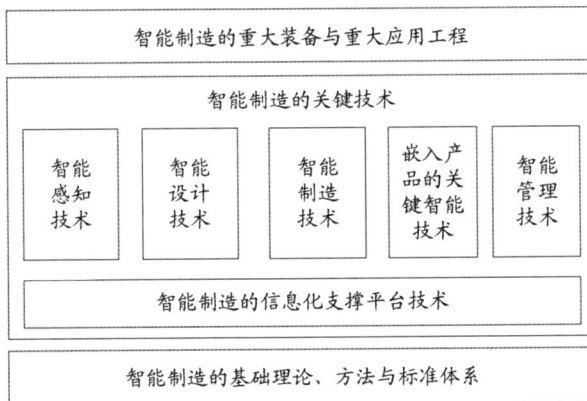

图 1.19　智能制造的技术框架

（一）智能制造的基础理论、方法与标准体系

建立智能制造基础理论与技术体系，重点突破设计过程智能化、制造过程智能化和制造装备智能化中的基础理论与共性关键技术，完善智能制造基础技术、技术规范与标准制定，为我国制造业实现低碳、高效、安全运行和可持续发展提供基础理论与技术支撑。建设一批高水平的国家重点实验室、

工程技术研究中心和示范基地，突破智能制造与设计的重大技术难题，建立系统技术与服务平台，培养造就一支高水平、高素质的科技创新队伍。

开展智能制造战略研究、行业应用发展模式研究，研究制定相关标准、规范，形成智能制造标准体系，开展智能制造指数调查统计与分析、第三方监理服务、绩效评价、技术咨询等服务工作。

智能制造与设计标准体系包括接口、评测、流程、安全、产品和零部件、材料等 6 类标准[①]。

（1）接口标准。包含电子信息与数据标准（格式）、通信与语义标准（内容）、物理接口标准。

（2）评测标准。包含流程效率评测标准、能源效率评测标准、制造效率评测标准、废弃物探测评测标准、排放探测评测标准。

（3）流程标准。包含设计流程标准、制造流程标准、商业流程标准、闭环管理标准。

（4）安全标准。包含制造和产品使用过程中的劳动和环境保护标准、企业运作和商业环境中涉及的网络安全和数据安全相关标准。

（5）产品和零部件标准。包含与产品和零部件相关的技术标准，如标准件库、产品数据交换标准、产品工艺标准、产品包装标准、产品质量标准、产品回收和拆卸标准等。

（6）材料标准。包含与材料相关的标准，如各类金属和非金属材料标准、塑料材料标准、磁性材料标准、材料有毒性标准等。

（二）智能制造的关键技术

智能制造与设计的关键共性技术可以分为智能设计技术、智能制造技术、智能管理技术、嵌入产品的关键智能技术、信息化支撑平台技术。

1. 智能设计技术

采用信息化和智能化的技术、部件和研发手段，开展智能设计技术研究和应用，提高产品、服务和企业的智能化水平，以保护自然环境和实现可持续发展为目标，改变传统的以单纯地追求产品或企业价值最大化的设计理念，促进环境、社会、企业、个人的和谐发展。

---

① IMS 2020 Roadmap: Supporting global research for IMS vision [EB/OL]. [2014−11−15]. http://www.ims.org/2011/10/ims2020-supporting-global-research-for-ims-vision/.

智能设计技术包含的内容有：

（1）能源自主工厂的设计。发展生产场所能源技术和框架，降低能源消耗和保证可靠的能源供应。根据生产场地的能源需求，依靠自己产生能源，加强可再生能源利用。

（2）可持续供应链设计。过去许多外包失败的原因是忽略了劳动力技能、运输时间和成本、生态问题等因素，现在许多公司开始重新为其生产地选址。发展一个考虑所有这些因素的可持续供应链的整体模型，有助于企业进行可持续性的供应链运作。

（3）绿色产品设计技术。集成化考虑产品设计和制造过程，发展绿色产品的新架构，并据此发展新的能量高效和环境友好的生产系统。

（4）模块化产品设计技术。通过模块化的产品设计，提高产品模块化和可重用水平，提高产品后期制造和维护过程的效率。

（5）已开发利用过并已废弃的工厂再造。发展新的商业模型，对工厂进行再造，提升已开发利用过并已废弃的工厂的效益。因此，需要发展支撑工具和方法学，如即插即互操作的装备，互操作接口，快速仿真，再编程工具，改善工厂控制、装配和拆卸特性的方法。

2. 智能制造技术

实施智能制造技术就是要在制造过程控制和管理中充分利用传感器技术、无线通信技术、信息化技术、先进控制技术和现代管理理念，提高制造过程的智能化水平，提高制造效率和产品质量，减少废物排放和能源消耗，实现企业、环境和社会的可持续发展。

智能制造技术的研究内容包括：

（1）高质量嵌入式制造系统。在产品和装备中嵌入智能装置，并通过无线方式接入网络，利用智能控制系统对其进行远程实时监控。实时采集数据，远程监控和分析制造操作，控制制造质量。

（2）材料重用优化技术。研发新的方法和工具，在产品报废后提高其材料重用水平。包括自拆卸技术、逆向制造方法、复合材料、IT 工具、大公司和中小企业的材料重用的最佳实践。

（3）利用替代燃料和原材料的资源恢复技术。由于在能源密集型工业中大量使用废弃材料来代替常规燃料或原材料，故从这种材料流中恢复矿物质成为未来制造过程的关键环节。研究重点是发展新的技术解决方法，使恢复矿物质的过程能够以一种经济和生态的方式完成。

（4）预测性维护技术。应用嵌入式技术，将用户和操作者的信息集成到 PLM（产品全生命周期管理）中，形成闭环的 PLM 系统，并利用感知到的信息，对设备进行预测性维护。

（5）可持续的包装技术。包装是废品产生的重要因素之一。为了降低其对环境的影响，减少浪费，需要发展新的包装方法，提高重用水平，采用可生物降解的材料、环境友好或可食用的包装。需要考虑现行的标准和法规，从生态和商业两方面找到最优包装方法。

（6）减排技术。资源和能源密集型企业排放了大量温室气体和其他污染物。减排技术需要在一个行业进行协同规划和开展。预期效益可以在不同的行业中通过开展类似的减排和污染物过滤技术获得。

（7）提高废物利用率的技术。从废物中提高替代能源和原材料的利用，以代替自然资源的使用，达到降低资源密集型企业对环境的影响。而这需要提高预处理和升级方面的技术，对已有成熟应用经验和处理流程进行跨行业的示范应用也是提高废物利用率的有效途径。

（8）废热的智能利用技术。流程工业是低中温废热产生的地方，这些废热大部分没有被利用。可以预期的成果包括跨工厂废热利用的分析方法、复原技术和不同温度的废热跨厂利用的合作示范。

3. 智能管理技术

基于智能信息感知和泛在信息服务技术，采用先进的管理模式和决策模型，对产品的全生命周期过程进行智能管理，提高产品整个生命周期的价值，减少产品全生命周期的资源、能源消耗和对环境的不利影响，促进经济、社会和环境的和谐发展。

智能管理技术包含的主要内容有：

（1）建立可持续评价指标。为产品的过程和可持续性指标（绿色、可持续性标度）建立计分卡。计分卡和指标需要考虑产品全生命周期中可持续性的所有支柱（环境、社会）、公司和供应链的信息。计分卡将被决策者用来为公司选择最好的可持续性方案，用户则可以使用指标来理解产品的真实影响，或者用来选择最可持续的产品。

（2）发展实时生命周期评估技术。发展一套实时生命周期评估方法学和一组工具，用来精确评估产品的生命周期影响（LCA）和生命周期成本（LCC），供设计者在设计过程中实时应用。这组工具通过使用过去产品的生命周期数据和评价情况，在新产品研发阶段和全生命周期中精确评估新产品的全生命周期影响和成本。

（3）发展基于成本的全生命周期管理（PLM）技术。成本是产品相关决策的基本准则，制造商关心降低制造成本，客户希望得到低成本的产品，二手设备基于其预计的成本采用不同的处理方法。目前的应用中每个参与者都没有从全局的视角考虑成本的问题，因此，在产品的整个生命周期采用集成化的成本管理对于最大化产品最终价值非常有益。

（4）发展电子产品可持续性优化技术。电子产品本可以有更长的工作时间，它们被废弃不是因为坏了，而是因为过时了。废弃产品的材料对环境有非常重大的影响，因此，需要发展一套全生命周期的方法学来优化产品的使用（重用）过程，减少产品废弃对环境的不利影响，使用先进的标签识别，发展废弃产品的回收利用技术。

（5）可持续维护概念与应用。有效的和高效的维护可以延长机器寿命，提高设备性能和可用性。设备维护是可持续的重要手段。新的维护概念是指通过创新的和预测性的方法来改进制造的可持续性水平。需要将集成了可持续性特性（总体拥有成本（TCO）计算、能源效率）的新评价方法引入维护管理中，发展新的可持续维护概念并进行广泛应用。

（6）EOL（生命周期终结）管理的支撑技术。许多国家开始加紧环境立法，再制造变得越来越重要。对使用过的产品依据其动态质量进行个性化的处理能够提高整个制造系统的性能。对再制造过程进行优化，可以获得高效的再制造系统，获得高效的再制造部件，同时保证所需的质量指标。这对资源使用优化很有帮助，而资源优化利用是可持续制造的主要目的。

4. 嵌入产品的关键智能技术

当今全球市场中，制造企业需要从提供技术先进的产品发展到提供整体解决方案（产品＋服务＋流程），提高客户在使用技术产品时感受到的价值。除了聚焦在方案上以外，制造商需要将潜在的客户集成到创新解决方案的制定过程中，以此作为产生新的业务机会和为客户创造更多价值的手段。

为了实现这个目标，制造企业需要发展创新的面向客户的服务和新的知识，并将其嵌入整体解决方案的产生过程中；在产品开发过程中使用智能材料、传感器和 RFID 技术，将知识和面向客户的功能嵌入产品中。另外，企业需要在智能化产品的基础上，大力发展价值增值的信息服务和维护功能，并培训客户从这些智能产品及其服务中获得最大价值。

5. 信息化支撑平台技术

信息化支撑平台是实现智能制造的基础环境和使能平台，发展先进的信息化支撑平台可促进企业、社会实现可持续发展。信息化支撑平台技术涉及以下主要内容：

（1）先进的集成化供应链和物流管理工具。供应链的局部优化常常导致其外部其他环节的低效率，需研发支持整个供应链合作的工具，协调物流并改进供应链整体性能。

（2）集成的服务—提供商技术。建立生产者和服务商共同工作的网络，形成产品、服务和系统的一体化系统，发展标准方法和工具支持接口定义，实现产品供应商、服务提供商和用户方的集成化运行和协同运作。

（3）产品—服务工程技术与平台。由于客户需求千差万别，企业需要为客户发展集成了产品和服务的个性化解决方案。因此，需要建立集成化产品和服务工程的通用框架，发展一组方法学、工具、商业模型、产品和服务的标准，并定义它们的接口和流程，促进多方协同和协调发展。

（4）物联网综合应用平台技术。基于物联网技术，实现对产品和制造过程信息的全过程获取和访问，使产品的价值链更加透明。这种透明性可以使流程得以改进，并提高整个价值链的性能。

（三）智能制造装备与应用工程

1. 智能制造装备和系统

（1）智能制造装备。智能制造是面向产品全生命周期，实现泛在感知条件下的信息化和智能化的制造，是在现代传感技术、网络技术、自动化技术、智能技术、系统技术等先进技术的基础上，通过智能化的感知、人机交互、决策和执行技术，实现设计过程、制造过程和制造装备智能化，是信息技术和智能技术与装备制造过程技术的深度融合与集成。相应地，智能制造装备是将完备的感知系统、执行系统和控制系统与相关机械装备完美结合，将专家的知识不断融入制造装备中，提高装备的智能化水平，实现自动、柔性和敏捷制造，提高产品质量、生产效率，显著减少制造过程物耗、能耗和排放。

智能制造装备包括数控机床、工程机械、石化装备、复合材料加工装备、新能源装备、工业机器人、自动化柔性生产线、成套工艺关键装备等。

（2）智能制造系统。智能制造系统是一种由智能机器和人类专家共同组成的人机一体化系统，它突出了在制造诸环节中，以一种高度柔性与集成的方式，借助计算机模拟的人类专家的智能活动，进行分析、判断、推理、构思和决策，取代或延伸制造环境中人的部分脑力劳动，同时，收集、存储、完善、共享、继承和发展人类专家的制造智能。由于这种制造模式突出了知识在制造活动中的价值地位，而知识经济又是继工业经济后的主体经济形式，所以智能制造就成为影响未来经济发展过程的制造业的重要生产模式。

智能制造系统主要包括柔性制造系统、成本节约的制造系统、能源节约的制造系统。

1）柔性制造系统。制造业需要适应快速的市场变化，柔性制造系统可以缓解需求不确定性带来的影响。制造企业需要高产出和可靠的机床和制造系统，这些系统是柔性的、自适应的，可以根据产品数量和变型进行生产。为了实现上述目标，制造业需要多学科的方法来构思和建立自适应制造系统，并且要涵盖制造系统的整个生命周期，从设计、装配到生命周期终结。这些技术需要集成新产品和流程的新知识，包括新架构和新部件。

新架构包括：集成了产品、服务、流程和商业模型的综合模型，使得建造客户化的制造系统成为可能。新的接口、机电部件装配和拆卸概念，方便制造系统适应产品数量和类型变化。基于移动机器人、机床和劳动力形成的社区建立柔性制造工厂的概念，以敏捷的方式对需求波动进行反应。改进生产工厂运作效率的新商业模型，以可重用的机床部件和可再编程的控制系统轻松构建适应性工厂。

新部件包括：采用集成了仿真模型和过程控制系统的微型、小巧和模块化的机电装置，建立能够完成不同的产品和生产流程的柔性制造系统，采用创新技术研发嵌入了传感器和执行器的微型化机床部件，基于累积成型技术建立创新的制造流程，缩短客户化机床的上市时间。

柔性制造系统的短期发展目标是面向制造系统产品全生命周期，发展集成了机床产品、服务和相应商业模型的语义知识模型，以及用于建模和分析制造价值链中价值创造的方法和工具。中长期目标是发展嵌入式智能自适应模块和标准化即插即用接口，发展先进的自适应系统配置建模工具，发展累积成型制造过程，并将其集成到用于机床和部件制造的敏捷和反应性制造环境中。基于能够管理动态和易适应网络（由机床、机器人和人组成）的多级控制器，发展知识型和自学习的控制系统，发展方法学和工具，用于管理可重用的模块化和适应性部件，建立可重构的机床和自适应的生产工厂。

2）成本节约的制造系统。降低系统停机时间和效率最大化是实现成本最小化的一种新方法。企业需要从整个生命周期的角度重新考虑其制造系统和流程，以获得成本高效的、价值增加的和可持续的制造系统，最小化制造系统的全生命周期的成本。

采用创新的技术和方法提高劳动力效率，劳动力积极参与到制造过程中，其工作是有效的和安全的。零缺陷制造，研发更高效和高产出的制造系统技术，使其在变化的运行条件下始终保持高的制造水平。发展语义制造系统支持协同工程，提高制造系统的价值增加和成本降低。基于高精度模型的生产控制和计划，使企业可以用成本高效的方式安排生产过程。发展先进的ICT工具，使企业可以预测风险和机会，发展新的产品、服务和制造过程。

发展新型价值链管理的创新ICT工具，用于企业内部和制造网络之间的计划、管理和优化生产与物流的创新工具。分布式生产的控制机制，使得制造价值链上的企业能够以成本高效的方式适应生产和能力管理的变化。发展新的生产计划和控制方法，协调生产活动，保证好的流程可靠性、短的交货期和低的生产成本。发展以可视化的方式将知识集成到的制造价值链中的虚拟制造技术发展工具、标准和创新合作模型，用来提高跨企业工作流的效率。

3）能源节约的制造系统。发展高效的制造系统，利用创新的制造设备，通过新的制造方法，使用精细模型和仿真工具，在设计过程中集成监测和控制技术等手段，实现提高原材料的利用率、生产"零缺陷"部件的目标。发展新型智能自动化和控制系统，发展创新的监控算法和系统，以自治和智能的方式提高制造过程的在线稳定性，改进制造系统的能源效率。

发展高效的制造过程，利用创新制造过程，包括近净成形技术等先进制造技术，最小化库存和废料，以获得"零排放"制造过程。采用环境友好的结构性材料，提高材料的再循环特性，降低当前材料密集型制造的材料消耗量。

2. 智能制造的重大应用工程

与传统的单纯经济效益驱动的发展策略不同，本报告研究的智能制造与设计的重大应用工程除了促进制造企业取得更好的经济效益外，还要能够促进环境保护和社会和谐发展。实现经济、社会和环境的可持续发展是实施智能制造与设计重大应用工程的首要目标。据此，提出以下2个重大应用工程：可持续制造、产品和服务工程，能量高效的制造工程。

（1）可持续制造、产品和服务工程。可持续发展是指在满足当前人类需求的情况下，不影响未来人类满足需求的能力。可持续制造是生产系统的一种愿景，它的生产和消费能够支持个体的和社会的生活，其生产既在经济上是成功的，又考虑到环境的制约。知识和技术、资本、资源和需求是得到良好治理的，使得人们可以在消耗更少的材料资源和能源的情况下生活得更好（Geyer，2013）。

在可持续制造、产品和服务工程领域有 5 个主要的研究和行动领域，它们分别是可持续性技术、稀有资源管理、产品和生产系统生命周期的可持续、可持续的产品和生产、可持续的商业。

1）可持续性技术。为了实现可持续制造，需要从整个环境、社会、企业、产品和服务的全生命周期的角度看待制造业的发展，需要建立制造业产品生命周期的全局性视图，并在其指导下优化制造系统、产品和服务的生命周期。相应地，所研究发展的技术也必须是能够支撑可持续发展的要求，除了传统的质量、成本、安全和清洁的需求外，所开发的支持产品制造的方法、技术和工具也需要面向整个生命周期，发展的技术应该能够支持和改善产品／流程／服务系统的经济、生态和社会性能。

可持续性技术关注的主要问题包括：建立高质量嵌入式制造系统，实时采集数据，远程监控和分析制造操作，提高制造质量；发展金属累积性成形技术上，改善制造环境和制造的盈利水平；实现可持续的数据管理，解决企业长期面临的数据不一致和冗余问题；改进供应链的集成化物流工具，协调物流并改进供应链整体性能。

2）稀有资源管理。制造与持续的材料和能量流严格相关，每年制造消耗的工程材料达 100 亿吨（碳氢化合物燃料、金属、聚合物）。其中碳氢化合物燃料（油、煤）每年消耗 90 亿吨，它们仅仅被当成了能源。全球能源消耗的 86% 来自这些非再生能源（油、天然气、煤）。因此，需要有新的思考方式，将产品的"第一次生命"的结束不要当成一个问题，而是将它看成一种资源。今天许多可重用技术得到了研究，但是迫切需要建立材料可重用优化的参考模型。循环是第二个可行的方法。废弃材料应该返回供应链，用作制造过程的原材料、能源或者取代非再生能源。

稀有资源管理关注的问题包括：发展材料重用优化技术和方法，发展利用替代燃料和原材料的资源恢复技术和方法。

3）产品和生产系统生命周期的可持续。可持续制造越来越受到考虑全生命周期带来的影响（设计、生产、使用、退役、产品的寿命终结）。"绿色机器""环境友好制造"是可持续制造的一个方面的内容。可持续制造不仅仅包含一定程度的环境参数,它必须在下列方面也具有可持续性,包括产品(服务)的性能和质量、人员安全(操作工人,其他所有受到制造过程、设施和其产品影响的人)、相关装备和基础设施。制造设备的维护对于制造过程质量和安全的可持续性具有重要作用。

产品和生产系统生命周期的可持续研发内容包括:开展实时生命周期评估,发展基于成本的全生命周期管理(PLM)和可持续维护技术与方法。

4)可持续的产品和生产。可持续的产品和生产系统有助于促进工业的现代化,包括改进产品信息的质量,方便在设计、生产、使用和报废阶段的信息获取。这样的系统有助于建立资源依赖小的社会和更具有竞争力的工业。如果产品"知道"它们包含什么材料、谁制造了它、其他支持材料重用的知识,材料循环利用水平就可以得到显著的提高。更多的知识密集型产品有助于在产品的全生命周期中优化资源利用率。提高产品的可追溯性,有助于发现制造缺陷和其他与质量相关的问题,有助于提高企业竞争力。物流的可追溯性有助于优化仓库利用,降低材料浪费和运输成本。

可持续的产品和生产的研究内容包括:开发机床加工的绿色控制器、建立可持续评价指标、发展可持续的包装技术和方法、对产品的全生命周期实施可持续性优化、发展可持续供应链设计和 EOL(生命周期终结)管理的支撑技术。

5)可持续的商业。可持续发展需要从整体角度,综合考虑环境、社会、商业等相互关联的因素,用一种集成的方法,管理商业的可持续性、环境和社会性能。企业希望实现利润增长、环境友好、社会责任这3个目标。因此,企业需要建立新的商业模型,新的模型能够在改善环境性能和业务竞争力之间取得折中。同样,需要发展新的方法学和工具,用来支持管理者进行决策和创新过程,提升企业可持续发展的潜能。

可持续的商业另外需要考虑的两个重要因素是全球化市场和网络化供应链。需要跨越企业的层次来考虑商业的可持续发展,需要提供集成化的产品和服务来实现业务增值,需要优化供应链所有参与者的信息流和交互,包括服务提供者和客户,因此,需要新的方法学和工具来管理全球化的供应链,支持同步的决策,并改善可持续发展能力。

可持续的商业涉及的研究和发展的内容包括:发展支持中小企业可持续发展的技术方法和平台;建立集成化的服务提供商和产品-服务工程平台;发展面向可持续发展的颠覆性创新技术服务;发展服务业精益管理方法,提

高服务业的生产效率和效益。

（2）能量高效的制造工程。制造消耗 33% 能量，产生 38% CO_2 排放。能量高效利用的制造是满足环境和客户要求的有效方法（数据来源：IMS 2020报告）。实施能量高效的制造工程的目的是研究和应用减少资源消耗和碳排放的技术和方法。

能量高效的制造工程包括以下 4 个方面的研究与应用工作：工厂能源、高效生产流程、协作框架下的能源利用、管理和控制能源消费。

1）工厂能源。能源稀缺、环境保护、成本控制等方面的问题导致企业需要重新考虑其工厂能源战略。企业需要尽最大可能减少对外部能源的依赖性，用更少的能量驱动设备、传感器和控制器。目前，企业依靠外部集中的能源提供者提供电力，这带来两个方面的问题，一是线路损耗，二是电厂需要生产多余的电力以备峰值需求。这降低了整个能源系统的效率。

通过更好地预测工厂制造过程的能源需求，可以更有效地提高能源供给过程的效率。企业需要充分利用环境中的能源潜能，通过"无线"的方式进行能源供给，远程实现传感器和控制器的能源供给。

在工厂能源方面需要开展能源自主，工厂建立和使用能量捕获技术为制造过程中的传感器和装备供应能源。

2）高效生产流程。降低生产流程的能量消耗非常重要，考虑到从发电到最终消费者中间许多环节的损耗（发电厂、线路、变电站），在最终生产流程中节约的能量实际上应得到更多节约。降低制造过程中的能量消耗是企业和社会追求的长远战略目标。

制造过程的能量节约可以从 3 个层面的工作获得：制造过程本身的技术进步，导致制造设备更加节能；制造系统和生产流程的改进，按照能源节约方式规划和设计制造流程和制造系统；发展减排技术，过滤有污染物质，这会减少为了消除这些问题而产生的能源消耗。

高效生产流程涉及的研究问题包括：发展能源高效的加工过程、实施绿色制造和减排技术应用。

3）协作框架下的能源利用。今天，能量用于单个工厂的制造过程，以热或者副产物的形式浪费能量，这些能量没有被重用。在许多情况下，这些废弃物经常包含其他生产过程或者行业中有用的东西。因此，在未来，企业间需要在跨行业的范围进行协作，以便以共生的方式实现能量和废物利用。这些废弃物通常并不能直接被另外的过程、工厂或者行业使用，需要对它们进行预处理。需要研究和发展关键技术，使得对它们的预处理在经济上和环境上是可行的，如低温热汽的重用、提高跨行业或跨区域的废弃物流的透明性和可用性。

协作框架下的能源利用的研究与应用涉及的方面包括：提高废物利用率的技术、废热的智能利用技术、建立替代能源和原材料市场的国际合作框架。

4）管理和控制能源消费。过去的制造系统设计主要由市场驱动，主要驱动力是质量、快速交货、低成本。今天能源利用率成为越来越重要的驱动力。为了感知制造过程的能源消耗，必须将测量和控制系统集成到制造过程中。新的能源管理系统将是决策和实施能源改进措施的基础。为了发展新的能源管理系统，需要关注传感器、控制器、关键绩效指标、技术－人员交互，以及设置制造系统的新概念。

能源效率是制造系统的一个不可分割的有机组成部分，也是信息和通信技术系统要展示的主要部分。提供透明化的能源消耗情况是最终目标。为了显著提高能源利用率，需要发展整体的视图。基于相关的标准，在供应链某个环节的流程变化需要通知到供应链的其他环节，这不仅可以实现整个供应链的能源节约，由于协作水平的提高，还可以达到提高生产率的正向效应。

管理和控制能源消费涉及的研究与应用问题包括：建立能量感知的制造过程－测量与控制；在生产信息系统中集成能源效率指标，开展综合管控；应用产品标签技术改进整体价值链性能。

（四）本书的结构框架

图 1.20 为本书的结构框架。

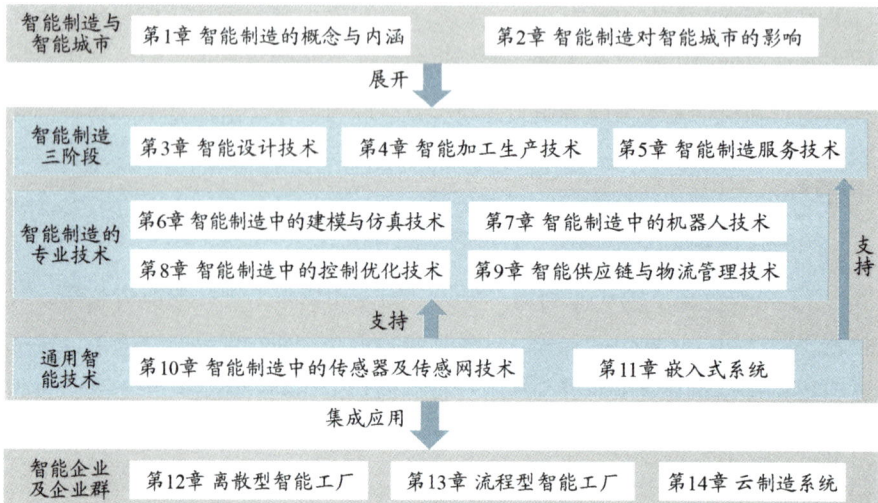

图 1.20　本书的结构框架

第2章

iCity 智能制造对
智能城市的影响

智能城市对智能制造有强烈的需求，智能制造是智能工业城市创新能力的主要体现，是改善智能城市生态环境的必要手段，是智能城市重要的基础设施。智能制造有助于保障城市居民衣食住行健康安全，为智能城市提供优质制造服务，支持智能城市结构布局优化，提高智能工业城市中企业员工的幸福感。

因此，智能制造应成为智能城市，特别是智能工业城市建设的基础和主要内容之一。

智能制造同智能城市中的智能建筑、智能交通、智能医疗、智能安全保障等系统不同，智能制造对智能城市的影响往往是长期的、大范围的、模糊的。例如，城市的创新能力需要长期的培育，并且对城市的发展具有长期的效应。又如，智能制造的发展对智能城市所提供的基础设施、提供的城市居民衣食住行健康安全的保障、提供的优质制造服务是大范围的，并不局限于所在的城市。智能制造有助于提高智能工业城市中企业员工的幸福感，但这是难以定量测定的，并且也是长期的效应。无疑，在目前的政府绩效考核体制下，这些长期的、大范围的、模糊的效应制约了智能城市建设中智能制造的立项热情。如何将智能制造与智能城市建设更紧密地结合起来，是进一步需要考虑的问题。

一、概　述

（一）基本概念和定义

1. 智能城市与智能制造

IBM 提出的智慧地球（Smarter Planet）引起了大家的关注。国内许多地方开始智能城市的建设。智能制造的概念已经出现在一些智能城市的建设目录中，例如，宁波、顺德、富阳、湖州等地的智能城市建设中包含了智慧制造与设计、智能工业、智能制造的内容（童明荣，2010；徐烨檬，2012；方宗晓，2011）。但更多的智能城市建设中没有包括这方面的内容。

党的十八大报告指出："坚持走中国特色新型工业化、信息化、城镇化、农业现代化道路，推动信息化和工业化深度融

合、工业化和城镇化良性互动、城镇化和农业现代化相互协调，促进工业化、信息化、城镇化、农业现代化同步发展。"智能制造是信息化和工业化深度融合的制造模式。

智能制造如同智能生物一样，其智能是逐渐发展和完善的。智能制造目前在国际上只是在少数制造企业的某些环节实现，属于制造业的发展前沿。

2. 智能社会

智能社会（Smart Society）目前没有统一的定义。由于智能社会中，城镇化的比例达到 90% 以上，因此，智能社会经常与智能城市、数字城市、感知城市、无线城市、生态城市、低碳城市等概念相交叉，甚至与电子政务、智能交通、智能电网等行业信息化概念发生混杂。智能社会不是单一的系统或是简单的系统堆砌，而是按照社会的发展需求去获取数据、汇聚数据、分析数据、引导数据，形成与信息时代、知识社会相适应的面向服务、以用户为中心、以人为本的开放的社会环境。

3. 智能经济

智能经济（Smart Economy）是以效率、和谐、持续为目标，以物理设备、计算机网络、人脑智慧为基本框架的经济结构、增长方式和经济形态。在智能经济时代，人的智慧将转变为计算机软件系统，通过计算机网络给物理设备下达指令，物理设备按照指令完成预定动作。

2011 年 3 月 3 日公布的"欧洲 2020 战略"指出，欧盟未来经济发展的重点将放在 3 个方面：发展以知识和创新为主的智能经济；通过提高能源使用效率增强竞争力，实现可持续发展；提高就业水平，增强社会凝聚力。

4. 中国与发达国家在智能制造方面的背景比较

智能制造是智能经济的主要内容。发达国家是先工业化，后信息化，然后提出智能制造。我国是在工业化尚未完成时，"两化融合"发展的历史阶段，提出智能制造。因此，相当一些人看到国外智慧城市的内容较少提实体经济、制造和设计等内容，我们是必须提，而且要特别强调。实际上，欧盟的"智能增长、可持续增长、包容性增长"都离不开制造业的增长，而制造业的增长是这些"增长"的主要体现。

表 2.1 为中国与发达国家在智能制造方面的背景比较。

表 2.1 中国与发达国家在智能制造方面的背景比较

	中国智能制造的背景	发达国家智能制造的背景
工业化背景	处于工业化中级和初始阶段	工业化高度发达
城镇化背景	处于城镇化中级阶段	城镇化比较成熟
信息化背景	信息化前期，国家和城市信息化指数偏低	信息化后期，国家和城市信息化指数较高
人均GDP	世界平均的中低水平	世界平均的中上水平
社会信用体系	尚在完善之中	比较完善
知识产权制度	尚在建立完善之中	比较完善
政府功能	相对复杂，覆盖面大	相对简单，覆盖面小
智能制造目标	实现制造业转型升级，促进信息化、工业化、城镇化和农业现代化协同发展	用新一代信息技术发展制造业，使制造业回归本土，提高就业率
智能制造实施途径	以物的智能和人的聪明才智相结合为特征，以智能的技术和科学合理的制度安排有机融合为途径	基于泛在网络，实现信息感知、信息互联和智能处理
智能制造实施基础	缺少资金，技术和信息化设施相对落后，缺少人才	资金雄厚，基础设施和信息化设施先进，人才济济

（二）不同形态的城市对智能制造的不同需求

不同地区的城市有不同的形态。图 2.1 描述了不同形态的城市对智能制造的不同需求。我国大多数城市是加工制造型城市。智能制造对制造业为主的城市的经济和社会发展无疑具有重要的意义。

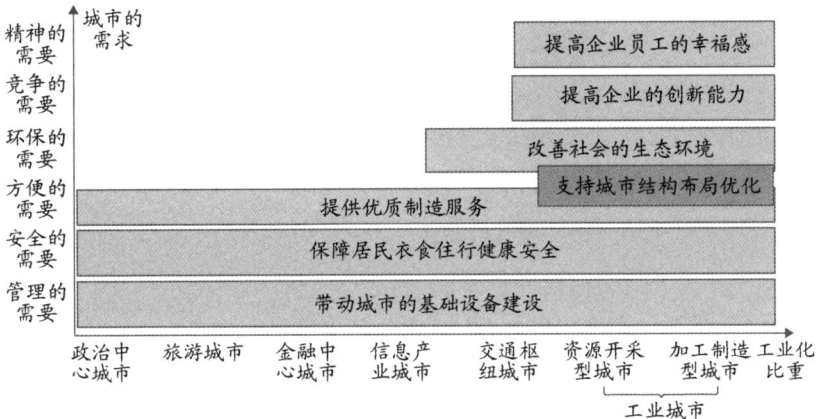

图 2.1 不同形态的城市对智能制造的不同需求

二、智能制造对经济的影响

（一）概　述

1. 智能制造在促进经济发展方面的作用

（1）发达国家依靠智能制造实现制造业回归。美国《华盛顿邮报》网站于 2012 年 1 月发表题为《为什么说现在轮到中国担心制造业了？》的文章，声称未来 20 年美国将在制造业上"打败中国"。文章说，过去"美国一直十分担心他们在制造业方面输给中国"，但"这一局势很快将会改变"，而重塑制造业竞争面貌的"利器"，将是 3 种以指数方式快速发展的技术——人工智能、机器人以及数字化制造。过去由于低工资国家的竞争，特别是中国的崛起，使美国制造业大量流出，造成美国许多传统工业城市萧条甚至破产。美国对智能制造寄予厚望，希望通过智能制造实现制造业的回归，提高美国制造业的竞争力和就业率。

英国《经济学人》2012 年 4 月发表的《第三次工业革命：制造业与创新》专题报道中阐述了目前由技术创新引发的制造业的深刻变化，其中，数字化与智能化的制造技术是"第三次工业革命"的核心技术，并认为中国崛起将被第三次工业革命所终结。

（2）中国依靠智能制造实现转型升级。智能制造主要通过以下两个方面促进中国经济的持续发展：

1）通过智能制造，促进传统制造业的转型升级，带动经济的发展。我国的制造业目前主要是以环境污染型、资源消耗型和劳动密集型企业为主，一方面由于环境保护的巨大压力，另一方面由于资源有限，以环境污染型、资源消耗型制造业为主的发展模式是不可持续的。同时，由于低工资国家的竞争，劳动密集型企业也面临发展危机，许多跨国公司在中国的代工厂纷纷转移到更低工资的国家。还有，我国劳动力人口总数在 2015 年起开始下降，人口红利逐渐消失，劳动力成本大幅增加。因此，我国制造业当前处于转型升级的重要关口。智能制造可以有效带动转型升级，促进经济的发展。

2）通过智能制造，促进新的智能产业的成长，带动经济的发展。智能制造本身对软件和硬件有许多新的需求，这些需求将导致新的智能产业的发展，如传感器、控制系统、智能制造软件等。

总之，智能制造能够带动经济的发展。智能经济的建设与发展需要强大的智能制造的支撑，否则，智能经济就没有竞争力。

本章主要对传统制造业转型升级展开讨论。

2. 智能制造 3 个阶段对经济发展的影响

智能制造主要通过产品价值链的 3 个阶段提升制造企业的竞争能力，促进经济的发展，如图 2.2 所示。

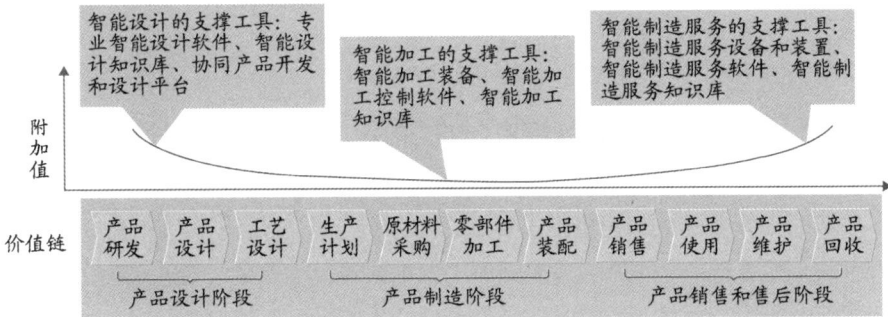

图 2.2　智能制造在产品价值链 3 个阶段对经济发展的影响

（1）智能设计对经济发展的影响。通过产品智能设计，能够开发出新的产品，有助于企业进入所谓的"蓝海"，获得高额的利润；能够快速设计出多样化和个性化的产品，满足市场的需求，使企业获得较大的利润；能够设计出低成本、低能耗的产品，在帮助用户节省成本的同时，也使企业和社会获利。

智能设计的支撑工具包括：

1）专业智能设计软件。每个产品都有自己的特点，有自己的领域知识。通用的设计软件一般只能在产品设计的后期发挥作用，不能真正解决产品创新问题。所以国外大企业都有自己的专用软件和模型，这是他们长期研究的成果，是他们的核心竞争能力。这种软件凝聚和固化了企业长期的产品开发和设计中获得的结构化知识，具有很强的针对性和智能性，可以进行大量的基于知识和仿真的设计，提高计算机辅助设计能力，特别是可以使企业年轻的设计人员快速进入角色。这种软件一般是买不到的。即使买到，也很难使用，因为只有具有很好的专业背景的人才能建立适用的模型，并正确使用系统。

2）智能设计知识库。在专业智能设计软件中，知识可以转变为程序，并包含可以由推理机控制的知识库内容。而智能设计知识库中的知识主要是凌乱、不断更新、来自不同学科的显性知识。这些显性知识需要通过专家的学习，转变为专家头脑中的隐性知识，提高专家的设计能力，最终由专家进行创新设计，因此，许多知识难以在较短的时间内转变为设计程序。智能设计知识库所涉及的知识很多，鱼龙混杂，需要进行甄别；知识库需要员工经常发布新的知识；需要对知识的价值和关系进行评价。

3）协同产品开发和设计平台。产品开发和设计涉及许多学科，需要许多企业内外员工的协同。协同产品开发和设计平台为这种协同提供了方便，可以帮助快速找到掌握某些知识的员工，可以开展企业与用户的协同设计，了解用户的需求，甚至让用户自己设计；可以开展企业与合作伙伴、产品价值链的上下游企业的协同设计。这里所涉及的设计知识主要是隐性知识。

（2）智能加工对经济发展的影响。产品智能加工也可称为智能制造。为避免大制造和小制造的概念混淆，这里采用"智能加工"这一术语。

产品智能加工主要是加工方法的智能化，可以代替原先工人的技巧性的工作。

产品智能加工的应用范围主要是：

1）通过产品智能加工，能够加工出工人难以加工的复杂、精密的产品及零部件；

2）通过产品智能加工，能够在恶劣环境下替代工人进行复杂、精密的产品及零部件的加工；

3）以智能的方法，快速制造出多样化和个性化的产品，满足市场的需求，使企业获得较大的利润；

4）以智能的方法，以较低成本、能耗和其他资源消耗，加工出产品，在帮助用户节省成本的同时，也使企业和社会获利。

智能加工的支撑工具包括：

1）智能加工装备（亦称智能制造装备）。智能制造装备是具有感知、决策、执行功能的各类制造装备的统称，包括智能生产线、智能制造单元、智能加工中心、智能工业机器人等。智能加工装备可以扩大、延伸和部分地取代人类专家在加工过程中的脑力劳动，甚至在局部工作范围内实现无人化，提高加工水平与生产效率；可以实现有害环境（如高浓度有害物质、强辐射、高温等）中的无人化智能加工，减轻对员工身体健康的不良影响；可以实现对一些超大尺寸产品、超精密和极微小产品的加工，这些加工超出了人的控制能力范围；可以实现高效率、高柔性的智能加工。

2）智能加工控制软件。智能加工的核心之一是控制软件，控制软件凝聚、固化了专家的加工经验，实现了加工的自动化。

3）智能加工知识库。在加工中还需要大量的知识支持员工进行智能加工。智能加工知识库类似智能设计知识库。

（3）智能制造服务对经济发展的影响。制造企业通过智能制造服务，

可以有效支持企业拓展以下服务：

1）高度个性化的服务。个性化服务不但节省资源和时间，更重要的是，个性化服务能为个别情况提供特有的解决方法，提高解决问题的成功机会。

2）产品租赁共享服务。例如汽车的租赁服务，可以减少汽车的总量，减少资源浪费。用户需要租车时，系统将迅速获取用户的历史资料，知道用户最熟悉的车型、驾驶习惯等，从最近的地方调配汽车；用户在租车使用时，系统实时掌握汽车的各种性能，为用户提供各种安全保障服务；用户还车时，系统立即派遣最近的服务人员取车。日本预测其电动汽车共享服务收入到2020年可达1 500亿日元。

3）产品再制造服务。例如汽车发动机的再制造服务，再制造的发动机具有同新的发动机一样的使用效果和寿命，但价格只有后者的一半，所消耗的资源更是后者的10%以下。

4）能耗产品的节能服务。通过智能远程监控等方法，对能耗产品（如空调、冰箱等）的能耗进行监测，发现产品能耗增加到一定值后，就派员进行维修，保持产品的低能耗状态。

5）产品的增值服务。通过产品模块的更换或提供新的软件，使用户在原产品的基础上获得新的服务，如面向手机用户的新服务、汽车导航服务、商品拍照比价服务等。

6）产品生命周期管理服务。对产品生命周期各个环节提供管理服务，如维修、回收服务等。

制造企业在智能制造基础上，通过为智能城市提供优质制造服务，达到以下目标：

1）促进制造服务业的发展，增加城市的绿色GDP，因为服务所消耗的资源和能源要少于产品的制造。

2）制造企业向服务方向拓展，通过服务增加企业收入，提高企业的竞争能力。

3）制造企业通过服务提高产品用户的满意度，并了解用户的需求，提高企业的产品创新能力。

发达的服务业是与发达的制造业相联系的。处于价值链低端的传统制造业不会导致发达的服务业的出现，除非城市拥有特殊的自然景观和人文景观，靠旅游发展。

图2.3描述了智能制造为智能城市提供优质制造服务的概念。

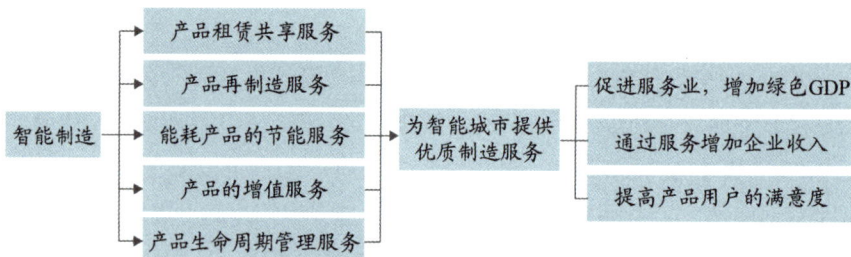

图2.3 智能制造为智能城市提供优质制造服务

通过产品智能制造服务，能够创造出大量低资源消耗、低环境污染的工作岗位，能够延长产品的生命周期，或使能耗产品在其生命周期中处于较低的能耗水平，在帮助用户节省成本的同时，也使企业和社会获利。

智能制造服务的支撑工具主要是：

1）智能制造服务设备和装置。制造服务状态／环境的智能感知与传感设备和装置可以帮助企业了解用户手中的产品的运行情况，可以进行远程监控；可以通过服务机器人等为用户提供服务；可以通过再制造设备进行产品的再制造，延长其服役时间；可以提供整体解决方案服务。

2）智能制造服务软件。帮助企业为用户提供基于泛在网络的远程"一对一"的产品使用和维护服务；提供各种新的专业化的增值服务。

3）智能制造服务知识库。在制造服务中还需要大量的知识支持员工进行智能制造。智能制造服务知识库类似智能设计知识库。

（二）智能制造提高企业竞争能力

智能企业是智能城市的重要组成部分。城市的智能化自然要求制造业的智能化。制造业智能化是手段，通过智能化提高企业的竞争能力是其主要目标之一。智能城市的竞争能力主要是企业的竞争能力。智能制造是企业竞争能力的主要组成部分。

企业竞争能力对智能城市的影响主要是：

（1）企业竞争能力是智能城市的基本需求。我国的制造企业大多处于价值链低端，依靠大量的低素质的劳动力，依靠大量资源的消耗，并对环境产生不良影响。目前这类制造企业面临国外低工资国家的竞争，只能依靠压低员工工资生存。这就不可避免地会降低人民的平均生活水准。当城市中大多数人还在为基本生存而奋斗的时候，对满足高层次需求的智能城市就没有迫切的需求。

智能制造是企业智能化的主要内容。智能制造能够提升企业的竞争能力，如产品创新能力、管理创新能力、大批量定制能力等，使企业朝价值链高端发展，提高企业的档次，同时也提升城市的智能化程度和竞争能力。城市的智能水平高低很重要的表现是其创新力的高低。

（2）智能制造促进了人的创新能力的提升。社会是由人组成的。人的创新能力的高低，也影响了所在社会的智能化程度。智能城市是许多高素质的人所组成的。智能制造促进了人的创新能力的提升。

（3）智能制造企业是智能城市的经济基础。我国城市的财政收入主要依靠制造企业。如果企业制造与设计手段落后，利润微薄，甚至亏损，就会导致政府的财政收入减少，智能城市基础建设就会缺少资金来源。所以智能城市需要将智能制造企业列入重点建设内容。而智能制造是智能制造企业的主要内容。否则，智能城市将成为无源之水、无本之木。

因此，智能城市建设首先要瞄准提高企业竞争能力这一方向，以智能制造为抓手，通过推动制造企业的智能化，促进城市的智能化。智能制造对提高智能城市的竞争能力的影响如图 2.4 所示。

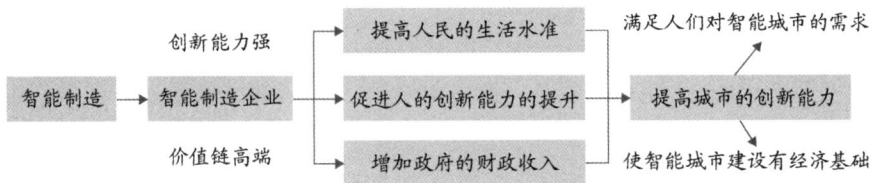

图 2.4　智能制造有助于提高城市的竞争能力

智能制造，可以提高企业员工的知识水平和创新能力，促进企业的转型升级，向产品的高端化、高技术化、新颖化方向发展，为企业和城市发展奠定厚实的经济基础；提高人民的科学素质和人文素质，建立学习型城市；提高人民的生活水平，提高社会的文明程度。

（三）智能制造对智能城市基础设施建设的影响

从某种意义上说，没有智能制造，就没有智能城市的基础设施建设。智能制造是智能城市的基础设施的基础。图 2.5 描述了智能制造与智能城市的其他系统间的关系。

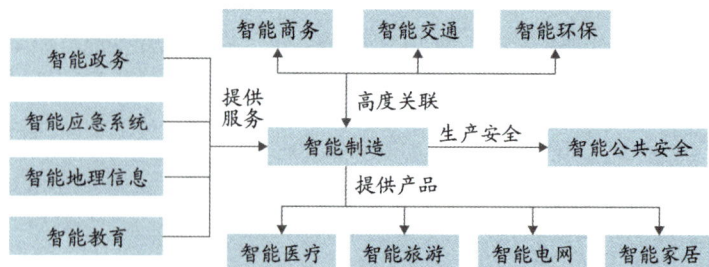

图2.5 智能制造与智能城市的其他系统间的关系

1. 需要制造业参与建设的智能城市的基础设施（童明荣，2010）

（1）智能的电网——智能电表、智能发电设备、智能输配电设备等。

（2）智能的建筑——家庭自动化设备、智能防盗系统、管线咨询系统、智能环境调控系统等。

（3）智能的供排水系统——智能供水设备、管道智能监测系统、智能排水监控系统等。

（4）智能的医疗系统——医学影像存档、智能医疗信息系统、远程医疗救助系统、智能医院运营系统、植入体内监视人体健康的仪器等。

（5）智能的金融系统——智能交易系统、智能结算系统、智能金融后台管理系统、银行智能调配设备、证券智能调配设备等。

（6）智能的交通系统——高精度道路感应器、智能铁路系统、智能公路系统、智能航空系统、智能航运系统、智能交通调配系统、出租车智能服务管理系统、自动售票及检票系统等。

（7）智能的物流系统——集装箱智能标识系统、智能货物分拣系统、智能物流决策协调系统等。

（8）智能的气候气象系统——智能环境监控系统、天气实况警示系统、智能灌溉系统等。

（9）智能的零售系统——智能供应链管理系统、智能客户管理系统、智能零售系统、智能交易系统等。

（10）智能的食品——智能食品追踪系统、智能食品安全监测系统、智能冷链管理系统、智能冰箱等。

（11）智能的油气供应系统——智能汽油及天然气供应监控系统、智能天然气管道监测系统等。

（12）智能的通信系统——智能手机、云服务平台等。

（13）智能的安全保障系统——智能城市监控系统、智能应急决策支持系统等。

2.　面向智能城市基础设施建设的智能制造

在智能城市的基础设施建设方面，我国与发达国家还有一定的距离，需要做的工作主要是：

（1）面向智能城市基础设施的智能设计原理。我国在引进、学习、应用国外先进技术方面取得了很大成功，但对引进技术的基本原理的理解和掌握方面还有较大距离。需要在引进技术的基础上进行再创新，并进一步开展自主创新。

（2）面向智能城市基础设施关键零部件的智能设计制造。我国智能城市基础设施中的一些关键零部件技术还掌握在国外企业手中，如超大规模集成电路、液压控制系统、燃气轮机的燃烧室和叶片等。需要对这些关键零部件进行智能设计制造，获得自主知识产权，实现国产化。

（3）智能城市基础设施的集成优化。智能城市基础设施将越来越复杂，并随着环境变化需要不断更新，因此，智能城市基础设施的集成优化就越来越重要，需要加强这方面的研究。

虽然在全球化环境中，不必所有的技术和产品都是自己的，但我国作为一个占世界人口约 20% 的大国，应该有自己的关键产品和关键技术。

图 2.6 描述了智能制造带动智能城市的基础设施建设的过程。

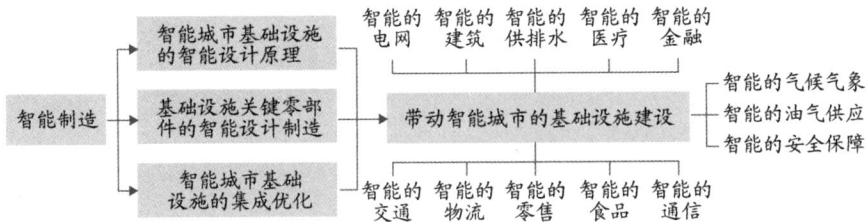

图 2.6　智能制造对智能城市的基础设施建设的影响

（四）智能制造对经济发展的负面影响及对策

如同其他新技术一样，智能制造也是双刃剑，有可能对企业和经济产生负面作用。

1. 成本失控的风险及对策（尼古拉斯·卡尔，2008）

智能制造初期投资巨大，维护投资也像个无底洞，后继的服务费用十分惊人，服务费用动辄几千元／（人·日），并且一些硬件和软件生命周期短，几年就要更换或升级。所以需要注意控制智能制造的成本和风险。具体方法如下：

（1）智能制造成本和人工成本的权衡。开展智能制造时一定要核算智能制造系统代替人工系统或原有的信息系统所创造的价值。在许多情况下，人工成本或原有的信息系统成本会大大低于智能制造的成本。在这种情况下，企业最好利用人工或原有的信息系统，不要盲目地追求智能化。

（2）对智能制造系统投资的预期回报进行更严格的评估。例如，企业成本智能管理本身需要成本，应分析这些成本是否会超过智能成本管理实施后所节约的成本。如果是的话，就不必开展成本的智能管理，因为这样做得不偿失。

（3）从整体角度分析智能制造的成本和产出。对局部的智能制造系统可能是成本高于产出，但许多个局部的智能制造系统联成网络，组织成一个更大的智能制造系统时，就可能获得较大效益，使产出远大于所有局部系统的成本之和。所以分析成本要从全局考虑。

（4）更多关注风险而不是机会。企业中智能制造应用越深入和普及，对智能制造系统越依赖，则智能制造系统所带来的风险就越大。对这些风险要提早防范，要有对付这些风险的预案。

节约智能制造成本的具体措施是：

（1）利用 SaaS（软件即服务）模式，减少智能制造成本。

（2）对于外包和其他的合作方式抱着更开放的心态。

（3）杜绝浪费，节约成本。

（4）对于一个具体的智能制造项目，尽可能不要打持久战。

2. 技术失控的危险及对策（蔡自兴，徐光祐，2010）

任何新技术的最大危险莫过于人类对它失去了控制，或者是它落入那些企图利用新技术反对人类的人手中。有人曾担心机器人威胁人类的安全。为此，著名的美国科幻作家阿西莫夫（I. Asimov）提出了"机器人三守则"：

（1）机器人必须不危害人类，也不允许它眼看人类受害而袖手旁观。

（2）机器人必须绝对服从人类，除非这种服从有害于人类。

（3）机器人必须保护自身不受伤害，除非为了保护人类或者是人类命令它做出牺牲。

如果把这个"机器人三守则"推广到智能制造系统，成为"智能制造三守则"，那么，人类社会就会更容易接受智能制造。

智能制造系统中越来越多、越来越复杂的控制功能，可能使得操作工变成智能制造系统的辅助，如果智能制造系统出现重大的技术失控问题，就可能导致重大事故。所以智能制造中的技术失控防范将变得非常重要。

智能制造技术是一种容易实施和推广的技术。我们必须保持高度警惕，防止智能制造技术被用于反对人类和危害社会的犯罪（有的人称之为"智能犯罪"）。同时，人类有足够的智慧和信心，能够研制出防范、检测和侦破各种智能犯罪活动的智能手段。

典型案例：2013 年 5 月 10 日，《星期日邮报》的两名卧底记者将一支他们根据设计图自行制作的 3D 打印塑料手枪藏在衣服中，竟顺利通过了伦敦火车站的安检，将其带上了开往法国巴黎的"欧洲之星"列车。如果这两名记者真是图谋不轨的犯罪分子，后果将不堪设想。

3. 信息安全失控的危险及对策

智能制造往往是基于泛在网络基础上的，因此，存在信息失控、数据丢失和泄密等危险，信息安全问题将变得十分突出，硬件故障、软件故障、网络故障、黑客、病毒、机密信息窃取、网页仿冒等都可能对企业智能制造系统造成很大的破坏，进而直接影响企业生产和服务的能力，影响企业的声誉。

因此，还需要专人监督智能制造系统的运行，及时备份数据，防止黑客、病毒的危害，防止内部泄密；避免使用不当造成的损失；防止因内部因素而造成的信息、数据的修改和丢失；防止因外部因素造成信息、数据的泄露和篡改。

对于中小企业，没有能力来购买所需要的所有安全产品，包括攻防体系、防火墙等。在这方面可以利用阿里云等云服务平台，它提供了完整的产品安全、安全运维的体系，保障了各个层次的安全，包括物理层次、网络攻击以及系统安全层次，可以保护硬件安全和数据安全，使企业的信息化系统处于完整的云盾的保护之下（喻思成，2014）。

三、智能制造对城市社会的影响

（一）智能制造改善城市生态环境

1. 改善城市生态环境的需求

随着城市的发展，工业化在为人类创造巨大财富的同时，也在消耗大量资源，污染环境。传统的工业化已经给人类居住环境带来很大的破坏，空气质量下降、河水和地下水严重污染、垃圾包围城市、噪声污染等，严重影响了人民的生活质量。

城市应该有很好的生态环境。城市应在发展工业的同时，促进城市生态环境改善。否则，人们在享受高速的宽带服务的同时，呼吸着混浊的空气，那不是人们所想要的生活。

而传统制造企业是破坏生态环境的罪魁祸首之一。依靠企业搬迁不是解决问题的好方法。将制造企业迁往远郊，虽然可以在一定程度上改善城市的生态环境，但给企业员工的生活带来很大的不便，使员工从住处到企业的路程延长，成本增加。并且，对包括郊区在内的城市圈的生态环境并没有带来改善，反而因为增加大量的运输，造成更多的污染和能源的消耗，对总体环境的不良影响增大。显然，这是一种短视行为。

智能制造在帮助企业节能减排方面可以发挥关键的作用，这不仅有利于城市的建设，而且对整个社会和环境均有好处。通过智能制造，在促进企业发展的同时，实现三废的近零排放，从源头上控制影响城市生态环境的因素，改善城市生态环境，提高居民的生活质量。这是一种城市的可持续发展模式。

2. 智能制造在帮助改善城市生态环境方面的作用

智能制造在帮助企业节能减排、改善城市生态环境方面的作用主要是：

（1）利用智能化装备和工艺，实现节能减排，促进制造过程的环境友好。通过智能制造，开发智能化装备和工艺，实现"三废"近零排放；建立企业生态群落，相互利用对方的废物作为原料；提高工业能耗设备效率，降低能耗；监控制造过程的环境影响数据，及时进行智能保养、维护和维修，或者是采取预防性维修，保障装备和过程的正常运行。智能化装备和工艺涉及不同的具体专业。如全封闭的智能造纸机械可以实现其用水的自动循环使用，实现没有废水的近零排放。这主要属于造纸机械专业的研究方向。

（2）通过智能化制造模式，提高制造效率，实现制造过程的环境友好。智能城市的一个重要功能是对城市中的制造企业进行协调优化。信息采集的不准确、不及时、不客观，可能导致需求与制造力的差异，这种差异可能导致资源的巨大浪费。智能制造可以有效管理制造资源、监控制造过程、匹配制造需求，提升企业的制造效率（王瑜辉，2011）。通过智能制造，形成一种全新的制造模式，实现低成本、快速、高质量、环境友好和低碳化的制造，其特点是：

1）制造和设计信息透明化。知道擅长制造某类零部件的供应商，了解它们的水平、价格、交货情况和信誉，以及所制造的零部件的性能和制造过程中的碳排放数据；对供应商的生产过程、零部件质量和环境影响情况可以远程监控。

2）制造企业协同化。订单需求信息迅速分解给各供应商，组织协同制造，通过分工专业化和协同化，提高制造效率和效益，并可以实时监督供应商的生产计划的执行情况；对产品制造过程中的方法、不同企业的制造过程、供应链的零部件的组合过程进行全面优化；充分利用已有的零件和制造能力，降低协同制造的成本，降低产品的造价，缩短交货期，提高质量，快速响应市场的需要。

3）制造过程智能化。快速搜索零部件库中零件，组合所需要的产品，进行仿真测试；并自动集成和综合供应商的报价，给出产品的报价和交货期；对制造过程中的协同问题和环境影响问题快速提出解决预案；对企业外部和内部的变化快速反应，以最合适的方式进行应对，使制造过程保持稳定或适应这种变化。

图 2.7 描述了智能制造对改善城市的生态环境的影响。

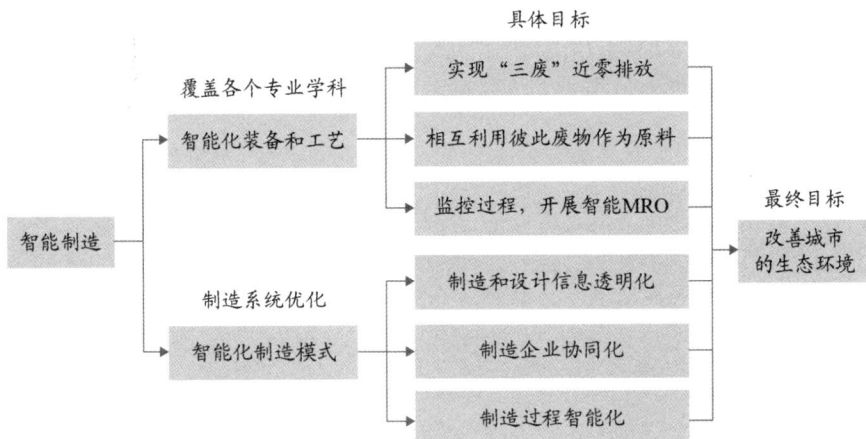

图 2.7　智能制造对改善城市的生态环境的影响

（二）智能制造保障城市居民衣食住行健康安全

衣食住行健康安全是城市居民最关心的事情。依靠流通和销售环节对衣食住行的商品进行监控已经为时太晚，在产品的设计和制造过程就应严格把关，这是制造企业义不容辞的任务。

制造企业是城市居民衣食住行健康安全保障的主要源头之一。衣食住行健康安全与制造企业密切相关，例如，制造企业所生产的产品是群众天天接触使用的，许多农副产品也需要通过制造企业的再加工。

通过制造企业的智能制造，可以加强产品全流程的智能监控，提高产品的安全卫生程度，保障产品消费者的健康安全。

通过智能制造可以实现：

（1）提供衣食住行健康安全的产品。这涉及许多专业学科的研究工作。

（2）衣食住行健康安全保障的一套严密、规范、科学的方法。包括标准、规范、检测技术、监控方法、制度、组织等。

（3）衣食住行健康安全知识服务。让广大人民方便了解衣食住行健康安全知识，知道产品的衣食住行健康安全方面的特点，无疑会显著提高衣食住行的健康安全程度。如图 2.8 所示。

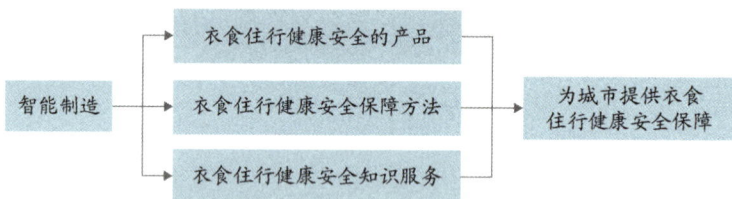

图 2.8　智能制造对保障城市居民衣食住行健康安全的影响

（三）智能制造支持城市结构布局优化

1. 需　求

城市结构布局优化的一个重要指标是居民工作地点与住处的距离不能太远。传统企业的发展是要求关联企业尽可能集中在一起，以便降低物流成本和协同成本。其结果是分别形成庞大的工业园区和生活区，两者的距离不可避免地越来越远，给员工带来极大的不方便。远距离上班又造成"钟摆式"交通拥堵、污染加剧等城市病。这是城市工业化进程中的一个主要矛盾。智能制造可以帮助解决这一矛盾。

后工业化时期西方国家城市居民对居住地的选择逐渐倾向于中小城市。

在居住郊区化和逆城市化过程中，生产与居住空间进一步分离，并最终形成工作在城市中心、居住在郊区的长距离通勤模式。这是现代西方城市发展的一个重要特征，也是影响居住区环境的重要因素（王琳，2007）。

重建微循环是生态文明时代下中国城市人居环境发展历程中一个不可缺少的环节。我国已经从城镇化初期进入中后期的特殊阶段，应从前期注重GDP 的数量型城镇化转向社会效应、生态效应和经济效应并存的质量型城镇化。在这个转型过程中，要遵循自组织的理念，摒弃初期广为流行的疾风暴雨式的"大开大发""大拆大建"，推行"微降解、微能源、微冲击、微更生、微交通、微绿地、微调控"等新理念，重建城市的微循环，这将成为城市规划创建和管理的新原则，也是"两型社会"建立的重要基石（仇保兴，2011）。

智能城市的结构是高度优化的，它使居民的工作和生活具有很大的方便性。

城市结构布局优化的目标是：针对城市结构优化目标和需求，以智能制造技术为基础，以人为中心进行工厂布局设计，既要集中关联企业，降低物流成本和协同成本；同时避免工业园区巨人化，形成分布化、微循环的宜居城市格局。

同时，外包服务将非常发达，许多员工可以在家里为不同企业提供服务。"我为人人，人人为我"。人们不需要都集中在大城市中，交通拥挤的现象将消失。

智能制造让城市不再无限地庞大，让边远小镇的人们也能方便地参与到商业大潮中来，让人们有更多的机会与大自然接触，而不是堵车在大街上浪费时间、浪费资源。

图 2.9 描述了三次工业革命中工业化和城镇化之间的关系，第三次工业革命中的智能制造将促进制造企业回归城镇。图 2.10 进一步描述了智能制造促进企业绿色化、小型化和分布化的过程，它不仅使市民工作在所住地的附近，也能看得到绿水青山。

工业 4.0 在德国被认为是第四次工业革命，是德国政府 2011 年 11 月公布的《高技术战略 2020》中的一项战略，旨在支持工业领域新一代革命性技术的研发与创新，保持德国的国际竞争力。其实质是构建一个高度灵活的个性化和数字化的智能制造系统。工业 4.0 将带来工作方式和环境的全新变化。全新的协作工作方式使得工作可以脱离工厂，通过虚拟的、移动的方式开展。员工将拥有高度的管理自主权，可以更加积极地投入和调节自己的工作（罗文，2014）。

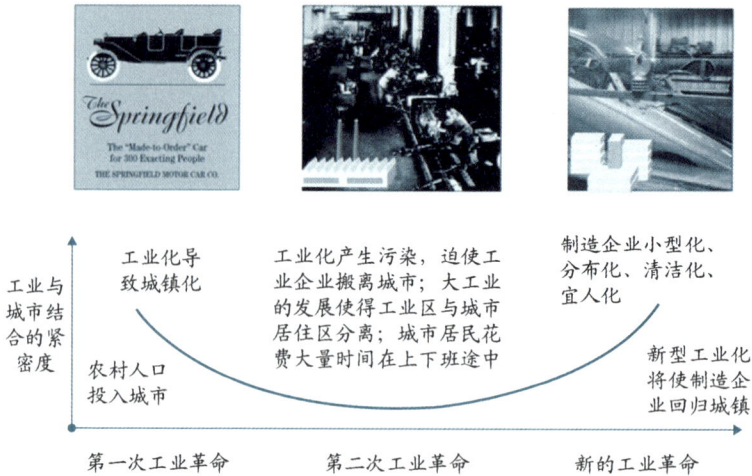

图 2.9　智能制造促进制造企业回归城镇

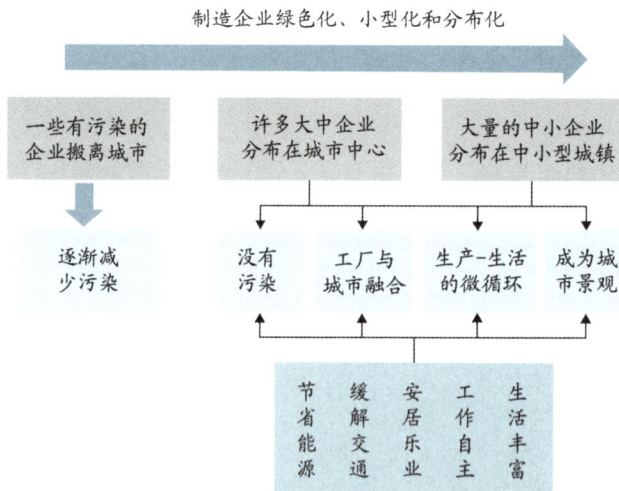

图 2.10　智能制造促进企业绿色化、小型化和分布化

2. 对城市结构布局有深远影响的智能制造技术

智能制造通过大批量定制技术、分布自治制造技术、智能加工装备等，使企业小型化、智能化，大家可以就近工作，所需要的商品就近生产。不仅显著减少企业员工上下班时间，而且减少大量物流成本和能耗。

（1）大批量定制（Mass Customization）技术。大批量定制技术是一种以大批量生产的成本和交货速度生产个性化产品的系统技术。智能制造技术可以看作是大批量定制技术中的关键技术。

大批量定制技术可以改变"大规模制造、远距离运输"的传统制造业格局，实现"小规模制造、近距离运输"的新型制造业格局。这里的小规模制造的效率与大规模制造的效率相差无几，而运输成本和能耗却显著降低，同时，也促进了城市结构优化，通过产品和企业的模块化，实现城市的模块化。

大批量定制技术包括产品模块化设计和制造技术、信息技术、系统管理和优化技术、物流技术等（祁国宁等，2003）。

产品模块化可以使个性化的定制产品由许多通用模块组成，实现低成本的快速设计和制造。特别是网络技术与模块化技术相结合的零件库有助于实现大范围的专业化分工和大批量定制。

信息技术可以使产品设计有 CAD、CAE 等系统辅助，可以提高设计效率；产品制造有数控机床支持，可以实现快速定制生产；产品销售有电子商务平台和网络的支撑，可以实现信息快速交流；资金来往有网络银行的支持，既快捷又有保障。

系统管理和优化技术结合信息技术可以帮助进行资源的优化配置和有效管理，如 PDM、ERP、SCM 等系统。

物流技术和系统的快速发展可以实现低成本、快速的交货。

案例：江苏省睢宁县沙集镇的农民在淘宝网上开网店，彻底改变了命运。2006 年，沙集镇出现了第一家网店，从事简易拼装家具的网络销售及加工。经过短短 4 年，村里的网店生意从无到有，网店模式被更多的村民成功复制。以东风村为例，全村 1 180 户，约有一半的农户在网上开店，整个沙集镇网店的年销售额超过 3 亿元。网络销售及加工同时带动了周边产业的崛起和发展。到 2010 年年底，沙集镇共有板材加工厂 6 家、五金配件厂 2 家、物流快递公司 15 家、电脑专卖店 7 家。农民通过开设网店，不仅提高了收入，还解决了就业和创业难题。曾经外出务工的年轻人已基本返乡，而且村里还出现上千人的劳动力缺口。治安问题也大大好转。这一切被总结为沙集模式（阿里研究中心，2011）。

沙集模式是大批量定制的典型案例，其特点是：①依托淘宝网这一电子商务平台；②借助当前越来越发达的物流系统；③所从事的拼装家具是高度模块化的产品，设计和制造相对简单。

（2）分布自治制造技术。智能制造系统建立在自组织、分布自治和社会生态学机理上，目的是通过设备柔性和计算机人工智能控制，自动地完成设计、加工、控制和管理过程，旨在解决适应高度变化环境的制造的有效性。

分布自治制造技术是智能制造中的关键技术。

日本在 1991 年 1 月发起了智能制造系统的国际合作研究开发计划。其目的是使制造业在接受订货、产品开发和设计、生产、物流直至经营管理的全过程中,做到装备和生产线的自律化,并实现自律化的装备和生产线在系统整体上的协调和集成,由此来适应制造活动全球化的发展趋势,减少过于庞大的重复投资,并通过先进、灵活的制造过程来解决制造系统中的人因问题。其中的项目有[①]:

1)下一代制造系统(Next Generation Manufacturing Systems,NGMS)。NGMS 将开发支持下一代的制造系统所需的技术和方法。NGMS 将各种关于先进制造系统的最好思想集成并发展为下一代制造系统。NGMS 集成了欧洲的分形企业(Fractal Factory)、日本的自治和分布式制造系统及仿生制造系统、美国的敏捷制造等,其基本框架如图 2.11 所示。

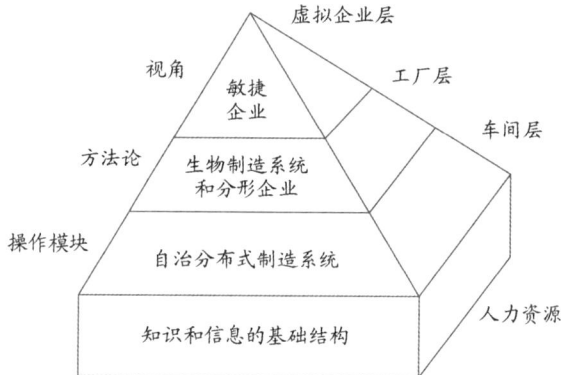

图 2.11　IMS 中的下一代制造系统(NGMS)的基本框架(Kurihara,1997)

2)全能制造系统(Holonic Manufacturing Systems,HMS)。全能制造系统是基于全能组织的制造系统,其要点是建立一个高度分布的制造系统体系。它由一系列标准的和半标准的、独立的、协作的和智能的模块组成。全能体(Holon)是一定程度独立自主的单元,执行任务时无须向上级请示。同时,全能体又是上一级的控制对象以及全能群体的一部分。一个制造全能体可以是运输、加工、存贮等单元。人也是全能体的一部分。全能制造系统由全能体以自组织的方式组成,其结构是不固定的,是动态的和暂时的。

全能组织的优点在于它能够构建非常复杂的系统,能够高效利用资源,对来自内部和外部的干扰保持高度的灵活性,对环境变化有很强的适应能力。全能组织并不是完全独立的组织。它们有一定的自主性,能够在没有上

---

① 引自 www.ims.org。

一层组织的协助下，在其所处的特定层次上掌握环境和处理问题。整体也能接受来自上层的指导，在某种意义上受上层整体的控制。自主的特性保证了整体是稳定的，能够在干扰下生存。而对上层整体的服从又确保了更大整体的有效运转。

全能制造系统的主要特点是：全能体之间具有暂时的递阶层次关系；自动化规模可大可小，可以扩展；能够迅速自组织以适应市场对产品、产量和交货期的改变；全能制造系统的目标不是取代人的技能，而是支持人的技能得到更充分的发挥；组织结构从传统的、固定不变的"机械型"向更适合市场竞争的"生物型"转变；全能制造系统的精髓是加强基本单元的独立自主性和相互协调机制。实现全能制造系统的前提是：精简一切不必要的环节、过程和结构；将企业的各种活动进行要素化和标准化；全面实行模块化。

3）分形企业（Fractal Enterprise）。德国工程师学会（VDI）主席瓦纳克（Warnecke）教授在 1993 年提出了分形企业的概念和理论。他将分形企业作为欧洲对日本精益生产方式的响应。瓦纳克教授领导的研究所还将分形企业的理论应用于实践，取得了比较显著的效果（Warnecke，1995）。

分形企业是借用分形理论中的基本概念描述的一种新的生产方式。分形指的是一类貌似无规、复杂混乱，但又具有自相似性的体系。分形理论认为，真实世界中的复杂系统是由许多稳定的、具有很好协同性的子系统组成的，这些子系统具有自相似和自组织的特点。分形企业的自相似性包括：

· 企业组织结构的自相似，即以过程为中心建立企业的组织；

· 目标自相似，即单元的目标与企业的目标相一致。

分形企业的优化目标是：时间、柔性、质量、成本、生态和社会性。组织结构的自相似性强调自主，目标的自相似性强调自律。分形企业通过自律和自主的统一实现了效率和柔性的统一。分形企业在自相似的基础上具有自组织性的特点，具体表现为（Warnecke，1993）：

· 自监控。产品质量、数量、效率和性能等方面的自监控。

· 自调控。企业能力利用、资源配置和评价的自调控。

· 自确定。工作时间、生产方式等的自确定。

· 自治性。生产安排和控制的自主自治。

· 自优化。在分形企业中，各个子系统在企业的总体目标下，自主寻求局部最优解，相互通过消息进行磋商和协调，得到企业的满意解。自优化不是个人行为的协调和控制，而是分形的面向结果的整体优化。

智能制造的分布自治制造技术降低了制造系统的复杂性，使得分布自治制造单元能够完成复杂制造功能，帮助实现就近制造的目的。

（3）智能加工装备。其特点是：

1）功能复合化和集中化。工件一次装夹，能进行多种工序复合加工，可大大地提高生产效率和加工精度。由于产品开发周期愈来愈短，对制造速度的要求也相应提高，机床也朝高效能发展。机床已逐渐发展成为系统化产品。其优化目标是一台机器就是一个工厂，几乎所有的功能都能在一台机器上加工完成。例如，德国 Index 公司推出的车削加工中心是模块化结构，该加工中心能够完成车削、铣削、钻削、滚齿、磨削、激光热处理等多种工序，可完成复杂零件的全部加工。

2）自适应性。能快速适应各种不同的零件的加工需要。

3）智能性。具有主动振动控制、智能热屏障、智能防撞屏障、智能故障自诊断与自修复、智能故障回放和故障仿真、加工过程自适应控制、加工参数的智能优化与选择、智能化交流伺服驱动、

4）一体化。将测量(Measurement)、建模(Modelling)、加工(Manufacturing)、机器操作（ Manipulator ）四者（即 4M）融合在一个系统中，实现信息共享，促进测量、建模、加工、装夹、操作的一体化。

图 2.12 描述了智能制造是如何支持智能城市结构布局优化的。

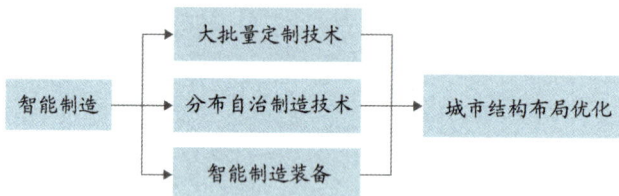

图 2.12　智能制造技术有助于城市结构布局优化

（四）智能制造提高企业员工的幸福感

企业员工往往是城市的主力军。智能城市首先是幸福的城市。广大企业员工幸福与否直接关系城市的幸福指数。

智能制造可以从多方面提高企业员工的幸福感，从而使员工为幸福的智能城市建设做出更多的贡献。

美国心理学家马斯洛把人的需要分为 7 个层次，通过智能制造技术，可以更好地满足员工的各层次需要，提高员工的幸福感（如图 2.13 所示）。

满足员工的各层次需要

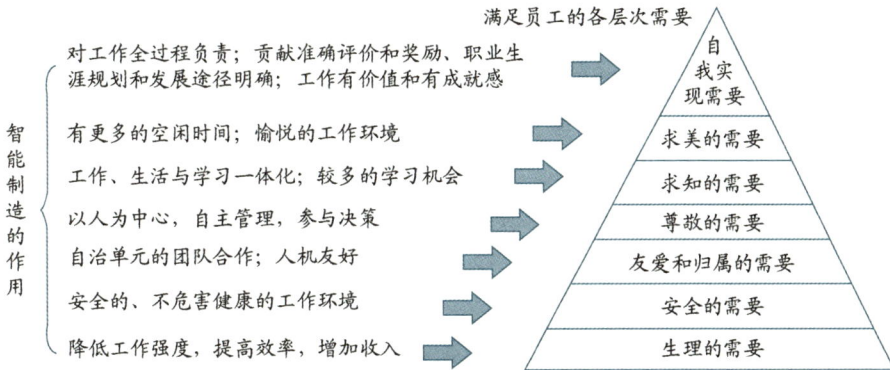

图 2.13　通过智能制造技术，满足员工的各层次需要

（1）满足员工生理的需要。有一份保障生活的工资；提高员工的工作效率，进而增加员工的收入；降低员工的工作强度，消除员工对工作的厌恶感。

（2）满足员工安全的需要。工作环境对人的健康没有不良影响；工作强度不太大；将危害健康的工作让机器人去做。

（3）满足员工友爱和归属的需要。建立自治制造单元，加强团队合作；在智能机器的配合下，更好地发挥人的潜能，人与机器达到一种相互协作、平等共事的关系，使两者在不同层次上各显其能，相辅相成。

（4）满足员工尊敬的需要。通过人机一体化，突出人在制造系统中的核心地位；使企业向社会开放，决策向员工开放，数据向公众开放，平台向伙伴开放，评价向用户开放……开放是智能制造的灵魂，开放使员工感到平等，体验受到尊重的感觉；员工自主管理。

（5）满足员工求知的需要。员工的工作、生活与学习将走向一体化，工作不再单调乏味，不再仅是一种谋生手段；有较多的学习机会；员工可以选择一项自己喜欢的工作，做精、做深；学习也是非常愉快的，方向明确，效率很高；每个人的贡献和水平是透明的；他们都可以在知识网络中找到自己的研究方向，在制造网络中找到适合自己的工作，在管理网络中了解自己工作的绩效。

（6）满足员工求美的需要。员工有更多的时间用享受人类的物质文明和精神文明；享受美化的、令人精神愉悦的工作环境。

（7）满足员工自我实现的需要。对工作全过程负责，对工作进度有掌控权利；自己的贡献得到准确评价和奖励，有明确的职业生涯规划和发展途径；所做的工作是真正有价值的；无效工作将大为减少；提高员工的工作成就感。

图 2.14 描述了不同层次的智能制造是如何提高企业员工幸福感的。

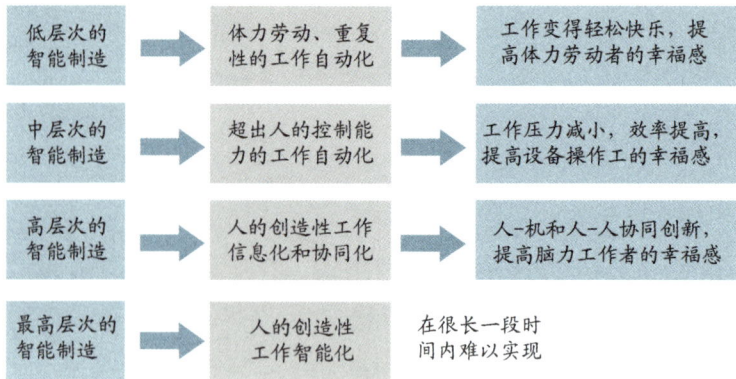

图 2.14　不同层次的智能制造有助于提高企业员工幸福感

智能制造充分发挥信息技术、机器人技术的作用，将危害健康、单调乏味的工作交给机器人去做，降低员工的工作强度，提高员工的工作效率，增加员工的收入；同时智能制造有助于创造良好的工作环境，充分发挥人的能动性和创造性，满足员工安全、尊敬、求知、自我实现等多层次的需求，全面提高企业不同层次员工的幸福感，使员工真正感到"工作着是美丽的"。

（五）智能制造对城市社会的负面影响及对策

1. 对社会结构变化的影响

人们一方面希望智能制造能够代替人类从事各种工作，另一方面又担心它们的发展会引起新的社会问题。随着智能制造的发展，"人—机器"的社会结构，终将为"人—智能制造系统"的社会结构所取代。现在和将来的很多本来是由人承担的智力工作将由智能制造系统来承担，因此，人们将不得不学会与智能制造系统相处，并适应这种变化了的社会结构。

智能制造能够代替人类进行许多脑力劳动和技能型工作，会将一些信息分析处理工作，如设计、规划、诊断、理解和决策等交给计算机系统去完成，原先从事这方面的员工就不得不去从事新的工作。

同时智能制造会产生新的工作岗位，如数据的深度分析、智能制造的远程监控等。

2. 生产率大幅提高对就业率的影响

人们对智能制造存在一种担心：智能制造的发展是否意味着无人化工厂，意味着失业率的提高。其实这种担心是不必要的。

从总的发展趋势来看，智能制造会使传统制造业从业人数大幅度下降，更多的员工将转移到信息产业和服务业。

一方面，不能因为"失业率"问题，不采用先进的智能制造技术。我们不采用，其他国家也会采用。而落后的制造业终将被先进的制造业所打垮，那时，制造业的"失业率"还会更高。

另一方面，通过智能制造，合理安排工作量，使员工随着技术的进步有更多的休闲时间、更少的工作压力。现在的这种快节奏、高强度的工作应该随着智能制造的实施而逐渐改变。因为这不是人类的理想目标。

3. 员工对智能制造环境不适应所产生的消极影响（蔡自兴，徐光祐，2010）

实施智能制造必然导致从以纸为主的工作方式到基本无纸的工作方式的转变。在以纸作为载体工作时，人们通过手工对业务资料进行处理，所有数据都记录在纸上，比较直观。但在智能制造环境中工作，人们面对的是一个又一个的屏幕，机械地往里边录入数据，对其内在的工作机理毫无了解。面对从以纸为主到基本无纸的转变，人们会有许多不适应的感觉。

（1）不放心。数据输到系统中去以后总担心数据会丢失，就像是把一份重要的资料交给了一个陌生人。

（2）修改难。有些手工很容易做的修改，在系统里面改起来很麻烦。因此，觉得系统不方便，很死板，在手工工作时无关紧要的小错误在系统中绝对不能犯，稍有不慎系统就会找麻烦。

（3）难理解。一个部门的数据错误可能影响其他部门，一时的数据错误可能影响到很久以后的工作，初次接触系统的人较难理解这种因果关系，因而觉得信息系统莫名其妙。

（4）不会用。对系统所提供的数据处理可能性认识不足，不知道怎样利用系统进行数据查询、汇总和分析。因此，在他们看来，放弃纸张、使用屏幕是没有回报的投入。

（5）不习惯。大家不习惯新的系统，有着本能的抵触心理。

这就需要企业领导进行动员，强力推行；还需要加强培训，帮助员工熟悉了解智能制造系统；还需要在开发人机友好的智能制造系统方面下功夫。

4. 思维方式与观念的变化带来的影响

智能制造的发展与推广应用，将影响和改变员工的思维方式和传统观念。例如，传统知识一般印在书本或报刊上，因而是固定不变的，而智能制造中的知识库的知识却是可以不断修改、扩充和更新的。又如，一旦专家系统的用户开始相信智能制造系统的判断和决定，那么他们就可能不愿多动脑筋，变得懒惰，并失去对许多问题及其求解任务的责任感和敏感性。有统计表明，那些过分依赖计算器的学生，他们的主动思维能力和计算能力也会明显下降。过分地依赖计算机的建议而不加分析地接受，将会使智能制造用户的认知能力下降，并增加误解率。在设计和研制智能制造系统时，应考虑到上述问题，尽量鼓励用户在问题求解中的主动性，让他们的智力积极参与问题求解过程。

5. 心理上的威胁

智能制造还使一部分社会成员感到心理上的威胁，或叫作精神威胁。人们一般认为，只有人类才具有感知精神，而且以此与机器相别。如果有一天，这些人开始相信机器也能够思维和创作，那么他们可能会感到失望，甚至感到威胁。他们担心，有朝一日，智能制造会超过人类的自然智能，使人类沦为智能机器和智能系统的奴隶。对于人的观念（更具体地指人的精神）和机器的观念（更具体地指智能制造）之间的关系问题，哲学家、神学家和其他人们之间一直存在着争论。按照智能制造的观点，人类有可能用机器来规划自己的未来，甚至可以把这个规划问题想象为一类状态空间搜索。当社会上一部分人欢迎这种新观念时，另一部分人则发现这些新观念是惹人烦恼的和无法接受的，尤其是当这些观念与他们钟爱的信仰和观念背道而驰时。

6. 智能制造导致权力变化而产生的实施阻力

智能制造导致权力变化而产生的实施阻力包括（吴澄等，2013）：

（1）智能制造将削弱部分员工的权力而产生的阻力。智能制造的实施不是一个单纯的技术工程，它与企业的管理体制、流程等密切相关，与业务过程高度相关。其中，人的因素起了决定性作用。在智能制造实施中，许多中间层部门的权力被削弱了，有的人甚至被剥夺了权力，这无疑会引起很大的阻力。例如，车间智能调度系统的实施，原先的车间调度员就没有随意调度的权力，不能将容易干的工作分配给自己要好的朋友。自然，他就不愿意将自己的调度经验贡献出来。

（2）智能制造将使企业信息透明而产生的阻力。智能制造使过去企业内部的一些暗箱操作阳光化，这将使某些人无法继续"浑水摸鱼"，因而

会引起这些人的反对，需要领导亲自出面对来自企业内部的人为干扰进行坚决的排除。

7. 智能制造实施中可能引起的法律问题

智能制造的应用技术不仅代替了人的一些体力劳动，也代替了人的某些脑力劳动，有时甚至行使着本应由人承担的职能，免不了引起法律纠纷。比如设备诊断专家系统万一出现失误，导致设备事故，怎么样来处理，开发专家系统者是否要负责任，使用专家系统者应负什么责任，等等。

智能制造的应用将会越来越普及，正在逐步进入家庭，智能家电、智能家居等已问世。可以预料，将会出现更多的与智能制造的应用有关的法律问题，需要社会在实践的基础上从法律角度做出对这些问题的解决方案。

要通过法律手段，对利用智能制造技术来反对人类和危害社会的犯罪行为进行惩罚，使智能制造技术为人类的利益做贡献。

综上分析，智能制造技术对人类的经济、社会和文化都有巨大的影响。随着时间的推移和技术的进步，这种影响将越来越明显地表现出来。还有一些影响，可能是我们现在难以预测的。可以肯定，智能制造将对人类的物质文明和精神文明产生越来越大的影响。

第3章

iCity 智能设计技术

智能设计是将人的知识融入数字化设计中。智能设计不是纯技术问题，涉及制度、管理、信息技术、工程技术等。人依然是未来智能工厂的主角。智能设计减少的是重复的、可编程的工作，更多的富有创造性的工作需要人去做。

智能设计的需求主要是：技术创新的需要，提高开发设计效率的需要，提高产品和制造过程的环境友好性的需要，降低产品生命周期成本的需要。

智能设计可以分为：

（1）基于知识的智能设计系统。利用智能技术实现知识的有效获取、整理和推送，使设计者能够快速获取所需的知识；利用智能技术支持不同的设计人员彼此共享知识，协同创新。

基于知识的智能设计系统包括基于知识库的智能设计、基于模块化的智能设计、基于网络的开放式智能设计、基于网络的用户协同智能设计等。

（2）基于软件的智能设计系统。将知识模型嵌入软件系统，设计者通过软件系统进行产品设计。

基于软件的智能设计技术包括基于 CAD 系统的智能设计、基于 CAE 系统的智能设计、基于虚拟现实的智能设计等。

智能设计的关键技术主要包括知识获取的智能技术、知识整理的智能技术、面向智能设计的模型技术等。

本章的主要观点是：在目前要实现完全的智能设计是不可能的，因此，智能设计的主要方向是为以人为主的设计提供智能化的环境，包括知识支持的智能系统、人机合作的智能系统、人人合作的智能系统等。

一、概　述

（一）基本概念和定义

1. 产品设计

产品设计大致可分为新产品设计和按订单的产品设计。新产品设计又称产品开发设计，是对产品从功能、原理到结构的整体设计，周期长，费用高，如三系列工业汽轮机的设计。按订单的产品设计则是根据订单要求，在产品基型上进行修改或配置得到用户需要的产品，如根据用户提出的具体参数的工业汽轮机的设计，其功能、原理和基本结构早已确定，只是对某些部件进行设计。本章不做特别说明的情况下，产品开发设计简称为产品设计。图 3.1 为产品开发设计的一般进程。

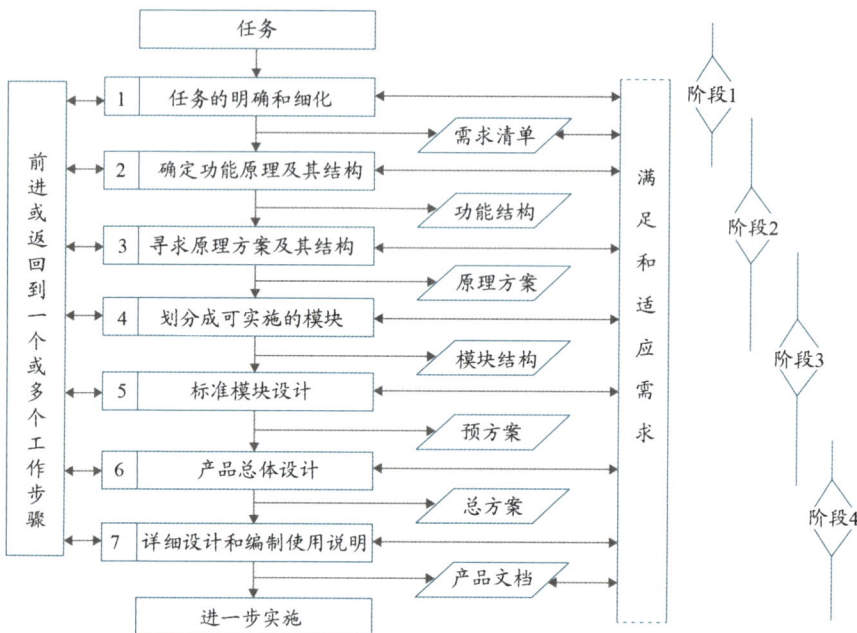

图 3.1 产品开发设计的一般进程[①]

2. 创新设计

创新设计是指充分发挥设计者的创造力，利用人类已有的相关知识、经验和科技成果进行创新构思，设计出具有科学性、创造性、新颖性及实用性成果产品的一种实践活动。

创新是产品设计的灵魂。只有创新才有可能得到结构新颖、性能优良、价格低廉的富有竞争力的产品。这里的创新可以是多层次的，如从结构修改、结构替换的低层次创新活动到工作原理变换、功能修改和增加等高层次创新活动都属于创新设计的范畴。在众多设计路径所产生的设计结果中，将产生一组可行的"新"方案（中国机械工程学会，2011）。

---

① 德国 VDI 2221 准则《技术系统和产品的开发设计方法学》。

3. 人工设计、数字化设计和智能设计

在计算机出现之前，产品设计都是靠人工计算、绘图，这里将此称为人工设计。人工设计是传统的完全依靠人的智慧和能力进行设计的实践活动。

计算机技术出现后，首先是应用到产品设计中，出现数字化设计，即利用计算机帮助计算、绘图。数字化设计从其出现开始就或多或少有一些智能，其发展方向之一就是智能化。因此，智能设计的基础是数字化设计。

智能设计是指利用信息技术、人工智能技术和设计专家系统辅助和替代人的部分设计工作，帮助设计者提高产品设计效率和质量的一种人机协同的实践活动。

表 3.1 对人工设计、数字化设计和智能设计进行了比较。智能设计中的智能是相对的、模糊的，是在不断完善和发展中的。

表 3.1　人工设计、数字化设计和智能设计的比较

	人工设计	数字化设计	智能设计
信息获取	通过感官和大脑获取信息；累积的经验、知识	通过传感器获取数据，然后进行处理获得信息；通过网络获取任何地方的所需要的信息	海量数据智能处理；提供虚拟环境，帮助体验未来产品的制造和使用过程
信息处理	擅长处理模糊信息	数据分析；快速处理信息；异地的多人机的信息的协同处理	大数据智能分析；信息智能融合；模糊信息处理
产品开发	依据以往知识、经验和案例，根据需要，进行产品开发；设计具有全局感；复杂产品创新	快速搜索知识；知识的可视化，帮助理解知识；支持大范围的知识共享	智能搜索或主动推送知识；知识的智能的可视化；大量发散的简单的结构和图案随机创新
	分析、优化设计方案，但时间长	产品性能的多学科分析优化	多学科智能分析优化；复杂产品的智能优化和性能预测
	做实物模型表达和验证设计意图，成本高，周期长	三维产品模型可表达和验证设计意图；通过三维快速打印技术得到产品实物模型，周期短	复杂三维产品模型智能建模；复杂的软性材料的三维建模
	设计实验，验证设计方案	仿真实验帮助验证设计方案，效率高，成本低	智能仿真实验

续表

	人工设计	数字化设计	智能设计
产品开发	人工开展产品系列化、模块化和标准化，费时费精力	基于网络的零件库，通过广大企业的相互协作，支持产品系列化、模块化和标准化	产品系列化、模块化和标准化的自组织发展，效率高
按订单设计	根据经验或参考过去的图纸按订单设计	在产品零件库和模块库的基础上，进行产品的快速组合和变型，获得用户需要的个性化产品	产品智能配置和变型，速度快，质量好
	将设计结果人工绘制成二维工程图	计算机辅助绘图，自动完成大量重复性的工作，效率高；大量三维产品模型可以借用；三维工程图绘制容易	三维产品模型智能建模和重用；二维模型自动转为三维模型
	设计图纸人工更改	利用CAX系统帮助更改工程图，并进行其他分析	智能分析
工艺设计	依据工程图编制工艺文件	依据工程图检索和派生工艺文件	工艺文件智能生成
	不同工艺过程的分析综合	工艺过程的仿真模拟，改善工艺参数达到优化；全制造过程的仿真模拟	工艺过程智能仿真模拟
	依据工程图编制数控程序	依据三维模型自动生成数控程序；加工仿真	智能加工仿真

（二）智能设计的需求

1. 从"技术模仿"向"技术创新"转变的需求

改革开放初期，企业只要引进国外的生产线，模仿国外的产品，就能够得以生存和发展，并不需要自己去进行产品功能原理层的创新、复杂产品的结构创新。

随着中国进入 WTO 后，国外企业大举进军中国市场，竞争日趋激烈，知识产权保护也越来越严厉。我国要从制造大国变为制造强国，必须自主掌握产品的核心技术，这就需要我国企业更多地进行自主创新，从而对创新设计提出了更高的要求。

"十一五"以来，我国每年用于固定资产的设备投资中，60% 以上是引进的。作为窗口的国家高新技术产业开发区，也有 57% 的技术源自国外。大量高技术制造装备依赖于进口，包括 90% 的高档数控机床、85% 的集成电路制造装备和 100% 的光纤制造装备；我国的汽车产量居世界第 4 位，但核心技术仍依赖进口，国内轿车生产厂家基本上不具备整车开发能力（杨文位，2008）。在冶金机械中，最近几年我国在先进设备和系统方面的总投入巨大，但是这些设备和系统几乎全部是从德国、日本及意大利进口的。例如河北一家大型钢铁（邯郸）厂，冷轧设备来自德国西马克公司，镀锌设备来自意大利达涅利公司。目前，知识产权已经成为包括美国在内的发达国家保持与发展中国家之间差距的一种武器。据机械工业联合会的统计，目前工业发达国家新产品贡献率为 52%，我国仅为 5.9%。在"核心技术方面"具有独立自主知识产权的产品较少，模仿产品较多（苏生荣，2009；司凯，2012）。

当前我国提出了创新驱动的发展战略，越来越多的企业将从模仿走向创新、从劳动密集型向知识和技术密集型方向发展，产品创新将成为越来越多企业的发展战略。创新正在成为企业的主要财富和利润的主要源泉、最核心的竞争能力。创新能够帮助企业进入无竞争和高利润的"蓝海"。

创新设计需要利用前人的大量知识，这些知识高度分散，利用效率比较低，需要用知识管理系统和智能的方法来提高知识的利用效率。以往开发设计资源分散在不同设计人员的计算机中，很难得到共享。利用智能 CAD 系统、知识管理系统等，可以促进企业内部设计资源的共享和重用，可以支持全球开发模式，促进企业之间的设计资源共享和重用。

创新设计需要集成众人的创意，但大家一般不愿意贡献自己的创意，需要信息平台和智能的方法支持"集思广益"。

创新设计需要进行多学科优化，这里有大量的复杂算法需要智能技术帮助实现，需要集成大量的由实验、现场经验、理论分析得到的知识，并将这些知识标准化，嵌入专业设计软件系统中，提高系统的智能性。

2. 缩短开发设计周期，提高开发设计效率的需求

随着市场竞争的日益激烈，产品更新换代的速度加快，产品生命周期的缩短，缩短产品开发设计周期也成为企业的努力目标之一，从而对快速设计提出了更高的要求。

快速设计不强调什么都自己从头开始，但面对大量的前人的知识、过去使用过的成熟的零部件模型，需要快速设计平台系统、有序化的知识和零部件模型以及智能的方法帮助开展快速设计。

快速设计需要提高产品开发设计的一次成功率。传统的产品开发设计结束后，需要设计和制造多种样机，进行各种实验、制造、装配和使用中的大

量问题难以在设计阶段发现。采用智能 CAE 系统，可以直接利用产品模型，建立虚拟样机，进行计算机仿真实验，在设计阶段就能发现产品制造、装配、使用和维护中的问题，进而采取措施，优化产品结构，使产品设计一次成功，节省试制成本，缩短产品研发周期。

快速设计利用 CAD/CAPP/CAM/CAT/PDM 智能集成系统，可以开展并行工程，组织与产品全生命周期有关的设计、制造、装配、使用和维护人员协同进行产品开发设计，提高开发设计效率。

3. 提高产品和制造过程的环境友好性的需求

面对我国当前严重的环境污染和资源短缺形势，我国制造业要持续发展，必须确保产品和制造过程的环境友好性，需要采用绿色设计和制造技术。

在绿色设计和制造中，产品和制造过程的环境友好性评价涉及大量的指标，这些指标需要从产品各个零部件的生命周期各环节获取大量环境污染数据计算得到，这不仅存在数据多、获取难、统计分析难等一系列问题，更困难的是许多企业出于自身利益考虑，不愿把自己产品和制造过程的环境污染数据公布出来。这需要通过信息平台和智能的方法，同时需要国家有关部门制定相应的法规和标准，需要依靠大众来获取和集成产品和制造过程的环境污染数据，进行统计分析，然后反馈给企业人员，进行产品和制造过程的环境友好性评价，以便选择环境友好的零部件及制造过程，确保产品和制造过程有较高的环境友好性。

在绿色设计和制造中，需要大量的相关知识，这些知识涉及多学科，这是目前企业所严重缺乏的。需要绿色设计和制造知识库，能够智能地向企业员工推送所需要的绿色设计和制造知识。

在绿色设计和制造中，需要大量的创新。绿色设计和制造需要在产品和制造过程的环境友好性与性能、成本、交货期等其他指标之间进行协同优化，往往需要颠覆过去的许多设计和制造方法。这些创新需要进行多学科协同，需要智能技术和信息技术的支持。

4. 降低产品生命周期成本的需求

现在越来越多的企业和用户认识到降低产品生命周期成本（Life Cycle Cost，LCC）比降低产品制造成本更重要，因此，越来越多地采用 LCC 招标方法。为此需要一种面向成本的设计（Design To Cost，DTC），这里的成本是指产品生命周期成本。

面向成本的设计要求对产品从"摇篮"到"坟墓"全生命周期各个环节的成本进行估算。目前许多企业连产品的制造成本也不清楚，更何况生命周期成本。这需要在企业的现有信息系统中增加成本数据获取和计算分析的功能，需要对企业的各种信息系统中的成本数据进行集成和统计分析，需要对产品使用中的维修、报废后的处理等成本进行估算。要保证这些估算的成本具有较大的可信性，就需要通过信息平台和智能的方法，同时需要国家有关部门制定相应的法规和标准，需要依靠大众来帮助获取、监督和集成产品生命周期成本，进行统计分析。

面向成本的设计要求专业化分工，要求大批量定制模式，需要智能的零件库、智能协同设计和制造平台等的支持。

（三）智能设计的演化

1. 智能设计的演进过程

随着信息技术、人工智能技术等的发展，产品设计的智能化水平逐渐提高，如表 3.2 所示。产品智能设计的发展没有终点，表 3.2 所示的各种产品设计技术中的智能目前还是局部的、相对的、比较初级的。

表 3.2　智能设计的演进过程

时间	产品设计技术	智能特点	备注
20世纪60年代	二维CAD（Computer Aided Drawing）系统	快速自动绘制剖面线等	编程实现绘图功能，CAD的含义仅仅是图板的替代品
20世纪60年代末	基于线框模型的三维CAD	呈现三维模型的立体感	用几何体的棱线表示几何体的外形
20世纪70年代	专家系统，人工智能	知识库中的知识推理，逻辑分析	困难的是知识获取和整理
	基于曲面造型的三维CAD	使几何形状具有了一定的轮廓，并可以产生阴影、消隐等效果	只能表达形体的表面信息，难以准确表达零件的其他特性，如质量、重心和惯性矩等，对CAE不利

续表

时间	产品设计技术	智能特点	备注
20世纪70年代末—80年代初	基于实体造型的三维CAD	能够精确地表达零件的全部属性，具有如重量、密度等特性，并且可以检查零件的碰撞和干涉等	有助于统一CAD、CAE和CAM的模型表达
20世纪80年代中期	基于参数化实体造型的三维CAD	基于特征、全尺寸约束、全数据相关和尺寸驱动设计修改	"全尺寸约束"的硬性规定容易影响和制约设计者创造力及想象力的发挥
20世纪90年代	基于复合建模技术的三维CAD	将参数化实体建模、高级自由曲面建模、线框建模融于一体，可使产品设计不必受某种单一建模方法的束缚	难以全面应用参数化技术
	基于变量化技术的三维CAD	在设计的初始阶段允许欠尺寸约束的存在；还可以将工程关系作为约束条件直接与几何方程联立求解	采用了主模型技术
	CAE	核心功能深入化，使用环境简单化	
20世纪90年代后期	CAI软件，如TechOptimizer，TriSolver	为技术人员提供帮助，打破思维定式，拓宽思路	对大量专利的分析，并建立相应的知识模型是其难点
现在	虚拟现实；虚拟样机	在沉浸式的虚拟环境中，设计者通过直接三维操作对产品模型进行管理，以直观自然的方式表达设计概念，并通过视觉、听觉与触觉反馈感知产品模型的几何属性、物理属性与行为表现；从产品设计、虚拟工艺制造到虚拟试验，实现无图纸制造、试验	大量知识的获取、整理和软件系统的嵌入是其关键
未来	语义网，网络协同技术，知识和人的协同评价技术	互联网成为一个巨大的智能系统，越使用越聪明	基于用户评价和使用行为的互联网知识的集成

2. 信息技术对智能设计的影响

从产品生命周期分析，信息技术对智能设计的影响如表3.3所示。

表 3.3 信息技术对智能设计的影响

阶段	任务	信息技术的影响	备注
产品需求分析	了解和分析用户需求，提出需求	通过自动跟踪和分析用户在网络空间中的采购行为，可以获悉用户的需求；客户需求网上调查；支持企业全员参与客户需求调查；虚拟产品体验	对用户和企业员工参与需求分析需要激励
产品创新构思	基于用户需求、技术及社会经济发展水平等，进行新产品的创新构思	用户需求、技术及社会经济发展水平等信息的集中、可视化展示	
产品概念设计	产品功能和原理及结构的确定	CAI；支持大范围的协同开放式创新；提供产品原理方案库；专利挖掘分析	知识的获取和整理是关键；协同创新需要制度保证
产品模块化设计	产品模块化平台建立	网络零件库；基于网络的协同模块标准化	需要相应的标准
产品总体设计	产品模块化，总体结构设计	CAE；CAD；网络零件库；协同开放式创新；计算机辅助产品模块化	需要相应的标准
快速设计	缩短开发设计周期，提高开发设计效率	快速设计平台；CAE系统；CAD/CAPP/CAM/CAT/PDM集成系统	有序化的知识和零部件模型；并行工程
绿色设计	提高产品和制造过程的环境友好性	产品和制造过程的环境友好性评价系统；绿色设计和制造知识库	相应的法规和标准；大众的环境意识
面向成本的设计	降低产品生命周期成本	成本数据获取和计算分析软件；零件库；协同设计和制造平台	相应的法规和标准

3. 基于知识的智能设计和基于软件的智能设计的关系

智能技术的作用是将设计过程和知识模型化、编码化，用计算机辅助或代替人进行产品设计。智能设计可以分为基于知识的智能设计和基于软件的智能设计，它们的关系如图 3.2 和表 3.4 所示。基于知识的智能设计系统只是提供丰富的、有序化的知识模型，帮助设计者进行设计。基于软件的智能设计系统已经将知识模型嵌入软件系统，设计者通过软件系统进行产品设计，显著降低对设计者的知识水平的要求。

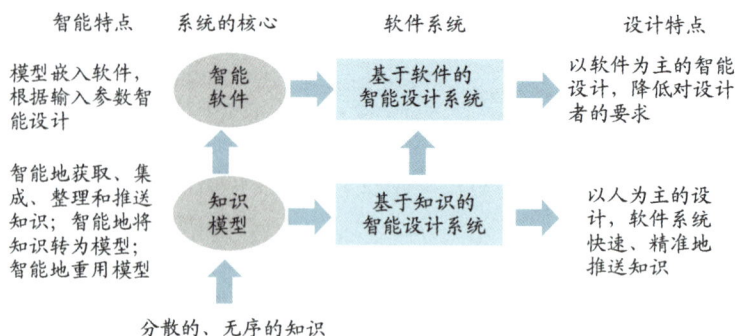

图 3.2　基于知识的智能设计和基于软件的智能设计的关系

表 3.4　基于知识的智能设计和基于软件的智能设计的关系

	产品设计模式	信息技术的作用	模型的作用	知识的作用
基于软件的智能设计	基于独特知识嵌入模型的智能设计	嵌入了独特知识模型的CAD、CAE、CAPP、CAM系统、决策支持系统、智能生产管理系统等	企业独特知识模型	员工多年智能设计中积累的独特知识；支持知识共享的制度、激励机制和文化
	基于虚拟现实技术的智能设计	高性能计算技术；音像和传感装置；计算机动画技术；可视化技术；信号处理	预测模型；仿真模型	用户需求和产品知识的获取及整理；智能推理
	基于CAE系统的产品智能设计	高性能计算技术；有限元法；模态分析；运动仿真；可靠性分析；制造过程仿真；虚拟样机与产品工作性能评测	物理仿真模型；多学科协同建模；多学科联合仿真和多物理场耦合模型；统一有限元模型	多学科知识及交叉；专业知识的捕捉和提炼
	基于智慧模型的智能设计	智慧的产品设计系统，具有越使用越聪明、快速适应环境变化、善于了解人的意图等特点	智慧模型是未来的理想模型，能够解决目前模型存在的透明性、协同性、自优化性、人机友好性等较弱的问题	跨企业、跨行业的员工协同建立、优化各种模型

续表

	产品设计模式	信息技术的作用	模型的作用	知识的作用
基于软件的智能设计	基于计算机辅助系统内嵌模型的智能设计	CAD、CAE、CAPP、CAM系统等	计算机辅助系统中内嵌的模型，帮助减少重复的、简单的、规范的工作	计算机辅助系统中的内嵌模型来自企业多年积累的知识
	基于信息集成的智能设计	PDM/PLM系统；基于WEB的企业协同平台	面向产品生命周期的虚拟产品模型	
	基于产品统一模型的智能设计	CAD/CAE/CAPP/CAM一体化集成系统	产品统一模型；虚拟产品模型；模型含有不同系统间的转换接口，可以实现模型在系统间的自动转换和集成	产品统一模型来自不同学科、部门和企业的知识；需要建立相关标准
	基于过程集成模型的智能设计	PDM、PLM、协同设计、工作流管理、ERP、SCM、CRM等系统	产品生命周期模型；生产管理集成模型；本体模型	跨部门的知识集成
	基于模块化模型的智能设计	产品零部件模块化分析和建模系统；基于产品模块化的CAD/CAE/CAPP/CAM一体化集成系统、PDM/PLM系统；基于网络的零件库；可重构的制造系统	产品模块模型是面向企业、行业，乃至跨行业建立的通用模型，可以减少重复设计，支持分工专业化，降低成本	产品族知识；产品生命周期知识；不同产品中的相似零部件知识；需要有着眼于长远利益的激励机制；需要各种标准的支持
基于知识的智能设计	基于知识库的智能设计	数据库技术；大规模自动知识获取和处理工具；多媒体和虚拟环境；分布化的知识工程系统；知识的智能搜索和主动推送；知识评价和人的评价的集成系统	实例模型；知识网络模型；知识本体模型；能够用于描述工作经验的语言；知识评价模型	知识的共享、积累和重用；知识评价和人的评价的集成
	基于网络的开放式设计	宽带网络；Web 2.0；开放式设计平台	协同模型；知识网络模型；知识本体模型；知识评价模型	全员创新文化；激励机制；知识评价和人的评价的集成
	基于网络的用户协同设计	宽带网络；Web 2.0；用户协同智能设计工具	产品配置模型；产品变型模型	产品配置知识；产品变型知识

续表

	产品设计模式	信息技术的作用	模型的作用	知识的作用
基于知识的智能设计	基于知识模型的智能设计	知识管理系统、知识共享平台、计算机辅助创新系统	知识价值模型：描述知识的领域、价值等；知识关联模型：描述知识的分类、进化、相似等关系；知识分布模型：隐性知识在员工中的分布情况	来自员工的知识及知识评价和应用；对员工的知识共享参与度和知识水平进行评价；相应的激励机制和文化；内部的知识产权制度
	基于TRIZ理论的智能设计	基于TRIZ的CAI系统	智能设计思维模式；40个发明创造原理；产生系统矛盾对立的典型技术特性39项	发明专利与事例库、多学科工程学原理库、创新原理库、发明问题标准解法库等

案例1：面向工业汽轮机的基于知识的智能设计和基于软件的智能设计

工业汽轮机是一种复杂制造装备，可靠性要求很高，其主要零部件要求耐高温、耐冲击和高精度。产品结构比较复杂，平均每个产品有近万个零部件。图3.3描述了面向工业汽轮机的基于知识的智能设计和基于软件的智能设计。最里层是不同变型的工业汽轮机剖面图，第二层是工业汽轮机设计知识，第三层（最外层）是工业汽轮机设计软件。这些软件的智能化程度不一。

首先发展的是基于知识的工业汽轮机设计，随着信息技术的发展和知识模型化，基于软件的工业汽轮机设计的内容越来越多。但并不是所有的知识都可模型化嵌入软件系统，因此，基于知识的工业汽轮机设计还是很重要的工作内容。

（1）基于知识的智能设计。基于知识的智能设计是以人为主的智能设计。在智能设计的初期，主要依靠人的隐性知识进行概念、原理方案等的创新。依靠信息系统进行自动创新是非常难的，但信息系统可以帮助人快速找到许多知识，有效学习知识，提供虚拟体验环境，激发创新灵感，提高创新效率。

（2）基于软件系统的智能设计。基于软件系统的智能设计是人利用软件系统的智能设计，主要发生在设计的中后期阶段。在这一阶段，大量的设计知识可以显性化、程序化，嵌入信息系统中，使智能设计系统的智能性显著提高。

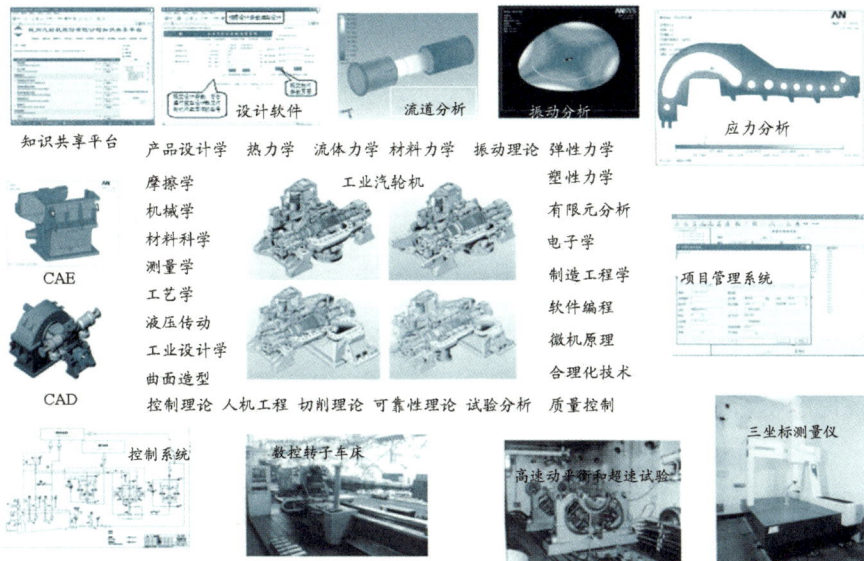

设计软件　流道分析　振动分析　应力分析

知识共享平台

产品设计学　热力学　流体力学　材料力学　振动理论　弹性力学
　　　　　　　　　　　　　　　　　　　　　　　　　　塑性力学
摩擦学　　　　　　工业汽轮机　　　　　　　有限元分析
机械学　　　　　　　　　　　　　　　　　　电子学
材料科学　　　　　　　　　　　　　　　　　制造工程学　　　项目管理系统
测量学　　　　　　　　　　　　　　　　　　软件编程
工艺学　　　　　　　　　　　　　　　　　　微机原理
液压传动　　　　　　　　　　　　　　　　　合理化技术
工业设计学
曲面造型
控制理论　人机工程　切削理论　可靠性理论　试验分析　质量控制

CAE

CAD

控制系统　　数控转子车床　　高速动平衡和超速试验　　三坐标测量仪

图 3.3　　面向工业汽轮机的基于知识的智能设计和基于软件的智能设计

本文研究的一些智能设计模式之间的关系如图 3.4 所示。

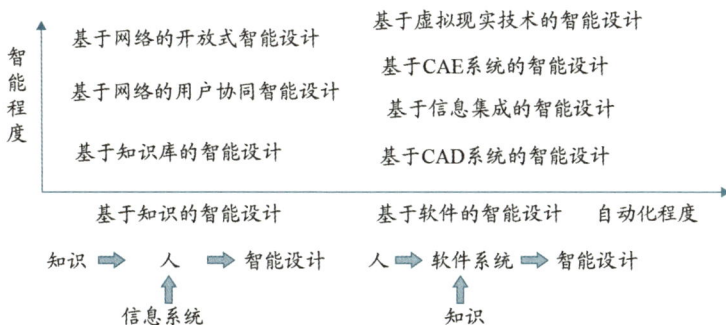

图 3.4　　一些智能设计模式之间的关系

图 3.5 所示为基于知识的智能设计过程。

4. 智能设计系统的大脑模型

图 3.6 将智能设计系统比喻为人的大脑模型。智能设计系统由 3 部分组成：①知识。这类似大脑模型中的神经元，通过学习存贮知识。②软件系统。这类似大脑模型中的神经网络，将知识集成起来，并进行创新。③创新文化和能力。这类似大脑模型中的供血系统，如果缺血，大脑几分钟就会死亡。知识需要人提供，创新需要人进行。没有人的参与，创新活动也就停止。所以这三者缺一不可。

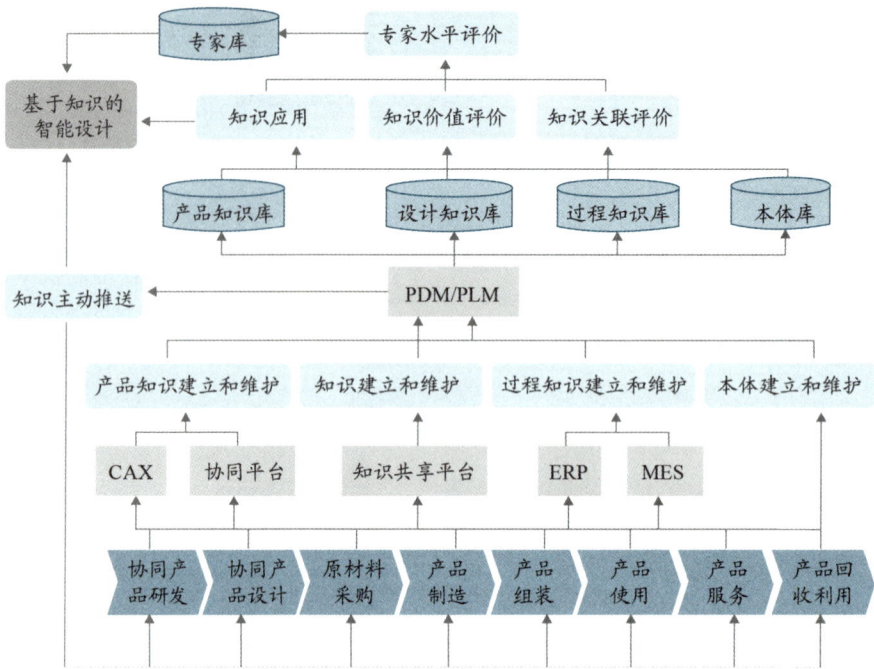

图 3.5　基于知识的智能设计过程

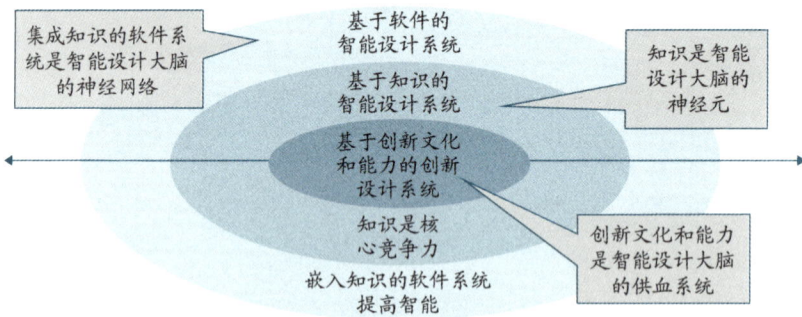

图 3.6　智能设计系统的大脑模型

二、基于知识的智能设计技术

　　产品开发设计中的许多创新性工作离不开人，这些创新性工作需要在前人知识的基础上、综合多人的知识进行。基于知识的设计以人为中心，基于知识的智能设计也同样以人为中心，但后者的特点是利用智能技术实现知识的有效获取、整理和推送，使设计者能够快速获取所需要的知识；利用智能技术支持不同的设计人员共享知识，协同创新。

（一）概　述

1. 基于知识的设计对智能技术的需求

目前我国产品开发设计中存在的问题是：

1）产品开发设计是一个系统工程，涉及制度法规、知识产权、管理、技术、人的教育等，但目前我国制造企业产品开发设计的系统完整性还相对不够。

2）产品开发设计需要一个完整的技术体系或知识体系，但目前在我国该体系还不完整。

3）学习、获取和整理知识是一个长期的过程，我国过去比较多的是引进技术，缺少系统的、自主的知识，如研制不出各种高水平的产品开发设计专业软件，即使开发了一些软件，其知识含量也远不如发达国家的软件。

4）我们的科技人员学习刻苦，每个人有较强的学习能力，有自己的知识体系，但相互间的知识共享程度不高，结果产品开发设计往往是在低水平上重复。

5）我国许多产品设计数据缺乏，如可靠性数据等。不少人急功近利，不注重知识积累，只管推出新产品。

6）虽然国际化合作给中国产品的快速推出带来有利条件，但产品的核心技术还是掌握在外国人手中，如我们许多产品的市场份额世界第一，但产品的核心部件是别人的。我国制造业在付出昂贵的资源、能源和环境代价后，得到的利润非常微薄。

我国人口众多，专业技术人员数量世界第一。如何发挥这一优势，缩短知识的获取、积累和整理过程，也是值得研究的问题。信息技术特别是互联网技术的发展，有助于这一优势的发挥。

2. 对知识网络的需求

人的大脑在存贮知识、搜索和关联知识方面已经有一套很有效的方法。基本架构是网络型的存贮和关联模式。开发设计需要这样一种知识网络，作为基础设施。具体理由如下：

1）人的大脑中的知识是通过本人的学习、观察、体验获得的。开发设计中的知识需要通过许多专家协同学习、观察、体验获得。

2）人的知识通过各种文本知识和言传身教的方法得以传承。开发设计中的知识也需要通过类似的方法传承。

3）人的大脑中的知识如果不能很好地表达为显性知识，或者通过言传身教的方法让别人掌握，那么，当人走了，知识也带走了。人类有许多知识就这样失传了。开发设计更偏向于利用组织的知识、显性的知识。

4）开发设计首先需要有一个很好的知识网络架构，然后需要一种很好的机制让众人把自己的知识传授给系统，并建立起知识间的关系，这样就能开展开发设计。

因此，作为国家的智能制造发展战略应重点放在建立知识网络，梳理现有的知识，建立比较完整的知识体系。

3. 基于知识的开发设计框架

图 3.7 为基于知识的开发设计的框架。

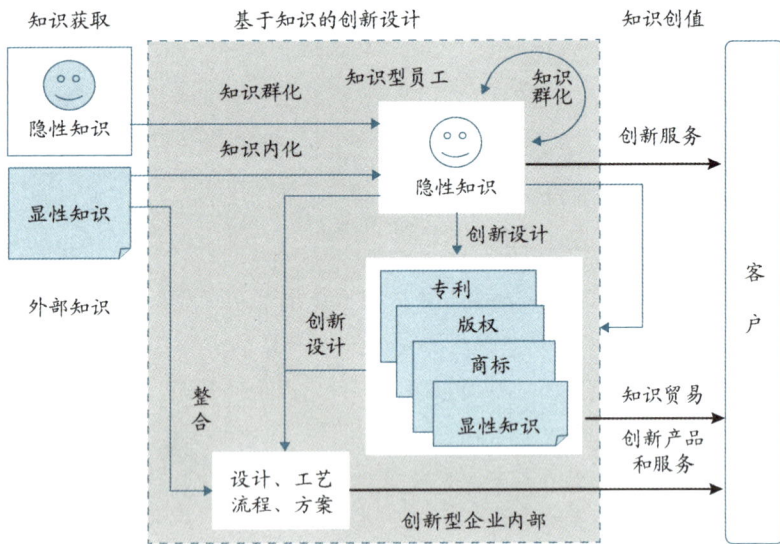

图 3.7　基于知识的开发设计的框架

（二）基于知识库的智能设计

1. 知识的分类（谭建荣等，2008）

知识正在成为越来越多的企业的主要财富，企业需要一个强大的知识库对这些财富进行管理。

知识的分类有多种。

（1）显性知识和隐性知识

首先根据知识的可转移性，知识可分为显性知识和隐性知识：

1）显性知识（编码型知识）一般是指可以编码和度量的、可以由计算机处理的知识。显性知识可以十分简单地被表述出来，例如，如果出现条件 A，那么最好的解决方法将是 B。这种知识可以以多种方式转移而保持其正确性。

2）隐性知识（意会性知识）一般是指头脑中属于经验、诀窍、灵感、想法、洞察力、价值，以及判断的那部分知识。许多隐性知识很难表述，因为它们与丰富的语境相联系。两千年前中国的古人就说过"书不尽言，言不尽意"，就是这个意思。

知识库主要是对显性知识进行管理。

（2）数据、信息和知识

1）数据的一般特征是关于事件和关于世界的一组独立的事实的符号表示。数据可以直接来源于传感器，如某种变量的测量值；也可以存在于高度结构化的数据库，如 ERP（企业资源计划）系统中的现场生产数据库。

2）信息是已经排列成有意义的形式的数据，是组织或结构化的数据，是放在上下文中并赋予其特定含义的数据。例如，数字是数据，而一张随机数字表则是信息。

3）知识是信息的应用。知识深刻地反映了事物的本质。可以利用知识来进行预测，进行相关性分析和支持决策的制定，即得到新的知识。也有人认为，知识是有用的信息，如用户需求报告。信息组合成知识的过程非常复杂，主要依靠人的创新性工作。

从数据到信息，从信息到知识，它们之间并没有严格的界限。

知识库中不仅有知识，还有许多重要的数据和信息。在本章中，不特别说明时，知识也包括重要的数据和信息。

（3）知识群化、外化、整合、内化、应用和创新及知识评价和激励

基于知识的设计主要包括 6 个主要环节：知识群化、知识外化、知识整合、知识内化、知识应用和知识创新。它们之间的关系如图 3.8 所示。在基于知识的设计过程中，知识不断地被群化、外化、整合和内化，显性知识和隐性知识在不同阶段螺旋形动态转化和上升，并被随时用于企业的设计过程中。

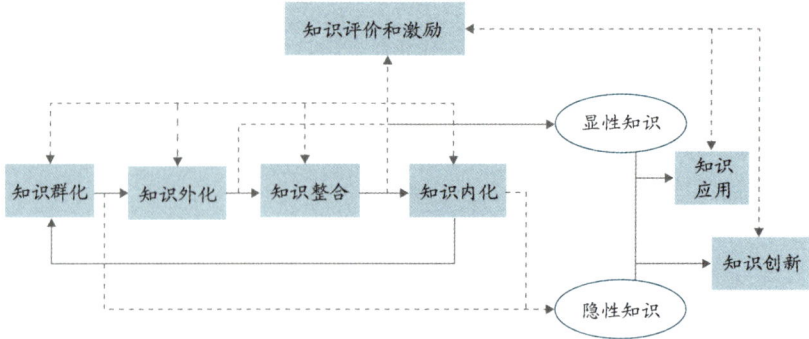

图 3.8　知识群化、外化、整合、内化、应用和创新及知识评价和激励

1）知识群化。从隐性知识到隐性知识，即隐性知识在人之间的转移和再用。

2）知识外化。使员工的隐性知识转变为显性知识，从而方便地被整个企业共享，并可被继承和再用。

3）知识整合。对不同的、零碎的显性知识进行整合，即条理化、系统化和优化。

4）知识内化。指组织范围内显性知识向个体的隐性知识的转换，这实际上是一个学习过程。

5）知识应用。即利用已有知识增加企业价值。

6）知识创新。知识创新是利用企业自身所拥有的知识创造出新的知识，获得持续的创造力，从而使企业具有较强的竞争优势。

7）知识评价和激励。知识评价是对知识的价值进行评价，以便"心中有数"，在此基础上对积极参与知识共享的员工进行有效激励，促进知识共享的深入开展。

（4）知识的粒度

企业知识库中，知识的粒度大小是不同的，如图 3.9 所示。

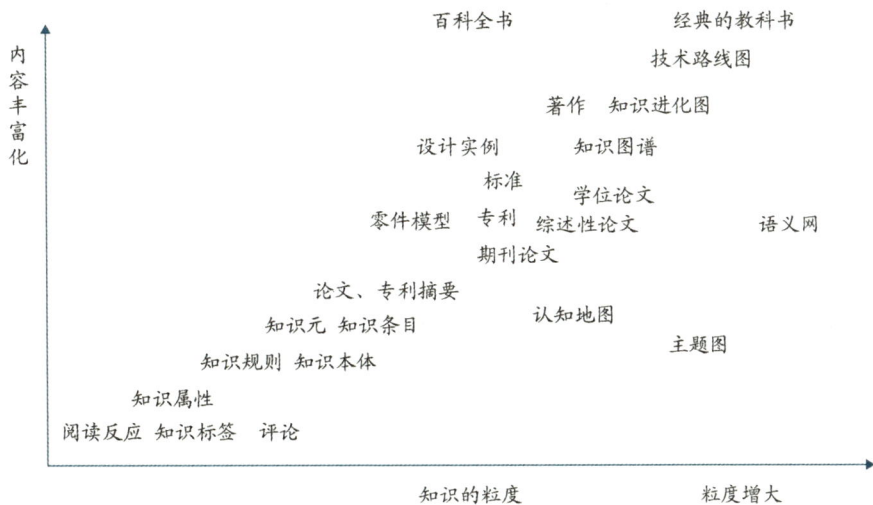

图 3.9 企业知识库中不同粒度的知识

2. 基于知识库的智能设计系统

基于知识库的智能设计系统有以下几种。

（1）基于实例推理（CBR）的设计。当系统根据相似性搜索到新的作用原理或物理结构后，相应的实例被自动调出。在此基础上可以开展基于实例推理的设计，如图 3.10 所示。

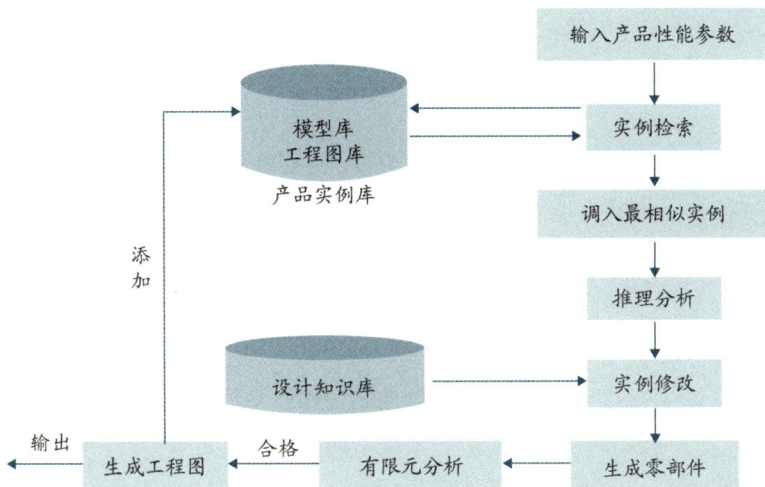

图 3.10 基于实例推理的设计流程

（2）基于 TRIZ 的智能设计系统。TRIZ 的含义是发明问题的解决理论，其拼写是由发明问题解决理论俄语含义的单词转换成拉丁文的词头缩写。TRIZ 的产生可追溯到第二次世界大战刚刚结束的 1946 年。在苏联，以 G. S. Altshuller 为首的研究人员开始了有关 TRIZ 理论和实践的研究。其主要目的是研究人类在进行发明创造、解决技术问题的过程中所遵循的科学原理和法则。为此，由苏联的大学、研究所和企业所组成的数百人的研究组织用了近 50 年时间来查阅并研究了世界各国近 250 万件发明专利，从中总结出了 TRIZ 的基本原理。在东西方冷战时期，TRIZ 的研究一直被作为苏联的国家机密，西方国家知之甚少。苏联解体后，大批 TRIZ 研究者移居美国等西方国家，TRIZ 的研究与实践得以迅速普及和发展。西北欧、美国、日本，以及中国台湾等地出现了以 TRIZ 为基础的研究、咨询机构和公司，一些大学将 TRIZ 列为工程设计方法学课程。TRIZ 方法工程实用性强，其方法核心系经验的集合，所以可视为一种知识库的方法。如今它已在全世界被广泛应用，创造出了成千上万项重大发明（曾令卫，2003）。在获得美国发明专利最多的十大公司中，半数以上的公司都在采用 TRIZ 理论进行创新。

Altshuller 将他研究过的 20 万个发明专利所涉及的发明问题分成 5 类：

第 1 类（32%），利用已知方法继续发展现有技术系统（例如增加壁的厚度以提高强度）。

第 2 类（45%），现有技术系统的小幅度改进，但这种改进往往是妥协的折中解决方案（例如使用结合剂将两种不同材料焊接在一起）。

第 3 类（18%），运用现有技术实现现有技术系统的重大改进（例如以半导体取代电化学继电器，或在摩托车上以万向轴传动取代链条传动）。

第 4 类（4%），运用新的技术产生新的一代技术系统（例如显微镜，蒸汽机车、复印机等）。

第 5 类（1%），基础性的新发现（例如发现 X 射线、激光、青霉素、DNA、超导材料等）。

Altshuller 认为，TRIZ 作为可普遍运用的原理和可定义的思维模式，适合于解决第 2 至第 4 类发明问题。第 1 类不算真正的发明，第 5 类则属于发现新的自然现象。

运用 TRIZ 解决发明（创新）问题的关键就是找出矛盾是技术矛盾还是物理矛盾，然后利用不同的 TRIZ 工具，通过类比思考的方式，找到解决矛盾的思考方向。 TRIZ 的出发点是：发明问题的基本原理是客观存在的，这些原理不仅能被确认也能被整理而形成一种理论，掌握该理论的人不仅能提高发明的成功率，缩短发明周期，也使发明问题具有可预见性。

TRIZ 理论解决创新性问题的思路在于它采用科学的问题求解方法，具体办法就是将特殊的问题归结为 TRIZ 的一般性问题，然后应用 TRIZ 带有普遍性的创新理论和算法寻求标准解法，在此基础上演绎形成初始问题的具体解法。这种从特殊到一般的方法，充分体现了科学的问题解决的思想，富有可操作性，为计算机环境下的创新提供了重要的理论与方法基础。

基于 TRIZ 的智能设计系统将 TRIZ、本体论、现代设计方法学与 IT 技术等融为一体，帮助设计者在概念设计阶段有效地利用多学科领域知识和前人的智慧，遵循创新规律，打破思维定式，快速地发现技术系统中存在的问题，找到新的解决方案，同时有效地规避现有的竞争专利，促进创新。

基于 TRIZ 的智能设计系统有：美国 Invention Machine 公司的 Tech-Optimizer、Ideation International 公司的 Innovation WorkBench（IWB）[1]、IMC（Invention Machine Company）的 Goldfire Innovator™，德国 TriSolve 公司的 TriSIDEAS[2]，荷兰 Insytec B.V. 公司的 TRIZ Explorer，美国亿维讯公司（IWINT，Inc.）的 Pro/Innovator 软件等。我国商品化的 CAI 软件有河北工业大学 TRIZ 研究中心的 InventionTool 软件、天津大学的 webTRIZ 等。

这些软件将 TRIZ 中的概念、原理、工具与知识库、专利库紧密结合。设计者通过使用这些软件，可以参考世界上的优秀工程设计实例，为产品开发提供设计思路，快速并高质量地完成概念设计。

例如，Pro/Innovator 通过对欧美 900 万件发明专利的分析，形成涵盖众多领域的创新方案知识库。Pro/Innovator 可以帮助用户及时发现已有成功的解决方案，向用户提供在原有方案基础上快速寻求自己的问题的合理解决办法。其中主要的模块有：项目导航、技术系统分析、问题分解、解决方案、创新原理、专利查询、方案评价和报告生成、知识库扩充、专利申请等。

需要指出的是，来自几千万个专利的知识整理不是少数专家能够完成的，需要依靠广大专业人员一起来做。每年几百万件专利涌现，专利中的知识只能依靠精通相关技术的专家挖掘和分析。因此，未来基于 TRIZ 的智能设计系统的知识库将基于 Web 2.0 的方法，依靠各行业专家共同建设和维护。

3. 知识库的自组织优化

基于知识库的设计的关键是知识库的建立和完善，该项工作靠少数人去做，难度很大，因为知识很专、很多，因此，需要有一套知识库的自组织优

---

[1] 引自 www.ideationtriz.com。
[2] 引自 www.trisolver.com。

化的方法，帮助解决这一问题。

知识库的自组织优化方法见本章"四、智能设计的关键技术"。

（三）基于模块化的智能设计

1. 基本概念

产品模块化设计的定义是：对产品中的相同和相似模块识别、分类、定义、规范，建立通用模块，在此基础上对通用模块进行组合和变型，设计出低成本、高质量、快速地满足用户的多样化和个性化需求的定制产品。

产品模块化设计主要包括两个过程：产品模块化过程和基于模块的订单产品设计过程。

（1）产品模块化（即产品模块建立）过程。在全面分析和研究客户需求、根据产品历史生产情况和市场预测的基础上，按照系统工程思想，将复杂成套装置/整机/部件/零件等分解成系列化和通用化的，易于组合、变型和快速重用的模块，并对模块的变型范围进行标准化，最终建立模块化产品平台。

产品模块化过程往往与产品开发过程结合在一起。

在不同时期，不同企业和产品的模块化水平也不相同。

（2）基于模块的订单产品设计（即模块的重用）过程。根据客户的产品订单需求，选择合适的模块组成满足客户需求的产品，其中某些模块有时需要进行重新设计（适应性设计）或变型设计。

2. 基于模块化的智能设计的需求

（1）产品技术创新的需求

模块化技术能够很好地支持产品创新，其作用主要是：减少产品开发设计复杂性、缩短产品开发周期、有效支持企业间的协同创新设计、支持客户参与产品开发设计。

1）减少产品开发设计复杂性。制造业的复杂性主要源于产品的复杂性。模块化技术通过降低产品的复杂性，进而提高产品开发设计效率。

复杂产品如果不进行模块化，而是作为一个内部高度关联的整体进行设计，那么开发设计的复杂性急剧增加，多人协同开发设计的难度大大增加，从而严重阻挠了产品开发设计。

2）缩短产品开发周期。在产品开发设计阶段，设计人员可以大量利用其他产品中的通用模块，通过通用模块与新设计模块的组合，开发出新产品，从而缩短产品的开发时间。而在进行按订单的产品设计时，可以利用已有的模块或增加少量的专用模块组合成满足客户需求的产品。据统计，在设计过程中利用模块化技术能节约 50% 的时间。

3）有效支持企业间的协同创新设计。模块化改变了企业间的关系，可以让模块供应商在开发模块方面有更大的自主权，它们可以千方百计提高模块的性能，降低模块的成本，赢得某类模块的市场份额，成长为所谓的"小巨人企业"。通过模块供应商之间的竞争，进一步提高整机的性能。

4）支持客户参与产品开发设计。模块化技术可以使客户也有可能参与产品开发设计，支持客户配置设计出自己想要的产品。

图 3.11 描述了产品开发设计阶段不同环节中不同层次的产品模块化技术的作用。

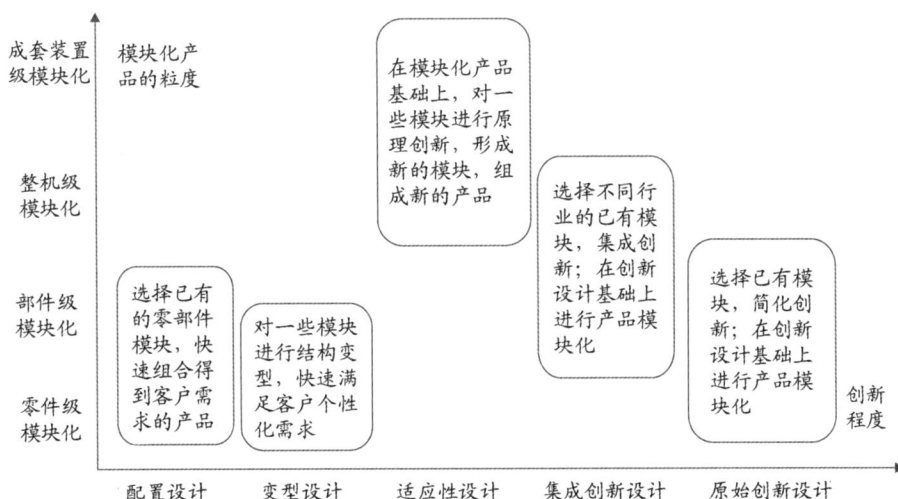

图 3.11　不同层次的模块化技术在产品创新设计中的作用

（2）提高效率的需求

1）提高制造协同的效率。模块化的产品结构是组织专业化生产和社会化协作的基础。产品中的许多模块可以交由专业厂生产，在专业厂中，模块成为系列化的商品，实现了批量生产，大大降低了成本，许多整机厂增加了外购和外协模块的数量，减少了自行设计和制造的工作量，从而缩短了产品制造周期，降低了产品的成本。如波音公司的主要工作是整机的组装和新品种的开发，而将非核心的作业扩散给 1 600 家零部件企业，大大缩短了产品的交货周期和新产品的开发周期。

2）提高企业制造和管理的效率。在模块化技术基础上容易采用成组技术，形成较大成组批量，提高制造和管理的效率。例如，单元制造系统、独立制造岛等制造模式都是建立在产品模块化基础上的。模块化技术使相似模块集中在一起加工，将加工该类模块的设备和人员集中在单元中，完成模块加工所需要的工艺设计、数控编程、生产调度、各种相关工种的加工，既满足人的高层次需求，如对工作全流程的自主掌控、有较多的学习机会等，提高了人的积极性，又简化了管理。企业可以利用各种模块化的零部件，根据客户的不同需求组合成不同的产品。对于客户来说，得到的是符合特定需求的"新产品"；而对于制造厂来说，则是利用成熟技术和模块制造的"成熟产品"，只是组合方式和构成要素不同而已。

3）提高制造信息化的效率。模块化技术使制造信息系统得以简化，而信息技术使模块化技术的作用得到充分发挥。例如，计算机辅助工艺设计系统可以采用变型设计方法，充分利用以往的工艺设计模板和知识。

（3）低碳环保的需求

1）满足绿色产品的快速开发要求。按模块化设计开发的产品结构是由便于装配、易于拆卸和维护、有利于回收及重用的模块单元组成的，从而明显简化了产品结构，并能快速组合成客户和市场需求的产品。

2）便于拆卸回收和维护更换。模块化设计可将产品中对环境或对人体有害的部分、使用寿命相近的部分等集成在同一模块，便于拆卸回收和维护更换等。同时，由于产品由相对独立的模块组成，便于维修，必要时可更换模块，而不致影响生产。模块化产品互换性强，便于拆装、维修和搬运。通用模块易于从整机中拆卸和组装，维修可以模块为单位进行，从而大大改善了维修条件，简化了维修工作，加快了维修速度，提高了维修质量。模块化后零部件数量显著减少，因而可显著降低维修配件库存，减少大量资源消耗和能耗。

3）减少零部件数量，简化产品结构。按照传统的观点，整机由部件组成，部件由组件构成，组件由零件构成，因而要生产一种产品，就得制造大量的专用零件。而按模块化的观点，产品由模块构成，模块是构成产品的单元，从而减少了零部件数量，简化了产品结构。模块化产品中的模块可以形成较大批量，有确定的工艺流程和工艺装备，生产效率高，制造周期短。零部件数量过多会导致或加剧企业的很多问题，如管理混乱、成本过高等。产品模块化设计可以大幅度减少零部件以及工艺过程、工艺装备的种类，充分考虑零部件以及工艺过程、工艺装备的可重用性。减少了零部件数量能够明显减少资源和能源的消耗。

4）提高产品可重用性和可重构性。模块化设计可以根据绿色设计的不同目标要求来进行。如在模块化设计时，若以可重用性为主，则需要考虑两个主要因素：期望的零部件寿命及其重用性能。当考虑零部件寿命时，可将长寿命的零部件集成在相同模块中，以便产品维护和回收后的重用；当考虑可重用性（回收价值与回收成本之比）时，应将具有相同重用性的零部件集成在同一模块中。模块化产品能够很好地满足建立"环境友好型、资源节约型社会"的要求。模块化使得产品具有可重构性，当产品不再使用时，其中的许多模块还可以组成新的产品继续使用。这意味着减少了新产品中新模块的使用量，减少了零部件的制造量，降低了制造过程中的能耗和物耗，减少了污染。

5）解决客户需求个性化与环境友好的矛盾。客户需求个性化和多样化是当前工业化的必然趋势。根据批量—成本法则，这必然会带来更多的能耗和资源消耗，对环境产生更多的不良影响。模块化设计和制造有可能在以较低的成本和较快的速度满足客户需求多样化和个性化需求的同时节约资源和能源，减少污染，实现环境友好。基于模块化技术开发的新产品，具有高度的结构合理性，可以以较低的成本和交货期适应未来不同客户的多样化和个性化需求，使产品具有较强的市场竞争力。在满足产品多样化需求的同时，模块化技术有效地统一、简化和限制了零部件的品种和规格，有效地减少了产品的内部多样化。模块化产品是按模块来组织生产的，可以形成一定的批量，有确定的工艺流程和工艺装备，生产效率高，制造周期短。模块化使得企业能够控制日益增加的产品和过程的复杂性，使设计人员、管理人员和使用者都获得了很大的灵活性。标准模块是一种技术比较先进、结构比较合理的通用部件，在作为标准模块之前，一般均经过试用和实践验证，并反复修改优化，因而标准模块的质量比较高，具有较高的可靠性。重复应用标准模块，便于总结经验、优化设计、提高质量。这意味着显著减少废品、延长产品的寿命，在帮助企业节省成本的同时，实现产品的环境友好。

6）支持绿色设计中的企业集成。当前，多企业协作的重要性越来越明显。例如产品模块的协同设计和制造的参与企业越多，模块的通用性往往就越好，能耗越少。产品模块化有助于设计师快速找到环境化零部件和相应的环境化制造企业，并快速确定最环境化的产品设计方案。

7）支持绿色设计的整体优化。相比传统的设计和制造，绿色设计增加了环境友好优化目标和约束，并且所优化的空间和时间范围大大拓宽，需要从产品全生命周期进行环境友好的整体优化。产品生命周期的某个局部环境友好不一定等于产品全生命周期的环境友好，还需要将相似的不同产品集成进行环境友好的整体优化，如产品模块化。

图 3.12 描述了基于模块化的智能设计的意义。

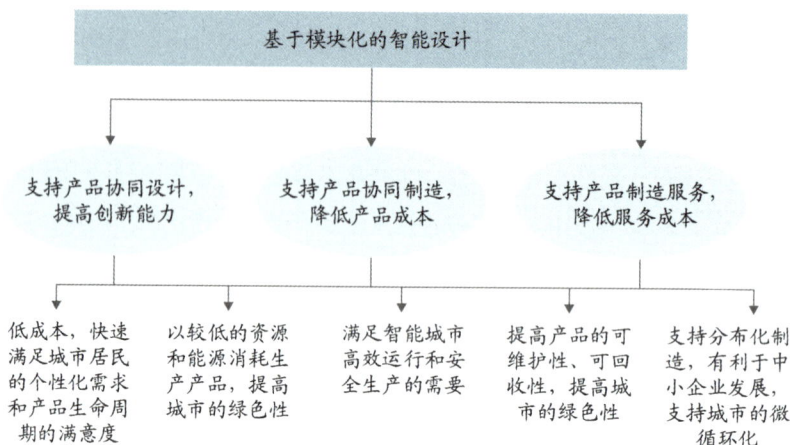

图 3.12　基于模块化的智能设计的意义

3. 基于模块化的智能设计的发展趋势

产品模块化智能设计的发展趋势主要是：大范围跨企业的产品模块化、从原理到结构的产品模块化、并行的产品模块化、基于 Web 2.0 的协同产品模块化、基于维基和掘客模式的零件本体自组织建设与维护、基于零件库的产品智能设计。

（1）大范围跨企业的产品模块化

互联网的发展使得产品模块化的范围在迅速扩张，如零件库的快速发展。这使得产品模块化范围从企业内向跨企业方向发展。产品模块化所考虑的产品种类越多，所得到的标准件和通用件的数量就越多，标准件和通用件的批量就越大，成本就越低，所消耗的资源和能源就越少。

大范围跨企业的产品模块化的特点和需求主要是：

1）自发性。要有"多赢"的机制，使企业乐于发布自己的产品模块资源，并乐于不断更新自己所提供的产品模块资源。通过产品模块资源整合模式，贡献产品模块资源的企业能够从中获利。

2）自组织性。要有技术的支持，能让产品模块资源在使用中不断有序化，而不是成为无序资源的堆砌。

3）自助性。要有信息技术的支持，让企业或个人能方便地将产品模块资源整合在一起，能让用户自助服务，这样可以显著降低产品模块资源发布

和利用的成本，提高响应速度，满足多用户同时个性化服务的需求。

4）正反馈性。模块资源多了，价值大了，产品模块资源使用者就越来越乐于使用产品模块资源，人数也越来越多；使用人多了，产品模块资源更值钱了，产品模块资源发布者就越来越乐于发布产品模块资源，发布者的人数也就越来越多。两者互动，形成良性正反馈发展态势。

5）集成性。产品模块资源整合中最大的问题是发布者和使用者习惯用自己的描述体系（如名称、定义、结构等），结果使产品模块资源的搜索难度加大，重用性降低。本体技术可以帮助解决这方面的问题，但本体的应用也需要一种自组织、自优化、正反馈的发展模式。

6）广域性。整合的模块资源范围越广，内容越多，模块资源的利用效率也就越高。

（2）从原理到结构的产品模块化

产品模块化最初只是从产品结构优化入手，追求降低成本，促进产品大批量定制。随着产品模块化向纵深方向发展，将产品功能原理、技术方案和结构优化的全面模块化结合起来，可以全面支持产品创新、产品大批量定制和绿色设计：设计人员在产品概念设计阶段，就可以充分利用已有的产品功能原理、技术方案和结构等方面的模块化信息及知识，提高产品创新、产品大批量定制和绿色设计能力。

（3）并行的产品模块化

传统的产品模块化是串行进行的，产品开发结束后再进行产品模块化。未来越来越多的产品模块化工作将与产品开发工作并行进行，这将带来如下好处：

1）支持复杂产品的协同开发。不同企业共同参与复杂产品的开发，如果能够尽可能早地将产品模块化，定义好接口，各协作企业分头开发各自负责的模块，无疑会提高产品开发的效率。

2）充分利用现有的通用模块。在产品开发阶段尽可能利用通用模块可以提高新产品的模块化率，降低成本，缩短交货期，提高产品开发质量。

3）使产品模块化的潜力得到充分发挥。在产品开发阶段就考虑模块化问题，可以充分挖掘产品模块化的潜力，使产品性能优化。

（4）基于 Web 2.0 的协同产品模块化

产品模块化是当今机械制造业的发展方向之一，企业协同化也是当今制造业的发展方向之一。产品模块化能够有效支持企业协同化，通过不同专业化企业生产的模块，整机厂能够快速配置出用户需要的个性化产品。这种产品具有成本低、交货期短、质量稳定等特点。

如何对来自不同企业的产品进行整合，确定被各企业认可的通用的产品模块，并快速形成相关标准，是产品模块化的关键。

传统的方法是将生产某类相似产品的企业标准化人员召集在一起，进行该类产品模块标准的制定。这种方法花费成本高，所需要的周期长。

互联网技术，特别是 Web 2.0 技术的发展使得企业可以在互联网环境中方便地开展产品模块化工作。

1）任何在基于互联网的模块化产品平台中注册的产品生产企业都可以在平台中发布模块化的信息，如某类产品模块的标准阶段稿、结构文件及相关文档等，以征求其他企业的意见。

2）其他生产相似产品的企业以及使用该类产品的企业可以对该模块的标准阶段稿进行评论、修改，甚至提出自己的标准阶段稿、结构文件及相关文档等。

3）在经过一段时间的征求意见后，进入投票阶段。各企业对不同版本的产品模块的标准阶段稿、结构文件及相关文档进行网络投票，并根据得票数，进行各种版本的排队。

4）得票数多的产品模块的标准阶段稿作为正式的标准阶段稿，并发布和听取大家的意见，进行修改完善。其他企业可以对标准阶段稿中各条款和产品模块中的各种属性特征项进行评论和修改，提出自己的意见。

5）在经过一段时间的征求意见后，再次进入投票阶段。各企业以及使用该类产品的企业对产品模块的标准阶段稿中各个条款、结构文件及相关文档各种属性特征项的不同评论和意见进行网络投票，并根据票数，吸收最能反映大家意愿的评论和意见，形成产品模块的标准、结构文件及相关文档。

6）在该类产品模块的使用过程中，企业可以及时将使用中出现的问题通过基于互联网的模块化产品平台进行反馈和发布，并得到大家的评价。在此基础上，形成该类产品模块的标准、结构文件及相关文档的修改稿。经过一定的时间，组织重新投票，形成该类产品模块的新标准、结构文件及相关文档，使该类产品模块与时俱进，适应市场和企业环境的变化。

未来，当零部件库中的信息非常丰富时，就会出现这种情况：通过各种模块的组合，很容易获得新的产品。更多的情况是：在一些老产品中，采用模块化的零部件降低成本。总之，让分散的、大量的中小企业通过互联网协同进行产品模块化信息的发布、评论、修改、投票和应用，可以快速地、大范围地实现产品模块化，并且不断进行产品模块的优化。

（5）基于维基和掘客模式的零件本体自组织建设与维护

维基是一种支持多人协作的写作工具，它提供"共同创作"的环境，赋予用户相当大的编辑修改权，允许任何人创建新网页，编辑自己或他人已经创建的网页。维基技术的以下特性保证了其可应用于零件本体的协同共建：

1）相关性。维基网站一般都有一个统一的关注主题，维基站点的内容必须与主题有高度的相关性。

2）权威性。维基网站具有信息的完整性和充分性的特点，从而使其具有权威性。

3）协作性。通过许多有共同志向的人的协作，完成主题的共建。

同一个站点下的零件本体编撰者构成了一个社群，维基系统能够为该社群提供简单的交流工具。社群中任何一个人都可以根据需要修改或添加新的条目。每一个条目对应了零件本体中的一个零件族。为避免恶意修改或删除网页，所有维基都有"版本控制"的概念，用于帮助使用者找回之前的正确版本。为了避免由于零件名称不统一而造成零件本体概念的冗余，建议编撰者在编写新的条目前，利用零件核心词对词典进行搜索，选择符合该零件定义的条目，并添加新的零件名称作为同义词。在本体构建过程中，领域专家和知识工程师可以借助维基平台各自发挥特长进行合作来创建形式化的本体，而大众可为本体知识的获取、知识管理及知识服务提供语义级的支持，为最终实现本体知识的集成、共享和重用提供保证，如图 3.13 所示。

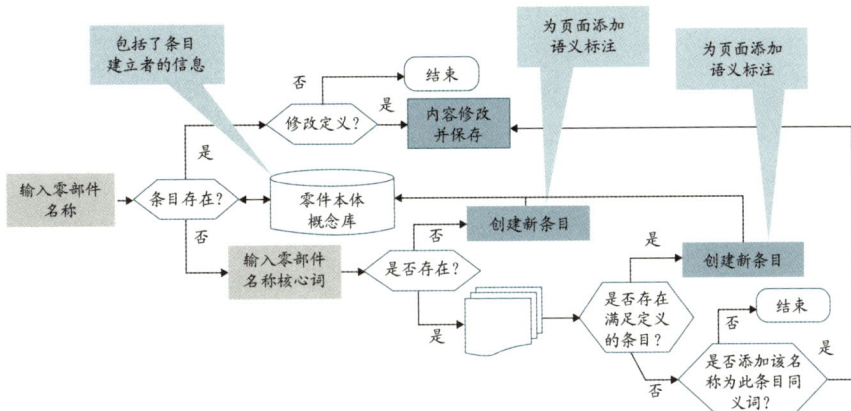

图 3.13 基于维基的零件本体共建流程

随着零件本体库在使用中不断增长，不经过优化处理的零件本体库中难免存在大量的冗余信息，为此，需要采用以下的优化方法进行处理：

1）冗余本体信息的优化方法。去掉重复的、不相关的信息，将长期无人问津的信息放入"非常用本体库"。除非特别请求，否则在一般设计中不使用"非常用本体库"。同时，应该能够建立本体信息目录，将搜索到的本体信息自动分配到正确的目录下，以保证本体信息的搜索和匹配效果。

2）基于掘客技术的零件本体优化的自组织机制。利用掘客模式，可以对零件本体进行评价和过滤，将使用次数多、评价度高的零件本体推荐给用户，如图 3.14 所示。

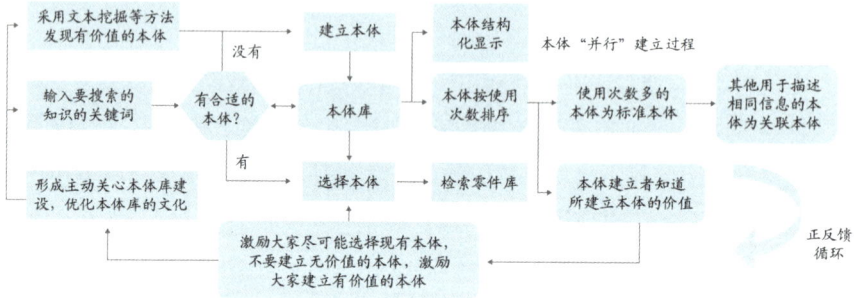

图3.14　基于掘客技术的零件本体优化的自组织机制

（6）基于零件库的产品智能设计

当人们设计新产品的时候，会发现新产品所需要的零件在网络零件库中都可以找到，此时设计工作会变得很轻松。网络零件库不仅提供了组成新产品所需要的零件，还告诉设计者，这些零件用在哪些相似的产品中，被做过什么样的仿真分析和试验，在使用中的表现如何。所有这些信息，可以帮助设计者减少大量的试验分析工作，提高设计的质量。

基于零件库的智能设计的特征是：

1）更透彻的感知。知道擅长制造某类零部件供应商；知道他们的水平、价格、交货情况和信誉；知道他们制造的零部件曾用于哪些产品；知道这些零部件的性能和制造过程中的碳排放数据；可以方便找到这些零部件的三维模型，以便用于产品设计；知道供应商的信息；零部件供应商也清楚地知道整机企业的需求。

2）更全面的互联互通。快速搜索零件、组合产品，进行仿真测试；让用户参与产品仿真测试，参与设计自己喜欢的个性化产品；客户需求信息迅速分解给各供应商，反馈回报价和交货期信息；订单需求信息迅速分解给各供应商，组织协同制造；企业获知供应商的生产计划，并可实时监督；对供应商的生产过程和零部件质量可远程监控。

3）更深入的智能化。自动搜索所需要的零件组合产品；自动集成和综

合供应商的报价，给出产品的报价和交货期；自动监督供应商的供货情况，对可能的延误提出预警；对协同制造中的问题快速提出解决预案；设计和制造出低碳化的产品。

（四）基于网络的开放式智能设计

1.　开放式设计概述

大脑的工作则更像是一家挤满了人的餐馆，看上去人们都在无秩序地四处走动，但不管怎样，最终，店员们还是上齐了菜，食客们还是享用完了美餐。一般情况下，计算机是按顺序处理各种信息的，而大脑则是多管齐下、多渠道地同步处理各种信息（桑德拉·阿莫特，王声宏，2009）。

基于网络的开放式设计依靠广大员工协同进行开发设计。

开放式设计的特点是（顾新建等，2010）：

（1）设计的大众化。大家都可以方便地参与到设计过程中来，可以为产品设计贡献自己微薄的力量。

（2）设计的协同化。通过协同设计平台，使协同设计变得非常方便。不同学科的人可以在这里找到合作伙伴，使自己的设计成果与他人的设计成果有机集成。冷门专业人才也可以在这里找到用武之地。

（3）设计知识价值的最大化。一些人身怀绝技无处施展，正好在开放式设计平台中大展身手；一些人千辛万苦掌握一技之长，往往用过一次，就束之高阁，在开放式设计平台中则可持续创造价值。

2.　创新 2.0

创新 2.0，即面向知识社会的下一代创新，它的应用可以让人了解目前由于信息通信技术（ICT）发展给社会带来深刻变革而引发的科技创新模式的改变——从专业科技人员实验室研发出科技创新成果后用户被动使用，到技术创新成果的最终用户直接或通过共同创新平台参与技术创新成果的研发和推广应用全过程。

创新 2.0 强调公众的参与，倡导利用各种技术手段，让知识和创新共享和扩散。如果说创新 1.0 是以生产为导向、以技术为出发点，创新 2.0 则是以人为本、以服务为导向、以应用和价值实现为核心。创新 2.0 的典型案例还包括开放源代码、自由软件以及麻省理工学院提出的微观装配实验室（Fab Lab）等。

创新 2.0 的特点主要是：

（1）全员创新文化，创意来源多。由于创新理念的更新，创新文化融入企业的每个阶层，创新不再被认为是企业高层和研发机构的事情，全员都可以激发创意，大到一项价值链创新的策划，小到一个办公环境改善的点子，都会获得广泛的关注。每个员工都能随时随地提出好的创意并和他人分享，都能快速评价他人的创意，每个好的创意都会获得其他人的赞赏和认同。企业内的创意如泉涌般汇聚而来。同时创意可以来自企业外部的供应商和客户。从整体上看，新模式的创意来源多，数量大。

（2）创意管理规范化，成功概率高。每个创意从产生到发展，到被评估，到最终确定，到产出效益，其完整生命周期的每个阶段都有恰当的管理工具进行管理。创意落地为企业效益的成功概率高于传统模式。

（3）高效协作，落地周期短。一个创意从产生到被认可的阶段，由于恰当层次与恰当规模的人员参与而变得决策效率更高；而从被认可到最后产出效益的阶段，又由于规范严格的项目管理和协作流程，使得整体执行周期缩短，最终的结果是创新到落地的周期变短，创新速度大为加快。

（4）知识支撑强。与知识管理工具结合能让创新行为更加有效。借助知识管理手段，可以将每个创新行为作为案例登记到组织的知识库中，每个创新者都可以方便地在他人已有成果的基础上进行创新，从而一方面有效避免重复发明轮子的事件，另一方面也成功地将个人创新行为转化为团队协作创新，并最终沉淀为组织的知识资产。

创新 2.0 更加关注创新的前端，期望以最少的投资获得最大量的创意，从而开阔创新的来源，并实现无边界的员工、伙伴和客户协作，同时可以创造自动化的内部创意孵化环境，还因获得前期客户反馈而增加成功机会。

3. 基于网络的开放式设计的自组织发展机制

基于网络的开放式设计所遇到的最大问题是如何吸引大家参与，如何保护大家参与的积极性。因为人们习惯于将产品设计看作是领导布置的工作，被动地按任务书去进行设计，并且人们担心自己的设计成果被他人窃取、自己的工作是在为他人作嫁衣裳。所以基于网络的开放式设计也需要一套自组织发展机制，其特点是：

（1）设计过程的透明化。整个设计过程及评价过程高度透明，一方面防止投机取巧的现象出现，另一方面，对设计人员的评价更加公允。

（2）开放式设计的持续化。设计成果在开放式设计平台中容易得到承

认和保护，得到有效的激励，使人们积极地、主动地去参与设计。这还需要完善、激发科技人员积极性、创造性的机制，包括建立以科研能力和科研成果为导向的科技人才评价标准，加快创新文化的建设。

（3）开放式设计的智能化。创新网络凝聚大量的支持创新的知识，并形成高度有序的知识网络，智能地支持企业员工的创新。

4. 基于供应链协同的智能设计及制造

当前，越来越多的企业将大量的设计和制造任务外包，面临以下的挑战：

（1）供应链管理涉及的企业多，协调难。需要一种智能的优化协调方法。

（2）零件库中的零部件数量"爆炸"，利用效率低。需要一种智能的方法促进零部件的有序化。

（3）供需企业多，各自使用的概念和名称往往差别较大，导致供需双方匹配难。需要有一种解决信息异构的智能方法。

基于供应链协同的智能设计及制造的目标是：利用新一代信息技术，建立信息集成平台，促进企业间的信息流畅通，支持制造资源的优化配置、供需双方的快速匹配和网络化协同设计制造，提高产品设计和制造的效率，支持制造业提供高效率、高精度、环境友好型和能源节约型的装备和产品。

基于供应链协同的智能设计及制造的目标是：

（1）制造和设计信息透明化。知道擅长设计和制造某类零部件供应商，了解他们的水平、价格、交货情况和信誉，以及所设计和制造的零部件的性能及制造过程中的碳排放数据；对供应商的生产过程、零部件质量和环境影响情况可远程监控。

（2）制造企业协同化。订单需求信息迅速分解给各供应商，组织协同设计和制造，通过分工专业化和协同化，提高制造效率和效益，并可实时监督供应商的生产计划的执行情况；对产品制造过程中的方法、不同企业的制造过程、供应链的零部件的组合过程进行全面优化；充分利用已有的零件和制造能力，降低协同制造的成本，降低产品的造价，缩短交货期，提高质量，快速响应市场的需要。

（3）制造过程智能化。快速搜索零件库中零件，组合所需要的产品，进行仿真测试；自动集成和综合供应商的报价，给出产品的报价和交货期；对制造过程中的协同问题和环境影响问题快速提出解决预案；对企业外部和内部的变化快速反应，以最合适的方式进行应对，使制造过程保持稳定或适应这种变化。

（五）基于网络的用户协同智能设计

1. 传统的产品设计模式（戴凌燕，陈劲，2003）

产品设计实质上是技术和市场的有效结合，因此，理解用户需求，确认市场趋势对产品设计是不可或缺的。许多企业花费了大量精力去收集用户的需求信息，有的企业还开展了领先用户研究，让领先用户与技术人员接触并直接进入原型构建过程，力求缩短产品概念形成和发展的时间。

但通常说来，这样的产品设计是比较困难的。因为"需求"信息（用户的要求）依附在用户身上，而"解决方案（如何满足需求）"则由企业掌握。在传统的产品设计过程中，产品设计的责任由企业承担，于是企业就不得不绞尽脑汁去收集用户的需求信息。由于今天的用户需求复杂而多变，而且不同的用户需求往往还不一样，所以这个过程的成本就相当高，而且需要大量的时间。另一方面，用户往往也不太清楚自己的需求是什么，即使明白自己想要的是什么，他们往往也不能将之清晰地、完整地传递给企业，只有体验了产品原型后才清楚什么适合自己，什么不适合。

显然，传统的产品设计是一个持久的过程，在企业和用户之间不断往复。首先企业根据收集到的不完全的需求信息开发出产品原型，然后交由用户试用，用户发现缺陷并反馈给企业，企业再据之进行修改。这个过程将一直循环下去，直到出现一个满意的解决方案为止（见图 3.15）。

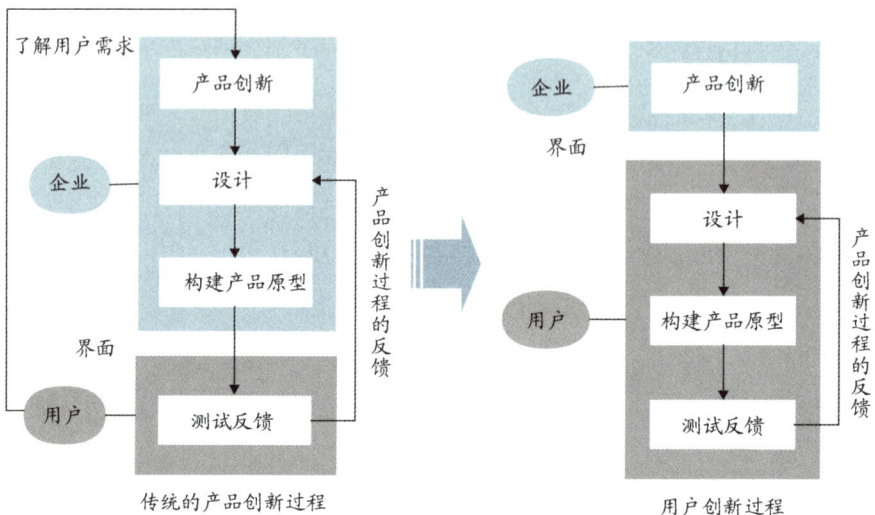

图 3.15　两种产品设计模式的比较

2. 用户协同设计的背景

用户协同设计模式是给予用户一定的工具，让他们设计和开发属于自己的产品，从细微的修改到重大的创新，都可以由用户自己完成。企业通常将这些工具集成到一个工具包中，即用户协同设计工具，其中有的用户协同设计工具还设置了计算机模拟和快速构造原型的功能，使得产品创新更加迅速，成本更加低廉。在用户创新中，产品创新、开发和消费完全由用户完成。无论个人还是企业，任何一个用户实体，都可以脱离企业而创造出自己真正想要的东西。

用户协同设计模式的背景是：

（1）今天少数领先用户的协同设计成果也许明天就会成为大众需求。特别是当领先用户有条件进行协同设计，并有可能将他们的协同设计成果推广时，这种情况更可能发生。

（2）能更好地满足用户细致复杂的个性化需求。由于企业不可能像用户自己那么清楚需求，而且即使了解了用户需求，企业也未必有足够的动力去一一满足这些需求，除非用户的需求达到一定规模，否则企业不会为之进行产品创新。所以在某些产品和服务开发过程中，由用户自行设计（至少承担部分的产品设计任务）是相当适合的。

（3）用户可以在自己的地方设计产品，所以整个设计过程大大加快。

（4）如果用户遵循了用户协同设计工具的规则（而且如果所有的技术缺陷都已经解决），他们的设计可以一次成功，大大节省了与企业的交易成本。

（5）用户协同设计过去一直作为一种自发的现象存在，只是现在企业为了开发出更能满足用户需求的产品，需要有意识地利用和发展用户协同设计，并且技术的发展也能更好地支持用户协同设计。

图 3.16 描述了用户协同设计模式。

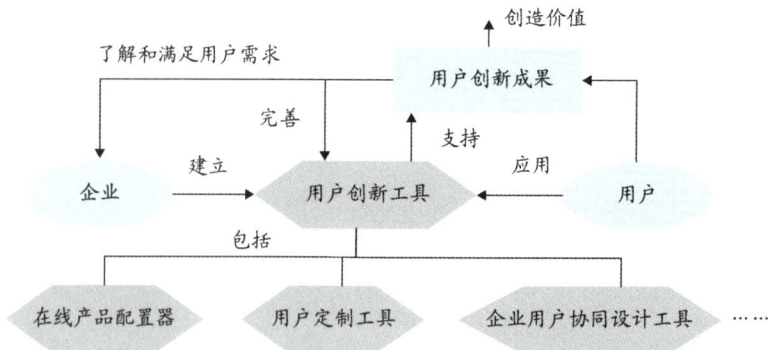

图 3.16　用户协同设计模式

3. 用户创新模式与传统产品创新模式的区别

表 3.5 对用户协同设计模式与传统的产品设计模式进行了比较。

表 3.5　用户协同设计模式与传统的产品设计模式的比较

	用户协同设计模式	传统的产品设计模式
设计的主体	产品用户	企业
设计的过程	设计、开发、构建原型、反馈等传统产品设计中的往复过程都在用户端进行	设计过程需要在企业和用户之间反复多次才能完成
设计动机	出于用户自身的需要，很少会想到以此来引起其他用户的购买行为	用户需求驱动设计，满足尽可能多的用户需求，使利益最大化
企业与用户的交互	企业交给用户的是进行产品设计所必需的工具；用户交给企业的是几乎完全成熟的设计方案	企业交给用户的是产品原型，用户反馈给企业的是自己关于产品原型的看法，企业在此基础上进一步完善
设计的责任	产品设计的责任部分地转移到了用户端，用户可以完全根据自己的需要主动地进行产品设计活动，企业关注的重点也不再是设计尽善尽美的产品原型，而是提供功能强大的用户设计工具	企业承担了几乎所有的产品设计责任和风险，用户只是被动地参与到产品设计过程中
设计成果的控制	企业对用户开发的产品很少有甚至完全没有控制权	设计成果由企业掌握，他们可以轻易地控制价值流

4. 用户协同智能设计工具

用户协同智能设计工具应具备以下特性：

1）智能支持用户完成一系列的设计循环，并使用户能迅速了解设计的结果，可进行反复的试验。

2）用户界面友好，采用用户熟悉的设计语言。

118

3）提供各种已通过测试的模块和部件，以免所有部件都得用户自己构造，使用户将精力投入真正的协同设计中去。

4）提供有关所设计产品的可制造性和可装配性的知识，保证用户的设计从生产角度上看是可行的。

5）提供有关所设计产品的成本和交货期的信息，使用户得到自己设计的产品的制造信息。

用户协同设计工具技术的发展以及功能的完善使得越来越多的用户愿意自行开发产品。当然，用户协同设计工具不可能满足用户的所有需求。因为，不是任何设计方案都是可以由用户协同设计工具生成的，而且它设计出的产品在技术上往往不如在传统方法下由经验丰富的工程师开发的产品。所以在用户自行设计（要求详细理解用户需求的产品，或更新非常快的产品）的潮流中，企业会继续用传统方法开发某些产品（尤其是技术需求比较复杂的产品）。

5. 在线产品配置器

在线产品配置器是一种最简单的用户协同设计工具，是一种互动的基于 Web 的系统，用户可以利用它设计自己需要的产品和服务，在产品特点、组合、价格和发送等菜单中进行选择。用户的选择结果送交给供应商的制造系统，进一步启动采购、组装和发送过程。

在线产品配置器可以被看作是一种专家系统，包括产品特征选项和相应规则等知识。企业中有关产品设计的专家知识都被映射在软件系统中的逻辑控制和数据库中，并通过友好的人机界面容易获得。在数据库里存放所有产品模块的最新信息，并可随时更换，帮助供销人员和／或用户配置出用户所需要的产品。

随着用户对定制产品要求的交货期越来越短，而激烈的市场竞争使产品的价格越来越低，采用产品配置器进行产品快速配置设计，可以充分利用现有资源，尽可能满足用户的需求。

在线产品配置器在很大程度上帮助用户方便快捷地获得自己所真正想要的产品，同时也帮助企业快速地、低成本地制造和装配出用户所需要的产品。表 3.6 是对不同行业产品配置器的比较。

表3.6 不同行业产品配置器的比较

行业	产品定制的内容	典型案例	在线产品配置器的特点
汽车	市场细分化；产品模块化；总线模块化；企业模块化；采购和销售网络化；"即插即用"的汽车	福特汽车公司 www.ford.com	通过对车身、希望的产品价格范围、能容纳几个乘员、驱动方式等的选择，确定顾客所期望的最接近的车型；对车内附属部件如音响等的定制选择
家电	色彩多样化；功能组合化；"你设计我生产"；企业定制，商家包销	海尔集团 www.ehaier.com	已出现对冰箱、洗衣机、空调等产品的在线配置器，但所能选择的范围还有限
服装	面料定制；自动量体；服装参数化CAD设计；生产线的定制；自动化缝纫系统	www.m18.com www.landsend.com	选择脸型、发色、发型、体型、肤色、身高、三围等特征，配置出能代表用户的网上的虚拟模特；对各种款式的上衣、裤子、领带、面料等进行配置，通过虚拟模特观察服装是否合身

6. 用户协同设计工具智能化发展方向

智能化是用户协同设计工具的发展方向，具体有：

（1）虚拟协同设计环境。虚拟协同设计环境使用户能够将产品与所对应的环境集成进行设计，提前了解产品的使用效果。如家具、家装等的设计需要与用户所居住的环境相联系，这时需要提供包括家具、家装等在内的住房空间的虚拟环境。又如，服装需要与用户的体型、外貌等相匹配，这时需要提供可定制的虚拟模特。

（2）个性化的虚拟产品模型展示。用户通过建立网上的个性化的虚拟产品模型，对产品的形状和物理特征有全面的了解，可以充分表达自己的需求，最终获得自己真正需要的产品。例如，个性化的服饰、汽车、电梯等。

（3）产品快速智能配置。对企业和用户而言，个性化产品最好是通过标准模块配置得到，一方面方便用户配置自己所需要的产品，另一方面企业通过标准模块的配置，降低产品成本，增加产品销量。产品快速智能配置不仅需要提供丰富的产品模块，还要建立产品模块组合的规则库，提供产品模块配置成产品后的效果展示平台。

（4）产品快速智能变型。产品快速智能变型能够在产品基型的基础上快速满足用户的个性化需求。例如，用户选中某款服装，但发现在某些方面需要进行尺寸的变化。用户只要输入自己的身材尺寸，甚至只要提供自己的不同角度的照片，产品快速智能变型技术就可以为用户提供合身的服装。类似地，用户选中某款鞋子，但希望企业提供合脚的鞋子，用户只要提供自己双脚在 A4 纸上的不同角度的照片，就可以得到合脚的鞋子。

三、基于软件的智能设计技术

（一）概　述

智能设计是基于软件技术的。软件技术将人在产品设计中的工作程序化、知识模型化，从而辅助或代替人的工作。随着软件技术、知识工程的发展，软件系统所代替的人的工作也从简单、重复的工作向复杂、创新性的工作方向发展。

产品设计软件系统是一种依赖于计算机硬件、外部设备及开发环境和工具进行产品设计的综合系统，涉及多学科领域。设计人员在设计软件系统的辅助之下，通过人—机交互操作方式进行产品概念设计、总体设计和详细设计，以及技术文档和有关技术报告的编制和管理等。在每一个子阶段所采用的单元软件系统有所不同，如图 3.17 所示。

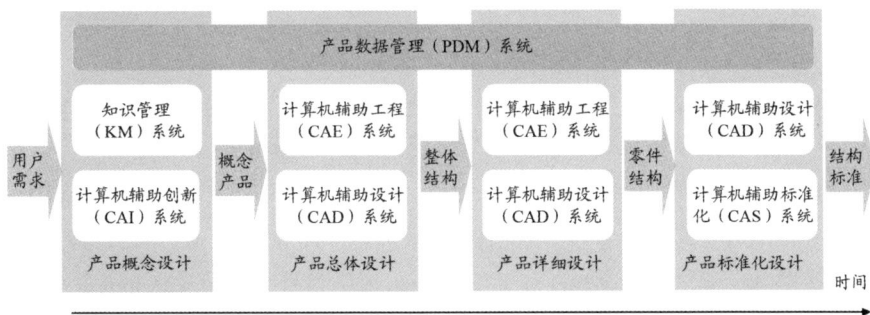

图 3.17　产品设计阶段中不同环节所需要的软件系统

产品概念设计阶段包括分析用户需求到生成概念产品的一系列设计活动，是一个由粗到精、由模糊到清晰、由抽象到具体的过程。概念产品是关于产品总体性能、结构、形状、尺寸和系统性特征参数的描述。在产品概念设计阶段，主要采用 CAI 技术和 KM 技术。KM 技术是一种共性技术，企业的各个环节都要用到 KM 技术。另外，一些 CAE 工具可以用于初步分析产品概念设计的可行性。

产品总体设计主要完成产品整体结构的设计，使产品能够满足用户需求。在产品总体设计阶段，主要采用 CAE 技术和 CAD 技术。

产品详细设计主要完成产品中的各零部件的结构设计，编制产品物料清

单（Bill of Material，BOM）。在产品详细设计阶段，主要采用 CAD 技术，有时需要采用 CAE 技术，进行零件的性能分析。

产品标准化设计贯穿在产品总体设计和详细设计阶段，并在所有图纸完成后，进行标准化审核。在产品标准化设计阶段，主要采用 CAS 技术和 CAD 技术，进行产品系列化、标准化和模块化设计，满足未来市场可能出现的各种个性化需求。CAS 是制造业信息化中的合理化方法之一，是一种共性技术。

（二）基于 CAD 系统的智能设计

1. 概　述

（1）CAD 系统。计算机辅助设计（Computer Aided Design，CAD）的概念和内涵在不断地发展中。1972 年 10 月，国际信息处理联合会（IFIP）在荷兰召开的"关于 CAD 原理的工作会议"上给出如下定义：CAD 是一种技术，其中人与计算机结合为一个问题求解组，紧密配合，发挥各自所长，从而使其工作优于每一方，并为应用多学科方法的综合性协作提供了可能。CAD 是工程技术人员以计算机为工具，对产品和工程进行设计、绘图、分析和编写技术文档等设计活动的总称[①]。

CAD 技术起步于 20 世纪 50 年代后期。进入 60 年代后，CAD 技术随着在计算机屏幕上绘图成为可能而开始迅速发展。人们希望借助此项技术来摆脱烦琐、费时和低精度的传统手工绘图。当时，CAD 技术的出发点是用传统的三视图方法来表达零件，代替图纸媒介进行技术交流，这就是二维计算机绘图技术。此时，CAD 的含义仅仅是图板的替代品，即 Computer Aided Drawing 的缩写。到 70 年代末期，随着技术的发展，CAD 系统介入产品设计过程的程度越来越深，系统功能越来越强，逐步发展成为真正的计算机辅助设计（Computer Aided Design）。

根据模型的特点，CAD 系统一般分为二维 CAD 系统和三维 CAD 系统。

（2）传统 CAD 系统存在的问题。尽管 CAD 技术有了很大的发展，成熟软件不断推出。但面对越来越普遍、复杂的应用要求，传统 CAD 系统缺乏足够的灵活性和智能化，并且难以掌握，缺少对设计过程的全面支持及彼此之间的设计信息流通。因此，智能化是新一代 CAD 系统的发展方向。

---

① 智能系统与智能 CAD 研究是什么 [EB/OL]. [2009−11−20]. http://wenda.tianya.cn/question/14c9994c9179a99f.

2. 智能 CAD 系统

智能 CAD（ICAD）系统是不断发展的、没有最终的形态。初级阶段的 ICAD 系统提供了推理、知识库管理、查询等信息处理能力，其典型代表是设计专家系统。ICAD 系统把人工智能技术与优化设计、有限元、计算机绘图等各种技术结合起来，尽可能多地使计算机参与方案决策、结构设计、性能分析、图形处理等设计全过程（张晶莹，2003）。

ICAD 系统能对产品设计的各阶段工作提供支持，有唯一且一致的数据描述，具有发现错误、提出创造性方案等智能特性，有良好的人机智能交互界面，同时能自动获取数据并生成方案，能对设计过程和设计结果进行智能显示。

ICAD 系统拥有解决设计问题的知识库，具有选择知识、协调工程数据库和图形库资源共同完成设计任务的推理决策机制。图 3.18 是一种 ICAD 系统结构框架（殷国富，1994）。

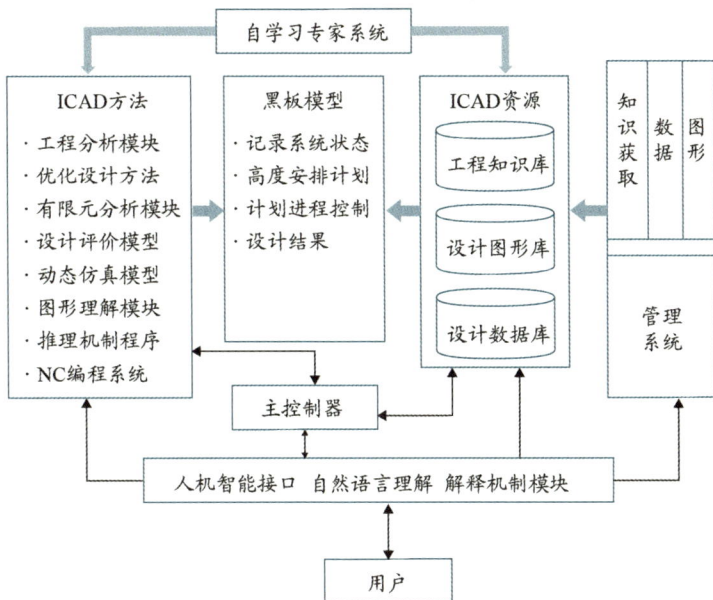

图 3.18　ICAD 系统结构框架

案例：一家名叫 Knowledge Technologies International（KTI）的英国公司开发的 ICAD 能够使设计者将几何概念与专家的知识库联系起来，还能够联系诸如产品指标、性能数据、安全性代码之类的信息。ICAD 已被用于缩短空中客车 A340-600 的设计时间，该飞机是 A340-300 的加长型，可以容纳 380 名乘客，而 A340-300 的载客量只有 295 名。英国航空公司（British Aerospace，BAe）使用 ICAD 来设计机翼以及用来将 150 座的 A320 "拉伸" 成 195 座的 A321 的两个额外机身部件之一（Nairn，2001）。

3. 基于 CAD 系统的智能设计的发展方向

（1）CAD 系统的智能化[①]

1）在 CAD 系统中融入更多的知识和专家系统，能在某个特定领域内，用人类专家的知识、经验和能力去解决该领域中复杂困难的设计问题，其基本思想是使计算机的工作过程能尽量模拟领域专家解决实际问题的过程。专家系统在 CAD 作业中适时给出智能化提示，告诉设计人员下一步该做什么，当前设计存在的问题，建议解决问题的几何途径；或模拟人的智慧，根据出现的问题提出合理的解决方案。

2）人工神经网络在智能 CAD 系统中的广泛应用，如基于人工神经网络的设计领域知识表达、知识自动获取。人工神经网络具有下列特征：①它包含大量的人工神经元，提供了大量可供调节的变量；②信息是分布式存储的，从而提供了联想与全息记忆的能力；③具有高度的自适应能力、高度的容错能力、很强的计算能力以及自组织能力。

神经网络和专家系统有联合起来的趋势，神经网络也可设计成某种专家系统，实现专家系统的功能。基于神经网络的专家系统在知识获取、并行推理、适应性学习、联想推理、容错能力方面明显优于传统的专家系统。

3）更友好的人机界面，将计算机高速处理、海量数据存储和挖掘能力与人的综合分析及创造性思维能力相结合，使人机双方各自的优势得到充分发挥，相互协调能力进一步提高。

（2）产品模型的智能化

模型是产品的实际结构在 CAD 系统中的具体体现，是计算机 "认知" 产品的基础。产品结构本身能表现出来的属性（特征）是无限的，但可用的计算机资源、人们的认识知识是有限的[②]。

1）产品模型协同建立的智能化。依靠大家的力量，集中大家的智慧，协同建立产品模型，包括仿真模型、模块模型等。例如，Modelica 是一种开放的、面向对象的、以方程为基础的语言，可以跨越不同领域，方便地实现复杂物理系统的建模，包括机械、电子、电力、液压、热、控制及面向过程

---

①② 百度百科. 智能 CAD [EB/OL]. [2013−07−21]. http://baike.baidu.com/view/913993. htm?fr=aladdin.

的子系统模型。Modelica 库包含了大量的模型，其中，开放的 Modelica 标准库包括了不同物理领域的 920 个元件模型，具有 620 种功能。Modelica 是一个开放的物理建模平台，可用于许多商业软件。目前，越来越多的行业开始使用 Modelica 语言进行模型开发。尤其是汽车领域，如 Audi、BMW、Daimler、Ford、Toyota、VW 等世界知名公司都在使用 Modelica 来开发节能汽车、改善车辆空调系统等。非营利国际组织 Modelica 协会对 Modelica 进行开发和维护，并公开它的标准程序库[①]。

2）多学科优化模型的智能化[②]。一个产品往往综合了几个甚至几十个学科的知识，学科之间都是相互联系、相互影响的，而多个需求之间很多时候又是相互矛盾的，这些都迫使人们开始多学科、多目标优化的研究。多学科优化模型将多个学科的分析集成到一个系统中，充分考虑多个学科间的耦合、反馈和相互影响，考虑多个目标之间的相互影响，从而提高设计方案的可靠性和全面性，同时提供丰富的优化策略自动化地在设计空间内寻找同时满足系统总体最优的设计。多学科设计优化模型采用多目标机制平衡学科间的影响，探索整体最优解，避免串行重复设计导致的人力、财力浪费。

进行多学科优化设计的主要目的是：①将设计过程系统化，即让参与整个系统设计的全部学科的人员都了解到其他学科的约束要求和优化目标，使设计从一开始就有全局观，避免设计过程中由于互相之间不了解而造成设计撞车，从而导致设计更改、浪费时间与经费的现象发生；②让传统的机、电、控制等设计专业在实现设计的过程中把可靠性、维修性、保障性、安全性、测试性这些专业结合起来，贯穿到整个系统设计过程中[③]。

（3）协同设计的智能化

1）企业内员工间协同设计的智能化。主要是实现知识共享平台的智能化，能够跟踪分析员工在该平台中的表现，给出排名，激励员工积极参与知识共享和交流，协同学习，共建知识网络；实现知识网络的智能化，支持专业分工，知识互补，多学科协同优化，避免重复研究，快速确定研究方向。

2）企业间协同设计的智能化。主要是实现标准协同建立的智能化，减少标准制定时间，提高标准质量；实现专利池协同建立的智能化，协同创

---

① 百度百科. Modelica [EB/OL]. [2013-07-21]. http://baike.baidu.com/view/5623020.htm?fr=aladdin.
② 百度百科. 多学科设计优化 [EB/OL]. [2013-07-21]. http://baike.baidu.com/link?url=1e0wJch_0EQJYo2Wi4x1QjAPIouVjS TVYr4oSYitSzXWYhndKJGhWNQLGkUwKIR5qUSLrsJZ4mBoIAWH12OkUa.
③ 佚名. 多学科优化设计方法综述 [EB/OL]. [2007-03-18]. http://www.newmaker.com/art_21330.html.

新，成果共享；实现零件库协同建立的智能化，协同设计，提高零部件的模块化和标准化水平。

3）企业与客户间协同设计的智能化。主要是实现客户自主设计平台的智能化，支持客户快速定制自己需要的产品，同时这些定制产品对企业而言是容易制造的；实现客户体验的智能化，让客户在购买产品前对产品的使用有很好的体验，找到自己喜欢的产品，同时企业所提供的体验服务的成本要尽可能低，以便体验服务是企业和客户都可以接受的。

（三）基于 CAE 系统的智能设计

1. 概　述

计算机辅助工程（Computer Aided Engineering，CAE）于 20 世纪 60 年代初在工程中开始得到应用，是实现重大工程和工业产品计算分析、模拟仿真与优化设计的工程技术。CAE 软件是计算力学、计算数学、相关的工程科学、工程管理学与现代计算机科学和技术相结合而形成的一种综合性、知识密集型信息产品。在产品开发中，CAE 技术的应用通常贯穿于产品整个开发过程。

2. CAE 系统

CAE 系统不像 CAD 系统那样比较单一，其所涉及的系统和方法很多，主要有：

（1）有限元法（固体力学应用）。用计算机系统把复杂的零件形体自动分割成有限个形状简单的小块（称网格单元），然后逐个加以分析，计算这些小单元体的变形，并按一定的关系求得零件的总变形。

（2）模态分析法（固体动力学应用）。主要用于分析冲击和变负荷的动态结构，在振动分析的基础上可动画地显示其结构。对于一台由许多零件装配而成的机器，可以用有限元法或模态分析法求出每个零件的变形或振动量，然后根据装配的连接条件求得整体结构的变形和振动。

（3）运动仿真。CAE 系统可以对运动机构进行动态分析，并可画出机构运动的动态过程，以便检查机构的运动轨迹，校核运动件的干涉情况，还可计算出各构件的运动速度、加速度和受力的大小，可以仿真运动组件的加速力和重力的反作用力。同时，还可以综合考虑诸如弹簧弹力、电动机驱动力、摩擦力和重力等动力的影响，相应调整产品性能。

（4）方案优选。CAE 系统采用参数优化方法进行方案优选，使方案设计考虑的因素更为精细、全面和合理。不同的产品，往往有不同的方案优选系统。

（5）可靠性分析。通过计算机进行可靠性分析，使工程师能够预测和改善其设计方案的疲劳性能，减少可靠性试验次数。

（6）制造过程仿真。对金属切削加工、铸造、焊接、成型、试验、装配和物料流动等各种工艺过程进行仿真，除了对产品加工质量进行预测之外，还可以深入研究这些工艺过程的机理和规律，了解产品设计的合理性、可加工性和加工方法，选用机床和工艺参数。

（7）产品装配仿真。机械产品的配合性和可装配性是设计人员常易出现错误的地方，通常要到产品总装配时才能发现，从而导致零件的报废和工期的延误，并造成巨大的经济损失和信誉损失。采用产品装配仿真技术可以在产品设计阶段就进行可装配性验证，确保设计的正确性。

（8）虚拟样机与产品工作性能评测。首先进行产品的实体建模，然后将该模型置于虚拟环境中进行仿真和分析。这样，可以在设计阶段就对设计的产品进行装配、加工和运行过程进行仿真，解决许多不可预见的问题，提高一次试验成功率。采用虚拟现实技术，还可以方便、直观地进行工作性能检查。

3. 案例：CAE 在汽车研发中的应用

在汽车研发过程中，从结构的刚度分析、强度分析、疲劳寿命分析，到整车动力学分析、被动安全与乘员保护分析，CAE 分析几乎涵盖了汽车性能的所有方面。例如，丰田开发新型花冠牌轿车时运用了 CAE 技术，无须制造试验车，只需把众多工序在计算机上进行演示即可，开发时间缩短 18 个月。又如，万向集团通过引进 Pro/E 等三维设计、ANSYS 有限元分析软件和 ADMAS 汽车悬架动态模拟软件等进行深层次应用，由单个产品性能测试转向系统匹配动态模拟，进行运动、受力的模拟分析，表达零件的真实工作情况，不但优化了设计，还能够发现静态设计过程中无法发现的问题。

4. 基于 CAE 系统的智能设计的发展方向

（1）核心功能深入化，使用环境简单化。在仿真技术向专业化方向深入发展的同时，仿真环境却逐步靠近使用者。由于仿真环境的方便易用，软件使用者不需要掌握深奥的核心技术和背景知识，只需较少的操作即可准确完成仿真设计工作。

过去，在使用 CAE 软件时需要自己进行实体建模，从而带来诸多不便。现在，可用 CAD 软件完成实体建模，CAE 软件直接使用 CAD 模型即可。CAE 和 CAD 之间可以双向参数互动，任何一方修改了模型，另外一方只需刷新即可得到新的模型。

（2）多学科联合仿真和多物理场耦合。多学科及多物理场耦合技术是保证仿真结果逼近真实世界的重要技术，如火箭、飞机、船舶等复杂工业产品的设计对此有强烈的需求。

达索系统的产品 Simulia 可以建立一个模拟仿真软件的生态系统。随着各个领域精英不断地加入这个开放式的产品开发平台，可以开展多学科联合仿真和多物理场耦合研究。

（3）产品高性能仿真计算。非线性问题的增多使得 CAE 分析中的解题规模相对于线性问题呈几何级数增长。产品仿真中的物理场仿真也对高性能计算技术提出了迫切需求。CAE 系统已经开始采用不同机型及操作系统的混合网络、局域网连接的工作站 /PC 机群、计算网格上的并行计算和云计算，来解决上述问题。

（4）统一有限元（FEA）。尤其是在汽车、航空航天领域，统一有限元的概念使原来功能分散的各类有限元分析软件被统一的软件解决方案所取代。这有助于减轻仿真测试工程师的工作量，提高研发质量和效率。

（5）CAE 与计算机辅助测试（CAT）技术的结合。CAE 与 CAT 技术相结合，借助虚拟原型技术，形成一种广义的 CAE 技术，又称为产品评估。日本三菱公司利用这一技术将试验与仿真的数据结合起来，把不同开发小组的试验模型及载荷与虚拟模型相结合，从而预测车辆的结构及其他功能品质性能。

（四）基于虚拟现实的智能设计

1. 虚拟现实技术

虚拟现实（Virtual Reality，VR）的概念是 20 世纪 80 年代初提出的，它是综合利用计算机图形系统以及各种显示和控制接口设备，在计算机上生成的可交互的三维环境中提供沉浸感觉的技术。虚拟现实技术又称临境技术，是一种高级仿真技术。虚拟现实技术利用计算机生成一种模拟环境，通过多种传感设备使用户"进入"该环境中，实现用户与环境的自然交互，同时环境对用户的控制行为做出动态的反应，并能为用户的行为所控制。运用该技

术建立的模型世界可以是真实世界的仿真，也可以是抽象概念的建模。由于虚拟现实技术强调介入者的亲身体验，是一种人与技术融为一体的全新的人机交互的计算机系统，它能逼真地模拟和重现现实世界，并对用户的操作实时做出反应，为用户提供一个与计算机所产生的三维图像进行交互的平台。

虚拟现实技术以计算机为基础，融信号处理、动画技术、智能推理、预测、仿真和多媒体技术为一体；借助各种音像和传感装置，虚拟展示现实生活中的各种过程、对象等，因而也能拟实制造过程和未来的产品，从感官和视觉上使人获得完全如同真实的感受。利用虚拟现实技术，创新的大量过程和中间结果可以在计算机上进行仿真，减少实物制造成本和周期，提高创新的效率。在产品设计阶段就能模拟出该产品的整个生命周期，从而更有效、更经济、更灵活地组织生产。

虚拟现实系统具有以下特征：

（1）沉浸（Immersion）。指用户借助各种先进的传感器进入虚拟环境后，由于感受异常逼真，使得他相信一切都"真实"存在。

（2）交互（Interaction）。指用户对虚拟环境内的物体进行实时操作的程度以及能从该环境得到反馈的真实程度。

（3）想象（Imagination）。指由虚拟环境的逼真性与实时交互而使用户产生丰富的联想，是获取沉浸的必要条件。

（4）自主（Autonomy）。指虚拟环境中的物体依据物理定律动作的程度。

（5）存在（Presence）。指用户感到作为主角存在于虚拟环境中的真实程度。

2. 虚拟现实技术在智能设计中的应用

虚拟现实技术是利用计算机技术建立一种逼真的虚拟环境，在这个环境中，人们的视觉、听觉和触觉等的感受如同身处真实环境，人们可以沉浸在这个环境中与环境进行实时交互。这就是它的所谓"沉浸性""实时性"和"主动的交互性"。在这个环境中，设计、制造和使用的产品，并不是实物，不消耗实际材料，也不需要机床等设备，只是一种图像和声音的所谓"数字产品"而已。利用这种数字产品，可以进行产品的外观审查和修改、装配模拟和干涉检查、机械的运动仿真、零件的加工模拟，乃至产品的工作性能模拟与评价，以便在产品的设计阶段就可以消除设计的缺陷、评价加工的可行性和合理性，预测产品的成本和使用性能，提出修改的措施和方法。虚拟现实技术为我们实施并行工程、敏捷制造，减少失误和返工，缩短研制周期和

提高产品质量提供了一个最佳的环境。

3. 基于虚拟现实的智能设计的发展方向

（1）产品的外形设计。如外形造型设计是汽车设计的一个极为重要的方面，以前多采用泡沫塑料制作外形模型，要通过多次的评测和修改，费工费时。而采用虚拟现实建模的外形设计，可随时修改、评测，方案确定后的建模数据可直接用于冲压模具设计、仿真和加工，甚至用于广告和宣传。

（2）产品的布局设计。在复杂产品的布局设计中，通过虚拟现实技术可以直观地进行设计，避免可能出现的干涉和其他不合理问题。如工厂和车间设计中的机器布置、管道铺设、物流系统等，都需要该技术的支持。在复杂的管道系统、液压集流块设计中，设计者可以"进入"其中进行管道布置，检查可能的干涉。在汽车、飞机的内部设计中，"直观"是最有效的工具，虚拟现实技术可发挥不可替代的积极的作用。

（3）机械产品的运动仿真。通过虚拟现实技术可以帮助解决运动构件在运动过程中的运动协调关系、运动范围设计、可能的运动干涉检查等。

（4）产品装配仿真。机械产品中有成千上万的零件要装配在一起，其配合设计、可装配性是设计人员常常出现的错误，且往往要到产品最后装配时才能发现，造成零件的报废和工期的延误，不能及时交货造成巨大的经济损失和信誉损失。采用虚拟现实技术可以在设计阶段就进行验证，保证设计正确。

（5）产品加工过程仿真。产品加工是个复杂的过程。产品设计的合理性、可加工性、加工方法和机床的选用、加工过程中可能出现的加工缺陷等，有时在设计时是不容易发现和确定的，必须经过仿真和分析。如冲压件的形状或冲压模具设计不合理，可能造成冲压件的翘曲和破裂，造成废品。铸造件的形状或模具、浇口设计不合理，容易产生铸造缺陷，甚至报废。机加工件的结构设计不合理，可能无法加工，或者加工精度无法保证，或者必须采用特种加工，增加了加工成本和加工周期。通过仿真，可以预先发现问题，采取修改设计或其他措施，保证工期和产品质量。

（6）虚拟样机与产品工作性能评测。传统的设计、制造需要一系列的反复试制，许多不合理设计和错误设计只能等到制造、装配过程中，甚至到样机试验时才能发现。产品的质量和工作性能也只能当产品生产出来后，通过试运转才能判定。这时，多数问题是无法更改的，修改设计就意味着部分或全部的报废和重新试制。因此，常常要进行多次试制才能达到要求，试制周期长，费用高。而采用虚拟制造技术，可以在设计阶段就对设计的方案、

结构等进行仿真，解决大多数问题，提高一次试制成功率。采用虚拟现实技术，可以方便、直观地进行工作性能检查。

四、智能设计的关键技术

（一）知识获取的智能技术

知识有不同种类，这导致知识获取的方法也各不相同。

1. 已有知识获取的智能技术

已有知识可以进一步分为显性知识和隐性知识。

（1）显性知识的获取。显性知识包括公开发布的著作、设计手册、论文、专利和标准等，还有网络中的大量短文、评论、随想等，还有分布在员工计算机和记录本中的知识。

这些知识的特点是数量很大，高度分散，形式多样。

1）著作、设计手册、论文、专利和标准等知识获取的智能技术。公开发布的著作、设计手册、论文、专利和标准等知识具有相对较高的价值，是知识获取的重点。论文、专利可以从中国知网、专利库获取，但自动获取有难度。标准可以从国家标准共享服务平台等网站获取。著作和设计手册则很少有网络版本。

这些获取知识的智能技术主要是：

· 针对论文、专利等知识，采用"网络蜘蛛（又称智能代理）"自动下载。

· 对扫描获得的著作和设计手册等知识，采用智能识别软件提取知识内容。

2）网络知识获取的智能技术。主要采用"网络蜘蛛"在互联网指定网站进行定期的知识搜索，当然也可以对所有网站进行搜索，但这样代价非常高，时间很长，所搜索的知识非常多。对企业而言，没有这种必要。

3）分布在员工计算机和记录本中的知识获取的智能技术。分布在员工计算机和记录本中的知识很重要，但又很零碎、分散。更难的是，员工不一定愿意将这些知识贡献出来。这类知识获取的智能技术主要是：

建立面向员工的知识管理系统，让他们分类管理好自己的知识，同时该系统与企业的知识管理系统集成在一起，当员工认为需要时，就很容易地将知识共享到企业的知识管理系统。

建立基于手机的工作记录本，利用智能语音技术，让员工能够方便地将平时的点滴经验能够迅速记录下来。

更重要的是要让员工愿意并积极共享自己的知识，这需要一个信息透明、评价准确、激励充分的环境。

4）企业信息系统中的大数据挖掘技术。制造企业在利用信息系统对产品和服务的全生命周期进行管理、对员工的知识和工作过程进行管理，同时管理深度加深、管理精度提高，由此产生大数据。企业信息系统中涉及的异构系统多，需要快速集成，使信息流畅通，便于管控；企业信息系统中涉及的非结构化的数据、信息和知识多，需要进行结构化处理，便于集成和分析；企业系统需要管控的对象多，对实时性要求高，需要进行海量数据的智能分析以及员工知识的获取技术。

（2）隐性知识的获取。在 20 世纪 70 年代的时候，计算机开始进入工厂，其巨大的计算能力、神秘的控制能力，给人们带来无穷的遐想，计算机因而被称为"电脑"。那时，科学家们对计算机在工厂中的应用寄予了很高的期望：未来 20～30 年的工厂是全盘自动化的"无人化工厂""无照明车间"。车间里工作的都是机器人，按照程序自动工作，不需要灯光照明。

在 1959 年第一个工业机器人诞生时，工业机器人的发明者预言：20 年后车间需要劳动力时，不必去人事部门，而只需到机器人仓库寻找。

但事实并非如此。"无人化工厂"和"无照明车间"凤毛麟角，工厂的主角还是人，不是机器人，尤其是机械制造企业更是如此。

计算机技术和人工智能技术确实在迅速发展。1997 年 5 月 11 日，IBM 的超级计算机"深蓝"在正常时限的比赛中首次击败了等级分排名世界第一的国际象棋棋手加里·卡斯帕罗夫。

2011 年 2 月 16 日，IBM 的另一台更强大的超级计算机"沃森"在美国智力竞猜节目《危险边缘》（Jeopardy）第 3 场比赛中，以 3 倍的巨大分数优势力压另两位参赛选手肯·詹宁斯和布拉德·鲁特，夺得这场人机大战的冠军。与之对擂的这两位选手是该竞猜节目有史以来最强的选手，詹宁斯曾经连续获胜 74 场，而鲁特是累计奖金额最高的参赛选手，奖金超过 325 万美元。

现在是否就能够认为"无人化工厂"就是 40 年后的未来智能工厂模式呢？为时还是太早。

目前的技术还无法研究出能综合各种能力，并像人类一样活动的智能机器人，也没有哪一个计算机能通过图灵测试，该测试是一种测试机器是不是具备人类智能的方法。

人们早已发现产品开发设计与隐性知识有关。在构造设计专家系统时，

有经验的专家的深层知识只能意会而不可言传，而计算机就难以获得这方面的知识。

另一方面，今天所有计算机都不会学习，而只会推理。会学习的所谓"第五代"计算机，至今没有被研究出来。如果说"深蓝"和"沃森"有什么过人之处的话，那么就是它的不知疲倦的"蛮力"。

隐性知识对产品设计有非常重要的价值，占了有价值知识的一大半。隐性知识分散在员工的头脑中，部分隐性知识是可以转化为显性知识的，部分隐性知识是难以转化为显性知识的。对于前者需要将其转化为显性知识，使个人知识变为组织知识；对于后者需要知道何人掌握何种知识，以便在需要的时候快速找到所需要的员工。

隐性知识获取的方法主要有两种：①对于可以转化为显性知识的隐性知识，要尽可能实现转化；②对于难以转化为显性知识的隐性知识，要能够快速定位到掌握隐性知识的人。

1）隐性知识转化为显性知识的智能技术。隐性知识转化为显性知识需要提供相关的信息环境帮助启发、描述这些知识，提高知识的转化率和知识描述的完整性。

2）设计软件使用中的专家知识自动捕捉技术。对设计软件使用中的专家行为进行记录、跟踪、统计和分析，在对专家行为分析的基础上，分析出专家使用设计软件的知识，如设计软件的参数设置、有限元模型的建立等，实现专家知识的自动捕捉。

3）快速定位隐性知识的智能技术。对专家在知识库中所发布的知识、对知识的评价等信息进行统计分析，可以帮助发现专家的知识领域和水平，从而帮助实现隐性知识的快速定位，即掌握某类知识的专家的快速定位。

2. 新知识获取的智能技术

新知识获取主要是通过知识的创新来实现的。就目前的人工智能技术水平而言，通过计算机实现知识的创新还十分困难，虽然人们可以通过搜索引擎大大加强搜索的效率，通过人工智能实现简单的知识推理，达到一定程度的人工智能，但实现全自动化的知识创新还非常遥远，或者只能实现辅助性的智能设计。

知识创新的基础是知识的积累和灵感的迸发，是研发人员进行创造性思维的结果。创新本身意味着不拘一格，但是通过表 3.7 所示的一些创新方法有利于在创新过程中诞生全新的思路和想法。

表 3.7　常用的知识创新方法的智能化方向

方法	内容	原理	智能化方向
头脑风暴法	通过会议的形式，让所有参加者在自由愉快、畅所欲言的气氛中，针对某一专题自由交换想法，并以此激励与会者的创意。参加者提出的方案越多越好，一律记录下来，之后，再研究有哪些切实可行的新建议	知识群化，不同知识的碰撞和启发，创造能力的集体训练	基于 Web 的协同工作环境则为地理上分布的研发团队运用"头脑风暴法"进行创新提供全面支持
缺点列举法	尽力列出某事物（如产品）的缺点，再选出主要缺点，然后研究革新方案	矛盾分析结果用于发现新作用原理、新物理结构，进而找出相似实例	利用智能技术帮助正确分析事物中所存在的矛盾
联想类推法	通过相似、相近、对比几种联想的交叉使用以及在比较中找出同中之异、异中之同，从而产生创造性思维和创新的方案	描述世界万物内在规律的各门学科领域的知识具有相互关联的特性	利用智能技术快速找到与问题关联的知识，找到各种知识的联系
反向探求法	采用背离惯常的思考方法，对已有产品或已有方案进行功能、行为、结构、原理的逆向思考和转换构思，寻求解决问题的新途径	突破常规，突破思维定式，实现创新	利用智能技术提高逆向思考和转换构思的能力
组合创新法	将现有的技术或产品通过功能、原理和结构的组合变化，或通过已知的东西作媒介，将毫无关联的不同知识要素结合起来，摄取各种产品的长处，使之综合在一起，形成具有创新性的设计技术思想或新产品	许多创新是由现有的技术或产品组合而来的	组合方案是无穷的，利用智能技术帮助设计者快速放弃无用的方案，选择正确的方向
知识链接法	通过各种方式将大量涉及创新的相关知识、与知识相关的实体链接组织在一起，在每个知识供应者和知识使用者之间建立知识反馈，使知识交换更为有效	创新是一个动态的和复杂的作用过程，同时也是一个知识工程的运作过程，它包括知识的组织、利用、产生和转移等过程	利用智能技术进行知识链接，并通过应用使链接越来越完善

例如，名为 Idea Generator 和 Mind Link 的工具通过引导人们突破思维定式来提高创新能力。知识的创新是人类最复杂的思维活动，要求机器像人类一样思维是不可能的，但人类可以设计出一些软件模拟人类思维。但即使这样，人们还要等待很长的时间。

（二）知识整理的智能技术

1. 知识整理的需求和途径

图 3.19 为知识整理的需求和途径。

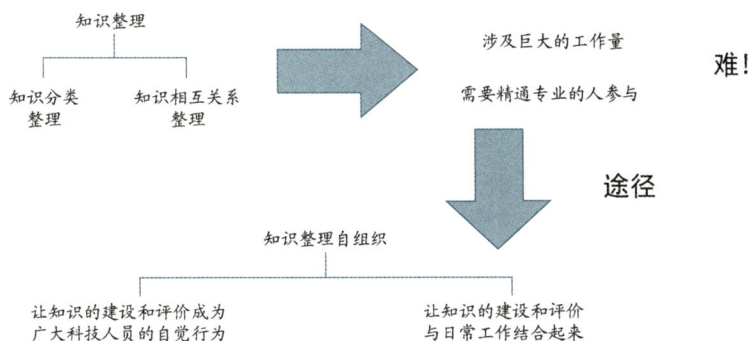

图 3.19　知识整理的需求和途径

2. 知识整理的智能技术

利用信息技术可以帮助建立一种智能的知识整理自组织系统，其特征是：

（1）更透彻的感知。利用基于 Web 2.0 的大众化评价方法，知道哪些论文、专利、科研成果有价值；知道哪些人是哪方面的专家，感知新的技术和知识，做出准确的评价和判断；利用网络数据挖掘和分析技术，感知市场的变化、用户的需求。

（2）更全面的互联互通。利用基于互联网的知识整理自组织系统，对论文、专利、科研成果等进行全生命周期的跟踪；对科研人员的科研生涯进行跟踪；实现知识供需双方的快速对接；同一学科的科技工作者协同建立本学科的知识网络；不同学科的知识网络互联互通；同行专家协同建立技术进化图和技术路线图；一些有价值的想法、方法等可以直接发布到网上得到评价和利用；知识贡献、共享和激励机制有机集成。

（3）更深入的智能化。利用基于 Web 2.0 的大众化评价方法，使论文、专利、科研成果等中的知识形成一个显式的有机的网络；可以快速知道自己的创新位于知识网络的哪个部分；可以快速发现新的研究方向，避免重复研究；可以方便地将不同学科的知识进行组合，集成创新；可以自动地对科技工作者的成绩做出有充分根据的客观评价。

上述思想和方法的实现需要政府有关部门的制度重建，但在企业层的应用可以先开始进行。

图 3.20 为智能的知识整理自组织流程。

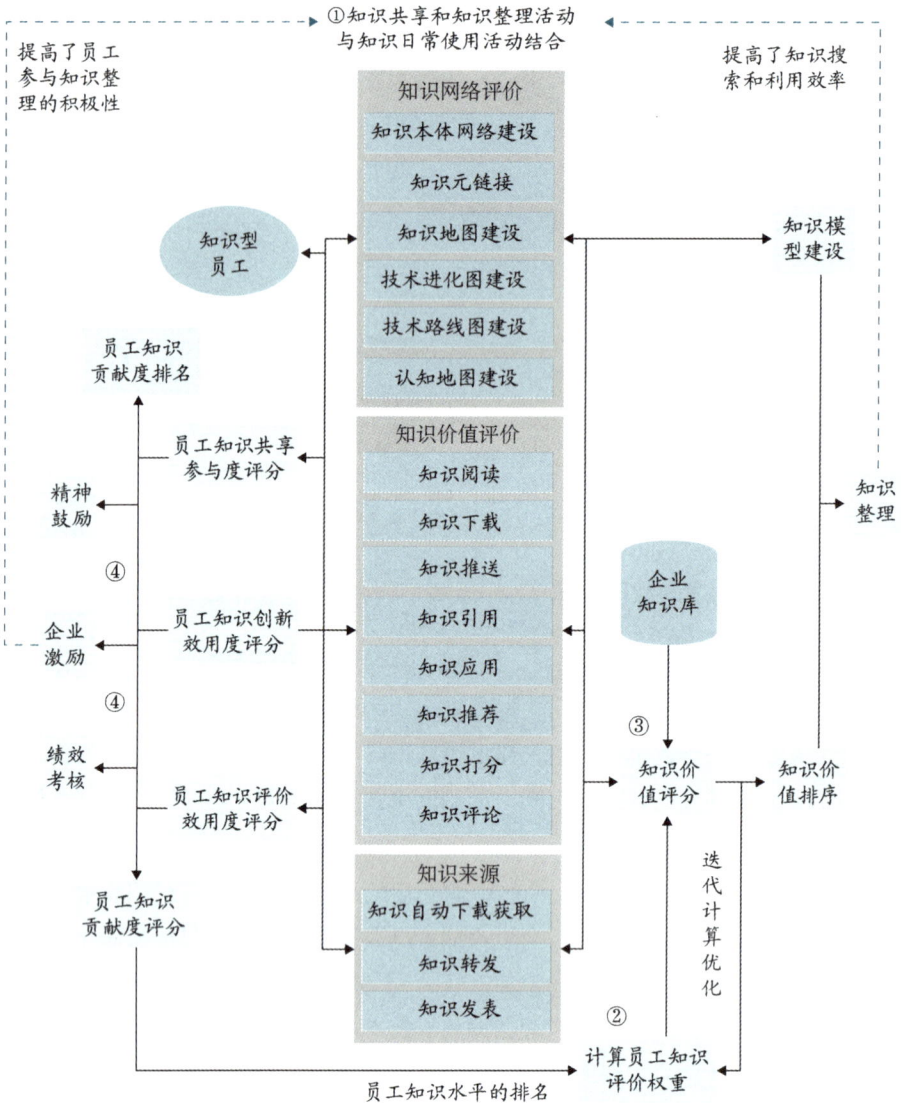

①知识共享和知识整理活动
与知识日常使用活动结合

提高了员工
参与知识整理的积极性

提高了知识搜索和利用效率

知识网络评价
知识本体网络建设
知识元链接
知识地图建设
技术进化图建设
技术路线图建设
认知地图建设

知识型员工

知识模型建设

员工知识贡献度排名

员工知识共享参与度评分

知识价值评价
知识阅读
知识下载
知识推送
知识引用
知识应用
知识推荐
知识打分
知识评论

知识整理

精神鼓励

④

企业激励

企业知识库

③

员工知识创新效用度评分

知识价值评分

知识价值排序

④

绩效考核

迭代计算优化

员工知识评价效用度评分

知识来源
知识自动下载获取
知识转发
知识发表

②

员工知识贡献度评分

计算员工知识评价权重

员工知识水平的排名

图 3.20　智能的知识整理自组织流程

随着知识管理的深入开展，企业知识库中的知识将越来越多，同时大量无用、过时的垃圾知识也会充斥其中，导致知识库的利益效率越来越低。因此，需要使知识价值和知识之间的关系有序化，提高知识库的使用价值。但知识库的有序化工作需要一线知识型员工的参与，只有他们最知道企业需要的知识的价值和知识间的关系。但一线员工很忙，难以抽出大量时间进行知识库的有序化。利用员工的知识库应用行为（知识发布、阅读、评价、使用等）的大数据可以帮助企业知识库的有序化，使知识库越使用越聪明，并可以了解员工的知识领域和水平、对知识库有序化的贡献度。

（三）面向智能设计的模型技术

1. 背景和需求

现在，数据库、信息系统都可以买到；泛在网络广泛应用，互联互通很方便。在这一背景下，模型对于企业开展智能设计日益重要。国外在智能设计推进中深刻认识到：设计软件系统只是外壳，其核心是模型。因此，国外提出了基于模型的企业（Model-Based Enterprise, MBE）的概念（NGMTI Communities，2005；Frechette，2008；Hentges，2009）。

中国企业在智能设计软件系统方面同国外的差距也主要在模型。一方面，对于开发设计相关软件中的模型的内容和意义认识不足，没有很好地发挥开发设计软件的作用；另一方面，在建立适合自己企业和产品的独特开发设计模型方面缺乏能力和重视，不仅缺少开发设计模型所需要的知识，即使有了知识也难以将其固化为模型。国外的智能设计软件中融入了其长期积累的先进的智能设计知识模型，因此，很受企业欢迎。

图 3.21 描述了智能设计对模型的需求。

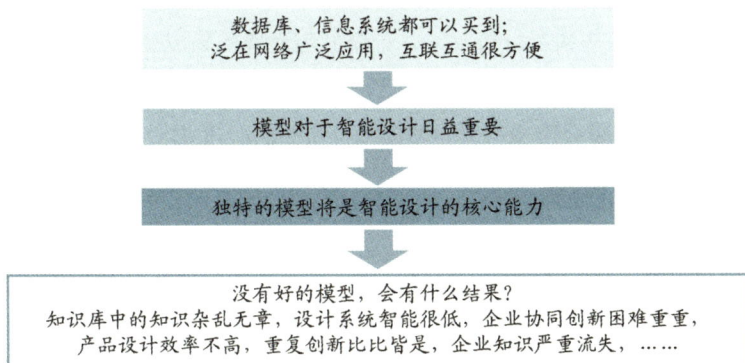

图 3.21　智能设计对模型的需求

图 3.22 为智能设计软件对模型的需求。

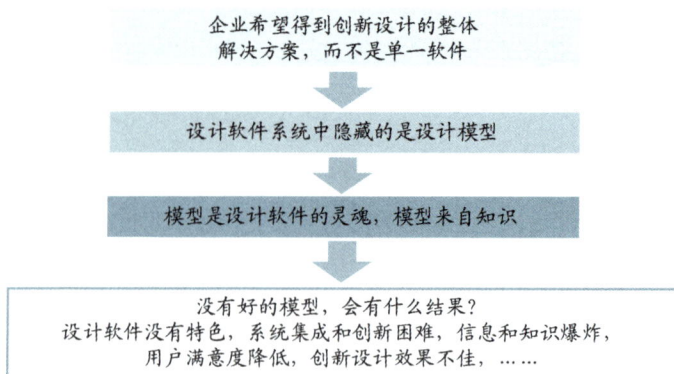

图 3.22　智能设计软件对模型的需求

2. 面向智能设计的模型的基本概念

（1）模型的定义。对于不同学科、不同应用场景，模型有不同的定义，如：模型是一种具体事物的抽象；模型是一种标准、规范；模型是一种信息模板；模型是一种数据、信息、知识的集成模式等。

理想模型的主要特性是：

1）目的性。提供某一问题的解决方案。

2）完整性。模型包括了解决某一问题所需要的数据、信息和知识。

3）集成性。模型与其他模型和软件容易集成。

4）封装性。通过封装，模型具有使用方便的特点。在使用时，可以不必知道其内部的结构和运行情况，并且模型与环境的集成也比较方便。

5）开放性。模型中的知识容易添加、修改、关联。

6）规范性。模型描述、建立和使用都有一套标准规范。

7）透明性。模型中的数据、信息和知识的关系与变化对用户而言是清晰透明的。

8）自主性。在一定条件下，自主启动，自主运行进化，自主结束。

9）自适应性。模型随着外部环境的变化逐渐完善，与环境更加融合。

（2）智能设计模型。知识分为产品和过程知识，企业中的智能设计模型分为产品模型和过程模型两大类。这两类模型中的显性文本知识模型具有共同点。因此，也可分为 3 类：产品模型、过程模型和知识模型。

图 3.23 描述了智能设计模型的分类和作用。

图 3.24 为产品生命周期中的模型和系统。

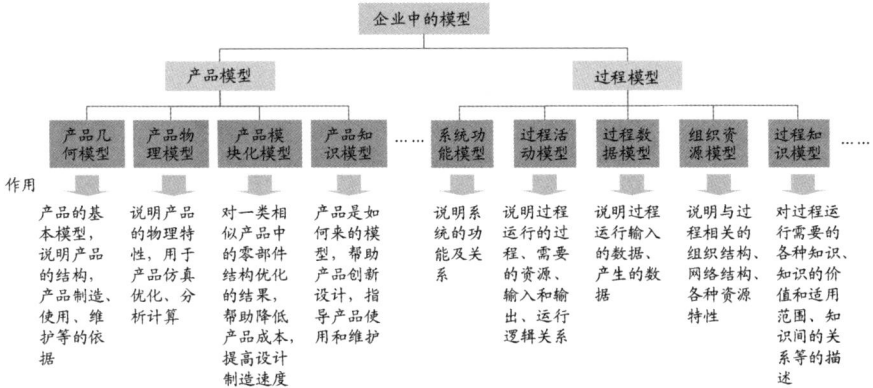

图 3.23　智能设计模型的分类和作用

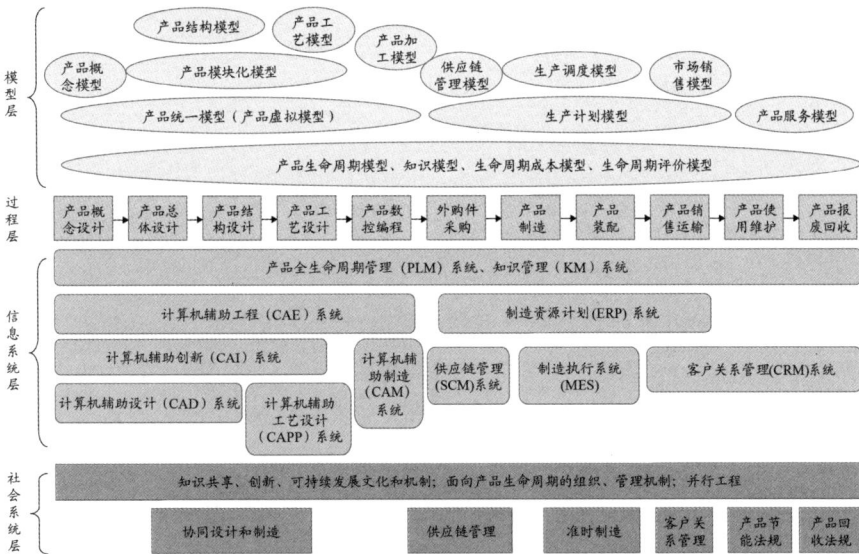

图 3.24　产品生命周期中的模型和系统

（3）面向智能设计的产品模型。产品是制造企业的主要输出，产品需要不同部门和企业的协作，需要经过需求、概念、功能、结构、工艺等设计阶段，经过原材料采购、加工、测量、装配等制造阶段，现在越来越多的制造企业还需要负责产品的安装、使用、保养、维修、回收等服务阶段。数字化技术已经覆盖了整个过程，但需要有面向产品生命周期的统一模型。

面向智能设计的产品模型的形式有：

1）产品实物模型。与产品在形状等方面类似，如用快速原型机制造得到的模型。

2）产品工程图模型。产品信息的文本描述。这是机械产品的工程师语言，可以据此相互交流产品信息。

3）产品数学模型。对产品运行机理的理论描述。

4）产品虚拟模型。在计算机中模仿产品实物的模型。

5）产品几何模型。描述产品的几何信息。

6）产品模块模型。描述一类相似零部件的结构特性，包括模块主模型、事物特性表、主结构、主文档等。

7）产品知识模型。描述产品所需要的知识。

（4）面向智能设计的过程模型。将产品从概念变为实物再到使用，需要许多过程的支持。

过程模型可以按照过程的阶段性划分，如设计过程、某零件的加工工艺过程、产品的维修过程等。

过程模型包括过程功能模型、过程活动模型、过程数据模型、组织资源模型、过程知识模型等。

过程模型不仅可以描述各种智能设计过程，而且可以进行过程仿真，还可以自动生成软件。这将使得一般的管理人员也能自己开发和维护软件，直接将自己的知识转变成模型，进而转变成软件。

（5）案例。用户需要一件特别的产品，如汽车；企业提供需求模型（又称模板），让用户方便准确描述需求；需求模型自动转变为产品的虚拟结构模型，这是模块化的产品，因此，可以分解为一系列的模块，其中绝大部分模块是标准模块；产品虚拟结构模型在各种 CAX 系统中仿真分析，得到产品的性能、价格、交货期等信息，企业与用户多次反复协商，最终确定产品结构；标准模块按照固化在供应链管理系统中的生产管理模型，由不同专业企业制造，成本低，交货期短；极少的专用模块的结构模型转变为加工程序，由加工中心或增量加工机床加工得到；结构模型转变为测试程序模型，由三坐标测量仪进行测试；所有模块几乎同时集中到用户附近的 4S 店组装，用户很快得到想要的产品。在使用中，用户希望产品升级，企业通过更换模块，马上满足用户要求。这里所有的数据、信息和知识都在模型中。启动模型，一切搞定。

3. 基于模型的智能设计进化

基于模型的智能设计可以看作基于软件的智能设计的另外一种表述方法。基于模型的智能设计是逐步进化的。进化的主线是知识的数量和质量，以及知识的组织形式。企业知识分为不同维度：显性知识和隐性知识、组织知识和个人知识、外部知识和内部知识、通用知识和专用知识、分散的知识和集成的知识、产品和过程知识。基于模型的智能设计的进化方向是隐性知识显性化，个人知识组织化，外部知识内部化，专用知识通用化，分散知识集成化。这些进化的载体是模型。图 3.25 为关于基于模型的智能设计进化的观点。

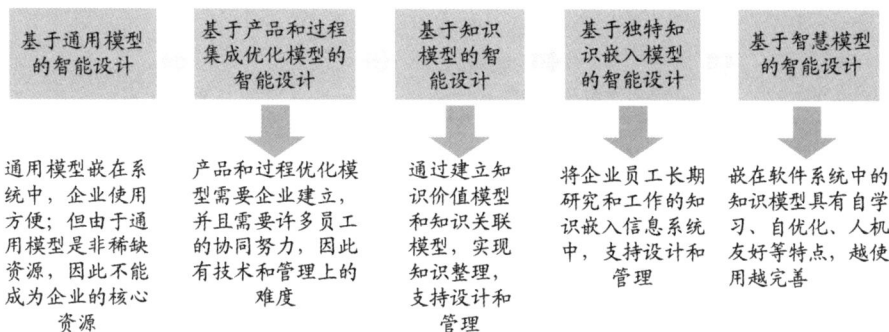

基于通用模型的智能设计	基于产品和过程集成优化模型的智能设计	基于知识模型的智能设计	基于独特知识嵌入模型的智能设计	基于智慧模型的智能设计
通用模型嵌在系统中，企业使用方便；但由于通用模型是非稀缺资源，因此不能成为企业的核心资源	产品和过程优化模型需要企业建立，并且需要许多员工的协同努力，因此有技术和管理上的难度	通过建立知识价值模型和知识关联模型，实现知识整理，支持设计和管理	将企业员工长期研究和工作的知识嵌入信息系统中，支持设计和管理	嵌在软件系统中的知识模型具有自学习、自优化、人机友好等特点，越使用越完善

图 3.25　基于模型的智能设计的进化的观点

表 3.8 是基于模型的智能设计的分类。智能设计不仅是一种技术系统，也涉及社会系统。因为智能设计中的大量知识需要人共享、评价和整理。

表 3.8　基于模型的智能设计的分类

类型	智能设计模式	智能设计中的技术系统		智能设计中的社会系统
		系统中的模型	软件系统	
基于通用模型的智能设计	1　基于计算机辅助系统内嵌模型的智能设计	计算机辅助系统中内嵌的模型，帮助减少重复的、简单的、规范的工作，使用户专心进行创新。系统内嵌模型是计算机辅助系统厂家的知识结晶	CAD、CAE、CAPP、CAM系统等	计算机辅助系统中的内嵌模型具有使用简便、用户独立使用的特点
	2　基于产品统一模型的智能设计	如产品统一模型、虚拟产品模型；模型含有不同系统间的转换接口，可以实现模型在系统间的自动转换和集成	CAD/CAE/CAPP/CAM一体化集成系统	产品统一模型需要不同软件公司和团队的协同，需要建立相关标准，但对用户而言只是一个使用问题
基于产品和过程集成优化模型的智能设计	3　基于过程集成模型的智能设计	如产品生命周期模型、生产管理集成模型等，是协同设计、制造和管理的基础。模型包含各部门、各协作企业需要集成和交互的信息，需要跨部门或跨企业协同建立	PDM、PLM、协同设计、工作流管理、ERP、SCM、CRM等系统	需要进行跨部门的并行工程、流程和数据规范、制度设计、优化模型，而其中人的集成和企业的集成是关键

续表

类型	智能设计模式	智能设计中的技术系统		智能设计中的社会系统
		系统中的模型	软件系统	
基于产品和过程集成优化模型的智能设计 4	基于模块化模型的智能设计	产品模块模型是面向企业、行业，乃至跨行业建立的通用模型，可以减少重复设计，支持分工专业化，降低成本	产品零部件模块化分析和建模系统；基于产品模块化的CAD/CAE/CAPP/CAM一体化集成系统、PDM/PLM系统；基于网络的零件库；可重构的制造系统	需要设计人员有较强的全局观和责任感；需要有着眼于长远利益的激励机制；需要各种标准的支持
基于知识模型的智能设计 5	基于知识模型的智能设计	知识模型主要分为：1）知识价值模型——描述知识的领域、价值等；2）知识关联模型——描述知识的分类、进化、相似等关系，可采用知识进化图、技术子系统等描述；3）知识分布模型——隐性知识在员工中的分布情况	知识管理系统、知识共享平台、计算机辅助创新系统	需要员工参与知识发布、评价和应用；需要对员工的知识共享参与度和知识水平进行评价；需要相应的激励机制和文化；需要内部的知识产权制度
基于独特知识嵌入模型的智能设计 6	基于独特知识嵌入模型的智能设计	独特知识（如复杂产品的设计、制造等关键知识）是企业员工长期研究和工作的知识结晶，是一流企业的核心竞争力。独特知识嵌入模型，并通过软件系统实施，使得独特知识具有可操作性	嵌入了独特知识模型的CAD、CAE、CAPP、CAM系统、决策支持系统、智能生产管理系统等	需要员工自愿将多年积累的独特知识整理成模型，嵌入系统，使知识具有可操作性；需要相应的制度、激励机制和文化
基于智慧模型的智能设计 7	基于智慧模型的智能设计	智慧模型是未来的理想模型，能够解决目前模型存在的透明性、协同性、自优化性、人机友好性等较弱的问题	智慧的产品设计系统，具有越使用越聪明、快速适应环境变化、善于了解人的意图等特点	跨企业、跨行业的员工协同建立、优化各种模型

4. 基于模型的智能设计的实施方法

不同类型的基于模型的智能设计系统，其实施方法也各不同。

（1）基于通用模型的智能设计。购买现成的通用模型和系统即可。一

般情况是：系统中嵌入了通用模型，买来即用，实施容易。

（2）基于产品和过程集成优化模型的智能设计。需要一套优化方法，需要对未来的变化有比较准确的预测，需要对企业产品和过程有比较全面的了解，可以请外部咨询公司帮助建立产品和过程集成优化模型，但成功概率不高。

（3）基于知识模型的智能设计。需要员工主动、负责地进行隐性知识显性化、个人知识组织化，信息系统可以帮助员工发布、使用知识，进一步可以帮助对员工的行为进行跟踪、统计、分析和评价。通过制度设计，可以建立一些文本知识模型，但知识共享文化的实现需要企业长期的努力。

（4）基于独特知识嵌入模型的智能设计。这里的关键是要求企业本身是行业的佼佼者，有长期的行业领先的经验知识；能够发挥员工的积极性和创造性，员工将长期积累的经验做成模型嵌入信息系统中。

（5）基于智慧模型的智能设计。这是未来企业的发展方向，使计算机的优势和人的优势得到很好的发挥和集成。

5. 基于模型的智能设计的关键技术

（1）面向制造业的基于模型的智能设计的关键技术。这是制造业企业在实施基于模型的智能设计中可能遇到的一些关键技术，需要咨询公司等帮助一起解决。

1）复杂模型的建立技术。模型有难易，复杂模型需要深厚的专业知识背景，需要进行跨学科的协同。

2）模型中的知识获取技术。商业软件容易买到，但用得好需要很多知识，这往往是我国制造企业所缺乏的。更缺乏的是模型里面所隐藏的知识，会使用，却不知其所以然。

每个产品都有自己的特点，有自己的领域知识。通用的基于模型的智能设计商业软件一般只能在产品设计的后期发挥作用，不能真正解决产品创新问题。所以国外大企业都有自己的基于模型的智能设计的专用软件和模型，这是他们长期研究的成果，是他们的核心竞争能力。这种软件一般是买不到的。即使买到，也很难使用，因为需要有很好的专业背景的人才能建立适用的模型，并正确使用系统。

模型是知识的集成和重构，没有知识，模型也就是空架子。知识高度分散，并大多隐藏在员工的头脑中，并非那么容易挖掘。

3）解决未知问题的模型技术。企业环境变化越来越快，产品更新速度也在加快，模型也需要不断更新发展。这一方面需要建模时有很强的预测能

力，考虑问题全面，以应对环境的变化；另一方面希望模型具有一定的自优化能力，能够较好地适应环境的变化。这种应对未知问题的模型技术，需要一定深度和广度的知识累积和能力。

4）多学科协同建模技术。复杂模型涉及多学科知识。不同学科甚至不同员工都有自己的知识体系，采用不同的知识模型。多学科协同建模需要对彼此的学科有较好的了解，需要有统一的术语和描述标准，需要有考虑全面的接口。这需要标准化部门和行业协会的支持。

5）产品模块化技术。产品模块化需要对不同产品中的相似零部件进行识别、分析和建模，使产品模块具有较宽的适用面；需要对产品的未来发展趋势进行比较准确的预测，使产品模块具有较长的生命周期。这需要产品模块化人员对各种相似产品有透彻的了解，对技术、市场和产品趋势有全面深入的分析，并愿意为企业和行业的全局和长远利益开展细琐、繁杂、艰辛、默默无名的工作。

6）面向基于模型的智能设计的管理技术。基于模型的智能设计的级别越高，越需要依靠企业员工及员工的协同，这就要求企业有好的管理模式。企业有较好的创新文化和能力，就会源源不断地创造、积累和分享知识，进而成为基于模型的智能设计。因此，企业需要更加注重引进先进的管理理念和技术来对企业进行变革，而不是把目光仅盯着产品、技术、软件。

（2）面向软件业及咨询服务业的基于模型的智能设计的关键技术。这是软件业及咨询服务业在实施基于模型的智能设计中可能遇到的一些关键技术。

1）模型集成标准建立技术。不同的软件公司所开发的系统中嵌入的模型的描述方法、形式等往往不同，这将导致所开发的系统难以集成。这需要软件公司、制造企业和咨询服务企业三方的通力合作。不同的制造企业对模型提出不同的需求。软件公司、制造企业和咨询服务企业三方协同对需求进行整合和标准化，并将需求模型转变为产品和过程的定义模型。

2）产品生命周期统一模型技术。产品研发阶段有产品概念模型，产品设计阶段有产品实体模型，产品加工阶段有产品加工模型，产品测试阶段有产品测试模型，产品仿真阶段有产品仿真模型，这些模型之间转换难，需要一种产品生命周期统一模型。当然这种模型是随着产品生命周期的进展而不断完善的。

3）基于模型的 SOA（Service-Oriented Architecture，面向服务的体系结构）技术。基于模型的智能设计的子系统实施相对容易，但模型和系统的集

成难，模型在不同系统中的转换有很大难度。不仅不同的软件公司所开发的系统无缝集成难，就是同一软件公司所开发的不同的系统无缝集成也难，因为这往往是两个项目团队在不同的时期开发的，不同的软件系统的发展过程不同，所采用的技术不同。因此，要满足用户使用方便的要求，需采用 SOA 技术进行集成。

（3）人机友好的智能设计技术。智能设计软件将具有很好的人机友好界面，真正实现人机一体化，让用户有很好的体验，充分发挥他们的创新能力。

（4）软件协同开发技术。大家都可以方便地将自己的知识模型化、模型软件化，形成越来越丰富完善的专业智能设计软件。

（四）模拟人类思维的智能设计技术

随着信息技术的发展，人工智能技术得到迅速发展，出现了一些设计专家系统，试图代替设计者进行开发设计。设计专家系统将现实的专家知识集成起来，为解决相应问题提供路径、优化方案，是很有效的方法。但现有的专家经验即使是最好的汇总，也只是渐进式的改良型创新，而不是革命性的创新。完全依靠信息技术、人工智能技术和设计专家系统进行革命性的创新，还有许多重大的困难需要克服。

1. 设计专家系统缺少跳跃式思维能力和灵感

虽然设计专家系统能够记住比设计者更多的信息和知识，能够具有比人快得多的计算速度，但设计专家系统无法像设计者那样进行发散思维、跳跃式思维、快速的联想，没有设计者所具有的灵感，只能按照固定的程序进行推理和分析。在智能设计中，人类专家永远是系统中最有创造性的知识源和关键性的决策者。智能设计系统实际上是人机一体化的智能设计系统。虽然它也需要采用专家系统技术，但只是将其作为自身的技术基础之一，与设计专家系统之间存在着根本的区别。

2. 确定功能原理及其结构和寻求原理方案及其结构是 NP 完全类问题

设计者创新所依据的信息和知识可能比不上一台计算机所存贮的信息和知识，但设计专家系统要将这些海量的信息和知识联系、组合起来，找到所需的新创意，确定功能原理及其结构和寻求原理方案及其结构，那就计算量而言，是一个典型的 NP（非多项式）完全类问题，其计算量随着所考虑的信息和知识数量的增长而指数增长，显然计算量之大是全世界所有计算机一起计算也远远不能够完成的。

下面这个大家熟悉的故事就包含了一个 NP 完全类问题。相传古代印度国王舍罕要奖赏他的聪明能干的宰相达依尔（国际象棋发明者），问他需要什么，达依尔回答说："国王只要在国际象棋的棋盘第 1 个格子里放 1 粒麦子，第 2 个格子里放两粒，第 3 个格子里放 4 粒，按此比例以后每 1 格加 1 倍，一直放到 64 格（国际象棋棋盘是 8×8=64 格），我就感恩不尽，其他的我什么也不要了。"国王想："这有多少，还不容易！"让人扛来一袋小麦，但不到一会儿全用没了，再来一袋很快又没有了，结果全印度的粮食全部用完还不够。这位宰相所要求的，竟是全世界在两千年内所生产的全部麦子。

第4章

iCity

智能加工生产技术

本章主要阐述智能加工生产技术内容以及发展趋势，目的是了解国内外先进的智能加工生产技术，了解我国在智能加工生产技术方面存在的不足等，推进智能加工生产技术的发展，促进形成具有中国特色的智能加工生产技术。

本章列举了智能数控加工生产技术、智能生产监控和增材制造3种典型的智能加工生产技术，并对各技术的内容、相关关键技术以及该技术在国内外的应用现状进行了阐述。通过比较，分析了国内在智能加工领域的发展现状和存在的不足，为我国今后在智能加工领域的发展指明了方向。

智能数控加工生产技术——介绍了该技术的概念、定义与发展历程；提出了智能数控加工生产技术的相关关键技术：智能工艺规划与智能数控编程技术、智能数控系统与智能伺服驱动技术、智能感知监测与维护技术；并以地域为区分点，分别介绍了以德国西门子（SIEMENS）、霍夫曼和贝林格，美国辛辛那提，瑞士米克朗（Mikron）公司为代表的欧美系智能数控加工生产技术，以 GE FANUC，Mazak 和 Okuma（大隈）为代表的日系智能数控加工生产技术，以沈阳机床厂和华中数控为代表的国内智能数控加工生产技术。

智能生产监控——介绍了该技术的概念、定义、发展历程和优势；提出了智能生产监控的相关关键技术：视觉检测技术、在线分析测试技术、物联感知与信息融合技术、建模预测与预判技术；阐述了智能生产监控技术的应用现状，针对不同的制造工艺过程，分别介绍了关于离散制造和连续生产的智能监控，离散制造的智能监控包括了制造系统的状态检测与故障诊断、机械零部件的在线质量监控、总装线的零部件供应监控，连续生产的智能监控包括了化工装置的安全连锁控制、在制品质量SPC统计控制、批量生产质量跟踪、安全生产监控。

增材制造——介绍了该技术的定义、发展历史和优势，指出了增材制造技术的局限性；根据加工方法的不同，分别阐述了 3DP 技术、FDM 熔融沉积成型技术、SLA 立体平版印刷技术、SLS 选区激光烧结技术、LOM 分层实体制造技术、DLP 激光成型技术、UV 紫外线成型技术的原理、成型过程以及优缺点；给出了增材制造技术在工业、文化和医药 3 大领域的具体应用现状；提出了当前增材制造技术的发展重点在于提高制造精度、提高制造效率、拓展应用领域。

一、智能数控加工生产技术

（一）概　述

1. 概念与定义

数控加工生产技术（NC Machining Technology）如图 4.1 所示，是在传统的车铣刨磨等加工生产技术的基础上，结合数字控制技术而产生的，即采用计算机程序控制机床各运动的方法，按工作人员事先编好的程序对机械零件进行加工的技术。

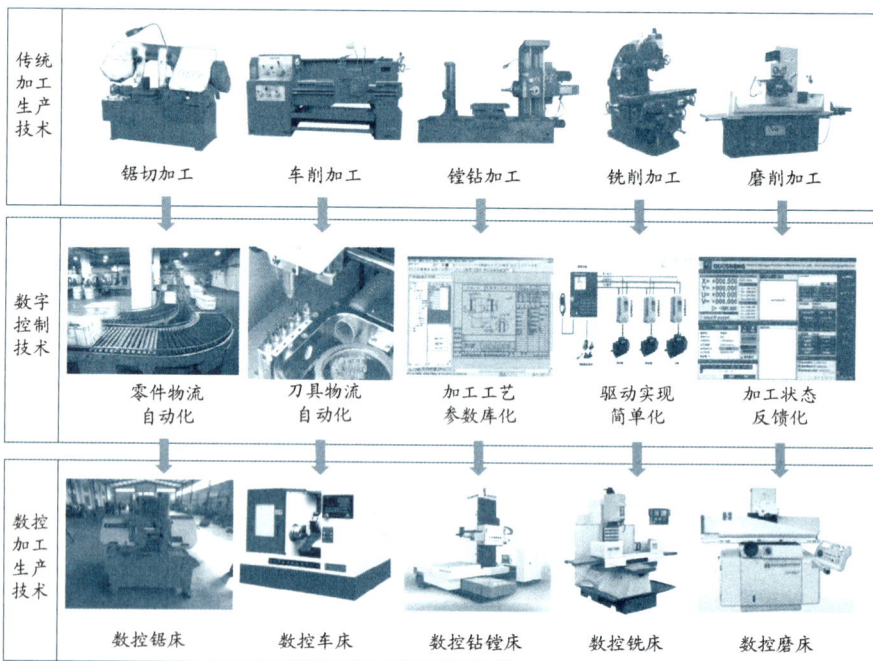

图 4.1　数控加工生产技术

智能数控加工生产技术（AINC Machining Technology）是先进制造技术与数字化技术相结合的产物，是在原有数控加工生产技术基础上，运用高速计算机运算系统，并结合新兴的智能工艺规划、智能编程、智能数控系统、智能伺服驱动、智能诊断与维护等人工智能技术而发展起来的。其具体表现形式为"智能机床 / 智能加工中心"，这类产品的演变如图 4.2 所示。

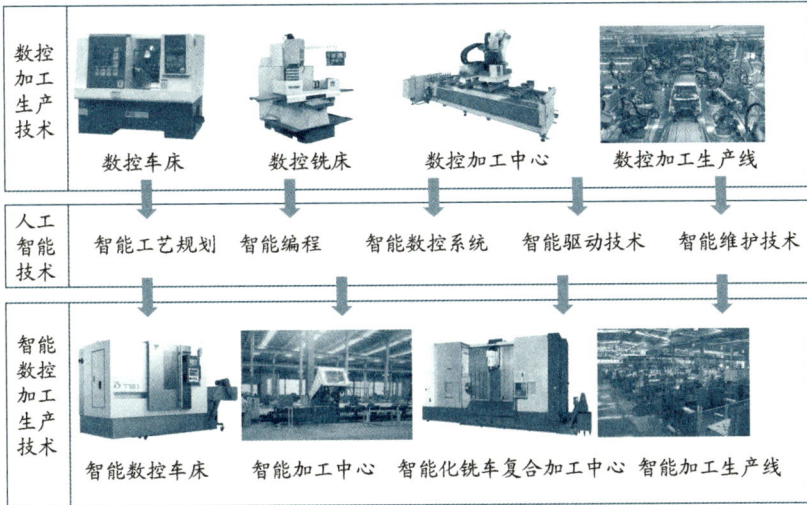

图 4.2　智能数控加工生产技术

对于基于智能数控加工生产技术研发的智能机床，目前还没有统一的定义，国内外对此有以下不同的见解（鄢萍等，2013）。

美国国家标准与技术研究院（National Institute of Standards and Technology，NIST）下属的制造工程实验室（Manufacturing Engineering Laboratory，MEL）认为智能机床是具有如下功能的数控机床或加工中心：能够感知其自身的状态和加工能力并能够进行标定，能够监视和优化自身的加工行为，能够对所加工工件的质量进行评估，具有自学习的能力。

日本 Mazak 公司对智能机床的定义是：机床能对自己进行监控，可自行分析众多与机床、加工状态、环境有关的信息及其他因素，然后自行采取应对措施来保证最优化的加工。

2. 发展历程

从 1952 年美国麻省理工学院研制出世界上第一台数控（NC）机床到如今，智能机床的发展阶段经历了萌芽、孕育和诞生 3 个阶段（陈循介，2007）。

（1）智能机床萌芽阶段。这一阶段的机床是智能数控机床的"雏形"，完成了从手动机床向机、电、液高效自动化机床和自动线的发展，主要解决减少体力劳动的问题。这一阶段机床的发展又经历了第一代采用电子管、继电器和模拟电路，第二代晶体管取代电子管，第三代集成电路取代晶体管。这一阶段，机床的体积和功耗不断缩小，实现成本不断降低，可靠性不断提高，使机床的大规模应用成为可能。

（2）智能机床孕育阶段。这一阶段的机床更多地集成了计算机系统的特征，为智能机床的诞生提供了原型，进一步减少了体力和部分脑力劳动。在 1970 年美国芝加哥国际机床展览会上，第一次展出了以中大规模集成电路为基础、基于小型计算机的机床。1974 年，出现了基于微型计算机的机床，这种应用一个或多个计算机作为数控系统的核心部件的数控装置系统被称为计算机数控系统（CNC）。CNC 的出现进一步提高了数控装置的性能价格比，并简化了数控加工的编程和操作，大大提高了系统的易用性。20 世纪 80 年代初，数控系统进一步集成更多的计算机系统，逐渐发展成为典型的专用计算机系统，控制精度与速度有了很大的提高。

（3）智能机床诞生阶段。这一阶段的机床集成了高速处理计算机和人工智能技术，从而诞生了智能机床。早在 20 世纪 80 年代，美国就曾提出研究发展"适应控制"机床，但由于许多自动化环节如自动检测、自动调节、自动补偿等没有解决，虽有各种试验，但进展较慢。后来在电加工机床（EDM）方面首先实现了"适应控制"，通过对放电间隙、加工工艺参数进行自动选择和调节，以提高机床加工精度、效率和自动化。随后，由美国政府出资创建的机构——智能机床启动平台（SMPI），一个由公司、政府部门和机床厂商组成的联合体对智能机床进行了加速的研究。2006 年 9 月在 IMTS 展会上展出的日本 Mazak 公司研发制造的智能机床，则向未来理想的"适应控制"机床方面大大前进了一步。国内沈阳机床也首发了 i5 系列智能机床。

3. 技术特征与优势

与普通数控机床或加工中心相比，智能化的数控机床除了具有数控加工功能外，还具有感知、推理、决策、学习等智能特征与优势，具体体现在以下几个方面。

（1）工序集成与模块化加工。工序集成通常也称为复合加工或完整加工，是指在一台机床上能加工完一个零件的所有工序。例如，德国 INDEX 公司的车铣复合加工中心就能够完成车削、铣削、钻削、滚齿、磨削、激光热处理等许多工序，完成复杂零件的全部加工。这不仅使生产管理和计划调度简化，而且使透明度明显提高，无须复杂的计划系统就能够迅速解决所发生的事情并使之优化。工件越复杂，它相对传统工序分散的生产方法的优势就越明显。

例如近年来，Mikron、DMG、EMAG 等品牌都开发了各自的工件托盘管理模块。和传统的托盘交换模块相比，新的模块包含智能化且独立于机床控制系统以外的专用控制系统，操作员可以把不同工件混编在一起，并且可以在线更改、增删工件的加工内容和排序，而不影响机床加工过程。

（2）监控决策自主化。智能机床需具有自优化、自监控、自诊断和预维护功能。在加工过程中，可借助各种传感器、声频和视频系统对加工过程中的力、振动、噪声、温度、工件表面质量等进行实时监测，进而通过预先建立的系统性能参数库或知识库进行切削参数的自动优化与误差补偿。同时，根据健康状态进行及时维护，保障加工质量，减少停工时间。

例如瑞士 Mikron 公司配置智能加工系统的 Mikron HSM 系列高速铣削加工中心可选用加工过程监控模块，以便用户能够观察铣削过程是否正常。各数控系统制造商（如 SIEMENS、GE FANUC 等）推出的系统都具有较好的刀具监控功能，如在西门子 SINUMERIK810/840D 系统内就可以集成以色列 OMAT 公司的 ACM 自适应监控系统，能够实时采样机床主轴负载变化，记录主轴切削负载、进给率变化、刀具磨损量等加工参数，并输出数据至 Windows 用户图形界面。GE FANUC 智能平台公司 Proficy MTE 设备效率监控与分析软件，可将工厂各环节产生的信息数字化，构建成一个可以在任何地点、时间通过任何方式访问的虚拟工厂，可根据用户需要生成相应的数据图表。同时，系统可根据设备使用情况预测维护时间点，制订维护计划，并通过远程诊断工具延长机床平均故障工作时间，缩短维护时间。

（3）信息化和网络化。对于现代制造工厂来说，除了要提高机床的智能化水平外，更要使数控机床具有双向、高速的联网通信功能，以保证信息流在车间的底层之间及底层与上层之间畅通无阻，从而充分发挥智能机床的制造能力和特点。而计算机、手机、平板电脑、机外和机内摄像头等现代通信设备的应用，实现了其与加工装备的语音、图形、视像和文本的通信功能。设备还可通过与生产计划调度联网，实时反映机床工作状态和加工进度。操作者在授权后可在各类终端上观察加工过程及故障报警，并进行在线处理。

例如日本 Mazak 公司生产的车铣复合加工机床，不仅能够进行零件的复合加工，在一台机床上完成全部加工工序，还可通过配置信息塔（e-Tower）设备，通过不同终端实现对机床的在线计划调度和信息处理。

（二）智能数控加工生产关键技术

1. 智能工艺规划与智能数控编程技术

（1）基本概念与定义。智能工艺规划技术是将人工智能技术（AI 技术）应用到计算机辅助工艺设计（CAPP）系统开发中的技术。它使 CAPP 系统在知识获取、知识推理等方面模拟人的思维方式，解决复杂的工艺规程设计问题，使其具有人类"智能"的特性，即智能化的 CAPP。

智能数控编程技术，是将互联网、虚拟现实、科学计算及可视化、多媒体和人工智能技术应用到数控编程中的技术。其主要内容包括：分析加工要求并进行工艺设计，确定加工方案，选择合适的机床、刀具、夹具，确定合理的走刀路线及切削用量等；建立工件的几何模型，计算加工过程中刀具相对工件的运动轨迹或机床运动轨迹；按照数控系统可接受的程序格式，生成零件加工程序，然后对其进行验证和修改，直到合格的加工程序。

（2）技术的结构与原理。智能工艺规划技术的实现原理可以由图 4.3 来描述，系统可以根据零件信息和用户需求，得出相应的零件加工工艺文件。如图 4.3 所示，智能工艺规划技术由传统的工艺规划技术和智能设计理论与方法协同构成。

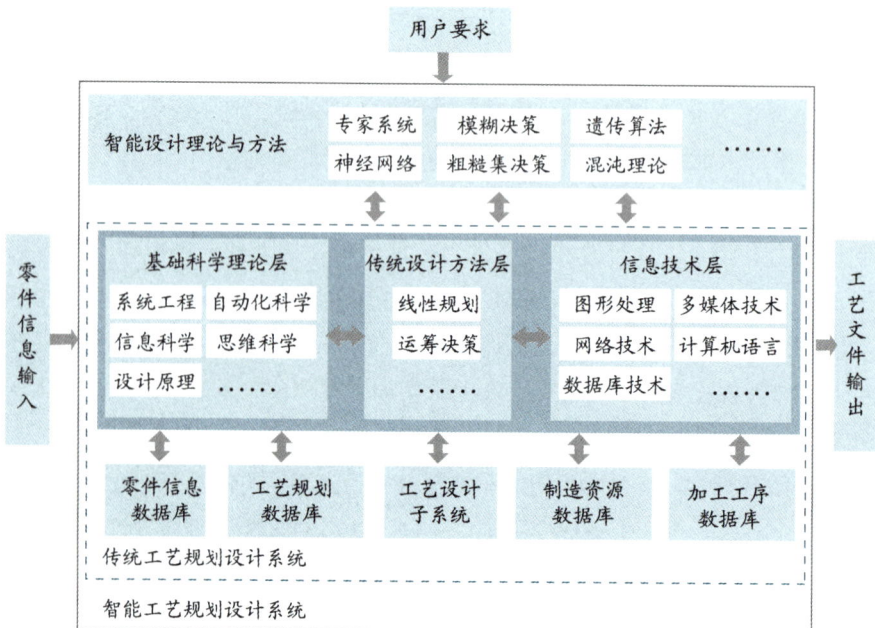

图 4.3　智能工艺规划技术原理

1）传统的工艺规划设计系统由基础科学理论层、传统设计方法层和信息技术层构成。基础科学理论层又由系统工程、信息科学、设计原理、自动化科学和思维科学等组成；传统设计方法层主要由线性规划和运筹决策等优化设计方法组成；信息技术层主要由图形处理、网络技术、数据库技术、多媒体技术和计算机语言等组成。

2）智能设计理论与方法涵盖了专家系统、模糊决策、遗传算法、神经网络、粗糙集决策和混沌理论等。

智能数控编程技术的实现原理可以由图 4.4 来描述，系统可以根据零件 CAD 模型和工艺文件得出相应的零件加工数控程序文件。如图 4.4 所示，智能数控编程技术由传统的数控编程技术和智能化的新技术新方法协同构成。

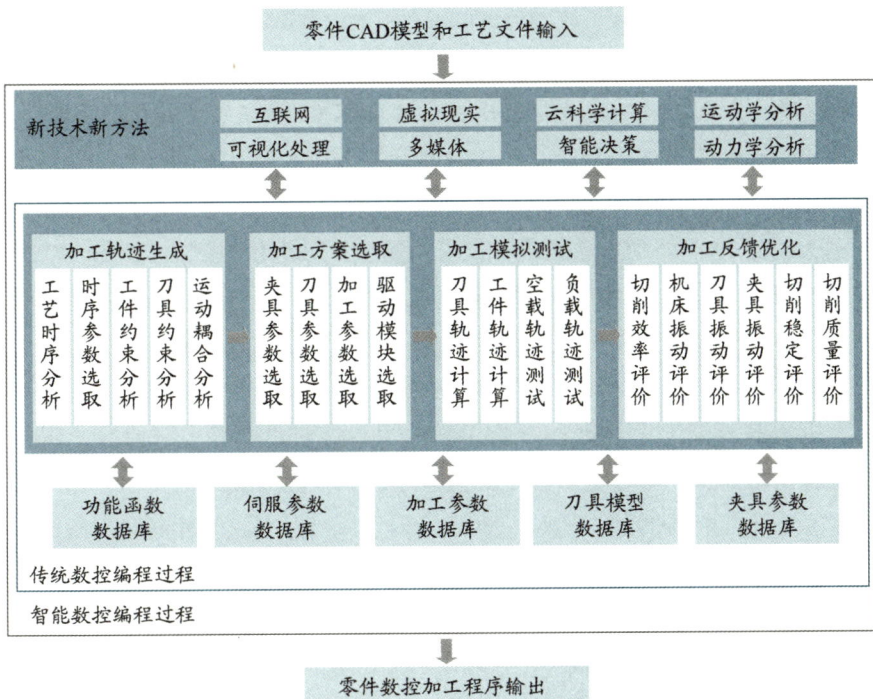

图 4.4　智能数控编程技术原理

1）传统的数控编程实现主要经过加工轨迹生成、加工方案选取、加工模拟测试和加工反馈优化等过程。加工轨迹生成又由工艺时序分析、时序参数分析、工件约束分析、刀具约束分析和刀具工件的运动耦合分析过程完成；加工方案选取由夹具参数、刀具参数、加工参数和驱动模块等选取过程完成；加工模拟测试由刀具轨迹、工件轨迹、空载轨迹和负载轨迹测试过程完成；加工反馈优化由切削效率、机床振动、刀具振动、夹具振动、切削稳

定性和切削质量评价过程完成。

2）智能化的新技术新方法涉及互联网、可视化处理、虚拟现实、多媒体、智能决策、云科学计算、运动学分析和动力学分析等。

（3）技术发展现状。世界上的主流智能数控机床企业通过自主开发智能数控系统或二次开发智能数控系统，实现了直接在机床上配置和集成编程系统或其他智能化软件（杨帅，2012）。

美国赫克（HURCO）机床的智能数控系统软硬件都是自主研发的，在微处理机和对话式编程软件开发等方面处于同行业领先地位。其编程系统为对话式编程，能编辑、执行标准的 NC 程序，运用大量的图像和数据计算软件，能接受多种类型的输入方式，编制加工程序，并用三维动画模拟实际加工中的刀具切削效果。

日本 Mazak 机床的数控系统是在日本三菱电机公司的硬件平台上自主研发软件的，因而其运动控制性能和信息化、智能化功能居于世界领先地位。其编程系统融入了 Mazak 公司 70 余年加工经验的智能化专家系统，使得编程更加容易。

美国 Gleason 下属的格里森普发特齿轮加工机床与德国 KAPP 和 NILES 磨齿机等均是基于西门子开放式数控系统进行二次开发的产品。两家公司根据齿轮加工参数有限和固定这一特殊性，研发了齿轮加工编程系统，可以便捷地实现输入齿轮数据即可完成齿轮齿向任意修正和程序自动生成。

国内的智能工艺规划和智能编程技术，随着我国机床行业几十年的发展，在质和量上都取得了飞跃，但是中高档智能数控系统大部分仍采用 SIEMENS 和 GE FANUC 产品。华中科技大学技术支撑的华中数控有限责任公司，是目前在数控系统方面做得较为成功的国内公司。但是目前国内所有高校及公司的研究成果与国外同类产品相比，在稳定性、精度性、功能化、智能化上还有较大差距，尚处于实验室应用研究阶段，还未进入产品级应用阶段，远不能满足国内高端市场的需求。

（4）技术发展趋势。智能数控工艺规划和智能编程朝着以下几方面发展。

1）集成化。集成化是指智能工艺规划系统与其他集成化系统之间进行信息与数据的传输与共享。在工程设计领域，通常是指与 CAD 和 CAM 系统的集成，若推广到整个工厂范围，则还包括与生产管理、质量保证等系统的集成。智能工艺规划技术与其他系统的集成，正在从局部自动化走向全面自动化，这是自动化技术发展的必然趋势。而要实现真正意义上的集成，有待于对产品定义与产品数据交换规范（如 PDES/STEP）的进一步研究和相应

的实用化软件系统的问世。目前世界上以美国为首的许多国家都投入了大量的人力物力对产品定义与产品数据交换规范进行研究，集成化的发展将可以逐步实现。

2）柔性化。柔性化是指智能工艺规划软件经过一定程度的修改和调整后，能用于不同零件和不同的生产环境。这种修改和调整越容易，柔性化程度就越高。当前国内外所开发的工艺规划系统都是针对某一具体生产环境的，一般不具备通用性。造成这一问题的最主要原因在于工艺设计对制造环境强烈的依赖性。环境不同或类型不同，必然导致工艺设计结果的不同。因此，开发一个通用的工艺规划软件是非常困难的。为此，国内外不少研究人员正致力于提高工艺规划系统的柔性化程度，使用户经过简单的二次开发即可实际应用。同时，柔性化也有助于智能工艺规划系统早日走上商品化的道路。

3）智能化。智能化是智能工艺规划系统发展的主要趋势。因为依靠传统的过程性软件设计技术，已远不能满足工程实际的要求。一方面，智能工艺规划技术所涉及的问题复杂，不仅业务内容广泛、性质各异，而且许多决策大都依赖于专家个人的经验、技术和技巧；另一方面，制造业生产环境的差别也非常显著，因此，要求智能工艺规划技术具有很强的适用性和灵活性。于是，专家系统技术以及其他人工智能技术在获取、表达和处理各种知识的灵活性和有效性给智能工艺规划技术的发展带来了生机。目前人工智能技术已被越来越广泛地应用于各种类型的 CAPP 系统中。这是智能工艺规划技术发展最有生命力的方向，但要达到理想的智能化水平，还需要人工智能理论与技术、计算机与网络技术等多学科综合的进一步发展与应用。

2. 智能数控系统与智能伺服驱动技术

（1）基本概念与定义。智能数控系统技术是将被加工件的几何信息和加工工艺信息等经智能化交流伺服系统处理，转换成一系列运动和动作指令，输送给伺服电动机来完成工件加工的技术。在先进制造技术中，智能数控系统技术是柔性制造自动化技术最重要的基础技术。具有智能数控系统的数控机床对通用加工具有良好的适应性，可为单件和中小批量常规零件或常规复杂零件加工提供高效的自动化加工手段。

智能伺服驱动技术简称 IST（Intelligent Servo Technology），是传动技术的一种具体体现形式，结构与伺服系统相同。它主要由伺服控制器和伺服电机组成，是基于传统伺服控制技术的智能化。智能伺服驱动技术的主要性能指标有定位精度、响应时间、线性度、频带宽度和速度范围等。德国

BOSCH 公司对 IST 技术的定义是：

IST 技术 = 高伺服扫描速度 + 前馈控制 + 超前控制 + 专利技术

（2）技术原理与结构。国内外很多学者在智能数控系统结构框架方面进行了大量的研究，提出了不同的结构框架。具体的智能数控与智能伺服系统结构可以由图 4.5 描述。该系统在新一代高性能的智能数控核心 CPU 的基础上，增加了视频与音频接口、高速图像处理模块、网络通信模块、刀具监控模块、切削负载监控模块、误差补偿模块、自诊断模块、自修复模块和智能决策，提高了整个系统的智能化水平，也具备了与其他数控设备的通信、协作及资源共享的能力。智能数控与智能伺服系统典型的技术与功能有：切削负载非接触式识别、驱动参数自动调整与优化、加工参数自动调整与优化、机床零部件热误差智能补偿和机床零部件几何误差智能化补偿等。

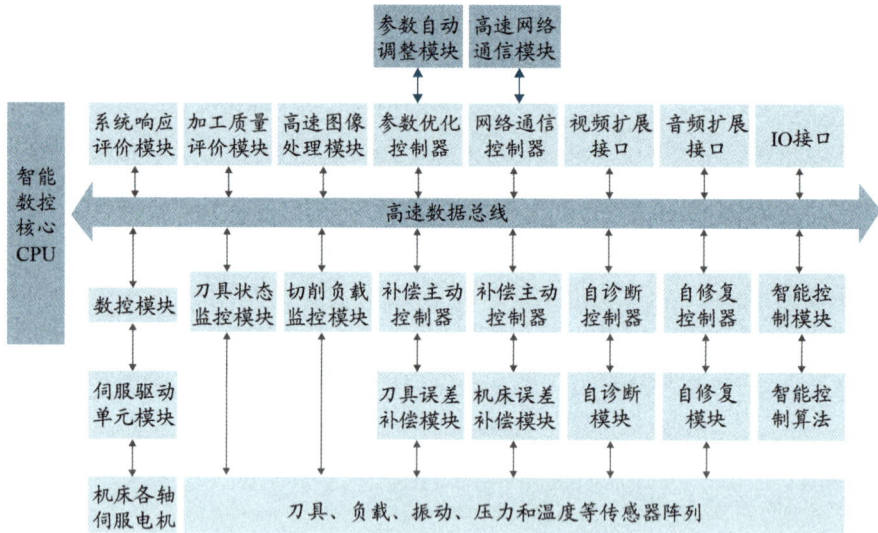

图 4.5　智能数控与智能伺服技术原理

（3）技术发展现状。在智能数控系统及智能伺服驱动系统的研发方面，国内外各大数控公司都致力于各具特色的技术研究，具有以下几个特点（王耀南，余群明，2000；暨绵浩，2009）。

1）基于工业 PC 机的开放式数控系统的研发与应用。国内外各大数控公司都致力于开发新型高性能、低价格、高可靠性和开放结构的数控系统。该系统使数控系统更具开发能力，更能实现高精度加工，提高分辨率，改善伺服跟踪性能，而价格则大幅度下降。因此，近年来基于工业 PC 机的数控系统成为开发的热点。

2）高性能智能化交流伺服系统的研究和开发应用。国外已经开发研制

了许多类型的高精度交流伺服系统，并已成功运用到数控机床位置控制及电气传动执行机构中。国内在这方面的研究处于比较低的水平，实用化与国产化水平较低，没有形成相应的产品系列，也无法满足工业的需要，仍有待深入研究。

3）高精度、高动态响应、高刚性、高过载能力、高可靠性、高电磁兼容性、高电网适应能力和高性价比成为现代智能伺服驱动装置的评价指标。如日本 FANUC 公司推出了 HRV4 伺服控制控制技术，采用纳米层次的位置指令，使用 1600 万脉冲 / 转的高分辨率脉冲编码器，实现了纳米精度的伺服控制，实现了精密级加工精度（$1 \sim 1.5\,\mu m$）向超精密加工精度（$0.01\,\mu m$）的转换；HRV4 超高速伺服控制处理器所控制的电机转速可达到 60 000 转 / 分；HRV4 控制算法可使伺服电机的最大控制电流减少 50%，并减少电机发热17%，因此，智能伺服驱动装置获得了更高的刚性和过载能力。

4）高频响系统功率主电路元件的研发与应用。电子电力技术的发展，使得智能伺服系统功率主电路元件的开关频率提高到 15k ～ 20kHz。大功率绝缘栅门双极性晶体管（IGBT）和智能控制功率模块（IPM）等先进器件的采用，大大减少了伺服驱动器输出回路的功耗，提高了系统的响应速度和平稳性，降低了运行噪声。这些不仅为交流伺服全数字化、高速度、高精度奠定了基础，还使得交流伺服系统趋于小型化。

（4）技术发展趋势。智能数控系统和智能伺服驱动技术朝着以下几个方面发展（何光东，1998）：

1）结构开放化。开放系统（OS）使系统用户可对系统设备有更多的选择自由，这有助于减少用户对特定供应商的依赖，降低系统的成本。同时，这也使用户对系统的维护、增扩和升级变得非常方便。

2）系统网络化。借助强大的数字通信技术，可实现系统的网络化，从而提高系统的总体水平，如实现企业的综合自动化。同时，数字系统不但具有更高的可靠性，而且还能接受现场设备的自诊断信号，可方便地发现故障和排除故障。

3）功能模块化。数控系统只保留管理功能，通过现场总线通信方式，将控制和诊断功能彻底地分散到 I/O、A/D、D/A 乃至控制等各功能模块。这种模块化使系统具有更好的可扩展性、可靠性、安装和维护便利性等优点，并有利于系统实现灵活的组织。

3. 智能感知、监测和维护技术

（1）定义。智能感知、监测和维护技术是指制造商在数控机床中加入智能感知和远程监测元器件，并通过网络化的数控系统提供整机故障分析、诊断和维护的技术。典型的技术功能有：机床振动检测及抑制，刀具工作过程监测，系统故障回放、自分析与诊断和自修复，系统智能化维护，等等。

（2）技术原理与结构。有关智能感知、监测和维护技术的实现原理，目前还没有完善和明确的定义，大致可以描述为如图 4.6 所示的结构。该系统主要由嵌入传感网络模块、信号采集接口模块、信号处理分析模块、智能决策诊断模块、诊断维护分析模块和异常故障处理模块组成。

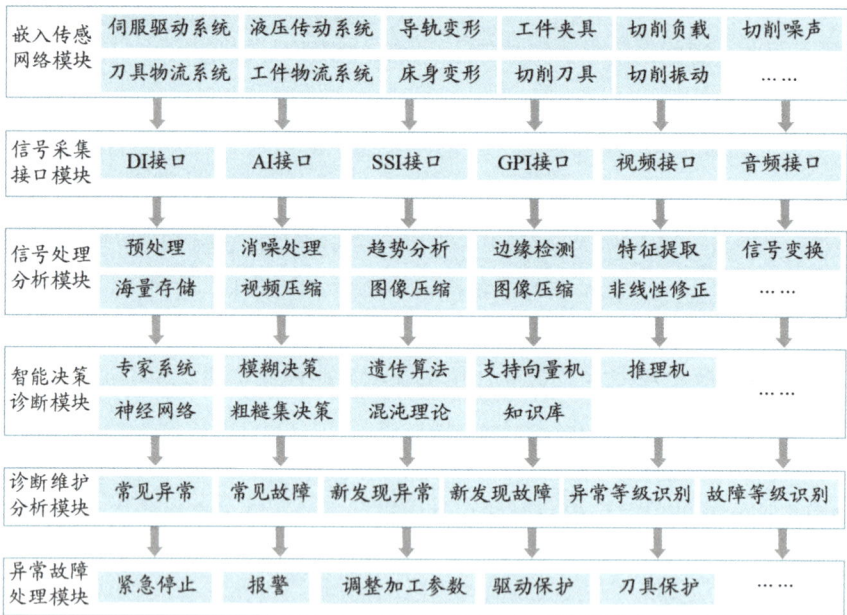

图 4.6　智能感知、监测和维护技术原理

1）嵌入传感网络模块。该模块负责现场机床各个关键零部件和关键过程信号的采集，主要通过在机床的伺服驱动系统、刀具物流系统、液压传动系统、工件物流系统、机床与导轨结构、夹具与刀具、切削负载、切削振动和切削噪声等过程增设各类嵌入式传感器单元及网络实现。

2）信号采集接口模块。该模块负责各种类型信号的高保真采集，主要通过集成于智能数控系统中的 DI、AI、SSI、GPI、视频和音频等接口实现。

3）信号处理分析模块。该模块负责各种类型信号的处理和分析，主要通过集成于智能数控系统中的预处理、消噪处理、趋势分析、边缘检测、特征提取、信号变换、海量存储、视频压缩、图像压缩和非线性修正等模块实现。

4）智能决策诊断模块。该模块负责各种类型信号的聚类分析和评价，主要通过集成于智能数控系统中的专家系统、模糊决策、遗传算法、神经网络、粗糙集决策、混沌理论、支持向量机、推理机和知识库等模块实现。

5）诊断维护分析模块。该模块负责将各种类型信号对应成异常和故障，主要通过集成于智能数控系统中的常见异常、常见故障、新异常、新故障、异常等级识别和故障等级识别等模块实现。

6）异常故障处理模块。该模块负责各种类型异常和故障的处理，主要通过集成于智能数控系统中的紧急停止、报警、参数调整、驱动保护和刀具保护等模块实现。

（3）技术的发展现状。在智能感知、监测与维护研发方面，国内外各大数控公司都致力于各具特色的技术研究（袁楚明等，2003）。

Intel 和 Philip 等 13 家半导体制造商组成的国际性协作组 SEMATECH 成立了 e-diagnostics 项目组。该项目组计划在半导体芯片生产设备中加入含设备运行状态信息采集、监测、诊断和调试功能的 e-diagnostics 模块，以实现对设备的远程技术支持与服务。据统计，带 e-diagnostics 模块的半导体芯片生产设备平均每年可缩短 1～1.5 小时的故障处理时间，减少 10 万～15 万美元的损失。

美国 NSF 成立了智能设备维护技术中心，其成员包括 Intel、Ford Motor、Applied Materials、Xerox 和 United Technologies 等著名大公司，旨在研发基于 Web 的智能设备诊断和维护技术，具体包括 e-monitoring、e-diagnostics、e-prognostics、self-maintenance、"零故障率"及"24 小时"在线技术服务的自动化生产设备。

西门子的远程诊断技术不仅用于故障发生后对数控系统进行诊断，而且还可用作用户的定期预防性诊断。只需要按预定的时间对机床做一系列试运行检查，将检查数据通过网络送到维修中心的计算机进行分析处理，就可发现系统出现的故障隐患。

数字化智能诊断与维护技术已成为当今世界上的一个研究热点。国内不少高校和研究机构利用各自的条件和优势，对远程监测与诊断维护技术进行了卓有成效的研究开发工作。如同济大学以上海大众汽车冲压生产线为研究对象，初步实现了一个面向制造企业的工业现场远程监控诊断系统；北京理工大学和南京航空航天大学等开展了基于 Internet 的 FMS 远程故障诊断的研究；清华大学和东南大学等进行了电厂远程监测系统的研究工作；华中科技大学研发了基于 Internet 的大型机电系统远程诊断技术；西安交通大学和浙江大学等高校也在这方面进行了较深入的研究。

（4）技术发展趋势。智能感知、监测和维护技术研究与系统开发的发展趋势如下：

1）信息化。大量使用现代信息技术，纳入现代信息战略新体制，采用网络化系统模式，消除时空障碍。

2）敏捷化。一是实时监测、诊断和维护，敏捷地消除机床复杂的故障；二是实现设计、制造、使用和维修各单位的联盟，大大提高维修资源利用范围和利用率。

3）智能化。大量引入人工智能技术，有助于机床复杂故障的快速诊断和消除，开辟机床维修的新知识资源和新智慧资源。

（三）典型智能数控加工生产技术

1. 欧美系智能数控加工生产技术

德国西门子、霍夫曼和贝林格，美国辛辛那提，瑞士米克朗公司为代表的欧美系智能数控加工生产技术，如图 4.7 所示，具有以下几个模块特征（米克朗公司，2007）。

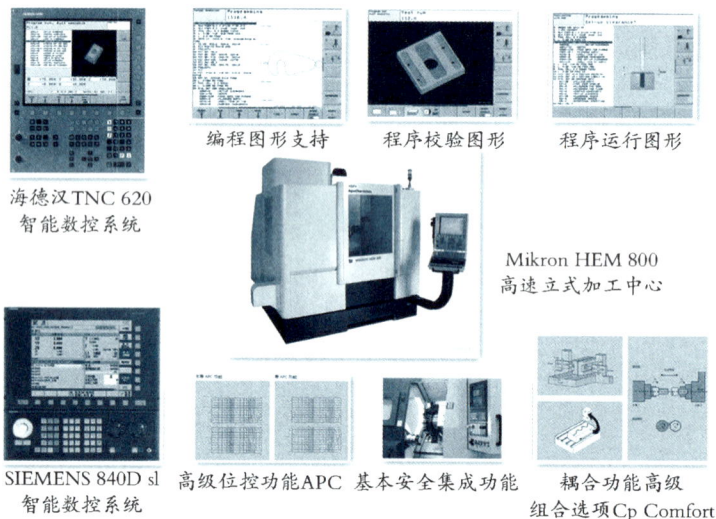

海德汉 TNC 620
智能数控系统

编程图形支持　　程序校验图形　　程序运行图形

Mikron HEM 800
高速立式加工中心

SIEMENS 840D sl　高级位控功能 APC　基本安全集成功能　耦合功能高级
智能数控系统　　　　　　　　　　　　　　　　　　组合选项 Cp Comfort

图 4.7　欧系智能数控系统

（1）APS——高级工艺控制模块（Advanced Process System）。AFS 在高速铣削加工中增加电主轴振动监测环节，以实时记录每一个程序语句在加工

时主轴的振动量，并将数据传输给数控系统。这样，工艺人员可通过数控系统的实时显示了解每个程序段中所给出切削参数的合理性，从而可以有针对性地优化加工程序。APS 模块的优点是：①改进了机床工件的加工质量；②增加了机床刀具的使用寿命；③检测机床刀柄的严密程度；④识别机床危险的加工方法；⑤延长机床主轴的使用寿命；⑥改善机床加工工艺的可靠性。

（2）OSS——操作者辅助模块（Operator Support System）。OSS 模块是集成在数控系统中的专家系统，对初学者具有极大的帮助作用。在进行一项加工任务之前，操作者可以根据加工任务的具体要求，在数控系统的操作界面中选择速度优先、表面粗糙度优先、加工精度优先还是折中目标，机床根据这些指令调整相关的参数，优化加工程序，从而达到更理想的加工结果。

（3）SPS——主轴保护模块（Spindle Protection System）。SPS 是一种预防性的维护，支持实时监测主轴工作情况，检查机床和机床零部件状况，因此，可以有效保养和有效检修故障。SPS 模块的优点是：

1）自动监测主轴状况；

2）能及早发现主轴故障；

3）最佳地计划故障检修时间，可避免主轴失效后的长时间停机。

（4）ITC——智能热控制模块（Intelligent Thermal Control）。ITC 内部集成了切削热对加工造成影响的大量经验数据，可以自动处理温度变化造成的加工误差，从而不需要过长的开机预热时间，也不需要操作人员的手工输入补偿值来调整热漂移。

（5）RNS——移动通信模块（Remote Notification System）。RNS 为机床配置 SIM 卡，通过无线通信方式，将机床的运行状态（如加工完毕或出现故障等）信息发送并存储在机床联系人的手机上，从而更好地保障了无人化自动加工的安全可靠性。

这些智能机床模块可用于所有已运行数控系统的机床上，有些模块已经成为机床的标准配置，有些模块还属于可选配置，用户可以选择最能提高其铣削工艺的模块。

2. 日系智能数控加工生产技术

日本以 GE FANUC，Mazak 和 Okuma（大隈）为代表的日系智能数控加工生产技术，如图 4.8 所示，具有以下几个模块特征（单以才等，2009）。

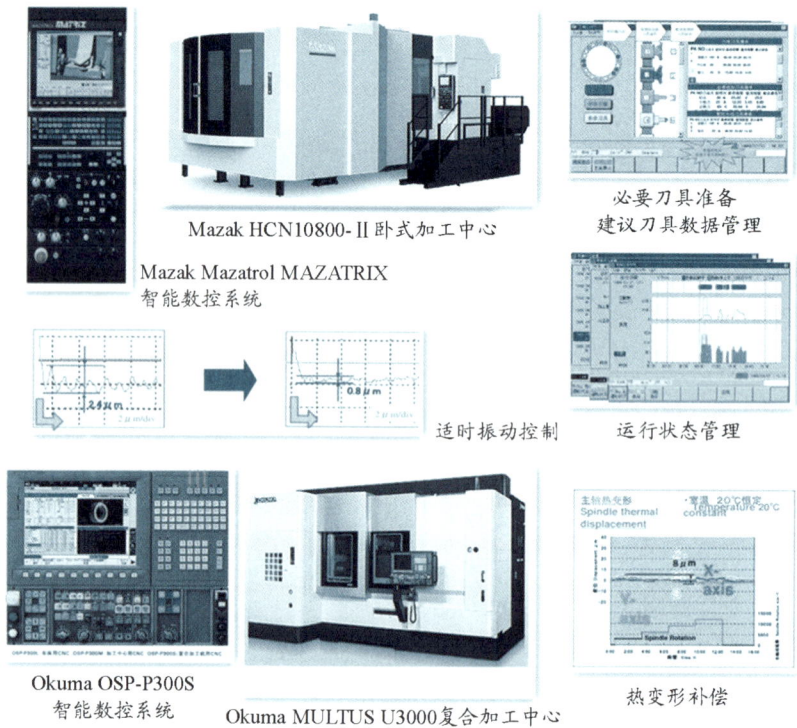

Mazak HCN10800-Ⅱ卧式加工中心

Mazak Mazatrol MAZATRIX
智能数控系统

必要刀具准备
建议刀具数据管理

适时振动控制　　　运行状态管理

Okuma OSP-P300S
智能数控系统　　Okuma MULTUS U3000复合加工中心

热变形补偿

图 4.8　日系智能数控系统

（1）主动振动控制（Active Vibration Control）——将振动减至最小。该项智能针对切削加工时，各坐标轴运动的加/减速度产生的振动，影响加工精度、表面粗糙度、刀具磨损和加工效率问题，采用主轴监控和主动振动抑制技术，可使机床振动减至最小。例如，在进给量为 3000mm/min、加速度为 0.43g 时，振幅由 $4\mu m$ 减至 $1\mu m$。

（2）智能热屏障（Intelligent Thermal Shield）——热位移控制。此项智能可对由于机床部件运动或动作产生的热量及室内温变化引起的定位误差进行自动补偿，使其值为最小。

（3）智能安全屏障（Intelligent Safety Shield）——防止部件碰撞。当操作工人为了调整、测量、更换刀具而手动操作机床，一旦"将"发生碰撞（即在发生碰撞前的一瞬间）时，该项智能可使运动机床立即自行停止。

（4）语音提示（Voice Adviser）——语音信息系统。当工人手动操作和调整时，该项智能用语音进行提示，以减少操作失误。

3. 我国智能数控加工生产技术

我国以沈阳机床厂和华中数控为代表的智能数控加工生产技术，如图 4.9 所示，具有以下几个模块特征（孙名佳，2012）。

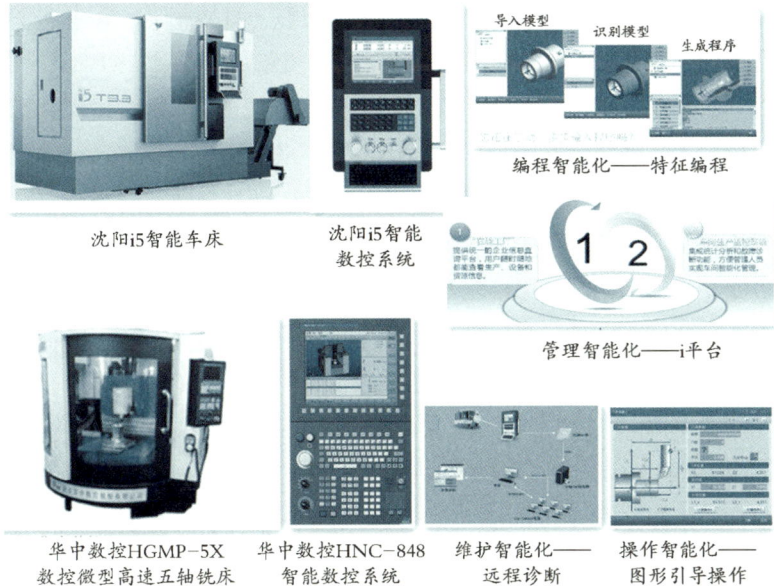

图 4.9 国内智能数控系统

（1）智能化加工模块。该模块的成功应用有虚拟样机技术、GLS25 自动上下料机构和轮毂自动加工单元、智能加工工艺参数设定与优化系统。

（2）智能化误差补偿模块。该模块的成功应用有智能几何误差补偿系统和智能主轴热漂移补偿系统。

（3）智能化状态监控模块。该模块的成功应用有智能化故障诊断系统和智能参数设置与调试系统。

二、智能生产监控

（一）概 述

1. 概念与定义

智能生产监控在结合生产现场传感器实时采集数据、提供现场人员直观监视的基础上，集成了智能判别算法，对生产过程或生产状态异常情况进行捕捉、识别，并在特定的条件下产生报警，提示现场人员。

2. 发展历程

（1）智能生产监控系统——萌芽阶段

1）一对一监控系统。最早期的产品，多以摄像机与监视器（电视）一对一监视系统为主，连接方式是靠视频电缆一对一直接相连，有多少个摄像机就有多少个监视器，没有任何技术含量，是闭路监控发展的初级阶段。

2）控制电路系统。人们在实践中慢慢地发现，这一模式对监视器是一种极大的浪费，随之逐渐出现了视频切换器，来弥补这一不足。对监视范围要求的进一步扩大，和变倍镜头及云台的引入，必然导致控制器的出现。此时的切换控制电路系统因受技术的限制，只是简单的硬件电路组合，视频切换和控制是独立的，控制多采用多路开关，配合多芯电缆一对一直接连接的线控方式。传输距离近，布线复杂，操作烦琐，难以实现多中心控制，系统容量小，扩展困难，不能实现区域联网。

（2）智能生产监控系统——孕育阶段

1）处理器监控系统。20世纪七八十年代，随着新技术革命的兴起，微处理器进一步普及和发展起来，闭路监控系统真正拥有了一颗自己的"芯"。将切换和控制合二为一，这是一个不小的进步。但随着时代的变迁，这一微处理监控系统越来越跟不上时代的步伐。因采用非标系统，受单片机（8位、16位芯片）的限制，系统功能容量及运行速度有限，体积大，容易死机，无对话式屏幕菜单，缺乏良好的人机界面，操作步骤多，可编译性差，联动控制方式一旦确定难以修改，系统分控采用通信方式，无法与标准计算机联网，兼容性差，系统升级困难。

2）外挂多媒体的监控系统。20世纪90年代，伴随着计算机多媒体技术的萌芽发展，人们慢慢地从简单的计算机编译和控制方式，向计算机多媒体化过渡，利用计算机显示器的高解析度，将一路视频传输进来，通过视频捕捉卡采集到计算机显示。但是，控制及切换主机仍为传统单片机主机，只是通过串口与计算机相联，是完全简单的控制工作。这一模式我们称之为外挂多媒体的监控系统。尽管它有较为良好的人机界面，但仍不能称其为真正的多媒体系统。其根本原因在于系统设计的出发点不是基于计算机，而是基于传统的微处理器监控模式，只是为了适应突飞猛进的计算机多媒体技术的发展和客户的需求，被动地在原有基础上加以改进拼装，在大部分时间里，计算机只是在充当一个外部监视器，并没有发挥其真正的作用。并且，传统微处理器监控系统所固有的弊病并没有克服，通信协议的多样化及专用化导致

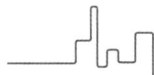

已有计算机资源无法满足多种设备的需求。目前，较为先进的监控设备，都带有 RS-232 串口通信，但试想将切换器、云台控制器、报警控制器等堆加在一起，计算机又有多少串口可以提供服务呢？而在联动连接方式上依然只是线缆的组合，无法实现真正意义上的计算机智能化管理。

3）过渡型数字视频监控系统。20 世纪 90 年代末，随着数字视频技术的飞速发展，数字化的概念逐渐被人们所接受。一些从事视频板制作的厂商看到这一领域有利可图，将民用的一些视频技术转化过来，推出了自己的视频系统，应用于监控领域。由于这些厂商以前没有监控领域的背景和实际经验，设计出来的产品也许在视频处理上有一定的特长，但往往不符合安全要求和行业规范。我们要考察的是一个系统的综合监控能力，一个成熟完善的监控系统，不仅要完成视频处理，还要有处理大量控制、报警、联动等数据的指令，完成用户各种复杂的功能要求。这类系统以韩国系列为代表，虽然有一个漂亮的界面，标榜为数字化系统，但在功能需求上不符合公安部安防标准，存在安全隐患，并且只能用于 16 路以下功能简单的小系统，无法进行系统扩展，这是这类产品的致命伤。术业有专攻，要想真正达到实际监控设计要求，还有一段很长的路要走，况且这些公司一旦发觉此领域无利可图肯定会转行，很难有持续发展性，同时售后服务很难保证。

（3）智能生产监控系统——诞生阶段

何为真正意义上的智能生产监控系统呢？就是完全基于计算机，以其为核心，结合安防监控的实际要求及多年来不断完善的安防理论和经验，运用最新的数字视频技术、现场总线技术、网络通信技术建立一套软硬件相互结合、崭新、完整的安防体系，优化内部结构，减少不必要的环节，提高整体性能和反应速度，适应新技术不断发展的需要，并向用户提供全面的增值服务，提供针对不同行业、不同需求的数字媒体监控管理全面解决方案，将监控从安全防范提高到管理的高度，以视频为主线结合相关实际业务渗透到各行各业中去，促进生产力的不断发展，并为其发展提供全面服务。这也是未来监控系统发展的方向。

3. 内容与优势

智能生产监控的内容一般包括制造系统运行状况、在制品质量、生产进度、生产安全、环保监测及能源管理等，采用的智能模型及算法有 Petri 网、状态机、模式识别 / 专家系统、SPC 统计分析等。

现代生产具有高精度、多批次、快节奏、自动化等特点，人工监控受专

业知识、工作经验及活动能力的限制，而智能监控技术可以克服人工监控的不足，当前正深入应用到现代加工生产中。

（二）智能生产监控关键技术

1. 视觉检测技术

机器视觉就是用机器代替人眼来做测量和判断。机器视觉检测系统采用CCD 或 CMOS 摄像装置将被检测的目标转换成图像信号，传送给专用的图像处理系统，先根据像素分布和亮度、颜色等信息，转变成数字信号，并对这些信号进行各种运算以抽取目标的特征，如面积、数量、位置、长度等，再根据预设的允许度和其他条件输出结果，包括尺寸、角度、个数、合格／不合格、有／无等，实现自动识别功能。计算机双目视觉直接模拟人类双眼处理景物的方式，可非接触进行三维立体测量（高宏伟，2012）。

机器视觉用于检测，可分为高精度定量检测（如机械零部件的尺寸和位置测量）和半定量或定性检测（如装配线上的零部件识别定位、缺陷性检测与装配完全性检测、产品的外观检查）。

智能生产监控应用中，机器视觉已用于汽车车身检测、印刷电路板检测、飞机蒙皮孔几何参数测量等。

2. 在线分析测试技术

在线分析测试技术通常是指安装在化学反应现场，可对化学反应中的各组分进行实时在线自动连续分析测量的仪器及技术。它克服了实验室分析测试不能满足工业生产实时管控需要的问题，在很多工艺过程中直接、快速地对一些关键参数进行测量，一方面更好地实现生产监控，及时发现异常并采取相应措施，另一方面根据这些实测参数进行加料及安全控制，实现生产过程的自动化控制。

到目前为止，已有光学、电化学、热学、色谱、质谱及物性等在线分析仪器设备。其中光谱类仪器，尤其是在线近红外光谱分析技术，因其仪器简单、分析速度快、非破坏性和样品制备量小、适合固液气等样品分析、多组分多通道同时测定等特点，已广泛应用于化工、石化、制药、烟草等领域（高枝荣等，2009；毕晓静，肖军华，2011）。

3. 物联感知与信息融合技术

物联网是通过信息传感设备将不同物品与互联网相连接，进行信息交换和通信，以实现智能化识别、定位、跟踪、监控和管理。物联网技术已在工业领域得到广泛应用，如制造业供应链管理、生产过程工艺优化、产品设备监控管理、环保监测及能源管理和工业安全生产等，均涉及生产监控的内容。

信息感知是物联网的基本功能，通过传感器对物联网中的物品进行信息收集，实时动态向目标用户反馈。但是物联网对信息处理和分析的能力是有限的，要实现高效率的信息感知，需要依靠信息融合技术做更深层次的信息处理。

信息融合就是对大量不同的信息加以提炼和整合的过程，通过信息融合得到更加精炼、准确的数据，为控制或决策提供信息数据的支持。根据信息提取水平，Nakamura 等人（2007）将物联网中的信息融合技术划分为 4 个层次，即数据级融合、特征级融合、决策级融合和多级综合融合。

生产过程中，现场往往获取多源异构、不同时间尺度、海量的传感数据，需要经过特征级融合、决策级融合处理来获取有价值信息，进行控制与决策。这已成为当前智能生产监控的一个重要研究方向（见图 4.10）（王洪波，2013）。

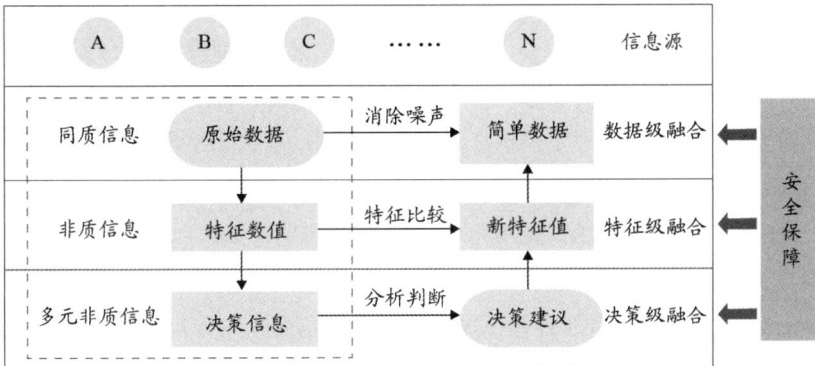

图 4.10　信息融合的层次模型

4. 建模预测与预判技术

采用机理建模、数据建模或混合建模技术，对设备状态或工艺过程进行动态仿真模拟，在得到实际数据校正后，用于预测预报，进而实现智能生产监控。

埃克森美孚 Baton Rouge 化工厂使用多状态估计平台（Multiple State Estimator Platform，MSEP）技术，处理当前传感器信息和历史数据，并结合先验知识，对设备运行状态做出准确估计及预测，让操作人员及早预防异常事件，保证了乙烯装置的安全运行（Mylaraswamy et al.，2000）。

国内学者也开始这方面的研究，如高原（2009）"基于 Petri 网的间歇过程智能监控技术研究"、罗坤明等（2005）"蒸馏装置智能监控与事故预报系统"等。

（三）典型的智能生产监控方法

1. 离散制造的智能监控

（1）制造系统状态监测与故障诊断。状态监测与故障诊断是指在线监测制造系统相关运行参数，主要有振动、温度、转速、工艺量参数、电压电流、磁通量、噪声等，采用适当的分析诊断方法，评估制造系统的运行状态，起到 3 方面的作用：①监测与保护。监测机械设备工作状态，发现故障及时报警，并隔离故障。②分析与诊断。判断故障的性质、程度和部位，分析故障产生原因。③处理与预防。给出消除故障的措施，防止发生同类故障（孙明科，2009）。

鉴于振动信号能够很好地反映机械设备的故障特征，因此，通常将其作为制造系统故障特征信息的主要载体。数控加工中，通常采用振动信号进行切削加工监控、刀具磨损监控等；大型旋转机械（工业压缩机、汽轮机等）的状态监测与故障诊断一般采集振动、噪声信号，并运用信号分析方法中的时域分析法、频域分析法、倒频谱分析法、三维瀑布图以及状态参数进行分析与诊断（胖永新，何伟明，2008）。

现以汽轮机状态监测与故障诊断为例进行说明。如图 4.11 所示，汽轮机状态监测部分包括监测仪表系统（TSI）、分散控制系统（DCS）和越限报警功能等模块，故障诊断部分包括振动传感器、信号采集、信号分析/特征提取和故障识别诊断等模块。其中，汽轮机监测仪表系统作为一种多路监控系统（李建忠，鱼凤萍，2007），可以有效地连续监测汽轮发电机组转子和汽缸机械的主要运行参数，包括机组各个轴瓦处的绝对瓦振和相对轴振，以及机子转速。绝对瓦振一般通过放置在各个轴承座上的磁电式振动速度传感器获得；相对轴振则通过电涡流式振动位移传感器获得。系统将采集到的模拟量通过现场分散控制系统显示，并提供越限报警功能。

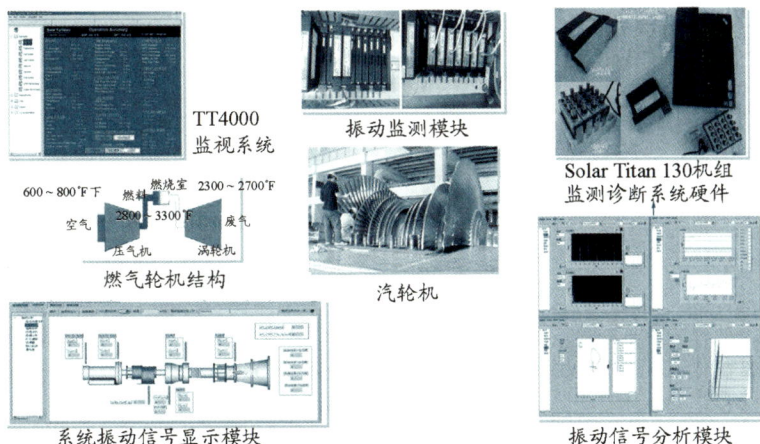

TT4000
监视系统

振动监测模块

Solar Titan 130机组
监测诊断系统硬件

600～800°F下
燃烧室 2300～2700°F
空气 燃料
2800～3300°F
压气机 涡轮机 废气

燃气轮机结构

汽轮机

系统振动信号显示模块

振动信号分析模块

图4.11 汽轮机状态监测与故障诊断

汽轮机故障诊断方法主要有主分量分析、聚类分析、模糊模式分析及人工神经网络分析等。如考虑故障原因和故障征兆之间存在很强的模糊关系，则运用模糊逻辑理论分析处理振动信号，推断故障原因（张晓，苗长新，2002），基本步骤如下：

1）对振动信号进行预处理（如快速傅里叶变换 FFT），得到振动信号频域结构信息，即振动信号在 7 个频段（<0.4f，（0.4～0.5）f，（0.5～0.99）f，1f，2f，（3～5）f，>5f）的幅值，将这些信息当作汽轮机故障征兆。

2）运用升半柯西分布函数，计算所获得故障振动信号 7 个频段的隶属度，并进行归一化处理：

$$\mu(x) = \begin{cases} 0, & 0 \le x \le a \\ \dfrac{k(x-a)^2}{1+k(x-a)^2}, & a < x < \infty \end{cases}$$

3）运用模糊聚类分析方法，选用择近原则和模糊综合评判原则，将所得到的故障征兆与汽轮机故障的模糊关系矩阵进行对比分析，查找机组故障原因，并得到诊断结论。

（2）机械零部件的在线质量监控。机械加工过程中，对机械零部件的物理尺寸进行在线检测与监控，可以为生产者快速反馈加工状况的有用信息，尤其是可以进一步提高数控加工生产线的自动化程度。当前，三坐标测量机在线检测和SPC统计分析质量监控在生产实际中得到了广泛应用。

三坐标测量机原理（刘培等，2013）：任何形状都是由空间点组成的，所有的几何量测量都可以归结为空间点的测量。因此，任何几何形状都可以通过空间点坐标的采集进行评定。将被测量零件放入测量机允许的测量空间后，选取合适的测量参考坐标系，精确地测出被测零件表面的点在空间三个坐标位置的数值，再经过计算机处理，得出其形状、位置公差及其他几何量数据。

上海大众汽车公司将三坐标测量机应用在 PASSAT 轿车生产线的车身骨架测量（胡建峰，2011），如图 4.12 所示。PASSAT 轿车车身共分为 36 个总成、分总成，以及多种辅助饰件，其中 PASSAT 轿车车身骨架总成共有 200 多个测量点，分布在车身的每个部位。在 PASSAT 生产线上，2 台 BRAVO NT 型测量机用于测量各类分总成，包括侧板、前后底架、前后盖和白车身的测量，第 3 台测量机用于校验测量编程的控制精度。测量过程是自动完成的，一次典型的全车体检测过程大约需要 40 分钟。

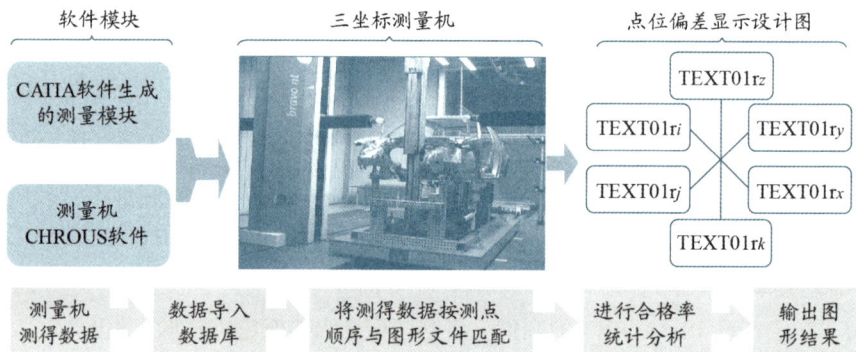

图 4.12 三坐标测量机应用在车身骨架测量

图 4.12 描述了车身骨架总成的测量，其中点位偏差显示设计图，采用直线段控件表示偏差方向，共有 6 个方向，分别表示 x、y、z 及 i、j、k 6 个指向，其中 x 与 i，y 与 j，z 与 k 分别逆向。以 TEXT01rj 为例，TEXT 为文本控件标识，01 为点序号，r 为车身右边，j 为方向。

SPC 统计控制原理将在本节下文的"在制品质量 SPC 统计控制"中论述。现以齿轮自动加工过程质量管控（朱波，2013）为例说明 SPC 统计分析质量监控方法。

齿轮自动加工生产线是典型的机械加工生产线。在"轿车变速箱成套齿轮加工国产自动生产线"的设计开发过程中，其基本技术要求为：齿轮加工精度达到国标 6 级，整条生产线的工序能力指数 CPK ≥ 1.33，生产线节拍在 2 分钟以内（王洪波，2013）。现场生产自动控制与质量监控相辅相成。

图 4.13 表示齿轮加工生产线 SPC 质量监控整个流程。首先分析产品质

量特性，以确定控制过程中的关键特性。其次通过统计分析质量特性变量的历史数据，判定变量间的相关性。对独立变量采取单变量过程控制，对相关变量采取多变量过程控制。单变量过程控制选用 SPC 的均值—标准差控制图；多变量过程控制则选用 MSPC 的 T^2-$|S|$ 控制图。

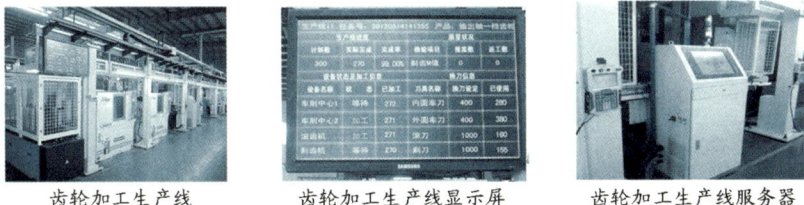

齿轮加工生产线　　　　齿轮加工生产线显示屏　　　　齿轮加工生产线服务器

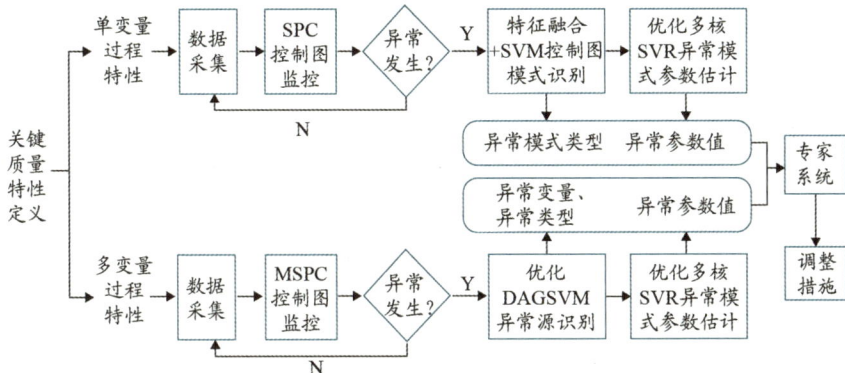

图 4.13　齿轮加工生产线 SPC 控制流程

1）单变量过程控制。对生产现场的测量仪器和下位机传送的质量数据进行实时监控，一旦监控到异常，系统便进入异常诊断模式，利用基于特征融合与 SVM 的单变量过程控制模型对异常控制图中的曲线进行分析，判断并输出异常模式类型，然后进行异常模式参数估计，输出异常参数值。所有输出信息导入异常溯源专家系统，获得过程质量异常诱因的详细信息，从而给出对应的过程调整措施。

2）多变量过程控制。多变量过程控制与单变量过程控制的不同之处在于，多变量过程控制图监测到异常后，需识别出具体的异常源。采用选择性 DAGSVM 集成分类器对多变量过程状态进行模式识别，并输出异常的变量及其类型，然后再通过优化多核 SVR 模型对异常变量的异常参数值进行估计。通过诊断信息分析导致异常发生的诱因，以采取对应的过程调整措施。

（3）总装线的零部件供应监控。装配总成通常是机器制造的最后环节，零部件供应直接影响生产效率。总装线的零部件供应监控，一般指在准时生产 JIT 模式下，满足装配线库存约束、市场预测（或销售订单）要求时，对零部件供应进行的监测和调控，以稳定生产节拍、控制生产成本和保证交货期。德国和日本的汽车厂商在这方面有很深入的应用。

华晨宝马轿车装配生产线物料的准时化供应，是由其轿车混流总装配线物流供应系统（张溯，2013）来保证的。如图 4.14 所示，物料供应系统包括生产设备、物流系统和信息系统，其中信息系统担负着生产调度和过程监控重任。

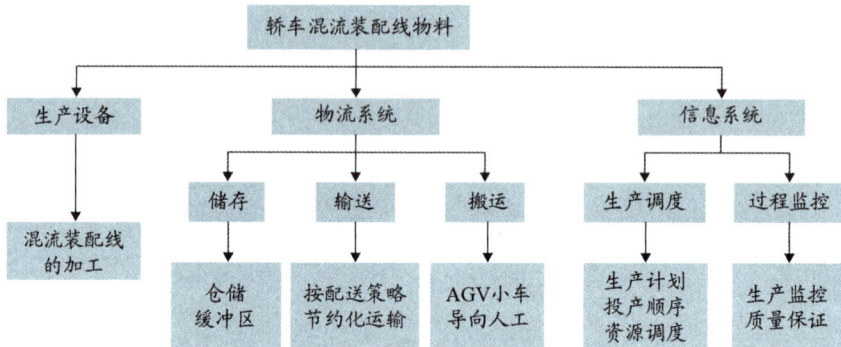

图 4.14　轿车混流总装配线物料供应系统

无论是外部零部件采供，还是内部零部件分装供应，信息系统围绕物料准时供应的监控策略为：

1）计划拉动 Autopull →看板拉动 Kanban →紧急拉动 Emergency Kanban。

2）计划拉动 Autopull。根据 SAP R3 系统生产计划及零部件在生产线的消耗计算，自动产生物料需求计划并传达到库房，形成定时定量的配送模式。

3）看板拉动 Kanban。装配工程师通过扫描看板卡的方式将生产线需求通过 SAP R3 系统传送给库房，库房根据实际需求调整零部件的备货和配送。

4）紧急拉动 Emergency Kanban。在订单调整等紧急情况下，造成现场某一种零部件供应不及而导致停线，调度员采取紧急呼叫库房补货，以保证生产顺利进行。

丰田汽车零部件全球供应链库存监控管理技术（周雷鸣，2002）堪称一流。早在 2001 年，丰田公司在分析过往的库存供需和物流监控数据的基础上，率先提出 SOQ（建议订货量）计算公式，把一个月订单细化分解成四周订单，并确保每月第一周新增的订货基本补偿了上个月的需求变动。

$$\text{SOQ}_i=（订货周期＋投产准备阶段＝保险库存）\times(\frac{4-i}{4}\times 上月平均需求量$$

$$+\frac{i}{4}\times 本月平均需求预测）-（过剩库存＋过剩订货）＋期货订货$$

式中，$i=\{1,2,3,4\}$，为每月的周次。

此外，丰田公司针对零部件库存及物流特有的波动因素，制定了相应的监控管理措施，如针对新款车型零部件或改进型部件的需求预测较困难的问题，系统监控中除 SOQ 公式等应用工具外，还需要相关公式支持，如 UIO（运转设备）公式、PNC（零件代码管理因素）表格等，从而形成更为精准的管控。

2. 连续生产的智能监控

（1）化工装置的安全联锁控制。化工生产中高温、高压、易燃、易爆、易中毒、强腐蚀性、强刺激性等危险危害因素是固有的，在不能彻底避免人为失误的情况下，采用隔离、远程自动控制等方法是最有效的安全措施。安全联锁控制可以在化工设备启动、运行，甚至出现危险事故紧急停车中发挥安全保护作用。

在化工本质安全原则中，安全系统和过程控制系统是独立设置的。目前推行的紧急停车功能、安全仪表系统，基本要求是独立配置，其安全性要比自动控制系统的高。正常情况下，这些新推行的安全系统处在静止状态，不需要人工控制，但永远处在监视工作状态。当化工装置出现事故时，它们就会做出反应，保证化工设施可以在紧急事故下安全停车（刘忠明，李岩，2013）。

通常，化工安全联锁控制通过电子、电气、气动等方法实现化工装置之间的操作联锁以及电源、开关、阀门等部件之间的联锁。安全联锁控制的主要特点，体现在联锁，在相互关联的作用下，相互制约，将装置之间的操作进行协调，实现设备的安全运行和安全控制。

现以 ESD 紧急停车系统在 CS_2 化工装置中的应用（王秀丽，2010）为例加以说明。

CS_2 用途广泛，主要用于生产农药、橡胶助剂以及作为化工原料等。在 CS_2 制作工艺流程中，要求原料液态硫黄和甲烷气体在一定条件下进入反应炉，经过化学反应生成成品。在反应过程中，当甲烷和燃料气的压力过高或过低时，都需要采取联锁保护措施，关闭相应阀门。

如图 4.15 所示，当甲烷或燃料气中某种进料压力不属于正常压力范围内时，ESD 内部逻辑电路将产生相应的联锁信号，使现场相关电磁阀停止工作，达到联锁目的。与此同时 ESD 系统还将向 DCS 通信站单向传输联锁信号。DCS 系统在接受信号后，在显示器上显示具体数值并启动报警功能，同时关闭所有进料阀门。随后采取相应措施，在生产装置恢复正常后手动复位阀门。

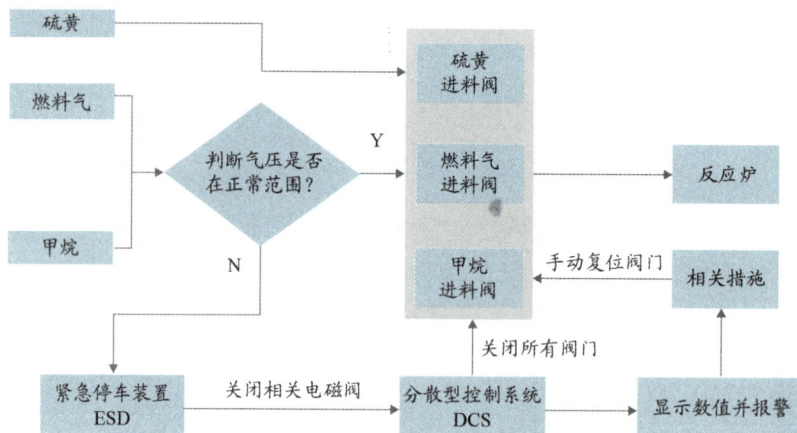

图 4.15　二硫化碳安全联锁控制系统流程

出于安全考虑，系统联锁触点在正常情况下处于闭合状态，发生事故时断开。由于联锁触点长期暴露于空气中，容易受腐蚀、氧化、磨损等因素影响，会导致故障发生时无法准确断开，造成事故，因此，在联锁信号输入方面常采用"与门"连接，当存在多个联锁输入信号时，只要有一个信号达到联锁条件便启动自动联锁，关闭相应阀门。

（2）在制品质量 SPC 统计控制。1924 年美国质量大师休哈特（Shewhart）博士发明了控制图方法进行工序控制，以预防为主方式稳定生产过程的质量。控制图是判别生产工序过程是否处于控制状态的一种手段。即在生产过程中，仅有相互独立的偶然性因素影响时，产品特性值 x 会服从正态分布即 $x-N(\sigma^2)$，$P(-3\sigma<x<3\sigma)=0.9973$。$x$ 落在如图 4.16 所示的以 -3σ，3σ 为上、下控制线外的概率之和只有 0.27%。这是个很小的概率，出现这样概率的事件称为小概率事件。根据概率统计理论，小概率事件在一次试验中是几乎不会发生的。如果发生了，则说明原来的分布受到了系统性因素的影响处于失控状态。休哈特正是根据这一理论提出了控制图方法（钱夕元等，2004）。

统计过程控制（Statistical Process Control，SPC）正是使用控制图等统计技术来分析过程及产品特性值输出，通过适当的措施来达到并保持过程稳定，从而实现改进和保证产品质量的目的。实际应用中，控制图是对选定的过程质量特性加以测定、记录，从而进行控制管理的一种用统计方法设计的图。图上有中心线（CL）、上控制界限（UCL）和下控制界限（LCL），并按时间顺序抽取的样本点序列描点。

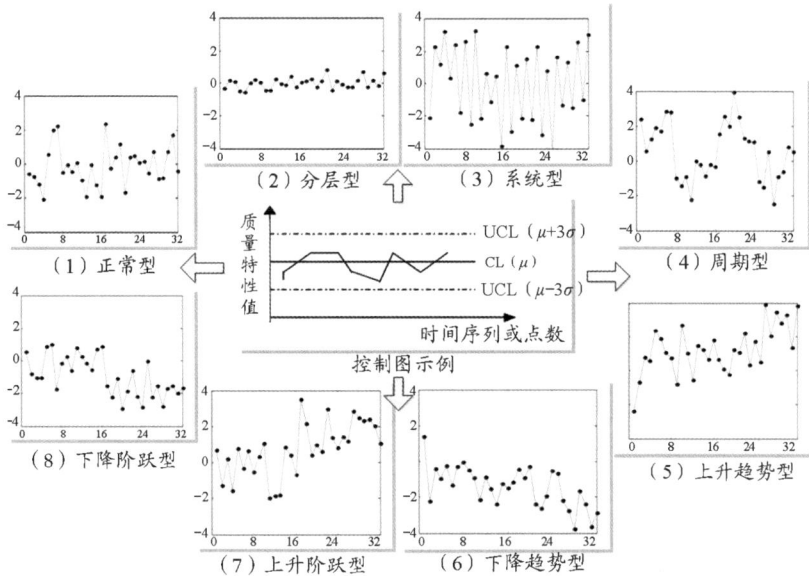

图 4.16　SPC 控制图示例

现以南通宝钢炼铁厂 SPC 统计控制改进铁水质量应用（彭坤等，2011）为例加以说明。

南通宝钢炼铁厂在 2005 年投运高炉炼铁生产，随后几年受到原燃料质量波动的影响，以及生产经验不足的限制，给高炉炼铁生产工艺参数控制和技术经济指标优化带来较大困难，为此，开展了 SPC 统计控制持续改进铁水质量的应用。

实施 SPC 控制，首先必须选择对铁水质量影响最关键的因素作为控制点。根据南通宝钢生产的环境以及高炉生产的特性，把铁水 [Si] 含量作为最关键的控制点之一。其次，在实施 SPC 控制时，还需要用到大量的数据，需获得炼铁厂一段时间内的数据。根据铁水 [Si] 含量的数据类型，综合考虑后使用 SPC 中的均值极差控制图来对 [Si] 含量进行监控。

在初步实施 SPC 统计控制后，将所得到的铁水 [Si] 含量的均值极差控制图与未实施之前的比较，发现实施后的过程控制能力 CPK 有所提升，但其目标值还是偏离中心，说明 SPC 统计控制还没有达到预期值，仍需继续对 SPC 统计控制进行优化。综合考虑影响铁水 [Si] 含量的因素后，利用鱼翅图，采取"5M1E"方法分析得到影响铁水 [Si] 含量的其他因素，并采取相关措施进行优化后，再对其进行均值极差控制图分析，结果发现铁水 [Si] 含量的过程控制能力值 CPK 明显提高，达到预期的效果。

实施 SPC 控制的效果明显，如图 4.17 所示，通过增强对铁水 [Si] 含量的控制，保证了铁水质量，同时燃料比下降，使炼铁生产经济效益得到提升。

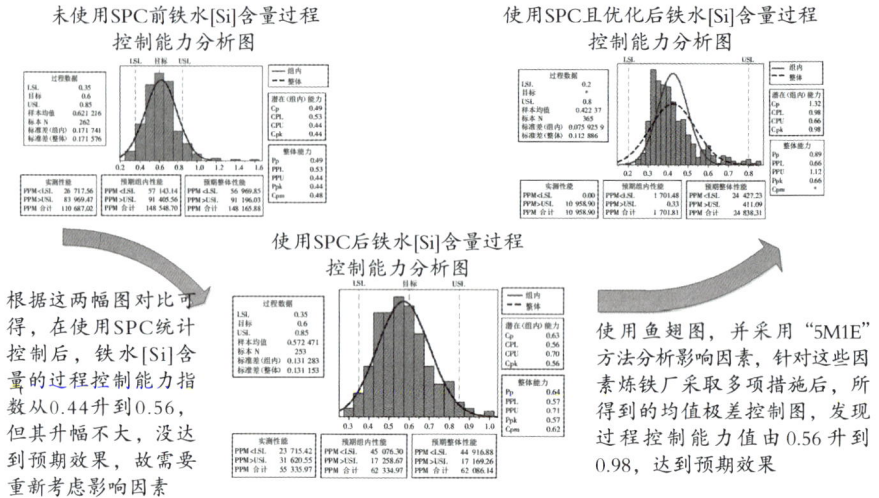

图 4.17　实施 SPC 控制过程能力对比

（3）批量生产质量跟踪。批量生产在冶金、化工、制药行业非常普遍，但是批量生产质量跟踪方面，行业差距非常大。制药行业对产品质量高度重视，其生产须强制符合国家药品生产质量管理规范 GMP 认证，对批量生产的产品进行全面质量管理，为患者提供一致且质量可靠的成品。因此，药品生产过程要求有十分严格的批号记录，从原材料、供应商、中间品以及销售给用户的产品，不仅记录批次物料信息，而且记录批次工艺信息，这些批次信息将用来进行生产回溯和问题跟踪（白向荣，2013；王彦桂，陈宇，2010）。药品批次信息流程如图 4.18 所示（韦文思，2009）。

批次信息管理是批量生产质量跟踪的基础，这涉及批次标签及其相关信息的全程记录。随着条码、二维码、RFID 电子标签技术的普及，批次标签及信息录入也变得快捷方便。对于冶金行业，已尝试从转炉炼钢或高炉炼铁开始，建立批次概念，在连铸坯上喷印标签，并采集转炉炼钢、连铸连轧等实际工艺参数，形成可追溯的批次产品质量数据库。

（4）安全生产监控。随着人们对生命的珍惜，在生产过程中的人身安全保障得到高度重视，安全生产监控从装置安全拓展到人员安全。危化、民爆行业纷纷增设了人员安全控制（进出人数、位置、操作控制）、重大危险源监控等保护措施。

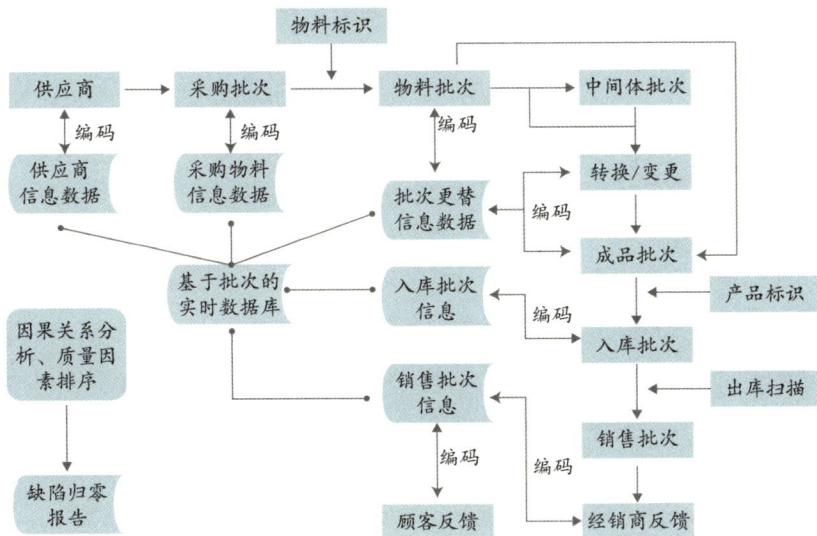

图 4.18 药品物料批次信息流程

如图 4.19 所示，某民爆企业实施了人员出入门禁管理和人员定位遇险救援管理系统。门禁系统控制进入厂区、车间的人员，使危险区作业人数得到严格控制。人员定位遇险救援系统则跟踪记录人员实时位置以及相关信息，在危险情况下支撑应急抢险方案，及时救助受困人员。

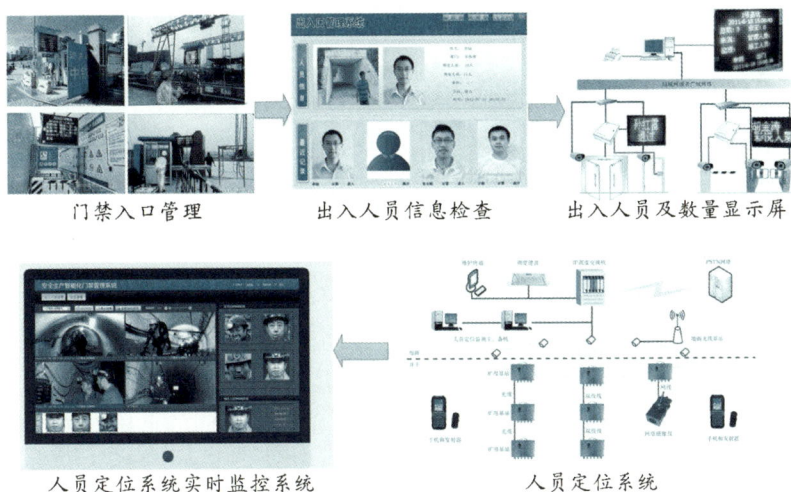

门禁入口管理 出入人员信息检查 出入人员及数量显示屏

人员定位系统实时监控系统 人员定位系统

图 4.19 门禁及人员定位遇险救援系统

智能化门禁管理系统采用了 RFID 身份标识、视频监控等技术，在各厂区、车间设立感应点，能很好地记录进入危险区域作业的人员，能鉴别、控制持卡人员的进出。当危险区域人员数量超限时报警提示，甚至暂停人员入内。

民爆企业一旦事故发生，救援行动必须得到有效开展。民爆人员定位遇险救援系统通过建立一套完整的监控、救灾应急体系，实现对民爆生产作业、遇险定位搜救、救援通信和紧急疏散引导的综合管理，有效应对灾难事故。系统由人员定位、人员搜救、救援指挥、疏散引导、紧急通信5个子系统组成，硬件设备由标识卡、识别器、搜救仪、逃生导引牌、通信分站、中继器以及通信线路组成，通过CAN总线实现生产场所与指挥中心的数据交互。系统核心技术是确保搜救仪和人员标识卡间的无线通信，尽可能地增强搜救仪的搜索范围，提高搜索精确度。为实现此功能，首先利用CAN总线位速率高、抗电磁干扰强、可靠性高的优点确保正常的无线通信；其次采用近距离蓝牙技术和远距离ZigBee技术结合的方式，提高搜救精确度。在快速、有效地做出正确的救援决策方面，针对不同事故类型，制定专项应急预案，根据扇形优化Dijkstra算法确定最佳逃生路线；同时可通过CAN总线控制逃生通道灯的颜色和闪烁频率，为现场受困人员紧急撤离提供方向。

三、增材制造

（一）概　述

1. 定　义

增材制造（Additive Manufacturing，AM）是一种是采用材料逐渐累加的方法制造实体零件的技术（Gibson et al.，2009；李涤尘等，2012）。它以计算机三维设计模型为蓝本，通过软件分层离散和数控成型系统，利用激光束、热熔喷嘴等方式将金属粉末、陶瓷粉末、塑料、细胞组织等特殊材料进行逐层堆积黏结叠加成型，制造出实体产品。相对于传统的材料去除技术，增材制造技术降低了制造的复杂度，增加了制造的自由度。

近二十年来，增材制造技术快速发展，出现了不同的名称：快速制造（Rapid Manufacturing，RM）、快速原型（Rapid Prototyping，RP）、分层制造技术（Layered Manufacturing Technology，LMT）等。近年来，为便于增材制造技术的推广和公众接受，业界把这一类技术统称为三维（3D）打印。随着技术的发展，增材制造技术在科学研究、工业生产、生物医疗、文化创意等领域显示出巨大的应用价值。

2. 增材制造技术的发展历史

增材制造的思想古代就已经产生，金字塔、长城等建筑就是基于增材制造的原理修建。现代增材制造技术起源于19世纪提出的照相雕塑（Photosculpture）技术和地貌成型（Topography）技术。20世纪70年代末到80年代初期，美国3M公司的Alan Hebert、日本的小玉秀男、美国UVP公司的Charles Hull和日本的丸谷洋二4人分别提出增材制造概念（李小丽等，2014）。1986年，Charles Hull提出光固化方法（Stereo Lithography Apparatus，SLA），并创立了世界上第一家生产增材制造设备的3D Systems公司（刘海涛，2009）。1988年，美国人Scott Crump发明了熔融沉积成型（Fused Deposition Modeling，FDM），并成立了Stratasys公司。1989年，C. R. Dechard发明了选择性激光烧结法（Selective Laser Sintering，SLS）（卢秉恒，李涤尘，2013）。1993年，麻省理工学院教授Emanual Sachs发明了3DP技术（3D printing，3DP），Z Corporation公司获得授权生产。

近20年来，增材制造技术在工业制造、文化创意和生物医疗等领域日益显示出巨大的应用价值（Guo，Ming，2013）。而增材制造技术也发生了重要变革：从制造设计模型到制造出各种可用的功能产品；从制造塑料制品到制造金属、生物材料等多种产品；设备和材料成本降低到可以进入普通办公室和家庭。增材制造技术正变成一种多用途技术，成为可能引发新工业革命的导火线，孕育出新的生产形式和商业模式。

3. 增材制造技术的优势

增材制造技术不像传统制造机器那样通过切割或模具塑造制造物品，而是通过层层堆积形成实体物品的方法从物理的角度扩大了数字制造的概念范围，因此，有着传统制造业所无法比拟的诸多优势（Lipson，Kurman，2012）。

（1）可制造复杂结构。增材制造技术可以制造传统制造技术无法制造的复杂结构。传统制造技术生产的产品形状有限，对于复杂结构的零件，需要进行零件拆分加工。增材制造技术能一次性完成复杂结构的零件制作，甚至一体化成型组装好的零部件。

（2）从数字模型到制造小批量产品的速度快。增材制造技术能直接读取三维数字模型，在很短的时间内直接制造产品模型、样品、小批量成品。增材制造技术即时按需打印，可减少企业实物库存，直接根据订单制造出产品满足客户需求，还能按需就近生产，缩短供应链，减少运输成本。

（3）制造复杂和个性化产品成本低。增材制造技术制造形状复杂物品成本不增加，包括材料成本、设备成本和人力成本。增材制造设备的柔性和自动化程度高，单台设备即可定制化打印多种个性化需求的产品。制造复杂物品和个性化定制不增加成本将打破传统的定价模式和供应体系。

（4）技能培训时间短。传统加工技术培训时间长，即便自动化程度高的数控 CNC 的设备仍然需要熟练的专业人员进行加工设计和调整。增材制造设备从设计文件获得执行命令，所需要的操作技能远比开模、注塑等传统制造过程少。

（5）设备携带方便。与传统制造机器相比，增材制造设备的单位生产空间制造能力更强。较高的单位空间生产能力，使得增材制造设备适合在家庭、办公室、远洋船舶、军事补给和航空航天等领域使用。

（6）绿色制造。与传统制造技术相比，增材制造技术不仅减少了实物库存，缩短了运输链条，也减少了废弃物的产生。比如传统金属去材加工过程，90% 的金属原材料在加工过程中被废弃，而增材制造技术制造金属零件时浪费量少，是一种绿色制造技术。

4. 增材制造技术的局限性

增材制造技术在技术、规模生产成本和效率上目前依旧有局限性，因此，增材制造技术主要被应用于个性化、小批量、复杂结构和高精度产品制造上。增材制造技术的局限性，主要体现在以下 3 个方面：

（1）产品品质。增材制造技术采用离散成型方法制造产品，材料在微观水平的整体性较差，制造过程的应力释放和预应力控制也没完全解决，导致产品的微观结构、内在力学性能和整体机械强度存在缺陷，尚待打印技术、材料和后处理技术等领域的完善。

（2）材料技术。尽管增材制造技术的材料已经包括塑料、石膏、无机料粉、光敏树脂、各类金属粉末等，但可打印材料的种类急需扩展，打印材料的成本更需要进一步降低。

（3）经济性。快速成型设备的成本和效率优势体现在小批次、复杂结构零件制造上，但制造大型、结构简单、大批量的零件相比传统制造技术在成本、精度和机械性能上有劣势。

（二）增材制造技术分类

目前常见的技术类型分为 3DP 技术、FDM 熔融沉积成型技术、SLA 立体平版印刷技术、SLS 选区激光烧结技术、LOM 分层实体制造技术、DLP 激光成型技术和 UV 紫外线成型技术等。

1. 3DP 技术

3DP 技术（Three Dimensional Printing，TDP）是美国麻省理工学院（MIT）在 20 世纪 90 年代发明的一种快速成型技术（赵云龙，2006）。3DP 技术是一种基于喷射喷头的三维成型技术。3DP 广泛应用于产品概念设计、模型验证、直接金属铸件、多孔陶瓷过滤件、医学工程等不同领域的研究和开发。基于这种技术的设备以 Z Corporation 公司制造的三维打印机为代表。

（1）3DP 技术原理和成型过程。3DP 技术的原理（见图 4.20）是利用墨水喷头向粉末材料层喷射液体黏结剂，使粉末颗粒逐层黏结成型。具体的工艺过程包括建模、分层、打印和后处理。

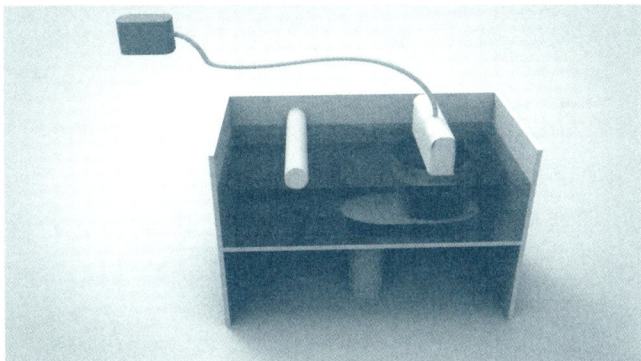

图 4.20　3DP 技术

首先在 CAD 软件中进行几何建模，模型要具有完整的壁厚和内部描述功能。接着采用分层软件对 CAD 模型进行分层，获得逐层二维横截面轮廓、扫描路径等数据。成型时，先在成型区铺上一层粉末材料。喷嘴向粉末层喷射彩色黏结液，使截面粉末黏结在一起。然后成型活塞下降一个层厚，接着继续铺上一层粉末，进行下一层截面的黏结。重复以上过程，就能获得一个完整的彩色原型制件。打印结束后，从成型区中取出原型件，进行除粉、烘干处理，接着可以把蜡、环氧树脂或其他材料渗入原型件中，以提高原型件的强度和使用寿命。

（2）3DP技术的特点。3DP技术具有制造工艺简单、柔性度高、材料选择范围广、材料价格便宜、成型速度快等特点，适合做桌面型的快速成型设备；在黏结剂中添加颜料，可以制作彩色原型，这是该工艺最具竞争力的特点之一；成型过程不需要支撑，多余粉末的去除比较方便，特别适合于做内腔复杂的原型；制造成本低，环境友好。

3DP技术生产的产品缺点是强度较低、精度较差，因此，也限制了它的应用领域，目前主要做概念型模型，而不做功能性试验。但随着材料和加工后处理技术的发展，未来有可能可以在更多的领域应用，其发展也越来越受到重视。

2. FDM熔融沉积成型技术

熔融沉积成型技术（Fused Deposition Modeling，FDM），又称熔融挤出成型（Melted Extrusion Molding），由美国学者Scott Crump博士于1988年率先提出，并于1989年申请了该项技术的专利。随后，他创立的Stratasys公司于1992年卖出了第一台基于FDM的打印机。

（1）FDM技术原理和成型过程。FDM熔融沉积成型技术的原理是将丝状的热熔性材料加热融化，根据数字分层模型逐层涂敷凝固，形成整个实体造型。

FDM技术的成型过程如下：首先是三维模型的构建和分层，然后设备读入数据，在计算机控制下将丝状的热熔性材料加热融化，三维喷头根据截面轮廓信息，将材料选择性地涂敷在工作台上，快速冷却后形成一层截面。一层成型完成后，机器工作台下降一个高度再成型下一层，直至形成整个实体造型（见图4.21）。

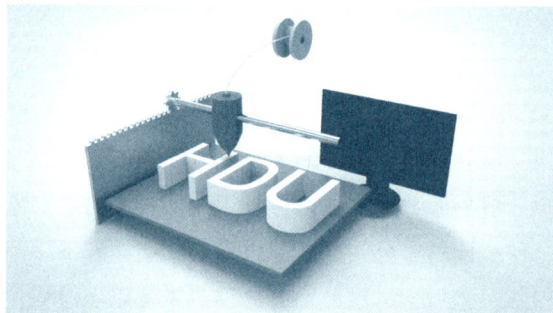

图4.21　FDM技术

（2）FDM技术特点。FDM技术的优点包括：适用的材料较多；成本比较低；可在办公室环境下操作；适合有空隙的结构，可节约材料与成型时

间。任何可以通过喷嘴挤压的原材料都可以进行增材制造，因此，借助 FDM
打印机还可以打印蔗糖、巧克力和生物材料。

FDM 技术的主要缺点：只能使用可以通过打印头挤出的材料；熔化的
金属或玻璃必须在不同的条件下成型；成型的实物表面较粗糙，需做后期处
理；ABS 材料有气味、微毒，需在通风条件下打印；需要材料支撑。

3. SLA 立体平版印刷技术

光敏固化成型（Stereo Lithography Appearance，SLA）是由Charles（Chuck）
W. Hull于1986年提出的技术。SLA是最早实用化的增材制造技术，采用液态
光敏树脂原料，用特定波长与强度的激光聚焦到光固化材料表面，层层叠加
成型（Guo，Ming，2013）。SLA技术主要用于制造多种模具、模型等。

（1）SLA 技术原理及成型过程（见图 4.22）。SLA 成型原理和过程是，
首先通过 CAD 设计出三维实体模型，利用程序将模型进行切片处理，设计
扫描路径。产生的数据通过计算机精确控制激光扫描器和升降台的运动，激
光按零件的各分层截面信息在液态的光敏树脂表面进行逐点扫描，被扫描区
域的树脂薄层产生光聚合反应而固化，每次生成一定厚度的零件薄层。一层
固化完成后，工作台下移一个层厚的距离，然后在原先固化好的树脂表面再
敷上一层新的液态树脂，直至得到三维实体模型。将原型从树脂中取出后，
进行最终固化，再经打光、电镀、喷漆或着色处理即得到要求的产品。

图 4.22　SLA 技术

（2）SLA 技术特点。在现有的快速成型技术中，以 SLA 的研究最为深
入，衍生出的技术类别最多，运用也最为广泛。SLA 成型速度快，自动化程
度高，可成型任意复杂形状，尺寸精度高，有较好的表面质量，能制造形状
特别复杂和特别精细的零件。主要应用于复杂、高精度的精细工件快速成型。

然而，SLA 技术使用和维护成本过高。由于原材料多为树脂类，其成
型件的强度、刚度、耐热性有限，不利于长时间保存。另外，由于树脂在

固化过程中会产生收缩，故会不可避免地产生应力或引起形变。因此，开发收缩小、固化快、强度高的光敏材料是其发展趋势。

4. SLS 选区激光烧结技术

选区激光烧结技术（Selective Laser Sintering，SLS）由美国德克萨斯大学奥斯汀分校的 Carl Dechard 于 1989 年研制成功，美国 DTM 公司 1992 年推出了该工艺的商业化生产设备 Sinter Station。SLS 技术采用激光器将粉末状材料选择性烧结成固体件的方法成型，可直接得到塑料、陶瓷或者金属产品（白培康，2009）。

（1）SLS 技术原理和成型过程（见图 4.23）。选择性激光烧结技术的原理（Gibson Lan，Shi Dongping，1997）是，采用高能激光有选择地分层烧结固体粉末，并使烧结成型的固化层，层层叠加生成所需形状的零件。其工艺过程是首先利用 CAD 软件设计出零件的三维实体模型，再根据具体工艺要求用分层软件对模型进行分层，再对二维层面信息进行数据处理并加入加工参数。设备先在工作台上铺一层粉末材料，然后让激光在计算机控制下按照界面轮廓信息对实心部分粉末进行烧结。完成一层烧结后再进行下一层烧结，且两层之间烧结相连，如此层层烧结、堆积成型为与 CAD 原型一致的实体，而未烧结粉末可以起到支撑的作用，最后将未烧结的粉末回收到粉末缸中，并取出成型件。

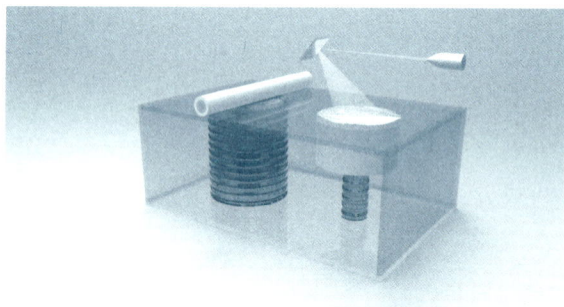

图 4.23　SLS 技术

（2）SLS 技术特点。SLS 成型方法有着柔性度高、材料选择范围广、材料价格便宜、材料利用率高、成型速度快等特点。从理论上说，任何加热后能够形成原子间黏结的粉末材料都可以作为 SLS 的成型材料，包括金属、塑料和陶瓷；成型过程与零件复杂程度无关，制件的强度高；材料利用率高，未烧结的粉末可重复使用；无须支撑结构。SLS 适合于许多领域，如原型设计验证、模具母模、精铸熔模、汽车等行业。

但是 SLS 成型方法也有一些缺点，如原型结构疏松、多孔，且有内应力，制件易变形；生成陶瓷、金属制件的后处理较难；需要预热和冷却；成型表面粗糙多孔，并受粉末颗粒大小及激光光斑的限制；成型过程会产生有毒气体及粉尘，污染环境；设备价格比较昂贵。

5. LOM 分层实体制造技术

分层实体制造技术（Laminated Object Manufacturing，LOM）由美国 Helisys 公司的 Michael Feygin 于 1986 年研制成功（Park et al.，2000）。由于 LOM 制造技术可使用纸材，成本低廉，制件精度高，因此，在产品概念设计可视化、造型设计评估、装配检验、熔模铸造型芯、砂型铸造木模、快速制模母模以及直接制模等方面得到了迅速应用。

（1）LOM 技术原理和成型过程（见图 4.24）。LOM 技术的原理是，根据零件分层几何信息切割箔材和纸等，将所获得的层片黏结成三维实体。LOM 工艺过程首先是根据三维模型获得每个截面的轮廓线（安德烈亚斯·格尔哈特，2004），在计算机控制下，使激光切割头作 X 和 Y 方向的移动。供料机构将地面涂有热溶胶的箔材（如涂覆纸、涂覆陶瓷箔、金属箔、塑料箔材）送至工作台的上方。激光切割系统用激光束对箔材沿轮廓线将工作台上的纸割出轮廓线，并将纸的无轮廓区切割成小碎片。然后，由热压机构将一层层纸压紧并黏合在一起。可升降工作台支撑正在成型的工件，并在每层成型之后，降低一个纸厚，以便送进、黏合和切割新的一层纸。最后形成三维原型零件。

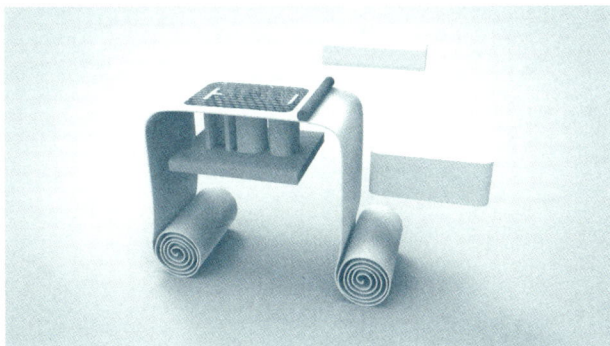

图 4.24　LOM 技术

（2）LOM 技术特点。LOM 技术由于只需要使用激光束沿物体的轮廓进行切割，无须扫描整个断面，所以成型速度很快，因而常用于加工内部结构简单的大型零件。原型精度高，翘曲变形小；原型能承受高达 200 摄氏度的温度，有较高的硬度和较好的力学性能；无须设计和制作支撑结构；可进行切削加工；废料易剥离，无须后固化处理；可制作尺寸大的原型；原材料价格便宜，原型制作成本低。

LOM 技术的缺点包括：不能制造中空结构件；不能直接制作塑料原型；原型的抗拉强度和弹性不够好，易吸湿膨胀；原型表面有台阶纹理，难以构建形状精细、多曲面的零件，成型后需进行表面打磨（Kechagias，2007）。

6. DLP 激光成型技术

1993 年，Takagi 和 Nakajimat 提出了基于 SLA 立体光固化技术的 MIP-SLA（Mask Image Projection SLA）工艺，使用掩膜图像可以每次曝光实现一层的加工，而不是采用 SLA 的逐线扫描的方式。

（1）DLP 技术原理和成型过程（见图 4.25）。DLP 激光成型技术的原理和 SLA 技术相似，不同的是它使用高分辨率的数字光处理器（DLP）投影仪来固化液态光聚合物，逐层进行光固化，由于每层固化时通过整个面进行固化，因此，速度比 SLA 立体平版印刷技术速度更快。DLP 工艺的成型过程是，首先通过 CAD 设计出三维实体模型，并对 CAD 模型进行切片分层。然后用数字光处理器（DLP）投影仪将片层图像投影到光敏树脂溶液表面，投影区域的树脂薄层产生光聚合反应而固化，每次生成一定厚度的零件薄层。一层固化完成后，工作台下移一个层厚的距离，然后在原先固化好的树脂表面再敷上一层新的液态树脂，直至得到三维实体模型。

图 4.25　DLP 技术

（2）DLP 技术特点。DLP 技术由于每次是投影固化一个面，成型速度比 SLA 快，设备造价比 SLA 低，可成型任意复杂形状，尺寸精度高，在材料属性、细节和表面光洁度方面可匹敌注塑成型的耐用塑料部件。主要应用于

复杂、高精度的精细工件快速成型。

由于原材料多为树脂类，其成型件的强度、刚度、耐热性有限，不利于长时间保存。由于树脂固化过程中会产生收缩，不可避免地会产生应力或引起形变。

7. UV 紫外线成型技术

UV 紫外线成型技术，也称 UV 紫外线照射液态光敏树脂成型技术，是目前增材制造中精度最高的一种成型技术（Farahani et al.，2014）。3D System 公司使用 UV 紫外线照射液态光敏树脂成型技术开发了 ProJet 产品系列，适合高精度要求的产品。

（1）UV 紫外线成型技术原理和成型过程（见图 4.26）。UV 紫外线成型技术和 SLA 技术工作原理相类似，不同的是它利用喷头喷射液态材料，然后用 UV 紫外线照射固化成型。UV 紫外线成型过程，先将液体光聚合物层喷射到托盘上然后用紫外线将其固化。一次构建一层，直至创建完整的三维模型。可处理和立即使用完全固化的模型，无须额外进行后续固化。3D 打印机还会将特别设计的凝胶类支撑材料与所选的模型材料一起喷射，以支撑悬垂和复杂的几何图形。可用手和用水轻松将其除去。

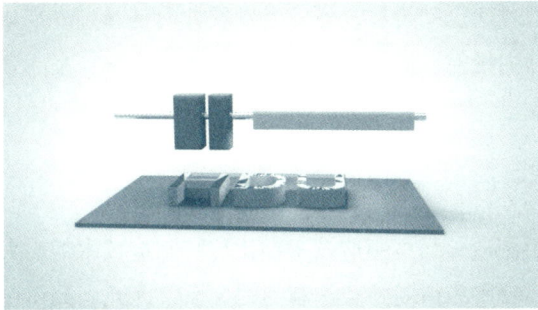

图 4.26　UV 紫外线成型技术

（2）UV 紫外线成型技术特点。UV 紫外线成型技术具有速度快、精度高以及范围广泛的材料等特点（唐在峰，1998）。相比 SLA 技术还可在同一打印任务中将不同 3D 打印材料融入同一 3D 打印模型。该技术以光敏树脂的聚合反应为基础。这种方法的特点是有较高的精度和较好的表面质量，能制造形状特别复杂和特别精细的零件，在生物、医药、微电子等领域有巨大的应用价值（Farahani，Lebel，2014）。

但 UV 紫外线成型系统造价高昂，使用和维护成本高。由于原材料多为树脂类，其成型件的强度、刚度、耐热性有限，不利于长时间保存。此外树脂固化过程中会产生收缩，会产生应力或引起形变。

（三）关键技术和发展趋势

增材制造有广阔的发展前景，也还有许多问题需要解决。目前来看，其关键技术和发展趋势集中在提高制造精度、提高制造效率和拓展应用领域这3个方面（Gibson，Stucker et al.，2009；李应平，2014）。

1. 制造精度

增材制造的精度取决于材料增加的层厚、增材单元的尺寸和精度控制。材料增加的层厚决定了零件在累加方向的精度，而增材单元的控制决定了最小特征制造能力。现有的增材制造技术中，SLS 技术、SLA 技术和 UV 紫外线成型技术制造精度较高。这3类技术分别基于激光束、紫外光束或电子束在材料上逐点形成增材单元进行材料累加制造，因此，控制光束或电子束光斑直径，以及成型工艺和材料性能的协调是提高制造精度的关键。

随着激光、电子束及投影技术的发展，目前呈现两种技术发展方向：主流的发展趋势是控制激光、紫外光束或电子束光斑直径，使之更细小，逐点扫描，使增材单元能达到微纳米级，提高制件精度，但光斑越细小，扫描路径就越长，成型时间也就越长；另一个发展方向是通过阵列化投影技术，将扫描过程变成阵列投射，通过提高投影单元的分辨率、发光强度，实现高精度和高效率制造。

2. 制造效率

由于要逐层制造，增材制造技术相比传统制造技术，对大尺寸零件的制造效率低。制造效率和精度是互相制约的关系，因此，如何在保证精度和质量的前提下，加快制造速度、提高制造效率是增材制造技术发展的关键。

围绕提高增材制造技术的制造效率，有两种技术发展方向：一种是同步制造，即在同一制造平面上实现多个位点同步制造，比如多激光束同步制造技术，采用多激光束（4～6个激光源）同步加工，提高制造效率；另外一种是发展增材制造和去材制造复合制造技术，发挥各工艺方法的优势，提高制造效率。

3. 应用开发

增材制造技术面向应用领域的研发是其能否快速推广和技术革新的关键。传统制造技术经历了上百年的发展，在理论、技术和工艺上积累了完备

的应用体系，并形成了设计和制造惯性。增材制造技术相比传统制造技术，既有优势也有劣势，既有适合领域也有不适合领域。增材制造技术必须围绕应用进行研发，建立起同样系统完备成熟的制造体系，才能加快发展。

增材制造技术面向应用领域的研发，有两类发展方向：首先是填补传统制造技术应用的空白，围绕传统制造技术不能、不适合制造的领域展开研究，用增材制造技术制造这些产品；其次是在部分应用领域中替代传统制造技术，这不但需要增材制造技术进一步发展完善，也需要重构适合增材制造技术特点的设计理念和应用体系。

（四）增材制造技术的应用领域

1. 工业制造

增材制造技术在汽车、航空航天、军事等工业领域有广泛的应用价值，可以提高效率、降低成本。目前，增材制造技术在工业领域主要用于设计模型的快速制造、小批量产品的制造和复杂结构产品的制造。

（1）机械制造。增材制造技术在机械领域的应用比较广泛。可以制造用于验证设计的机械零部件，加快开发速度。比如目前在家电开发过程中，已经广泛采用增材制造技术制造零部件样品，加快开发进程。增材制造技术也可以生产小批量的机械部件，生产用于维修的零件，甚至制作有相互运动机构或部件的零件，如轴承、啮合齿轮或其他机构（李怀学等，2012）。

（2）航空工业。航空工业产品附加值高，是各类新技术应用推广的重点。在军用飞机制造领域，沈飞集团在组装 J-31 飞机过程中，使用了大量增材制造技术生产的零部件。在民用航空领域，空中客车已经用增材制造技术制造了几千个部件，其中既有用于设计打样的零件，用于加快空客 A350 的开发速度，也有直接应用于商用飞机的零件[①]。此外增材制造技术可定制零配件，降低空客公司的零配件储量，节约库存空间和资金。

（3）汽车工业。汽车工业也开始应用增材制造技术。通用公司在设计其 2014 款雪佛兰迈瑞宝车型过程中，使用了增材制造技术来降低设计成本和加快设计进程[②]。欧宝于 2014 年开始，在其生产线上使用 40 余款增材制造

[①]　空客集团将在其最新宽体客机上采用增材制造钛合金部件 [EB/OL]. [2014-07-31]. http://www.dsti.net/Information/News/89673.

[②]　通用汽车公司计划使用 3D 打印技术制造 2014 款雪佛兰迈瑞宝 [EB/OL]. [2013-06-11]. http://www.mopintu.com/article-882-1.html.

技术生产装配工具，这些工具目前已在其多款车型上使用[①]。同时多家汽车制造企业也开始尝试用增材制造技术定制零配件，以减少零配件库存。

2. 文化创意

增材制造技术在文化创意领域应用价值大，既可以进行个性化艺术品定制，也可以进行现代艺术品制造，还可以进行有古代艺术的再现（张楠，李飞，2013）。

（1）艺术设计。各种类型的艺术设计师可借助增材制造技术，方便地把设计图变成实体，以更好地验证和展示自己的作品。目前，建筑设计师和玩具设计师们已广泛使用增材制造技术制造建筑和玩具模型，这种快速、低成本、制作精美的模型，为他们验证和展示作品提供了方便。

（2）艺术品的复制和制造。增材制造技术相比传统制造技术，在小批量艺术作品的精细度、制造效率和方便性方面都有极大的改善和提高。对于文物等高端艺术品的复制、艺术作品的高效小批量生产、艺术作品不受时空限制的高保真再现等工作都有重要意义，可以促进文化艺术品的保存、传播和交流。

（3）文化创意跨界整合。增材制造技术也为文化创意产业带来了大量跨界整合和创造的机会，给艺术家们带来了更为广阔的创作空间。借助增材制造技术，动漫形象可以方便地制作成玩具，艺术照片可以快速制作成精美的雕塑，巧克力和糖果也可以变出更多定制化的造型，促进了动漫、玩具、摄影、视频、糖果等多个文化创意产业的跨界整合。

3. 生物医学领域

生物医学领域的产品附加值高，是各类新技术应用推广的重点。生物医学领域的市场规模巨大，而每个人的身体构造和病理状况均存在差异，增材制造在生物医学领域有巨大的应用价值，在个性化定制人工假体、组织工程支架、组织器官的制造等方面有独特优势（罗强，刘德荣，2014）。

（1）手术辅助（见图4.27）。增材制造技术可以被用于制作复杂手术的术前设计和手术操作练习，尤其是骨科及颅颌面外科手术。根据患者术前三维影像学资料，增材制造技术可直接、精确地打印手术区域解剖结构。与三维数字模型相比，增材制造技术制作的实物模型更加直观。医生可在术前作

---

① 欧宝在生产线上推广使用 3D 打印的装配工具 [EB/OL]. [2014-08-21]. http://maker8.com/article-1704-1.html.

出更准确诊断，制定更详细的手术方案，评估术中可能存在的风险，并在实物模型上操作，预测手术效果，从而缩短手术时间，提高手术成功率。

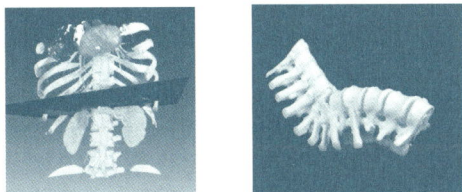

图 4.27　手术辅助

（2）个性化医疗器械（见图 4.28）。病人的体型和疾病情况各不相同，目前标准形制的支架、手术导板、假体、钢板等植入或非植入性医疗器械只能契合标准型患者的临床需求，其余患者则达不到最佳治疗效果。而增材制造技术可以根据患者定制个性化的医疗器械，以满足诊断和治疗的需求，达到最佳治疗效果。如增材制造技术能够制作与骨骼结构相似的植入物，宏观结构匹配骨缺损部位，微观上具有利于骨骼生成的多层次微孔，这样的人造骨骼植入物可以缩短病人康复过程。

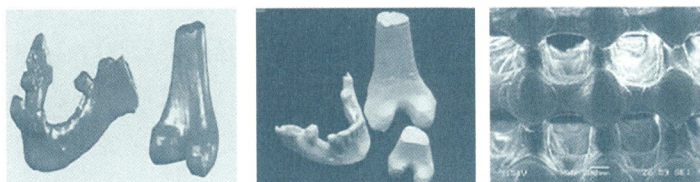

图 4.28　个性化的医疗器械

（3）组织器官的制造（见图 4.29）。全球目前每年有超过 600 万人需要移植器官来维持生命，其中只有不到 10 万人可以获得移植器官。而器官的结构复杂，传统的制造技术无法制造这样复杂的结构。增材制造技术理论上可以制造出任意复杂的结构，这为在体外制造人工组织器官提供了技术可能，这是增材制造技术未来重要的应用方向。

目前增材制造技术在这一领域正处于从基础研究到应用的转化阶段。活细胞 3D 打印技术是研究的最前沿，Clemson 大学开发的 3D-cell printer（Cris Wilson，Boland，2003），Drexel 大学开发的 Multi-nozzle deposition（Khalil et al.，2005），清华大学开发的 Cell assembly 等都是该领域技术研究的代表。Organnovo 公司和 Regenovo 公司则成功将这一领域的技术进行了商业化应用，他们用细胞 3D 打印技术制造的人工肝组织，已经作为药物筛选工具在制药工业得到应用。

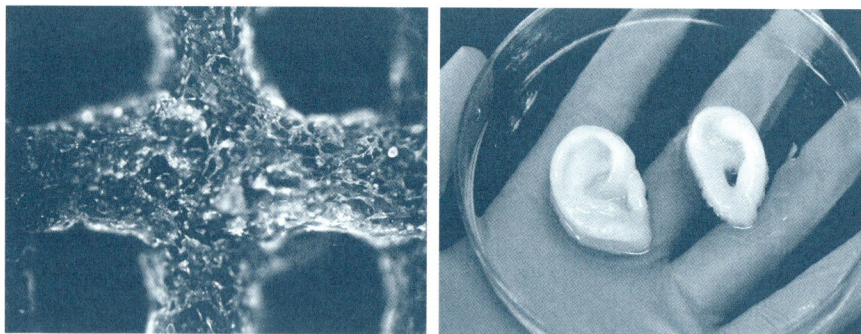

图 4.29　组织器官

（五）总结和展望

随着信息和网络技术的不断发展，数字化制造取代了规模、效率、设备、工艺等旧的核心元素，催生和建立了新的生产方式和组织方式，成为制造业新趋势。而增材制造技术则为从数字设计到制造提供了最合适的生产方式，促进了网络信息技术和制造技术的融合，促进了以人为中心的数字化制造体系的形成，使得我们可以在计算机网络、云技术、虚拟现实、数据库和多媒体等技术的支持下，根据用户的需求，迅速搜集资源信息，对产品信息、工艺信息和资源信息进行分析、规划和重组，实现对产品设计和功能的仿真以及原型制造，进而快速生产出达到用户要求性能的产品（见图 4.30）。

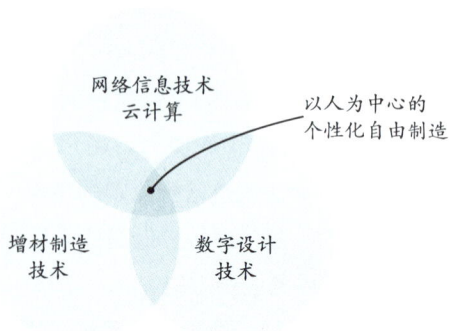

图 4.30　数字化制造体系

第5章

i City 智能制造服务技术

制造服务包括与产品关联的生产性服务（如工程机械的租赁服务）和生活性服务（如家电的回收服务）。智能制造服务是信息化与制造服务化融合的高级形式，是制造服务发展的主要方向之一。智能制造服务是信息技术拉动与用户需求驱动的产物。

制造服务信息化的发展必然朝智能化方向发展。信息化技术主要从以下几方面支持智能制造服务：①信息技术提高了产品的智能水平，使产品具有自主的智能服务功能；②信息技术提高了服务的智能水平，许多服务可以通过软件自动实现。

智能制造服务模式的发展方向主要是：①面向产品全生命周期的智能服务；②面向协同的智能制造服务；③基于数据挖掘和知识发现的制造服务；④深度体验服务；⑤客户自主服务；⑥向价值链两头拓展的制造服务；⑦远程智能服务。

智能制造服务模式可按以下几种方式分类。

1）大数据驱动的智能制造服务模式可以分为：①基于行业网站交易数据的制造服务；②基于电子商务大数据的制造服务；③基于销售大数据的制造服务；④基于产品运行和维修大数据的制造服务。

2）物联网驱动的智能制造服务模式可以分为：①社会性网络服务；②基于 Web 2.0 的商务智能服务；③创新 2.0 中的制造服务。

3）基于云计算平台的智能制造服务模式的案例有：①华为的基于云计算平台的智能制造服务；②山特维克可乐满（Sandvik Coromant）刀具的制造服务。

智能制造服务的关键技术主要包括：①智能信息采集技术；②智能信息管理技术；③智能信息处理技术；④产品智能维护服务技术。

一、概　述

（一）制造服务的概念和定义（顾新建等，2014）

制造服务是向产品产生过程和使用过程所提供的各种形式服务的总称。

制造服务的主体是产品生产企业和第三方服务商。服务对象包括产品生产企业和最终消费者,一般称为客户(也可称用户)。狭义客户是指产品的用户,广义客户包括供应商。制造服务包括与产品关联的生产性服务和生活性服务。制造服务的概念是针对产品生产企业向服务业拓展需要而提出的。

生产性服务是向企业所提供的各种形式服务的总称,为保持商品和服务生产过程的连续性,促进技术进步、产业升级,提高生产过程不同阶段的生产效率和运行效率提供保障服务。生产性服务中一些与产品不直接关联的服务,如企业的财务优化服务、资产管理服务、法律咨询服务等,不属于本书的制造服务讨论范围。

生活性服务是面向终端消费者的各种文化和生活方面的服务,包括餐饮服务、家庭服务、医疗服务、交通服务、通信服务、教育服务、文化娱乐服务、居住服务、旅游服务和其他服务等十大类别。生活性服务又称消费性服务。生活性服务中也有许多服务与产品不直接关联,如文艺演出服务、旅游服务、法律咨询服务、餐饮服务等,不属于制造服务。

制造服务包括制造企业的与产品关联的服务和第三方的与产品关联的服务。

产品服务是制造服务的子集(制造商基于自己产品的延伸服务)。服务的主体是制造企业,服务的阶段主要是产品售后阶段。

能力服务是制造服务的子集(制造商提供设计和制造服务)。服务的主体是制造企业,服务的阶段是售前阶段。产品服务和能力服务覆盖了产品全生命周期。如图5.1所示。

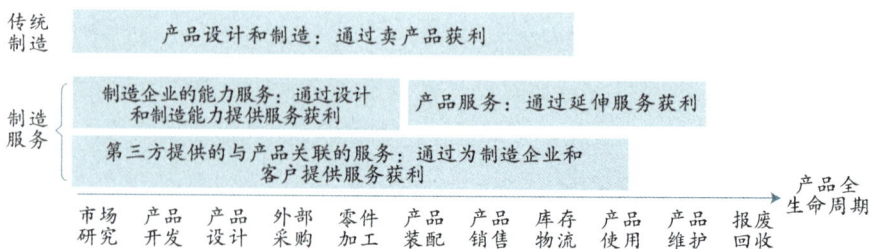

图5.1 制造服务和传统企业生产活动的关系

图5.2是一些与制造服务定义相关的一些概念间的关系。

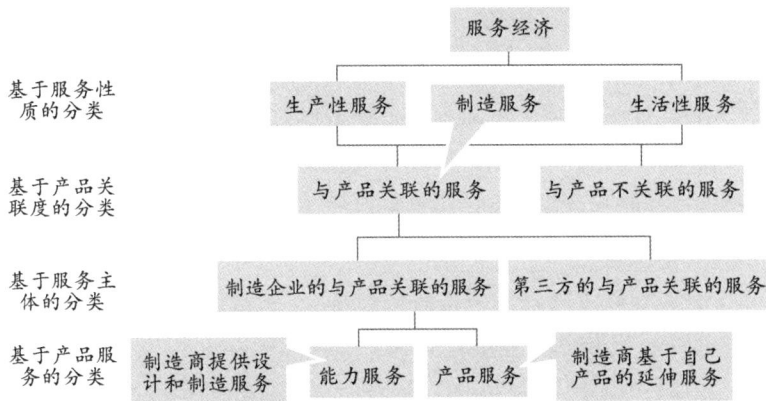

图 5.2　与制造服务定义相关的一些基本概念的关系

（二）制造服务的需求

制造服务的发展主要是用户需求的产物。我国制造业的未来发展不能再像过去那样过度消耗资源和污染环境，需要通过制造服务向价值链的高端拓展，以很小的资源和环境代价，大幅增加制造业的产值、利润和就业率。

从国家层面看，制造服务的需求主要是：

（1）地球上已经没有那么多的资源可以供我们继续按以往的消耗量挥霍。

（2）传统产品在国外市场已经占了很大份额，继续依靠扩展海外市场的方式发展经济已经是不可持续了。

（3）我国的就业压力非常大。2030 年，我国人口将达到 15.1 亿～16.1 亿，每年新增劳动力 1 000 万人左右，同时，城镇化需要解决大量农民进城就业的问题。而第二产业的就业市场随着生产力的提高、市场的饱和，其容量增加是很有限的。但我国工业化进程还是要继续，GDP 需要保持稳定的增加，就业率不能下滑。在这种资源和市场的双重约束下，我国需要大力发展服务业。因为，服务业可以在增加 GDP 的同时，使资源消耗的增加量较传统制造业少得多，并且可以扩展新的市场。

智能经济社会不仅需要强大的制造业的支撑，也需要强大的服务业的支撑。城市 GDP 的增长，未来越来越多地要依靠服务业。因为，我国 GDP 要翻一番，产品市场容量不可能跟着翻一番，资源和能源也不可能跟着翻一番。服务业所消耗的资源和能源要远少于制造业。发达国家服务业所创造的 GDP 达到 70%，而我国 40% 还不到。

（4）我国服务业的比重还相对较低，有大力发展的前景。过去的发展主要依靠制造业的发展，未来 GDP 的增加将越来越多地依靠服务业的增长。

从企业层面看，制造服务的需求主要是：

（1）用户对制造服务的需求。企业用户希望通过得到服务，将自己的非核心专业业务外包；消费者用户希望通过消费服务使自己有更多的可支配时间；许多产品技术含量很高，操作和维护复杂，需要产品制造企业提供更多的服务。

（2）企业与用户协同产品创新的需求。产品创新的一些思想往往来自用户，通过服务企业可以搜集用户在使用和维护产品过程中的经验、教训和建议；企业通过服务，可帮助用户自己进行某种程度的产品创新，因为用户最知道自己的需求。

（3）企业差异化竞争的需要。企业为用户提供独特的服务，这往往是竞争对手难以模仿的。服务需要高素质的员工，需要对庞大的服务链有很强的掌控能力，需要丰富的经验积累。

（4）企业发展的需要。在大多数价值链中，利润已从产品的制造环节分别向其上游（研发）和下游（产品服务）环节转移。对德国 200 家装备制造企业的利润分布情况进行的调查结果表明，2007 年 200 家机床生产企业的总销售额大约 434 亿欧元，其中通过新产品设计、制造和销售环节的销售额大约占 55%，但是获得的利润却大约只占总利润的 2.3%，其余利润几乎都来自服务环节。因此，企业要获得新的可持续利润，就必须从销售物理产品向销售服务方向拓展。

（5）企业争取客户的需求。企业利用对自己产品的专业知识获得服务的增值收益，并能够更牢固地锁定用户，有利于新技术在现有用户群中推广，有利于建立企业与用户之间的长期合作关系，提高保护用户利益的能力。

从环境保护层面看，制造服务的需求主要是：

（1）企业通过延伸服务，对产品的全生命周期负责，在降低产品全生命周期成本的同时，减少对环境的不良影响。当制造企业永远拥有它所生产的产品，对产品的全生命周期负责时，就会更全面和深入地考虑产品对环境的影响。因此，近年来整合产业链作为解决经济效益与环境保护矛盾的重要手段得到了包括联合国环境发展机构在内的各方重视。20 世纪 90 年代中后期，联合国环境规划署提出了产品服务系统的概念，其关键思想是，企业提供给消费者的是产品的功能或结果，用户可以不拥有或购买物质形态的产品。

（2）开展再制造服务，减少资源浪费。再制造是指以产品全生命周期理论为指导，以废旧产品性能实现跨越式提升为目标，以优质、高效、节能、节材、环保为准则，以先进技术和产业化生产为手段，对废旧产品进行修复和改造的一系列技术措施或工程活动的总称。再制造的重要特征是：再制造产品的质量和性能达到甚至超过新品，而成本只为新品的 1/3 ～ 1/2，并有效节能、节材，对环境的不良影响显著降低。

再制造服务就是废旧产品的高技术修复、改造服务的产业化。它针对的是损坏或行将报废的零部件，在性能失效分析、寿命评估等分析的基础上，进行再制造工程设计，采用一系列相关的先进制造技术，使再制造产品质量达到或超过新品。

（三）智能制造服务的需求

智能制造服务是信息化与制造服务化融合的高级形式，是制造服务发展的主要方向之一。智能制造服务是信息技术拉动与用户需求驱动的产物。

信息技术的发展使服务越来越便利，并使过去许多不可能的服务成为可能，如基于网络和知识的各种智能制造服务。

用户需求的变化需要企业提供更快捷、更方便的个性化服务，而信息技术为企业开展用户服务提供了强大的工具，其优势主要表现在及时、互动和个性化等方面。制造服务将信息化作为提供服务的平台和工具，借助于信息化手段把服务向业务链的前端和后端延伸，扩大了服务范围，拓展了服务群体，并且能够快速获得用户的反馈信息，不断优化服务内容，持续改进服务质量。制造服务信息化的发展必然朝智能化方向发展。信息化技术主要从以下几方面支持智能制造服务。

（1）信息技术提高了产品的智能水平，使产品具有自主的智能服务功能。如汽车自动倒车停位服务系统可以帮助用户方便地将汽车精确停位，汽车租赁和共享服务系统可以帮助用户快速租赁和共享所需要的汽车。

（2）信息技术提高了服务的智能水平，许多服务可以通过软件自动实现。如浙江省服装科技创新平台（http : //www.3fnet.com）提供了一种在线服装智能排样系统，用户在网站上输入有关数据，系统即可快速进行自动排样，效果比人工排样要好；服装自动匹配和三维展示系统则可以根据用户的历史数据，快速帮助用户找到自己喜欢的服装，并穿在自己的虚拟体上，动态展示。

智能制造服务的需求主要是：

（1）满足用户在产品协同设计阶段的需求。①通过智能服务软件和人机交互界面，支持产品用户与企业协同创新，以便获得用户自己真正需要的产品。②提供基于虚拟现实技术的智能服务软件，帮助产品用户通过网络参与设计，体验成就感。

（2）满足合作伙伴在产品协同设计阶段的需求。①通过智能服务软件和人机交互界面，支持合作伙伴与企业协同创新，提高创新设计效率。②提供基于虚拟现实技术的智能服务软件，帮助合作伙伴通过网络参与设计，加强合作伙伴与企业的相互沟通。

（3）满足供应商在产品协同设计和制造阶段的需求。①通过网络零件库系统，支持供应商发布自己生产的零部件的3D模型，以便整机厂设计师快速选择已有零部件的3D模型组装成新的产品，在进行仿真分析后，向供应商采购相应的零部件，最终形成分工专业化、产品模块化、标准化的协同设计和制造生态系统。②提供智能设计制造集成软件，支持供应商参与产品并行设计和制造。③提供智能服务软件，帮助企业对供应商的制造过程进行远程监控。

（4）满足用户在产品使用阶段的需求。①用智能代理、智能服务、智能机器人代替用户更多的体力和脑力工作。②通过智能服务软件和人机交互界面，使复杂产品操作和维护简单化。③通过智能服务，支持产品租赁、共享等基于大数据的服务。④通过智能服务，为用户使用的产品提供远程监控和故障诊断服务，确保其安全可靠、高效率运行。

（5）满足企业用户服务的需求。①开展智能制造服务，为用户提供独特的服务，使竞争对手难以模仿。②通过基于大数据的制造服务，掌控服务链，争取更多盈利空间。③利用对自己产品的专业知识开展智能制造服务，获得增值收益。④利用基于大数据的制造服务，建立企业与用户之间的长期合作关系，提高保护用户利益的能力，争取和锁定用户。

（6）满足环境保护的需求。①通过基于大数据和云计算平台的制造服务，帮助制造企业对其产品全生命周期负责，使企业更全面和深入地考虑和控制产品对环境的影响。②通过环境数据监控平台，帮助制造企业监控其制造过程和供应链，并提供翔实的环境数据，以便用户、政府有关部门的监督。③通过环境数据监控平台，帮助制造企业监控其产品运行过程的能耗和污染情况，以便及时采取措施实现节能减排。

图5.3描述了智能制造服务的需求。

由于制造服务面向产品整个生命周期，面向无数高度分散的用户，具有信息量大、过程和环境复杂、个性化强、对知识和信息利用水平要求高等特点，因此，智能化是制造服务的主要发展趋势。当前制造服务主要停留在信息化阶段，有些服务已经有智能化的特征，如表5.1所示。

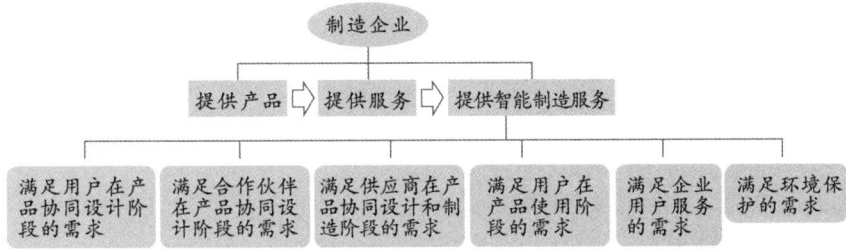

图 5.3　智能制造服务的需求

表 5.1　智能制造服务的现状

序	制造服务内容	信息化特征	智能化特征	案例
1	协同设计服务	信息服务平台	智能专业设计	波音公司的787飞机协同设计
2	远程软件服务	基于互联网	智能分析服务	在线有限元分析服务
3	用户自助设计服务	自助设计服务软件	虚拟现实；智能配置和计算	家具企业提供网上家具配置设计平台
4	网络零部件库服务	零部件3D模型发布、搜索、展示等	数据挖掘和知识发现	国外Traceparts[①]，国内三维资源在线[②]
5	供应商远程监控服务	对供应商生产过程远程实时质量监控	实时感知；质量数据智能分析	盈飞无限（InfinityQS）推出的eSPC工具[③]
6	产品定制服务	定制数据采集、传递；定制产品信息反馈	虚拟现实；智能变型设计	雅戈尔专卖店的西服定制服务；BANO网上服装高级定制服务
7	产品使用服务	提供产品节能、维护保养、性能检测等信息化服务	专家系统	沃尔沃卡车公司的"全金程"全面物流解决方案（王冀，2014）
8	产品增值服务	基于信息技术的增值服务，扩展产品功能	产品智能增值服务	手机增值服务：导航、微博客、播客、音频、新闻阅读和聚合、手机SNS社区、多方视频会议等
9	面向用户支持工程师的知识服务	自动搜集用户支持工程师的服务记录，积累和共享服务知识	主动推送相关知识；虚拟呼叫中心	Eddie Bauer公司

---

① 引自 http://www.traceparts.com/。
② 引自 http://www.3dsource.cn/。
③ 引自 http://www.infinityqs.cn/。

续表

序	制造服务内容	信息化特征	智能化特征	案例
10	复杂产品远程诊断和维修服务	实时检测、故障诊断、维修指导、视频交互、数据分析、信息管理等	故障智能分析；自主维修	三一重工远程监控平台
11	可视化维修服务	通过观看画面演示完成对产品故障的判断和维修	虚拟现实	交互式电子技术手册（IETM）；便携式维修辅助设备（PMA）
12	维修服务管理	对分散在各地的服务人员进行管理和提供支持	专家系统	波音的维修自助服务工具（周默鸣，2002）

二、智能制造服务模式

（一）智能制造服务模式发展方向

图 5.4（顾新建等，2014）为智能制造服务模式的主要内容。其中部分内容已经在应用，有的内容尚待开发。这里将产品生命周期分为产品形成阶段、产品制造阶段和产品售后阶段，也可分为售前、售中和售后 3 个阶段。

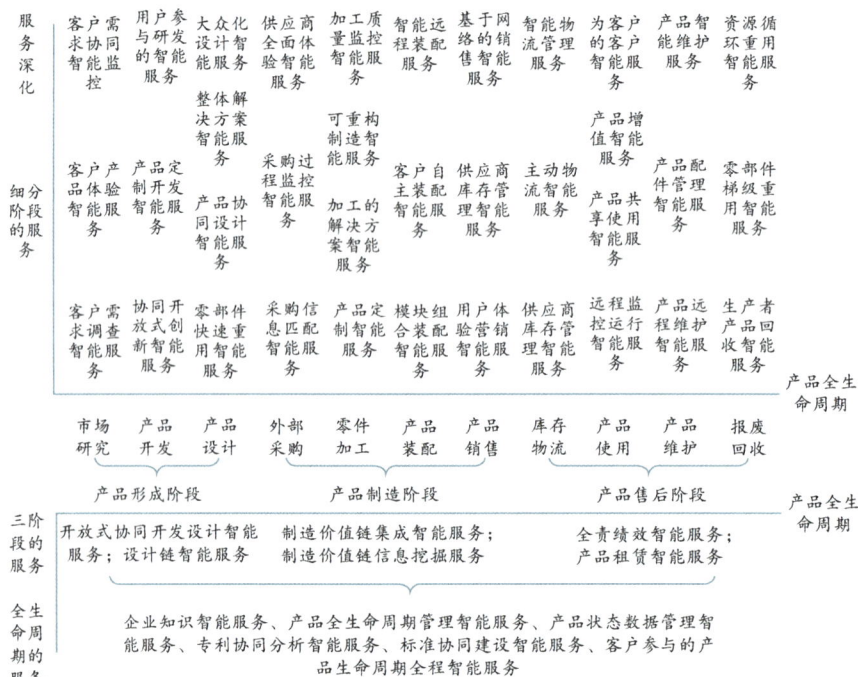

图 5.4　智能制造服务模式的主要内容

智能制造服务模式的发展方向主要有以下几个方面。

（1）面向产品全生命周期的智能服务。客户对产品全生命周期的服务的需求越来越旺盛，而面向产品全生命周期的服务涉及大量的数据、涉及许多供应商。大数据的处理、众多供应商的协调、为分布在各地的客户的快速服务，这些都需要智能技术，如大数据智能处理技术、供应商智能协调技术、快速服务智能调度技术等。

面向产品全生命周期的服务的典型案例有产品全生命周期管理智能服务、产品状态数据管理智能服务、全责绩效智能服务等。

（2）面向协同的智能制造服务。由于制造企业小型化、分布化和分工专业化的趋势，制造服务越来越需要众多制造企业的协同。采用传统方法开展制造服务协同，由于参与企业数量多，且高度分散，故协同难度很大。因此，一方面需要通过网络技术，建立协同环境，为协同提供知识设施；另一方面需要建立协同制度和规则，对协同过程进行跟踪和评价，使协同建立在一个公平、公开、透明的环境中，对有利于协同健康发展的行为和人员进行有效的激励，对有害于协同的行为和人员进行揭露和处罚。最终形成一种协同文化，使大家主动、认真参与协同。协同制造服务的智能体现在将众人的智慧集成在一起，充分发挥大家的积极性，特别是协同的积极性，形成巨大的合力。

协同制造服务的典型案例有专利协同分析智能服务、标准协同建设智能服务、开放式协同开发设计智能服务、协同开放式创新智能服务、产品协同设计智能服务、制造价值链集成智能服务等。

（3）基于数据挖掘和知识发现的制造服务。泛在网络（包括互联网、物联网、无线网）及企业各种信息系统的应用带来了大量有价值的数据和信息，但目前这些数据和信息大都还没有被真正挖掘应用。通过对这些数据和信息的挖掘，可以开展一些创新的智能制造服务，帮助企业提高设计、制造、销售和服务能力。

基于信息集成的制造服务的典型案例有制造价值链信息挖掘智能服务、产品共享使用智能服务、采购过程监控智能服务、智能物流管理服务等。

（4）深度体验服务。一方面客户对服务的质量要求越来越高，另一方面，制造服务方面的竞争越来越激烈，企业要在制造服务方面取得竞争优势，需要朝服务深化方向发展。为客户提供深度体验服务是重要方向之一。现在信息技术的发展使许多产品具有客户超前体验的可能性。深度体验服务除了人工智能技术、知识服务技术等以外，还需要快速原型、虚拟现实技术等技术的支持。

企业通过给客户提供产品体验服务，提高了产品成功的概率，这为企业带来直接的价值。同时，也是一种产品预先宣传的方式，让潜在用户了解产品。

深度体验服务的典型案例有客户产品体验智能服务、供应商全面体验智能服务等。

（5）客户自主服务。网络的发展使企业客户可以直接参加到企业的价值链过程中来，企业可以从客户的参与中获得客户的需求信息，更好地为客户提供定制的产品和方法。同时，客户通过自主服务可以快速获得自己需要的产品，还可以进行产品创新。企业需要为客户自主服务建立一个平台，使客户能够方便地进行自主服务。平台的发展方向是智能化、虚拟化、协同化。

客户自主服务的典型案例有客户参与研发的智能服务、客户自主制造智能服务、客户自主装配智能服务、客户参与的产品生命周期全程智能服务等。

（6）向价值链两头拓展的制造服务。泛在网络的发展使得价值链的信息集成更加容易，向价值链两头拓展的制造服务也就更加容易。向价值链两头拓展的制造服务不仅有助于企业帮助自己的客户和供应商获得更好的发展环境，也使得企业自己获得更多、更全面的市场信息，开发出更好的产品。价值链集成的深度和广度使得制造服务出现了许多新的创新模式。

向价值链两头拓展的制造服务的典型案例有设计链服务、为客户的客户的智能服务、为供应商的供应商的智能服务、整体解决方案智能服务、生产者产品智能回收服务等。

（7）远程智能服务。泛在网络和传感器技术的发展使企业越来越多地通过远程智能服务，开展产品维修、产品使用指导等服务。远程智能服务需要及时并全面地获取现场工况信息，需要专家系统的支持。

远程智能服务的典型案例有智能远程装配服务、加工质量智能监控服务、采购过程智能监控服务、远程监控运行服务等。

（二）大数据驱动的智能制造服务模式

100 年前的医生可以了解医学的所有分支，可是今天一名医生面对的是大约 10 000 种疾病综合征、3 000 种药品、1 100 种检验方法的海量知识（姜峰，2012）。

100 年前的最大的汽车企业福特公司只生产一种类型的汽车，而今天大型汽车企业要生产几十种款式、无数种变型的汽车。

21 世纪是数据钻出石油的时代，从庞大的数据集合中可以找寻出有价值

的数据和知识，通过分析挖掘为各行业提供真正的智慧。

大数据（big data）或称巨量资料，指的是所涉及的资料量规模巨大到无法通过目前主流的软件工具，在合理时间内达到撷取、管理、处理并整理成为帮助企业经营决策更积极目的的信息（维克托·迈尔-舍尔维恩，肯尼斯·库克耶，2013）。大数据与云计算是融合在一起的，因为大数据需要许多服务器的分布式存贮和计算。

企业各种信息系统、电子商务平台等逐渐累积的大数据对制造服务的智能化起了重要的作用。大数据的发展是一个渐进的过程，因此，如果按照数据量的大小，则大数据驱动的智能制造服务可以分为以下几种模式。

1. 基于行业网站交易数据的制造服务

现在几乎每个行业都有自己的行业网站，这些行业网站由于其精准的专业服务、高度关联的产业链、配套齐全的供应商、云聚一网的客户，网上交易火热，累积了大量的交易数据。在此基础上，开展基于行业网站的交易数据的制造服务是水到渠成。

（1）中国化纤信息网基于大数据的化纤价格指数。浙江华瑞集团有限公司 1997 年 4 月正式开通了"中国化纤信息网"，提供全国十二大化纤专业市场及其他化纤原料的当日行情，还对不同品种化纤原料每周、月、年、跨年度的价格形成曲线，并做出趋势分析。1998 年 4 月创立了中国化纤信息网化纤价格指数。该指数的建立主要依据各市场所在地域及附近地区织物年产量及对化纤产品的年需求量、各市场所在地域及附近地区当时的开机率等大数据，并根据时令、季节及市场炒作等因素调整各模型中的参数，以使其能最佳地代表市场价格行情。该网自独创涤纶综合指数、涤纶长丝指数、涤纶短纤指数、聚酯切片指数、粘胶长丝指数、粘胶短纤指数、腈纶短纤指数以来，及时、直观地反映了市场行情的综合信息，避免了因个别品种、厂家的价格波动所带来的行情错觉，为企业的决策提供了巨大的支持[1]。

（2）浙江塑料城网上交易市场基于大数据的中国塑料价格指数。浙江塑料城网上交易市场创建于 2004 年 9 月，是我国首家塑料电子交易中心，为超过 10 000 家涉塑企业提供在线购销和在线支付清算服务，年交易额超过 400 亿元。2006 年编制、发布的中国塑料价格指数，全面、真实地反映了市

---

[1] 中华人民共和国工业和信息化部信息化司. 中国化纤信息网. [2009-04-13]. http://www. miit.gov.cn/n11293472/n11293877/n11301602/n12222003/n12238789/12244622.html.

场价格运行轨迹，是我国首个大宗商品价格指数，已经成为塑料行情的风向标，如图 5.5 所示①。

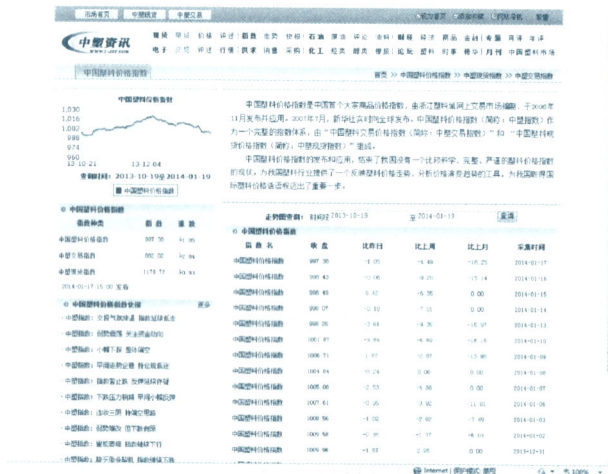

图 5.5　中国塑料价格指数的界面

类似的还有义乌指数即义乌·中国小商品指数。

2. 基于电子商务大数据的制造服务

作为电子商务的巨头，中国有淘宝网，美国有亚马逊公司。

（1）美国亚马逊公司基于电子商务大数据的制造服务。亚马逊公司（Amazon）是一家财富 500 强公司，总部位于美国华盛顿州的西雅图。它创立于 1995 年，目前已成为全球商品品种最多的网上零售商和全球第 2 大互联网公司，在公司名下，也包括了 Alexa Internet、a9、lab126 和互联网电影数据库（Internet Movie Database，IMDB）等子公司。亚马逊及其他销售商为客户提供数百万种独特的全新、翻新及二手商品，如图书、影视、音乐和游戏、数码下载、电子和电脑、家居园艺用品、婴幼儿用品、食品、服饰、鞋类和珠宝、健康和个人护理用品、体育及户外用品、玩具、汽车及工业产品等②。

亚马逊已经成为一家拥有大数据，并以此获得持续利润的云计算企业。

亚马逊的官方网站 Amazon.com 目前拥有超过 2 亿的活跃用户和每个月1.5 亿的独立访客。亚马逊即将推出的实时广告交易平台，又称"需求方平

---

① 引自 http://www.ex-cp.com/。
② 百度百科. 美国亚马逊公司. [2014-01-19]. http://baike.baidu.com/link?url=VoC4QXGyAe1b5 2I3_Dgzs4RyH05dmdJLOU8 Vj-tAzsOakJ4LWjKxGZRmB-sEyj-_iyNTphalCHnHBsdxnsQNjK.

台"（Demand Side Platform，DSP），可以让广告与目标消费者相遇。广告商可以在"需求方平台"上竞标网站的闲置广告空间，而竞标标的包括广告版位，以及符合特定条件的消费者[1]。

亚马逊与广告商分享的大数据有两类，一是依用户网络行为所做的通用分类，例如热衷时尚、喜爱电子产品、身份为母亲、爱喝咖啡等；二是用户的商品搜寻记录。至于消费者的实际购物资料，亚马逊似乎尚未列入分享。

广告商即使无法得知实际消费记录，能了解潜在顾客的商品搜寻记录，也够诱人了；亚马逊如果全力进军网络广告市场，可能大大改变产业生态。

DSP 成功的关键就在于对用户信息的了解和精准定位，在海量用户中寻找他们的特点或个性化特征，对其进行分类，然后将其与不同类型的广告进行匹配。在广告投放过程中，如果显示的广告与用户的兴趣爱好或者需求相吻合，那么广告就能产生最大的效益。

对于亚马逊来说，它追踪了上亿网购用户在亚马逊网站上的浏览、搜索以及购买记录，在这一过程中不仅积累了大量的用户数据，而且开发了强大的推荐算法，亚马逊利用这些算法为消费者推荐了很多适合的商品，这是亚马逊的核心竞争力所在。

（2）阿里巴巴集团基于电子商务大数据的制造服务。目前，包括淘宝、天猫、支付等阿里巴巴集团下的注册用户超过 6 亿，某种程度上来说，这是目前互联网数据"原产地"之一。海量的数据汇总之后，自身就变成了一种价值。

围绕淘宝，正在形成一个庞大的生态体系，包括传统制造业、网店掌柜、客服、第三方服务商、淘宝客、快递。2012 年，我国的快递业务总收入突破 1 000 亿元，较 2011 年同比增长 39.2%。淘宝提供的数据显示，淘宝网和天猫每天产生超过 1 200 万单包裹。淘宝上第三方服务商数量接近 20 万家[2]。

许多企业主重视市场调查，但传统的电话、邮件、信函等抽样调查方式旷日持久、花费高昂，且调查误差较大。淘宝网采用的则是构建于云平台之上的在线分析系统，能够实时处理数千万甚至上亿条客户的购买记录，并在若干秒之内根据客户提供的限制条件给出结果。

这个限制条件包括购买这一产品的人群的性别、年龄、地域、星座、消

① ZARA　亚马逊　沃尔玛，三巨头的大数据瓜葛 [J/OL]. 连线（台湾版），[2013-04-23]. http://news.xinhuanet.com/info/2013-04/23/c_132332225.htm.
② 王可心. 致淘宝十岁：下个十年始于自我革命 [EB/OL]. [2013-05-09]. http://tech.qq.com/a/20130509/000015.htm.

费层级，以及产品的查询、购买均价等基本信息。

从网购的男女比例来看，传统观念是女性更喜欢逛街购物，但淘宝网购颠覆了这一点。与 2009 年相比，淘宝女性用户比例略有上升，但仍少于男性用户 7.8%，这可能是因为男性能够更加熟练地操作计算机。

2012 年 4 月 18 日，淘宝网旗下的消费数据平台——淘宝指数上线，它是一个更加完备的数据产品。用户可以在淘宝指数中搜索任何一个关键词，得到这个关键词在淘宝、天猫上的搜索、成交趋势、人群信息（如性别、年龄、星座、地区、爱好），等等，还可以查询从这个关键词出发的淘宝上的相关商品、商品属性、品牌等的销售情况。

以"淘宝"为例，每天有数以万计的交易在淘宝上进行。与此同时，相应的交易时间、商品价格、购买数量会被记录，更重要的是，这些信息可以与买方和卖方的年龄、性别、地址，甚至兴趣爱好等个人特征信息相匹配。运用匹配的数据，淘宝可以进行更优化的店铺排名和用户推荐；商家可以根据以往的销售信息和"淘宝指数"进行生产、库存决策，赚更多的钱；更多的消费者"亲"们也能以更优惠的价格买到更心仪的宝贝。

淘宝可以对外提供至少 3 类具备极大商业价值的数据与信息。第 1 类是针对消费者，方便其购物与消费的数据信息，包括各类商品及店铺信息、促销信息等；第 2 类是针对店铺以及卖方，可有效提升其店铺管理及商品销售效果的数据信息，包括消费者的消费行为、网络使用行为、媒体接触及使用行为、市场发展及行业竞争数据与信息等；第 3 类是可以提供给社会及第三方机构帮助其了解电商企业以及与淘宝相关的数据信息，包括销售数据、购买数据、交易数据、消费者行为数据等。

图 5.6 为淘宝大数据的应用框架（刘珊，2012）。

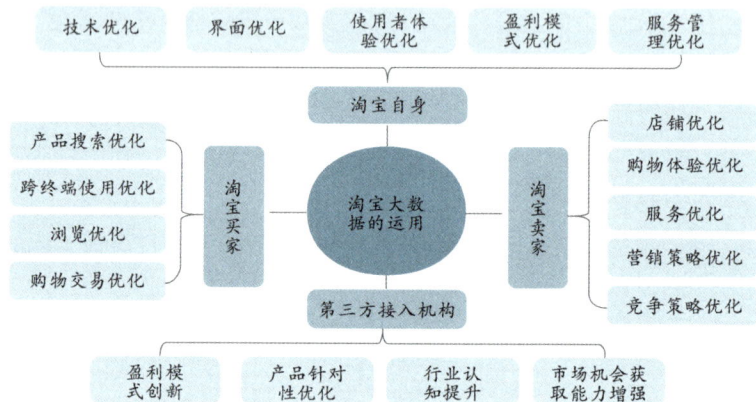

图 5.6　淘宝大数据的应用框架

3. 基于销售大数据的制造服务

（1）小苹果背后的大数据。陕西省西咸新区管委会副主任、沣西新城管委会主任刘宇斌打了一个"小苹果背后的大数据"的简单比方：以陕西省苹果产业发展为例，诸如某品种苹果最适宜生长所需要的空间地理信息数据，与具体产区的苹果产量、含糖量等数据叠加，并通过物联网等手段赋予苹果可追溯的唯一"身份"，在种植过程中实时监控，由每一个苹果"反馈"收集而成的数据，假如足够海量，就整合而成了大数据。拥有了这些数据，首先可以通过数据租售服务的方式对潜在客户产生价值，此类商业模式体现了数据之和的价值远远大于数据的价值之和。其次，如能运用组群分析、数据挖掘等科学方法，辅以云计算、分布式存储等手段，则可以对数据展开深层次分析和预测服务，"哪些苹果品质最好，市场反应更好，明年产量销量会怎样，各地市场对苹果购买的喜好会有何变化"，这种数据深挖及其背后的消费者行为预测分析，未来可能花费几分钟时间就可以完成。

数据经过积累，并与全国其他地方进行比对，则可为陕西苹果产业发展提供决策支持服务，并成为政府、行业指导果农生产的决策依据，避免产品滞销和果农利益受损。

（2）ZARA 基于销售大数据的制造服务①。ZARA 平均每件服饰价格只有 LV 的 1/4，但是，打开两家公司财报，ZARA 税前毛利率比 LVMH 集团还高，达到 23.6%。

1）来自一线销售人员的大数据。在 ZARA 的卖场内，到处装有摄像机，门店经理随身带着 PDA。当客人向店员反映"这个衣领图案很漂亮""我不喜欢口袋的拉链"这些细枝末节时，店员向分店经理汇报，经理通过 ZARA 内部全球信息网络，每天至少两次传递信息给总部设计人员，由总部做出决策后立刻传送到生产线，改变产品样式。卖场的 POS 机也将每天的销售数据和库存数据传递给总部。

根据这些大数据，ZARA 分析出相似的"区域流行"，在颜色、版型的生产中，做出最靠近客户需求的市场区隔。

2）来自网上卖场的大数据。ZARA 在许多国家建立了网上卖场，除了增加营收，网上卖场还可获得大量的用户购买行为的数据，如对某款服装的

---

① ZARA 亚马逊　沃尔玛，三巨头的大数据瓜葛 [J/OL]. 连线（台湾版），[2013-04-23]. http://news.xinhuanet.com/info/2013-04/23/c_132332225.htm.

点击和下单的数据。这不仅回收意见给生产部门，让决策者精准找出目标市场；也对消费者提供更准确的时尚信息，双方都能享受大数据带来的好处。分析师预估，网上卖场为 ZARA 至少提升了 10% 营收。

此外，网上卖场除了交易行为，也是活动产品上市前的营销试金石。ZARA 通常先在网络上举办消费者意见调查，再从网络回馈中，撷取顾客意见，以此改善实际出货的产品。

ZARA 将网络上的大数据看作实体店面的前测指标。因为会在网络上搜寻时尚信息的人，对服饰的喜好比一般大众更前卫，他们掌握信息及催生潮流的能力更强。再者，会在网络上抢先得知 ZARA 信息的消费者，进实体店面消费的比例也很高。ZARA 选择迎合网民喜欢的产品或趋势，果然在实体店面的销售成绩更加亮眼。

这些珍贵的顾客资料，除了应用在生产端，同时被整个 ZARA 所属的英德斯（Inditex）集团各部门所运用，包含客服中心、行销部、设计团队、生产线和通路等。ZARA 根据这些巨量资料，形成各部门的 KPI，完成内部的垂直整合主轴。

ZARA 推行的大数据分析方法，获得空前的成功，后来被 ZARA 所属的英德斯集团底下 8 个品牌学习应用。可以预见，未来的时尚圈，除了台面上的设计能力，台面下的信息 / 数据大战，将是更重要的隐形战场。

3）有了大数据还要迅速回应、修正与执行。H&M 一直想跟上 ZARA 的脚步，积极利用大数据改善产品流程，成效却不彰，两者差距愈拉愈大，这是为什么？

主要的原因是，大数据最重要的功能是缩短生产时间，让生产端依照顾客意见，能于第一时间迅速修正。但是，H&M 内部的管理流程却无法支撑大数据提供的庞大信息。H&M 的供应链中，从打版到出货，需要 3 个月左右，完全不能与 ZARA 的两周相比。

因为 H&M 不像 ZARA，后者设计生产近半维持在西班牙国内，而 H&M 产地分散到亚洲、中南美洲各地。跨国沟通的时间，拉长了生产的时间成本。如此一来，大数据即使当天反映了各区顾客意见，也无法立即改善。信息和生产分离的结果，让 H&M 内部的大数据系统功效受到限制。

大数据运营成功的关键是信息系统能与决策流程紧密结合，迅速对消费者的需求做出回应、修正，并且立刻执行决策。

（3）沃尔玛基于销售大数据的制造服务[①]。2011 年 4 月，沃尔玛以 3 亿美元高价收购了一家专长分类社群的网站 Kosmix。Kosmix 不仅能收集、分析网络上的海量资料（大数据）给企业，还能将这些信息个人化，提供采购建议给终端消费者（若不是追踪结账资料，这些细微的消费者习惯，很难从卖场巡逻中发现）。这意味着，沃尔玛使用的大数据模式，已经从"挖掘"顾客需求进展到能够"创造"消费需求。

作为世界最大的零售业巨人，沃尔玛在全球超过 200 万名员工，总共有 110 个超大型配送中心，每天处理的资料量超过 10 亿笔。由于资料量过于庞大，沃尔玛的大数据系统最重要的任务就是在做出每一次决定前，将执行成本降到最低，并且创造新的消费机会。

Kosmix 为沃尔玛打造的大数据系统称作"社交基因组（Social Genome）"，联结到 Twitter、Facebook 等社交媒体。工程师每天从热门消息中推出与社会时事呼应的商品，创造消费需求。分类范围包含消费者、新闻事件、产品、地区、组织和新闻议题等。同时，针对社交网络快消息流的特质，沃尔玛内部的大数据实验室专门发展出一套追踪系统，结合手机上网，专门管理追踪庞大的社交动态，每天能处理的信息量超过 10 亿笔。

"社交基因组"的应用方式五花八门。举例来说，沃尔玛实验室的内部软件能从 Foursquare 平台上的打卡记录分析出在黑色星期五，不同地区消费者最常购买的商品，然后，针对不同地区送出购买建议。

沃尔玛认为，如果能通过社交网站的大数据掌控消费者的行为，就能以此重新定义消费的方式。

4. 基于产品运行和维修大数据的制造服务

产品运行如飞机发动机运行的数据现在都可以实时获取，显然，这些数据非常庞大。利用产品运行和维修大数据，挖掘产品故障模式、预测产品寿命及故障，对于提高产品的可靠性和安全性等有很大的好处。

（三）物联网驱动的智能制造服务模式

物联网（Internet of Things）是指通过各种信息传感设备，实时采集任何需要监控、连接、互动的物体或过程等各种需要的信息，与互联网结合形成

[①]　ZARA　亚马逊　沃尔玛，三巨头的大数据瓜葛 [J/OL]. 连线（台湾版），[2013−04−23]. http://news. xinhuanet.com/info/2013−04/23/c_132332225.htm.

的一个巨大网络。物联网的发展有力地促进了制造服务的智能化。

1. 智能家电和 LED 照明领域的智能制造服务[1]

全球集成芯片解决方案的领导厂商美满电子科技（Marvell）于 2012 年年初面向智能家电和 LED 照明领域发布了两款智能能源管理平台。广大消费者可以轻松利用这两个平台在世界上任何地方管理自己的智能家电和照明设备，最大限度地减少能源的浪费，并且极大地促进与智能家电无缝互联的生活方式。

智能能源管理平台和智能 LED 照明管理平台都被设计为高能效比、全集成化以及端到端的片上软件解决方案。该方案允许原始设备提供商（OEM）在之上继续开发功能多样的智能家电和 LED 照明方案。智能能源管理平台还可以提供丰富的 WiFi 连接，使得智能家电可以轻松地和消费者家中的网络与设备互联，如智能手机、平板电脑等。另外，也允许消费者接入互联网并享用云服务。智能 LED 照明平台则是围绕创新的 LED 驱动芯片而设计的，通过采用低功耗的 ZigBee 网络互联，可以为消费者提供一个完整的无线网络照明控制方案。WiFi 和 ZigBee 网关将照明控制网络连接到上述提到的网络，通过智能手机和平板电脑来控制。而这两个平台都可以从 Marvell Kinoma 上获得更丰富的用户界面（UIs）和新应用程序（Apps）。

（1）智能能源管理平台。Marvell 的新智能能源管理平台采用了新一代带 WiFi 的微控制器 88MC200，软件方面则采用了第二代智能能源软件平台——两者共同为新一代智能家电提供了高性价比、灵活易用的互联方案，进而可以推动包括冰箱和恒温器在内的智能家电和设备市场逐渐升温。这使得 OEM 厂商得以超越简单的管理和控制层面，进而为消费者提供更广泛的服务。同样，这也使得用户可以更舒适和方便地管理家电设备，包括能耗管理、需求响应、家电自动控制以及远程访问等，还能运行诊断程序，接收相关报警和通知。此外，开发人员可以利用丰富的连接特性为智能设备创建更多应用和服务。

通过射频技术（Radio Frequency，RF）设计、WiFi 网络和丰富的通信软件，Marvell 智能能源管理平台得以极大地简化挑战和复杂性，为厂商提供了无缝互联环境，使他们得以快速将产品设计出来投向智能家电市场。该平台的 3 个关键组件包括：

---

[1] Marvell 发布突破性的智能能源管理平台 [EB/OL]. [2012-01-16]. http://www.eetop.cn/blog/html/98/n-25698/html.

1）Marvell 的新一代 88MC200 微控制器。具备优良的性能，低功耗，更高的运行效率，全面的 I/O 能力，新一代微控制器进一步简化了设计流程，降低了实施的成本，也节约了消费者的预算。

2）Marvell 的低功耗、全集成的 AvastarTM 88W878x 无线 802.11n WiFi SOC 方案。该无线方案可以提供如微接入点技术、WiFi 直联、波束赋形和天线多样性的可靠 WiFi 技术。

3）Marvell 的现场验证型智能能源软件平台。该平台由一系列软件组成，能支持基于智能设备的开发并允许这些设备使用云服务，以及和移动终端互联，如智能手机等。另外，基于 Marvell 智能能源管理平台上的设备也可以与 SEP 2（智能能源草案 2.0）标准完全兼容。

（2）Marvell 智能 LED 照明平台。Marvell 智能 LED 照明平台是一个绿色节能的照明方案，它包含了基于 Marvell 的创新 LED 驱动芯片的发光二极管（LED）照明组件以及 ZigBee 网络，一个 ZigBee/WiFi 无线网关以及智能照明软件。以上所有组件均集成设计在芯片中以提升能效，保证高质量 LED 照明并促进环保和便捷的生活方式。

过去，LED 照明控制系统由于其高复杂度的集成、安装和维护，因此，其价格非常昂贵。Marvell 公司的新型照明平台的目标是提供一个完整的软硬件解决方案给 OEM 厂商，使得他们可以用更少的时间和更低的成本来开发产品并投入市场。也因为 Marvell 提供了完全集成的 LED 照明和无线控制系统，因此，不论是易用性的提升还是安装成本的降低都趋向于极致，大大简化了使用和维护难度，使得非专业人员也能轻松应对。

Marvell 智能 LED 照明平台也允许终端用户使用移动设备和个人电脑控制照明方案，使他们可以方便地在任何地方管理、分析并维护一个更具性价比的数字照明方案。智能 LED 照明平台可以显著地节约商业和住宅用电。并且随着新的 LED 照明应用的推出，用户还可以添加更多安全功能以及增强远程管理的体验，如高质量的照明调整、气氛和现场的控制等。

Marvell 的智能 LED 照明平台包含以下技术以构建一个智能照明网络：

1）连接组件。多重 LED 驱动器和集成了 ZigBee 无线网络软硬件的传感器。

2）一个"交钥匙"型的 WiFi/ZigBee 无线网关。与 Marvell 领先的 88W8782 WiFi 芯片相结合，ARMADA 88AP166 应用处理器和 88MZ100 ZigBee SoC 片上解决方案提供了一个集成的无线控制环境。

3）智能照明控制软件包。由于包含了 Linux 网关软件，OEM 可以比以往更加容易创建一个无缝互联的、客户端界面更加直观的 LED 照明解决方案。它将比以往任何时候都更加容易控制开关、调光、调色、分区和调度。

2. 富士施乐的文件管理服务

图 5.7 所示是传统生产模式下的复印机行业的模式，制造商提供技术和暂时性的服务技术，在这个过程中赚取利润。虽然客户只是想要复印机的功能，但是他们必须购买产品，购买复印机所需要的消耗品，监测机器的性能，安排服务，并且还得承担产品选取和产品回收等与所有权相关的责任。

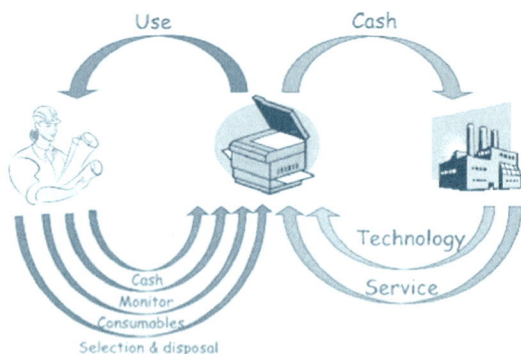

图 5.7　传统复印机模式

图 5.8 所示是制造服务下的复印机行业模式，客户不再拥有产品的所有权，制造商提供的是"文件管理解决方案"。在使用过程中，制造商而不是客户负责选择提供合适的设备以及复印机的消耗物，此外制造商还要监控机器的性能、维修和对产品的回收。客户只为复印机的复印和印刷功能而向制造商支付费用。

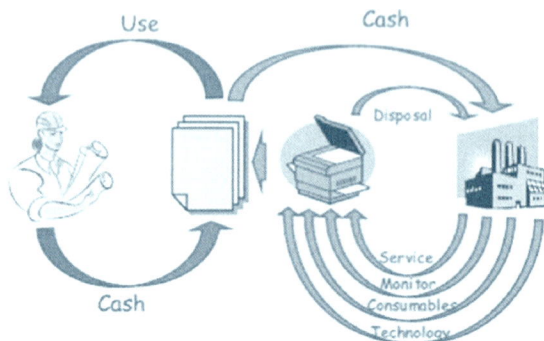

图 5.8　客户消费复印机的文件管理能力

Xerox（富士施乐）的文件服务，用网络整合所有文件活动即是开展产品延伸服务模式的典型例子。作为全球文件管理的专家，Xerox 积极地倡导文件管理的重要性，并推出了卓有成效的 XOS（Xerox Office Service）办公文件管理服务，提高了企业办公效率，并且大大地降低了企业管理成本[①]。

Xerox 的文件外包及沟通服务是综合管理从文件的创作、起草，到印刷制作成书或者文件，然后再到配送、库存的全过程。众所周知，由于时间、内容等原因，制作完的产品手册都会有因过时而造成的浪费，通过 Xerox 文件管理服务可以实时帮助客户，根据其需求按需制作，用多少制作多少。Xerox 全球文件管理服务采取的是按印量收费的模式[②]。Xerox 还能帮助客户管理各种各样不同品牌和型号的打印机、复印机等办公设备，客户也可以继续使用原有的设备。Xerox 通过一个自己研发的软件实现网络管理，实时监测所有设备，当设备出现问题时，Xerox 能够第一时间知道，并立刻解决问题，这样客户就可以完全专注于自己的核心业务；Xerox 会对所有机器进行优化管理，根据客户工作流的现状，选择最好的设备提供给用户，甚至是设备放置在哪一个合适的位置都由 Xerox 负责设计。

3. 食品监控服务

从 2003 年开始，中国已开始将先进的 RFID 射频识别技术运用于现代化的动物养殖加工企业，开发出了 RFID 实时生产监控管理系统。该系统能够实时监控生产的全过程，自动、实时、准确地采集主要生产工序与卫生检验、检疫等关键环节的有关数据，较好地满足质量监管要求，过去市场上常出现的肉质问题得到了妥善的解决。此外，政府监管部门可以通过该系统有效地监控产品质量的安全，及时追踪、追溯问题产品的源头及流向，规范肉食品企业的生产操作过程，从而有效地提高肉食品的质量安全[③]。

国内一家物联网运动平台咕咚网，其业务涉及时尚消费电子与互联网领域。咕咚网将物联网、云健康、社交等结合起来，在线下，引入先进的人体检测技术，利用硬件及移动客户端产品检测并记录人们的睡眠、运动数据，并将数据上传至云端（线上）进行智能分析，绘制专业图表，同时借助网络平台展示、分享、互动，将娱乐性与运动健康融合在一起。

---

① 富士施乐办公文件管理服务提升企业竞争力 [J]. 办公自动化，2008（2）：23.
② 陈颖，谭娟. 富士施乐办公文件管理服务提升企业竞争力 [EB/OL]. [2009-09-15]. http://www.cjcnet.com/rwzt.aspx?id= 4995.
③ 物联网食品安全解决方案－暨 RFID 技术助力食品溯源，肉类源头追溯系统 [EB/OL]. [2013-05-21]. http://www.bornlead.com/html.php/msg-1-904.html.

（四）基于互联网的开放式智能制造服务模式

现在越来越多的互联网平台实行开放策略，引进第三方服务和软件提供商。这对完善平台的功能，实现更好的用户体验非常重要。也正因为如此，大的平台都是或多或少实行开放策略，聚合中小开发者对平台加以完善。

1. 社会性网络服务

社会性网络服务（Social Networking Services，SNS）专指旨在帮助人们建立社会性网络的互联网应用服务。

开放和共赢已成为互联网长远发展的趋势，过去几年，各大互联网巨头相继推出了开放平台，并汇集大量的第三方应用。数据显示，苹果 AppStore 应用软件已超过 30 万款，下载量已经超过 40 亿次。

案例：新浪微博开放平台推出"微服务"体系[1]

新浪微博依托平台数亿用户、过百万机构，及海量的对象关系形成的大数据体系，构建了高效的兴趣图谱和信息网络，新浪希望将非结构化数据结构化，与合作伙伴、第三方开发者共同把微博打造成一个高效的社会化信息和服务平台。

新浪微博开放平台成立 3 年来，开放接口总数已超过 200 个，涵盖用户、关系、话题、内容搜索、消息、推荐等多个维度。目前新浪微博开放平台拥有 57 万注册开发者（认证开发者超过 12 万），48 000 款上线应用，18 000 多款无线应用，覆盖了 60 000 家网站，85 万二级域名，每天有大量内容在微博上传播。

依托这些接口及服务，微博生态也在不断发展变化。微博上企业与机构总数已经超过 39 万，其粉丝数超过 3.25 亿，针对越来越多的企业营销需求，新浪微博推出"微服务"体系。微服务是新浪微博开放平台针对服务于微博生态的第三方企业合作伙伴推出的服务，可以让营销体系与服务体系相互依赖与共同发展，包括消息通道、Page 应用框架、商业数据 API 等。

为了推动平台健康发展，微博开放平台只专注于微博核心功能基础服务及重点产品的建设，如账号、关系、搜索、信息流、广告系统等。除此之外的产品领域均开放给第三方建设，如面向企业开发者的营销服务类、工具管理类应用，以及面向所有开发者的娱乐、生活、工具、信息等应用。微博开

---

[1] 安东. 新浪微博开放平台推出"微服务"体系 [EB/OL]. [2013-11-12]. http://www.techweb.com.cn.

放平台将在这个体系中主要扮演策略制定者、微博核心功能和基础服务建设者的角色，把更多的想象空间和产品领域交给第三方建设，明确平台和开发者的分工界面，繁荣微博生态。

通过社会性网络服务，淘宝获得了外部可控的流量来源。来自好友、信任的人推荐的流量将成为阿里交易额增长的重要支撑。淘宝扮演的角色不是偏向谁，而是提供更多 SNS 工具，帮助卖家发现新的用户、流量，让大量小而美的店铺获得流量入口。为此，马云决定 5.86 亿美元投资新浪微博，为包括淘宝在内的大阿里电商搭建更大的社区体系。微博存在社交关系链，也存在电商化社交传播基础。此外，通过新浪微博的大数据挖掘商业价值，或将实现精准推荐。未来淘宝的信息服务的 1/3 是分类服务，1/3 是搜索服务，1/3 是靠 SNS 社区化的互动服务[①]。

2. BI 2.0——基于 Web 2.0 的商务智能服务

现在客户在网络中的浏览、下载、消费等行为很容易被系统后台记录下来，形成海量数据。仅依靠传统的商务智能（Business Intelligence，BI）对这些数据难以进行有效的挖掘和分析，因为数据太多、涉及的产品和过程太多、内容太复杂。这需要企业广大员工的参与，采用标签等技术，进行数据的标记、关联等。在此基础上，进行数据挖掘和分析就能够有效获得细分的客户需求。这就是所谓的 BI 2.0[②]。

3. 创新 2.0 中的制造服务

创新 2.0 即 Innovation 2.0，是面向知识社会的下一代创新。技术的进步、社会的发展，推动了科技创新模式的嬗变。传统的以技术发展为导向、科研人员为主体、实验室为载体的科技创新活动正转向以用户为中心、以社会实践为舞台、以共同创新与开放创新为特点的用户参与的创新 2.0 模式（宋刚，张楠，2009）。创新 2.0 应是从 Web 2.0 引申而来。Web 2.0 是要让所有的人都来参加，全民织网，使用软件、机器的力量使这些信息更容易被需要的人找到和浏览。如果说 Web 1.0 是以数据为核心的网，Web 2.0 是以人为出发点的互联网。创新 2.0 也是让所有人都参与创新，利用各种技术手段，

---

① 王可心. 致淘宝十岁：下个十年始于自我革命 [EB/OL]. [2013-05-09]. http://tech.qq.com/a/20130509/000015.htm.

② 伯纳德·利奥. BI 2.0 彻底改变工作方式的五项革命 [EB/OL]. [2007-05-17]. http://www.ChinaByte.com/.

让知识和创新共享和扩散。如果说创新 1.0 是以技术为出发点，创新 2.0 就是以人为出发点，以人为本的创新，以应用为本的创新。

案例 1：欧盟于 2006 年 11 月 20 日发起了 Living Labs 网络，它是通往欧盟创新系统的关键一步。其核心价值之一是改善和增加研发转移的洞察力和新的科技成果转化为现实世界的应用和解决方案的动力。它也将采用新的工具和方法、先进的信息和通信技术等手段来调动方方面面的"集体的智慧和创造力"，为解决社会问题提供机会。Living Labs 是欧盟"知识经济"中最具激发性的模式之一，它强调以人为本、以用户为中心和共同创新。Living Labs 是一种致力于培养以用户为中心的、面向未来的科技创新模式和创新体制的全新研究开发环境。Living Labs 立足于本地区的工作和生活环境，以科研机构为纽带，建立以政府、广泛的企业网络以及各种科研机构为主体的开放创新社会（Open Innovation Community）。

案例 2：Fab Lab 即微观装配实验室（Fabrication Laboratory），是美国麻省理工学院比特和原子研究中心（Center for Bits and Atoms，CBA）发起的一项新颖的实验——一个拥有几乎可以制造任何产品和工具的小型的工厂，它提供硬件设施以及材料、开放源代码软件和由 MIT 的研究人员开发的程序。这个小型工厂是用户可以快速建立原型的平台，可利用工程的设置、材料及电子工具来实现他们想象中产品的设计和制造。目前组建一个 Fab Lab 大约需要 2.5 万～5 万美元的硬件设施和 0.5 万～1 万美元的维护与材料支出费用。而每个 Fab Lab 的开发过程、创新成果也并非是独立的，而是在整个 Fab Lab 网络中通过各种手段（如视频会议）进行共享。Fab Lab 正是基于从个人通信到个人计算，再到个人制造的社会技术发展脉络，试图构建以用户为中心的、面向应用的融合从设计、制造，到调试、分析及文档管理各个环节的用户创新制造环境。

（五）基于云计算平台的智能制造服务模式

人们预测，在企业业务方面，到 2020 年，全球 1/3 的数据将通过云来存储或者传递，产生的数据总量将接近 40 ZB（1 ZB = 1 024 EB = 1 180 591 620 717 411 303 424 Bytes）。企业传统的 IT 架构将以业务支持为主，未来将逐渐向云计算转移，促进企业创新和业务增长。

同时，根据 IDC 预计，公共 IT 云服务市场规模将从 2009 年的 170 亿美元增长至 2014 年的 550 亿美元；Analysys 预计，企业云服务将从 2010 年的 120 亿美元增长至 2015 年的 360 亿美元。

1. 华为的基于云计算平台的智能制造服务

（1）从电信设备商到信息化服务提供商。2009 年以来，随着宽带网络的快速发展，电信业务和互联网业务的相互渗透与融合，电信运营商开始迈入向信息服务转型的关键发展阶段。这将在未来几年给电信领域带来一系列深刻的变化，对现有的电信网络架构提出严峻的挑战。

1）业务互联网化的步伐将不断加快，每年新增的业务种类多达 10 余万。如此多的业务将如何实现快速部署？

2）传统电信业的规模极限 60 亿人口将被超越，社会智能化形成的 500 亿个 M2M 的各种机器终端将实现互联。如此大规模的网络将如何管理？海量的信息如何高效处理？

3）未来 10 年，网络数据流量的增长将高达 70 ~ 100 倍，而带来的收入每年仅增长 5% ~ 10%。海量数据的处理、存储和传送将如何实现？如何结构性地将单位流量的成本降低到原来的 1/10 甚至 1/100，以降低投资压力？

4）终端在业务实现和体验中的作用将越来越大，用户对终端的痴迷甚至将超过对运营商品牌和网络的忠诚度。未来的终端将在信息化社会中扮演何种角色，如何支持层出不穷的新业务？

华为认为以上这些挑战将给现有电信网络架构带来深刻的变革，促使其从"烟囱式"的业务垂直子系统向业务云化、网络 IP 化和终端智能化的云管端——信息服务架构转变。

1）云平台是未来信息服务架构的核心，将带来个人和企业获取业务能力的全新的商业模式。云平台主要带来两个方面的变化：①从以七号信令为代表的语音业务为主体被以 Web 为代表的数据业务替代，以 Web 为代表的 IT 技术成为电信业务的主导技术，实现业务的 IT 化；②新一代分布式计算技术替代传统单机的计算，成为新的计算和存储模式。这种新的计算模式采用分布式和虚拟化两个关键技术，实现了"软件与业务的解耦"，软件不是运行在固定的一台服务器上，而是所有的软件共享所有的计算和存储资源，从而促进数据中心"云化"和业务"云化"。数据中心云化形成独立的超大规模的云计算数据中心，业务云化是指各种业务（如通信、短信、彩信、IPTV、Appstore、网管、BOSS 等）运行在云计算数据中心上，向分布式计算的模式迁移。云平台彻底抛弃了过去传统电信烟囱式的业务垂直系统，通过虚拟化、资源共享大大提升资源的利用率和资源使用的弹性，从而大大提升业务部署速度和处理能力。

云平台除了强调"快速处理能力"外，安全性也摆在了突出位置。华为云计算解决方案不仅具有超强的处理能力，而且把电信级网络安全带到了云平台解决方案中。

2）可管可控的超宽带网络。面对海量信息的传送，未来网络主要解决3个问题：①超带宽；②"管"的可视化、可运维的问题；③成本问题。

3）终端智能化。终端智能化建立在强大的 CPU 和开放的操作系统的基础上，可以运行各种应用程序，接入云端的服务中去。终端有两大发展趋势，一是综合化，二是专业化。综合化表现在个人手持终端，融合"手机、数码相机、音乐播放器、电子书、PDA"等各种功能，即所谓数字"瑞士军刀"；专业化表现在各种行业终端以及专业功能的数字设备，如电子书等。综合化与专业化对终端的智能性提出更高的要求：处理低成本化、高效性、信息业务呈现一致性等。

（2）华为的云战略。华为的云战略首先将云根据不同的用户需求做了精确的分类，在此基础上推出"4+1 朵云"，在满足客户对泛在的、多业务承载的云服务需求的同时也能够满足用户差异化的需求。

1）"企业数据云"将帮助客户构建统一资源池，实现各类数据集中统一管理和异构整合简化管理。

2）"业务保护云"通过容灾备份和安全防护系统建设，实现数据和业务的安全。

3）"增值服务云"为客户构建一个海量空间、低成本的数据平台，对外提供增值服务运营。

4）"媒体共享云"针对媒体资源集中存储及共享的特殊需求，构建海量高效的媒体分发存储平台。

5）"+1 云交付模块"将提供系列化和一体化的云解决方案模块交付包，可全球快速部署、模块化扩展。

（3）华为云手机提供三大云服务业务（石小燕，2011）。2011 年 8 月 3 日，华为发布了其终端品牌的全新理念"自在分享"，并推出华为"云服务"平台和首款"云手机"Vision（远见），除了可让用户免费使用音乐、视频、游戏等移动互联网资源，还提供"云服务"所特有的"手机不怕丢""精彩随心甩""内容随身带"三大业务。

为了匹配强大的"云手机"的全备份功能，DBank 网盘免费为华为"云手机"用户提供了业界容量最大的 160 GB 网盘。

作为近几年兴起的"云计算"的一大重要组成部分，"云存储"承担着最底层以服务形式收集、存储和处理数据的任务，并在此基础上展开上层的云平台、云服务等业务。DBank 网盘就是一款基于网络分布式云存储技术的免费网络硬盘，DBank 网盘在业内拥有安全保密性强、传输速度快、服务稳定性高的良好口碑，是目前国内最大、最好用的网盘之一。

为"云手机"用户提供强大的"云存储"服务，将更好地解决移动互联网时代人们更高效率管理个人数字资产的问题，让用户切实感受到云存储带来的便利。华为"云手机"的诞生，预示着"云存储"最终会成为"云服务"领域中的重大基础服务，也将成为所有人管理个人数字资产的基础服务。

2. 山特维克可乐满刀具的制造服务

（1）概述。山特维克可乐满是山特维克集团旗下最大的、以金属切削刀具为主要产品的公司，在全球 60 多个国家设有 73 家子公司或分公司，39 个生产基地，3 个中央仓库，19 个培训中心，全球共有 7800 名雇员，2001 年销售收入超过 100 亿瑞典克朗。作为全球著名的刀具供应商，山特维克可乐满通过网络为客户提供了良好的服务。

（2）产品信息服务。产品是山特维克可乐满网站的主要内容与功能之一。作为专业刀具供应商，山特维克提供了大量的标准与非标准刀具选择，但由于机床类型与加工方法众多，刀具的类型也是千变万化，如果没有选择正确的刀具及加工方法，将对零件的加工质量产生巨大的影响甚至影响设备。所以刀具的挑选是一件非常费力的事。常规的方法是翻看厂商提供的刀具样本册，但刀具样本册较厚，而且常常来不及更新，刀具厂家需要经常给客户邮寄最新的样本，并不环保。使用网站查看刀具样本的优势非常明显，可以首先根据加工方法、加工材料以及加工特点、应用类型选择合适的刀具类型，然后通过筛选功能，选择合适的刀柄、刀具类型、内冷类型等详细参数，得到具体的订货号，并且能够查看刀具的指导参数，为加工提供帮助。另外在选择刀具后，可以下载相应的三维模型或者二维图纸，更好地了解刀具尺寸等相关信息。如图 5.9 所示。

（3）技术应用服务。技术应用服务板块提供铣削、车削、钻削、镗削的刀具以及刀柄系统，还提供广泛的加工工艺和应用知识。这些将帮忙客户始终保持行业的领先优势。技术应用分为通用信息、普通车削、切断和切槽、螺纹加工、铣削、钻削、镗削、刀柄与机床、材料、技术等几个大类，介绍了车、铣、刨、磨等各个工序中的加工方法、刀具选用、加工工艺等技术，对于对加工技术感兴趣的客户有较大的帮助。如图 5.10 所示。

CoroMill® Z90刀具是ISO-N材料的首选刀具。它在方向铣工序中被用作"超级清除器",其设计适合高安全性要求和临精度工作。

益处

- 高速加工性能和高安全性
- 优越的金属去除率
- 非常小的刀具测出偏差

特点

- 开放式刀片槽,在振铣切削时切屑流于整于铣
- 提供形接口镶详精度和安全性
- 内冷设计

应用

- 加工倍制框架窗口
- 深型腔加工
- 对大多数材料进行铣加工

ISO应用范围

`P` `M` `K` `N` `S` `H`

推荐值

刀片尺寸和安装
直径范围: 25-100 mm (1.000-5.000 in)

.709 inch (18 mm)   .472 inch (12 mm)

22 mm刀片,适用于在功率非常高的机床中实现最高的金属去除率   16 mm刀片,适用于中等主轴功率的机床   镶屑形接口,确保最安全佳并减小刀片公差对刀具直径的影响

图 5.9   山特维克可乐满刀具网站的产品信息服务

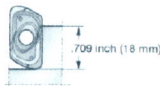

首页   产品   技术应用   行业解决方案   服务   下载   视频

首页 > 技术资料 > 铣削 > 应用概要 > 孔和镗削 > 插铣

铣削

应用概要

方肩铣削
面铣
仿形铣
坡铣
槽铣

孔和镗削
- 坡螺开口
- 纳螺旋走线-钻铣
- 环形槽走铣
- 扩孔
- 小孔径铣-镗走铣
- 刀具圆走方式的选择
- 插铣
- 端铣
- 切削铣方法
- 外轮廓淬削角

倒角
仿形铣

应用指南

产品概要

选型信息

装配

操作须知

公式和定义

插铣

- 刀具选择
- 典型应用

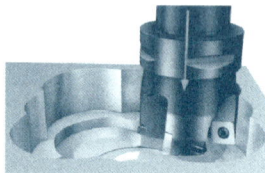

在插铣过程中,切削沿刀具来面而不是在圆边进行。由于切削方向沿从过轴向的主变方转的,所以这一负荷非常的小。通常,当由于振动不能进行侧铣时,插铣可以作为替代方法。例如:

- 当刀具悬伸大于4×Dc
- 当稳定性差时
- 用于圆角半插加工
- 用于铣凸台等难层铣削材料

当机床功率或稳定性有限时,插铣也可以作为替代方法。

注意:在有中断反时,由于正面方块安装,插铣不作为首选。

图 5.10   山特维克可乐满刀具网站的技术应用服务

（4）行业整体解决方案服务。行业解决方案是网站提供的重点服务之一，也是较具特色的服务。针对风力发电、航天航空、模具、凝汽式发电、汽车、小零件加工、医疗等几个专业行业，提供了一整套的解决方案。以行业凝汽式发电汽轮机为例，网站介绍了发电的流程，同时分为蒸汽轮机、燃气轮机、发电机等 3 块内容，针对汽轮机行业中叶轮、叶片、汽缸、主轴、隔板等工件较难加工的部分，提供建议刀具、加工方法等技术支持，同时也可以申请专业的销售人员针对企业的产品制定非标准的解决方案，提供高效精准的服务支持。如图 5.11 所示。

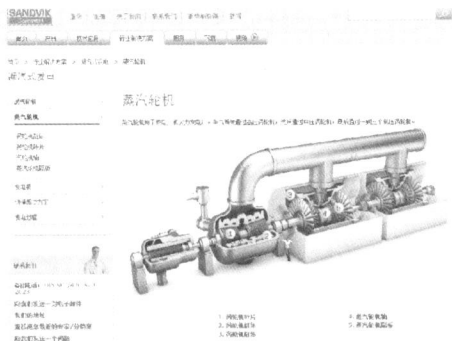

图 5.11　山特维克可乐满刀具网站的整体解决方案服务

（5）应用软件服务。除了提供传统的刀具样本、手册、技术指南和专业杂志下载等，还针对目前流行的手机 App 提供了很多使用的应用程序与软件，例如切削参数推荐应用，能够通过手机摄像头扫描刀具包装盒上的二维码获取刀片的使用信息，如推荐线速度、切深、进给等信息，以供加工时参考。另外如钻削与攻丝计算器，可以查询公制、英制螺纹的底孔直径、精镗尺寸等数据。这些软件可以安装在手机上，在加工过程时随时调出查看，对加工来说非常方便实用。如图 5.12 所示。

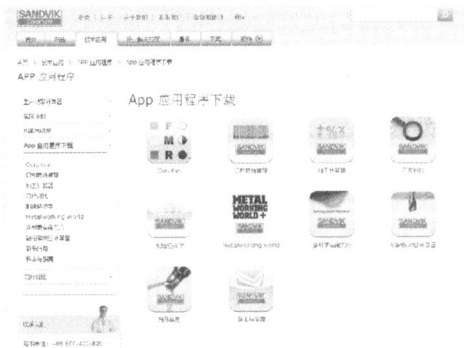

图 5.12　山特维克可乐满刀具网站的应用软件服务

225

3. 基于云服务的制造企业

这是未来的一个场景：一天，某汽车企业销售员小王的手机邮箱中跳出一个邮件，客户叶女士要求购买一辆新车。叶女士已经在网上对这辆新车进行了配置设计，考虑了 5 岁孩子的安全、60 岁母亲上下车的不便。小王迅速通过手机在云服务平台中与叶女士进行了沟通，帮助她完善了设计，既满足功能要求，价格又低。小王还通过云服务平台向叶女士推荐了几种贷款服务、保险服务、保养和维护服务，让叶女士选择。订单下达后，云服务平台中的信息系统就自动将相关零部件需求信息传递给各个供应商，供应商的生产计划系统启动，有的还需要向上一级供应商要货，有的则自己组织加工。由于零部件是高度模块化的，很短时间内，加工好的零部件就在规定时间内送到叶女士家附近的 4S 店进行快速装配。不到 5 天，叶女士就拿到了自己满意的新车。汽车的各种关键部件的工作性能都由传感器和无线网络将信息传递到云服务平台。平台做出分析判断，及时帮助叶女士维护汽车。叶女士在驾驶汽车时，还可以得到各种服务，如根据交通实时拥堵情况的最佳行车路线推荐服务等。

三、智能制造服务的关键技术

（一）智能信息采集技术

智能制造服务要求实时采集制造服务过程中产生的大量信息，在此基础上提供更好的智能制造服务。这方面的技术包括以下 3 项。

1. 传感器技术

在智能制造服务中要使用大量的传感器，如温度、压力、加速度、位移、振动等传感器，以便实时获取产品的信息，进行远程监控。传感器是测量系统中的一种前置部件，它能感受规定的被测量，并按照一定的规律转换成可用信号，通常由敏感元件和转换元件组成。传感器的微小化、分布化、智能化、多功能化、集成化，使产品和过程的信息获取变得更加容易和可靠。

案例：Nike+ 传感器[①]。Nike+ 传感器能更准确地跟踪运动员的表现，

---

① 高伟. 装备升级 詹姆斯战靴搭载新 Nike+[EB/OL]. [2012-02-29]. http://blog.cnmo.com/13/137317.html.

如监测运动装备的物理特性，并且可以根据使用者的年龄、体重、性别等进行数据分析。用这样的方式，用户能更好地了解竞技实力和能力。同时这些数据也将帮助产品制造商改善自己的产品。

（1）检测磨损度。可以观测产品的使用寿命，在达到最大使用寿命的时候会提示使用者购买新产品。

（2）高质量的运动体验。通过 Nike+ 就可以让一般的用户体验到高质量的运动监测。可根据用户的受力点或者运动习惯，对用户提出运动建议，如受力点的不同可能导致身体某个部位老化过快。

新 Nike+ 系统将会包括新的功能，如：

（1）Nike+ Basketball。计算球员的起跳高度、移动速度，以及在球场上的努力程度等。

（2）Nike + Training。把人的运动（走路、跑步、打篮球等）量化成一个数值，使之容易理解和横向比较。通过网络与朋友分享，互相激励。

（3）在鞋底的 3 个不同部位增加感应器。鞋跟、鞋中和鞋头，每个点的感应器都能记录受力数据，帮助分析运动者的跑步方式。例如，通过比较各种相对受力和各种冲击力发生的关系，可以统计跑步者的跑步方式和特征。

2. 射频识别（RFID）技术

射频识别（Radio Frequency IDentification，RFID）技术可通过无线电信号识别特定目标并读写相关数据，而无须在识别系统与特定目标之间建立机械或光学接触。RFID 可用于提高智能制造服务信息采集的效率和柔性。

在制造服务中，产品上的 RFID 标签是一个随产品移动的数据库，随时可以读出其历史信息和质量记录，避免了书面材料的人工传递或对远程主机数据库的访问。在每一个离开生产线的成品上贴上 RFID 标签，可以很方便地在从最后测试到装载运输的移动过程中跟踪每一个产品。

案例：宝马汽车应用 RFID 技术记录所有车辆的生产、使用、报废全过程，并将相关数据传送到企业的 ERP 数据库中，供研发人员分析、优化。宝马公司的研发人员借助这个庞大的数据库，对产品进行持续性的服务和改进。

3. 快速测量技术

快速测量技术主要是满足用户个性化和快节奏的要求。

案例 1：三维人体测量方法有红外测量、激光测量和摄像测量等方法，自动测量出人体的三维几何尺寸，并可以产生出三维人体虚拟模型，用来进行定制服装的试穿、仿真模拟以及样板的生成等。这种测量方法具有扫描时间短、精确度高、测量部位多等特点。

案例2：美国高斯汤姆制鞋公司允许客户利用三维扫描仪自选设计鞋子的款式，从而达到"举世无双"的效果。从设计到制作都可以让客户参与和监督，缩短了服务周期。

（二）智能信息管理技术

1. 制造服务过程中的知识获取和有序化技术

智能制造服务需要大量知识，许多知识来自服务过程。要获取这些海量的、分散的、结构化程度差的、实时的知识，需要信息技术的支持。智能手机等可作为知识获取的硬件。

获取知识的目的在于重用。但来自服务过程的知识非常杂乱，充满大量无用的信息。解决问题的方法是：①依靠专门的委员会进行审查；②依靠广大员工进行知识评价。在知识评价的同时，也对员工的知识水平进行评价和排序，以此鼓励员工认真、积极参与知识发布和评价。

例如，施乐公司（Xerox Corp.）通过其知识工程项目——EUREKA，使公司的技师们在地点分散、时间各异的具体服务过程中共享所获得的新知识，并在尽可能接近消费者的地点提供准确而有效的服务。在消费者服务过程中经常发生的一种情况是，技术人员所遇到的实际问题往往超出了服务手册的范围，需要自己想办法解决。EUREKA项目就是从这个问题入手的：在遇到这类问题时，技师记录下他们用来解决难题的窍门（Tips），并提交一个委员会进行审查，审查通过后有关记录就被存入一个知识数据库中，并与网络服务器上的相应文档相联。这有助于及时扩充和更新服务手册的内容，而且其他技师通过网络就可以及时利用这些经过认可的实际经验[①]。

2. 产品生命周期的制造服务状态描述技术

制造服务状态描述技术利用信息技术，对几十年的产品状态数据进行管理。许多工业产品的生命周期可能有 10～50 年。在如此之长的生命周期内，产品有许多次的维护和维修，许多零部件被更换。这势必产生大量的产品状

---

① 李洪舰. 知识管理与业务流程重组 [EB/OL]. [2000-04-13]. http://www.yesky.com/.

态数据，这些数据对于产品的维护和维修非常重要。依靠人工管理这么多的数据，难度很大。信息技术容易解决这一问题。

另外还要求制造服务状态模型在产品全生命周期中具有一致性、可追溯性、完整性等。

零部件从多家供应商采购时，有许多产品零部件无法进行永久性标识，如柴油机的缸套、铜套、轴瓦、活塞环、活塞、气缸垫、挺柱、油封等零部件，只能建立质量档案来进行追溯。例如，一拖（洛阳）柴油机有限公司研究开发了一套基于产品可追溯性的售后服务管理信息系统，有效地提高了企业贯彻 ISO 9001 质量管理水平和适应市场的能力。

3. 可视化管理技术

可视化技术可以改善用户体验，使用户对复杂的数据有直观和生动的了解，帮助企业更有效率地开展制造服务，帮助用户更好地体验制造服务。

案例：节能服务可视化系统[①]

节能服务可视化系统可对工厂的耗电量进行实时测量、收集和分析，进而展开有针对性的改进措施。节能服务可视化系统能将企业所有生产设备以及办公区、员工生活区用电设备等的电力消耗量，准确、实时地记录下来。这种"可视化"管理，为企业采取各种节能措施指明了方向，并实现"必要的场所，必要的时间，必要的用量"。

节能服务可视化系统测量出能耗数据后，将工厂各环节的能源消耗状况，在公司内部局域网上实时公开。这样，员工们不仅能够随时看到能源消耗的状况，还普遍提高了节能的意识，也可为企业的节能改进行动出谋划策。如帮助员工及时发现诸如办公室空调的过度使用、休息日没有及时关闭照明灯、压缩机怠速时出现空转、员工宿舍楼使用布局不紧凑等各种能源浪费现象，并及时采取有针对性的改进措施。

在运用了节能服务可视化系统之后，用户的电力消耗下降 15% 左右。与企业为此增加的节能设备投资额相比，不仅节能的经济效益更高，而且具有持续效益。更重要的是，该系统培养出了企业管理者和员工的节能意识，同时，由于管理者能掌握耗电量的分布情况，可以组织针对能耗问题的改进措施。

---

① 佚名. 三菱电机可视化的节能与发展 [EB/OL]. [2009-03-14]. http://www.hz-saec.com/html/105117431.html.

（三）智能信息处理技术

1. 面向智能制造服务的用户需求挖掘技术

在制造服务中，企业与用户的频繁接触，使企业掌握大量用户信息，并从中挖掘用户的真实需求，帮助企业提供更好的服务，开展产品创新。

用户信息具有模糊、零乱、结构性差、量大等特点，需要相应的用户需求智能数据挖掘技术。

通过对用户在基于网络的制造服务过程中的行为的记录、分析和挖掘，也可以了解用户的需求。因为，采用 Web 2.0 模式，基于网络和信息技术，制造服务过程中的用户行为（如网站服务功能点击、服务评价等）能够被方便地记录、分析和知识挖掘。

案例 1：Google 开始使用收集用户搜索关键词的方式来判断流感暴发和传染的趋势，得出结论的速度要比疾控中心快两周。

案例 2：印第安纳大学有几位研究者对世界上最大的微博平台 Twitter 统计了 2008 年 3 月到 12 月之间的 270 万名用户所发表的将近 1 000 万条微博，使用 Google 的一种情绪判断算法来计算，将之分为从快乐到冷静的 6 种状态。随后将这条状态曲线和道琼斯工业指数做了对比，发现公众情绪的波动，居然能够提前 2 ～ 6 天预报道指的波动。

2. 智能产品服务集成技术

企业在开展产品服务中，要面对大量用户的个性化需求，并且要求服务快速、成本低。通过智能产品服务集成技术，不仅能提供单台产品的配送、安装和使用服务，还能提供产品之间的集成服务。而产品之间的有机集成将成为智能城市的一种常见的生活和工作状态。

智能产品服务集成需要大量的标准支持和保障。例如，海尔推出中央空调"五段全程服务标准"；中国标准化协会发布的成套家电标准，也是一个服务标准。面对如此之多的标准的建设和应用，需要利用信息技术进行标准的协同建设。这里也可以采用 Web 2.0 模式。

3. 基于虚拟现实的用户体验技术

虚拟现实（Virtual Reality，VR）的概念是 20 世纪 80 年代初提出的，它是综合利用计算机图形系统以及各种显示和控制接口设备，在计算机上生成

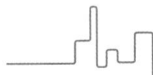

的可交互的三维环境中提供沉浸感觉的技术。虚拟现实技术又称临境技术，是一种高级仿真技术。虚拟现实技术利用计算机生成一种模拟环境，通过多种传感设备使用户"进入"该环境中，实现用户与该环境的自然交互，同时该环境对用户的控制行为做出动态反应，并能为用户的行为所控制。运用该技术建立的模型世界可以是真实世界的仿真，也可以是抽象概念的建模。虚拟现实技术强调介入者的亲身体验，是一种人与技术融为一体的全新的人机交互的计算机系统，它能逼真地模拟和重现现实世界，并对用户的操作实时做出反应，为用户提供一个与计算机所产生的三维图像进行交互的平台。

案例：在一个品牌旗舰店里，客户从货架上取下心仪的服装，RFID 阅读器会自动扫描服装上的电子标签，将这件衣服的相关信息，包括颜色、尺码、价格、搭配方式、试穿效果等一并显示在可触摸的液晶屏上。客户站在液晶屏前，附近的人体 3D 测量仪会即刻获取其身材尺寸，然后通过液晶屏展示 3D 虚拟衣着效果，甚至是多件套搭配的综合效果；还可以点击互动液晶屏，了解推荐搭配，选择增添或更换服装。最后客户只需要把选好的产品放进虚拟的购物车里，几分钟之后，她就能到收银处结账走人。

（四）产品智能维护服务技术

产品智能维护服务技术包括远程智能诊断和维护服务技术、服务 Agent 技术、产品自诊断技术、产品自维护技术等，其主要目的是方便产品维护。在这方面有大量的新技术在不断涌现。

1. 远程智能诊断和维护服务技术

案例 1：陕鼓集团的远程监控和故障诊断系统。陕鼓开发应用了旋转机械远程监控和故障诊断系统，从而使全球各个角落的专家都能在授权范围内全面、精细、充分地了解产品的运行状态，充分预测机组运行趋势和客户服务需求，制定个性化的解决方案，有效地提高了陕鼓的系统服务能力，并为备品备件、维修维护、性能诊断、升级改造等服务板块提供了前瞻性信息。在陕鼓集团远程监测中心屏幕上，红色、黄色、绿色线条相互交错，形成各种有规则的图形，它们代表着机组的运行状态。其中，绿色代表正常状态，黄色代表存在问题，红色代表问题严重或者停机状态。通过这些图形，陕鼓技术人员可以瞬间掌握全局，并能够对少量非正常机组进行重点监测。

案例 2：西门子家电的远程故障诊断系统。西门子家电的售后维修有秘密武器。当地的工程师解决不了的问题，可以通过网络，让德国的专家进行

"远程网上诊断"。西门子的很多家电产品都有网络接口，在发生故障时，家电里的计算机模块都会自动记忆错误的代码。只要将该接口连上西门子的网络计算机，远在德国的专家可以通过查看家电的计算机模块里的错误代码，准确地诊断出"病情"。归根到底，这仍然得益于全球协同研发体系（WTS）。全球统一的技术，让西门子的工程师有了可统一执行的标准。

案例3：敏捷高效的客户服务体系——MAZA-CARE（邵蕊，2013）。小巨人推出的马扎克远程诊断系统MAZA-CARE，使顾客机床的故障修复变得方便、快捷，依靠远程诊断处理，无须配件时，修复时间平均只要1小时，需配件时，平均只需要2天，最大限度地缩短了故障停机时间。其敏捷高效的服务体系为智能化制造保驾护航：

（1）报警自动监控。MAZA-CARE在检测到机床报警后，自动生成报警邮件，并自动发送到Mazak在线服务中心的24小时无线监控系统。

（2）远程信息传递、互动交流。通过在线服务中心远程连接故障机床，取得详细故障信息，不用麻烦客户动手，就可以开始实施技术支持；通过MAZA-CARE软件发送信息指示机床一侧，与客户进行交流。

（3）安全可靠。远程实时监测、远程诊断系统不会在服务器上储存客户信息或进行远程数据操作，因此，不会造成客户信息泄露。MAZA-CARE发送信息请求机床连接使用中国电信的虚拟专用网（VPDN），防止病毒感染，确保网络安全。

2. 维修服务管理技术

维修服务管理技术主要是利用信息技术，特别是网络技术，对企业分散在全国乃至世界各地的用户处的服务人员进行管理和提供支持。

案例1：飞机发动机制造企业成为发动机租赁服务商，这就需要把企业的维修服务人员派到发动机的用户所在的飞机场。信息系统可以为维修服务人员提供任务安排、维修咨询、相互协作等服务。

案例2：波音提供了一系列自助服务工具。送修服务工具帮助用户输入需要修理的部件号或部件中的子件号，直接从波音公司得到维修服务；技术资料跟踪系统帮助用户查看波音商务飞机技术文件的分发计划和修订计划，确定发送到交付地址的资料数量；数据和服务目录帮助用户浏览、检索并订购运营、维护和修理波音飞机需要的材料、服务和其他项目（周默鸣，2002）。

案例3：三一重工远程监控平台（成舸，2012）。该平台利用全球卫星定位技术（GPS）、无线通信技术（GPRS）、地理信息技术（GIS）、数据库技术等信息技术对工程机械的地理位置、运动信息、工作状态和施工进度等实施数据采集、数据分析、远程监测、故障诊断和技术支持。通过中央监控系统，三一重工总部可直接控制每一台配有相关系统的机器，从而实现了对设备最新位置数据、车辆状况和报警信息的远程监控，实现与 GIS 数字地图相匹配，直观显示车辆实时坐标，并对各种信息进行自动记录、分析和处理。通过授权，各个监控用户可以在世界各地，利用有线或无线方式上网，登录到监控中心网站进行车辆信息的收发、查询、分析等工作，甚至可以直接下达指令，对授权车辆进行远程控制。

3. 预测性维护技术

一些关键设备的可靠性直接关系到整个生产过程的安全和效率，一旦出现故障，轻则造成停车损失，重则导致严重事故；而另一方面，一些关键设备维护形成的财务成本和人力成本，是整个项目生命周期总成本的重要构成部分，企业对此必定要做出精细的考量。所以，如何恰到好处地制定一些关键设备的维护策略，做到既保证稳定可靠又节省成本，成为广泛关注的课题。

预测性维护技术是指通过检测在线运行设备的状态来决定是否对该设备进行必要的维护，而由于预测性维护对设备的状态检测一般都是在线进行，所以不会对设备的正常运转产生干扰，因此，在节省成本的同时，设备运行的可靠性也得到加强。

预测性维护的技术基础是现场智能传感器、智能设备管理软件 AMS、工厂管控网（PlantWeb）等。

第6章

iCity   智能制造中的建模与
　　　　　　仿真技术

一、概　述

（一）建模与仿真技术

"建模与仿真技术"是以建模与仿真理论为基础，以计算机、物理效应设备及仿真器为工具，根据研究目标，建立并运行研究对象的模型，进而对研究对象进行认识与改造的一门多学科的综合性、交叉性技术。其中，建模技术是一类对研究对象（人、物、环境、信息等系统）用数学、物理、逻辑或数据等描述手段建立研究对象模型（一次模型）及建立能在仿真工具上运行的仿真模型（二次模型）的技术。仿真技术是一类支持仿真模型设置、动态运行及仿真实验结果分析与评估手段和方法的技术。

半个多世纪来，建模与仿真技术在各类应用需求的牵引及有关学科技术的推动下，已经发展形成了较完整的专业技术体系，并正迅速地发展为一项通用性、战略性技术，进而成为人类认识和改造世界的重要手段。宏观地来看，建模仿真技术体系框架由仿真建模技术、仿真系统与支撑技术，以及仿真应用工程技术等3类子框架构成（见图6.1）。

建模技术按建模对象类型可分为人体建模技术、环境建模技术和实体建模技术。其中，人体建模技术主要涉及模拟人体器官组织和人体在外界物理刺激下反应的人体外表、功能、性能和行为等的建模技术；环境建模技术主要解决环境仿真模型的建立问题（如地形、海洋、大气、空间、电磁环境等）；实体建模技术涉及工程与非工程领域各类实体建模技术。按仿真建模方法可分为机理建模和非机理建模。其中机理建模包括连续系统、离散系统、智能系统、优化系统和混合系统等5种类型；非机理建模主要包括多模式、多分辨率、多视图建模技术，面向对象、组件、服务建模技术，辨识建模技术，多学科统一建模技术和基于数据的建模技术等。

建模与仿真支撑系统技术宏观上可以分为仿真计算机系统和仿真模拟器两大类。仿真计算机系统包含仿真计算机和仿真支撑软件两大类。其中仿真计算机包括仿真计算机所涉及的各种计算机系统，如各种专用仿真计算机、PC/服务器、图形工作站、小型机和高性能计算机等。仿真软件技术包括工具引擎技术、仿真中间件 / 平台技术以及仿真工程管理技术。仿真模拟器主要面向的是全 / 半实物 / 人在回路的仿真，大体可以分为人在回路仿真模拟器、硬件在回路仿真模拟器、虚拟现实（Virtual Reality, VR）、普适仿真与嵌入式仿真技术等 5 类。

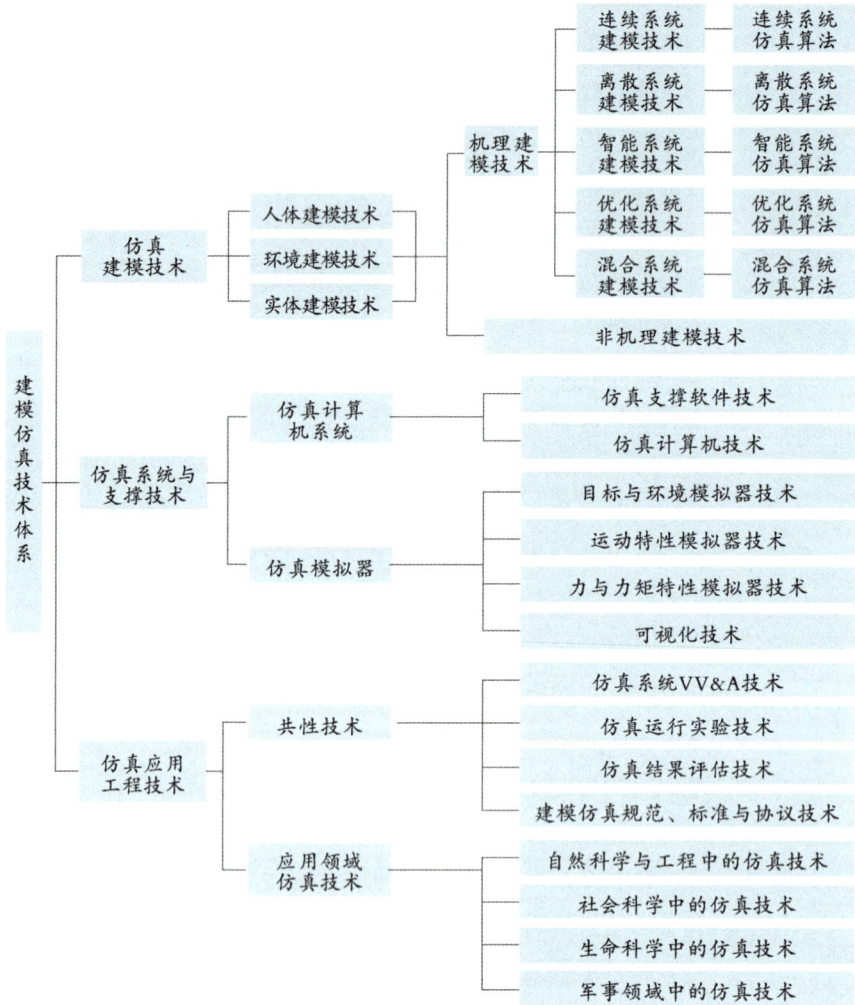

图 6.1　建模仿真技术体系框架

　　仿真应用技术包括共性应用技术及应用领域有关的专用仿真应用技术。其中，共性应用技术涉及研究对象模型及其仿真模型与系统的校核、验证与确认（Verification, Validation and Accreditation，VV&A）技术，仿真运行试验技术，仿真结果评估技术以及建模仿真规范、标准与协议技术等；应用领域有关的专用仿真应用技术涉及自然科学与工程、社会科学、生命科学及军事

等各领域有关的专用仿真应用技术。如自然科学与工程领域中的制造领域仿真应用技术涉及产品研制各阶段有关的仿真技术，包括虚拟产品及其在虚拟环境中功能、性能、行为、外观的仿真技术和对其成本、加工、制造过程，直至使用、报废的仿真分析技术。

我国的建模与仿真科学与技术，在各类应用需求的牵引及有关学科技术的推动下，特别是在改革开放的大好形势下，经过几十年的发展，在国民经济、国防建设、自然科学、社会科学等领域正发挥着越来越大的作用。20 世纪 60 年代，我国在航空航天控制、制导领域开始建立半实物仿真系统（硬件在回路仿真系统）；70 年代我国开始研制各种训练模拟器，并开发了多种系统仿真语言，如连续系统仿真语言、离散系统仿真语言和混合系统仿真语言；80 年代开展了以计算机图像生成和显示技术为基础的仿真可视化技术和虚拟现实技术的研究和应用；90 年代研究了以网络为基础的分布交互仿真系统及其应用，并开展了虚拟制造、虚拟样机技术等研究。21 世纪，我国仿真科技工作者开展了各类建模仿真支撑环境与平台、大规模虚拟战场、复杂系统建模与仿真、综合自然环境建模与仿真、仿真网格 / 云仿真、仿真专用工具软件、嵌入式仿真技术等的研究、开发与应用。

目前，我国建模与仿真技术正向"数字化、高效化、网络化、智能化、服务化、普适化"为特征的现代化方向发展，其应用正向服务于系统的全生命活动的方向积极发展。

（二）智能制造中的建模与仿真技术

智能制造中的建模与仿真技术是指智能制造全生命周期活动中制造产品、环境、智能制造系统、智能制造模式与过程有关的建模与仿真技术。它是实现智能制造的重要方法与技术手段。

建模与仿真技术已成功地应用在制造全生命周期活动中（见图 6.2），支持了如虚拟制造、基于仿真的采办、敏捷制造、并行工程 / 企业、绿色制造等一系列先进的制造模式，为实现制造业信息化、应对知识经济和制造全球化的挑战、提高企业 / 产业竞争力发挥了重要作用。

例如，在武器系统（产品）论证阶段，可以构造体系对抗建模与仿真系统（见图 6.3（a）），在典型的作战想定下对武器系统的总体指标进行各种仿真试验，从而实现武器系统（产品）技术性能的研究分析与论证；产品设计阶段，由传统的单学科设计、物理样机试验的方式转变为基于虚拟样机的设计模式（见图 6.3（b））。生产管理阶段，将建模仿真技术融入生产管理中（见

图 6.3（c）），通过对生产制造过程中产生的海量数据进行分析仿真，为生产管理决策和流程调度优化提供辅助支持。

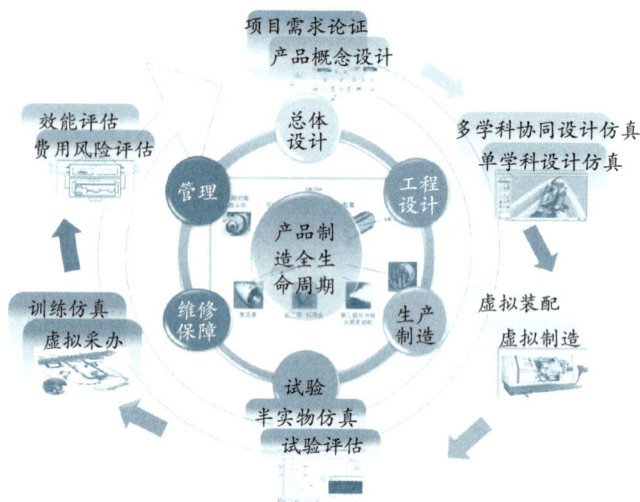

图 6.2　建模与仿真技术在制造全生命周期中的应用

　　智能制造是指产品及其制造全生命周期中需求论证、设计、生产、集成、试验、服务和管理等各阶段活动与过程的数字化、网络化、智能化制造。它是现代制造模式和手段发展的新阶段。智能制造的具体内容是：通过信息技术（如云计算、物联网、大数据等）、建模仿真技术、智能科学技术、（大）制造技术和制造应用领域技术等的融合与创新应用，对制造全系统、全生命周期活动（产业链）中的人、机、物、环境、信息进行智慧地感知、互联、协同、分析、预测、决策、控制与执行，使产品研制的全系统、全生命周期过程中人／组织、经营管理、装备／技术（三要素）及信息流、物流、资金流、知识流、服务流（五流）实现集成优化，改善企业（或集团）产品创新（P）及其开发时间（T）、质量（Q）、成本（C）、服务（S）、环境清洁（E）和知识含量（K），旨在实现高效、优质、低耗、绿色地制造产品和服务用户，进而提高企业（或集团）的市场竞争能力。智能制造手段的特征是数字化、集成化、协同化、服务化、网络化、智能化；其制造模式是基于模型／数据／知识的个性化、社会化、敏捷化、绿色化创新模式。智能制造系统是按上述制造模式和手段构建的制造系统，它是数字化、网络化（互联化）、智能化制造硬软件系统与人（专家、专业人员、用户）集成优化的人机共融制造系统。

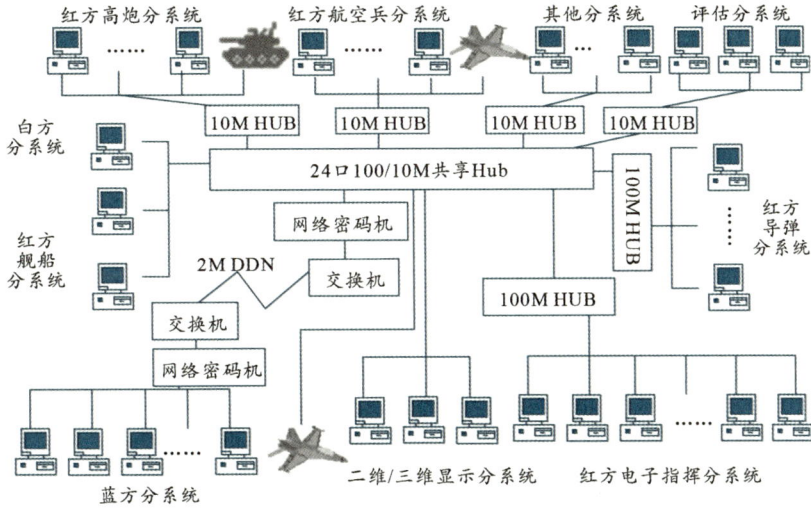

（a）体系对抗建模与仿真系统

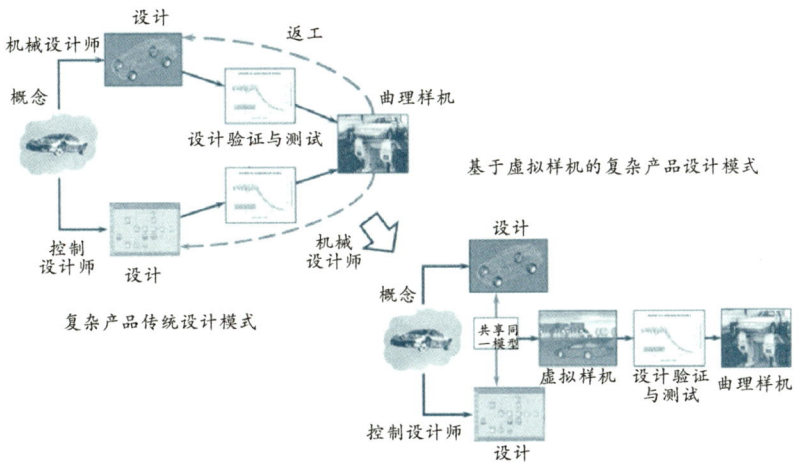

（b）基于虚拟样机的设计模式

（c）生产管理中的建模仿真应用

图6.3 建模与仿真技术应用示例

智能制造对建模仿真技术的发展与应用提出了新的挑战，包括制造产品、环境、智能制造系统、智能制造模式与过程有关的建模技术，建模仿真系统与支撑技术及仿真应用工程技术等。

（1）在产品建模技术方面。传统的产品建模技术，以 CAD 技术的发展为代表，经历了曲面造型系统、实体造型技术、参数化技术、变量化技术的发展过程，目前产品建模已经从几何、特征建模逐步转变为智能建模、装配建模、集成建模。现代先进制造模式下，利用计算机辅助产品设计面临更多挑战，包括系统组成复杂，往往是机械、控制、电子等不同学科领域子系统的综合组成体；开发过程复杂，不仅包括时间纵轴上存在的先后设计活动，还包括横轴上某一时刻并发的设计任务之间的相互影响；系统行为复杂，对总体性能的要求往往高于对单个功能模块的要求。因此，需要基于建模仿真技术构建全数字化的产品模型，支持先进制造系统中定义和表达全生命周期中的数据、活动等，探索产品集成建模技术，从而更加系统全面地设计产品性能参数、简化产品开发过程的复杂性、提高产品试验的效率、增强设计工作的沉浸感。

（2）在建模仿真系统与支撑技术方面。目前，制造企业的结构和管理都是按照职能划分建立起来的。这种静态的、递阶的组织结构能够很好地满足大批量的规模生产，极大地提高生产率。但随着全球化进程的不断深化，制造商、客户之间的关系已由卖方市场变为买方市场，这就要求企业能够迅速地对客户多变的需求做出响应，企业生产方式也相应转为多品种、小批量。因此，传统的基于功能的静态组织和管理已不能适应新环境的要求。利用建模仿真技术，从制造系统工程的角度建立制造过程及系统的柔性仿真支撑平台，通过过程模型将企业的人、技术、管理、组织和资源有机地集成，才能真正从根本上解决制造系统的柔性问题，让企业及其产业范围内的动态联盟能够实现面向市场和客户的动态行为，实现企业资源和技术的有效重组，使制造系统成为一个协调的有机体。

（3）在智能制造仿真应用工程技术方面。对产品和制造系统及其过程模型的一致有效性研究，是保证建模仿真技术在制造领域推广应用的前提。仿真可信性／可信度是所有仿真系统的生命线，校核、验证与确认（VV&A）技术是保证仿真系统可信性／可信度的必要手段。在泛在信息智能制造模式下，大量实验数据的管理、分析与评估以及产品模型、企业模型、过程模型等的置信度水平研究，是基于模型／知识的智能制造能够成功应用的必要条件，有助于企业积极地应用模型／知识指导产品研发与生产和企业过程重构等，真正发挥仿真技术在可操纵性、可重复性、灵活性、安全性、经济性、不受环境条件和空域场地的限制等方面的优越性，使未来产品全生命周期过程都基于可信模型来开展。

近年来，工业发达国家推出的一系列重振制造业的重大举措中，特别强调了建模仿真技术在推动制造新模式中的重要地位与发展方向。如美国，在 2011 年的 NDIA-AME 的制造业建模仿真报告中，突出强调 M&S 在产品可制造性中的作用；2012 年国家先进制造战略计划（AM）的制定中，明确提出用 M&S 技术缩短产品开发成本和周期。另外，2005 年，由 CAM-I 国际先进制造联盟组织完成的 NGMS-IMS 3 个阶段实施目标中，明确提出使用 M&S 研究和实现"数字工厂"；2009 年，欧盟主导的 IMS 2020 计划中，也明确提出在柔性制造系统和成本控制制造系统两方面使用 M&S。

深入研究与开发智能制造中的建模与仿真技术，将极大地提高我国制造业的设计制造管理水平，缩短在制造业信息化方面与发达国家的差距，从而有效地增强国际竞争力，促进我国"从制造大国向制造强国迈进"战略目标的实现。

二、智能制造中的建模与仿真关键技术

本节着重讨论智能制造中的建模与仿真关键技术，从面向全生命周期的智能产品及环境建模技术、基于模型/知识的智能制造支撑平台技术和智能制造建模仿真应用工程技术等 3 个方面，重点研究讨论 8 项关键技术（见图 6.4）。

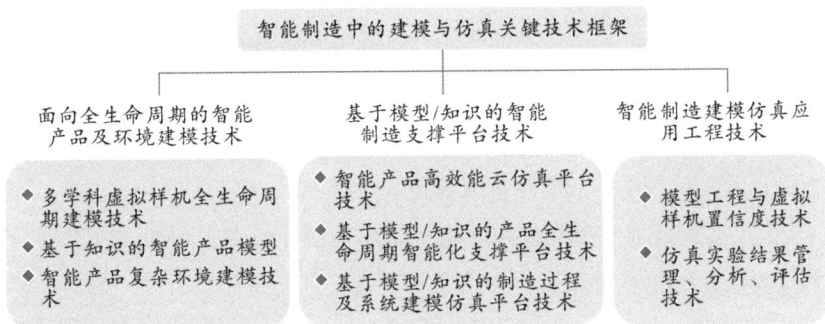

图 6.4　智能制造中的建模与仿真关键技术框架

（一）面向全生命周期的智能产品及环境建模技术

智能产品及环境建模技术是一类基于模型/知识开展产品的论证、设

计、试验、制造、维护等全生命周期活动所涉及的基础建模问题，面向产品的物理属性、产品性能、成本/经济可承受性、可生产性、全生命周期要求等方面，重点突破多学科复杂产品虚拟样机全生命周期建模技术、基于知识的智能产品模型和智能产品复杂环境建模技术。

1. 多学科虚拟样机全生命周期建模技术

智能产品一般具有连续离散混合、定性定量混合、规模庞大、整体与局部作用复杂的特点，为了实现智能产品数字化、网络化、智能化制造全生命周期高效建模与仿真优化的应用需求，需要一类支持具有连续离散混合、定性定量集成等特点的智能产品多学科顶层建模方法，面向智能产品制造全生命周期的多域、多维、多尺度、动态演进一体化建模方法以及智能多属性、定性定量集成、多核/多机高效并行仿真理论与方法。航天科工集团北京仿真中心牵头研发的多学科虚拟样机全生命周期建模与协同仿真技术平台是国内先进的支持产品全生命周期建模仿真应用的综合平台（Li et al.，2011a，2011b），其中，建模技术包括定性定量混合系统仿真建模技术、基于复杂网络理论与方法的复杂系统仿真建模技术、复杂变结构系统的仿真建模技术以及复杂产品智能多分辨率建模技术。

（1）定性定量混合系统仿真建模技术。智能产品全生命周期建模中存在很多定性定量混合建模需求，例如人在环路的指挥控制系统建模、产品全球供应链网络优化模型等。定性定量混合系统仿真建模需要从以下 3 方面支持智能产品的定性定量混合建模（范帅等，2010；李潭等，2011；Lin et al.，2012）。

1）定性定量统一建模方法，包括系统顶层描述（如复杂系统顶层元模型框架 M2F（Meta-Modeling Framework））和面向领域描述（如 Quan-Rule（定量—规则）和 Quan-Agent（定量 -Agent）建模方法）的建模理论和方法，以支持定性定量混合系统的层次化建模规范描述。

2）定量定性交互接口建模，将定量定性交互数据转化为定性模型与定量模型所要求的结构和格式，形成定量定性交互接口建模语言，如定量定性仿真标记语言 QQSRML、模糊因果导向图 FuzzyCDG 等。

3）定量定性时间推进机制，研究不同消息传递顺序、不同的时间推进方式、不同的时间管理策略、不同消息传递顺序与传递方式组合的成员间互操作，实现层次化混合时间推进方法，如 QR（定性—规则）-QA（定量 -Agent）混合时间推进方法。

（2）基于复杂网络理论与方法的复杂仿真系统建模技术。复杂网络是指具有自组织、自相似、吸引子、小世界、无标度等部分或全部性质的网络。智能产品本身具有复杂的部件，这些部件组成连接关系，产品制造全生命周期所涉及的各类制造服务间也具有复杂的层次关系和内在联系，因此，利用复杂网络理论与方法研究产品一体化建模和制造过程建模，将有助于实现模型驱动的智能产品研发与制造。

复杂网络的研究主要针对复杂网络拓扑结构模型（如小世界模型、无标度模型）、复杂网络的统计特性与规律（如集聚程度（clustering coefficient）、度分布特征（degree distribution））以及复杂网络的演化动力学机制（如网络同步化、非线性动态复杂网络）。

（3）复杂变结构系统的仿真建模技术。智能产品，特别是航空航天、武器装备等领域的复杂产品是一类具有"系统组成关系复杂，系统机理复杂，系统的子系统间以及系统与其环境之间交互关系复杂和能量交换复杂，总体行为具有涌现、非线性，以及自组织、混沌、博弈等特点的系统"（Yang et al.，2013a，2013b）。其中，系统的组成部分以及它们之间的输入输出及作用关系在系统运行过程中不断变化的一类系统被称为"复杂变结构系统"（见图 6.5）。

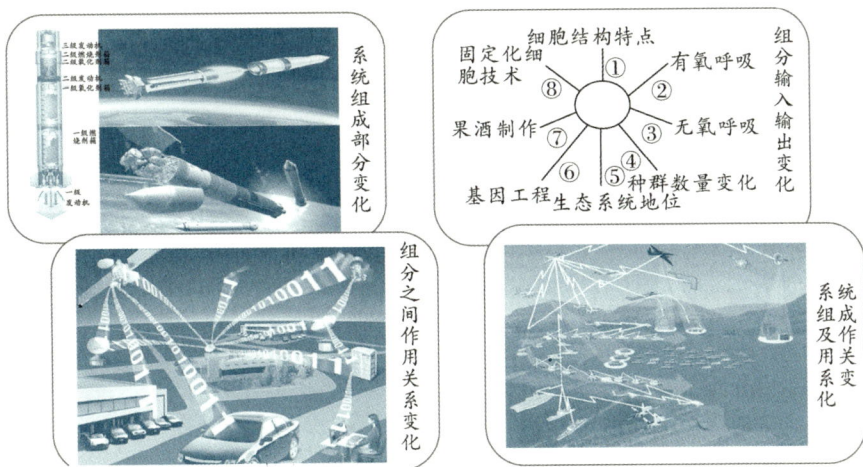

图 6.5　复杂变结构系统

目前，对复杂变结构系统的通用建模方法的研究大多是基于 DEVS（离散事件系统描述规范）的，因为 DEVS 具有很坚实的理论基础和很强的描述能力以及广泛的接受程度。当前的主要研究方向是拓展 DEVS 规范，提高其对复杂变结构系统的描述能力，以支持：①对系统中不同类型的结构动态变化的全面建模；②对系统中混合的结构变化执行方式（自顶向下和自底向上）的描述；③对系统结构转移与状态转移的并行建模，最终支持对复杂变结构系统特性的仿真研究与分析。

（4）复杂产品智能多分辨率建模技术。产品全生命周期包含多个阶段，仿真模型也将在多个粒度维数上不断交互——从最粗粒度的概念模型细化到方案模型、详细设计模型，再进一步细化到应用模型供测试、维护，若发现问题与设计瑕疵，再回溯到某一粒度；而且模型也将依据阶段需求及特点而动态地演进及完善，形成螺旋状、迭代式的动态演进曲线（见图6.6）。面向全生命周期的多尺度、动态演进建模主要解决全生命周期中，产品模型由概念模型到详细设计模型这一由粗到细的变尺度动态演进过程。

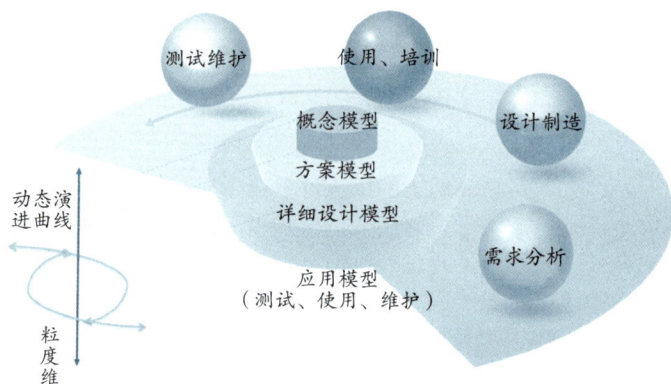

图6.6　复杂产品智能多分辨率建模

国内外对变尺度动态演进建模的研究中具有代表性的是基本对象模型（Basic Object Model, BOM）（李元等，2009），但总体而言，基于BOM的变尺度动态演进建模尚处于研究阶段，缺少成功的应用。因此，研究基于BOM的分辨率建模方法，开发一套面向全生命周期设计活动的复杂产品多分辨率模型表达和描述体系，可以实现产品全生命周期模型的粒度转换（聚合解聚）和一致性维护，支持产品在不同阶段的多粒度模型间的动态变化协调机制和全生命周期模型演化、继承、复用与映射，对智能产品设计具有重要意义。

2. 基于知识的智能产品模型

智能产品研制生产过程中需要大量实验数据、管理规范等知识的支撑。基于知识的智能产品模型技术针对产品全生命周期管理的应用需求，以产品的统一数据模型和标准功能模型，以及基于知识工程的产品模型管理方法为重点，研究智能产品模型定义方法，以及基于知识工程的产品模型管理方法。主要关键分技术包括基于分析参考模型和产品模型逻辑视图的智能产品模型标准、智能产品核心模型。

（1）基于分析参考模型和产品模型逻辑视图的智能产品模型标准。为了规范智能产品单学科模型与不同学科模型关系的表述，便于不同部门以统一的方式交流和获取知识，需要一套基于分析参考模型和产品模型逻辑视图的智能产品模型标准的设计定义，用于数据描述和表示。其中，分析参考模型代表某一学科模型，是分析支撑设计信息的基础；产品模型逻辑视图主要保存与学科模型有关的逻辑联系和依赖关系、可靠性等内容。以标准设计定义的形式对产品制造各部门、各阶段的输出数据进行统一描述和表示，可以支持开发人员和评估人员利用不同类型的工具进行分析和评估。

（2）智能产品核心模型。智能产品核心模型（见图 6.7）是以产品结构模型为框架，以产品主模型为基础，关联产品功能模型、产品行为模型、产品控制模型、产品资源模型的集成产品模型。

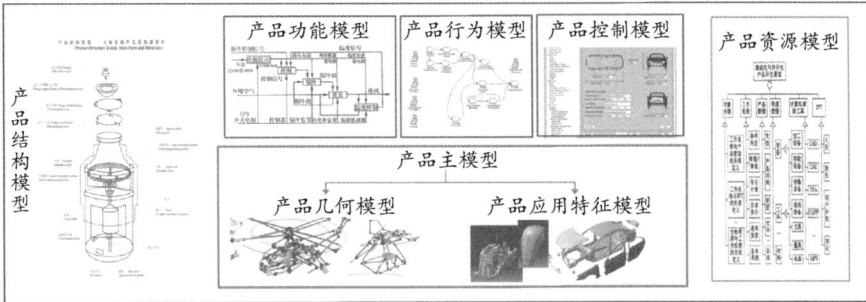

图 6.7　智能产品核心模型

1）产品结构模型是指产品构成关系的模型，它反映了产品的层次化分解，是进行产品设计、生产组织的重要依据与标准，并为产品数据的组织提供大的框架。

2）产品主模型是实现产品开发过程信息集成的共享模型的集合，由公共模型和应用特征模型组成。公共模型是产品几何表达模型的集合，主要包括产品定义数据信息；应用特征模型定义满足产品开发过程的不同应用领域信息需求的应用特征模型的集合，具有设计、制造以及产品开发过程其他环节所需的几何属性和工程属性，是实现产品信息集成的基础，如设计特征、工艺特征、工程分析特征等，是在公共模型不同应用视图的基础上结合应用领域知识定义的模型。

3）产品功能模型用来描述产品满足用户需求所应该具有的特征，是进行产

247

品体系结构和产品结构分解的基础，同时产品功能特性与产品主模型相关联。

4）产品行为模型描述产品在外界环境下所呈现出来的行为特征，是产品主模型和环境交互的结果，同时产品行为模型受到产品功能模型的制约，满足产品功能模型所规定的各项约束。

5）产品控制模型是在具体语境下对综合智能产品核心模型施加的约束，它可以看作附加在综合智能产品核心模型的机制，以保证产品模型及其相关数据的一致性。

6）产品资源模型主要是将产品开发过程中的人员、工具等相关支撑环境进行建模，方便人员、工具等对产品数据的访问以及控制。

3. 智能产品复杂环境建模技术

智能产品研制过程中需要针对复杂地理环境和气候等环境进行仿真实验，以验证产品在真实应用场景下的性能。复杂环境建模与仿真技术重点针对复杂电磁环境以及光学环境的建模与仿真。

（1）电磁环境的建模技术。目前对电磁环境建模的研究主要可以分为两个方面：一方面是对空中复杂目标的建模，计算其电磁散射特性及其电磁散射特性进行可视化。另一方面是特定的电磁波如何在复杂环境（如不规则地形、植被、大气等）中传播。复杂环境下的电磁环境研究的主要技术难点在于复杂环境本身的建模与合适电磁传播模型的获得。对于大范围电磁环境仿真而言，由于计算与数据处理属于海量级别，对算法的速度与计算环境有着相当高的要求。总之，智能产品复杂环境建模技术的未来研究热点集中在：

1）电磁散射和传播的建模研究，主要研究电磁场对武器、装备等的影响，电磁传播模型的建立与求解方法等。

2）对电磁散射和传播问题的数值求解的高性能计算框架与方法研究，包括先进计算模式和计算框架的研究和应用，对电磁散射和传播问题的数值求解方法的研究。

3）电磁环境的可视化研究，研究如何将不可见的电磁波三维可视化，研究三维（3D）和四维（4D）可视化的形式及可视化方法，其中涉及对大范围海量数据的可视化。

（2）光学环境的建模技术。目前对光学环境建模采用的技术主要是变焦结构优化和分析，环境热量分析，MTF 和 RMS 波阵面基础公差分析，干涉和光学校正、准直，矢量衍射计算，融合光纤色散，损耗和偏振模色散，红外成像／投影，红外复合技术等。面对智能产品对环境适应性要求的提高，

未来对光学环境建模技术的研究还需要进一步从以下 3 方面突破，包括：

1）成像制导建模技术，包括多波段视频 / 红外动态图像转换技术、射频成像辐射阵列源与变换技术、红外 / 射频 CIG 技术、气动光学效应建模技术、真空冷背景红外特性建模技术、空间低冷环境下红外成像制导建模技术、气动光学效应下红外成像制导建模技术等。

2）射频制导建模技术，包括高分辨率、高精度毫米波目标与背景建模技术，射频制导综合对抗仿真环境实时生成技术，宽带、闪烁、散射面目标辐射源及馈电技术，宽带目标辐射实时建模技术，极化雷达 / 多波束雷达建模技术等。

3）复合制导建模技术，包括毫米波制导、半主动激光制导和红外制导的三维模型半实物建模仿真技术等。

（二）基于模型 / 知识的智能制造支撑平台技术

智能制造支撑平台技术引入智能科学、云计算、物联网等新一代信息技术，研究泛在网络化环境下复杂产品制造过程中与建模仿真平台构建、运行相关的核心技术与方法，突破智能产品高效能云仿真平台、基于模型 / 知识的产品全生命周期智能化支撑平台、基于模型 / 知识的制造过程及系统建模仿真平台等关键技术。

1. 智能产品高效能云仿真平台技术

随着建模仿真技术在复杂 / 智能产品领域应用的不断深入，出现了两类新的需求：①被仿真产品的规模和结构日益扩大和复杂，迫切需要具有分布、异构、协同、互操作、重用等性能的新型高效能的分布建模仿真系统；②人们希望能够通过网络随时随地无障碍地获取所需的产品建模仿真服务。然而，从应用角度看，目前的云仿真还需要加强如下能力：①细粒度资源（包括网格节点内的 CPU 核、存储器、软件等子资源）的共享能力；②充分支持多用户的能力；③协同能力；④容错能力；⑤安全应用机制；⑥支持多用户通过网络随时随地按需获得各类建模仿真服务的能力。

新兴信息技术的蓬勃发展为此带来了契机，北京仿真中心率先提出了高效能云仿真的概念，并深入研究了若干关键技术，在复杂产品设计仿真领域开展了初步的应用验证（Li et al.，2009，2011a，2011b，2012；李伯虎等，2009；Lin et al.，2008；Huang et al.，2008）。高效能云仿真是一种基于网络的（包括互联网、物联网、电信网、广播网、移动网等）、面向服务的仿真新模式，它融合与发展了现有网络化建模与仿真技术以及诸如云计算、面向服务、虚拟化、高效能计算、物联网和智能科学等新兴信息技术，将各类仿真资源和仿真能力虚拟化、服务化，构成仿真资源和仿真能力的服务云池，并进行统一的、优化的管理和经营，使用户通过网络和高效能云仿真平台就能随时按需获取仿真资源与能力服务，以完成其仿真全生命周期的各类活动。"高效能云仿真"是分布仿真、仿真网格、并行仿真等技术的发展。

智能产品高效能云仿真平台（见图6.8）支持将异地、分布、广域范围内的仿真资源、能力虚拟化、服务化，为用户提供按需、敏捷聚合的多主体（多用户）仿真服务平台。平台的主要关键技术包括基于普适设备的仿真需求感知与获取技术、基于资源语义描述的仿真系统自主构建技术和仿真结果的智能化分析与展示技术。

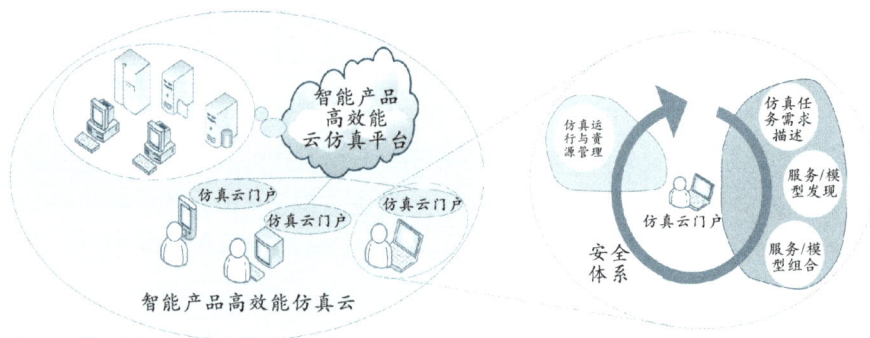

图6.8 智能产品高效能云仿真平台

（1）基于普适设备的仿真需求感知与获取技术。高效能云仿真以人为中心的特点迫切需要和谐、自然的人机交互方式，即能够利用人的日常技能进行交互、具有需求感知能力。与传统的交互方式相比，它更强调交互方式的自然性、人机关系的和谐性、交互途径的隐含性及感知通道的多样性等。通过基于普适设备的仿真需求感知与获取技术（见图6.9）的研究，使得终端设备可以感知消费者（用户）上下文信息（包括用户所处的环境以及用户本身的信息），自发地完成信息空间与物理空间的交互（如终端设备利用射频识别技术自动识别目标对象，并获取相关信息；或者由物理传感器、输入设备等感知物理空间状态，主动提供相关信息），并通过上下文查询与推理服务，分析出用户的仿真需求，建立以用户为中心的仿真服务新模式（唐震等，2008，2009）。

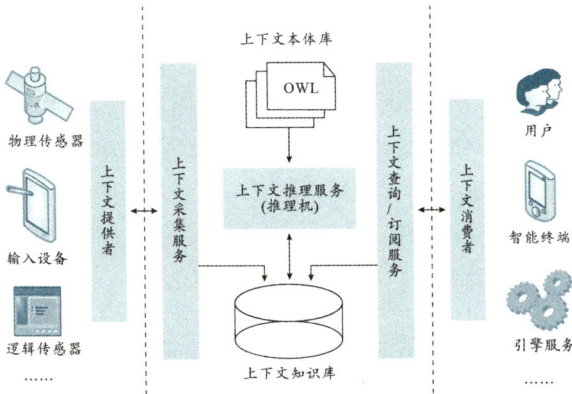

图 6.9 基于普适设备的仿真上下文感知

（2）基于资源语义描述的仿真系统自主构建技术。以人为中心的高效能云仿真在获取到用户需求后，如何准确地将用户仿真需求映射到接入到云仿真平台的仿真资源，并在智能地匹配到云仿真资源后，自主动态地组合这些资源，建立可以满足用户需求的虚拟化仿真系统是高效能云仿真技术的后端服务支撑的关键问题，可以预见的是接入平台的各类仿真资源的粒度可能不同，接入系统后单个仿真资源也不一定能够满足复杂的仿真任务需求，这就要求高效能云仿真平台能够分层按需组合不同粒度、不同种类的仿真资源，见图 6.10。因此，仿真系统自主构建技术应该包括云仿真资源池中仿真资源的语义描述技术、面向用户需求的资源优化匹配技术，以及仿真资源的按需组合与仿真系统自动重构技术等（Li et al.，2008）。

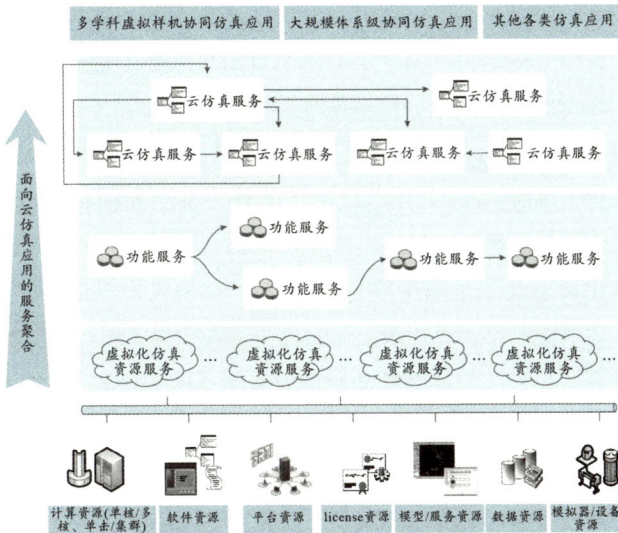

图 6.10 仿真资源服务的层次化聚合

（3）仿真结果的智能化分析与展示技术。为了实现高效能云仿真系统与用户的自然和谐交互，在仿真任务完成后，如何将包含大规模数据的仿真结果进行智能化处理，并提供多种表现形式给用户使用也是高效能云仿真技术的关键问题（见图6.11）。以人为中心的服务提供方式要求服务产生的结果能够自然地展示给用户，使得用户能够理解并判断是否满足了需求。这其中需要解决的关键技术包括仿真结果的智能化分析处理技术、仿真VV&A技术、仿真结果的多维多视图显示技术等。

图 6.11　大型客机外形数据的可视化显示

2. 基于模型／知识的产品全生命周期智能化支撑平台技术

针对复杂产品数字化、智能化制造系统中涉及的智能化产品模型及知识特点，基于模型／知识的产品全生命周期智能化支撑平台技术研究与开发以产品四库（知识库、模型库、数据库和算法库）为基础、以智能推理引擎和协同仿真引擎为核心的数字化、网络化、智能化的复杂产品智能专家系统，支持围绕复杂产品进行的论证、设计、试验、生产和保障等全生命周期活动；研发复杂产品智能专家系统集成开发平台／工具集（见图6.12），搭建复杂产品智能化研制的示范应用平台（系统），以提供智能化的制造能力和资源服务，提升制造工业基于知识工程的自主创新能力（范帅等，2011）。

基于模型／知识的产品全生命周期智能化支撑平台的主要关键分技术具体包括：

（1）多模式智能化推理与融合算法。多模式智能化推理与融合算法为整个知识工程的方案生成、辅助决策、设计评估提供专家知识的处理和逻辑推理功能。针对产品制造领域专家知识的特点，研究多模式智能化推理方法的分类与评价技术，充分发挥各个推理算法的优势，克服其中的不足，研究多领域不确定知识推理算法、算法融合与引擎技术，使智能推理达到更加适用于多变量、多参数、多目标及多过程的复杂系统，满足产品协同设计中对不同类型知识协同求解与综合应用的能力。

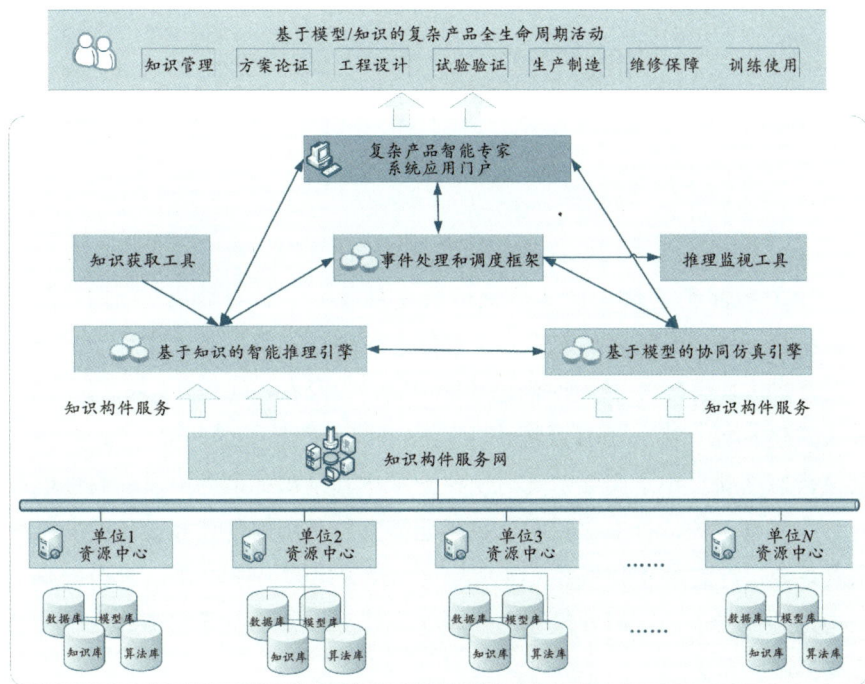

图 6.12　复杂产品智能专家系统集成开发平台 / 工具集

（2）多领域知识获取与融合技术。针对产品工程设计专家知识涉及学科专业广、跨学科协同、多专业耦合、围绕制造系统原理 / 机理等特点，试验专家知识具有不确定性、动态性、正向成功知识为主的特点，研究产品制造领域专家知识的形式化表达、描述、管理及集成应用技术，解决领域专家知识的获取、表达、组织、共享、检索、运用以及学习更新问题。

（3）多领域知识统一建模与联合求解技术。针对智能专家系统应用涉及多领域知识 / 模型的连续离散混合、定性定量结合、人工智能 / 计算智能结合等统一描述和联合求解问题，研究多领域定性定量统一建模、集成接口技术、基于（模糊）规则的推理引擎技术、定量分析引擎技术，实现人机、定性定量结合的联合推理与协同求解（见图 6.13）。

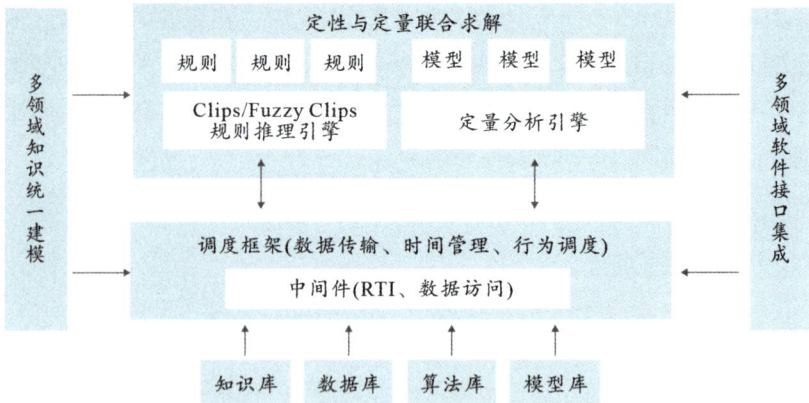

定性与定量联合求解

规则　规则　规则　　模型　模型　模型

Clips/Fuzzy Clips 规则推理引擎　　　定量分析引擎

多领域知识统一建模

多领域软件接口集成

调度框架(数据传输、时间管理、行为调度)

中间件(RTI、数据访问)

知识库　数据库　算法库　模型库

图 6.13　定性定量结合的联合推理与协同求解

（4）高性能变结构仿真系统运行支撑技术。针对复杂变结构产品的仿真执行系统/模型愈加庞大，仿真问题的解空间范围越来越大（需要成千上万次仿真运行），执行时间过长的问题，以及在在线仿真（如共生仿真、嵌入式仿真等）中，仿真系统作为实际系统（产品）的一部分参与运行，其执行速度满足不了实际系统对快速获取仿真结果的问题，研究高性能的变结构仿真系统运行支撑技术，包括能够充分利用硬件计算设备的变结构仿真系统运行支撑框架（图 6.14 所示为已经提出的一种框架），充分挖掘变结构模型并行性的时间管理算法以及实现计算设备上负载均衡的变结构仿真模型调度算法 。

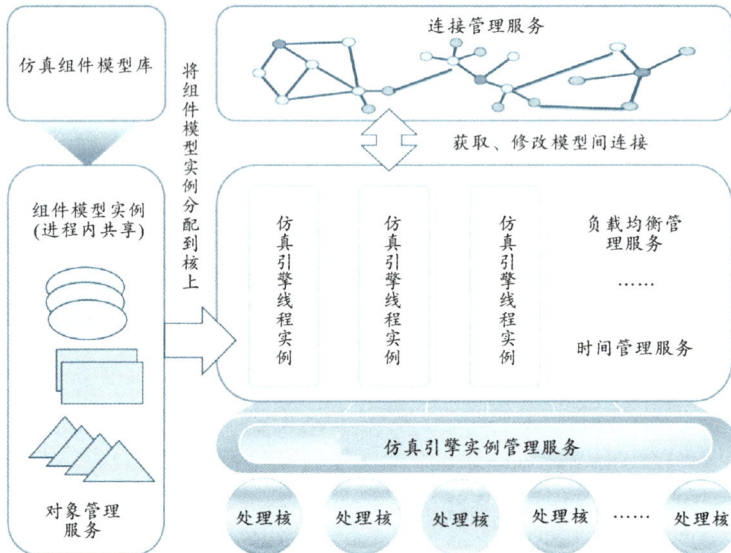

图 6.14　高性能的变结构仿真系统运行支撑框架

（5）知识构件服务网格关键技术。针对提供一个面向服务的分布式知识网格系统，研究具有通用、开放的知识服务支撑平台，支持各类知识的服务化、构件化；支持各类异地知识资源的智能化发现、管理和协同应用。

（6）基于知识的设计制造协同与工艺优化技术。以实现基于三维模型的设计制造协同为目标，开展面向加工与装配的三维建模、三维制造信息标注、模型检测与可制造性分析等技术研究，建立产品可制造性知识库、数据库和基于知识的可制造性评价与决策分析系统。建立面向设计与制造的三维模型表达规范。开展数控加工、复合材料成型、焊接、铸造等制造工艺仿真技术研究，建立工艺仿真数据库与集成系统，提炼工艺设计与仿真知识，构建支持工艺规划与仿真的知识库管理系统，进行工艺的决策分析与优化。开展基于实测数据的装配精度分析与优化技术、面向动态性能的智能产品装配分析等研究，优化装配工艺过程。建立统一的面向设计制造协同与工艺优化的知识库系统，实现制造知识的统一管理。

3. 基于模型 / 知识的制造过程及系统建模仿真平台技术

产品制造过程及系统中涉及多种类型的制造资源、信息、制造过程、企业组织和战略决策等，基于模型 / 知识的制造过程及系统建模仿真平台技术研究制造过程及系统的建模方法与理论，开发相应的支撑平台与工具集，基于模型 / 知识更好地理解和表达制造系统，支持对系统的分析综合、新系统的设计或对现有系统的重构以及对系统运行的监测和控制。主要关键分技术包括柔性制造过程建模及管理平台技术、智能产品制造项目建模及管理平台技术、智能产品制造企业战略建模及管理平台技术、智能制造体系建模与演化分析技术。

（1）柔性制造过程建模及管理平台技术。泛在信息的智能制造模式下，企业经营过程重组（Business Process Reengineering，BPR）理论和方法将更加受到重视。BPR 要求企业将传统的以职能为基础的组织机构和运作机制转变为以过程为中心的管理模式，对企业的业务流程进行彻底的重新设计，进而实现显著提高企业业务能力和经营效益的目标。在这个大趋势下，作为支持企业业务过程建模、过程优化及业务过程实现的工作流技术也受到了广泛的重视。因此，制造过程建模仿真技术研究对复杂产品制造过程中涉及的流程建模、流程动态组合优化等技术，支撑制造过程的动态组合，实现智能柔性制造。

柔性工作流建模理论研究如何使工作流具有一定的适应性，通过工作流执行过程中的信息自动实现对动态变化的快速响应，支撑泛在网络中企业间的业务过程合作与内部流程重组。目前，国内外对工作流的适应性已经开展了相关研究，一些方法虽然在一定程度上增强了工作流的适应性，但仍然存在一些不足。如基于规则的工作流建模规则多而烦琐，利用传统编程方法对外界动态变化响应速度缓慢，基于 Agent 的工作流建模方法在实现方面还没有成熟技术。另外，泛在网络分布式资源的广泛应用带来高效的同时，也让流程自动化处理过程面临挑战。未来需要构建基于泛在网络的工作流管理平台，引入具有拓展功能的工作流引擎组件和调度组件，以直观的方式描述工作流，并具有高效的数据处理机制，支持灵活的容错，提供高效率的任务和可用资源之间的映射。

（2）智能产品制造项目建模及管理平台技术。在泛在感知网络的支撑下，企业制造项目管理（见图 6.15）可以监控企业的市场、销售、供应、生产、服务、研发等全生命周期各个环节上的分布系统以及外部信息，并利用强大的建模仿真能力提供企业所有过程与所有资源的完全连接，实现快速和精确预测短期和长期的产品需求，在企业层面和执行单元上重新计算需求并重新分配资源。更重要的是，管理者只需要使用终端上的建模仿真工具连接到企业的知识库来评估满足性能、速度、成本、风险和收益平衡的资源分配方案以适应需求。同时，当由于设计改变或供应链中性能、计划问题导致需求变化时，管理者可以使用智能推荐系统快速做出最佳处置响应。管理员可

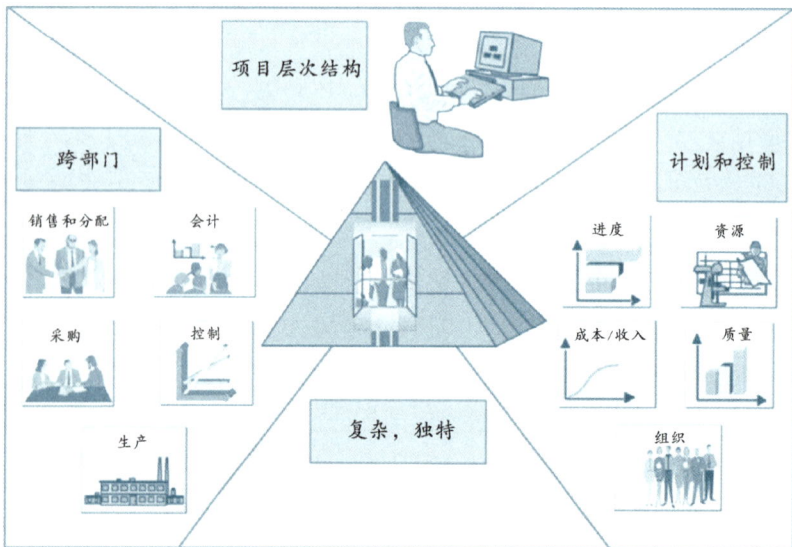

图 6.15　企业制造项目管理的特点及对象

监控实际制造中的各项参数，当出现问题时，可通过嵌入在实际制造中的仿真设备，改变不同的资源配置方案，得到最优的成本、性能解决办法，以快速有效地分配合适的资源，解决当前的问题。

因此，针对产品制造企业多项目并举、多层级管控、多单位协同的研制特点，还需要进一步研究面向产品制造全生命周期项目管理中的进度、风险、费用、流程综合建模与仿真技术，例如融合关键路径法和蒙特卡洛柔性仿真原理的项目进度建模与仿真方法，基于挣得理论的风险建模与仿真分析方法，基于设计水平、先进程度、重复设计费用参数的建模与仿真方法，基于降维 DSM 法则的工作流程动态建模与仿真方法等，以有效支撑重点行业复杂产品虚拟样机工程实施开展中的各类过程指标综合仿真与优化。

（3）智能产品制造企业战略建模及管理平台技术。企业战略建模是认识企业，对企业进行分析、设计和改造的重要手段与方法。各种先进制造技术的发展，特别是基于泛在信息的智能制造模式的推广，促进了企业间泛在信息互通与市场共享的全球化趋势，战略联盟将成为企业全球经营的重要战略，是企业通过资源共享和优势互补来抢占市场和减少竞争者的有效手段，因此，企业战略建模将受到更大的重视。

企业战略建模仿真技术基于产品和过程模型来定义、执行、控制和管理企业的全部过程，并采用科学的模拟与分析工具，在产品生命周期的每一步做出最佳决策，从根本上减少产品创新、开发、制造和支持的时间和成本。总体来说，基于模型的战略管理的应用实施还处于起步阶段，需要重点解决以下问题：

1）支持战略管理的知识工具。如在建立业务模型时，变量参数化和数据收集仍然以手动或半自动方式为主，缺乏与数据源的实时连通性，浪费组织资源。随着建模技术的发展，自动化文本和数据挖掘工具的日趋成熟，未来有望提高模型的构建效率，确保信息的及时性和可用性。

2）企业战略管理方法建模理论。多数企业实行的是自上而下的管理和自下而上的实施，这会导致随着各层级人员不断变化，企业的战略思想不能得到连贯的、完全的实施。未来，需要借助复杂系统演化、博弈等理论探索建立更加科学完善的企业战略管理方法。

（4）智能制造体系建模与演化分析技术。智能制造作为一种新的理念和技术手段已经成为当前制造业信息化的研究热点与发展趋势。然而，当前对该模式的体系内涵、形式、演化规律等只是做了定性、静态、孤立的分析，需要一套新的理论工具对基于泛在信息的智能制造模式做定量、动态以及集成研究，这样才会对后续平台开发、系统构建和运行以及工程实施具有全局指导意义。针对制造体系建模与演化分析技术，重点需要解决以下几个问题：

1）产业复杂网络建模，是指建立基于复杂网络理论构建面向全产业链的企业网络及网络演化模型，反映智能制造中面向产品全生命周期不同类型企业之间、不同协作关系作用下的产业网络结构特征。

2）制造模式演化分析，是指在产业复杂网络模型的基础上，研究产业关联模型作用下，泛在信息感知空间下的创新制造模式（包括准实时、超精准加工制造模式多级反馈，跨层协同的扁平制造模式，面向任务的生产线自组织制造模式）的演化规律。

总之，借鉴演化经济学的观点，结合复杂网络建模理论，从组织范式和技术范式角度考虑制造模式在不同时期、不同环境中的演化规律，寻求智能制造在下一个十年的发展方向，可以帮助认识和理解泛在信息智能制造的内涵，为制造企业战略转型升级提供多方位的支持和引导。

（三）智能制造建模仿真应用工程技术

智能制造建模仿真应用工程技术融入大数据存储、分析，数据挖掘，可视化等技术，重点围绕模型／知识在智能产品制造全系统、全生命周期中的可信应用，研究并创新模型／知识在工程应用中的置信度评估及数据管理，制定新的标准与规范体系等。主要的研究内容包括模型工程与虚拟样机置信度技术和仿真实验结果管理、分析与评估技术等两方面。

1. 模型工程与虚拟样机置信度技术

多学科虚拟样机通常是由多学科异构模型组成的复杂系统，其置信度受到多种因素的影响（Li et al.，2011a，2011b）。多学科虚拟样机的设计执行过程包含多项活动，会产生大量输出，在每个迭代过程结束后，如果系统性能不能满足要求，往往要花费很长时间去查找出现问题的环节。利用VV&A 在每个设计开发阶段通过校核或验证来降低失误或错误出现的频率，对于减小工程风险，提高开发效率和系统的置信度来说具有实际意义。因此，在多学科虚拟样机的设计开发过程中要实施 VV&A，尽可能减小影响因素的作用，提高虚拟样机的置信度。

模型工程与虚拟样机置信度技术旨在通过研究复杂产品数字化、智能化制造系统仿真的可信度评估指标体系，攻克面向产品制造全生命周期的仿真模型 VV&A 技术、智能研讨决策评估技术以及仿真系统层次的可信度评估技术。其研究目的是在面向各类复杂产品的研制时，能提供全生命周期研制过程中定性定量相结合的智能研讨决策与可信度评估技术服务，从而推动基于模型的复杂产品数字化、智能化制造的技术创新与行业发展。

多学科虚拟样机的 VV&A 应当贯穿于设计开发过程的全生命周期，见图 6.16。多学科虚拟样机的 VV&A 人员负责管理、协调并全面落实 VV&A 计划，执行 VV&A 活动，形成 VV&A 的完整文档，以及在 VV&A 活动中组织领域专家进行分析评估。同时 VV&A 人员还要辅助开发人员和管理人员的工作，及时提供参考意见。另一方面，VV&A 活动贯穿于设计开发的全生命周期，开发人员和管理人员也要协助 VV&A 人员制订 VV&A 计划、执行 VV&A 活动、编写 VV&A 报告，以及参与部分 VV&A 工作。

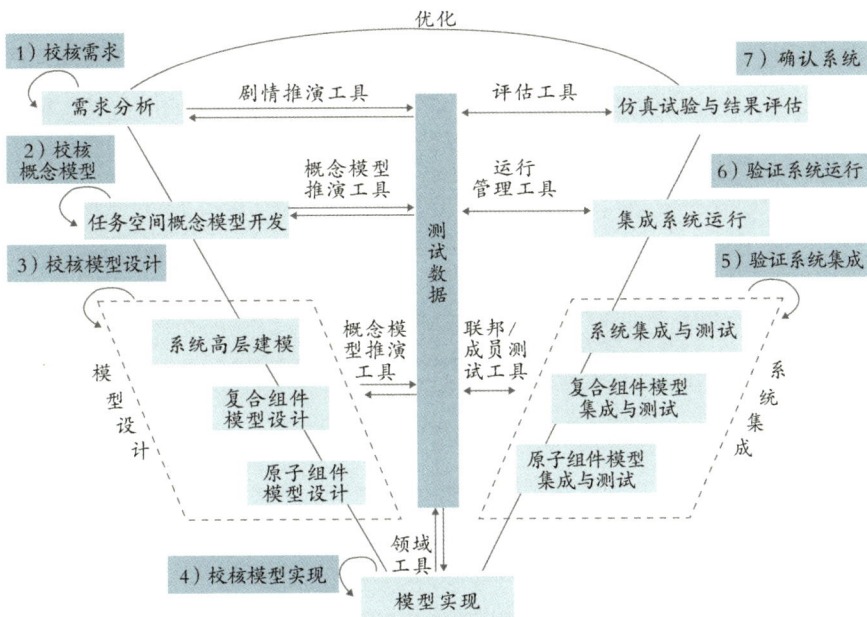

图 6.16　多学科虚拟样机的 VV&A 过程

就目前来看，复杂产品 VV&A 仍处于起步阶段，还未达到成熟应用的程度。研究的热点主要集中在复杂产品 VV&A 的概念框架、标准规范、支撑工具和平台等方面。

（1）概念框架技术。概念框架主要是明确真实对象、概念模型、仿真模型之间的评估问题，并研究相应的评估理论，为复杂系统仿真评估奠定基础。它包括"真实对象"与"概念模型"之间的确认研究、"概念模型"与"仿真模型"之间的校核研究、"仿真模型"与"真实对象"之间的验证研究等。

（2）标准规范技术。研究趋势是力图采用形式化的科学评估方法，如基于 Petri 网的仿真剧情正规评估方法、复杂仿真系统概念模型形式化评估方法、基于定性建模和模型检测的概念模型评估方法、复杂仿真系统评估方案优化设计方法、复杂仿真数据智能分析方法等。

（3）支撑工具和平台技术。主要集中于开发复杂仿真系统评估辅助工具，包括复杂仿真系统评估支撑平台体系结构、评估过程辅助工具、评估文档编辑工具、评估指标获取支持工具、仿真过程监测工具、仿真数据收集工具、仿真过程重演工具、仿真互操作性测试工具、仿真数据管理与分析工具、概念模型建模与验证工具、仿真系统模型验证工具等。

2. 仿真实验结果管理、分析与评估技术

智能产品仿真实验结果管理、分析与评估技术（Li et al.，2011a，2011b）是在复杂产品需求论证、方案设计、工程研制等多阶段的建模仿真应用过程中，实现智能化的仿真实验数据的采集、实验数据的管理以及对仿真过程以及结果的可视化的分析处理（见图 6.17）。

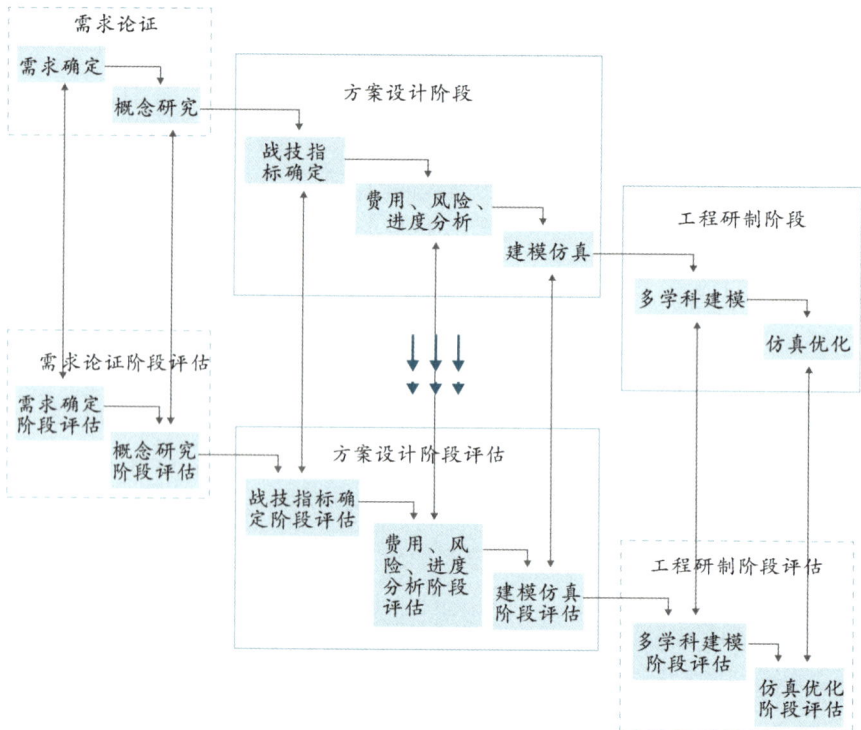

图 6.17　评估过程模型及评估指标体系

其主要研究内容包括仿真实验数据采集技术、海量数据管理技术（包括海量仿真数据的存储、查询、分析、挖掘）、仿真实验数据分析处理技术、仿真实验数据可视化技术和智能化仿真评估技术等。以基于 HLA 的协同仿真平台的实验结果管理、分析与评估工具为例，其系统框架见图 6.18。

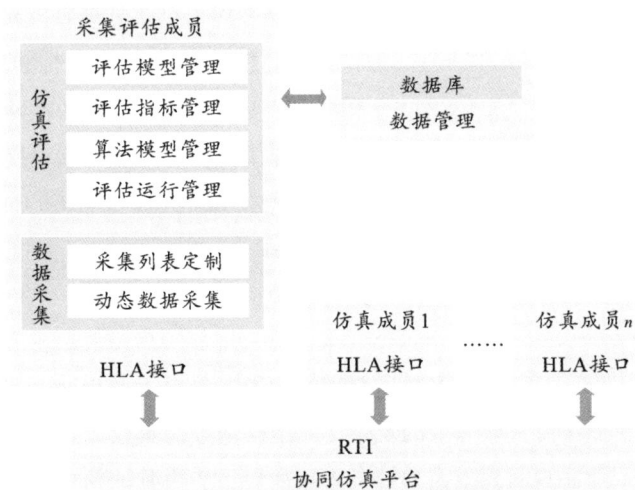

图 6.18　协同仿真数据采集及评估工具系统架构

（1）仿真数据采集与管理。在进行仿真数据采集前，需要对仿真联邦中的对象类和交互类的订购信息进行描述，因此，定义采集列表用于记录订购信息，采集列表定制以 HLA 标准提供的 FOM（Federation Object Model，联邦对象模型）文件为基础，创建 XML 格式的采集列表文件，描述仿真所需要采集的对象类和交互类信息。

（2）数据管理器。数据管理器连接采集评估器与数据库系统，在采集结束后，负责将保存的大量仿真数据上传至数据库中进行统一管理；在进行仿真评估时，负责从数据库系统中导出数据，便于以后评估过程的多次使用。

（3）评估建模与运行管理。评估建模是对评估过程建立评估模型，以记录评估过程中涉及的仿真数据源、评估指标、算法模型和数据处理流程信息，便于评估过程的自动运行和管理。因此，仿真评估模块具有评估模型管理、评估指标管理、算法模型管理和评估运行管理功能。利用评估模型管理可以创建评估模型，或者编辑已有的评估模型，并将评估模型以文件的形式进行保存和管理，避免了在相同评估条件下对评估过程的重复设置。

未来，基于脑科学的智能评估技术是智能产品制造系统仿真实验结果管理、分析与评估技术的发展方向。

三、智能制造中的建模与仿真应用案例

（一）虚拟采办应用案例

虚拟采办（SBA）技术是将建模与仿真技术协同、集成化地应用于产品采办各部门、各个采办项目及项目各阶段全过程（包括需求分析和定义、概念设计、详细设计、生产制造、测试评估、使用、维护训练直至产品销毁）的一种新型采办模式（Chai et al., 2009）。SBA 的目标是缩短采办时间，减少资源消耗，降低采办风险，同时提高产品质量和价值，增强可靠性，降低全生命周期的成本，支持产品、过程开发一体化。以下将介绍一个规范的、某复杂产品的虚拟采办项目的应用实施案例。

1. 虚拟采办仿真集成环境

根据复杂产品虚拟采办设计系统的总体思路，建立基于 PM 系统、VPLM 系统、工作流管理系统的复杂产品虚拟采办仿真应用集成环境。该环境可支持复杂产品从前期方案论证、策略研讨、仿真验证到工程研制阶段的复杂系统总体、机械、气动、控制、软件等单学科数字化、虚拟设计，以及复杂系统总体、机械、控制等多学科的综合仿真集成和优化设计，各组成部分的功能描述见图 6.19。

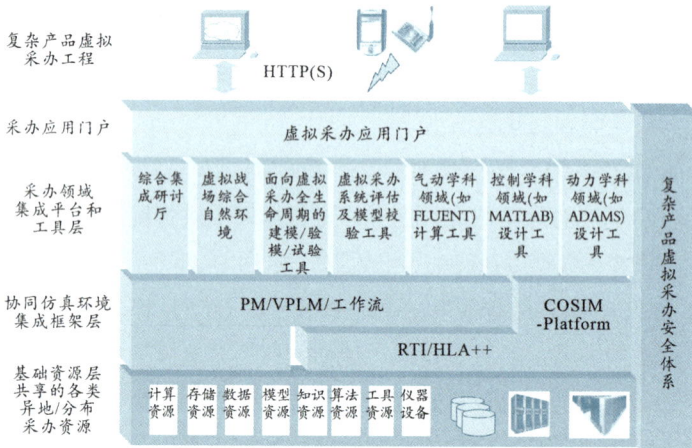

图 6.19 复杂产品虚拟采办仿真应用集成环境

在基础资源层，包括分布网格结点的计算机、存储系统、设备仪器、数据库/知识库、模型资源和应用软件等（如面向不同单位、不同应用的各类仿真资源）。在这一层次，网络资源使用相应的适配软件将资源以开放标准的方式接入到网格中，为网格系统软件对资源的统一管理和集成提供基础。

针对虚拟采办应用的实际需求，在实际应用中连接和集成跨管理域的多种平台上的结点和资源，供网格核心服务中间件调用。

在协同仿真环境集成框架层，通过具有自主知识产权的 COSIM-Platform、COSIM-PM，COSIM-VPLM 及工作流管理系统实现虚拟采办全生命周期的项目管理、模型管理、流程管理及虚拟样机系统的协同仿真、优化验证工作，从而保证采办系统平台的开放性、可扩展性、通用性。

在采办领域集成平台及工具层，应用各个学科领域的设计开发工具设计虚拟采办各阶段的模型，并考虑采办项目方案的可执行性和采办系统的可信度，集成研讨厅、评估工具对其进行保障。

在应用门户层，以复杂系统应用需求等设计研制任务为背景，开展具体的虚拟采办应用验证。

2. 虚拟样机系统协同仿真与优化设计

（1）方案论证阶段。针对某复杂系统的特点，在构建虚拟样机环节开展两轮应用验证，结合系统设计任务，首先在复杂系统总体室内部对方案论证阶段的概念模型构建飞行性能评估虚拟样机系统，其组成见图 6.20。

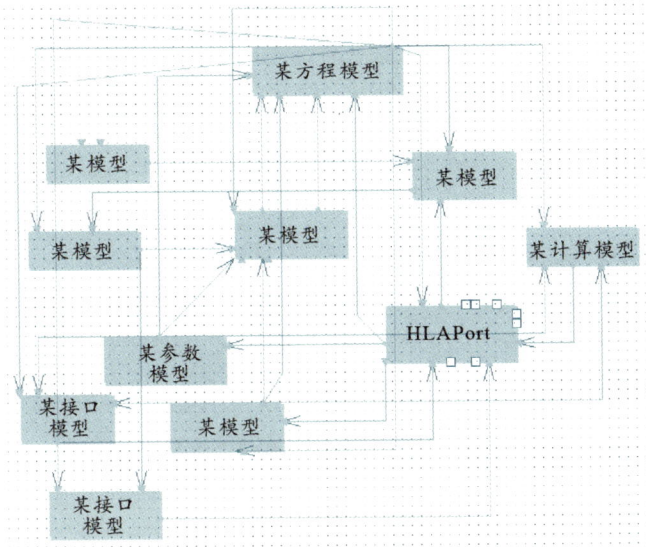

图 6.20　方案论证阶段系统飞行性能评估虚拟样机系统组成

通过分析不同的系统性能参数，验证此系统作战的有效性，选取几条典型的参数进行仿真，看其性能指标是否满足系统战技要求。

通过仿真试验验证了系统性能参数对其飞行性能的影响，通过穷举法进行了优化设计。图 6.21 为 3 组不同的性能参数仿真的结果。通过多次仿真结果验证：同一组 A 参数值、B 参数值在一定区间能够保证收敛，同时在此范围内 B 参数值越小，获取的 C 参数值越高；同一 B 参数值，D 参数值越大，获取的 C 参数值越高。

图 6.21　3 组不同的 A 参数、B 参数仿真曲线结果

（2）工程研制阶段。完成概念模型总体方案论证仿真后，进行工程研制阶段的仿真优化设计验证。结合某复杂系统建立跨研究室的多学科设计、协同仿真，选择方案阶段最优的性能参数作为本阶段的系统输入，将某子系统参数作为系统优化设计参数，完成以系统某方面精度为优化指标的性能仿真验证。其系统组成见图 6.22。

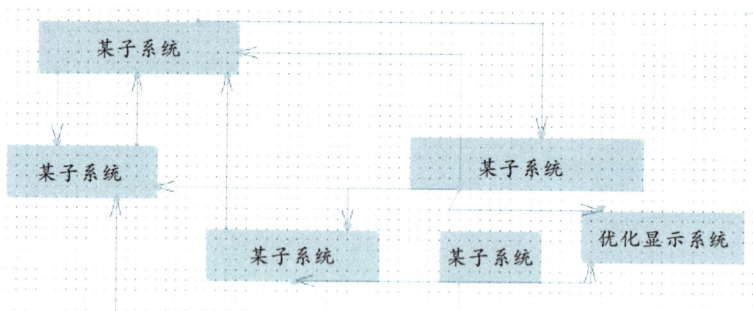

图 6.22　工程研制阶段系统性能评估虚拟样机系统组成

选用等值递增优化方法设计子系统参数，通过多次仿真获取系统的仿真优化指标，从而设计验证精度最高的子系统参数是否满足要求。

将系统的 B 参数作为优化设计参数，以系统的 E 参数和 F 参数作为优化指标，采用等值递增优化算法进行自动寻优计算。当满足系统仿真结束条件时仿真停止，仿真自动结束。优化显示成员显示本次仿真的 E 参数，并进入下一次仿真运行，当仿真次数达到 100 次时，仿真结果算出当前 B 参数值的 100 次仿真的 F 参数值，并显示在优化显示成员界面里。通过多次仿真计算，得出 B 参数为某值时，系统优化指标参数值最高。图 6.23 为不同 B 参数值仿真出的 E 参数值及 F 参数值结果。

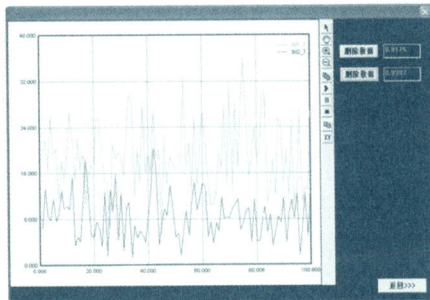

图 6.23　系统优化参数不同值仿真的结果

3. 复杂产品虚拟采办应用实施流程

针对复杂产品虚拟采办的方案论证和工程研制阶段总结一套复杂产品虚拟采办应用实施流程，以便进一步规范虚拟采办项目的应用实施过程。复杂产品虚拟采办的总体实施流程见图 6.24。

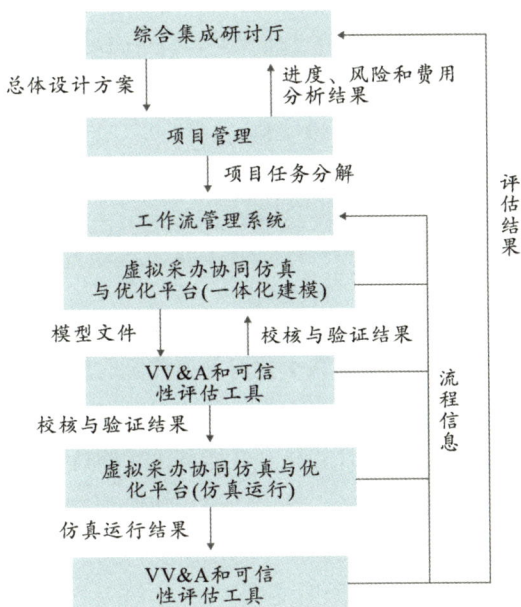

图 6.24　虚拟采办应用实施过程

首先，采办流程的起始点为方案研讨，以虚拟采办需求为输入，以复杂系统建模仿真技术中的综合集成研讨厅理论为依托，通过单轮分析和群体研讨确定出总体设计方案和各项性能指标。这些指标和方案作为项目管理的输入被用来进行动态进度分析，以得出复杂产品虚拟采办流程的关键路径，并进一步进行风险分析。

其次，利用项目管理工具中的综合费用计算模块进行费用的建模和计算。风险分析和费用计算的结果被反馈给综合集成研讨厅，进行再次研讨和修改，直至方案满足要求，随后将成型方案进行项目管理，分解出 WBS 信息并进行记录。

第三，利用制造系统的工作流管理技术对上述项目分解进行流程建模，进而支持后续的一体化建模过程、校核与验证过程、协同仿真过程以及评估过程的自动管理。

最后，通过一体化建模、VV&A 和可信评估、虚拟采办协同仿真与优化的交替循环迭代，完成多轮次的虚拟采办方案设计仿真。其中，一体化建模过程，即在虚拟采办协同仿真与优化平台中进行系统和各学科子系统的一体化建模。为了确保一体化建模的结果能够满足要求，对模型文件进行校核与验证是一个重要的环节，对不满足要求的建模结果需要进一步修改。通过校验后的模型提交协同仿真与优化平台进行综合仿真分析，其结果由 VV&A 和可信性评估工具获取，并最终形成评估报告，反馈到综合集成研讨厅进行研讨，如果不满足要求，则需要重复上述环节，直至满足要求，完成采办任务。

由上述应用案例可知，虚拟采办技术对设计、制造、使用等阶段的评估更加精确和全面，并结合了先进建模和仿真技术，为优化决策和降低风险与成本提供了有力的技术支持。

（二）复杂产品多学科虚拟样机应用案例

虚拟样机技术（Virtual Prototyping，VP）是一种崭新的产品开发方法，是基于产品的计算机仿真模型的数字化设计方法。应用虚拟样机技术，可以使产品的设计者、使用者和制造者在产品研制的早期，在虚拟环境中形象直观地对虚拟的产品原型进行设计优化、性能测试、制造仿真和使用仿真，这对设计创新、提高设计质量、减少设计错误、加快产品开发周期具有重要意义。以下选取某重点型号飞行器起落架系统研发为案例，对复杂产品虚拟样机工程技术加以阐述。

起落架的综合性能设计涉及机械、控制、液压、强度等多专业、多部门，采用传统的设计分析方式其数据是分散的，缺乏有效的系统分析手段。引入复杂产品虚拟样机技术，利用各种计算机辅助工具进行产品的数字化设计仿真与工艺审核能够很好地解决以上不足。起落架系统主要由可视化模型、控制系统模型、多体动力学模型、液压模型等组成，需使用多种虚拟样机设计工具，如液压系统设计工具 EASY5、动力学设计工具 ADAMS、控制系统设计工具 MATLAB 和外形三维设计工具 CATIA 等。应用系统的结构组成见图 6.25，系统中各子系统的作用及所需建模工具软件见表 6.1。

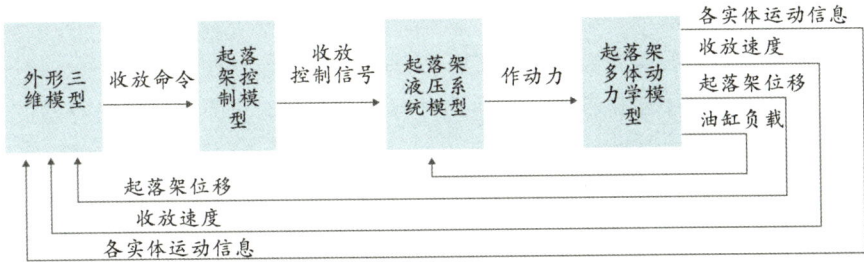

图 6.25　起落架应用系统的结构组成

表 6.1　协同仿真应用系统的结构组成

子系统	功能	软件	操作系统
多体动力学子系统	对起落架支柱、轮胎、液压作动筒等动力学模型进行专业建模和仿真	ADAMS	WinXP
液压子系统	对起落架支柱油缸等液压模型进行专业建模和仿真	EASY5	WinXP
收放控制子系统	对飞行员操纵起落架的控制模型进行专业建模和仿真	MATLAB	WinXP
可视化显示子系统	通过三维动画模拟飞行员操纵起落架的主要人机界面，同时对起落架的起落状态进行显示	OpenGVS等	WinXP

　　虚拟样机仿真与生产制造一体化的应用流程见图 6.26，包括起落架复杂系统建模及项目任务分解、产品单学科建模仿真（结构建模、气动性能设计、环境建模等）、产品多学科协同仿真、工艺审签、车间生产作业排产仿真及执行、全年生产任务调度仿真 6 个部分。

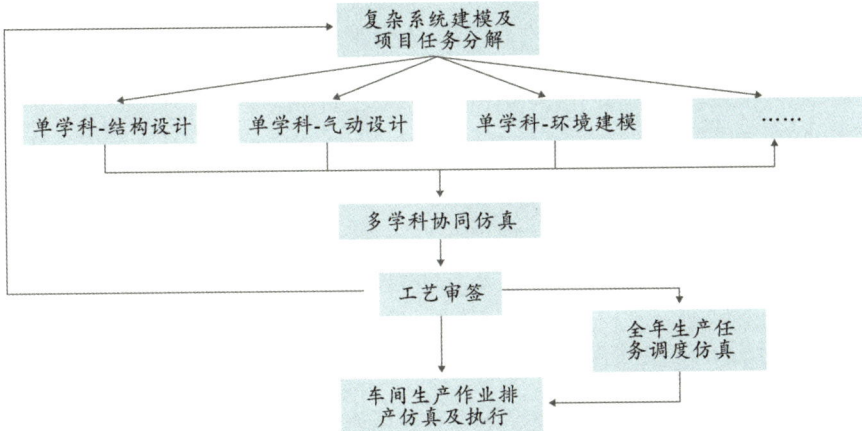

图 6.26　虚拟样机仿真与生产制造一体化的应用流程

图 6.26 所示的具体流程如下所述。

1. 起落架复杂系统建模及项目任务分解

用户通过远程交互应用方式可以动态地、快速地选择和使用"高层建模工具"建立起落架系统模型，并使用项目管理工具对分系统任务进行描述，完成系统整体建模，见图 6.27。

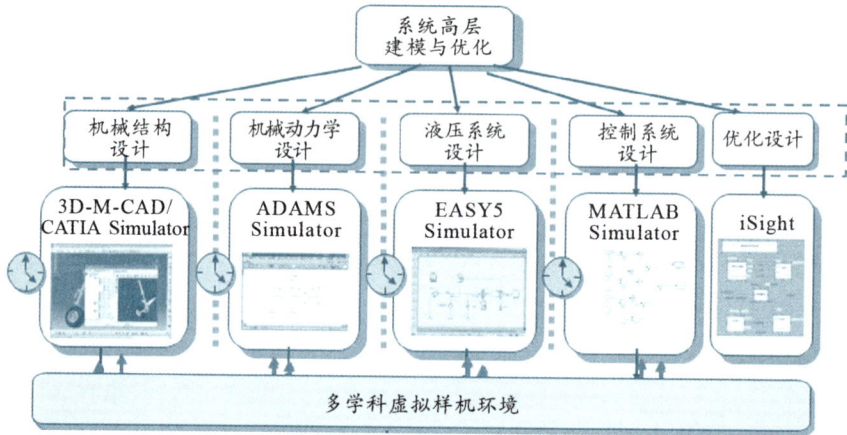

图 6.27　起落架复杂系统建模框架

图 6.27 中的系统高层建模与优化即为高层建模工具，它采用一类基于模型/知识的多领域统一建模技术，提供顶层建模语言（见图 6.28），对复杂飞行器起落架系统中的各类多学科异构模型进行顶层统一建模，可视化地对仿真系统的拓扑结构、子系统模型的组成、子系统之间连接关系和子系统调用逻辑顺序，以及模型运行环境的需求信息进行建模描述。

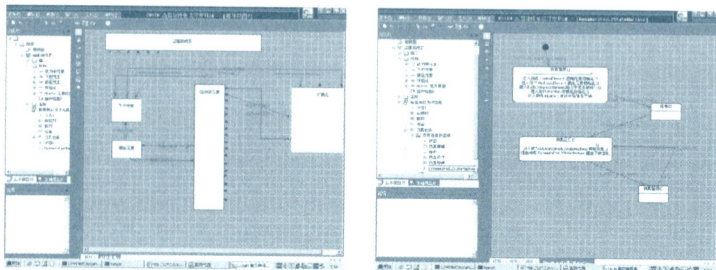

图 6.28　高层建模工具

2. 产品单学科建模仿真

子系统的建模涉及的是产品单学科建模仿真，是各专业建模仿真设计人员利用本身的专业知识，使用远程交互应用方式定制得到商用的分系统建模与仿真工具，并利用它们建立各个子系统的专业领域模型，包括控制系统建模、结构建模、气动分析、大气环境建模等（见图 6.29）。

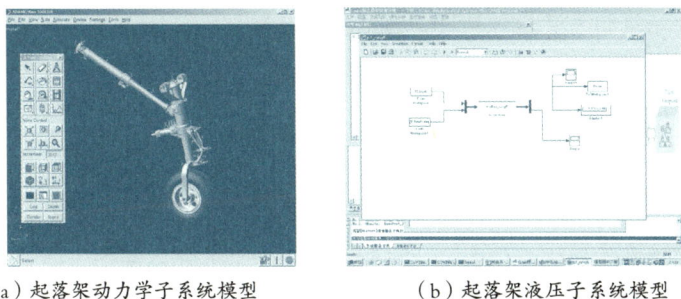

（a）起落架动力学子系统模型　　　　　（b）起落架液压子系统模型

图 6.29　子系统的专业领域模型

3. 产品多学科协同仿真

各子系统模型建立后，需要对系统整体性能进行协同仿真，利用多学科协同仿真与 VV&A 工具验证产品设计整体性能。多学科协同仿真工具使用模型库存储任务描述过程中生成的顶层建模文件、子系统模型描述文件、仿真成员模型和专业软件模型；用户通过 B/S 结构的网页门户，提交仿真任务运行所需的高层建模文件和模型文件；使用资源管理中间件完成仿真环境解析与自动构建；利用协同仿真引擎，根据高层建模所建立的状态机模型来组合、调度各类仿真资源服务，驱动仿真系统的协同运行；运行过程汇总，基于协同仿真容错技术完成虚拟机热迁移，以平衡资源利用率；同时，使用实验数据管理系统，在用户使用仿真平台结束后，将平台运行过程中产生的数据进行统计分析，完成结果分析和仿真评估（见图 6.30）。

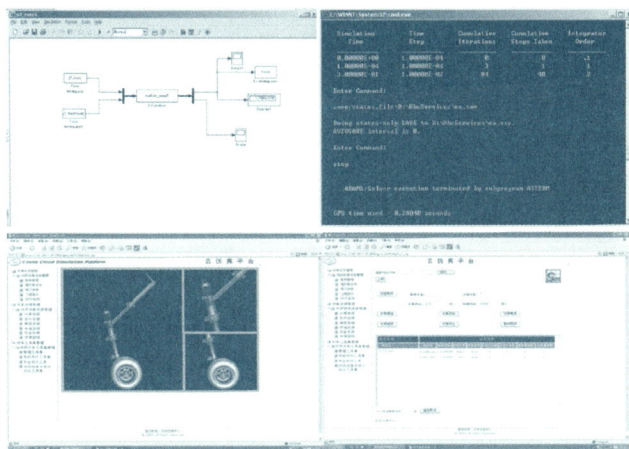

图 6.30　虚拟样机协同仿真的运行实例

4. 工艺审签

装配验证与工艺审签是针对各部件设计模型进行的。通过使用基于三维模型的设计生产一体化工具和柔性工作流技术完成不同模式的审签，并驱动工艺审签各子任务的执行。

5. 车间生产作业排产仿真及执行

车间生产作业排产仿真及执行包括以下几个方面：使用三维工厂管理工具，对全企业生产资源做可视化建模与统一监控管理；根据生产任务，使用车间作业排产工具合理安排生产进度；可进一步对数控机床等设备做工序及仿真，确保产品的加工过程按计划执行。

6. 全年生产任务调度仿真

全年生产任务调度仿真的目的是为了验证企业加工能力及采购计划是否满足全年生产计划，使用的手段为基于能力的全年生产任务调度仿真工具和多项目任务的粗能力分解。

通过上述例子可知，复杂产品多学科虚拟样机技术的使用能够有效地支持多学科在系统层次上的耦合，支持不同领域人员从不同角度对同一虚拟产品并行、协同地进行设计、分析和评估。

四、智能制造中的建模与仿真技术的发展

技术的发展总是受到应用牵引和技术驱动。大数据技术的兴起及未来仿真技术向制造全生命周期活动应用的延伸，特别是仿真技术走向"云"中心和"云"终端，将进一步促进仿真技术与大数据和嵌入式技术的融合与发展。

（一）基于大数据驱动的建模与仿真技术（中国科学协会技术部，2014）

大数据技术正成为继云计算、物联网之后 IT 领域又一次颠覆性的技术变革。随着大数据时代的到来，其发展和应用对建模仿真技术带来了新的挑战。传统的仿真思维方式认为仿真是基于模型的活动，其科研方式是根据系统实验的目标建立系统的模型，进而建立仿真系统运行模型，最后再分析、处理模型运行结果，这种思维方式和科研方式已不适应处理大数据的需求。

同时，各类复杂系统已经产生了具有 4V 特点的大数据，但是现有的建模方法还不能建立相应的系统模型，关联和处理这些大数据；现有的仿真支撑方法与手段还不能适应对分布、异构复杂系统大数据感知、采集、挖掘、处理、应用的需求；现有的仿真应用工程技术对复杂系统产生的大数据还不能全面、充分、及时地用于推动各行各业的发展等。

因此，现有建模仿真技术急需适应大数据的特点，变革仿真的思维方式及科研方式，变革建模仿真的方法和手段，包括模型内涵及其建模（一次、二次）方法和技术，仿真支撑技术及仿真硬、软件系统（数学仿真、半实物仿真、人在回路仿真系统），仿真应用工程技术（结果处理、工作流程及 VV&A 技术等）。

同时，大数据方法与仿真建模方法的融合将为仿真技术与应用的发展带来了崭新的机遇。

（1）将革新现有仿真的思维方式和科研模式。诸如，要建立从大数据获取知识的理念；进一步融合还原论和整体论；引入"合情推理"的智能方式和数据智能方式等。

（2）将革新现有的建模方法学。诸如，从现有的机理与非机理建模方法拓展到基于大数据的建模方法。

（3）将革新现有的仿真支撑技术与仿真系统。诸如，建立基于泛在网络、面向服务的、高效处理大数据的一体化、智慧化云仿真系统架构；在现有的仿真算法、软件、硬件、系统中融入现有的大数据高速并行处理软件框架 Map Reduce/Hadoop 技术，网络数据采集、多维数据预处理、数据流流失处理等大数据预处理方法，大数据文件存储、No SQL 数据库等大数据管理技术，Hive 和 Mahout 海量数据挖掘技术等；引入大数据技术，重构甚至替代现有半实物仿真系统和人在回路仿真系统，构成新型的人、机、物融合的仿真系统，等等。

（4）将革新现有的仿真应用工程技术。诸如，研究基于大数据技术的 VV&A 技术、融合大数据技术的智能化仿真结果处理系统、引入大数据技术的智能可视化系统、基于大数据技术的嵌入式仿真系统、有效处理大数据的仿真应用组织与管理模式等。

总之，可以预见，将大数据科研模式与现有的理论科研模式、实验科研模式、仿真计算科研模式等柔性、有机地融合，将为社会、生命、工程、军事、科学等领域中的系统，特别是复杂系统，提供更为高效的研究模式和手段。

（二）智能制造中的嵌入式（在线）仿真技术

早在 20 世纪 80 年代，美军的仿真、训练与设备司令部（STRICOM）和自行坦克研究、开发和工程中心（TAREDC）就提出了嵌入式（在线）仿真（Embedded Simulation）的概念。其目标是用虚拟训练提高士兵的操作和作战能力。

嵌入式（在线）仿真是将虚拟仿真（Virtual Simulation）和实况仿真（Live Simulation）结合从而能够提供最真实的操作、训练环境。也就是说，嵌入式（在线）仿真是在真实系统中嵌入一种能力，这种能力使得操作人员能够看到虚拟世界（Virtual World），并通过与真实系统中各子系统的交互完成实时运行监控、信息可视化、调度、管理、辅助决策、训练、测试和评估等功能。

在智能制造系统中引入嵌入式（在线）仿真技术，可以实现基于模型的实时工厂操作控制，提供建立操作控制功能的模型，并将这些模型与物料、产品、过程、控制模型集成，其技术框架见图 6.31①。

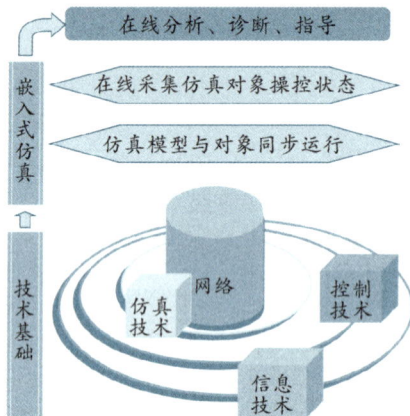

图 6.31　嵌入式（在线）仿真技术框架

嵌入式（在线）仿真技术以工业企业较为完备的信息化建设、计算机控制系统应用、高精度过程建模仿真及网络化分布式仿真等先进仿真技术为基础，通过在线采集仿真对象操控状态，可以实现仿真模型与系统对象同步运行，完成在线分析、诊断和指导。例如可以通过在线仿真分析、预测、诊断

---

① 引自亚洲仿真公司内部报告《基于嵌入式仿真的决策控制系统》。

生产设备的运行状态，通过在线仿真验证分析控制系统的品质，自学习掌握系统运行特性，及时调整控制参数等。

嵌入式（在线）仿真技术尚处在初级发展阶段，还有很多问题需要进一步研究探索，包括嵌入式仿真平台技术，基于嵌入式仿真的训练技术，基于嵌入式仿真的设计、实验、测试技术，以及基于嵌入式仿真的分析、决策与控制技术等。

总的来说，嵌入式（在线）仿真技术未来将向系统高可靠、低功耗、低成本方向发展，系统将体现出多媒体化、网络化、人性化、智能化的特点。

五、本章小结

"建模与仿真技术"是以建模与仿真理论为基础，以计算机、物理效应设备及仿真器为工具，根据研究目标，建立并运行研究对象的模型，进而对研究对象进行认识与改造的一门多学科的综合性、交叉性技术。半个多世纪来，建模与仿真技术在各类应用需求的牵引及有关学科技术的推动下，已经发展形成了较完整的专业技术体系，并正迅速地发展为一项通用性、战略性技术，进而成为人类认识和改造世界的重要手段。宏观地来看，建模仿真技术体系框架由仿真建模技术、仿真系统与支撑技术，以及仿真应用工程技术等 3 类子框架构成（见图 6.1）。目前，建模与仿真技术正向"数字化、高效化、网络化、智能化、服务化、普适化"为特征的现代化方向发展，其应用正向服务于系统的全生命活动的方向积极发展。

建模与仿真技术已成功地应用在制造全生命周期活动中（见图 6.2），支持了如虚拟制造、基于仿真的采办、敏捷制造、并行工程 / 企业、绿色制造等一系列先进的制造模式，为实现制造业信息化、应对知识经济和制造全球化的挑战、提高企业 / 产业竞争力发挥了重要作用。

智能制造是指产品及其制造全生命周期中的需求论证、设计、生产、集成、试验、服务和管理等各阶段活动与过程的数字化、网络化、智能化制造。它是现代制造模式和手段发展的新阶段。智能制造中的建模与仿真技术是指智能制造全生命周期活动中制造产品、环境、智能制造系统、智能制造模式与过程有关的建模与仿真技术。它是实现智能制造的重要方法与技术手段。

基于作者团队的实践，本章从面向全生命周期的智能产品及环境建模技术、基于模型 / 知识的智能制造支撑平台技术和智能制造建模仿真应用工

程技术等 3 个方面，重点研究了智能制造中建模仿真技术有关的 8 项关键技术，包括多学科虚拟样机全生命周期建模技术，基于知识的智能产品模型，智能产品复杂环境建模技术，智能产品高效能云仿真平台技术，基于模型 / 知识的产品全生命周期智能化支撑平台技术，基于模型 / 知识的制造过程及系统建模仿真平台技术，模型工程与虚拟样机置信度技术，仿真实验结果管理、分析与评估技术等。给出了虚拟采办应用案例及复杂产品多学科虚拟样机应用案例。最后，讨论了智能制造中的建模与仿真技术的发展，提出要重视发展基于大数据驱动的建模与仿真技术和智能制造中的嵌入式（在线）仿真技术。

第7章

iCity 智能制造中的机器人技术

智能制造是制造业发展的主要方向，机器人是实现智能制造的重要支撑手段。

　　工业机器人技术已取得巨大成功，各项功能技术都得到很好发展，获得广泛应用。但是，面向需求，机器人还有很多不足，同时还有很多领域急切希望这个可以依照程序更改作业的灵活机器去帮助解决问题。

　　目前的机器人应用状态是一个"独立王国"：人不能靠近、机器人不移动、工件要移到机器人眼前；程序设计靠费时费事的示教再现。在将来灵活的智能制造中，依据制造工艺，制造系统是把不同自动化等级的工作单元由传送带或 AGV 车或机器人臂连接在一起（传递工件），要求几天之内完成一个工作单元的重组，而不是几周或更长时间。部件之间可以是无线联系的，各个部件连接上之后，随即就可以使用。为满足这样的要求，机器人与系统之间的位置关系必须能被精确描述。鉴于机器人的绝对定位精度进展困难，基于三维传感器的标定技术是解决问题的关键。通过研究，应使工业机器人具有快速标定能力、易移动能力和程序自动化能力，成为编程迅速、"即连即用"的灵活智能生产系统中的一个部件。

　　现在，工业机器人的主要应用领域是汽车和电气电子领域，应用有很大局限。对非一致对象的制造，如再制造；对特种制造业，如飞机装配、造船等；对于在劳动密集型制造业中取代人，目前的机器人显得力不从心。由于缺乏手段，人们常常陷入或者自动化，或者手工劳作的尴尬抉择之中。而人机合作会是解决这类问题的最佳方案。但是，现有的机器人无法与人合作，因为机器人无法与人高效交流，缺乏本质安全机制，机器人的在线感知能力远低于人，而且无法接收抽象命令，缺乏与人配合操作所需的灵活性。"与人共融"、人机和谐工作是要解决的关键技术问题。与人共融是下一代机器人的本质特征。为此，需要解决机器人对人的行为和共享环境的感知与理解、可以行为合作的机器人机构、人机互助优化决策机制、行为方式与安全机制、人机自然交互等技术问题。

　　工业机器人将向"即连即用""与人共融"的方向发展，与人共融将是下一代机器人的本质特征。信息技术和材料技术的进步，必将进一步推动机器人的发展。

2013 年中国机器人销量 36 860 台，比 2012 年增长 41%，已经超越日本成为全球第一大市场。

国内各地积极投资建公司迎接机器人市场的发展，已建和拟建的机器人园区非常之多，过热的趋势已很明显。我们需要一个科学有效的产业政策，需要目标明确的技术攻关与研究，从而实现"不仅要把我国机器人水平提高上去，而且要尽可能多地占领市场"的目标。

一、现状与需求

（一）工业机器人的发展

1956 年，美国发明家乔治·德沃尔（George Devol）和物理学家约瑟·英格柏格（Joe Engelberger）成立了一家名为 Unimation 的公司。1959 年，他们两人发明了世界上第一台工业机器人，命名为 Unimate，意思是"万能自动"。

1961 年，Unimation 公司生产的世界上第一台工业机器人在美国特伦顿（Trenton，新泽西州首府）的通用汽车公司安装运行（见图 7.1），由此开始了工业机器人的应用时代，并首先在汽车焊接过程中广泛应用。

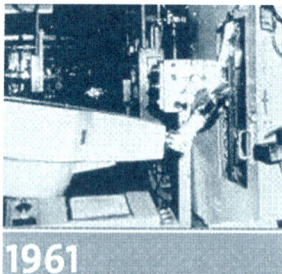

图 7.1　第一台机器人（源自 IFR. History of Industry Robots）

1979 年，日本不二越株式会社（Nachi）研制出第一台电机驱动的机器人。这台电机驱动的点焊机器人开创了电力驱动机器人的新纪元。

2011 年全世界工业机器人销量为 17.5 万台，比 2010 年增长 37%，2011 年销量创有史以来的最高纪录。2012 年 5 月 23 日，国际机器人联合会（International Federation of Robotics，IFR）主席 Shinsuke Sakakibara 博士在一次展览会上说："2011 年可以说是工业机器人发展 50 年以来最成功的一年，自从 1961 年第一台工业机器人安装运行至今全世界共售出 230 多万台工业机器人，而且工业机器人将迎来更美好的未来。"从那时起，工业机器人的发

展一直没有停步。工业机器人发展从 2 轴到 6 轴、从重量级到轻量级，驱动从液压执行机构到电动马达，应用领域从汽车工业到其他行业，工业机器人的功能、应用领域不断增加。

工业机器人曾经和机器人一样，没有一个统一的、公认的定义，以至于在统计上出现了如果这么算是这些，如果那么算是那些的混乱局面。现在工业机器人已经有一个公认的定义，作为统计的标准。国际机器人联合会认可国际标准化组织的 ISO 8373 定义：机器人是一种自动控制的、可重复编程的、可以通过编程实现多功能操作的三轴或以上轴的操作机，这种操作机在工业自动化应用中可以固定或是移动的。

工业机械臂通常根据其所拥有的独立自由度数量来分类，如 4 自由度机器人、5 自由度机器人、6 自由度机器人、冗余自由度机器人等。而目前广泛使用的工业移动机器人被统称为 AGV(Autonomous Guidance Vehicle)（ 见图 7.2 ）。

图 7.2　6 自由度机器人和 AGV

从世界范围调查，利用机器人可以给制造业带来诸多的好处，或者说，用户采用机器人的原因，主要有以下 7 个方面：①减少运行费用；②改善产品质量和一致性；③改善工人工作条件；④提高生产效率；⑤增加产品制造中的灵活性；⑥减少废料，增加产出；⑦在高价的制造环境中，减少空间。

机器人的应用目的从来就不是简单地代替人。工业机器人最初进入生产，是为了在有毒有害的环境中把人解放出来。后来，主要目的是提高劳动生产率，汽车行业是典型代表。早在 21 世纪初，就有人预言机器人将在未来改变人们的生产和生活方式。2008 年经济危机之后，西方，尤其是美国要重振制造业，把机器人列为发展智能制造的重要手段。现在，机器人的灵活性备受关注，不远的将来，机器人将能很好地与人合作，成为人在生产中的合作伙伴，成为智能制造系统中的重要生产部件。

习近平总书记在 2014 年中国科学院和中国工程院院士大会上说："我国将成为机器人的最大市场，但我们的技术和制造能力能不能应对这场竞争？我们不仅要把我国机器人水平提高上去，而且要尽可能多地占领市场。这样的新技术新领域还很多，我们要审时度势，全盘考虑、抓紧谋划、扎实推进。"

（二）工业机器人应用现状

按照国际标准化组织对工业机器人的定义，IFR 统计，2012 年全世界共销售了 15.9 万台，略低于 2011 年，大约有 123 万～150 万机器人在运行。

从近几年新增的机器人看，主要应用见图 7.3。从图中可以看出，主要应用于电力电子行业和汽车制造业。所承担的工作，主要是搬运（约 40%）、焊接（约 30%）和装配（约 10%）。

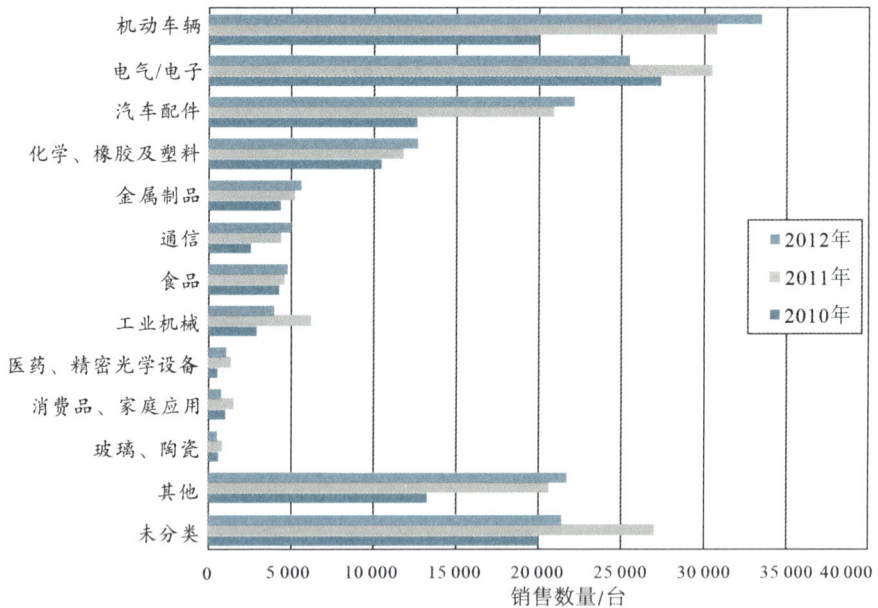

图 7.3 世界工业机器人销售情况（源自 IFR. World Robotics 2013）

改革开放初期，在 IFR 的统计中，根本没有中国这一项，中国的机器人统计在 "Other countries" 之中。从 2005 年到 2012 年，中国的机器人进口平均年增长率达 25%。成为增长最快的市场。2012 年中国进口工业机器人接近 2.3 万台，见表 7.1。

表 7.1　中国进口工业机器人台数和增长比率

年份	2004	2005	2006	2007	2008	2009	2010	2011	2012
进口台数	3 493	4 461	5 770	6 581	7 879	5 525	14 978	22 577	22 987
增长率		28%	29%	14%	20%	−30%	171%	51%	2%

中国 2012 年进口的机器人中，47% 用于焊接，29% 用于搬运。应用行业主要是汽车制造和电力电子器件生产，见表 7.2。

表 7.2　2012 年中美两国新购买机器人的应用领域

	汽车	电力电子	化工	金属产品与机械	食品饮料	其他	没有分类的制品	总计
美国	11 667	2 980	1 482	1 933	672	1 819	1 861	22 414
中国（仅计进口）	9 642	3 289	1 347	2 198	482	937	5 092	22 987
所占比例（中国）	42%	14%	6%	10%	2%	4%	22%	100%

上述统计是 IFR 仅仅依据进出口数字的结果，不包括国产机器人。加上台湾产和大陆产机器人，估计 2012 年新增机器人 2.8 万～3.5 万台之间。

虽然我国近几年增长很快，但是，我国机器人总量不高。由于缺乏准确的统计，所以，对于我国有多少工业机器人在生产中运行，各种估计不尽相同。IFR 估计中国目前有大约 97 924 台进口机器人在运行。加上国产机器人，肯定会高于这个数字，但是估计会低于德国的 16 万台（IFR 统计，日本有 31 万台，德国有 16 万台工业机器人在运行）。

依照每万名制造业的工人中，拥有工业机器人的数量这种统计方法，中国的排位是很低的。前 20 个国家平均值为 58，即每一万名工人拥有 58 台机器人。韩国第一，为 398 台；日本第二，为 332 台；德国第三，为 273 台。中国仅有 23 台，排在泰国和马来西亚之后。

国内从事机器人研究的单位非常多，与工业应用实际联系比较突出的有中科院沈阳自动化研究所、哈尔滨工业大学、国家机械局北京机械工业自动化研究所等。在机器人产业方面，已有沈阳新松机器人、哈尔滨博实两家上市公司，还有安徽埃夫特、上海沃迪、广州数控等公司。

图7.4～图7.9展示了我国机器人应用的例子。

图 7.4　一汽轿车焊装线应用

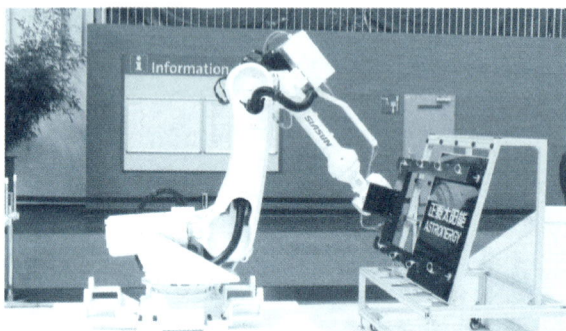

图 7.5　太阳能板搬运

图 7.6　离线编程与双机协调作业

图 7.7　汽车底盘焊接

图 7.8　AGV 用于一汽轿车装配

图 7.9　工件传递作业示范

几乎所有知名的外国机器人公司，早已在中国建立了独资公司、合资公司，或成为合作伙伴。现在，很多省市，企业都已看到机器人增长的市场，似乎已经清楚了"大好形势"，新的机器人公司如雨后春笋，多个地方都在"大手笔"投资，声称要建设大规模的产业化基地。中国的机器人热潮正在到来！投资过剩的风险应该防范。

IFR 虽然对中国机器人市场有着很高的期望，却对中国的机器人产业评价不高，认为虽然中国也在开发机器人，但是存在如下问题：①缺少技术创新，缺少创新思想和创造性成就，如传感器和先进控制等核心技术依赖国外；②没有可以参与国际竞争的骨干企业，都是很小规模的公司和小、散而且弱的组织结构；③基础薄弱，国产的高端、特殊的传感器、智能仪表、自动控制系统、数控系统和机器人的市场占有率低于 5%；④关键部件品质和可靠性落后世界先进水平 5～10 年。

（三）技术进步与需求

工业机器人技术在不断进步，据已有的统计，仅在 1991—2000 年的十年时间里，工业机器人的重复定位精度提高了 61%，负载能力提高了 26%，速度提高了 39%，平均故障间隔提高了 137%，可控轴数提高了 45%，而价格下降了43%。近年来，有的企业已提出机器人终身免维护的广告，可控轴数已可以完全满足实际需要。

同时，机器人技术不断向相关领域转移，如在工程机械上采用的类机器人控制，大大改进了机器的性能。

1. 不尽如人意之处

作为一个灵活的加工设备，工业机器人得到了广泛的应用。面对现实的应用要求，也暴露了很多不尽人意的能力局限，这也同时形成了改进的目标。

世界上在役的一百多万台工业机器人，主要应用于汽车和电子行业。这类行业的特点是制造成本比较高，生产批量比较大。这种应用的特点也反映了工业机器人应用的局限性：一是价格贵，不仅单台机器人比较贵，为应用机器人必须具有的附加设备即周边装置也贵，它们一般是机器人价格的3～5倍；另外，机器人的使用和维护，要求技术人员水平比较高，人员的费用也贵。二是不灵活，如果机器人更换工作任务，则必须进行费时而复杂的工作，工作程序编制复杂，这反映机器人的人机交互手段有待提高；机器人更换工作位置更困难，主要是工业机器人移动困难，标定复杂，使得机器人很难变更工作位置。

航空业是现有行业中非常需要应用机器人的领域。但由于飞机外形的可变性和现有机器人精确度不足，使得现有的工业机器人不能满足要求。而飞机制造业的装配和质量检测工作自动化水平仍然很低，需要具有更高精确度、对于工件公差自适应性强、能适应不同的产品、能安全与人合作的机器人。

面对大型的工作对象，如在建筑、造桥、造船、火车、电站等领域，对大型钢梁切割、钻孔、打磨、焊接等作业也都需要机器人，而现在的工业机器人并不适用。

大量的装配工作也等待机器人去完成，但由于机器人的精度和适应性不足，难以胜任。

随着环境保护和节约材料的需求的提高，拆卸将成为一个新的行业。如拆卸报废的车辆、飞机、冰箱、洗衣机等及其他消费品。完全自动化几乎不可能，但完全由人来干，不仅效率低，而且可能有害人体健康。因此，使用机器人放大工人体力，与人分工、协作，将是完美的解决方案。

纳米技术和生物工程的发展为机器人技术的发展提供了新的可能和支

持，同时也提出了新的要求。微纳米尺度的机器人的研究将为机器人的应用开创新的未来，同时，能在纳米尺度操作的机器人将为纳米技术和生物工程提供必要的手段，从而促进它们的发展。而目前的机器人技术还不能满足需求。

机器人被认为是一个灵活的机器，工业机器人也应当是灵活的制造设备，然而面对需求，却显得不够灵活，还有很多技术要提高，很多功能有待开发。

为了使机器人更方便使用，需要简单而快速的面向任务的编程手段。目前普遍的方式是示教再现法，这种编程方式使得更换作业费事、费时，这也是工业机器人多用在大批量生产上的原因。对于面向用户的个性化要求、产品不断变化的要求，机器人更换工作将经常发生，非常希望机器人的编程变得简单。通过 CAD 进行离线编程是人们一直在努力的方法，它要求机器人的绝对定位精度要高，现在才几个毫米，远不能满足要求，而且由于机器人必须和固定工件的辅助设备合作才能完成任务，所以辅助设备的精度也要高，才能做好离线编程。

现在工业机器人的工作方式基本是机器人固定在一个位置，或者一个预定的直线范围之内，工件"走入"它的工作范围，然后进行预定的动作；而且这种固定位置是长期的，不能轻易变动，更不能"走"到工件范围去工作。其之所以如此，是因为机器人比较笨重，不易移动。而且，机器人与工作站之间的相互关系的确定，即标定工作，是一件困难的工作。而制造系统中，希望包括机器人在内的工作单元（Work Cell）易于重新组合，因此，机器人可移动或易于被搬动是必要的。同时，被重新置位的机器人的标定必须能快、能自动化进行。

机器人的功率密度（Power Rate）亟待提高。现有的机器人自重负载比是 10 ~ 50，这使得机器人很不灵活，而且也大量浪费材料和能源。人们希望机器人自重负载比尽可能小。这不仅节约材料，也使机器人易于搬动，可以在更广泛的领域应用。

虽然焊缝跟踪技术已得到一定应用，但是，在多数应用场合，机器人还是必须"严格"地按照程序规定的线路工作，不能灵活地适应工件和环境的变化（偏差），使得很多装配工作不能完成。比如飞机的装配和检测的自动化程度并不高，然而现在的机器人不能胜任希望其完成的工作。

为了能方便地利用支持生产的数据系统，融入生产信息系统，机器人的标准化是必要的。

面向未来的制造业，强调人的介入，人的智能的利用、人的直接参与和全自动化之间达到某种平衡，被认为是提高效率的途径，所以，能与人合作的机器人是非常需要的。

我们以再制造业为例做简要分析。作为循环经济的代表、也是新兴制造业中最为重要的领域之一，再制造产业的发展将具有长远的战略意义。最大限度地挖掘制造产品的潜在价值，让能源、资源接近"零浪费"，是发展再制造产业的最大意义所在，这一点对于资源相对匮乏的中国更是如此。然而，与新产品的制造工艺流程截然不同，特别是拆解环节，再制造的作业对象是废旧产品，具有很强的不一致性，因此，要求根据实际情况灵活使用多种作业工具以及作业手段。目前的拆解过程绝大多数是由人工完成，是典型的劳动密集型手工作业，效率低下，作业环境恶劣（见图 7.10、图 7.11）。

图 7.10 汽车引擎再制造拆解

（源自 http://www.emercedesbenz.com/May08/14_001145_Celebrating_100_Years_At_The_Mercedes_Benz_ Manheim_Plant_Constant_Investment_Safeguards_Comp etitiveness.html）

图 7.11 电路板机器人拆解示范

具有人机互助能力的新一代机器人系统，将非常有可能率先应用于再制造行业，可以在部分工位上（例如拆解、清洗及检测等）与人进行有效的合作，为人提供负重、定位及重复性等能力支持，结合人的智能和经验，提高生产效率，降低人力投入，实现再制造的初步自动化，极大地推进再制造业的技术进步与发展。

综上所述，机器人目前的应用方式（独立成一个封闭系统、在固定位置等待工件、周而复始重复固定工作）无法满足发展的要求。机器人走下自我独立的"神坛"，成为生产系统中的一个可随意更换的装置，或成为人的助手，协助人工作，是未来工业机器人的发展方向。作为生产系统的一个部件，要能够迅速适应变化了的工作环境和工作任务，易与其他设备组成新的生产单元。作为人的助手，机器人要随时能听懂人的命令或看懂人的指示，完成人要求的动作，或通过向人学习，承担人交给的任务。

2. 新一代工业机器人

制造业的发展，已经对"新一代工业机器人"提出了迫切需求。

所谓新一代工业机器人，主要是针对现有工业机器人在机械结构、控制模式和智能程度方面存在的局限而言，为此，可能在结构、材料和控制手段等方面进行变革。能与个性化制造模式相适应，能完成动态、复杂的作业使命，能与人类紧密协作、形成人机共融的机器人系统，将是新一代机器人的主要特征，也是机器人研究与发展的方向。

人机共融的机器人（见图7.12）不仅应该具备足够的自主行为能力，也应该能够通过人与机器人的高效率配合，利用人弥补机器人智能的不足、利用机器人弥补人作业能力的不足，即"人指导机器人辅助自己""机器人学习人的技能与作业能力"。可以近距离甚至零距离支持和辅助人类的人机合作能力是新一代机器人最主要的行为特征（见图7.13）。这种合作可以紧密结合机器人的精度、速度和人类的认知、智能优势，人机共同完成任务，从而大大提升制造系统的柔性和敏捷性，降低劳动的密集程度。

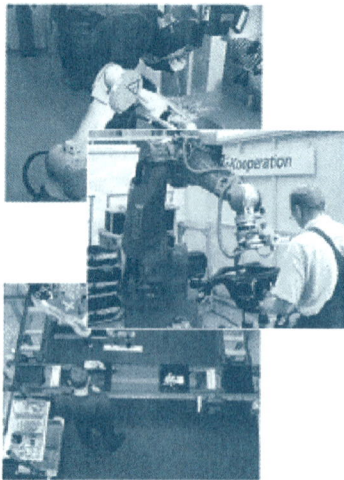

图 7.12　人机共融

图 7.13　新一代机器人工作模式的转变

与当前的工业机器人相比，新一代机器人具有显著不同的性能特点。如图 7.14 所示，现有工业机器人的特点是：物理空间隔离、与人非直接接触、机器人专用工具、基于预编程的自动化、示教盒操控界面、刚性本体刚性控制。与之相对应，新一代工业机器人的特点是：与人同一自然空间、紧密协调合作、共同使用工具、自主提高技能、与人自然交互、确保本质安全。从中我们可以见到两者之间的显著差距。

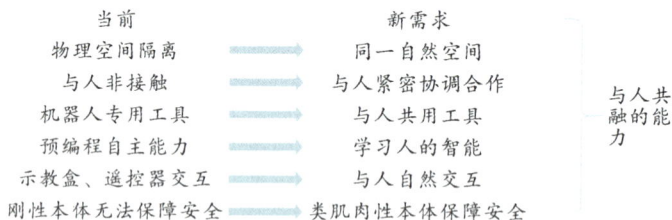

当前		新需求	
物理空间隔离	→	同一自然空间	
与人非接触	→	与人紧密协调合作	与人共融的能力
机器人专用工具	→	与人共用工具	
预编程自主能力	→	学习人的智能	
示教盒、遥控器交互	→	与人自然交互	
刚性本体无法保障安全	→	类肌肉性本体保障安全	

图 7.14　现有工业机器人与新一代工业机器人的性能特点比较

要成为产业工人的智能伙伴，现有的机器人技术面临着以下 4 个方面的挑战（见图 7.15）：

（1）环境挑战。传统机器人只能工作在人工布局及可控的、预先已知的环境中，具有静态、结构化、已知、确定性等特点。新的需求要求机器人在自然（非人工）、不可预知动态、复杂的环境中完成使命，对机器人的感知、认知、决策能力提出了更高的要求。

（2）任务挑战。传统机器人是在指令／编程或直接操作控制下，完成固定时序、重复性、结构化工作，以高速、高精度为主要目标，自主性、适应

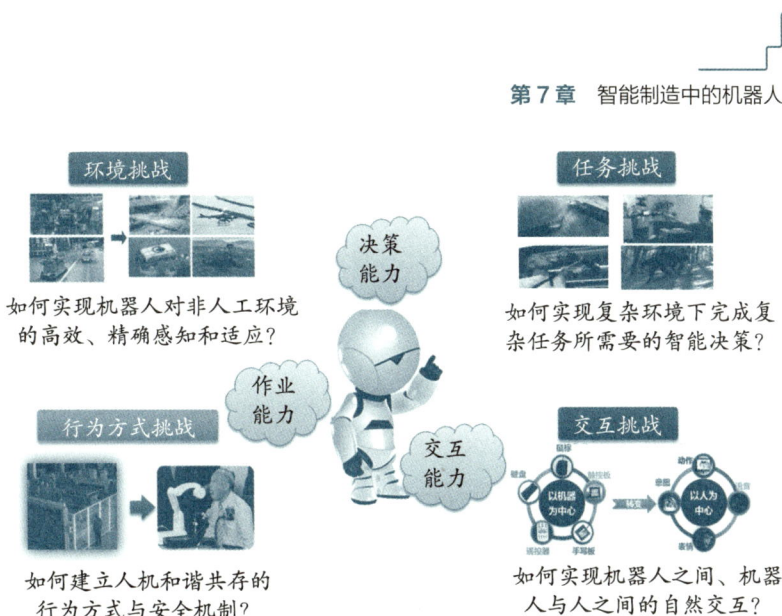

图 7.15　现有机器人面临的技术挑战

性、学习性差。新一代机器人的任务目标及指标更加多样、操作灵活性要求更高、任务变化更频繁、任务过程更复杂多变，对机器人技术在自主控制、认知、自主学习等方面提出了新的挑战。

（3）行为方式挑战。传统机器人在物理空间上基本是与人隔离的，但随着机器人进入人类社会，人和机器人将频繁接触，彼此之间的物理界限逐步消失，安全成为必须考虑的问题。机器人在行为过程中要确保人—机—物的安全，而机器人故障、人类误操作、其他设备故障不可避免，如何保障这种行为的安全性，对机器人机构、控制、感知等技术提出了挑战。

（4）交互挑战。目前，机器人是作为专用的生产设备，由培训良好的技术人员操作，其人机友好性低、鲁棒性差、智能程度低、真实感弱。如果要机器人成为非（机器人）专业人员的助手，甚至进入普通人的生活，需要在人机交互技术方面有突破性创新。

二、新一代工业机器人典型研究

在美、欧等技术强国相关研究计划的大力推进下，近 5 年来新一代工业机器人样机、示范应用不断涌现，其中德国 DLR 及 KUKA 公司联合研制的高精度轻型机器人（Light Weight Robot，LWR），以及美国 Rethink 公司研制的 Baxter 代工机器人最具有代表性。

（一）LWR 机器人

LWR 机器人系统经过近 20 年时间的研发，目前已经产生三代样机，其目标是构造出具有一定通用性的、面向非传统制造业的机器人系统。其中第三代样机已经在 KUKA 产业化，售价 10 万欧元左右，是目前唯一一款主要面向非传统制造业的工业机器人产品。其自重负重比已接近 1:1，而且实现了机器人整体的柔顺性，以及人与机器人的紧密协调合作，其最大特点是：用户友好、感知能力强、灵活性高（见图 7.16）。

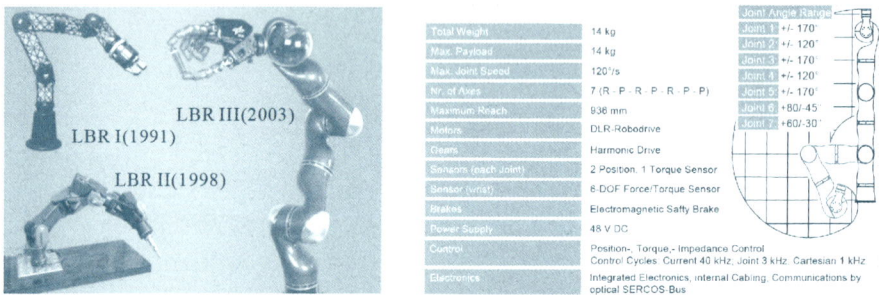

图 7.16　第三代 LWR 机器人（左）；LWR-III 的性能参数（右）

（源自：http://www.dlr.de/rm/desktopdefault.aspx/tabid-3803/6175_read-8963/）

LWR 机器人的设计理念见表 7.3。

表 7.3　LWR 机器人的设计理念

传统工业机器人	未来生产助手
固定安装	灵活移动（人力搬运或移动机器人）
周期性重复任务，很少变化	任务频繁改变，很少重复任务
由机器人专家在线或离线完成编程	在离线手段支持下由工艺专家在线编制指令
除编程外，很少与工人交互	与工人频繁交互，可在力量/精准等方面协助
工人与机器人相互隔离	机器人与工人共享工作空间
只在中/大规模使用时有经济效益	小规模使用也可产生效益

LWR 机器人系统已经进行了大量的实验测试，如顺应式复杂表面跟踪、手动引导式示教编程、无精确固定装置时的小批量工件焊接、共享工作空间的人机协同等。LWR 人机合作工作演示见图 7.17。

（a）顺应式复杂表面跟踪（左）；手动引导式示教编程（右）

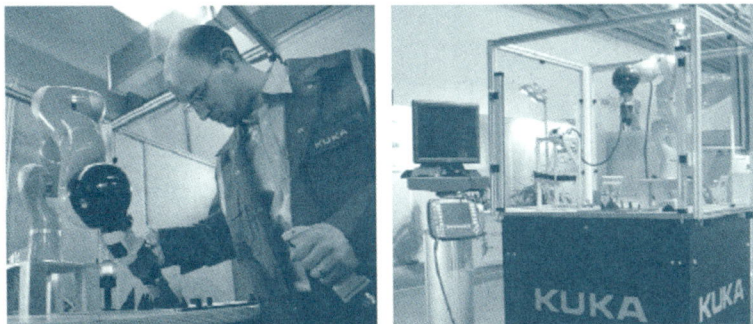

（b）无精确固定装置时的小批量工件焊接

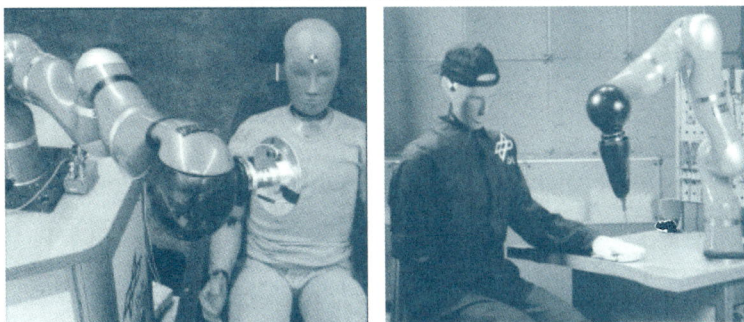

（c）与人合作实验：碰撞测试（左）；合作装配测试（右）

图 7.17　LWR 人机合作工作演示

（二）Baxter 机器人

美国 Rethink 公司研制的 Baxter，是一款典型的面向劳动密集型作业的代工机器人。Baxter 的设计理念是安全、低价、友好，即可以在人的身边安全工作、价格可以承受、不使用示教盒而只需简单训练；其研发的目的是革新目前机器人的使用方式，完成现在需要由劳动力完成的简单、重复性工作。Baxter 机器人与常规工业机器人的性能特点比较见表 7.4。

表7.4　Baxter机器人与常规工业机器人的性能特点比较

典型的工业机器人	Baxter合作制造机器人
高速，重载	适应人的生产节奏，小载荷
设计用于替代人	设计用于替代重复工作
适用于大容量、低混合制造	适用于小容量、高混合制造
昂贵	小公司可承担
危险	在人旁安全工作
编程及应用集成很困难	简单训练，有限的应用集成工作

Baxter具有以下功能特点：

（1）被动安全系统。①重量轻，单个手臂小于20千克（负载2.3千克）。②表面圆滑，关键部位有防护垫。③柔顺关节，Series Elastic Actuators（SEAs），关节上安装弹簧，实现被动柔顺，最小化碰撞接触力。④关节电机可完全反向推动，也可以由手推动。⑤动力制动，断电后机械臂缓慢下垂。

（2）主动安全系统。①360度声纳传感器，探测到人员位于接触距离内时，激发机器人减慢到安全运动速度。②关节力传感器，检测到碰撞或较大阻力后，通过制动及停止电机，降低关节力矩输出。③静力检测，避免机器人施加连续或超限的压力。④自我安全装置，避免双臂相互间的碰撞。⑤多套独立安全信号机制，软件、控制故障时急停。

（3）无编程示教训练界面。①不用编制应用代码，减少聘用软件或制造工程师的成本。②图形化用户界面和直接的"手把手"操控方式，使作为非技术人员的生产线工人可以在线完成机器人的（再）训练。③组装、训练、运行，全过程在1小时内完成。

（4）具备"意识"和"常识"。①对环境变化自动反应，分析未知事件，调整自身行为，且可以在遗漏或掉落零件等异常情况下，也能高效连续工作。②视觉检测零件，因此，可以自动适应零件摆放位置偏差、传送带速度变化及操作平台高度变化等情况，无须重新编程。③所谓常识，包括将主要应用过程中的基本知识和规则固化在机器人控制系统中；机器人在人机交互、工作过程中，基于固化的知识，在线判断，做出相应的反应；由于机器人能够感知自身和周围环境，因此，具备与人安全合作、适应变化环境的能力。

Baxter机器人及主要指标参数见图7.18。Baxter机器人的示范应用见图7.19。

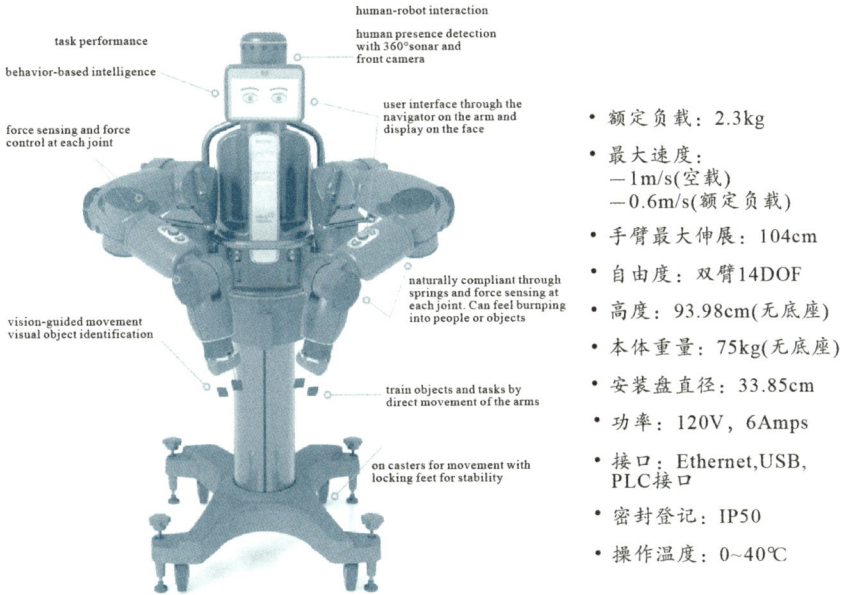

task performance

behavior-based intelligence

force sensing and force control at each joint

vision-guided movement visual object identification

human-robot interaction

human presence detection with 360°sonar and front camera

user interface through the navigator on the arm and display on the face

naturally compliant through springs and force sensing at each joint. Can feel burnping into people or objects

train objects and tasks by direct movement of the arms

on casters for movement with locking feet for stability

- 额定负载：2.3kg
- 最大速度：
  —1m/s(空载)
  —0.6m/s(额定负载)
- 手臂最大伸展：104cm
- 自由度：双臂14DOF
- 高度：93.98cm(无底座)
- 本体重量：75kg(无底座)
- 安装盘直径：33.85cm
- 功率：120V，6Amps
- 接口：Ethernet,USB,PLC接口
- 密封登记：IP50
- 操作温度：0~40℃

图 7.18　Baxter 机器人及主要指标参数（源自：http://www.rethinkrobotics.com/）

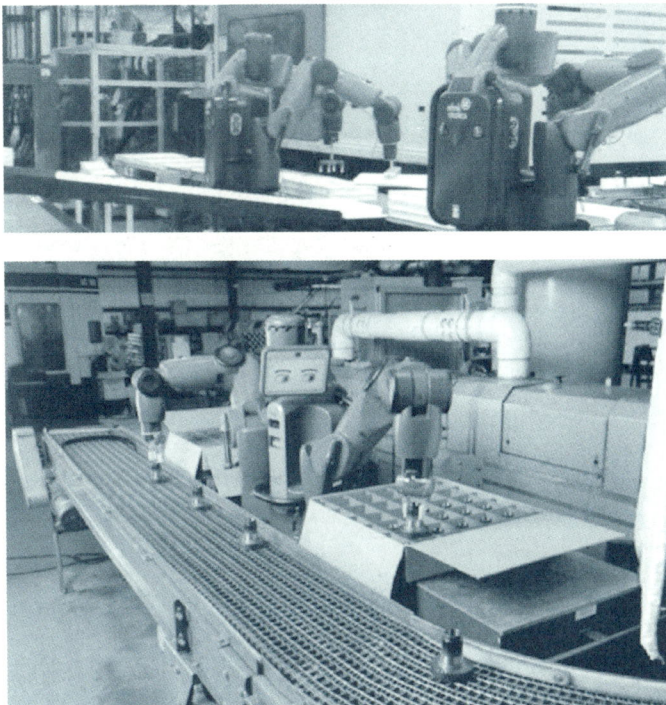

图 7.19　Baxter 机器人的示范应用（源自：http://www.rethinkrobotics.com/）

三、关键技术

机器人学从诞生起就确定智能机器人为其长远目标，它有感知、推理和执行（行为）3 个部分。对于工业机器人，从研究的角度讨论，传统上分为机构和控制系统两部分。面向应用，还有应用技术和周边装置两项技术内容。应用技术就是研究如何使特定机器人以更高效率、更好质量去完成给定任务，为系统设计提供依据。为此人们研究出了一些仿真软件。周边装置是为了使工件有效供给机器人作业所增加的装置，通常它由机器人控制。所以，对于面向应用，讨论工业机器人技术，应有机构、控制系统、应用技术和周边装置 4 个方面。这里的控制系统，不仅仅控制机器人本身，还包括对周边装置的控制和利用常用传感器的反馈控制。在工业机器人中，感知系统变得越来越丰富，越来越多地成为独立的研讨内容。其技术构成见图 7.20。

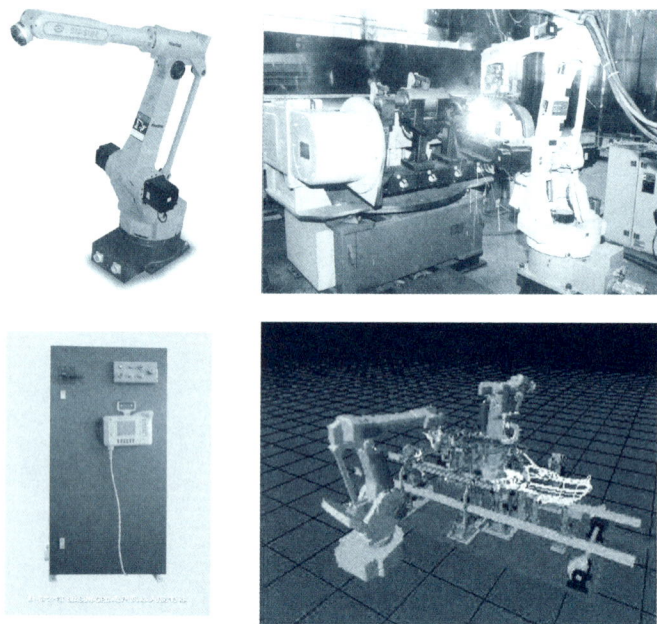

图 7.20　工业机器人的技术构成

机器人技术本来就是机构、材料、控制、信息处理和生物等多领域技术的集合体。信息、材料、脑科学，甚至生命科学等领域的技术突破，必将对机器人技术产生重大影响。

机器人技术在不断进步。很多机器人技术一直在努力研究之中，并且不断取得进展，如绝对和相对定位精度、安全与可靠性的提高、离线编程和网络控制技术等。机器人定位精度的发展预测见图 7.21。

　　对于现行应用的工业机器人，技术已比较成熟。面向以机器人为系统部件和人的助手的发展方向，还要有许多长期的研究内容。这里，对于10～15年左右时间里，机器人发展的关键技术以及长远的技术期望，做一个粗略的归纳。

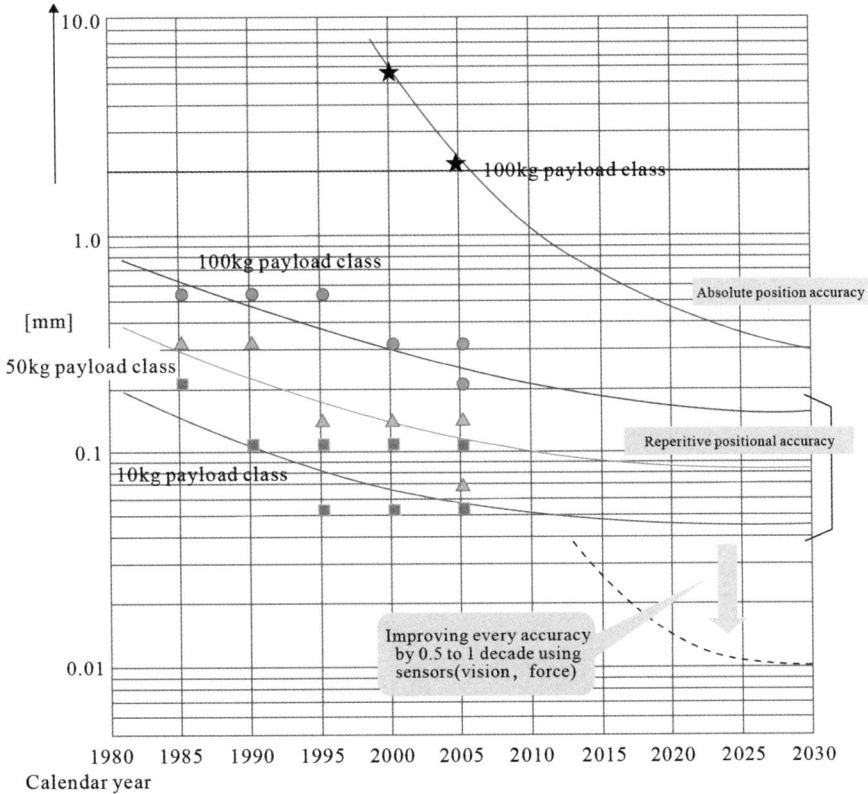

图 7.21　定位精度的发展预测（来源：日本机械学会 2030 年路线图）

（一）机构与行为技术

机构与行为技术是机器人执行使命的基础和保证。

　　减轻机器人自身的重量、降低自重负载比是提高机器人性能的一个重要努力方向。这一比值的降低不仅可以减小驱动能耗、节约材料，而且将有利于控制、移动和安装就位，从而增强机器人的灵活性。由于包括电机、减速器、制动器等部件的驱动系统占据了大部分重量，因此，技术突破将主要依赖先进的驱动系统，同时，也依赖承载能力强且价格合适的新材料的开发。

　　执行器是机器人完成任务的最后关键，类似人类的灵活操作手，是提高机器人行为能力的有效手段。

无论是作为生产系统中的一个部件还是作为人的助手，都要求方便移动。要改变必须将工件传送到位、以机器人为中心的状态，机器人要有"走"到工件跟前的能力；加装工具和必要的传感器，使机器人成为可以自主导航的移动工作站。

为满足不同的需求，机器人的结构和执行器可以变化无穷，形成不同形式、不同功能的机器人。面对大型工件和微纳米制造的要求，需要新型的机器人结构。对于一些大型工件，把传统的机器人和工作站结合在一起是一个解决问题的方向。

为了与人和谐工作，机器人的行为是关键的研究内容。必须研究机器人的行为技术，包括拟人柔性的驱动方式、自重构技术等；研究机器人和人在物理界限上能够紧密接触、密切配合，在行为过程中确保人—机—物安全的技术。

六自由度工业机器人的结构似乎已经像自行车一样定型——各种机器人只有小的差别，没有本质的变化。材料科学的不断进步将大大影响机器人结构的发展。新的材料，如电致动聚合物（Electroactive Polymers）、形状记忆合金，及纳米技术生产的新材料等的采用，不仅可使机器人更轻巧，而且将改变机器人的驱动方式，进而改变机器人的结构。如果人造肌肉可以构成机器人臂，将和现有的机器人在运动模型、驱动激励、控制模型等方面完全不同，将促进机器人理论与技术的革命性的发展。

（二）感知与变化适应技术

由于信息技术和材料技术的进步，可靠而灵巧的传感器不断诞生。无线传感器网络和信息处理技术的快速发展，将使机器人的信息感知、传送和处理能力大幅度提升。机器人将不仅能在传统需求上感知力、温度和几何形状等的微小变化，而且，将能充分认识自身状态、自身与工作对象关系、自身所处的环境。机器人与生产设备将处于一个"智能制造信息空间之中"。

现在的工业机器人，无论是环境变化还是任务变更，都要重新示教，费时费力。用户希望机器人能成为生产线上"即插即用"的灵活"部件"。由于机器人绝对定位精度不足，因此，机器人相对于周边装置的标定技术变得非常重要。期待通过标定手段精确掌握机器人在系统中的相对位置，这样，离线编程可以顺利进行；当机器人位置移动时，可以方便地重新定位；甚至，当任务变更时，可以从"程序库"中找到相关程序，通过标定修改参数，快速生成新的工作程序。

在机器人参加的智能制造系统中，多机器人合作将不断发展。多机合作是解决单机成本与复杂任务、复杂环境间矛盾的重要手段，也是提高效率的手段。依据在"智能制造空间"获得的自身状态、环境状态和人物关系状态等信息，建立合作意图的在线发生机制、基于在线感知的机器人动作协调技术、多目标多机合作任务的协商策略、网络环境下的资源共享与调度技术、实现机器人群自组织自重构等，是机器人智能发展的重要目标。

（三）交流合作技术

下一代机器人的关键技术就是与人的交流与合作，它使得人机能和谐地共同完成复杂任务。

如何让机器理解人的意图是关键。知道人的意图，才能像助手一样配合人工作，像徒弟一样向师傅学习。让机器人听懂人的语音命令，接受人的"指令"，是最为希望的技术之一。理解人的眼神，也是一直为研究者关注的可能技术。

机器人理解人的动作意图，是一个重要的交流途径，也是合作安全的有效保障措施。为了使问题变得简单，科研人员试图在人的身上加装"人机合作目标"，便于机器人身上的感知系统认知，方便理解人的动作意图，从而自主学习人的技能、人的作业习惯。见图 7.22。

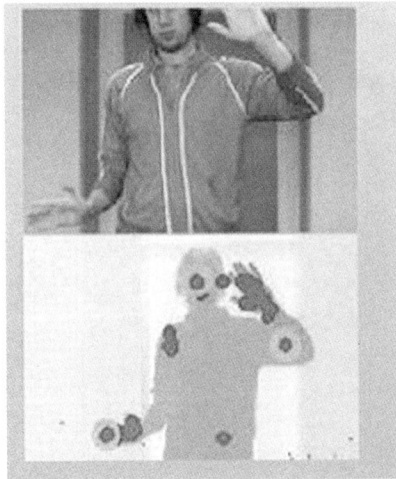

图 7.22　人机交互（来源：www.cogniron.org）

脑科学技术将来很可能打开人机交流的新渠道。现在的实验室内，头戴特制头盔的人，已能通过目视电话号码盘打出电话。随着脑科学技术的进步，人的思维将被理解并变成机器人的语言去控制和指示机器人，那将是人机交互的革命性进步，也将改变对机器的控制方法，甚至理论。见图 7.23、图 7.24。

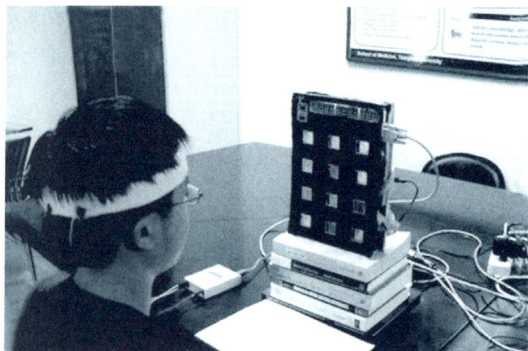

图 7.23　意识控制拨打电话（源自清华新闻网）

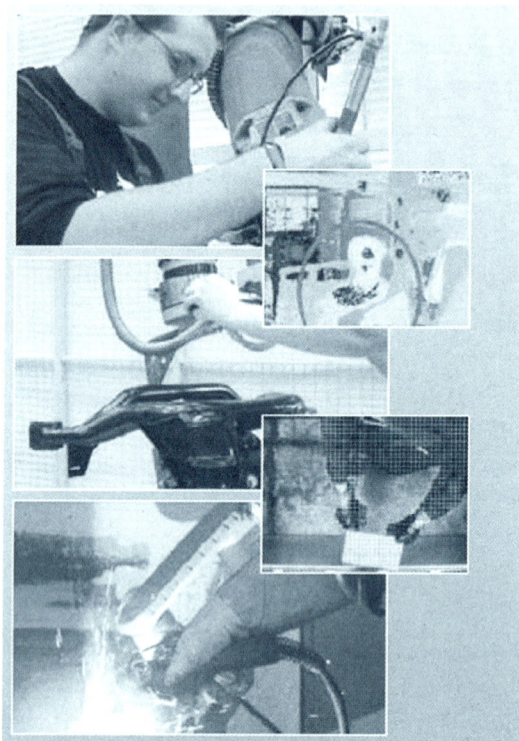

图 7.24　人机协同工作

（四）认知与决策技术

感知、执行和控制推理一直是智能机器人的 3 大构成要素。面向下一代机器人，认知与决策能力将是控制系统的关键。认知是建立在感知基础上的理解能力，决策是以机器人理解环境为基础的行为优化能力。它们以人工智能、智能控制与优化技术为核心，相当于人类大脑。认知与决策技术决定着机器人的智能水平。目前机器人的"智能"，主要依赖建模与优化计算，对于非结构化环境、动态复杂使命，难以数学描述，更难以优化计算。因此，开展基于认知仿生的智能发育、自主环境认知、人类意图推测、复杂情感理解等新型决策方法与技术是提升机器人智能性和可靠性的关键。

四、智能制造机器人发展趋势

在技术挑战面前，各经济强国已经跃跃欲试，纷纷制定发展规划，以图抢占新一代机器人技术的发展先机。

欧盟于 2006 年启动了针对提升机器人研发能力及商业行为的战略研究规划（Strategic Research Agenda for Robotics in Europe），该规划由国际机器人 4 大垄断企业之一的德国 KUKA 公司牵头，联合了欧洲近百所大学和研究机构共同制定（其成员单位分布见图 7.25），分别于 2008 年、2009 年进行了修订，并最终形成了 CARE 规划（Coordination Action for Robotics in Europe）。

图 7.25　CARE 规划参与单位分布
（源自：http://robotics.h2214467.stratoserver.net/cms/index.php?idcat=4）

CARE 规划列出了机器人 5 个方面的应用领域：工业（Industry）、专业服务（Professional Service）、家庭服务（Domestic Service）、安全（Security）、空间（Space）；把机器人分成了 6 大类型：操作机器人（Manipulator Robots）、工人助理机器人（Robotic Co-workers）、物流机器人（Logistics Robots）、安全（防卫）机器人（Security Robots）、科考机器人（Robots Used for Exploration or Inspection）、教学娱乐机器人（Edutainment），并针对每一类机器人提出了详细的短、中、长期发展规划（见图 7.26）。

	SHORT TERM(2010)	MID TERM(2015)	LONG TERM(2020+)
Rapidly adaptable manufacturing cell	易于面向对机器人合作的离线编程	多机器人合作半自主离线编程,机器人单元易于可重构	多机器人合作自主编程,半自主重构,周边设备的ad-hoc集成
Robotic co-worker in industrial and domestic environments	安全交互(主动监视下),被动柔顺机械臂(气功)	主动交互,被动柔顺机械臂(机电)	自主识别(工友建模),通过境况评估和预测,避免危机状态
Autonomous Transport	在限定区域运动,在固定障碍物前减速或停止(通常速度5公里/小时)	和行人共同在公共区域低速运动,低速(低于15km/小时)壁障	与行人和其他车辆共同在公共区域运动,正常速度(30km/h)避障
Border Surveillance	使命预规划,自主完成低复杂度任务,多机器人间缺乏合作	可完成40%以上的使命(全天候),中等复杂任务,有限的人监视	可完成70%以上的使命,自主合作完成高复杂度任务,集体行为
Planetary Robot Explorer	非结构环境下感知单一物体,钻孔深度5米	非结构环境下感知大的物体,钻孔深度10米	非结构环境下感知多个小物体,钻孔深度50米

图 7.26　欧盟关于新一代工业机器人发展的短、中、长期发展规划

　　在此战略规划下,欧盟在第六、七个研究与技术开发框架计划
(Framework Programs 6 and 7)给予了持续资助。其中 FP6 以开发新一代柔性
驱动装置为主要目标,已取得初步成果;而从 2012 年开始的 SAPHARI 项目
提出以合作医疗、工作伙伴两个新的机器人应用概念为背景,对人机共存时
的本质安全性问题展开全面的研究,提出了以人为中心来设计机器人的机构
及控制的理念,并归纳出了 7 项关键技术(见图 7.27):①柔顺机电设计技
术;②安全性技术;③实时认知技术;④以人为中心的任务规划技术;⑤交
互控制技术;⑥反应式行为产生技术;⑦人类行为的学习与理解技术。

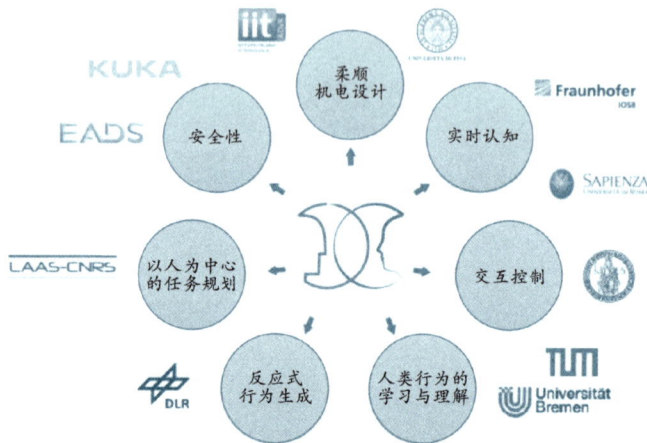

图 7.27　欧盟 SAPHARI 项目归纳出的新一代机器人核心技术
(源自:http://www.saphari.eu/)

　　与之对应，美国在 2013 年 5 月也推出了自己的新一代机器人发展路线图，其中关于制造业机器人部分指出：作为支柱性产业的制造业，美国的技术领先优势正在逐步缩小，而作为制造业先进技术代表的机器人与自动化技术的发展则是继续保持美国制造业的领先地位并解决美国技术工人不足问题的关键。在此背景下，产生了如图 7.28 所示的面向制造业的机器人技术总体路线图。

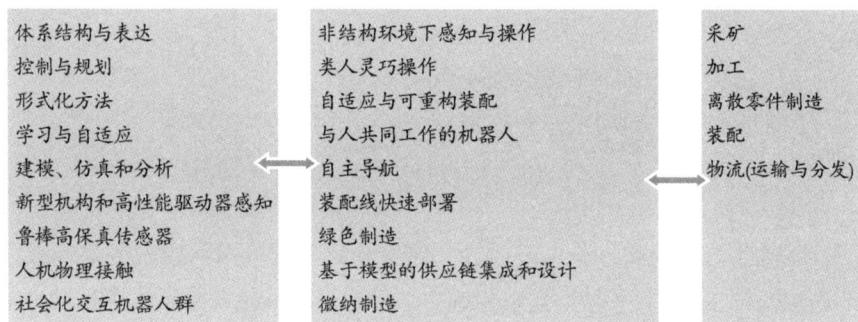

体系结构与表达 控制与规划 形式化方法 学习与自适应 建模、仿真和分析 新型机构和高性能驱动器感知 鲁棒高保真传感器 人机物理接触 社会化交互机器人群	非结构环境下感知与操作 类人灵巧操作 自适应与可重构装配 与人共同工作的机器人 自主导航 装配线快速部署 绿色制造 基于模型的供应链集成和设计 微纳制造	采矿 加工 离散零件制造 装配 物流(运输与分发)

图 7.28　美国 2013 年 5 月发布的制造业机器人发展路线

　　该路线图从"技术研发（Research & Technology）""核心能力（Critical Capability）"和"制造业应用（Applications）"3 个层面阐述了机器人技术发展的总体思路，归纳见表 7.5。

表 7.5　美国 2013 版机器人发展路线图中关于工业机器人关键能力需求的 15 年发展规划

核心技术	5年	10年	15年
自适应与可重构装配 （Adaptable & Reconfigurable Assembly）	针对某些特定工业机器人和辅助设备，实现24小时内组装并完成软件重组	针对某些特定工业机器人和辅助设备，实现8小时内组装并完成软件重组	针对某些特定工业机器人和辅助设备，实现1小时内组装并完成软件重组
自主导航 （Autonomous Navigation）	具有在有明显道路标线的环境中自主导航的能力；在采矿、建筑等特定应用中，机器人系统能够表现出优于人工驾驶的特性	具有在非标示环境中自主导航的能力；在部分传感器失效的情况下能够到达安全状态	具有在任何人能驾驶的环境中自主导航的能力；与有人驾驶水平相当；具有学习能力
类人灵巧操作 （Humanlike Dexterous Manipulation）	低复杂度；少量独立关节；能够鲁棒抓持物体	具有超过10个独立关节，能够实现全手抓持（Whole Hand Grasp）的机构和驱动部件；有限的灵巧性	接近人手的灵巧性；能够实现鲁棒全手抓持；具备在制造环境中灵巧抓持目标的操作能力

续表

核心技术	5年	10年	15年
非结构环境理解（Perception for Unstructured Environments）	具备非结构化环境中的3D感知能力（尤其是在制造作业环境中）	具备小型自动化场景所需的感知能力，如专业医疗辅助、轮椅和可穿戴行为辅助	具备真正个性化（One-of-a-kind）制造场景中的感知能力
本质安全的机器人工友（Intrinsically Safe Robots Working with Humans）	容易编程；固定动作的装配机器人的自适应安全保障	在保证性能的情况下，具备人类行为（确定/非确定）的自动识别能力；具备与人合作中的行为反应能力	在非结构化环境中具备识别人及其他机器人系统的行为，并进行合作；具备适应性行为调节能力

　　看到近年来工业机器人进口的飞速增长，人们普遍认为，由于中国经济快速发展，同时，劳动力短缺和成本上升，工业机器人的应用将有很大发展。IFR 统计中国引进机器人进展见图 7.29，IFR 统计中国在运行机器人（不包括国产）见图 7.30。IFR 认为，在 2014—2016 年间，中国机器人需求将以年 15% 的速度增长，到 2016 年年需 38 000 台。预期中国将出现大批机器人公司，有更多的单位参与技术研究，机器人技术也将有较大的进步，与世界先进水平的差距将缩小。

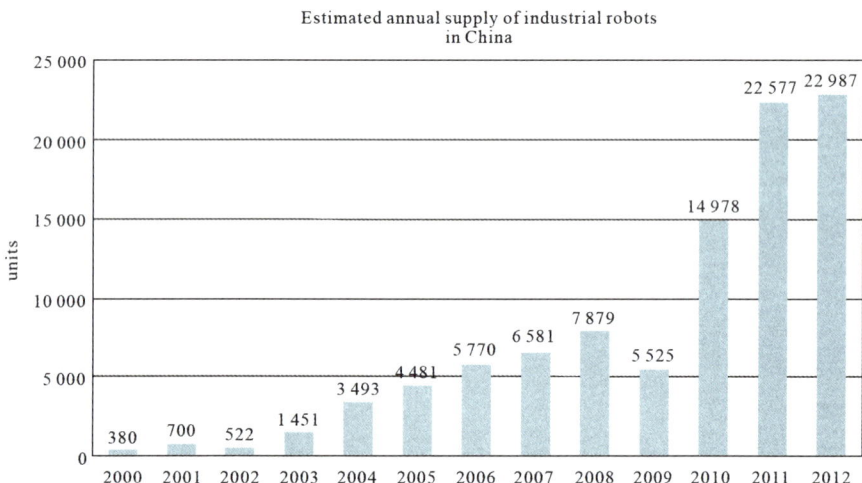

Estimated annual supply of industrial robots in China

图 7.29　IFR 统计中国引进机器人进展

Estimated operational stock of robots at year-end
in China

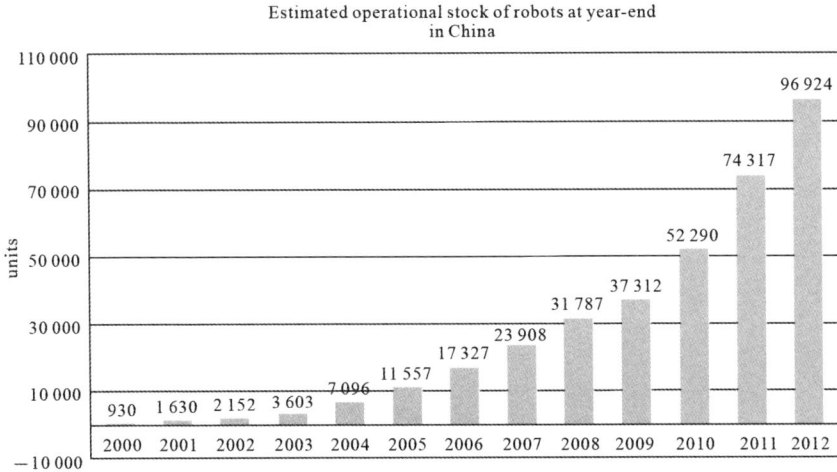

图 7.30　IFR 统计中国在运行机器人（不包括国产）

毫无疑问，中国的制造业对于机器人的需求将不断提升。从世界范围看，传统的应用领域，如汽车、电器电子等，将进一步普及、扩大机器人应用；同时，一些新的领域也将不断加入需要机器人的队伍之中。这些都将进一步促进机器人产业的发展。

对于工业机器人技术的长远发展，大体可以分为 3 个阶段。

2020 年之前，机器人的定位精度将进一步提高；在一些特殊的领域，自重与持重比率低的机器人将开始应用；传感器将大量应用于机器人和相关机器上。机器的可靠性将不仅依靠可靠性设计和对失效的估计，也开始依靠传感器的监测来自动分析，动态确定现行状态和估测理想性能降低的时间范围。

2020—2030 年，工业机器人技术将发生较大的变化。材料、MEMS 等技术的发展，将大力支持机器人的发展。可以预计，在 2030 年之前，工业机器人将是生产系统中的一个灵活的、方便的部件；基于装在人身上和机器人身上的传感器，机器人可以与人协作，从而应用于更加广泛的领域。

更长远看，脑科学的发展，将使意识控制机器成为可能；而智能材料的应用，将改变现有的机器人的结构和控制方法，发展机器人学的理论。

第8章

iCity 智能制造中的
控制优化技术

进入 21 世纪以来，世界经济出现了新的局面，增长缓慢、波澜起伏。各国为了争夺市场，竞争激烈。为了摆脱危机和实现可持续发展，随着新一代信息技术的发展，各国都在加快研究新的技术。新工业革命正在到来。这一革命即是以智能制造为核心的信息化、智能化、网络化的工业革命。在这一浪潮中，建模优化控制发挥了至关重要的作用。控制优化技术在离散制造行业和流程制造行业有较大区别，因此，分两部分讨论。

本章第一部分主要研究离散行业智能制造中的控制优化技术，目的是了解控制优化技术在智能制造中的作用、意义和应用现状，了解其中的控制优化关键技术，分析智能制造中的控制优化技术发展趋势，了解控制优化技术在推进智能制造发展过程中所起的作用。

本章第二部分主要研究流程行业智能制造中的控制优化技术，以流程型制造工厂为对象，解释了建模、优化、控制的概念，展示了这些技术在智能工厂中的广泛应用，并阐述了其重要地位。

一、离散行业智能制造中的控制优化技术

（一）离散行业智能制造中的控制优化技术发展与应用现状

制造业是国民经济的支柱产业，是一个国家国民经济的基础。面对日趋激烈的竞争和全球化的市场需求，制造企业必须考虑各种资源在时间和空间上的优化分配，以降低成本，提高自身的竞争能力。在供应链范围和企业范围内对制造资源和计划进行优化与控制是控制优化技术在离散行业的主要对象。这里主要讨论企业范围内的控制优化技术。

1. 企业生产优化与控制

生产计划是企业为实现一个生产目标所进行的一系列的预测和决策活动，它的主要任务是确定企业在一定时期内要生产的产品和生产这些产品所需的资源如原料、设备、人力、财力、能源等，其目的是为了获得高的经济效益。

在过去几十年中，人们对生产计划和调度进行了大量的研究，提出的方法需要和当时的社会生产方式相适应。在"以产品为中心"组织生产的年代，由于是少品种的大量生产，其假设是市场需求和供应能力无限，经济批量法与订货点法是比较好的方法。当市场需求和供应能力无限的假设不再成立，市场供过于求造成大量的生产积压和停滞时，原先的计划和控制方法已不适应新的环境，新的生产计划与调度方法和理念应运而生。这时的物料需求计划（Material Requirement Planning，MRP）、最优生产技术（Optimized Production Technology，OPT）和基于准时制（Just in Time，JIT）的思想获得了巨大的成功。在生产管理步入信息化和集成化的时代，涌现了许多更先进的生产管理理念和方法，制造资源计划（Manufacture Resource Planning，MRPII）、计算机集成制造系统（Computer Integrated Manufacture System，CIMS）、企业资源计划（Enterprise Resource Planning，ERP）、制造执行系统（Manufacture Execution System，MES）以及更多生产计划和调度方法与手段的出现，使生产向更敏捷、更具有柔性、更精细的方向发展。

制造资源计划 MRPII 和及时制造 JIT 是监控生产计划与库存控制的两种流行方法。它们与网络技术、供应链管理和电子商务等相结合，形成了企业资源计划 ERP。作为短期计划范畴的分批与调度，在 MRPII 系统中一般分 3 个阶段实施。首先，不考虑能力约束，按产品结构逐层分解计算，得出批量计划；其次，调整批量计划以满足静态的能力约束要求，且不考虑项目的优先关系；最后进行作业排序。按这种策略指导生产，由于其所考虑到的具体车间级调度约束是非常有限的，因此，很难保证生成的计划能找到一个可行的具体调度，即容易产生不可行的生产计划；实际生产中以过多的在制品、延长从订货至交货的时间来弥补上述计划方法的不足。生产计划与调度集成优化研究，正是因此而产生。

若一个周期内最多只有两个项目共享一个加工设备，则我们称之为成比例分批与调度问题。如果每个周期的时间长度较短，则 PLSP 在时间上接近于连续。如果一个生产周期内最多只有一个生产项目，则我们称之为离散分批与调度问题。若一个生产周期内，有多个项目共享一批生产资源，由于此时该设备的生产能力（或可用时间）的分配在整个问题中占有较重要的地位，这种生产计划与调度问题被称为能力分批与调度问题。也有将分批与调度问题划分为有准备状态的分批与调度问题和无准备状态的分批与调度问题。CLSP 就属于前者,DLSP 属于后者，而根据情况 PLSP，既可能属于前者，也可能属于后者。

另一方面，全球市场竞争越来越激烈的一个重要改变，就是市场的销售已经由过去的"以产定销"改为"以销定产"。由于产品的需求变动越来越频繁，产品的更新速度也越来越快，企业必须以用户和市场的需求为导向来安排生产。为满足个性化需求越来越高的消费者，面向订单的生产方式成为主流，定制化生产也从单件小批量生产逐步应用到大规模生产中。因此，现代企业对优质、高效的生产管理的要求也越来越强烈，把注意力转移到敏捷生产、精细生产等少投入多产出的高效生产模式上，即集直接数字控制、监控优化、生产调度、经营决策等功能于一体的综合自动化模式。其中，生产计划与调度是综合自动化系统的核心，对制造业的生产组织和管理起着非常关键的作用。

生产计划和调度问题的研究受到应用数学、运筹学和工程技术等领域科学家的重视，如今，经典调度理论基本成熟，但实际问题和经典问题还是有相当的距离，经典调度理论的一些基本原则对于解决实际问题还是不够的，需要重新考虑和进一步拓展。对于调度问题的 NP 性质和连续变量动态系统的无确定物理和自然规律，经典理论中的优化方法和技术是难以解决调度问题的。综观过去对生产计划和调度问题的研究，主要方向是将计划和调度问题集成，或者分解为更小的规模以利求解，同时要与企业的组织层和决策层相关联，实现生产高效率、高柔性和高可靠，也得出了不少成果。主要有（刘建国，2008）：

（1）数学规划方法。数学规划方法是将调度问题简化为数学规划模型，采用整数规划、动态规划以及决策分析算法来解决调度最优化或者近似优化问题，属于精确调度方法，也称为优化调度方法。该方法的任务分配和全局性效果比较好，能够求解凸和非凸问题的全局优化，但它对模型的要求很高，对复杂多变的调度问题来说，单一的模型不能够考虑到所有的因素，参数的变化导致算法的重用性很差，以及求解空间大和计算困难等问题。

（2）启发式搜索方法。启发式搜索方法是利用任务无关信息来简化搜索过程，问题求解就是系统化地构造或者查找解，搜索过程包括检查搜索空间、评估可能有解的不同路径以及记录已经搜索到的不同路径操作。

（3）系统仿真方法。系统仿真方法不单纯追求系统的数学模型，它侧重于对系统中运行的逻辑关系进行描述，为所有分配、排序和时间选择等决策的结果提供局部的分析，能够对一个给定的调度用很低的代价进行详细和快速的分析，对各种方案进行对比，从而选择效果最优的调度方法和系统动态参数。

（4）人工智能方法。20 世纪 80 年代以来，人工智能（Artificial Intelligence，AI）逐渐成为调度研究的重要方法，包括智能调度专家系统、约束规划方法和基于多代理系统（Multi-Agent System，MAS）的合作求解方法。

（5）计算智能方法。几种常见的基于计算智能的调度方法主要是人工神经网络、模拟退火、模糊逻辑和进化搜索算法。

2. 奥迪汽车（Audi）公司 Neckarsulm 工厂 APS 应用案例[①]

在奥迪公司位于德国的 Neckarsulm 工厂，每天约有 800 辆 A6 系列轿车出厂，销往世界各地。高级计划排产（Advanced Planning & Scheduling）解决方案供应商为该工厂的车间生产线提供了一套全自动的高级计划与排程系统，Neckarsulm 工厂期望通过高级计划与排程系统获取和跟踪生产线上每部车辆的制造过程，实现精益生产的提升。

（1）工厂面临存在的问题。与公司成为合作伙伴以前或导入 APS 之前，Neckarsulm 工厂主要通过 Excel 人工排程，他们面临如下问题：

1）难以根据现有计划准确回答客户交货期；

2）计划确定以后，调整效率低；

3）各种设备与资源制约，难以平衡生产过程；

4）不同型号车型一起生产优化程度低；

5）总装工序多与众多前工序协调困难；

6）无法对非程式化工作进行标准化，这成为提高产品品质的重要障碍之一；

7）很难在工序级别上精确控制产品的成本和利润；

8）一直被设备紧急故障和异常变更所困扰，工作任务排定后，调整很困难；

9）无法与海外工厂更紧密联系，构成更严密的生产计划管理体系。

（2）焊装车间解决方案。在焊装车间里，APS 能够帮助工厂实现生产线上的每一个加工单元精确设计、优化组合，使工件加工效率得到提高，可充分满足生产节拍的需求。这些单元可以是制造过程的关键节点，而 APS 可以作为链接这些节点的一条高效通道，负责将这些加工单元串接起来，贯穿整个生产车间的工艺流程，从而形成一个完整的制造系统。APS 通过合理地

---

① 奥迪汽车（Audi）公司 Neckarsulm 工厂 APS 系统导入应用 [EB/OL]. http://www.yukontek.com/chenGong_35.html.

设置前准备时间和后置时间，帮助车间实现物流输送体系将冲压件、分总成件等零部件准时、适时地运送到工位，协助工位间采用气、电葫芦进行工件传递；在空中，白车身骨架总成则由 EMS 空中电动车自动从主焊装线传送。

实现了瓶颈工序和关键资源设备的最合适的投入批量，改善计划执行时资源负荷和追求柔性化的工作时间，实现效率化目标。

APS 自动制订的生产计划与物料控制方案，可以通过 EMS（Electrical Motor System）空中电动车自动传送系统，调整不同的传输速率。实现车身混线传输、柔性化生产。在传送线上采用了 LED 显示屏（电子看板），可将生产信息和设备状态进行实时显示和报告。焊装后的白车身骨架要通过一条总长 120 米的白车身总成调整线，该线以滑橇为车身载体与板式链构成一条 20 个工位的车身调整线，在沿线工位上完成车门、机盖、翼子板等分总成的安装和车身调整、打磨等工序的操作。在这里，每一个车身都要经过一系列精心的调试，保证各项工艺间隙的精确度，经过检验合格后的白车身总成，通过举升机回到空中的车身输送线上，再通过车身识别系统，按照不同车型进行分类，有序地存放在车身储存区内。这些都可以依靠 APS 系统的强大功能，进行控制和提前计划，按照"一种车型存放在一条储存线"的原则进行车身存放。根据涂装车间的生产安排，存储区会自动地将不同车型的白车身输送至涂装车间的入口，随后空滑橇将按照已规划的路线自动返回到车身调整线的开始端进入下一个生产循环。

（3）涂装生产线解决方案。同一条生产线上生产 4 种不同平台的车型，通过 APS 系统完成不同工艺段的自动管理和生产过程的控制。

APS 系统可以方便地通过以太网连接到工厂局域网或数据库系统。AVI（自动车身识别系统）控制焊装、车体分配中心、涂装的车体直到车体运送到总装。APS 系统可以从 AVI 系统或 FLEX/SFE 系统请求生产数据，获得反馈信息。通过合理安排某辆特殊的车体的工序位置和生产进度，使得从车体分配中心过来的相同颜色的车体一起喷涂来提高生产效率。

实现工序级别的生产情况的跟踪与工厂的可视化、透明化管理，提升车间的生产效率和管理水平。

从焊装车间过来的白车身通过车体分配中心 BDC 进入涂装车间进行电泳、密封和喷涂。处理完后，车身通过车体分配中心送往总装车间做进一步装配。通过由 APS 系统组成的生产计划和控制管理系统实现了对整个生产过程的全程跟踪。通过使用 APS 技术，可以很好地了解生产现场中的情况和某个订单的执行情况，可以与 IT 部门很好地进行信息交换，了解在涂装车间对此车进行的工艺处理过程。

（4）总装车间解决方案。Neckarsulm 工厂的总装生产线采用具有适合多车型柔性化混线生产的输送链系统，总装车间共有 5 条总装生产线，每条流水线增加缓冲区，在出现小问题时，缓冲区可缓冲 15 分钟，使整个生产线不停止运转；总装线可同时组装 3 种车型，采用 APS 系统进行工序和流程排产，实现混线生产，生产效率大为提高。在总装车间装配线的起始工位，APS 通过工业端子系统接收来自涂装车间的生产数据并进行分析，这样就可以把每项工作步骤的过程数据（如螺丝钉自动装配站的转矩值或填充高度）合理分配到车辆上。

奥迪的 IT 项目运营管理负责人 Frank Siefert 解释说：“引进 APS 之前，工作人员不得不一次又一次地扫描条形码，条形码只保存了车辆识别号，这不仅浪费时间，也可能因条形码标签太脏等情况而导致错误的发生。”

导入 APS，工位时间控制管理精度缩短为秒级，实现了计划立案工时的缩减，工期也缩短了 20%。举例来说，假设每个工作人员在每个工位仅用 10 秒钟来扫描条码，生产线上有 250 个工位，那么每辆车则会花去 20 多分钟的非生产性工作时间做这项工作。在 Neckarsulm，每天生产下线的车辆约有 800 辆之多，所以，Siefert 说引进 APS 系统是英明之举，“它极大地提高了生产效率”。除此之外，APS 可以对流水线的具体生产步骤做出精准的安排，这样可以减少误差。因此，APS 适合应用于严格的工业环境。

奥迪通过采用以 APS 为核心的生产计划和排产管理系统，实现了多种车型共线生产的柔性化生产方式，提高了生产效率，缩短了新型号的生产周期。因此，采用 APS 系统的根本原因源于它带来的经济效益。

（二）离散行业智能制造中的控制优化关键技术

1. 企业建模技术（郑锋，2003）

企业模型是人们为了解企业而经过抽象得到的关于企业的描述。由于企业是非常复杂的系统，一般不可能用一个模型描述清楚，因此，企业模型通常由一组模型组成，每个子模型完成企业某个局部特性的描述，这些子模型按照一定的约束和连接关系构成整个企业模型，这就形成了企业的多视图特性，即采用多个视图从不同的侧面描述企业。目前，得到广泛认同的企业模型的组成部分包括功能模型、信息模型、过程模型、资源模型和组织模型等。

功能模型的主要目的是描述企业的功能。企业的功能通常包括许多活动，这些活动是企业的基本功能单元，它们接受输入信息和物料，占用和消耗一定的资源，延续一定的时间，最终输出信息和产品，从而实现价值增值。常用的描述功能活动的方法有：ISO/TCI84 中提出的通用活动模块、CIM-OSA 中定义的活动单元、GRAI 网、PERA 中定义的通用活动模块和 IDEF0 建模方法。在 20 世纪 90 年代以前相当长的一段时间内，企业建模方法主要由基于功能的建模方法所主导。在那个阶段，功能模型是企业建模所要建立的核心模型，以结构化分析与设计和 IDEF 方法为代表的功能分解成为企业建模的主要方法。

信息模型说明了企业处理的业务对象中所包含的信息，即执行具体功能活动时的输入、输出数据以及这些数据之间的逻辑关系。建立信息模型是实施企业信息集成的重要基础，数据流图（DFD）、实体关系图（E-R）是得到广泛应用的信息建模方法，而 IDEFx 则是在 E-R 模型的基础上增加了一些规则，是语义更加丰富的一种建模方法。

过程模型是一种通过定义组成活动及活动之间的逻辑关系来描述工作流程的模型，它是经营过程分析与经营过程重组的重要基础，其主要目标在于根据过程目标和系统约束条件将系统内的活动组织为适当的经营过程。在这种模型中，基于过程的控制流、物料流和信息流可以得到有效的集成，核心的过程被从开始到结束进行完整地建模而无须考虑组织的边界，因此，它能够支持企业集成，能够更好地描述企业的业务过程并适应企业组织结构的变化。目前较为广泛接受的过程建模语言有 CIM-OSA 的经营过程描述语言和工作流管理联盟 WFMC 定义的工作流描述语言。另外一类建模经营过程的方法是采用各种形式的网络图如 CPM（Critical Path Method）、PVRT（Program Valuation and Review Techniques）、IDEF3、Petri 网、GANTT 图等。

资源模型是通过定义企业资源之间的逻辑关系和资源的具体属性，从而描述企业的资源结构的模型。目前比较有影响的资源建模方法主要有 IEM 和 CIM-OSA 的资源建模方法。

组织模型的任务是从人和技术的角度来定义企业的组织结构，并清晰定义人、技术和过程之间的关系。GRAI 方法的 GRA/ 栅格和 CIM-OSA 都可用于组织建模。

2. 智能优化方法（朱云龙等，2013）

很多研究表明，由于实际生产优化与控制问题的复杂性、大规模性、不确定性、约束性、非线性、多极小、建模困难等特点，要寻找最优调度解是非常困难的，最有工程意义的求解算法是在合理、有限的时间内寻找到一个近似的、有用的解。智能优化方法自 20 世纪 80 年代以来就在生产优化与控制领域得到了很大的发展。智能优化算法是指模仿自然与生物机理为特征的随机搜索算法，如遗传算法、蚁群算法、粒子群优化算法、人工鱼群算法等。这些算法为复杂的生产优化与控制提供了有效的解决方法。在智能优化算法中，群智计算由于以自然界有益的信息处理机制为研究对象，具有自学习、自组织和自适应特征，能够为传统算法难以解决的各类复杂问题给出合理的解决方向，具有广泛的应用前景。

群智计算实际上是一种非常宏观意义下的仿生计算技术，它可以模拟自然界中一切生命与智能的生成与进化过程。因此，群智计算内涵丰富，涉及计算模式多样，并且不断有新的算法和计算机制涌现。由于此类方法具备高效的优化性能、无须问题特殊信息等优点，因此，在科学、工程、经济等领域得到了广泛的应用并取得了令人鼓舞的成就。目前，已被提出和广泛研究的主要群智算法见表 8.1。

表 8.1　群智计算算法总结

计算模式	基本思想	提出时间，提出者
GA	自然选择和淘汰，适者生存	1975 年，美国 John Holland
EP	从整体角度模拟生物的进化，强调物种的进化	1966 年，美国 L. J. Fogel，A. J. Owens 和 M. J. Walsh
ES	模仿生物进化，且形状总遵循正态分布	1963 年，德国 I. Rechenberg 和 H. P. Schwefel
DE	基于群体内个体间的差异产生新个体，模拟自然界生物进化机制	1997 年，德国 Rainer Storn 和美国 Kenneth Price
GP	生物进化	1980 年，美国 S F Smith；1985 年，N. L. Cramer；1992 年，J. Koza
BP	反向传播神经网络	1969 年，美国 Arthur Earl Bryson 和 Yu-Chi Ho
Hopfield	反馈式神经网络	1982 年，美国 J. Hopfield
ACO	模拟蚂蚁觅食行为，通过分泌信息素来协作找到最优路径	1991 年，意大利 M. Dorigo 和 V. Maniezzo, A. Colorni
PSO	鸟群飞行和觅食行为	1995 年，J. Kennedy 和 R. Eberhart
ABC	模拟蜜蜂采蜜行为	2005 年，土耳其 D. Karaboga

计算模式	基本思想	提出时间，提出者
AFA	模仿鱼群觅食和集群游弋行为	2002年，李晓磊等
BFO	细菌趋化觅食行为	2002年，K. M. Passino
GSO	群居动物（如鸟、鱼、狮子）等捕食的群体行为	2006年，S. He和Q. H. Wu
BCC	细菌群体趋药性运动	2005年，李威武等
DNA	模拟生物分子结构并借助分子生物技术进行计算	1994年，美国L. M. Adleman
AIS	模拟自然免疫系统的工作机制	1998年，美国D. Dasgupta
BBO	模拟生物种群在栖息地的分布、迁徙和灭绝规律	2008年，美国Dan Simon
Cellular Automata	细胞（群）动态演化	1963年，美国John Von Neumann和 M. Ulam Stanislaw
SOMA	社会环境下群体的自组织迁移行为	2000年，捷克I. Zelinka和J. Lampinen

由现有群智计算模式的局限性出发，梳理群智计算模式所遵循的统一框架理念。以生物进化论、共生进化论、自然界生态系统的涌现与系统特性为基础，通过借鉴复杂适应系统的思想，建立群智计算的统一框架模型及其形式化描述，从而在微观、宏观乃至应用层面上系统地展现群智计算的多样性与统一性理念。另外，分别从个体层面、群体层面、群落与生态系统层面实现并改进了各层面群智计算具体算法的实现步骤与代码设计；并通过标准测试函数对上述具体算法在不同参数设计下的性能进行测试与验证。最后，结合离散制造领域的优化与控制的实际需求进行建模和求解，为生产优化与控制提供一套可行的、高效的解决方法。

3. 数据驱动的制造系统仿真技术（王楠，2012）

传统制造业难以适应市场环境的快速多变和产品结构多样化的竞争压力，尤其在复杂产品制造领域，如汽车工业、电子工业、军工企业等。如何提高制造系统对提高对市场的快速响应能力是当今学术界与工业界的研究热点之一。

制造系统的运行受随机因素影响，呈现出离散、随机、并发和递归的特点，是一种典型的离散事件系统。离散事件系统是指受事件驱动、系统状态只在不确定的离散时间点上发生变化的动态系统，这种系统的状态无法用常规的数学方法来描述。而仿真技术的出现可以动态模拟制造系统的运行过程，通过对系统模型的实验，研究系统的生产能力以及运行状态，从而制定最优决策或生产实施方案。这种能够有效提高生产决策水平，减少实物制造及实验的周期和费用的新技术、新方法，被认为是继理论、实验之后，人们认识世界和改造世界的第三种基本手段，目前已被广泛应用于制造业领域内的系统规划、管理、运行等各个阶段，并且在解决大规模复杂问题及非线性问题上显示出很大的优越性。

仿真建模是进行仿真实验的前提和基础，据统计，仿真建模的时间占整个仿真项目周期的 45%，并且实施仿真项目时建模也是其最为复杂的部分，模型的好坏直接决定了对系统进行仿真的效果。因此，为了提高制造系统的快速响应能力，缩短建模时间、减小建模复杂度对实现系统的快速仿真分析具有重要意义。

数据驱动的概念自 20 世纪 80 年代提出后，在分析测试、仿真建模、系统开发、计算机语言学习、数据库开发以及 Web 开发等领域得到了广泛的应用。对数据驱动的认识与理解在不同的应用领域也各不相同。在建模与仿真方面，可以把数据驱动仿真定义为适应性的仿真开发方法，系统模型可以描述任何应用需求，用户只需要提供数据，无须编程，仿真程序便能执行。数据驱动仿真模型是可应用至具有相似结构的一系列系统的仿真方法，这样的仿真模型对于具体的应用领域应当具有一般性，并且可以对系统的不同实例进行仿真。区别是否为数据驱动仿真的方法就是看进行实例仿真时是否对代码进行修改。

采用数据驱动的建模与仿真方法在建模时对系统进行抽象，在仿真时只要将系统应用需求转化为仿真执行环境的接口数据即可，用户不需要额外编程。因此，仿真系统抽象得越合理，仿真模型的适应性与可重用性就越强。数据驱动仿真方法将仿真操作与系统的数据描述进行分离。学者们将数据驱动的适应性仿真开发分为静态数据驱动的仿真和动态数据驱动的仿真两类。传统的数据驱动仿真多为前者，主要体现在仿真需求是预先可知的，数据输入多以数据库的方式在仿真初始化时输入；而动态数据驱动与前者的最大区别在于动态获取数据，它能够提高并实现仿真系统的动态适应性。

4. 工业物联网技术

物联网将逐步渗入制造领域，大量的物理设备通过网络连接，实现了对客观环境或物体的感知和一定程度的智能化服务。未来，将会有数以亿计的各种形式的智能设备通过多样的通信技术实现自动互联，从而形成超大规模的海量数据感知、传输、处理和存储，实施智能化情景感知的控制决策和协同行为。

为了实现工业物联网的大规模应用，首先要突破面向工业领域的信息感知、信息传输和信息处理等关键技术。信息感知是通过泛在化的传感单元进行信息捕获，主要是由各类工业传感器实现；信息传输是指通过异构性的网络基础设施进行可靠的信息交互和共享，未来通过工业无线网络技术实现；信息处理是指普适性的数据分析与服务，对海量的跨部门、跨行业、跨地域的数据和信息进行分析处理，提升对物理世界、生产活动和生活行为的洞察力，实现对制造过程智能化的优化与控制。三者关系见图 8.1。

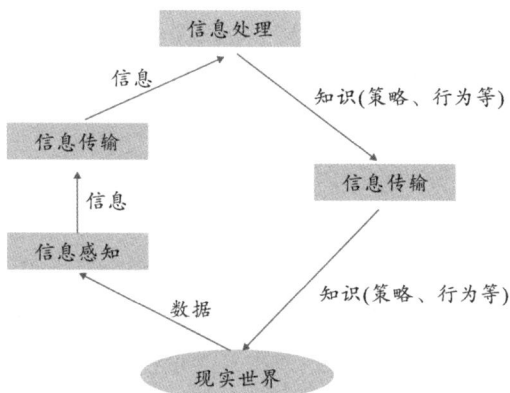

图 8.1　信息感知、信息传输和信息处理的关系

物联网技术能够为工业生产过程的控制与管理提供灵活的、泛在的信息感知与传输环境，提供有效的和低成本的技术支撑。借助于嵌入各种应用环境的系统来实现对多种模式信息（声、光、电、热、生理信息、化学信息、动作与空间信息等）的捕获、分析和传递，获取过去由于成本或技术原因无法在线监测的重要工业过程参数，为人类深层次理解物理世界提供前所未有的技术手段，极大地拓展人们对物理世界的了解和监测能力，促进各领域工业生产活动的进一步合理化和精细化控制；通过对工业设备、过程和产品进行全时空、全过程、全状态的多维度感知，实现对生产活动的时间和空间维度控制与管理的拓展，显著提高生产过程控制与管理的实时性和可追溯性，使整个供应链的产品、服务、运营更加透明化、标准化和精细化，有效提高生产效率，提升工业控制与管理的能力与水平。

（三）离散行业智能制造中的控制优化技术发展趋势

1. 基于大数据的优化与控制

随着信息技术在制造业的广泛应用，企业积累了海量的数据。如何有效地将企业积累的海量数据转化为"信息资源与知识"，通过基于数据的优化和对接，把业务流程和决策过程有机地融合，更好地为企业的产品创新设计、供应链优化、制造过程的优化控制以及营销服务，已成为一些企业迫切需要解决的现实问题。同时，制造企业的数据积累量、数据分析能力、数据驱动业务的能力亦已成为决定企业市场竞争力的重要评判标准。但目前在企业数据的应用中，这些大数据并没有得到充分有效的利用，反而给企业带来了巨大的挑战。麻省理工学院斯隆管理学院的教授Erik Brynjolfsson表示，基于数据分析的决策实现的生产率增长，要比任何其他因素高5%～6%。这种生产率增长能够决定大多数行业的胜负。

大数据处理技术刚刚兴起。在制造业，应该梳理和借鉴已有大数据处理技术，围绕大数据在制造业应用中所涉及的共性关键技术，重点解决制造业大数据的获取及预处理技术、制造大数据的结构化/非结构化数据建模技术、制造大数据的检索、数据智能分析及可视化技术，并在此基础上研发大数据智能分析工具与决策平台，形成高效的数据资产，用于核心业务的知识挖掘，将数据整合，从数据中获取更大的价值，为企业创造更大的竞争力、价值和财富，更好地实现差异化竞争。

数据处理技术发展阶段见 8.2。

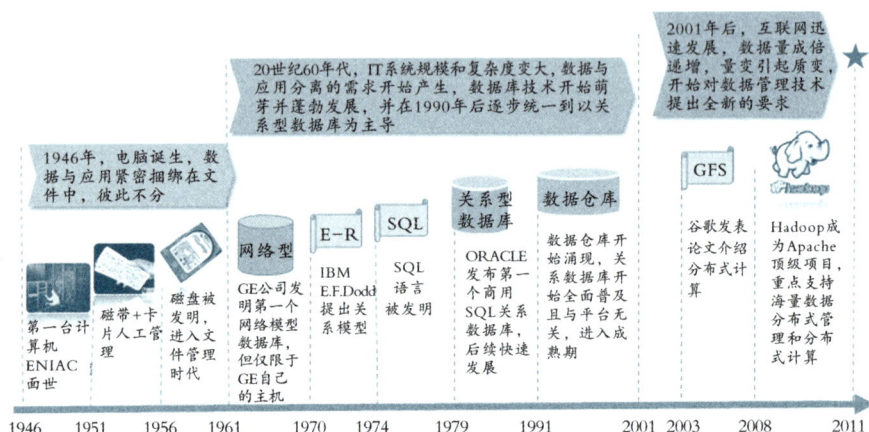

图 8.2 数据处理技术发展阶段

（1）离散制造业典型物流业务的优化与控制。通过研究离散制造业典型物流业务流程（如仓储、运输、配送等）中的海量业务数据建模技术，开发物流业务流程建模工具，描述和再造大数据环境下的物流业务流程；面向物流系统、物流网络节点的业务流程，开发物流业务流程大数据分析工具；研究典型物流运作管理优化问题（如库存管理、智能配载、网络调度等）的建模与求解算法、评价指标体系、物流网络节点过程优化调度方法，开发基于大数据分析的分布式供应链决策支持系统。技术路线见图 8.3。

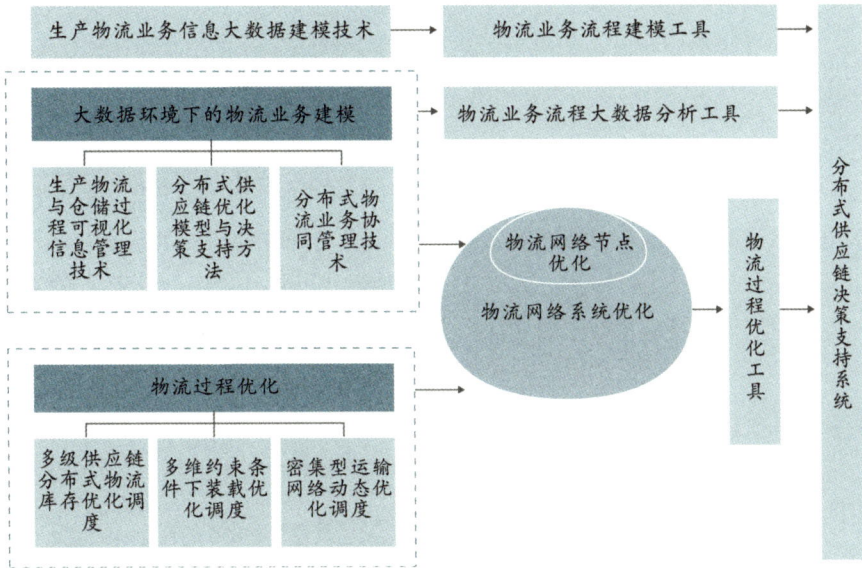

图 8.3　生产物流配送及优化的大数据分析技术研究路线

（2）挖掘、运用营销大数据中蕴含的价值和规律。收集和分析客户的各项数据和行为轨迹，结合营销领域的业务模型和业务特征，让营销和服务决策能够无限接近真实的市场需求方向，让企业与客户能够达到和谐交换是长期以来企业开展营销和服务的指导思想。通过数据处理的技术手段，从数据中找出隐藏的、未知的，但却对企业的营销、销售和服务十分有用的信息，以指导企业开展营销、销售和服务业务，一直是企业进行营销和服务决策的主要手段。

企业将 CRM 或 BI 系统中的顾客信息、市场促销、广告活动、展览等结构化数据进行分析处理，在理解和把握市场需求、客户行为、客户细分、客户价值等方面取得了一定的成效。然而，互联网经济、社会化媒体的迅猛发展，导致了整个用户市场环境的变化。用户接触和获取信息的渠道和方式、用户与商家产生交互及购买行为的渠道和方式、用户之间产生交流和分享体验的渠道和方式都在发生全面而深刻的变化，客户行为越来越求新和多变，客户需求的差异性越来越显著，市场也得到了不断的细分。这种情况下，分析客户的主观偏好，适应客户的差异化需求，掌握客户行为的变化规律，成为企业营销关注的核心问题。

2. 基于群智计算的优化与控制

制造系统的优化控制是一个典型的复杂适应运行过程。群智计算的研究方法和研究成果都可以为复杂制造系统的优化控制研究提供重要参考。由许多个体相互作用，在群体层面涌现出复杂智能特性，这是生物智能产生的基本方式。从概念上说，包括微观层面和宏观层面，群智计算与复杂适应系统都具有明显的相似性。任何生物智能系统都可以被认为是某一类相对简单、特殊的复杂系统。群智计算排除了复杂系统那些形态各异的表象，保留了复杂系统的基本内核，其可研究性、可操作性都比完全的复杂系统强。

从算法的搜索机制、解的模式、环境特性3个角度出发，未来有关群智计算的算法设计还将呈现出如下几个主要研究热点。

（1）小生境层面的有关算法设计。在进化计算领域，用于寻找多个解的算法被称为小生境算法。寻找多个解（小生境）的过程叫作物种形成。小生境算法是对另一个自然过程进行建模，即大量的个体为使用一个物理环境中的有限资源而竞争。对资源竞争导致的行为模式是个体根据它们对资源的要求自组织为子群。小生境是环境的一部分，而物种是种群跟环境竞争的一个部分。从计算优化的角度，小生境表示的是问题的一个解，而物种指的是一组收敛到单个小生境的个体（在 PSO 中即为粒子）。

（2）动态环境层面的有关算法设计。动态环境下的生物启发式计算需要考虑两方面问题，一方面是检测环境的变化，另一方面是对变化做出反应。

在检测环境方面，可以利用一个和多个哨兵的方法。哨兵的任务是检测局域环境的变化。哨兵保存最近的适应值，下次循环时，哨兵重新计算适应值并与保存的适应值比较，若不同，则表明产生了变化。更多的哨兵能够从环境的不同区域得到反馈，若使用多个哨兵，环境变化的检测就更加快速与可靠，但也增加了搜索算法的计算复杂度。

在对环境变化做出的反应方面，可以将 PSO 应用于动态环境中，评价不同速度模型的效率。

3. 泛在信息环境下的供应链优化与控制

信息技术的飞速发展已经并将继续对供应链管理领域产生深刻的影响，形成以电子市场（e-Market）为基础、以电子业务为特征的电子供应链网络，展示了一种全新的商业机会、需求、规则和挑战，企业的生存空间也由物理的市场地域向虚拟市场空间转变。电子市场不仅可以为买卖双方提供一个高效的交易机制和交易场所，从而大大降低交易成本，而且还可以促进交易双方建立和维系一种新的供应链伙伴关系以提升运作效率。然而，当前的电子市场大多数都是不成熟的，存在各种各样的缺陷。例如，在由通用、福特、戴姆勒—克莱斯勒、雷诺、标致—雪铁龙、尼桑等汽车业巨头共同发起的电子市场——Covisint中，过于激烈的竞争使得供应商参与电子市场交易的积极性受到了打击。这说明，在基于电子市场的交易活动中，亟须对电子市场下的供应链协调机制开展理论研究。同时，电子商务的发展形成了电子网络渠道，在许多方面对营销渠道系统产生了巨大的冲击。例如，淘宝网在3个半小时内卖出了205辆奔驰Smart，而该车下一年的销售目标也就是500辆，显示了电子营销渠道的强大力量。相对于传统的营销渠道，电子网络渠道具有数字化、虚拟性、交互性、及时性、全球性、网络外部性、整合性等优点，但也存在与传统营销渠道相冲突等问题。如何建立混合渠道下的供应链运作管理理论和方法成为电子商务发展给供应链管理理论带来的难题。

另一方面，以感知、互联和智能处理为特征的物联网技术的飞速发展及其在供应链管理领域的广泛和深入应用，使供应链管理过程中的信息获取与采集真正实现自动化，实现单元业务环节自动化，提高供应链管理的可视性，实现实时、精确化的供应链管理，并以标准化、一体化的实时信息为供应链管理提供决策支持。更进一步，先进的传感器、软件及相关知识在供应链系统各个环节的整合与应用，从技术上支撑供应链管理向更深、更广、多维、实时的方向发展。此时，信息技术的应用已不仅仅是作为提升供应链运作效率的手段，而是创新了供应链管理模式，对供应链管理理论和方法提出了新的挑战。

虚拟市场空间、电子业务、无所不在的感知、互联和智能信息处理共同形成了面向供应链管理的泛在信息环境。如果说对需求信息失真的研究促使了供应链理论的诞生，那么泛在信息环境下的供应链管理理论研究将是信息技术高度发展背景下的供应链优化与控制研究的拓展与丰富。

二、流程行业智能制造中的控制优化技术

（一）基于模型的优化控制技术

流程工业或称过程工业（Process Industry），是形成人类物质文明的基础工业。流程工业主要通过物理变化和化学变化实现大宗原料型工业产品的生产、加工、供应、服务。流程工业包括石化、化工、冶金、制药、电力、建材、轻工、造纸、采矿、环保、电力等，是国民经济中占有主导性的行业。流程系统（Process System）是指由被加工的物流或能量流经过的诸单元工序所构成的系统，是一种各单元间根据生产工艺要求互相联结形成的复杂网络。其主要生产过程为连续生产；其相应原料和产品多为均一相（固、液或气体）的物料，而非由零部件组装成的物品；其产品质量多由纯度和各种物理、化学性质表征。

一直以来，建模、模拟和优化技术在流程工业中被高度重视且广泛应用。流程系统的模拟是根据对流程的充分认识和理解，以工艺过程的机理模型为基础，运用数学方法对过程进行建模描述，并通过计算机辅助计算的手段进行过程的热量衡算、物料衡算、设备规模估计和能量分析。流程模拟可为工程设计与改造、流程剖析、优化控制、环境与经济评价和教学培训等提供强有力的手段，不但能从系统整体角度分析和判断工艺流程的好坏，还可以对新开发的工艺流程提供可靠预测。这些均有助于提高工作效率和决策的科学性。而流程系统的实时优化（Real-Time Optimization，RTO）是指结合工艺知识和现场操作数据，通过快速、高效的优化计算技术对操作运行中的生产装置参数进行优化调整，增强其对环境变化、原材料波动、市场变化等的适应能力，保持生产装置始终处于高效、低耗并且安全的最优工作状态的技术。RTO可以通过增加产量，提高产品质量，使生产过程始终运行在最佳工况上；可以通过经济目标的寻优，减少原料和能源的消耗，减少废弃物的排放；可以通过监测、预警、自动调整，延长设备的运行周期，减少催化剂的消耗；可以使得来自计划调度的市场信息在操作层面得到及时的贯彻实施，迅速在生产过程中反映市场供求关系的变化；可以进一步深化工艺人员、操作人员对过程工艺与操作的了解，有助于工艺的改进和操作策略的调整。

流程系统模型化和优化技术从20世纪50年代开始发展起来，至今已经历了四代。1958年美国Kellogg公司推出全球第一个化工模拟程序Flexible Flowsheet，并将其用于单元操作设备的工艺计算。20世纪70年代开始出现了一系列稳态流程模拟软件，如Aspen Plus、PROCESS、SPEEDUP和HYSIM

等。这些软件在流程工业领域产生了巨大的影响。20 世纪 80 年代中后期开始，流程模拟和优化技术走向了成熟期。这些软件在功能和可靠性方面不断增强，应用范围不断拓宽，成本大幅下降。随着能源的短缺情况和市场竞争的加剧，国外流程模拟和优化软件转向以生产企业为主，成为流程企业的计算机辅助工程（Computer-Aided Engineering，CAE）核心和计算机集成制造系统（Computer-Integrated Manufacturing System，CIMS）基础，效益明显。稳态模拟和优化技术趋于成熟。国际上流程模拟和优化领域有代表性的而且应用较好的通用软件有 PRO/II、Aspen Plus 和 HYSIM（已被美国 Aspen Tech 收购）。从 20 世纪 90 年代开始，模拟和优化技术从"稳态"和"离线"走向"动态"和"在线"，并向实时优化发展。这一时期，新的模拟和优化软件不断问世。如加拿大 HYPROTECH 公司的 HYSYS、美国 Aspen Tech 公司的 Aspen Custom Modeler 和 Aspen Dynamics 等。

数学模型在流程模拟和优化中处于核心地位。流程系统的数学模型由化工单元模型和各单元间拓扑结构模型两部分组成。流程模拟和优化的目的是根据流程拓扑中已知流股的数据及过程参数，确定包含流程系统输出在内的所有流股的数值，或是根据已知过程流股的状态值计算可满足设计规定的过程参数值。目前，主流的求解方法主要包括序贯模块法（Sequential Modular Approach）、联立方程法（Equation Oriented Method）、联立模块法（Simultaneous Modular Approach）、数据驱动法和人工智能法。

当前，建模、模拟和优化技术的关键作用被进一步挖掘，已经成为流程工业的主导型技术和关键支撑技术。在美国奥巴马政府"先进制造伙伴计划"的引领下，美国的制造业巨头于 2010 年联合发起成立了智能制造领袖联盟（Smart Manufacturing Leadership Coalition，SMLC）。SMLC 认为，智能工厂的智能过程制造包含两个关键的组成部分：模型和优化技术。

一方面，模型在智能过程制造中扮演了关键的角色，建立一个好的模型至关重要。SMLC 的报告指出，智能工厂的基础是模型的广泛运用[1]。利用生产运行数据和专家知识，智能工厂将生产过程的行为和特征上升为各类工艺、业务模型和规则，根据实际需求，调度适用的模型来适应各种生产管理活动的具体需要。

---

[1]　Smart process manufacturing: An operations and technology roadmap [EB/OL]. [2011-08-29]. https://smart-process-manufacturing.ucla.edu/presentations-and-reports/spm-operations-technology-road-map/SmartProcessManufaturingAnOperationsandTechnologyRoadmapFullReport.pdf.

利用模型，智能工厂能够预测未来的过程状态，从而提前感知过程参数的变化趋势。过程工业的生产过程大都具有长周期、大时延等特点，通过过程模型提前预测过程参数的变化趋势能够更好地控制各类过程；在生产计划和调度方面，通过计划和调度模型的广泛应用，能够有效地配置生产过程中消耗的各种资源，包括原料、能量、劳动力等，并产生最大的效用。解决生产计划和调度问题最为关键的是要建立反映过程特性的准确的计划和调度模型。通过对调度模型的求解，能够找到所有可能的计划和调度方案中的最优方案，提升企业的生产效率和整体效益。

此外通过一体化的模型和优化，智能工厂还能够将现有流程工业生产过程的工艺过程、生产过程、管理业务流程高度集成，实现各个管理环节和各流程间的紧密衔接与整体优化，在满足设备、能源、物料约束的前提下，从全局角度实现优化。更理想地，这样的优化能够考虑生产和经营过程的动态特性，能够应对外部经济因素（产品预期、价格预测、市场容量、原材料供应波动等）的变化，能够将质量、效益、环境等综合因素透明、恰当地纳入优化体系之中。

另一方面，大规模的优化技术也不可或缺。智能制造过程不仅需要很好地满足企业管理层的决策需要，产生良好的应用效果，还需要在瞬息万变的市场需求下，在风险与收益当中做出平衡，为企业做出最优决策。因此，在智能过程制造中，下至过程建模及过程综合和设计，上至过程操作、控制、调度及生产计划，无不依赖于强有力的大规模优化技术，以得到具体全面的最优决策。

过程模型描述了过程的基本特点，是智能制造过程的基础。利用实验数据和物理、化学反应机理建立的模型需要进行周期性的更新，以确保模型的精确度。模型更新涉及最优实验设计、参数估计等，由此会产生非线性规划及混合整数非线性规划等大规模优化问题（Biegler，2010）。

在给定的输入输出要求下，过程制造可以采用不同的方法和设备来实现。应在可行方案中，考虑能量的综合应用、公用工程选用等，选择一套最优的生产过程，以实现过程综合。在系统结构给定的条件下，通过相应的优化计算确定各单元设备的最优尺寸、最优结构参数，以达到设计优化（何小荣，2003）。

因充分运用包含过程干扰与变化的现场数据，由实时优化得到的优化结果具有抑制扰动、降低性能损失的作用，因此，当其作为 APC 系统的设定值时，APC 系统根据设定值要求实施相应的最优控制作用，使得生产过程的

工艺参数尽量维持在最优操作工况，在底层装置层面保证产品的质量和过程的稳定。

生产计划是关于企业生产运作系统总体方面的计划，是企业在计划期应达到的产品品种、质量、产量和产值等生产任务的计划和对产品生产进度的安排（席裕庚等，2013）。在产品质量、安全管控和能源产耗等约束条件下，引入原料及产品价格的实时波动信息，研发计划调整多周期优化分解方法，是智能过程制造能满足计划和调度间协调、满足市场需求和生产工况频繁变化的有力保障。生产计划和调度在过程层面上将各种资源统筹优化，达到合理安排产品的生产进度、控制产品成本、提高劳动生产率和效益的目的。

供应链是指产品生产和流通过程中所涉及的原材料供应、生产商、分销商、零售商以及最终消费者等成员通过与上游、下游成员的连接组成的网络结构。考虑市场需求、产量计划、生产要求及原料供应等因素，供应链优化能做出合理的生产规划、安排相应的供销方案，以快速高效地适应客户需求变化。

智能过程制造以实现节能降耗减排，提高生产效率、产品质量和附加值，降低生产成本，提高经济效益为目标，采用有效的多目标优化方法，以应对各种内、外部条件变化，实现质量、效益、环境要素的整体优化。这种整体优化将现有流程工业生产过程的工艺过程、生产过程、管理业务流程高度集成，在满足设备、能源、物料约束的前提下，从全局角度实现优化。

从以上几点可以看出，建模、优化、控制等技术涉及智能制造的方方面面。综上所述，我们认为优化控制是智能工厂的中枢神经，它保证了智能工厂总能在给定的约束条件下做出最优的决策，集中体现了工厂的智慧：通过优化控制，分布在工厂各个角落的传感器收集的实时数据能够被运用到决策过程中。而模型是优化控制的基础，过程模型不仅描述了过程的基本特点，同时也可以整合操作员已有的过程经验，最终在决策中加以体现。以下我们将介绍建模优化控制技术在制造业的应用项目，并展望这一领域的技术在未来的智能工厂中的重要作用。

（二）多变量控制技术

多变量系统（Multivariable Systems）是指具有多个输入量或输出量的系统，又称多输入多输出系统。同单变量系统相比，多变量系统的控制要复杂得多。在多变量控制系统中，被控对象、测量元件、控制器和执行元件都可能具有一个以上的输入变量或一个以上的输出变量。

近年来，随着现代企业规模的不断扩大，尤其是连续过程工业企业，生产工艺和生产装置越来越复杂，各种变量之间具有明显的耦合或交叉影响，例如汽轮机的蒸汽压力和转速控制、石油化工生产中精馏塔的塔顶温度和塔底温度控制、涡轮螺旋桨发动机转速和涡轮进气温度的控制等，都是多变量系统的控制问题。

在智能工厂中，控制系统的性能决定了产品的质量、过程的安全性和经济性等各项指标。多变量系统的控制技术主要包含系统辨识、DCS、安全监测技术以及异常状态管理技术等。

1. 系统辨识技术

系统辨识技术是通过分析未知系统的实验或运行数据（输入输出数据）建立系统的数学模型的方法，它能够对比较复杂的实际过程对象进行建模（李鹏波，胡德文，2006）。现代化的制造过程是一个极为复杂的系统，利用系统辨识技术，能够建立大量的输入输出数据之间的联系，从而反映生产过程的特性。

在自动控制领域，系统辨识就是早期控制系统动态特性测试的延续。动态特性的测试，即通过实验得到系统的过渡过程曲线或频率特性曲线，再推算出系统的脉冲过渡函数或传递函数。现代系统辨识则主要是由系统的输入输出直接求出动态方程式的结构和参数。辨识方法可以较好地解决系统噪声和测量噪声干扰的问题，可以处理多变量和非线性系统问题，而对于时变系统和分布参数问题，则可以在多级系统上做参数估计。

由动态特性测试方法直接得到的是非参数模型，而为了获得参数模型就必须探索应用更为普遍的参数估计方法。实际系统通过实验所获得的数据，都包含测量噪声，而模型的假定和简化等过程所引起的误差也可以理解为噪声。从受到噪声干扰的观测值中寻求最接近被测值的估计值，这一过程称为参数估计。参数估计是系统辨识中的基础部分，在此，它解释为在系统结构已知的情况下从系统的观测数据中找出最接近观测值的估计值。

由于学科的发展，不同学科的重叠交叉成为学科发展中的普遍现象。系统辨识中普遍地采用了时间序列的概念和方法，这说明两者在方法上有许多共同之处。时间序列分析起步略早一些，20世纪初，许多数理学家注意到气象、天文现象的时序特性，从而将静态模型参数估计中的概率论和数理统计移到了离散时间序列的参数估计中。时间序列分析相当于估计具有白噪声输入的控制系统，其输入信号是不可测量的，使用的信息只有系统或过程的输

出观测值。与时序分析相比，系统辨识的内容则更为广泛些，它除了利用输出信号外，还利用了测量的输入控制信号，要求辨识的结果尽可能不受观测噪声或过程噪声的影响。可以说，正是数理统计学家大量深入的理论研究工作，才为系统辨识奠定了扎实的理论基础。

计算机技术的不断发展和普及，为系统辨识的广泛应用提供了技术上的保证，这也是系统辨识发展的基础之一。可以说，研究系统辨识的算法，不必担心它在计算机上的可操作性问题。计算机具有强大的硬件支持、丰富的软件资源和高速的运算能力，可以在人工不干预的情况下，在线实时地完成系统的辨识，为控制策略的设计直接提供数学模型。

系统辨识、状态估计和控制理论构成现代控制论 3 个互相渗透的领域。系统辨识是一门应用范围很广的学科，其实际应用已遍及许多领域，在工程控制、航空、航天、海洋工程、认知科学、医学、生物信息学、水文学及社会经济等方面的应用越来越广泛。

模型化是进行系统分析、仿真、设计、预测、控制和决策的前提和基础。具体来说，建立被研究的系统的数学模型有以下几个方面的目的。

（1）系统仿真。为了研究不同输入下系统的输出情况，最直接的方法是对系统本身进行试验。但实际上这往往是难以实现的，原因有很多。例如，利用实际系统进行试验的费用太大；试验过程中系统可能会不稳定，从而实验过程带有一定的危险性；系统的时间常数值会相当大，以致试验周期太长。为此，需要建立系统的数学模型，利用模型模仿真实系统的特性或行为，从而间接地对系统进行仿真研究。

（2）系统预测。不论在自然科学还是在社会科学领域，往往需要研究系统未来发展演变的规律和趋势。掌握了系统的演变规律和趋势，才可能预先做出决策，采取措施，控制系统中有关的变量。例如，启动或停闭某些机组，或者当预测到可能超越安全极限时采取紧急保安措施等。科学的定量预测大多采用模型法，即首先建立所预测系统的数学模型，根据模型对系统中某些变量的未来进行预测。

（3）系统设计和控制。在工程设计中，必须掌握系统中所包括的所有部件的特性或者子系统的特性。一项完善的设计，必须使系统各部件的特性与系统总体设计要求（如产量指标、误差、稳定性、安全性和可靠性等）相适应。为此，在设计中必须分析、考察系统各部分的特性以及各部分之间的相互作用和它们对总体系统特性的影响。显然，只有掌握了各部件和子系统的主要特征，建立了相应的数学模型，才能为系统的分析和设计提供基础，才可能根据系统特性设计控制器，按一定目标进行优化控制和系统决策。

（4）系统分析。建立数学模型就是通过机理分析或实验、观测，将所研究系统的主要特征及其主要变化规律表达出来，将所研究系统中主要变量之间的关系比较集中地揭示出来，从而为分析该系统提供线索和依据。

（5）故障诊断。许多复杂的系统，如导弹、飞机、核反应堆、大型化工和动力装置以及大型转动机械等，需要经常监视和检测可能出现的故障，以便及时排除故障。这表明必须不断地收集系统运行过程中的信息，推断过程动态特性的变化情况。然后，根据过程特性的变化情况判断故障是否已经发生、何时发生、故障大小以及故障的位置等。

（6）验证机理模型。根据实验数据建立起系统的数学模型将非常有利于理解所获得的实验数据，可以探索和分析不同的输入条件对该系统输出变量的影响，以检验所提出的理论，从而更全面地理解系统的动态行为。

2. 预测控制技术

预测控制产生于 20 世纪 70 年代末，是一种广泛应用于工业控制领域的计算机优化算法。它来源于实际应用，适用于解决多变量、有约束的工业控制过程。比较流行的预测控制算法包括模型算法控制（MAC）、动态矩阵控制（DMC）、广义预测控制（GPC）、预测函数控制（PFC）等。一般来说，预测控制无论其算法形式如何不同，都应建立在预测模型、滚动优化及反馈控制等 3 项基本原理的基础上。图 8.4 给出了预测控制的基本原理（席裕庚，1993）。

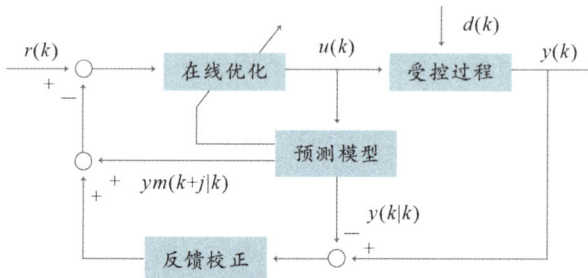

图 8.4　预测控制的基本原理

预测模型的功能是根据对象的历史信息和未来输入预测其未来输出。这里，只强调模型的功能而不强调其结构形式。因此，传统的参数模型如传递函数、状态方程可以作为预测模型，而对于线性稳定系统，甚至脉冲响应、

阶跃响应等这类非参数模型也可以直接作为预测模型。

预测控制不同于传统意义上的离散最优控制，它的优化是一种有限时域的滚动优化。在每一采样时刻，优化性能指标只涉及从该时刻起未来有限的时间，而到下一采样时刻，这一优化时段向前推移。因此，预测控制不是用一个对全局相同的优化性能指标，而是在每一个时刻都有一个相对于该时刻的优化性能指标。不同时刻的优化性能指标的相对形式是相同的，但其绝对形式，即所包含的时间区域，则是不同的。因此，在预测控制中，优化不是一次离线进行，而是反复在线进行的。

预测控制是一种闭环控制算法。在通过优化确定了一系列未来的控制作用后，为了防止模型失配或环境干扰引起控制对理想状态的偏离，预测控制通常不是把这些控制作用逐一全部实施，而只是实现本时刻的控制作用。到下一采样时刻，则首先检测对象的实际输出，并利用这一实时信息对基于模型的预测进行修正，然后进行新的优化。预测控制把优化建立在系统实际的基础上，并力图在优化时对系统未来的动态做出较为准确的预测。因此，预测控制中的优化不仅基于模型，而且利用了反馈信息，因而构成了闭环优化。

由于预测控制能够有效处理多变量、复杂约束、卡边操作等情形（钱积新等，2007），它不仅在石油化工工业中取得了成功的应用，还不断被应用于流程工业的其他领域，涉及炼油、聚合、制气、制浆与造纸等工业过程。许多大公司，如埃克森美孚、伊士曼化工、壳牌石油和普莱克斯都曾多次报道此项技术的成功应用。据报道，乙烯工厂在引入预测控制这一先进的多变量控制技术后，提高了产品的质量并且降低了能量消耗，由此获得了每年 2 亿～5 亿美元的整体利润[①]。近年来在环境控制、微电子加工、航天航空、医疗设备等诸多领域中，也出现了用预测控制解决约束优化问题的报道，如半导体生产的供应链管理、材料制造中的高压复合加工、建筑物节能控制、城市污水处理、飞行控制、卫星姿态控制、糖尿病人血糖控制等（席裕庚等，2013）。

由于预测控制具有适应复杂生产过程控制的特点，所以预测控制具有强大的生命力。可以预言，随着预测控制在理论和应用两方面的不断发展

[①]　Smart process manufacturing: An operations and technology roadmap [EB/OL]. [2011-08-29]. https://smart-process-manufacturing.ucla.edu/presentations-and-reports/spm-operations-technology-road-map/SmartProcessManufaturingAnOperationsandTechnologyRoadmapFullReport.pdf.

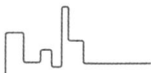

和完善，它必将在工业生产过程中发挥越来越大的作用，展现出广阔的应用前景。

3. 安全监测技术

生产安全检测是智能工厂中很重要的一部分，在所有的工厂中管理者首要考虑的就是生产安全问题，不仅仅是工厂中工人的安全，还包括工厂周边居民的安全。近年来，生产安全的概念已经扩展到安全地生产产品之外，还包括社会安全。2004年年初，美国国土安全部将炼油厂和化工厂定为潜在的恐怖主义袭击目标。而"9·11"事件后，政府和企业更是大大提高了加强企业设施安全性的积极性，包括物理安全和网络安全，以应对非传统的恐怖袭击。

在生产安全检测方面有示范作用的有霍尼韦尔特殊材料公司在路易斯安那州盖思马尔工厂建立的一个安全系统，这一系统史无前例地完全和过程控制自动化系统集成为一体，全盘着眼地考虑安全和生产操作的需要。这套系统是目前在使用中的最先进的集成化系统，它通过将系统控制、自动化以及安全系统集成起来，减少风险，增加安全防备。其好处包括：①识别和控制进出设施的人流和物流；②定位和跟踪大楼的住户和资产；③增加对限制区域的控制路径；④跟踪和定位设备、产品及其他资源；⑤跟踪事故发生时人员在现场的位置；⑥将控制和安全系统集成起来获得更大的速度和效率；⑦保护过程自动化和网络免受网络袭击；⑧整合至关重要的航道和码头监控雷达系统；⑨积极响应警报和突发事件；⑩共享数据以节约成本。①

随着信息技术的发展，我国也开始进行利用信息技术构建生产安全预警系统的研究。这里以某城市天然气公司生产安全信息预警系统为例。其显著特点是构建起了一个比较完整的天然气生产安全预警系统框架，包含与天然气业务相关的地理信息系统、数据采集与监控系统、管道运行巡检系统、应急指挥系统和一个完善的应急处理流程机制。天然气预警信息系统依托先进的物联网技术、地理信息技术、数据采集监控技术、卫星定位技术、视频与通信技术，实现对天然气管网运行的实时监控、快速处置、指挥决策的综合管理模式。既是安全管理手段的提升，也是管理模式的创新。在城市各门

---

① Smart process manufacturing: An operations and technology roadmap [EB/OL]. [2011−08−29]. https://smart−process−manufacturing.ucla.edu/presentations−and−reports/spm−operations−technology−road−map/SmartProcessManufaturingAnOperationsandTechnologyRoadmapFullReport.pdf.

站、关键输气管线及设施、涉及重大公共安全的重要用户节点设立或增加远程实时监测点、部分智能终端设备，利用物联网技术并发挥其全面感知、可靠传递、智能处理的特点，初步建立了城市天然气公司智能化的集识别、定位、跟踪、监控功能为一体的天然气生产安全预警信息系统（叶鹏，2013）。

预警系统主要由各类软硬件支撑环境、数据支撑环境、基础软件、预警系统和系统集成接口构成。

（1）系统各类支撑环境包括预警系统的软件支撑环境、硬件支撑环境、网络环境和感知环境。软硬件是保证预警系统能够正常运行的前提；网络负责信息的传输，包括企业的 VPN 专网、公司内部局域网、3G 无线网以及 CORS 基站网络；感知环境由各类传感器和智能终端组成，主要负责信息的采集。

（2）数据支撑由基础空间地理数据和业务数据组成。空间数据是基础，天然气管线数据是核心，同时包含远程监测数据、用户数据等其他业务数据。数据层可以根据天然气行业的实际需求与空间数据进行集成应用。

（3）基础软件相当于中间件。包括 GIS 地理信息开发运行环境的 ArcGIS 平台、Oracle 数据库管理工具、基于 Javaee（Java Platform Enterprise Edition，即 Java 平台企业版）架构的 Weblogic 中间件以及 SCADA 自动化监控组态软件 iFIX。

（4）预警系统包括 4 个具体应用系统，分别是燃气地理信息系统、数据采集与监控系统、安全巡检系统以及应急指挥系统。此层上的各应用系统不同于传统意义上燃气行业使用的此类系统，而是将物联网技术深度融合到预警系统的各子系统开发设计当中：物联网中接入的大量传感器设备（感知环境）都具有空间位置信息，把这些传感器设备的位置及派生出的其他信息利用地理信息进行表现，这不仅使得预警系统能够达到传统上的物物联合，更能达到人和物的联合，使管网运行更加智能化，抢险维修反应更加及时。物联网在预警系统中的运用体现在各子系统的具体功能设计中。

（5）系统集成接口。系统集成接口是考虑到预警系统和公司现有信息系统及将来建设的其他系统的未来数据及应用集成而预留的标准接口。

4. 故障诊断技术

生产中的故障等异常状况是指系统中引起工况偏离正常工作状态的某种扰动或一系列扰动。异常状况有可能带来比较小的影响，如引起产品产量的降低，也有可能引发灾难性的损失，如大规模的人员伤亡。智能工厂故障诊断技术的目的就是找到产生异常的原因并且及时而有效地采取补偿或者修正的措施。在动态系统中，异常状况通常会随着时间的推移而使得异常的诊断和处理相当复杂，依靠人工手段排查异常情况往往费时费力，对经验依赖性强，而且时效性、可靠性难以得到保障。通过自动化、智能化的故障诊断技术，异常情况能够被迅速、及时地侦测和处理，保证生产过程的安全、稳定。

在异常检测及处理的研究中，处于领先地位的是 ASM 联合协会（The Abnormal Situation Management Consortium）。ASM 联合协会是 Honeywell 公司牵头的产学研结合的国际性组织，它致力于开发用于异常检测及处理的产品。异常状况的处理需要综合考虑人类操作工的行为、过程技术、系统设计以及环境。ASM 与诺瓦化工（NOVA Chemicals）的合作研究表明，在自动化系统中考虑到人为因素可以从实质上提高操作效果。通过使用 ASM 联合协会的概念，如有效预警管理和显示设计等，诺瓦化工在预警前识别过程的偏移上实现了多于 35% 的增长，在提高操作工解决问题的能力上实现了 25% 的增长，在操作反应时间上缩短了 35%～48%。这些操作效率的提升转变成了每年近 100 亿的操作成本的节省[1]。

在异常检测及处理中，应用较为广泛的是智能视频监控系统。智能视频监控近来发展迅速，得到了大量研究机构和公司的巨大人力物力投入，使得电子设备的计算能力得到了飞跃性的提升。在这些监控系统中，通过采用图像处理技术和机器视觉技术，从实时视频中进行信息提取、高效计算，最后使得计算机能够像人一样通过视觉来认识世界和理解世界。就如操作员或工程师一样，计算机通过摄像头获得场景中的监控目标，通过检测目标的特征确认目标是否异常并及时、准确地发出报警信息。通过这种方式，工厂能够更有效地获取准确的图像信息，处理突发事件，大大提高了监控系统的智能化和自动化水平，有效缓解了传统监控系统对于人的过多依赖，减轻了操作人员的工作量，提高了工作效率，同时使监控系统的视频数据存储量和监控报警时效性得到了有效的控制。

美国国防高级研究项目中心（DARPA）计划资助一项为期3年的基础研究领域的视频监控系统研究，并以卡内基—梅隆大学和Sarnoff公司为首组成了一个重大视频监控项目VSAM团队。美国的十几所高等院校和专业研究

---

[1] Smart process manufacturing: An operations and technology roadmap [EB/OL]. [2011-08-29]. https://smart-process-manufacturing.ucla.edu/presentations-and-reports/spm-operations-technology-road-map/SmartProcessManufaturingAnOperationsandTechnologyRoadmapFullReport.pdf.

机构参与其中。在这个项目中，现有的网络技术、数据链路通信技术、视频图像理解技术、分布式复合传感器技术等被宽泛融合，用于解决城市监管、国防安全的前沿监控和战场实时感知等目标任务。VSAM中的视频理解技术能自动检测和跟踪多个人员、车辆的复杂场面，并进行长时间监控。VSAM复合传感器融合技术使用有源传感器网络进行多领域的合作，每个传感器发送的标志性事件和有代表性的图像传回中心操作员控制站，多视频传感器则构成一个分布式、功能整合的跟踪网络。VSAM包含了许多先进的无线网络通信和实时监控技术，如通过无线网络连接空间的多个摄像机传感器获取视频，并基于静止与运动摄像机对实时运动物体进行检测与跟踪。在VSAM系统中包含了一个使用多摄像头对室外复杂光照场景中的运动人员进行实时自主监控与跟踪的模块，能对监控背景中人的相互交互情况进行监控。这就是美国马里兰大学的W4系统。W4系统能够分割出视频图像帧中出现的人体，能细化到躯体的各部分，诸如头、手、脚、躯体等，再以人体的图像进行人的外观建模，这样能在人身体出现遮挡后进行重新定位识别和准确的跟踪。针对多人活动场景，W4系统能够自主地切分出多个单人目标，分别进行自动跟踪与判别。同时W4系统还能通过躯体分割的方式分离出人体的轮廓图，这样能够自动地判断运动人体有无携带特殊物品（刘轲，2013）。在工业生产中逐步引入上述诊断技术，将为智能工厂提供有力的技术支撑。

5. 分布式控制系统

DCS 系统是分布式控制系统（Distributed Control System）的缩写，是由多台计算机分别控制生产过程中的多个控制回路，同时又可集中获取数据和集中管理的自动控制系统。DCS综合了计算机（Computer）、通信（Communication）、显示（CRT）和控制（Control）等4C技术，是一个由过程控制级和过程监控级组成的以通信网络为纽带的多级计算机系统，它包含了上述多种智能控制技术的综合应用。DCS 不仅具有传统的控制能力和集中化的信息管理和操作显示功能，而且还有大规模数据采集、处理的功能及较强的数据通信能力，为实现先进的过程控制和生产管理提供了基础性的工具和手段（李国勇，2009）。

从结构上划分，DCS 包括分散过程控制级、集中操作监控级和综合信息管理级。分散过程控制级直接与生产过程现场的传感器、变送器、执行机构、电气开关等相连接，完成生产过程控制，是系统控制功能的主要实施部分。集中操作监控级主要是显示操作站，它完成显示、操作、记录、报警等功能，还能进行控制系统的生成，完成系统组态。综合信息管理级实际上是一个管理信息系统（Management Information System，MIS），作为 DCS 更高层次的应用，它主要实现生产管理和经营管理，做出生产和经营决策，确保最优化的经济效益。

在分散过程控制级上，DCS 通过采用若干个控制器对一个生产过程中的众多控制点进行控制，使系统控制功能分散在各台计算机上实现，这种分散化的控制方式会提高系统的可靠性。各控制回路之间通过高速数据通道交换信息。集中操作监控级通过通信网络与分散过程控制级相应的控制器连接，收集生产数据，传达操作指令，将由于地理和功能上分散的控制引起的分散的信息集中起来，进行集中的监视和操作。DCS 各工作站之间通过通信网络传送各种数据，整个系统信息共享，协调工作，以完成控制系统的总体功能和优化处理。因此，DCS 兼顾了分而自治和综合协调的设计原则。

DCS 具有以下特点：①控制功能强，可实现复杂、先进的控制，如自适应控制、最优控制和非线性控制等；②系统可靠性高，可实现容错控制和冗余控制；③人机界面良好，可实现友好的人机交互；④软硬件结构灵活，具有模块化积木式特点；⑤系统易开发且易维护；⑥使用组态软件，编程简单，操作方便；⑦性价比高。

自 1975 年美国最大的仪表控制公司 Honeywell 首次向世界推出它的综合 DCS 系统 TDC-2000 以来，DCS 系统不断更新换代，在可靠性和技术性能上取得了大幅度的提高，应用领域不断扩大。DCS 作为一种有效的工具和实现手段，在流程工业计算机集成制造系统（CIMS）中完成重要的基础控制和实时生产数据采集、动态监控等功能。与管理类计算机相比，DCS 能够提供更加可靠的生产过程数据，使 CIMS 系统所做出的优化决策也更加可靠。从功能上看，流程工业 CIMS 中的生产自动化系统、动态监控系统和在线质量控制都可以由 DCS 实现。从流程工业 CIMS 的层次结构看，DCS 主要担负过程控制和过程优化任务，有些生产调度和生产管理工作也可在 DCS 上完成。

DCS 系统在流程工业中的广泛应用为流程工业带来了良好的经济技术效益，在化工、石化、炼油、冶金、电力、食品等流程工业中的成功案例数不胜数。英国帝国化学工业集团 ICI 以及亨斯迈石化公司（Huntsman）利用先进的控制、优化技术以及高保真、大容量的数据库技术，对欧洲最大单一车间乙烯工厂的裂解装置控制系统进行完全替换，以此提高产品产量，提高系统可靠性，降低不合格产品数量，降低能量消耗。全新 DCS 系统和在此

基础上更高附加值的项目开发帮助 ICI 实现以下 3 个商业目标：①最大化乙烯和丙烯的产量；②减少非计划停车；③降低裂解装置的能量消耗[①]。全新 DCS 系统产生的经济效益远远超过了其自身的投资。

（三）智能决策技术

大型流程制造工厂的决策包含底层的各装置生产计划乃至决策层的重大投资计划等，不同的决策问题具有不同的时间、空间尺度。传统的企业决策由企业下属的生产、销售、管理等各部门分别负责各个层次，然而这种"各个击破"的做法虽然能够将各类决策问题分割为人力能够处理的规模，但这种依靠人力的做法仅仅能够完成决策过程，通常情况下给出的都是"可行解"或"次优解"，并不能够保证决策的最优性。智能工厂通过建模、优化的手段将各层次的决策问题综合联立求解，能够将各层问题统一起来，使各层决策相互配合，实现经济效益、性能指标等目标的最大化和最优化。

1. 多装置协调生产

流程工业的特点是大批量连续生产，物流、能流和工艺流程稳定不变，产品线众多而原料种类相对较少，通常一类产品由几条生产线多套装置联合完成大规模生产。由于市场需求变化多端，全球市场的竞争日益激烈，企业通过装置扩建、提升产能的方法已无法满足利润增长的需要，如何盘活生产线，对现有装置进行合理的配置和有效的利用，提高生产柔性，是提高企业经济效益和社会效益的重要途径。

生产过程在一定限度内的柔性是靠改变各装置间物流的分配和装置运行的工作点即工艺操作参数来实现的。生产调度和过程操作优化的结合是柔性化生产的关键，是生产过程控制和管理的纽带，是企业获取经济效益的关键。流程工业的一个装置一般可以采用多套生产方案，装置可以在几个工况下生产不同产品，并具有不同的生产负荷。生产调度要根据产品价格和市场需求以及原料库存，在满足工艺约束的条件下，选择最合理的生产方案。

利用多装置协调生产技术，工厂能够在多生产线上合理安排负荷，合理布局装置生产网络。以石化行业为例，其产品以物料流的形式在管线、储

---

① Smart process manufacturing: An operations and technology roadmap [EB/OL]. [2011-08-29]. https://smart-process-manufacturing.ucla.edu/presentations-and-reports/spm-operations-technology-road-map/SmartProcessManufaturingAnOperationsandTechnologyRoadmapFullReport.pdf.

罐、塔釜间流动，产品数据往往是物料的工艺数据，如组分、温度、压力、流量、热焓等。仅原油精炼就需要几十个精馏塔协调生产来完成。这些精馏塔及配套设备在多装置协调生产过程中，需要充分考虑物料平衡、能量平衡等机理关系才能完成稳定生产。不同生产方案下装置的进料可能不同，出料也可能不同，能耗也不一样，生产成本也会发生变化。另外，装置输出物料必须满足一定的性能要求，才能作为下游装置的原料输入。由于装置之间相互高度耦合，一个装置实现操作优化并不一定能增加全流程的经济效益。部分装置甚至牵一发而动全身，局部的优化有时会导致整体流程的操作波动，或者物耗能耗的增加。面对这样一个复杂的生产流程，要综合考虑产品质量、物耗能耗、订单库存等诸多要素和诸多约束，其决策难度可想而知。常规依赖人工经验的调度和操作具有很大的局限性。多装置协调生产，需要充分利用流程物料的工艺数据和装置的机理模型，根据订单需求和经济效益做出符合装置特性和市场要求的生产决策和操作优化。

多装置协调生产是面向生产决策的调度优化问题。所谓协调，不仅要根据装置之间的连接和耦合关系考虑操作优化，还应考虑动态需求、异常状态下的装置管理，保证全流程的稳定生产和安全运行，是一个综合考虑操作优化的生产调度问题，服务于生产决策需求。在订单式生产模式下，要根据市场价格和原料成本调整生产计划，减少仓储成本，根据需求改变生产负荷。这就带来了一个新的问题：如何在多条生产线上完成负荷调配，在多个装置上完成大范围变工况，实现联产联调？

以空分行业为例，一个空分厂由几十套空分装置组成多条生产线，而工业用气需求具有周期性、阶段性、间歇式等特征。这种供需矛盾体现在管网压力的波动上，过高的管网压力会导致气体放散、增加成本，而过低的管网压力会影响下游用气需求。因此，空分装置要满足大范围变负荷（75% ～ 105%）的需求来平衡管网压力。统一负荷调配，实现装置自动变工况，是空分企业生产自动化的迫切需求。空分厂首先要根据用气需求进行生产调度，合理安排每个装置的生产负荷；然后各装置根据变负荷的要求计算最优操作点，提高产率，降低能源消耗。空分装置本身的热耦合、非线性、变负荷以及装置间的负荷分配问题，导致多个空分装置的联产联调问题是一个大规模的混合整数动态优化问题。这个优化命题建立在装置机理模型的基础上，在决策层完成装置间的负荷调度，在操作层实现装置上的变负荷控制，并在两层之间达到最佳的融合衔接。

目前多装置协调生产的研究多集中于稳态联合生产上，动态联产联调仍

有难点。一是不同层次的一体化优化问题带来的建模困难，模型需要在调度需求和操作需求间实现平衡：既要面向生产决策需求，又要满足工艺操作约束。二是调度优化命题中存在大量的整型调度变量和连续操作变量，而装置本身的动态机理模型又具有大规模、非线性、强耦合、约束复杂的特点，最终构成的是一个混合整数动态优化问题。无论是建模、验证、求解都存在诸多难题。有效的模型修正、降阶、简化方法和高效的优化计算方法是解决此难题的重点。

2. 流程重构技术

流程工业中复杂工艺通常需要多个过程单元的组合来完成，流程的构造需要根据工艺、产品质量以及物耗能耗等要求，确定最佳结构和工艺参数，实现流程的高效安全运行。传统过程工业的工艺流程及产品相对稳定，采用大批量生产的模式来降低单位产品成本，而对订单需求的影响考虑较少。随着流程工业订单需求覆盖面的增加，固定的工艺流程难以适应市场的变化，柔性化生产是未来流程工业的必由之路。所谓柔性化，是指在现有工艺条件和设备条件的基础上，通过对流程结构和工艺参数的优化控制，提高市场需求变化情况下的生产适应性，提高生产效能，实现优质、高效、节能、降耗的智能化。柔性化的核心问题是流程结构和流程性能的系统关系。

流程重构是研究复杂流程系统构效关系的一个重要课题。以聚烯烃和烯烃分离工业为例，其工艺流程存在多个反应单元和多个精馏序列。根据产品品质、生产负荷、原料特性等变化，分析各单元过程间的最佳连接方式，是流程重构的主要研究内容：针对具有串联、并联以及混联特征的反应器序列，揭示多反应器组合方式与产品性能、操作性能之间的关系；针对具有简单塔、复杂塔以及不同塔之间热集成的复杂精馏序列，分析组合结构与精馏系统能量集成、分离性能的关系；针对多套并列生产装置，研究负荷、原料特性等变化时不同装置间反应系统 / 分离系统组合方式与能耗、物耗之间的关系。

Rhom 和 Haas 在田纳西州的一个工厂实施了流程的优化重构，实现了节能减排[1]。他们首先构建了整个蒸汽系统的模型，对换热管线的布局和控制可能带来的效益进行评估，并采用了减压涡轮机或废热发电装置作为可能的选择；随后利用物料平衡和热平衡进行夹点分析，给出可节约能量的数量

---

[1]　Smart process manufacturing: An operations and technology roadmap [EB/OL]. [2011-08-29]. https://smart-process-manufacturing.ucla.edu/presentations-and-reports/spm-operations-technology-road-map/SmartProcessManufaturingAnOperationsandTechnologyRoadmapFullReport.pdf.

级，并提供了进料流股和废料流股的几种换热选择；流程的其他单元如冷却系统需要考虑气流的平衡和制冷设备的负荷，空气压缩系统考虑压缩机大小和操作控制；此外产率、环保效益、劳动力成本等经济性能也在流程优化的范围内。整个流程的优化重构提高了水的循环利用率，减少了约 20% 的废水排放，并降低了锅炉房氮氧化物的排放，实现了节能、降耗、减排。

在盐湖城附近的 Chevron 炼厂，常规分馏流程允许轻烃进入炼厂燃气系统[①]。这些轻烃会增加燃烧器喷尖污染和堵塞，降低加热器和再沸器的效率。如果能将轻烃从燃气系统中分离出来并作为产品销售，可以一举两得。Chevron 对其轻馏分精馏塔及配套再沸器和冷凝器进行建模仿真，以预测精馏流程优化后的效果。仿真结果显示，优化后的流程可以使每年的生产成本降低 440 万美元。

流程重构的实质是工艺、流程、控制的高度统一。其中首要的问题是，采用统一的描述方法建立过程机理模型和流程超结构模型，深入分析各单元过程的不同连接方式及其组合效应，重点揭示流程结构、工艺参数、原料特性等与过程产品性能、操作性能、经济性能之间的关系。

在流程重构的思想下，新流程的设计是一个基于流程结构与工艺参数集成优化的过程系统综合问题。流程的优化构建一方面需要根据工艺、产品质量以及能耗物耗等要求，确定优化的流程结构和相应的优化工艺参数，从而使重构后的流程能够高效运行；另一方面需要优化流程重构过程的动态变化过程，使同一套装置具有多个传统意义上的工艺流程，并能平稳高效地完成多流程之间的动态切换。

重构流程的优化实施涉及如何从原流程结构及其工艺自动、平稳、快速地切换到目标流程结构及其工艺。对传统意义上的流程工业而言，流程的改变往往意味着设备的停车，停车和重启带来巨大的能源和物料消耗，是连续工业生产过程中尽量要避免的。在线重构是指在不停车的前提下进行流程的重构，通过对单元连接关系和操作工况的优化控制，完成流程结构、工艺参数、产品质量的大范围变化。在线重构使工艺流程具有非常好的生产柔性，但增加了优化模型的求解难度，并对控制方案提出了更高的要求。

与多装置协调生产不同，流程重构更加侧重于工艺过程优化与控制的集

---

① Smart process manufacturing: An operations and technology roadmap [EB/OL]. [2011−08−29]. https://smart−process−manufacturing.ucla.edu/presentations−and−reports/spm−operations−technology−road−map/SmartProcessManufaturingAnOperationsandTechnologyRoadmapFullReport.pdf.

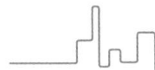

成设计，其优化目的是为了增强生产柔性，使生产流程更适于调度需求。因此，流程重构的优化模型层次往往在单元级别，单元机理模型、组合逻辑关系、操作控制、产品质量、经济性能构成了一个包含逻辑变量、连续变量、微分方程、代数方程的大规模混合整数动态优化问题。多过程单元的动态操作特性、大范围变工况、多模态导致流程重构超结构模型具有大规模、非线性、强耦合、复杂约束特征，对于建模方法、优化算法提出了新的挑战。

3. 中长期决策优化技术

企业的中长期决策优化是企业在生产经营中遇到的重要问题之一，投资决策、装备升级改造等都属于长期决策优化的范围。投资决策是企业所有决策中最为关键、最为重要的决策，因此，我们常说，投资决策失误是企业最大的失误，一个重要的投资决策失误往往会使一个企业陷入困境，甚至破产。对于流程工业企业来说，投资往往意味着大量资金成本、时间成本的投入，而长期决策优化的目标是帮助企业找到风险小、回报丰厚的投资决策方案。

Tarhan、Grossmann 等人（2009）针对海上原油勘探的计划问题研究了在原油储量、天然气储量和气井见水时间（Water Breakthrough Time）不确定的情况下的开采计划决策问题。原油和天然气开采分为 4 个阶段：勘探、评估、开发和开采，每个阶段都需要在不确定的条件下做出关键的决策，包括投资决策和经营决策，例如，决定每种类型的钻井设备的数量、开采能力、建造计划，以及钻井的方式和钻探的计划等。在开采时，原油的流量、含水量与累积原油产量之间具有某种一定的关系，一般说来随着累计产量的不断增加，原油流量会逐步减小，而含水量则呈先增加后减小的趋势。然而由于原油储量的不确定性，在开采前并不清楚原油的初始最大流量、原油总储量以及见水时间等重要信息。因此，如何在这些不确定性信息下做出投资和经营决策，使钻探开采计划合理有序，且期望的收益最大，成了关系石油公司长期利益的重大问题。Tarhan、Grossmann 等人针对该问题构造了包含各决策变量的决策树。该决策树能够描述动态化决策过程对整体收益的影响。利用该决策模型，Tarhan、Grossmann 等人采用了随机规划的方法，将问题构造为一个混合整数规划问题（MINLP），并基于分枝定界算法提出了问题的求解策略，最终求解结果见图 8.5。利用这种方法获得的投资方案较一般方法期望收益增加12%，并且从结果来看，该方法对于较低储量的油藏点相比于一般方法有较大的收益提升，而在较高储量的油藏点的收益基本持平，说明了利用优化方法获得的最优投资方案提升了投资的可靠性，且保证了收益的稳定性。

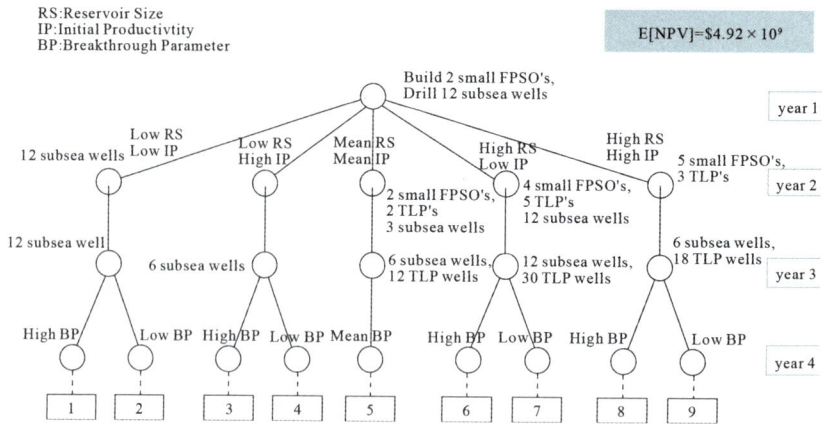

图 8.5　优化后的不同情况下各阶段投资方案

（四）全流程智能调度技术

1. 产品切换调度优化技术

由于市场需求变化多端，全球市场的竞争日益激烈，传统流程工业生产装置投资巨大、产品种类相对固定、工艺路线和设备定制化程度高，适应性和灵活性受限的缺点日益显现。产品切换调度优化技术强调利用同一套装置切换生产不同牌号、不同性能的产品，最大限度地保护投资并获取经济效益，提高市场适应性和生产灵活性。

聚烯烃行业是典型的流程工业，其产品线复杂，牌号众多，是流程工业产品质量水平的代表。随着新型催化体系和聚合工艺的推陈出新，聚烯烃新产品不断涌现。我国是世界上聚烯烃需求量最大的国家，2013年消费量超过3 500万吨，且预计未来仍将保持年均4%～5%的增长率。但国内聚烯烃行业存在着致命的缺陷：高端牌号工艺缺乏，1 000多万吨的高端产品依赖进口，而低端牌号产品过剩，利润微薄；工艺流程适应性较差，一套聚烯烃装置仅能生产3～5个牌号产品，远落后于国际上同类装置生产几十个牌号的工艺；生产灵活性较差，通常以大批量方式生产，与订单、价格脱节，导致需求旺盛时产能不足，订单低迷时库存积压。若能对现有聚烯烃生产装置加强技术改造和优化调整，从核心工艺机理的角度进行新牌号产品的开发，对产品工艺条件和切换策略进行优化，根据价格、库存、订单等情况变化优化排产并恰当地处理生产故障，可以大幅度提升装置的生产效率，实现小批量、多

品种的灵活排产模式，从而提高生产的适应性、灵活性，掌握市场竞争主动权，提高企业的核心竞争力。

这个新的需求对生产运行和生产管理带来了全新的挑战。产品切换往往需要很大的代价。聚烯烃生产牌号间切换大致需要 8～24 小时，期间产生大量过渡料，消耗大量原料和能源。国外的聚烯烃企业可以做到几十个牌号同时排产、自动切换，充分发挥装置的生产柔性和生产潜力。国内生产企业由于缺乏对核心调度和优化控制技术的掌握，大多不会切换、不敢切换。极少量的牌号切换和排产，也基本依赖人工经验。从智能制造的角度而言，这里可以提升的空间相当大。

在聚烯烃生产中，牌号切换过渡料和切换时间对切换操作和切换牌号之间的工艺参数、产品质量、性能指标等依赖较强。切换损失不仅与切换牌号的品质性能有关，也与切换顺序有关。多牌号生产过程应在一个生产计划周期内尽量减少切换次数，并合理安排多牌号的切换顺序，通过操作优化减少切换时间，使总切换损失最小。视生产周期长短和质量指标精细程度的不同，牌号切换调度命题的模型尺度从生产计划到生产调度，再到操作优化和质量优化，覆盖决策层、调度层、优化层和控制层。决策层一般考虑全流程经济效益，生产计划周期可达数月，受订单计划和市场不确定因素如原料成本、产品价格等影响较大；调度层一般只根据短期生产订单制订调度规划，在多生产线上合理安排负荷，减少切换次数，在一套装置上合理安排多牌号多阶段生产顺序以减少总切换损失；优化层则考虑牌号切换的过渡过程，优化工艺操作，减少切换时间；控制层的目标是对聚烯烃牌号的质量指标进行直接的反馈控制，最终实现牌号切换操作。

这种多层次命题给建模和求解带来了很大的困难。单一模型很难适应每个层次的需求。以前调度方面的研究多注重长周期的生产计划调度，对切换操作带来的过渡损失以及产品精细质量指标考虑较少，即以前更注重"牌号调度"而不是"切换调度"。在订单式生产模式下，多产品间的切换顺序，以及牌号间的切换策略对生产效率有极大影响，两者理应被同时考虑、联合优化，由此形成了面向质量指标的牌号切换调度优化命题。

因此，面向产品微观结构质量指标，在过程机理模型的基础上，在决策层实现多牌号的优化调度，在操作层实现不同牌号间的切换过渡，并在两层之间达到最佳的融合衔接，将是新一代柔性生产过程的重要研究内容。

上述问题的本质，就是在动态过程中引入生产序列和调度的因素，构造和求解相应的一体化优化命题。这将突破过程系统工程中将两者分别处理的传统方法。通过决策层、操作层的信息共享，增加了优化决策的自由度和灵活性，能够在一体化的架构下实现对产品质量性能、物耗能耗指标、设备利用效率、库存订单状况的全方位掌控，形成一个既包含过程状态、控制调节参数等连续变量，又包含牌号变换、任务分配、调度决策等逻辑变量的混合整数动态优化问题。通过求解这个一体化优化问题我们可以得到多产品的最优生产序列和最优切换策略，得到满足订单需求的循环生产计划以及相应的过程调控策略。

2. 供应链调度优化技术

供应链是指商品到达消费者手中之前各相关者的连接或业务的衔接，是围绕核心企业，通过对信息流、物流、资金流的控制，从采购原材料开始，制成中间产品以及最终产品，最后由销售网络把产品送到消费者手中的将供应商、制造商、分销商、零售商，直到最终用户连成一个整体的功能网链结构。成功的供应链管理能够协调并整合供应链中所有的活动，最终使它们成为无缝连接的一体化过程。智能工厂的供应链调度优化即是替代人完成整个供应链（从供货商、制造商、分销商到消费者）的综合协调调度管理，把物流与库存成本降到最小。

据估计，全美库存总量约为1.4万亿美元，相当于美国GDP的10%，然而其中的有效库存不足50%。供应链的决策因素包括库存的地点以及考虑需求不确定性下决定每个库存地点的存量。Grossmann等人（2009）研究了随机需求条件下的库存管理。在给定供应链各方、已知各零售商需求满足一定随机概率分布以及订货至交货周期的情况下，他们建立了供应链总成本的数学规划模型，并确定了每个仓库的安全库存。为了解决大规模供应链优化问题的求解难题，他们采用先进的拉格朗日松弛的办法，将问题分解为求解多个小规模子问题的最大下界。针对包含88～150个零售商的多个供应链问题，新方法都能够在1小时之内求解出来（传统方法需超过10小时的求解时间）。供应链优化技术大大提升了各仓库满足不确定性市场需求的能力，并减小了仓库的库存成本，从而提升了企业的经济效益。

智能工厂的供应链不仅包含石油、天然气等原材料的运输和供应，还包括工厂内部中间产品的供应问题。通过对经营信息的充分利用和智能控制技术的广泛应用，智能工厂能够大大提高原料的利用率，降低库存成本，同时提高产品的品质，减少不合格产品的产量和发生率，从而提高产品的边际效益，并提升生产过程的环保和安全性能。壳牌等一些石油公司指出，智能优

化技术将为炼油石化企业提升产品附加值的 3%～5% 的利润，相当于全球石油及天然气行业（以 400 个全球最大的石化天然气公司计）每年 150 亿美元的业绩增长。

在这一需求的驱动下，国内外多家流程工业企业开展了与供应链调度相关技术的研究。瓦莱罗能源公司（Valero Energy Corporation）在得克萨斯州休斯敦炼油厂开展了一项全厂级的能源评估项目。该项目包括对当前能源系统的综合分析，以确定主要天然气和燃料油用户以及发电厂、锅炉及冷却水系统内部的供应关系。项目开发了相应的能源优化与管理系统，通过收集的系统分析数据及相关信息，建立了主要炼油与能源生产及供应过程的计算机模型。通过该模型，工程师能够根据过程单元能耗及需求，分析不同的供货合同、不同燃料对系统的影响，分析蒸汽锅炉的最佳负荷、发动机或汽轮机的选择，以及输入/输出能源的不同方案，并在生产要求和装备能力的约束范围内确定每台装置所需供应的燃料、蒸汽、电能以及最经济的生产负荷，从而综合优化能源利用效益。此外，该项目还对节水减排提出了一系列措施。据估计，这些建议的最终实施每年能为工厂节约约 130 万兆焦耳的热能以及约 50 万千瓦时的电能，节约总成本约为 50 万美元[①]。

PPG 工业集团是一家为 100 多个国家的数以万计的汽车修理厂提供涂料等特殊化工产品的公司，每年服务超过 300 万辆汽车。PPG 公司需要能够处理庞大的供应链问题的智能化生产系统，包括实现全流程供应链的可视化，使得每个制造厂都能够独立运行，并改善出口市场的客户服务水平，缩短订货至交货的周期，同时减少冷门产品的过量库存等。因此，PPG 公司实施了一套供应链优化管理方案。通过软件自动分析计算，产生的供应方案能够减少 20% 的库存成本，在欧洲地区，产品的现货供应能力提升至了 85% 以上，特别是英国，现货供应率达到了 98%。陶氏化学（Dow Chemical）也实施了类似的供应链管理项目，该项目为它们的聚乙烯业务降低了约 10% 的库存成本，同时减少了超过 50% 的制订供应链计划所需的人力资源，还降低了次品率，并为公司创造了新兴市场的发展机会[②]。

---

①　Smart process manufacturing: An operations and technology roadmap [EB/OL]. [2011−08−29]. https://smart−process−manufacturing.ucla.edu/presentations−and−reports/spm−operations−technology−road−map/SmartProcessManufaturingAnOperationsandTechnologyRoadmapFullReport.pdf.

②　ibid.

3. 能源调度优化技术

大型制造企业是典型的能耗大户，其消耗的能源介质包括电、煤、天然气、煤气、蒸汽、氧气、水等。大型制造企业能源管理普遍属于粗放型、分散化的模式，加工调度方案往往采用人工经验方式制订，较少考虑能源的最优利用。能源调度优化技术能够根据各个装置的能耗模型制订最优的调度方案，使各装置的生产既能满足用户的需求，又能够保证生产的经济性，从而提高企业的经济效益。

以空分设备的能源调度优化为例，空分设备是以空气为原料，通过压缩循环、深度冷冻的方法把空气变成液态，再经过精馏，从液态空气中逐步分离生产出氧气、氮气及氩气等惰性气体的设备。经空分设备制造的各类气体产品在石化、炼钢、冶金、医疗等各行各业得到了广泛的应用。气体生产需要在超低温的条件下进行，对能量（特别是电能）的消耗很大。由于电价随着季节及用电情况会有很大的波动，因此，气体公司面对的一个很重要的问题是根据电价合理调度各台装置以减小能耗成本。目前，常规调度通过观察现场数据的异常情况来进行人工调节，由调度人员根据个人经验给出调度方案，调度结果的好坏与调度人员的素质、经验、情绪息息相关，调度结果的可靠性不够。当系统规模增大时，由于自身条件的限制，调度人员往往只能做到保证管网供应，很难在此基础上给出降低成本、扩大收益的优化结果，因此，针对气体厂多装置、变负荷的特点，通过装置特性研究，努力形成可服务于实际生产过程的多装置联产变负荷调度运行的指导方法，对气体厂节能降耗、实现企业规模优化很有必要。

目前实施多装置联产调度仍有诸多难点，主要在于：①装置的变负荷产品量不是一个设定组合，也很难由几条方程描述清楚，它是一个未知形态的区间，超出操作区间的设定值可能会导致调度问题无解、装置生产不合理。这需要将海量的现场数据进行归类分析，排除测量误差、运行扰动的影响，给出合理的产品调度空间。②装置的变负荷行为受管网压力影响，很难预测。常规调度计算的等间隔离散化方法已经不能满足联产变负荷调度的精度要求。这就需要建立适用于连续求解调度问题的动态优化命题。Grossmann等人针对美国 Praxair 公司研究了电价波动下的装置调度问题。他们认为装置运行的历史数据确定了该装置在实际生产中的可行域，只有在该操作区间内的生产条件才是可行的、有意义的。因此，他们针对每个空分装置，利用最小化凸包方法建立了能耗、产量、纯度与操作条件之间的数据模型，并通过

现场数据进行模型参数的估计和整定，使其可有效刻画各装置在不同工况下的生产能力，并在此基础上建立联产装置调度命题的全联立优化模型，有效描述负荷需求变化时的最小化切换时间与最大化生产效益。通过这一手段，Mitra 等人得到了在需求给定的情况下的最优调度方案，能够比优化前节约 4%～13% 的能耗费用（Mitra et al.，2012）。

　　随着空分装置大型化、区域化的发展，气体公司的下游用户数将越来越庞大。一个突出的问题是用户频繁而无序的间歇用气需求所导致的气体供需矛盾，这一供需矛盾集中体现在管网压力的波动上。过高的管网压力会导致气体放散，提高气体生产成本，而过低的管网压力又会使下游用户受到影响。因此，气体公司需要既能够满足下游不断变化的用户需求，又能够优化自身经济效益的生产方案，即能够在需求存在一定随机波动的情况下，优化自身的经济效益。目前最先进的建模优化技术已经能够考虑存在随机波动的情况下的最优化问题，相关的研究包括 Li、Misener 和 Floudas 等人（2012）关于在不确定性需求下的炼油调度操作优化研究以及 Zhu、Legg 和 Laird 等人（2011）关于需求不确定性下的空分塔最优操作研究等。通过随机优化技术，智能工厂能够捕捉不确定性参数背后的本质特征，从而为管理者在不确定性条件下的决策难题提供支撑。

第9章

iCity 智能供应链与
物流管理技术

供应链及物流管理的智能化是企业业务环境及技术环境双轮驱动的结果。经济全球化、需求个性化、业务环境的复杂化以及先进信息技术的采用是供应链及物流管理智能化的 4 大驱动力。智能化已经成为现代供应链与物流管理的基本特性。智能化贯穿于供应链和物流活动的全过程。

智能供应链与物流管理是人们在认识和掌握供应链各环节内在规律和相互联系的基础上，对供应链中的信息流、物流、资金流、价值流进行智能计划、协调和控制，通过在供应链成员之间建立动态、敏捷、柔性的供应链合作网络，实现供应链全价值链、全生命周期的智能化管理，减少原材料、零部件、成品的库存，以期达到最佳组合，发挥最大效率，实现以最小成本为客户提供最大价值的目标。

智能供应链与物流管理与传统供应链管理的不同在于对于不确定、动态变化环境的自适应性、柔性，以及对于快速变化市场需求的敏捷性。智能供应链与物流管理技术体系涉及智能供应链管理与运作技术、智能决策与优化技术及智能信息处理技术 3 个方面的内容。

随着人工智能、自动化技术、信息技术的发展，供应链与物流管理系统的智能化程度不断提高，特别是互联网、物联网、云计算、大数据、服务计算等的出现，为供应链与物流管理带来了机遇和挑战。供应链与物流的智能性不再局限于库存水平的确定、运输道路的选择、货物的自动跟踪和分拣、物流规划等内容，而是扩展到供应链整个生命周期，实现供应链整体性能的最优化。

智能供应链与物流系统是一个复杂的大系统，是多学科交叉、渗透、融合的产物，它包括智能基础设施、智能信息处理、智能应用、智能决策等多个层次。以物联网、云计算、服务计算、大数据为代表的新一代互联网技术的应用对智能供应链与物流系统的实现是至关重要的。供应链伙伴可以通过互联网形成一个业务生态网络，智能化感知业务环境的变化，通过主动、随需而变的服务，及时、快速满足客户需求。

本章对智能供应链与物流管理的发展历程，以及智能供应链与物流管理的基本特征和内涵进行了分析，总结了智能供应链与物流管理的核心技术，给出了物联网环境下的智能供应链与物流管理系统体系结构，并对其中的关键系统设计方案进行了论述，最后以沃尔玛的智能物流与供应链系为例，说明了智能供应链与物流管理系统的应用价值及效果。

一、智能供应链与物流管理的概念及内涵

（一）供应链与物流管理的发展历程

在经济全球化的今天，市场的竞争日趋激烈，各企业之间的竞争已经演变为供应链与供应链之间的竞争，供应链的管理水平和效率成为企业获得商业成功的关键性因素。近几十年来，供应链管理得到了前所未有的重视，发展十分迅速。供应链管理的范围也由企业内部的协调分工到企业间的协作与联盟，最后发展到以价值链协同和互联化为特点的现代供应链管理阶段（见图 9.1）（Probert，2013；Mitchell，2013）。

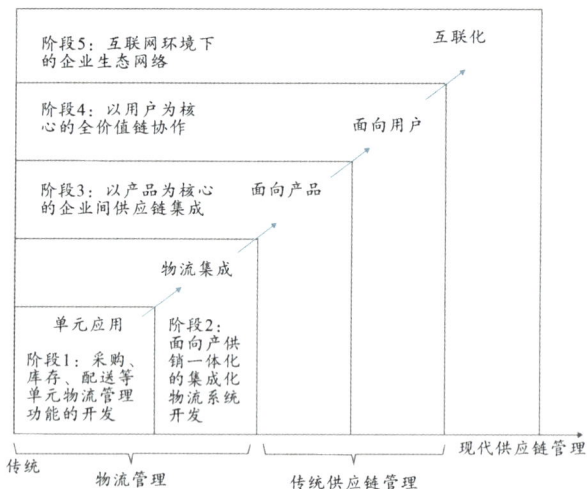

图 9.1　供应链与物流管理发展趋势

以互联化为特性的现代供应链与物流管理是经济和技术发展的必然结果。在互联网环境下，为了应对动态、复杂的市场和技术环境，供应链与物流管理必须具备敏捷性、柔性、鲁棒性、协同性等一系列特性。而实现这些特性的基础在于建立一个智能化的供应链与物流管理系统。智能化是实现供应链与物流管理敏捷化、柔性化、自动化、集成化的关键所在，是供应链与物流管理的必然要求，是现代供应链与物流管理的基本特性。智能化贯穿于物流活动的全过程。

智能供应链和物流管理系统可以有效提升供应链整体运作性能及各类供应链及物流业务活动的效率和质量。图 9.2 给出了智能供应链和物流管理对于企业业务运作的意义（Dyson，2004）。

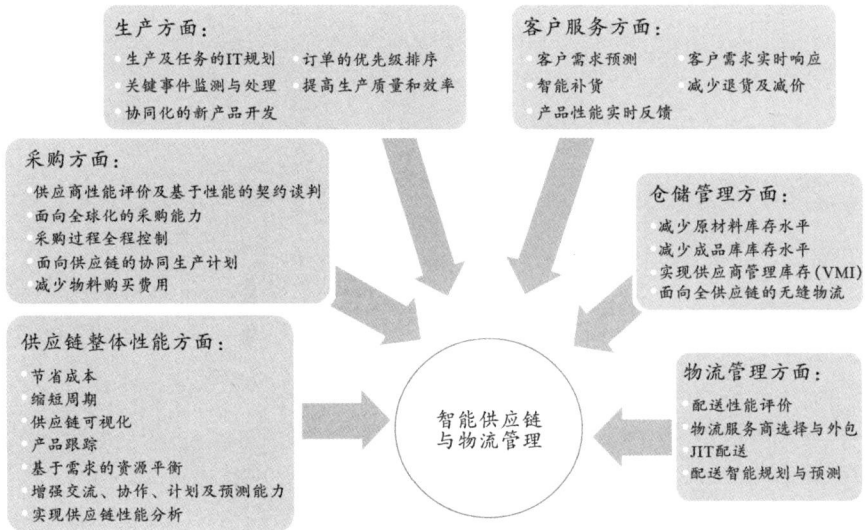

生产方面：
生产及任务的 IT 规划　　订单的优先级排序
关键事件监测与处理　　提高生产质量和效率
协同化的新产品开发

客户服务方面：
客户需求预测　　客户需求实时响应
智能补货　　减少退货及减价
产品性能实时反馈

采购方面：
供应商性能评价及基于性能的契约谈判
面向全球化的采购能力
采购过程全程控制
面向供应链的协同生产计划
减少物料购买费用

仓储管理方面：
减少原材料库存水平
减少成品库存水平
实现供应商管理库存(VMI)
面向全供应链的无缝物流

供应链整体性能方面：
节省成本
缩短周期
供应链可视化
产品跟踪
基于需求的资源平衡
增强交流、协作、计划及预测能力
实现供应链性能分析

物流管理方面：
配送性能评价
物流服务商选择与外包
JIT配送
配送智能规划与预测

智能供应链
与物流管理

图 9.2　智能化供应链及物流管理的意义

（二）智能供应链与物流管理的核心驱动力

智能供应链及物流管理是企业业务环境及技术环境双轮驱动的结果。经济全球化、需求个性化、业务环境的复杂化以及先进信息技术的采用是智能供应链及物流管理产生的 4 大驱动力（见图 9.3）。

（1）经济全球化。经济全球化使得企业的市场及供应商不再局限于本地和区域，而是面向全球范围的资源整合。市场及供应商的全球化是智能供应链产生的关键因素。传统供应链大多面向局部市场和有限伙伴的集成，决策机制较为简单，主要采用静态方法及模型。而在全球化市场及资源环境下，由于供应商数量及特性的动态性，以及全球市场环境的不确定性，基于动态信息的智能决策成为提升供应链及物流管理系统性能的必然需求。这包括面向全球市场的价值链分析、供应商选择、供应链结构优化，以及全球市场环境下的供应链及物流运作管理（如定价、生产计划、配送等）。

图 9.3　智能供应链的驱动力

（2）需求个性化。当今客户对于个性化产品和服务的需求不断增加，客户对于产品及服务的价格、品质的要求也不断提高。依靠大众化的产品和没有竞争力的价格是无法在当今市场生存的。电子商务平台的出现使客户能以低廉的价格快速购买到符合自己需求的产品和服务。在这样的环境下，企业必须利用各种手段，搭建自己的智能化商务平台，实现智能化的供应链管理，第一时间感知客户需求，快速集成各类资源，开发出个性化产品及服务，并快速提供给客户。智能化供应链和物流管理可以帮助企业缩短响应时间，提升个性化产品和服务的质量。

（3）业务环境的复杂化。市场的全球化和需求的个性化为企业带来了许多新的商业机会，但同时也大大增加了业务的复杂性。公司业务运行在一个多变的全球市场环境中，很多情况无法预测。整个市场环境充满了不确定性。由于个性化需求，企业的产品和服务种类急剧增加，如何保证产品和服务质量成为企业面临的重要问题。而智能供应链与物流技术可以使企业能够面对复杂的、不确定的环境，实现快速准确的决策。

（4）先进信息技术的采用。由于技术上的限制，传统供应链受限于地域及通信方面的问题。然而到了 21 世纪，随着互联网、物联网、云计算、大数据等先进信息技术的快速发展及应用，地域及通信方面的问题已不再是制约供应链协同的主要因素。供应链伙伴之间可以随时随地交流和沟通，供应链信息也可以得到方便的获取和处理。在这种新型信息环境下，供应链及物流的管理和运作方式将发生巨大的变化，对于海量信息的快速智能化分析和处理，以及对于变化的迅速响应成为供应链及物流管理的新需求。

（三）智能供应链与物流管理的需求与挑战

智能是指对客观事物进行合理分析、判断及有目的地行动和有效地处理周围环境事宜的综合能力，包括从感觉到记忆到思维这一过程。而思维是智能的核心，是智能产生的源泉。思维的实现涉及思维模型、思维逻辑以及思维过程。对于一个智能系统，系统思维的实现依赖于系统中的决策模型以及智能决策算法。

当今市场环境复杂多变，客户需求个性化、多样化发展，要求供应链与物流管理系统能够智能地应对环境变化，能够在动态的、不确定的信息环境中，通过智能感知与决策实现供应链整体最优。

随着智能技术的发展，供应链与物流也自然朝着智能化的方向发展。虽然智能供应链和智能物流等术语已被广泛谈论，对它的阐述和解释也是多种多样，见仁见智，但是目前对于智能供应链和物流的理解都存在一定的局限性，大多停留在具体业务层面，或仅仅关注系统的某一项性能的智能分析与优化。实际上智能供应链与物流应该是一个体系，应该面向供应链和价值链全生命周期阶段，满足不同的参与者和合作者的需求。因此，智能化供应链与物流管理是指面向价值链全生命周期的客户需求的智能化满足过程，包括智能化的供应链网络设计、智能供应链与物流业务决策，以及智能化信息处理等几个方面的内容。通过供应链与物流管理的智能化，为供方提供最大化的利润，为需方提供最佳的服务，同时也消耗最少的自然资源和社会资源，最大限度地保护好生态环境。

在互联网复杂的市场及技术环境下，供应链与物流管理面临新的需求和挑战。市场的动态性与不确定性要求供应链及物流管理必须能够在多变、不确定环境下进行智能的决策。新技术环境要求供应链能够对分布式环境下的海量数据进行智能分析与处理。

IBM 商业价值研究院对全球 29 个国家中的 664 位供应链管理人员进行了调查，总结了智能化供应链与物流管理的主要需求及核心挑战。供应链与物流管理是一个持续的挑战，而互联化增加了系统的复杂性和不确定性，从而进一步加剧了这些挑战，因此，克服这些问题需要借助智能化的方法与手段，以提升供应链柔性、适应性及敏捷性（凯伦·布特纳，2013）。

（1）需要实现需求驱动、随需而变的供应链管理。智能化供应链与物流管理系统需要随时了解客户需求，按照客户的需要提供高度可靠的、定制化的服务，借助可预测的需求降低波动性。随需而变要求供应链系统能够对需求进行分析和预测，能够对客户偏好及行为进行分析，并且通过响应和分配全球所有资源而应对需求变化，实现系统的敏捷性和柔性。

（2）需要实现可视化供应链管理。指的是供应链与物流管理需要实现全程信息获取的可视化，包括订单、运输、库存、生产的产出及消耗等。智能化供应链与物流管理系统需要通过与供应商、服务提供商和客户在开放的、面向行动的环境中协同获得对事件的洞察力，通过协同的洞察力获得供应链业务的可视化。这里的可视化包括业务过程的可视化（协同计划、需求预测、库存控制、资源平衡，以及产品追溯等），以及供应链关系和结构的可视化（供应商关系、客户关系等）。

（3）需要具备强大的分析能力。智能化的实现依赖于强大的分析能力，建立供应链业务性能分析与评价指标体系，开发智能化决策与优化模型，是供应链与物流发展的必然要求。随着人工智能技术、自动化技术、信息技术的发展，其智能化的程度将不断提高。它不仅仅限于库存水平的确定、运输道路的选择、自动跟踪的控制、自动分拣的运行、物流配送中心的管理等问题，随着时代的发展，还将不断地被赋予新的内容。

（4）需要实现全价值链集成优化。全价值链集成优化是指智能化供应链与物流管理系统的整体化和系统化。供应链与物流管理系统将信息流、物流、价值流集合成一体的系统，目的是以最低的成本向客户提供最满意的服务。供应链与物流管理系统通过动态优化增加价值，优化渠道存货、全球供应链网络和成本结构，创建成本高效的、可持续的产品与实践，同时控制合作伙伴的风险。

（5）需要顺畅的通信。传统供应链主要关注物流活动，信息流附加在物流之上，随着物流的运转带动信息流的运转。通信一般是双向的，主要发生在供应链线性结构中的某两个企业之间。对于智能供应链与物流系统，信息可能会早于物流活动发生之前送达相关部门和人员，以实现正确的预测和决策。通信也不再局限于线性链状结构上的某两个点，整个供应链的通信结构成为一个网状结构，信息可以被同时送达给供应链上的不同协作者，供应链上的节点之间可以实现多对多通信。

（四）智能供应链与物流管理的特征及目标

面向复杂市场及技术环境下的需求和挑战，智能供应链与物流管理系统需要具备一些基本的特性才能应对这些挑战。

互联网、物联网、智能计算技术的飞速发展极大地促进了智能供应链与

物流管理的进步。互联网环境下的智能供应链应具有下列 3 个关键特性。

（1）物联化。以前由人工创建的供应链信息将逐步由传感器、RFID 标签、仪表、执行器、GPS 和其他设备和系统来生成。在可视性方面，供应链不仅可以"预测"更多事件，还能见证事件发生时的状况。由于像集装箱、货车、产品和部件之类的对象都可以自行报告，供应链不再像过去那样完全依赖人工来完成跟踪和监控工作。设备上的仪表板将显示计划、承诺、供应源、预计库存和消费者需求的实时状态信息。

（2）互联化。智慧的供应链将实现前所未有的交互能力，一般情况下，不仅可以与客户、供应商和 IT 系统实现交互，而且还可以与正在监控的对象甚至是在供应链中流动的对象之间实现交互。除了创建更全面的供应链外，这种广泛的互联性还便于实现大规模的协作。全球供应链网络有助于全局规划和决策制订。

（3）智能化。为协助管理者进行交易评估，智能系统将衡量各种约束和选择条件，这样决策者便可模拟各种行动过程。智慧的供应链还可以自主学习，无须人工干预就可以自行做出某些决策。如当异常事件发生时它可以重新配置供应链网络；可以通过虚拟交换获得相应权限，进而根据需要使用诸如生产设备、配送设施和运输船队等有形资产。使用这种智能不仅可以进行实时决策，而且还可以预测未来的情况。通过建模和模拟技术，智慧的供应链将从过去的"感应—响应"模式转变为"预测—执行"模式。

智能供应链与物流管理的核心业务目标主要在于成本控制、可视化、风险管理、客户协作及全球化协作这 5 个方面。客户希望通过实施智能供应链与物流管理，在这 5 个方面取得明显的成效。

（1）成本控制。智慧的供应链具有与生俱来的灵活性，灵活性可以弥补成本波动带来的风险。智能供应链由一个互联网络组成，连接了供应商、签约制造商和服务提供商，它可随条件变化做出适当的调整。为实现资源的最佳配置，未来的供应链将具备智能建模功能。通过模拟功能，供应链管理者可以了解各种选择的成本、服务级别、所用时间和质量影响。如在一项广告促销活动中，根据预先设置的业务规则和阈值，零售商系统可以分析由供应商发来的库存、产量和发货信息来确定活动期间是否会发生断货情况。如果预测出来，系统会发通知给协调人员，并对供应链的相应组成部分进行自动处理；若预测推迟交货，它会向其他物流服务供应商发出发货请求；若数量有差异时会自动向其他供应商发出重新订购请求，从而避免严重的缺货或销售量下滑。

（2）可视化。管理者们都希望了解其供应链的各个环节，包括即将离港的货物情况、签约制造商组装线上正在生产的每个部件、销售中心或客户库房中正在卸载的每个货盘。在智能供应链与物流系统中，对象（而不是人员）将承担更多的信息报告和共享工作。关键数据将来源于供应链中涉及的货车、码头、货架和部件及产品。这种可视化不仅可以用于实现更佳的规划，而且还可以从根本上实现实时执行。这种可视化还可以扩展到供应链运营领域中去。智能供应链与物流系统可以监控交通情况，调整运货路线或交货方式，追踪金融市场和经济指标来预测劳动力、能源和消费者购买力的变化。在智能供应链与物流系统中，制约可视化的因素不再是信息太少，而是信息太多。然而，智慧的供应链可通过使用智能建模、分析和模拟功能来实现信息的智能处理。

（3）风险管理。随着供应链变得更加复杂且紧密相联，风险管理也应全面展开，扩展到企业所能控制的范围之外。智慧的供应链将风险视为一个系统问题。其风险规避策略是通过利用数百万个智能对象来报告如温度波动、偷窃或篡改等威胁信息。它还可以在共同的风险规避策略和战略中与供应链合作伙伴进行协作。若有问题出现，它在扩展的供应链中以并发的方式利用实时连接做出快速响应。毋庸置疑，智慧的供应链之最大优势在于它可以在整个网络中对风险进行建模和模拟。这种智能技术不仅有助于开发一种可持续的供应链，而且还能给供应链所涉及的社区团体带来正面的影响。如这种供应链通过引入智能系统来提高效率和可靠性，从而节约能源和资源，也可以用来检测自身潜在的问题，支持风险控制活动中的协作，并展示出客户和供应链合作伙伴应对需求时的高度透明性。

（4）客户协作。大多数供应链都能做到超越客户需求。关键是"客户需求"是什么？普通供应链主要与客户互动，进而提供及时、准确的产品，而智慧的供应链则在整个产品生命周期（从产品研发、日常使用到产品寿命结束）都与客户紧密联系。通过大量的使用，智慧的供应链可以从源头获取需求信息，如从货架上抬起的货物、从仓库里运出的产品或显露磨损迹象的关键部件。实际上，每次互动都是轻松与客户合作的机会。智慧的供应链还使用其智能来洞察与众不同之处。经过深入分析，它们可以进行详细的客户分类，并为他们量身定做产品。

（5）全球化协作。时至今日，全球化给企业带来了更高的利润，但日益扩大的全球采购也对供应链管理带来了负面影响。同时，全球化协作也面临如何使供应链实现全球优化配置的问题。对制造地点和供应商的选择

已不再由单个成本元素（如劳动力）决定。智慧的供应链具有分析能力，可根据供应、制造和分销情况评估各种供应链策略，而且可以根据情况的变化重新灵活配置。这样可以制订应对突发事件的计划，并在经济和市场动荡的情况下执行，实现高度自动化、智能化的供应链管理与运作。

（五）智能供应链与物流管理的成功应用（凯伦·布特纳，2013）

1. AAFES 加强协作以降低客户成本

The Army and Air Force Exchange Service （AAFES）是美国的一家军事机构，主营业务是以颇具吸引力的价格向现役军人、保安人员、预备队成员、退伍军人及其家属销售军用商品并提供各种服务。AAFES 将其收入的2/3 投资于提高军队士气，并资助福利和退休计划。

该机构将所赚的每一分钱都用于提高军队成员及其家属的生活质量，多年来它也一直致力于寻找创新方法以求降低运营成本。在 2007 年，一个宝贵的合作机会令其非常高兴，即与同行 FMWRC （Family and Morale，Welfare and Recreation Command）组织共享服务模型，从而达到双赢的局面。这两家机构拥有相同的客户群，而且产品分类也很相似。

从 European Theater 开始，两家机构组建了一支联合团队，调查总运输成本，并确定采购、分销和运输等环节中的合作机会。如团队发现，AAFES 首先将货物送达 FMWRC 仓库，所有货物都卸载并存储在这些仓库中，然后被分别运往各 FMWRC 场所。现在，这些货物直接被运往各 FMWRC 场所，省去运往 FMWRC 仓库的环节。通过这类协作，两家机构通过提高运输量降低了单位交货成本，无须再运输价值为 230 万美元的库存，人力成本降低了 80 万美元。

2. AIRBUS 的供应链高可视性

AIRBUS 是世界上最大的商务客机制造商之一，它担负着生产全球过半以上的大型新客机（超过 100 个座位）的重任。随着其供应商在地理位置上越来越分散，AIRBUS 发现它越来越难以跟踪各个部件、组件和其他资产从供应商仓库运送到其 18 个制造基地过程中的情况。

为提高总体可视性，该公司创建了一个智能的感知解决方案，用于检测入站货物何时离开预设的道路。部件从供应商的仓库运抵组装线的过程中，它们会途经一个智能集装箱，这种集装箱专用于存放具有 RFID 标签的重要产品。在每个重要的接合点，读卡机都会审查这些标记。如果货物到达错误的位置或没有包含正确的部件，系统会在该问题影响正常生产之前向操作人员发送警报，促使其尽早解决问题。

AIRBUS 的可视化解决方案极大地降低了部件交货错误的影响范围和严重度，也降低了纠正这些错误的相关成本。通过精确了解部件在供应链中的位置，AIRBUS 将集装箱的数量降低了 8%，也因此省去了一笔数额不小的运输费用，而且还提高了部件流动的总体效率。借助其先进的供应链，AIRBUS 可以很好地应对已知的及意料之外的成本和竞争挑战。

3. Cisco：风险规避

Cisco 的硬件、软件和服务产品都是组建互联网的基石。为提高整体灵活性并预防各种可能的灾难事件发生，Cisco 创建了一个供应链风险管理体系，其中包括一个灵活的指标表和一组与事件和危机恢复有关的阈值。Cisco 供应链中的每个"节点"（供应商、制造合作伙伴和物流中心）都有责任跟踪和报告其"恢复时间"，并确保在实际灾难发生前所有恢复计划和能力建设都准备到位。

Cisco 的解决方案是该行业的首个供应链解决方案，其雏形来源于一次为确定供应链最佳实践而举办的、由各行各业的供应链风险管理从业者参加的论坛。最初的设想是一个由多种流程和最佳实践构成的"开源"库，而所有参与的公司都可以利用其中的内容来确定可能的风险并进而制订弹性计划，如备用货源、备用场所条件和风险规避方案。它起源于"业务应急计划"，目的在于了解供应链中的弱点和弹性。2008 年中国发生了严重的地震，Cisco 通过其颇具前瞻性的业务应急流程确定出可能的威胁，并及时在发生会导致客户或收入损失的异常事件之前就启动了风险规避计划。Cisco 可以确定哪些节点受到影响，亦可以评估事件发生前后几小时内可能会带来的影响。通过这种影响评估，Cisco 可以与其供应商和制造伙伴协作，以避免任何环节出现异常情况。

4. Nuance 公司不断优化库存以更好地服务当前客户

Nuance 集团是全球顶级的机场零售商之一，其业务范围遍及五大洲。在 Nuance 的商业航线中，可能只有一次进行销售的机会，保持适当的库存至关重要。

然而不幸的是，公司位于澳大利亚的免税商店常常某些货品不够，而

其他商品的库存却很多。为了更好地为客户提供服务，并实现更大的增长，Nuance 公司决定将其手工库存跟踪和定购系统更换为更加智能的预测和库存优化系统。该解决方案可以分析实际销售数据以及销售趋势、客户购买偏好、促销计划和预计的航线客运量，从而计算和提交补货订单。

早在2007年10月，Nuance公司在悉尼机场设立了最大的免税商店，如今，该公司在澳大利亚的其他商店也装上了这个新系统。除了从根本上缩减补充库存所需的时间外，该解决方案还支持更准确的需求预测，可以使库存降低10%～15%，并增加销售量。

5. 高仪供应链实现全球整合

高仪公司（Grohe AG）是全球领先的卫生设备配件制造商和供应商，约占全球市场份额的 10%，拥有 5200 名员工、6 家生产工厂、20 家销售分公司，业务范围遍及全球 130 个国家和地区。显然，高仪是一家全球化公司。

2005 年，高仪因市场发展成熟、全球竞争更加激烈和产品多样性加强而遭遇了发展瓶颈。要解决这些问题非常困难，因为公司供应链未得到很好的整合，而高额的固定成本又使得这一过程雪上加霜。

为摆脱这一困境，并从优化的全球整合中获得高效率，高仪在整个公司范围内发起了一项名为"创建世界级的高仪"的改革计划。此项计划包括供应链策略与业务策略结合、供应链整合及协调、减少零部件的飞速增加、自制或外购策略、物流网络优化、制造基地的全球化以及日益扩大的全球采购。

高仪的改革已经为其创造了巨大的价值，包括改善的现金状况、效率、速度、过程优化及品质保证。通过这项全面的计划，公司有望实现其战略目标，进而成为业内为数不多的、最受需求驱动的企业之一。

二、智能供应链与物流管理相关技术及方法

（一）智能供应链与物流管理技术体系

智能供应链与物流以增强企业对动态、不确定的市场环境的适应能力为导向，以供应链战略、战术及业务层优化为基本着眼点，借助先进的管理及信息技术，实现供应链网络的智能化管理、供应链业务的智能决策与优化，以达到柔性、敏捷性的目标。

智能供应链与物流管理技术体系涉及智能供应链管理与运作技术、智能决策与优化技术及智能信息处理技术 3 个方面的内容（见图 9.4）。

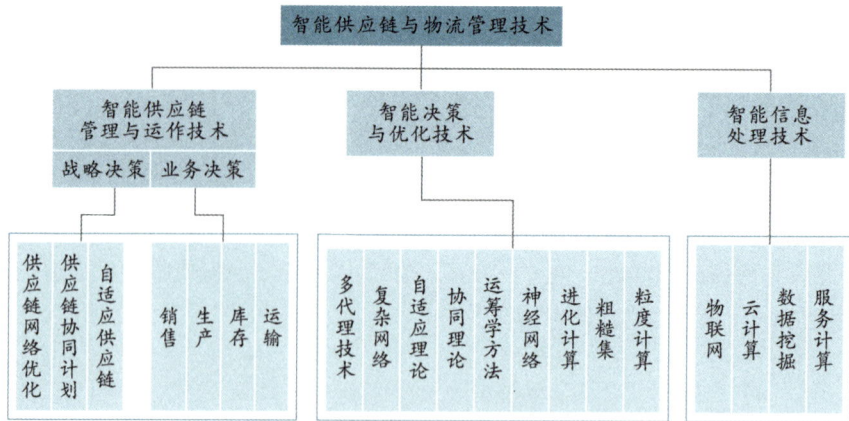

图 9.4 智能供应链与物流管理技术体系

1）智能供应链管理与运作技术主要基于供应链运作管理理论，对供应链与物流管理的各阶段中的核心业务活动进行决策和优化，涉及战略决策和业务决策两个层面，比如供应商智能选择以及供应链网络智能设计、全局协调与预测控制、智能库存、销售、生产等业务。

2）智能决策与优化技术主要对应用于智能供应链与物流管理的各种系统理论、智能技术和决策方法进行研究，包括人工智能技术、复杂系统理论、智能计算理论、仿真技术、运筹学理论等内容。

3）智能信息处理技术主要包括供应链与物流信息的智能感知、采集、处理及分析技术。随着物联网、云计算等新一代信息技术的快速发展，智能信息处理技术已经成为供应链与物流管理系统发展的核心驱动力。

（二）智能供应链管理与运作技术

供应链管理与运作可以分为战略层、战术层和作业层 3 个层次。

（1）战略层解决如何进行整合的供应链网络设计。在这个层次，企业主要决定怎样去构建它的供应链，确定供应链的结构。主要包括供应商的选择、设施的位置和能力。作为企业长远经营的战略决策，由于涉及大量的资金投入，后期的一个细小变动都可能要付出昂贵的代价，因此，必须充分考虑未来的不确定性。

（2）战术层解决供应链如何保持协同与同步。在这个层次，由于供应链的结构已经确定下来，企业需要做的是根据预测的需求，制订不同时间阶段（通常为月或周）的资源分配总体数量，特别是产供销的总数量。

（3）作业层解决具体供应链业务的操作问题。这个层次的时间范围为周

或天，在战略层和战术层的决策已经确定的情形下，作业层需要解决的问题是如何以最佳的方式贯彻执行已经制订的战术决策。主要决策包括安排生产和库存、确定运输方式和发货量、进行送货调度等。该层次还要解决生产、库存、运输的协调问题，主要包括采购与生产协调、生产与分销协调和库存与分销协调。

1. 智能化的供应链与物流网络设计

供应链与物流网络设计属于战略层次的供应链管理问题。在这个层次上企业主要关心的问题是如何构建供应链，即确定供应链的配置和每一级需要执行的业务过程，其典型的决策包括供应商选择问题和设施决策问题（包括选址和能力规划问题）。

在传统的供应链网络设计问题研究中，存在的一个基本前提是设计参数为可以确切知道的数值，这种方式求解得到的最优方案，在实际执行的过程中，当参数发生变化时往往就会转变成次优解。

在实际的供应链网络设计中，由于环境及系统的动态性和不确定性，所使用的数据通常具有噪声、误差和不完全性，如原材料或产品的价格、市场需求、设施投资成本等。只有充分考虑这些变化和不确定性因素，采用智能化方法，才能使供应链具有良好的适应性和鲁棒性。

智能化的供应链与物流网络设计的目标就是在多变和不确定市场及信息环境下，考虑设计参数的不确定性，在满足约束条件的基础上，通过智能决策方法，确定供应商的选择、工厂和分销设施的位置以及能力、客户需求的分配等问题，使供应链网络能够在参数摄动的情况下具有良好的自适应性和鲁棒性，从而有效地规避市场风险（田俊峰，2005）。

（1）智能的供应商选择。随着企业把更多的精力集中在自身的核心竞争力上，供应商对于企业的作用越来越大，与优秀供应商的紧密合作在当前市场竞争激烈的环境下显得至关重要。

供应链的组建是通过选择构成供应链的各成员来确定其基本结构和运作方式的，可以说伙伴选择很大程度上决定了供应链运行的平稳程度和运行效能。与虚拟企业的伙伴选择类似，供应链的伙伴选择涉及被选企业的类型、资金状况、技术实力、信誉度、以往合作经历等诸多因素。同时，还涉及被选中的合作企业之间的文化契合度、运输距离、运输成本和供应链组建时间等问题。目前，理论上多采用多目标优化或模糊决策等数学方法来确定合作对象。但实际上，伙伴选择是一项主观性和变动性都较大的决策。也就是说，对评价系统中各项评价目标的确定和权重存在很大的差异。因此，在充

分分析企业过去合作经历的得失的主要原因的基础上，建立一个合理的供应链伙伴选择评分标准是十分值得研究的问题（黄河等，2001）。

供应商选择问题是一个定性与定量相结合的决策问题。目前可用于供应商智能选择的方法主要有：

1）线性权重法。目前供应商选择常使用的定量方法，基本原理是给每个准则分配一个权重，每个供应商的定量选择结果为该供应商各项准则的得分与相应准则权重的乘积之和，通过对各候选供应商定量选择结果的比较，实现对供应商的选择。

2）层次分析法（AHP）。基本原理是根据具有递阶结构的目标、子目标（选择准则）以及约束条件对供应商进行评价。首先用两两比较的方法确定判断矩阵，然后把判断矩阵的最大特征值对应的特征向量分量作为相应的系数，最后综合每个供应商各自的权重（优先程度），通过对优先程度的比较进行供应商的选择。

3）数据包络分析法（DEA）。它的评价指标是企业间的相对效率，其特点是在观察输入和输出数据的基础上，采用变化权重来对决策单元进行评价。利用数学规划模型，该方法可解决具有多输入多输出特征的同行业企业效率评价问题。

4）数学规划方法。代表性的有多目标数学规划和混合整数规划方法。其中多目标数学规划方法首先确定各目标（选择准则）的权重，从而将多目标规划问题转化为单目标规划问题，在各目标权重非负的情况下，所转化的单目标优化问题的最优解是原多目标优化问题的非劣解。混合整数规划方法考虑供应商选择问题的固定成本和可变成本，利用0-1变量和非负的连续变量建立数学模型，考虑约束条件进行求解，确定供应商的选择和订货数量。

5）人工智能方法。代表性的有人工神经网络理论，利用供应商选择的历史数据，对人工神经网络进行训练，确定并调整权数，为供应商选择提供决策支持。

6）作业成本法（ABC）。通过分析企业因采购活动而产生的直接和间接成本的大小，选择总成本最小的供应商。

（2）供应链与物流设施智能决策方法。设施是指供应链网络中库存存放、装配或制造的地方，工厂和仓库是两种主要的设施类型。无论哪种类型的设施，有关选址、能力及柔性的决策对供应链绩效有很大的影响。

设施及其相应的执行能力是供应链能否快速响应市场需求和保持高效率的关键因素。当产品集中在一个设施制造或存放，企业可以获得经济规模

效应，这种集中增加了效率，带来了成本的减少，然而它是以牺牲快速响应为代价的，尤其当企业的许多客户远离设施的时候。反之，把设施建在靠近客户的地方需要增加设施的数量，这样加快了响应速度，但降低了设施利用率，增加了投资成本。设施决策能帮助企业调整供应链结构，使它与竞争策略目标保持一致。

供应链与物流设施决策包括设施的位置、能力、供给和需求的分配 3 个方面的问题。

设施的位置决策对供应链的绩效具有长远的影响，因为地点确定下来后，如果关闭或者搬迁将会产生很高的成本。通常情况下，企业的位置决策具有很长的时间有效期，有时甚至达到几十年。一个良好的位置决策可以使企业的供应链同时拥有低成本以及快速响应的特性；反过来一个糟糕的位置决策将导致很高的供应链成本，甚至会使企业面临绝境。目前的选址问题研究总体上存在着两条主线：一条是经典设施选址问题的研究（包括单级和多级设施选址）；另一条是选址决策与其他决策的整合问题。

能力决策虽然比位置决策容易变更，但它对于供应链的绩效也是相当重要的，设施的能力过剩造成设备闲置、利用率低，而能力不足又会不能有效满足客户的需求，使企业失去市场。

设施决策的第三个重要问题是供给和需求的分配，通常这类决策会随着市场条件以及设施能力的改变而变化。

根据决策模型的参数条件，供应链与物流设施智能决策方法可分别进一步细分为确定性和不确定性两种。确定性决策主要基于经典数学规划理论与方法，包括线性规划、非线性规划、多目标规划、目标规划、动态规划等。这类规划在描述现实世界时，一切信息均看作确定性的，使得从数学关系上描述它们的模型也具有确定性。然而，在管理科学、工程技术、军事决策等诸多领域都存在很多人为的或客观的不确定性因素，对于这些领域大量的优化问题需要使用智能优化理论才能解决。目前不确定性优化理论主要包括 3 种类型：随机规划、鲁棒优化和模糊规划。

2. 供应链协同计划与同步

在供应链管理实践中，由于生产能力、运输能力、存储能力是有限的，而且存在着拥有成本。供应链上一级成员面临下一级成员的需求时，存在着提前期的限制，不可能随时随地都可以满足客户的需求。这样就必须根据需求预测的结果，合理地分配能力资源，制订一个同步的中期范围（月或周）

计划，以最佳的绩效满足客户的需求。

战术层一般不考虑详细的调度安排，它的侧重点在于决定日常作业的框架，特别是确定采购、生产、分销的总数量和时间。由于采购、生产、分销存在着时间和空间的相互影响关系，因此，在进行决策时有必要考虑动态性和需求的不确定性。动态性是指前一阶段的决策对后一阶段产生影响，必须保证整个计划时间范围内的决策最优性；需求数据通常是使用预测模型估计得到的，在不同程度上存在着误差。需求的不确定性使计划与现实之间存在差距，必须进行有效的控制。

产供销计划同步需要考虑供应链采购、生产、分销流程在时间和空间上的相对关系。由于供应链的各个成员是相对独立的经济实体，如果没有一个统一的计划进行协调，彼此各自为政，那么最终的结果只会造成原材料（组件）供应不足或过多、生产停滞或过剩、产品缺货或库存积压等混乱局面。

因此，在战术层，供应链与物流管理的核心是制订出一个协同计划，各成员企业只有紧紧围绕这个统一的计划进行工作安排，才能保持彼此间的同步，使整个供应链达到优化。

供应链协同计划需要做出的决策主要包括：在给定的计划时间内，确定每个时间阶段工厂的原材料采购量、工厂的产品生产量、工厂向分销中心的发货量等，使系统总成本最小。如果对这些决策内容进一步分类，它们属于供应链的采购计划、生产计划和分销计划。

在传统的确定性优化方法中，没有考虑需求的动态性和不确定性。处理需求的动态性和不确定性、制订一体化的供应链计划是一个具有挑战性的问题。

协同计划、预测与补给（Collaborative Planning Forecasting and Replenishment，CPFR）是近年国外提出的一种智能化的供应链管理的新模式，可以实现战术层的智能化预测、计划与管理。CPFR 可以作为智能供应链与物流管理战术层决策的参考。CPFR 着重于供应链企业之间的协同运作，因此，在有效降低销售商库存的情况下，还能够增加供应商的销售量。它能够及时准确地预测不确定因素带来的销售波动，从而使供应商和销售商双方都能够提前做好准备，实现双赢（黄河等，2001）。

CPFR 最早起源于沃尔玛推动的 CFAR（Collaborative Forecast and Replenishment）。这是一种利用互联网通过零售企业与生产企业的合作，共同做出商品预测，并在此基础上实行连续补货的系统。CPFR 在 CAFR 基础上增加了计划功能，即不仅合作企业实行共同预测和补货，同时将原来属于各企业内部事务的计划工作（如生产计划、库存计划、配送计划、销售规划等）也由供应链各企业共同参与，利用互联网实现跨越供应链的成员合作，更好地预测、计划和执行货物流通。CPFR 的模型见图 9.5（包厚华，2012）。

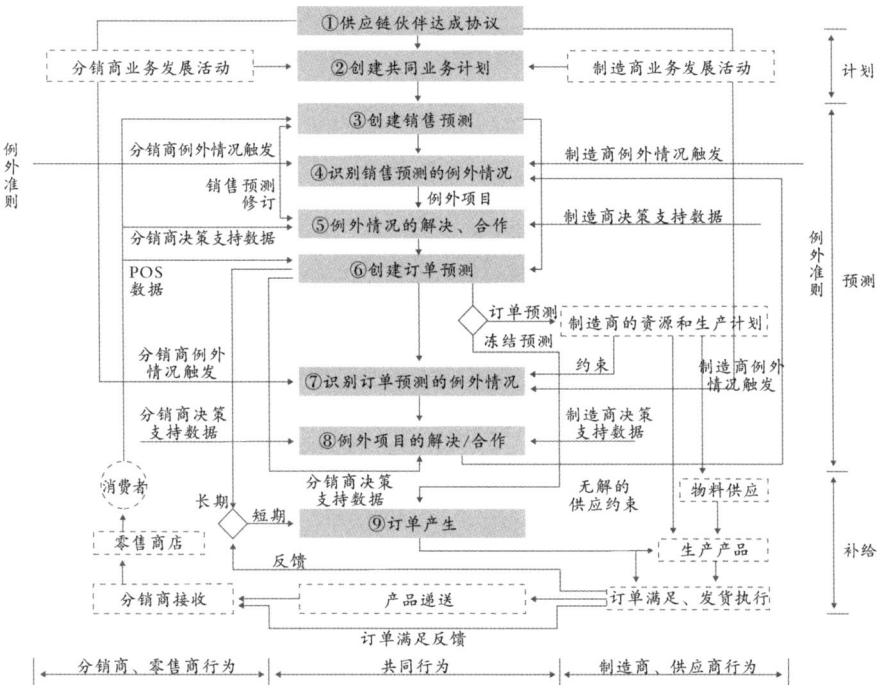

图 9.5 智能化协同计划、预测与补给（CPFR）

在供应链运作的整个过程中，CPFR 应用一系列技术模型，通过共同管理业务过程和共享信息来改善零售商和供应商的伙伴关系，提高预测的准确度、供应链的效率和最终用户的满意度，并有效地控制库存。从 CPFR 的管理模式可以看出，CPFR 通过 9 个步骤，将整个供应链过程中的协调、计划、预测、补给活动给贯穿起来。在这个模式中，与供应商管理库存（VMI）和联合管理库存（JMI）不同的是，CPFR 面向整个供应链展开信息共享和协作。

图 9.6 描绘了 CPFR 管理模式下的物流和信息流。从图中可以看出，相比 VMI、JMI 而言，CPFR 具有整个供应链上的信息共享特点，这样的好处是可以在快速响应的同时保证高质量的服务水平，如供应链的所有企业都参与同一个需求预测，而不再是只有相邻两个节点企业才参与，这就使销售预测更加贴近实际，符合整体供应链的利益。

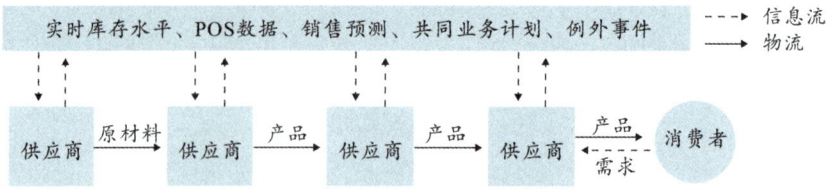

图 9.6　CPFR 物流与信息流集成

3. 智能化的供应链协调与调度

作业层次的供应链管理针对的是短期时间范围内（周或天）的业务处理。在这个阶段，战略层次和战术层次的决策已固定，它的侧重点在于具体针对供应链流程中的资源和需求，合理安排流程的时间和顺序，制订更详细的方案。

这个阶段需要解决的问题是制订详细的调度安排，以最佳的方式执行已经制订的战术层供应链决策，并且使每个作业流程和谐一致、配合得当，形成一个有机的整体。供应链作业流程通常涵盖 3 种类型的问题：生产批量、库存控制和车辆调度（田俊峰，2005）。

（1）生产批量子问题。生产批量问题属于管理运筹学的经典问题，其研究内容一般可以表述为：在给定的时间范围内，考虑每个时间阶段的产品需求以及各种成本因素，合理安排产品的生产批量，使系统总成本最小。这一问题总体上可以分为无能力约束和有能力约束两种类型，前一种类型采用多项式时间算法进行求解，如动态规划；在后一种类型中，如果能力随时间变化，则属于 NP（Non-deterministic Polynomial，非确定性多项式）难度问题。另外，传统上该问题基于单一的生产制造环境，没有考虑供应链中上、下游作业流程之间的衔接协调，因此，具有一定的局限性。

（2）库存控制子问题。供应链中，库存以原材料、在制品、半成品和成品的形式存在于供应链的各个节点企业。不同的企业承担着不同的职能，节点企业的库存之间存在着复杂的关系。供应链环境下的库存问题和传统的企业库存问题有许多不同之处，这些不同点体现出供应链管理思想对库存的影响。传统的企业库存管理侧重于优化单一的库存成本，从存储成本和订货成本出发确定经济订货量和订货点。供应链环境下的库存管理强调节点企业之间的相互关系，从供应链整体进行成本控制。总体来说，供应链库存控制需要回答的问题包括：①如何优化库存？②怎样平衡生产与运输作业，来满足客户的交货需求？③怎样避免浪费，避免不必要的库存？④怎样避免需求

损失和利润损失？

供应链作业中存在着诸多的不确定因素，如提前期、货物运输时间、客户需求等。库存存在的一个客观原因是为了应付各种不确定性，保证供应链系统正常、稳定运行。但是，太多的库存会给企业经营带来很大的风险和很高的持有成本，因此，需要考虑进货量和出货量，对库存进行控制，使其保持在合理的水平。传统上很多企业在库存管理时没有认真对不确定性进行研究和跟踪，经常出现产品积压或存货不足的现象。

（3）车辆调度子问题。运输车辆的优化调度问题在交通运输、工业生产管理等领域具有广泛而重要的应用。这类问题是一个有约束的组合优化问题，在计算复杂性上属于 NP 难度问题，随着问题输入规模的扩大，求解时间呈几何级数上升，通常使用启发式算法进行求解。

智能车辆调度问题可以表述为：发货方根据收货方在各个不同时间阶段内对不同物料的需求量情况，利用车辆分时段进行运输。每种物料分别占用一定的车辆运输能力，每个时段内的物料需求量必须在本时段内得到满足。由于发货数量受生产环节和库存环节的影响，决策者为了最大限度地降低生产成本、运输成本和库存成本，需要制订出合理的调度方案，来决定每一时段内应发出的车辆数量、每辆车所装载的货物种类。

目前针对以上单个问题的研究已相对深入，而在供应链中，这些流程是相互关联、相互影响的，前一个问题的结果往往成为后一个问题需要输入的参数。针对供应—生产—销售一体化的智能化协调策略成为近期的研究重点（孙鑫，2006）。

1）采购—供应协调。在采购—供应协调这一研究领域中，研究主要集中在如何确定订货策略，使采购与供应双方能达到联合优化，即降低成本，减少库存。决策内容包括最优订单数量、成员之间利润分配原则和最优库存水平等方面。

2）库存—分销协调。库存—分销协调主要是研究在同时考虑库存和运输相关因素的前提下，如何有效地管理和组织配送活动，将一种或多种货物从一个（或多个）供货点有效率及有效益地配送给多个客户。库存—分销协调主要包括库存策略、运输规划、库存能力确定等问题。

3）生产—分销协调：生产—分销协调过程中需要考虑生产计划、分销计划、运输路线、运输调度、库存策略等因素，以降低整个生产—分销过程的费用，提高服务水平。相对前两种协调，生产—分销协调更困难，主要原因是协调模型中除了涉及生产和分销中的多个环节之外，还需要考虑这两个

过程协调时存在的差异，如在时间度量单位、效率衡量指标等方面。

（三）供应链与物流管理智能决策模型及方法

由于经济全球化、竞争国际化的加剧，现代供应链与物流中存在越来越多的运筹与决策，而且由于外部环境复杂多变，从而导致运筹与决策的内容也日趋复杂，单是依靠供应链与物流管理者的知识是不够的，因此，需要采用智能化技术，将管理者经验和专家知识相结合，将定性分析与定量分析相结合，提供高质量的决策支持。

随着信息技术的发展和各门学科的交叉融合，人工智能、复杂系统理论、智能优化理论等方法为智能供应链与物流管理提供了新的发展方向。智能供应链与物流系统需要综合运用这些方法和技术，实现供应链及物流系统的智能化分析、设计及控制优化（胥军等，2011）。

1. 基于多代理的智能化供应链建模与管理

人工智能就是研究用各种机器模拟人类智能的途径，使人类的智能得以物化与延伸的一门学科。它借鉴仿生学思想，用数学语言抽象描述知识，以模仿生物体系和人类的智能机制。

代理技术是较早应用于智能化供应链管理的人工智能技术之一。由于多代理系统中的每个 Agent 都具有自主性和分布性，可以将其视为是具有智能的、可以代替人进行协商的实体。该特征跟供应链网络中的企业实体特征相似，因此，可以将其应用到供应链管理系统的研究中（周建频，2005）。

在基于 Agent 的供应链系统中，利用分布式的 Agent 来实现对供应链的管理、计划和监控，供应链的每个参与者都用一个分布在网络中的 Agent 来表示。Agent 是一个软件框架系统，包括各个领域的专业知识。同一个 Agent 可以在供应链中扮演不同的角色，如可以在供应商、生产商和销售商之间进行转换，并且这些领域转换的适用范围具有很大的灵活性。

Agent 具有自动性和自治性，能够自动处理重复性的流程化作业任务、实现供需双方的自动协商和动态计划等。由于供应链是一个复杂、非线性的网络结构，基于 Agent 的供应链管理系统需要具有整体协调的能力，因此，必须解决 Agent 间的协调、信息共享问题。供应链多 Agent 系统具有智能分布性、决策自主性和灵活性等特点，使动态供应链资源计划问题实质上转化为智能 Agent 间的重构和互动的过程，但在增加了适应性和灵活性的同时也增加了运作的不确定性，全局性较差，使实现其目标的过程不易控制，这就

产生了如何使 Agent 的自治性与协同性相平衡的问题。

在开放的、动态的多 Agent 环境中，具有不同目标的多个 Agent 间必须就其目标、资源的使用进行协作与协商。如在出现资源冲突时，若没有很好的协商，就有可能出现死锁。而在另一种情况下，当单个 Agent 无法完成目标而需要其他 Agent 帮助时，就需要协作。

Agent 协作指的是目标和利益相同的 Agent 之间相互配合，协同工作，一起解决目标问题。在多 Agent 系统中，相应的 Agent 通过协作可以完成单个 Agent 不能完成的任务，提高系统的整体性能和解决问题的能力，同时使系统具有更好的灵活性。Agent 协作的主要方法有合同网、市场机制、结果共享等。

Agent 协商指的是多 Agent 系统中解决矛盾冲突、协调合作、共享任务的一种方法，多个 Agent 之间通过交互达成一致认识的过程就叫 Agent 协商。它是 Agent 对外界环境的动态适应和反馈行为，主要处理 Agent 之间的相互作用和影响。一般来讲，协商是由于不同 Agent 的目标和意图不同，为了解决冲突，一般双方都会改变 Agent 意图，以达成一致认识。常用的协商方式有：基于全局规划的协调，即产生冲突的 Agent 之间交换各自规划目标的信息，通过交互得到解决问题的共同方法；基于联合意图的协调，即相互合作的 Agent 汇总共同从事的活动，产生系统的整体目标并且为实现这个目标采取集体行动；基于社会规范的协调，指的是每个 Agent 都遵循一种已建立的、社会期望的行为模式规范，自动过滤掉与该行为规范冲突的行为或意图，每个 Agent 个体行为符合规范，以确保整个 Agent 系统的协商。

由于多个 Agent 交互是为了协作完成一项任务，并且在任务完成过程中协商各自的利益，因此，多 Agent 交互也可以看作一种博弈。博弈论为协作与协商的研究奠定了坚实的数学基础，但该理论本身并未提供计算优化策略和决定行为协调过程的算法，需要 Agent 等人工智能研究在其上层设计和分析面向实际的交互语言和协议及交互模型。使用博弈论研究多 Agent 协商与协作是目前分布式 Agent 研究中的一个热点（党小云，2013）。

2. 基于复杂系统理论的适应性供应链及物流系统

供应链网络是一个复杂系统，由许多自治的、具备自适应能力的企业组成，需要在动态、不确定环境以及局部信息条件下做出合理决策。与简化的、线性的传统系统理论相比，复杂性科学的研究对象是复杂系统，复杂性科学则提供了一个完全不同的世界观。因此，将复杂系统理论引入供应链管理，可以使人们对于供应链系统的特性、行为及演化规律有一个新的认识。

复杂系统的理论可以有效地容纳供应链管理的特征。考虑到单纯使用分解—协调方法来处理供应链的动态优化过于复杂，因此，可以将复杂系统的研究方法应用于供应链网络的智能管理和优化。

复杂系统具有很多独特的特性，其中适应性是复杂系统的一个重要表征。适应性造就复杂性，供应链网络是一种典型的复杂适应系统。它由许多具有适应性的主体（企业）组成，这些自治的主体按照既定规则相互作用，改进自我行为，进而改善整个系统的行为。

供应链系统作为一类典型的复杂适应系统，不能在一般系统论和牛顿科学范式基础上进行资源的优化配置和生产战略决策。供应链是一个合作共生系统和动态演进的学习系统，协商和妥协是供应链运作的"游戏规则"，供应链系统的整体运行是帕雷托（Pareto）最优，通过同步化策略，实现集成化供应链的协同运作。

近年来，基于复杂适应理论对供应链系统的非线性、多样性及自适应等特性的研究是供应链管理领域的一个新的方向。

复杂适应系统（CAS）理论包括微观和宏观两个方面。在微观上，CAS理论的最基本概念是具有适应能力和主动的个体，简称主体，这种主体在与环境的交互作用中遵循一般的刺激—反应模型，所谓的适应能力表现在它能够根据行为的效果修改自己的行为规则，以便更好地在客观环境中生存。在宏观上，由这样的主体组成的系统，将在主体之间以及主体与环境的相互作用中发展，表现出宏观系统中的分化、涌现等种种复杂的演化过程。供应链适应性研究主要包括以下几个方面（徐剑晖，2009）。

（1）战略决策的自适应。供应链的战略决策强调节点企业间的战略合作和供应链的集成。企业为了适应瞬息万变的市场，提高客户满意度，在一定时期内达成了信息共享、风险共担、共同获利的协议关系，这种协议关系强调合作和信任，强调节点间的协同。具体表现如供应商了解制造商的生产安排，便可以准时将原材料送到生产第一线，实现JIT，供需双方形成长期稳定的供求关系等。节点企业间供需关系的持续稳定，双方或多方的战略合作，促进了供应链系统的集成，更有利于供应链信息的共享和整体资源的优化。事实证明，供应链节点企业的战略合作和集成不但适应了市场的要求，而且有效降低了成本，产品和服务质量也在上升，企业和供应链的竞争能力不断加强，很好地体现了供应链系统的自适应机制。

（2）组织架构的自适应。主要是节点内部的组织结构自适应和节点间组织结构的融合。以往那种大规模生产且按照生产排程进行供应、制造和销售的推式供应链，逐渐被按照需求订单组织供应、制造和销售的拉式供应链取代。供应链由推式向拉式的转变，反映了供应链组织结构的转变。节点企业的组织结构已经由传统的基于分工转变为基于流程。节点企业间的合作或冲突，引起各自组织结构的自适应调整，组织结构相互融合、影响、促进，达到分工合作和资源整合的效果。

（3）市场环境的自适应。市场环境的适应性是指供应链为满足客户需求，按照订单进行采购、生产、销售的信息流和物流的全过程。当供应链中的某个主体在收到其他主体或环境发来的信息或指令后，做出响应给另外的主体或环境，并在互动中不断调整个体参数和行为，这就是订单履行过程的自适应。如当供应商主体发生原料不足时，向制造商主体发出缺货预警，制造商主体则以临时改变生产计划，先生产原料不缺的产品为响应进行回应。

3. 供应链及物流管理中的智能优化方法

大多数供应链与物流管理问题都是具有 NP 难度的组合优化问题，传统的数学规划方法在求解效率方面很难获得好的效果。随着问题规模的增大，传统的数学规划方法的求解难度将急剧增加，寻找具有多项式复杂性的优化方法几乎是不可能的。此外，传统的数学规划方法大多基于某些理想化的假设，远不能充分反映实际生产环境的复杂性，而且要充分表达实际供应链环境的随机性和动态性也极为困难，所以单独使用此类方法来解决供应链问题是不现实的（赵立权，2015）。

目前，试图通过模拟自然生态系统机制以求解复杂优化问题的仿生智能优化算法已相继被提出和研究。这方面的内容很多，如遗传算法、人工神经网络、人工免疫算法和群智能算法等。这些算法大大丰富了现代优化技术，也为那些传统数学规划技术难以处理的组合优化问题提供了切实可行的解决方案（蒋腾旭，2007）。

（1）遗传算法。遗传算法（Genetic Algorithm，GA）是一类借鉴生物界自然选择和自然遗传机制的随机化搜索算法。遗传算法模拟生物进化的基本过程，用数码串来类比生物中的染色体，通过选择、交叉、变异等遗传算子来仿真生物的基本进化过程，利用适应度函数来表示染色体所蕴含问题解的质量的优劣，通过种群的不断更新换代，提高每代种群的平均适应度，通过适应度函数引导种群的进化方向，并在此基础上，使得最优个体所代表的问题解逼近问题的全局最优解。GA 求解问题的基本思想是维持由一群个体组成的种群，每一个体均代表问题的一个潜在解，每一个体都被评价优劣并得到其适应值。个体通过遗传算子产生新的个体，新产生的个体继续被评价优劣，从父代种群和子代种群中选择比较优秀的个体形成新的种群。在若干代以后，算法收敛到一个最优个体，该个体很可能代表着问题的最优解或次优解。

与传统方法相比，遗传算法具有隐含并行性和全局搜索性两大主要特点，作为强有力且应用广泛的随机搜索和优化方法，遗传算法可能是当今影响最广泛的进化计算方法之一。近十几年来，遗传算法在供应链与物流管理领域得到广泛应用，如用于作业调度与排序、设备布置与分配、车辆路径选择与调度等，取得了一些令人信服的结果。

（2）人工神经网络。人工神经网络（Artificial Neural Network，ANN）是在对人脑组织结构和运行机制的认识理解基础之上模拟其结构和智能行为的一种工程系统。

ANN 是生物神经网络的一种模拟和近似，它从结构、实现机理和功能上模拟生物神经网络。ANN 是由大量与自然神经细胞类似的人工神经元互联而成的网络，这种由许多神经元组成的信息处理网络具有并行分布结构，每个神经元具有单一输出，并且能够与其他神经元连接。网络中存在多重输出连接方法，每种连接方法对应一个连接权系数。我们可以把 ANN 看成是以处理单元为节点，用加权有向弧（链）相互连接而成的有向图。ANN 以加权值控制结点参与工作的程度，正权值相当于神经元突触受到刺激而兴奋，负权值相当于受到抑制而使神经元麻痹直到完全不工作。ANN 解决问题的方式与传统统计方法完全不同，它是模拟人脑的思维，把大量的神经元连成一个复杂的网络，利用已知样本对网络进行训练。由于人工神经网络中神经元个数众多以及整个网络存储信息容量巨大，因此，具有很强的不确定性信息处理能力。即使输入信息不完全、不准确或模糊不清，只要输入的模式接近于训练样本，系统就能给出正确的推理结论。ANN 只有当神经元对所有输入信号的综合处理结果超过某一阈值后才输出一个信号，因此，ANN 是一种具有高度非线性的超大规模连续时间动力学系统，它突破了传统的以线性处理为基础的数字电子计算机的局限，标志着智能信息处理能力和模拟人脑智能行为能力的一大飞跃。

ANN 的特点和优越性，主要表现在 3 个方面：一是具有自学习功能，只要先把许多不同的样本和对应的应识别的结果输入人工神经网络，网络就会通过自学习功能，慢慢学会识别类似的模式；二是具有联想存储功能；三

是具有高速寻找优化解的能力。寻找一个复杂问题的优化解，往往需要很大的计算量，利用一个针对某问题而设计的反馈型人工神经网络，发挥计算机的高速运算能力，可能很快找到优化解。

目前，随着各种神经网络理论模型和学习算法的提出，神经网络理论已日趋成熟，在供应链与物流管理领域也取得了令人鼓舞的进展。

（3）人工免疫算法。生物的信息处理系统可分为脑神经系统、遗传系统和免疫系统。人们在实践过程中通过对生物 3 大信息系统的模拟研究得到了基于 3 大信息处理系统的 3 种智能算法，即基于模拟脑神经系统的人工神经网络、基于模拟遗传系统的遗传算法以及基于模拟免疫系统的人工免疫算法（Artificial Immune Algorithm, AIA）。AIA 的研究始于 20 世纪 90 年代后期，AIA 模仿生物免疫系统的自适应机制和排除机体的抗原性异物机制，因此，具有学习、记忆和自适应调节能力。AIA 将抗原和抗体分别对应于优化问题的目标函数和可行解；把抗体和抗原的亲和力视为可行解与目标函数的匹配程度；用抗体之间的亲和力保证可行解的多样性，通过计算抗体期望生存率来促进较优抗体的遗传和变异，用记忆细胞单元保存择优后的可行解来抑制相似可行解的继续产生并加速搜索到全局最优解。同时，当相似问题再次出现时，能较快产生适应该问题的较优解甚至最优解。

与 GA 类似，标准 AIA 也使用交叉和变异来对抗体解进行进化操作，并且采用信息熵的形式来保证抗体的多样性。其求解问题的基本思想是：①进行问题识别并产生抗体群，初始抗体群通常是在解空间用随机的方法产生的；②计算抗体适应值，生成免疫记忆细胞，将适应值较大的抗体作为记忆细胞加以保留；③进行抗体的选择，计算当前抗体群中适应值相近的抗体浓度，浓度高的则减小该个体的选择概率（抑制），反之，则增加该个体的选择概率（促进），以保持群体中个体的多样性；④进行交叉和变异操作，产生新抗体群；⑤抗体群更新，用记忆细胞中适应值高的个体代替适应值低的个体，形成下一代抗体群。在若干代以后，算法收敛到一个最优个体。

生物免疫系统的复杂性使得人工免疫系统的研究不像遗传算法、人工神经网络等其他智能方法那样得到足够的发展，但 AIA 结合了先验知识和生物免疫系统的自适应能力两大特点，因而鲁棒性较强，具有较强的信息处理能力，并且在对问题进行求解时不要求目标函数具有可导等高附加信息，在搜索过程中更能收敛到全局最优解，被人们认为是具有强大潜力的搜索算法。目前 AIA 已经用于函数优化、异常和故障诊断、机器学习、机器人行为仿真、网络入侵检测等领域，表现出较卓越的性能和效率。

（4）群智能算法。随着人类对生物启发式计算的研究，一些社会性动物（如蚁群、蜂群、鸟群）的自组织行为引起了科学家的广泛关注。这些社会性动物在漫长的进化过程中形成了一个共同的特点：个体的行为都很简单，但当它们一起协同工作时，却能够"突现"出非常复杂的行为特征。目前，群智能理论研究领域主要有两种算法：蚁群算法（Ant Colony Optimization，ACO）和粒子群优化算法（Particle Swarm Optimization，PSO）。

与传统的计算方法相比，群智能优化算法比较突出的优点是：无集中控制、多代理机制、算法结构简单、隐含并行性、易理解和易实现，这些优点有效地促进了其在应用优化技术中的发展。

1）蚁群算法。人工蚁群算法是受到人们对自然界中真实的蚁群集体行为研究成果的启发而提出的一种基于蚁群的模拟进化算法，属于随机搜索算法。仿生学家经过大量细致的观察研究发现，蚂蚁个体之间通过一种被称为外激素的物质进行信息传递，从而能相互协作，完成复杂的任务。蚁群之所以表现出复杂有序的行为，个体之间的信息交流与相互协作起着重要的作用。蚂蚁在运动过程中，能够在它所经过的路径上留下该种物质，而且蚂蚁在运动过程中能够感知这种物质的存在及其强度，并以此指导自己的运动方向。蚂蚁倾向于朝着该物质强度高的方向移动，因此，由大量蚂蚁组成的蚁群的集体行为便表现出一种信息正反馈现象：某一路径上走过的蚂蚁越多，则后来者选择该路径的概率就越大。蚂蚁个体之间就是通过这种信息的交流达到搜索食物的目的。蚁群算法正是模拟了这样的优化机制，即通过个体之间的信息交流与相互协作最终找到最优解。

蚁群算法优化过程的本质在于：①选择机制。信息量越大的路径，被选择的概率越大。②更新机制。路径上的信息量会随蚂蚁的经过而增长，同时也随着时间的推移逐渐减小。③协调机制。蚂蚁之间实际上是通过信息量来互相通信、协同工作的，这样的机制使得蚁群算法具有很强的发现较好解的能力。但是，蚁群算法也有一些缺陷，如由于蚁群中多个个体的运动是随机的，当群体规模较大时，要找出一条较好的路径需要较长的搜索时间等。

蚁群搜索算法非常适用于供应链及物流管理中的路径规划问题，也被用来求解分配问题、网络路由问题、指派问题、车间作业调度问题等NP完全问题。这些应用显示出蚁群算法在求解复杂优化问题方面的优越性。

2）粒子群优化算法。粒子群优化算法（PSO）是模拟鸟群的捕食行为，让一群鸟在空间里自由飞翔觅食，每只鸟都能记住它曾经飞过的、距食物最

近的位置，然后就随机地靠近那个位置。不同的鸟之间可以互相交流，它们都尽量靠近整个鸟群中曾经飞过的最近点。这样，经过一段时间就可以找到近似的最近点。PSO 后来经过多次改进，去除了原来算法中一些无关的或冗余的变量，又加入了一些随机地变化的量，使得鸟群的运动更像是空间微粒的运动，所以称之为微粒群算法。PSO 求解问题的基本思想是：随机产生一粒子群作为初始解，用粒子的位置表示待优化问题的解，每个粒子性能的优劣程度取决于待优化问题目标函数确定的适应值，微粒尽量靠近最优点并且有随机的变化发生，使得微粒不会停留在最优点，而是尽量靠近，同时保持创新性。每个微粒记录它自己的最优位置，还要记录所有微粒的最优位置，然后通过比较当前位置和两个最优位置的差别来调整速度以确定下一步的位置。每个粒子由一个速度矢量决定其飞行方向和速率大小，通过改变速度的大小和方向使随机的初始解"飞向"最优解。

PSO 算法与 GA 都属于进化算法，但 PSO 算法避免了二进制编码的麻烦，而且操作更加直观。PSO 算法流程简单，易实现，算法参数简洁，无须复杂的调整。PSO 的缺点是：初始化过程是随机的，这虽然可保证初始解群分布均匀，但个体的质量不能保证。其次，粒子利用自身、个体及全局信息来更新自己的速度和位置，这是一个正反馈过程，当自身信息及个体信息占优势时，算法易陷入局部最优。

目前，许多学者针对基本 PSO 提出了多种改进算法，这些改进的 PSO 已广泛应用于函数优化、系统识别、神经网络训练、信号处理和机器人等实际应用领域，取得了丰富的成果。

（四）智能信息处理技术

IT 的发展，直接影响着供应链的管理手段和效率。现代信息技术是一个内容十分广泛的技术群，它包括微电子技术、光电子技术、通信技术、网络技术、感测技术、控制技术、显示技术等。信息技术在供应链管理中的作用主要体现在对供应链信息的管理上，包括供应链与物流信息的智能化采集、传输、储存、处理和利用。

近年来，围绕供应链与物流管理全生命周期过程，智能标签、无线射频识别（RFID）、电子数据交换（EDI）技术、全球卫星导航系统（GNSS）、地理信息系统（GIS）、智能交通系统（ITS）等一批先进信息技术都得到广泛应用。各类先进 IT 技术的应用，将供应链与物流信息处理的方式和技术带入了一个新的时代。现代供应链与物流系统已经具备了信息化、数字化、网络化、集成化、智能化、柔性化、敏捷化、可视化、自动化等先进技术特征。

智能化供应链与物流信息处理是互联网、物联网、云计算等先进信息技术在传统供应链与物流领域深化应用的结果。智能供应链与物流系统利用先进的信息采集、信息处理、信息流通、信息管理、智能分析技术，智能化地完成运输、仓储、配送、包装、装卸等多项环节的信息处理工作，并能实时反馈信息状态，强化信息监控。

智能信息处理的智能性体现在：实现监控的智能化，主动监控车辆与货物，主动分析、获取信息，实现物流过程的全监控；实现企业内、外部数据传递的智能化，通过 EDI 等技术实现整个供应链的一体化、柔性化；实现企业物流决策的智能化，通过实时的数据监控、对比分析，对物流过程与调度不断优化，对客户个性化需求及时响应；在大量基础数据和智能分析的基础上，实现物流战略规划的建模、仿真、预测，确保未来物流战略的准确性和科学性（周建频，2005）。

1. 物联网技术在智能化供应链与物流管理中的应用

要真正实现智能物流，就必须实现供应链企业间的信息分享和互动。企业之间的核心纽带就是物品，以物品状态信息作为流动主体的物联网技术，正是构建覆盖供应链的全程智能物流配送的关键。

物联网（Internet of Things）技术涵盖范围极广，包括具备"内在智能"的传感器、移动终端、智能电网、工业系统、楼控系统、家庭智能设施、视频监控系统等；"外在使能"（Enabled）的，如贴上 RFID、条形码标签的各种资产，携带无线终端的个人与车辆等"智能化物件或动物"或"智能尘埃"；通过各种无线和 / 或有线的长距离和 / 或短距离通信网络实现互联互通（M2M）、应用大集成（Grand Integration）及基于云计算的 SaaS 营运等模式；在内网（Intranet）、专网（Extranet）和互联网（Internet）环境下，采用适当的信息安全保障机制，提供安全可控乃至个性化的实时在线监测、定位追溯、报警联动、调度指挥、预案管理、远程控制、安全防范、远程维保、在线升级、统计报表、决策支持、领导桌面等管理和服务功能，实现对"万物"的"高效、节能、安全、环保"的"管、控、营"一体化。在物联网技术体系中，EPC 技术与 RFID 技术是物联网的关键。

从整个供应链来看，EPC（Electronic Product Code，产品电子代码）系统和 RFID 技术能使供应链的透明度大大提高，物品在供应链的任何地方都被实时追踪。安装在工厂配送中心、仓库及商品货架上的读写器能够自动记

录物品在整个供应链的流动，从生产线到最终的消费者全程记录。EPC 和 RFID 技术将在供应链的诸多环节上发挥重大的作用，主要体现在以下几个环节（杜洪礼等，2011；马丽，2013）。

（1）生产环节。在生产制造环节应用 EPC 技术可以完成自动化生产线运作，实现在整个生产线上对原材料、零部件、半成品和产成品的识别与跟踪，减少人工识别成本和出错率，提高效率和效益。采用 EPC 技术之后，就能通过识别电子标签从品类繁多的库存中快速、准确地找出工位所需的原材料和零部件。EPC 技术还能帮助管理人员及时根据生产进度发出补货信息，实现流水线均衡、稳步生产，同时也加强了对产品质量的控制与追踪。生产线发料过程中，系统首先进行生产任务自动排产；AGV（Automated Guided Vehicle，自动引导运输车）小车满载按一定规则摆放的物料，经过生产线每个工位；安装在每个工位上的 RFID 读写器实时对经过的 AGV 小车进行扫描，即可实现自动识别当前工位需要的物料种类、数量、是否已经全部到位等，当前工位员工根据配备的显示屏的提示，拿取生产物料。在生产补料过程中，生产工位上的 FRID 自动识别当前工位物料的剩余情况，实时将物料需求信息传送到发料室，及时做好备料发料工作，保证生产线物料充足、不断料、不堆积等；提供现场物料周转率，使现场整洁。

（2）运输环节。在运输管理中，在途运输的货物和车辆贴上 EPC 标签，运输线的一些检查点上安装上 RFID 接收转发装置。因此，当货物在运输途中，无论是供应商还是经销商都能很好地了解货物目前所处的位置及预计到达时间。特别对于价值高的物品、危险易泄漏的物品、需要封箱运输的物品等，均可采用主动式 RFID 技术，将其封装于箱内；如果出现非正常开箱，中央监控系统即可获得物品状况，及时报警，减少危害和损失。

（3）存储环节。在仓库里，EPC 技术最广泛的应用是存取货物与库存盘点，它能用来实现自动化的存货和取货等操作。基于 EPC 的实时盘点和智能货架技术保证了发货退货的正确性以及补货的及时性，而仓储区内商品可以实现自由放置，提高仓储区的空间利用率并能够提供有关库存情况的准确信息，从而降低了库存，增强了作业的准确性和快捷性，提高了服务质量，降低了储存成本，节省了劳动力和库存空间，同时减少了整个物流中由于商品误置、送错、偷窃、损害和库存、出货错误等造成的损耗。

（4）零售环节。物联网可以改进零售商的库存管理，实现适时补货，有效跟踪运输与库存，提高效率，减少出错。如当贴有标签的物件发生移动时，智能货架会自动识别并向系统报告这些货物的移动；如果存货数量偏低，或是侦测到有人偷窃，就会通过计算机提醒店员注意。因此，能够实现适时补货，减少库存成本，还能起到货物防盗的作用。智能秤能根据果蔬的表皮特征、外观形状、颜色、大小等自动识别水果和蔬菜的类别，并按该商品来计量、计价和打印小票；在商场出口处，带有 RFID 标签的商标由读写器将整车货物一次性扫描，并能从顾客的结算卡上自动扣除相应的金额。这些操作无须人工参与，节约了大量人工成本，提高了效率，加快了结账流程，同时提高了顾客的满意度。另外 EPC 标签包含了极其丰富的产品信息，如生产日期、保质期、储存方法以及与其不能共存的商品，可以最大限度地减少商品耗损。

（5）配送、分销环节。在配送环节采用 EPC 技术能大大加快配送的速度，提高拣选与分发过程的效率与准确率，并能减少人工数量，降低配送成本。如果到达配送中心的所有商品都贴有 EPC 标签，在进入配送中心时，装在门上的读写器就会读取托盘上所有货箱的标签内容并存入数据库。系统将这些信息与发货记录进行核对，以检测出可能的错误，然后将 EPC 标签更新为最新的商品存放地点和状态。这样管理员只需操作电脑就可以轻松了解库存、通过物联网查询商品信息及通知供应商商品已到或缺货。这样就确保了精确的库存控制甚至可确切了解目前有多少货箱处于转运途中、转运地、始发地和目的地以及预期的到达时间等信息。

（6）集装箱、港口、码头、报关报检环节。采用 RFID 技术，可通过安装在出入境车辆上的 RF 电子卡（或 RF PDA）与分布在口岸监管区域的无线射频基站群的无线信息交互，实现对出入境人、车辆、货物的电子化管理，从而取代长期以来依靠司机填写纸质《出入境车辆检验检疫监管簿》申报的管理方式，实现出入境车辆及货物的快进快出、大进大出。集装箱上的电子标签可以记录固定信息，包括序列号、箱号、持箱人、箱型、尺寸等；还可以记录可改写信息，如货品信息、运单号、起运港、目的港、船名航次等。集装箱 RFID 自动识别系统完成装箱数据输入、集装箱信息实时采集和自动识别；通信系统完成数据无线传输；集装箱信息管理系统完成对集装箱信息的实时处理和管理，完成数据统计与分析，向客户提供集装箱信息查询服务。而港口集装箱管理系统可以监测、记录经过道口的集装箱、拖运车辆、事件发生时间、操作人员、集装箱堆放位置等信息。

2. 基于云计算的供应链与物流管理信息协同平台

供应链信息的共享与交互是实现智能供应链与物流管理的基础。传统供

应链的信息交换是基于 EDI 点对点的交换模式，没有一个公共的交换平台，各个节点企业只能通过 EDI 相互交换信息。一旦信息交换需要在整个供应链上实现，或者供应链的上下游需要接入不同的节点企业，如制造企业需要对接多个供应商、批发企业需要对接多个零售商，就会大大增加信息交换与共享的复杂程度。因此，基于传统的 EDI 技术，供应链内全局信息共享是无法快速地、推送式地实现的。

基于云计算的技术架构则能够很好地实现信息共享。由于供应链部署在云平台上，因此，可以基于云平台实现供应链伙伴间信息系统的协同，实现运营数据、市场数据等信息的实时共享和交流，从而实现供应链伙伴之间更加快速、"透明"的信息共享与交互（陈君，2011）。

云计算（Cloud Computing）是分布式处理（Distributed Computing）、并行处理（Parallel Computing）和网格计算（Grid Computing）的发展，是一种基于互联网的超级计算模式。在远程的数据中心里，成千上万台电脑和服务器连接成一片电脑云。云计算是指服务的交付和使用模式，指通过网络以按需、易扩展的方式获得所需的服务。这种服务可以是 IT 和软件、互联网相关的，也可以是任意其他的服务。

云计算系统运中用了许多技术，其中以标准化技术、虚拟化技术、数据管理技术、平台管理技术在供应链信息协同中最为关键。

（1）标准化技术。主要包括：一是服务接口。供应链企业可以利用标准化接口接入云服务提供商，与供应链盟主形成真正的信息互通。通过用户端与云端交互操作的入口，可以完成用户或服务注册、对服务的定制和使用等。二是服务管理中间件。供应链盟主利用云计算服务提供商的服务来解决不同系统之间的协同，以达到控制协同。中间件位于服务和服务器集群之间，提供管理和服务即云计算体系结构中的管理系统。中间件对标识、认证、授权、目录安全性等服务进行标准化操作，为应用提供统一的标准化程序接口和协议，隐藏底层硬件、操作系统和网络的异构性，统一管理网络资源，包括负载均衡、资源监控和故障检测等。其安全管理包括身份验证、访问授权、安全审计和综合防护等；映像管理包括映像创建、部署和管理等。

（2）虚拟化技术。云服务提供商的虚拟化技术可以将供应链企业不同系统、不同界面的软件虚拟成相同系统的相同界面，以达到供应链企业内系统之间、供应链企业与企业系统之间的数据协同、程序协同和界面协同。通过虚拟化技术可实现软件应用与底层硬件相隔离，它包括将单个资源划分成多个虚拟资源的裂分模式，或者将多个资源整合成一个虚拟资源的聚合模式。虚拟化技术根据对象可分成存储虚拟化、计算虚拟化、网络虚拟化等。计算虚拟化又分为系统级虚拟化、应用级虚拟化和桌面虚拟化。

（3）数据管理技术。包括两个方面：一是海量数据分布与存储技术。云计算服务提供商为供应链企业提供了海量数据分布与存储技术。它们通过现有网络技术和并行技术、分布式技术将分散的供应链企业中的计算机组成一个能提供超强功能的集群，用于计算和存储数据中数据，同时利用自己的硬件设备如价格昂贵的服务器及磁盘阵列等设备，用冗余存储的方式来保证供应链管理数据的可靠性。二是海量数据管理技术。云计算可以对供应链企业中分布的、海量的数据进行处理、分析、存储，以达到在供应链管理中所必需的、高效的管理大量数据的要求。

（4）平台管理技术。云计算服务商的资源规模庞大，服务器数量众多，故可将一些服务器分布在地理位置不同的供应链企业附近，并同时运行着供应链企业不同的应用。云计算系统的平台管理技术能够使大量的服务器协同工作，方便地进行供应链企业业务的部署和开通，快速发现和排除系统故障，通过自动化、智能化的手段实现大规模供应链管理信息系统的可靠运营。

基于云计算的供应链与物流管理信息协同平台是一种新型的计算模式（见图9.7）。以供应链管理（Supply Chain Management，SCM）盟主为核心与云计算服务提供商组成一个对供应链企业各成员信息管理负责的信息中心。信息中心是整个体系中的信息采集中心、加工中心和调配中心。供应链中除盟主外的成员企业分别与信息中心互联。

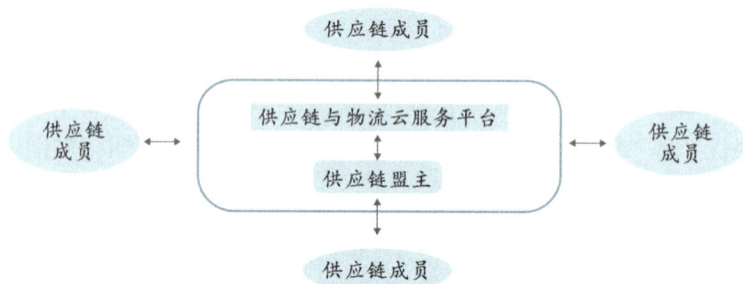

图 9.7　基于云计算的供应链信息协同平台

云计算服务提供商利用虚拟化技术将不同的系统（如 ERP、CRM 等）虚拟成统一的系统、统一的界面，如果将供应链视为一个企业，那么云计算服务提供商所虚拟的系统就相当于企业的 ERP 系统，联盟中的各个成员相当于企业的各个职能部门；利用海量存储技术为供应链企业数据库提供海量存储空间；利用平台管理技术协同分布在不同地点运行着不同系统的企业的

数据；同时在供应链中，云计算服务提供商所虚拟的系统也起到调配信息资源、减少供应链信息失真、加快信息传递速度和准确性、提高供应链整体竞争力的作用。

3. 基于数据挖掘技术的供应链与物流智能化分析与预测

数据挖掘是从大量的、不完全的、有噪声的、模糊的及随机的实际数据中，挖掘出有效的、新颖的、潜在有用的、最终能理解的模式的非平凡过程。该过程要求是非平凡的，意思是要有一定程度的智能性、自动性。有效性是指发现的模式对于新的数据仍保持一定的可信度。新颖性要求发现的模式应该是新的。潜在有用性是指发现的知识将来有实际效用，如用于决策支持系统中可提高经济效益。可理解性要求发现的模式能被用户理解。

数据挖掘技术来源于人工智能、机器学习、统计学 3 大领域，涉及数据库技术、模式识别、知识系统等众多学科，可分为关联（Association）、分类（Classification）、聚类（Clustering）等多种类的技术任务，且操作流程都能分为数据清理、数据集成、数据选择、数据变换、数据挖掘、模式评估和知识表示这 7 步。这些无一不体现出数据挖掘技术的丰富和复杂（周煜人，2005）。

随着物联网等信息技术在供应链与物流业务运行中的应用，供应链与物流业务所产生的数据量爆炸性增长。数据挖掘在供应链与物流决策支持中扮演着越来越重要的角色，已成功应用于采购、生产、库存等业务的分析预测，客户行为分析和供应商管理等多个方面（吕红伟，2007）。

（1）数据挖掘技术在供应链核心业务中的应用。在供应链与物流管理中，核心业务包括采购、生产计划、订单加工、库存管理、运输、仓储和客户服务等多方面内容。全球化市场竞争，供应链企业需要的是应用现代信息技术来达到自身与合作伙伴的利益最大化。数据挖掘技术中，关联规则发现、分类发现和聚类技术在企业供应链与物流管理中的应用非常重要。

1）关联规则发现。关联规则是如下形式的一种规则，在购买面包和黄油的顾客中，有 90% 的人同时也买了牛奶。对于关联规则问题的研究目的是要在交易数据库中发现各项目之间的关系。供应链中的核心企业，经营中存在着大量的数据。利用关联规则发现技术对这些历史事务数据进行分析，就可通过顾客的购买行为了解市场的需求，从而有效地与供应商联系起来，获得及时的采购和商品。作为供应链企业，运用数据挖掘的技术方法，不仅将企业内部的采购、销售、库存联系起来，同时也包含与供应商、客户关系的处理。从事务数据中发现关联规则，对于改进企业经营的决策非常重要。

2）分类发现。分类在数据挖掘中是一项应用极其广泛的重要任务。分类的目的是学会一个分类函数或分类模型（也称作分类器），该模型能把数据中的数据项映射到给定类别中的某一个。分类器的典型构造方法有决策树法、贝叶斯法、神经网络方法、近邻学习或基于事例的学习等方法，不同的分类器有不同的特点，有3种分类器评价尺度：预测准确度、计算复杂度、模型描述的简洁度。分类的效果一般与应用背景及数据的特点有关。目前，研究的方向是将多种算法集成，常用的方法有组合方法和选择方法两类。供应链企业业务决策必然包含销售目标定位、客户分类、信用分析、保险风险判定、供应商选择等内容，这样才能完成供应链的有效管理。数据挖掘分类技术的应用可以很好地解决上述问题，从而建立供应链成员之间的联系。

3）聚类。聚类是把一组个体按照相似性归纳成若干类别，即"物以类聚"，其目的是使属于同一类别的个体之间的距离尽可能小，而不同类别的个体间的距离尽可能大。在实现其他挖掘任务之前，应用聚类方法可使挖掘精度与效率大大提高。聚类方法包括统计方法、机器学习方法、神经网络方法和面向数据库的方法。在统计方法中，聚类称聚类分析，它主要研究基于几何距离的聚类，如欧式距离、明考斯基距离等。传统的统计聚类分析方法包括系统聚类法、分解法、加入法、动态聚类法、有序样品聚类、有重叠聚类和模糊聚类等。供应链数据包含了多方面的内容，在运作中必然会涉及供应与需求、原材料、备品备件的采购、制造与装配、物件的存放及库存查询、订单的录入与管理、渠道分销及最终交付用等，为此需要采用合适的聚类分析技术，建立有效的数据集。

总之，为了在激烈的竞争中立于不败之地，必然需要有效的管理策略，把客户的需求放在第一位，建立供应链的拉式系统，利用数据挖掘中的技术方法，对经营中的采购、生产、库存等情况进行分析预测，以达到供应链各节点的有效连接。

（2）数据挖掘技术在供应链网络管理中的应用。数据挖掘技术还可以应用在供应商关系管理中。供应商关系是指采购方基于不同的管理目标、不同的市场条件，与供应商之间建立并保持的供求、竞争和合作的业务联系的性质和形态。供应商关系已经成为企业参与竞争并确保获得竞争优势的强有力武器和宝贵资源，企业的成本和风险控制与供应商的关系管理日益密不可

分，将数据挖掘应用于供应商关系管理包含多项内容。

1）供应商分类选择。对一个公司来讲，战略伙伴为公司提供战略性物料，如设备、原材料等。这些料件的专用性比较强，更换供应商的难度很大，有些根本就是寡头垄断，因此，必须明确它们对公司的战略意义，努力与之建立战略合作伙伴关系。这时应该用聚类、分类的方法进行特征分析，运用决策树技术和模糊分类分析方法完成选择，并运用最优化策略进行研究。应用数据挖掘相关技术对公司的供应商进行分类的目的是为了针对不同类型的供应商，制订不同的管理方法，实现有效管理。

2）确定供应商关系的战略。战略伙伴供应商关系的建立是一个大浪淘沙、水到渠成的过程。企业最高层应认识到，供应商管理是整个企业业务管理中最重要的组成部分，要支持采购等部门发展战略伙伴供应商关系，并且将利用伙伴供应商能力纳入企业的中长期发展战略计划。这是建立和维系战略伙伴关系的前提。在维持战略伙伴关系方面一般要应用相关联序列分析，并应用分类的方法进行伙伴关系的建立和维护。

3）供应商谈判管理。根据制订的供应商关系战略和认证的结果，与供应商进行谈判，签订采购合同框架协议，以此作为后续合作的基础。

4）供应商绩效评价。根据采购管理的目标和供应商选择的目的，采用聚类（分类）和关联分析技术将供应商选择与评价的主要指标内容归纳为 4 类，即供应商的业绩类、能力类、发展类和环境类，全方位进行评估。

（3）数据挖掘技术在客户管理中的应用。对于核心企业来讲，应用数据挖掘技术对客户的管理主要包括以下几个方面。

1）客户价值分析。随着"以客户为中心""顾客就是上帝"的经营理念被企业经营者所普遍接受，分析客户、了解客户并引导客户的需求已成为企业经营的重要课题。通过分析客户对企业业务所构成的贡献，并结合投入产出进行分析，计算客户对企业的价值度，然后，根据价值度的大小，用分类或聚类的方法划分客户群，以便对客户实施有差异的服务。

2）产品客户价值分析。分析客户对某种产品业务量的贡献，使用的方法与客户价值分析基本相同。对产品客户价值进行分析，不仅有利于该产品的经营管理者有区别地做好客户服务，而且可以为该产品的营销提供相对准确的目标客户群。

3）客户保持。采用聚类（分类）和关联分析技术，可将客户群分为 5 类：高价值稳定的客户群、高价值易流失的客户群、低价值稳定的客户群、低价值易流失的客户群、没有价值的客户群。

4）客户满意度分析。分析客户对企业产品和服务的满意度，可以帮助企业改进客户营销策略，从而提高客户的忠诚度。数据挖掘可从零散的客户反馈信息中分析出客户的满意度。

5）客户信用分析。分析客户信用对商家很有意义，可使商家对不同信用级别的客户采取不同的赊销方案等。数据挖掘，可从大量历史数据中分析出具体客户的信用等级。

6）异常事件的确定。在许多商业领域中，异常事件具有显著的商业价值，如客户流失、银行的信用卡欺诈、电信中移动话费拖欠等。通过数据挖掘中的奇异点分析，可以迅速准确地甄别这些异常事件。

三、智能供应链与物流管理系统设计

智能供应链与物流系统是一个复杂的大系统，是多学科交叉、渗透、融合的产物，它涉及自然科学（包括人工智能、信息科学、物流科学、交通运输、机械工程等）和社会科学（组织行为学、心理学、认知科学等）等多个学科领域。将信息技术、智能技术、计算机技术等高新技术引入物流领域，并与其他技术集成，能够有效地整合物流系统的各种资源，提高整个社会的物流效率，降低物流成本（周鲜成等，2010）。

从实现技术的角度，可以将智能供应链与物流系统分为智能基础设施、智能信息处理、智能应用、智能决策4个层次，其基本架构见图9.8。

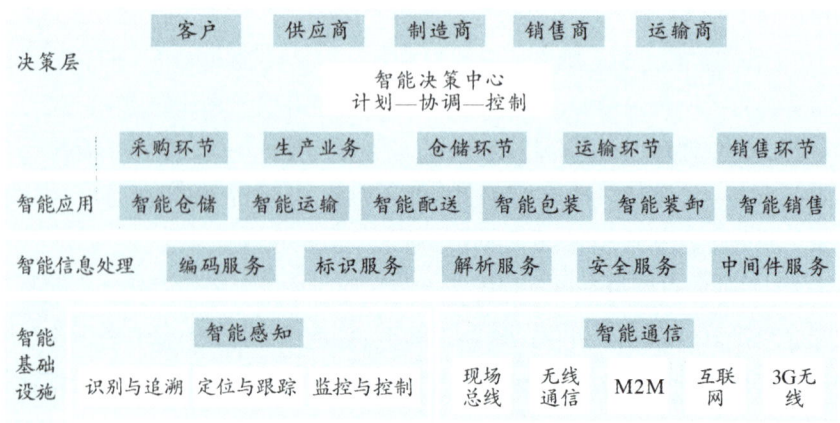

图9.8　智能供应链与物流系统架构

（一）智能基础设施层

1. 智能感知系统

在现代物流活动中，物流的作业对象是各种"物"，这些"物"不仅品种繁多、形状各异，而且还处在不停的"移动""交换"过程中，因此，物流业组建物联网，发展智能物流，在感知层采用的感知技术也很多。结合物流应用角度，感知层可以进一步分为识别与追溯、定位与跟踪、监控与控制3 个层次（张翼英等，2012）。

（1）智能物流识别与追溯感知层。智能物流首先需要的是物品信息的数字化管理，因此，物流信息的管理和应用首先涉及信息的载体，过去多采用单据、凭证、传票为载体，手工记录、电话沟通、人工计算、邮寄或传真等方法，对物流信息进行采集、记录、处理、传递和反馈，不仅极易出现差错、信息滞后，也使得管理者对物品在流动过程中的各个环节难以统筹协调，不能系统控制，更无法实现系统优化和实时监控，从而造成效率低下和人力、运力、资金、场地的大量浪费。自动识别是现代物流、生产自动化、销售自动化、流通自动化过程中的技术基础，自动识别宏观上看有多类识别方式。目前 RFID 是自动识别和物联网的一项热门技术，智能物流系统首要的是对物品实现快速识别。

（2）智能物流定位与跟踪感知层。现代物流对于物流产品的位置感知越来越迫切，只有知道了确切的位置才能进行有效的物流调度。目前常用的物流定位和感知技术主要包含 GPS 全球定位系统以及 WiFi 无线定位系统等定位技术。根据定位需求，定位感知技术主要分为室外定位和室内定位。GPS 作为最有效的室外感知技术已经在物流行业中得到了有效应用；WiFi、UWB（Ultra WideBand）、RFID 等室内定位技术已经成为目前弥补 GPS 全球定位系统的功能缺陷的有效物联网手段。

（3）智能物流监控与控制感知层。物流监控与控制感知层为物流过程的安全提供了有效的支撑手段，是智能物流监控信息化的重要组成部分。该技术通过物流过程的实时视频信息、实时数据交换，及时有效地采集物流信息，并与物流视频监控、报警设备有机结合，实时掌握物流环节的运行状况，分析物流过程状况，及时发现问题、解决问题，从而实现对物流过程的无缝监管。

2. 智能通信系统

在现代物流作业中，既有区域范围内的厂区生产物流的运作与管理，也有大范围的物流线路运输与调度，更有以仓储系统与拣选系统为主的智能物流中心的物流系统作业与运筹。面对复杂的、流动的物体，要实现在"物流"过程中的物联网，需要多种通信技术的集成应用。最常采用的网络技术是局域网技术、无线局域网技术、互联网技术、现场总线技术和无线通信技术（见图9.9）。

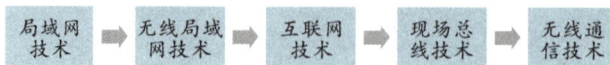

图9.9　智能化通信基础设施

随着信息技术的发展，人们对网络通信技术的要求不断提高，传统的数字化设备的有线连接给人们随时随地与信息网络相联和通信带来了很多不便。发展无线通信技术，将人们从有线连接的束缚中解放出来，已经成为一种必然趋势。诸多新技术得到了广泛的应用，如红外线数据通信 IrDA、蓝牙、WiFi（IEEE802.11）、无线城域网 WiMax、超宽带通信 UWB、近场通信 NFC、无线射频 RFID、短距离无线技术 ZigBee 等先进的无线通信技术在不同的领域的应用。

（二）智能信息处理层

对于从智能基础设施接收来的大量数据，需要构建一个智能化的数据处理框架，以实现供应链全生命周期信息的管理和维护，为供应链各环节的应用提供信息服务（见图9.10）。

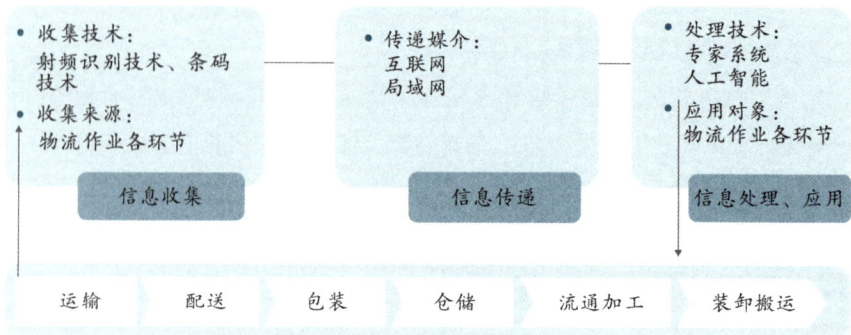

图9.10　智能化信息处理

　　智能信息处理层实现跨阶段、跨应用、跨系统之间的信息协同、共享、互通的功能，主要提供编码服务、标识服务、解析服务、信息服务、安全服务等功能。

　　（1）编码服务。所谓的编码其实就是给每个对象物一串唯一的数字符号，用于区分不同的对象物，例如人的身份证号码。既要对每个企业进行编码，还要对每个产品进行编码。只有对它们进行了唯一的编码，才能实现对它们的唯一识别。

　　（2）标识服务。所谓标识就是指用不同的载体来承载这些编码。如果这些编码失去了载体，就无法被读取，它们所代表的信息也就不能被获取，那么要想在整个供应链中实现产品追踪等功能就只能是空中楼阁。

　　（3）解析服务。由于 RFID 标签中只存储了产品的编码，计算机需要将电子化的编码与相应的产品信息进行匹配。我们将这部分功能称为"对象名称解析（Object Name Service，ONS）"信息服务。ONS 是负责将标签 ID 解析成其对应的网络资源地址的服务。例如，客户有一个请求，需要获得标签编号为"123……"的一瓶药的详细信息，ONS 服务器接到请求后将 ID 号转换成资源地址，从资源服务器上（一般放在制药的厂家）得到这瓶药的详细信息，如生产日期、配方、原材料供应商等。

　　（4）信息服务。供应链管理系统中的信息服务负责整个系统的信息处理和发布。国际上的典型应用是 EPCIS（EPC Information Service）。EPCIS 的主要任务是：

　　1）标签授权。标签授权是标签对象生命周期中至关重要的一步。如有一个 EPC 标签已经被安装在商品上，但没有写入数据。标签授权的作用就是将必需的信息写入标签，这些数据包括公司名称、商品的信息等。

　　2）观测。对于一个标签来说，用户最简单的操作就是对它进行读取。EPCIS 在这个过程中的作用不仅仅是读取相关的信息，更重要的是观测到标签对象的整个运动过程。

　　3）反观测。这个操作与观测相反。它不是记录所有相关的动作信息，因为人们不需要得到一些重复的信息，但是需要数据的更改信息。反观测就是记录下那些被删除或者不再有效的数据。

　　在 EPCIS 中，框架被分为 3 层：信息模型层、服务层和绑定层。信息模型层指定了 EPCIS 中包含什么样的数据，这些数据的抽象结构是什么，以及这些数据代表着什么含义。服务层指定了 EPC 网络组件与 EPCIS 数据进行交互的实际接口。绑定层定义了信息的传输协议，比如 SOAP。

（5）安全服务。系统的安全性，除了一般的系统所具有的读取控制、隐私保护、用户认证、不可抵赖性、数据保密性、通信层安全、数据完整性、随时可用性外，还具有以下特有的安全问题。

1）Skimming：在末端设备或 RFID 持卡人不知情的情况下，信息被读取。

2）Eavesdropping：在一个通信通道的中间，信息被中途截取。

3）Spoofing：伪造复制设备数据，冒名输入到系统中。

4）Cloning：克隆末端设备，冒名顶替。

5）Killing：损坏或盗走末端设备。

6）Jamming：伪造数据造成设备阻塞不可用。

7）Shielding：用机械手段屏蔽电信号让末端无法连接。

（6）中间件服务。中间件是位于平台（硬件和操作系统）和应用之间的通用服务。针对不同的操作系统和硬件平台，它们可以有符合接口和协议规则的多种实现。人们在使用中间件时，往往是一组中间件集成在一起，构成一个平台（包括开发平台和运行平台），但在这组中间件中必须有一个通信中间件，即中间件＝平台＋通信。在供应链管理平台中，用户登录管理平台后，不管是对产品进行追踪还是溯源，首先访问的是管理系统的公共中间件，通过该中间件用户才能获得其需要的信息（张铎，姚黎荣，2011）。

（三）智能应用层

智能供应链与物流系统包括多个智能应用系统。一般来说，智能供应链与物流系统包括智能运输、智能物流配送、智能产品追溯、智能仓储管理、智能流通加工、智能包装、智能装卸搬运、智能销售管理和智能服务等9个子系统（周鲜成等，2010）。

（1）智能运输子系统。物流运输是改变物品空间状态的主要手段，主要任务是使物品在物流节点间进行长距离的空间移动，通常有铁路运输、公路运输、航空运输、水路运输和管道运输等5种运输服务方式。智能运输子系统（Intelligent Transportation Systems）的目标是降低货物运输成本，缩短货物送达时间。其核心是集成各种运输方式，应用移动信息技术、车辆定位技术、车辆识别技术以及通信与网络技术等，建立一个高效的运输系统。根据智能运输子系统的功能要求，系统可划分为以下几个模块：交通信息服务子系统、交通管理子系统、车辆控制子系统、营运货车管理子系统、电子收费子系统、紧急救援子系统等。

（2）智能物流配送子系统。物流配送（Logistics Distribution）是按照用户的订货要求和时间计划，在物流节点进行理货、配货工作，并将配备好的货物送交收货人的物流服务活动。它可以看作是运输服务的延伸，但又和运输服务不同，它是短距离、小批量、多品种、高频率的货物运输服务，是物流活动的最末端。通常有定时配送、定量配送、定时定量配送、定时定线配送、及时应急配送、共同配送和加工配送等多种服务方式。智能物流配送是指采用网络化的信息技术、智能化的作业设备及现代化的管理手段，按客户要求，进行一系列自动的分拣、配货等工作，高效地将货物输送给客户的过程。根据物流配送系统的功能要求，系统可划分为以下几个模块：货物信息自动识别系统、基于 GSM/GPS 技术的运载工具调度监控系统、基于 GIS 技术的物流网络和配送优化模型与系统、基于 WebGIS 的货物实时信息查询与发布系统等。

（3）智能产品追溯子系统。智能产品追溯（Intelligent Product Tracing）子系统是保障产品质量安全的有效手段。其功能是利用各种智能信息技术对产品供应链的生产、运输、存储、销售和配送等各个环节的信息进行采集、存储和处理，对产品从生产到消费的全过程进行监控，从源头开始对供应链各个节点的信息进行控制，为供应链各环节信息的溯源提供服务。为实现系统功能，系统应包括信息采集、信息检测、追溯信息存储、任务管理和追溯信息输出等几个模块。其中，信息采集模块用于检测供应链各环节的追溯信息，保证信息的及时性和准确性；信息检测模块实现对追溯信息的整理和过滤；任务管理模块主要根据信息检测模块提供的追溯信息，依照追溯目标要求做出相应的行为决策和智能化处理，实现自主诊断；追溯信息输出模块则根据自主诊断结果，对供应链各环节的管理进行调整，并根据需求提供相应的溯源信息。

（4）智能仓储管理子系统。仓储服务在物流系统中对产品的生产和消费起着调节、平衡的作用。智能仓储管理（Intelligent Warehousing Management）子系统通过现代化的技术手段和库存理论来实现合理的仓储服务，以解决生产和消费节奏不一致、资源浪费等问题，保证物流活动的连续性和及时性。在物联网背景下，智能仓储管理系统应具有以下功能：自动精确地获得产品信息和仓储信息；自动形成并打印入库清单和出库清单；动态分配货位，实现随机存储；产品库存数量、库存位置、库存时间和货位信息查询、随机抽查盘点和综合盘点；汇总和统计各类库存信息，输出各类统计报表。根据系统功能要求，系统由信息采集系统、PML（Physical Markup Language，物理标识语言）服务器、产品命名服务器（ONS）、仓储管理功能和本地数据中心等几个模块组成。其中，仓储管理功能模块又包括入库管理、出库管理、库存控制、货位管理和查询统计等模块。

（5）智能流通加工子系统。流通加工（Distribution Processing）服务是在物品流通过程中，为了有效地利用资源，方便用户，提高物流效率和促进销售，对某些原材料或制成品进行辅助性的加工生产服务，其主要作用是直接地为流通特别是销售服务，同时也能为提高物品的附加价值和物流操作的便利性服务。通常包括零部件的组合、形体上的分割、各种标识的制作与标示、物品的定量化组合包装等服务。

（6）智能包装子系统。包装服务是物品在装卸搬运、运输、配送以及仓储等服务活动过程中，为保持一定的价值及状态而采用合适的材料或容器来保护物品所进行的工作总称。通常包括商业包装服务（销售包装、小包装）和工业包装服务（运输包装、大包装）两种。智能包装（Intelligent Packing）是指以反映包装内容物及其内在品质和运输、销售过程信息为主的包装过程。它包括：在其包装上加贴标签，如条形码、电子标签等；在仓储、运输、销售期间，利用化学、微生物和动力学的方法，记录包装商品在生命周期内商品质量的改变；利用化学、微生物、动力学和电子技术等收集、管理被包装物的生产信息和销售分布信息，从而使用户能够掌握商品的使用性能及其流向，最终完成对运输包装系统的优化管理。

（7）智能装卸搬运子系统。装卸搬运服务是指在同一地域范围内进行的、以改变物品的存放状态和空间位置为主要内容和目的的活动，是一种立体的、动态的过程，具体包括装上、卸下、移送、拣选、分类、堆垛、入库、出库等服务。根据系统功能要求，智能装卸搬运（Intelligent Loading and Unloading）子系统主要由输送机、智能穿梭车、控制系统、通信系统和计算机管理监控系统等部分组成。

（8）智能销售管理子系统。供应链上的所有成员包括客户都能够通过EPC网络建立直接的信息沟通与联系机制。零售商的Savant系统通过API与电子商务平台实现连接，这样客户就通过零售商的电子商务平台提出在产品设计、原材料选择、送货方式以及售后服务等方面的要求，这些要求通过EPC网络被直接传送到PML服务器中，制造商、零售商、批发商和运输企业的Savant系统能够自动获取这些信息，从而为客户量身定制其所需的产品及服务。这样所有供应链成员就能够及时了解客户的需求，并给予快速满足

与响应，从而大大提高了供应链的敏捷程度。

（9）智能服务子系统。PML 服务器中不仅完整地保存着产品在生产和流通过程中的信息，而且还保存着产品在使用中应该如何正确养护的信息。这样在适当的时候，制造商或服务商可以自动通过 EPC 网络和互联网给客户发送电子邮件，提醒客户做好产品养护。如购买汽车的用户常常不知道应该在什么时候给汽车的哪个部件做检修，这时候如果制造商能通过 EPC 网络和互联网给客户及时发送相关的产品养护提醒的电子邮件，就可以协助客户提前做好防范工作，从而大大减少汽车故障发生的概率；而且客户在使用过程中所发生的维修和保养等活动的信息也会被记录在 PML 服务器中，从而促进企业进一步强化客户管理，提高客户满意度和忠诚度（邵贵平，2006）。

（四）智能决策层

智能供应链与物流管理的核心是智能决策。供应链与物流系统中存在着多种复杂问题需要进行决策，如采购决策、库存决策、配送决策、营销决策和设施选址问题等。智能供应链与物流系统需要建立一个智能决策中心对供应链与物流管理过程中的各类问题进行决策分析，给出优化的方案。智能决策中心的任务就是运用商务智能、人工智能和计算智能等方面的理论和方法建立数学模型和求解模型，给出最佳实施方案，为供应链和物流管理人员提供决策支持。

供应链与物流决策强调供应链与物流所有环节的系统性、协调性、一致性、关联性、互动性和平衡性，通过智能化决策为企业合理定位、精确控制和准确决策提供依据。智能决策中心是整个供应链的业务集散与调度中心、信息处理中心、资金运作中心。智能决策中心对供应链与物流业务中的物流、信息流、资金流进行智能化计划、协调和控制，目的是实现在正确的时间和地点，将正确的需求项目按照正确的数量交给正确的交易对象。

基于决策中心的供应链与物流决策系统与串行的、面向不同供应链环节的决策系统相比，具有以下特点：①协调中心具有相对完全的信息，为供应链中实体间的信息共享提供了基础，可以减小或消除信息失真和放大现象（Bullwhip 效应）。②有利于实现物流与信息流、资金流的适度分离，充分发挥信息、资金在物流中的缓冲作用，在一定程度上解决由于信息不畅、资金暂时短缺引起的物流堵塞及企业间的连锁反应。③有利于从全局的角度出发优化供应链中的物流、信息流及资金流。④有利于将供应商的供应商、用户的用户纳入供应链系统，扩大企业的生产经营规模（柴跃廷，2001）。

智能决策中心采用计划、协调与管理相结合的方式对供应链与物流业务及系统进行决策与优化。在规划和执行过程中，还可以针对意外情况进行协商和调整。如库存不能或不能完全满足用户需求，则与采购部门协商确定采购或生产任务，此时表现为客户的需求在供应商的协调下由供应商的供应商满足。根据决策的阶段和对象不同，智能供应链与物流决策可以分为供应链与物流计划子系统、供应链与物流协调子系统，及供应链与物流管理与控制子系统（见图 9.11）。

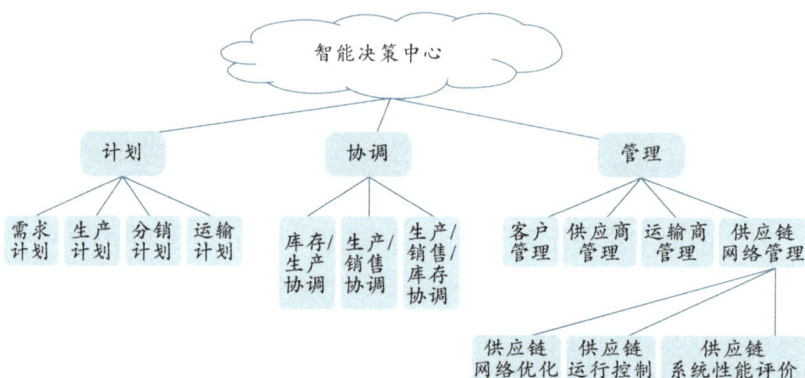

图 9.11　智能化决策中心

1. 供应链与物流计划子系统

供应链与物流计划的制订要综合考虑库存、供货、运输、资金等多种资源信息。由于存在大量的决策变量，各种活动之间具有强烈的耦合关系和时序约束，因此，它是一个多目标、多约束的复杂的非线性优化问题。

从原理上讲，供应链管理系统是按照过程进行供应链组织间的计划、进度安排和供应链计划的执行与控制，着重于整个供应链和供应网络的优化以及贯穿于整个供应链计划的实现。完整的供应链管理系统应覆盖从订单输入到产品交付等并行于制造业务流程的全部业务过程，其中包括预测、供应链和生产计划、需求和分销管理、运输计划以及各种形式的业务功能。一般供应链与物流系统的计划类型有需求计划、生产计划和排序、分销计划、运输计划等（任午令，2003）。

（1）需求计划。用统计工具、因果要素和层次分析等手段进行更为精确的预测，用包括互联网在内的通信技术生成企业间最新的和实时的协作预测。

（2）生产计划和排序。分析企业内部和供应商生产设施的物料和能力的约束，编制满足物料和能力约束的生产进度计划，并按照给定条件进行优化。根据不同的生产环境应用不同的算法和技术，提供不同的决策服务。

（3）分销计划。帮助管理分销中心并保证产品可订货、可盈利、能力可用。分销计划帮助企业分析原始信息，并确定如何优化分销成本或者根据生产能力和成本提高客户服务水平。

（4）运输计划。通过运输计划确定将产品送达客户的最佳途径。运输计划模型的时标是短期的和战术的。通过对不同时期的运输任务及运输资源的合理调度和安排，充分利用运输能力。

以上 4 种供应链计划的规划分成长期、中期和短期 3 个层次，并分解成若干规划模块，然后分配给不同的计划层，每一层级都包括供应链的 4 个环节：采购、生产、配送和销售，但各层级的任务各不相同（见图 9.12）。在供应链计划矩阵中，各模块由垂直和水平的信息流联系起来，高一层的规划模块将设定次一层规划的约束条件，后者的执行结果成为向上一层反馈的信息（闻超，2009）。

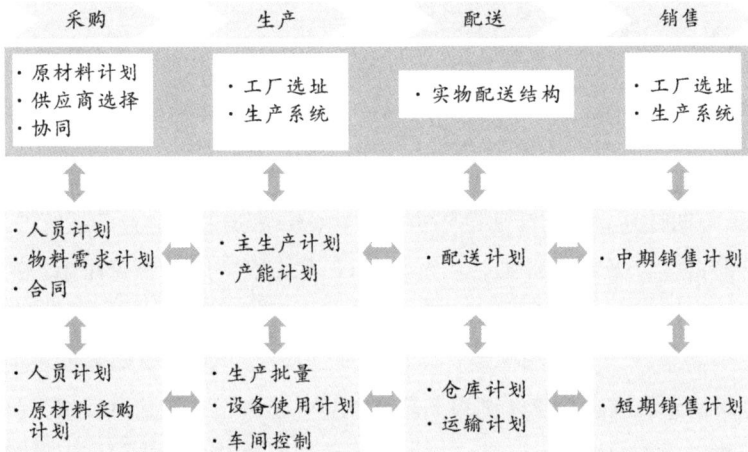

图 9.12　集成化的供应链计划体系

1）长期计划。根据供应链计划矩阵，长期计划层次的决策被称为"战略决策"，它决定了供应链未来发展的基本要求。供应链战略网络计划模块决定了供应链的设计和结构，包括 4 个主要的长期计划，即供应商的选择和合同、工厂选择、配送结构和产品战略销售计划。战略网络计划模块解决供应链中的战略性问题，如需要多少工厂、多少分销中心，以及怎么设置它们的位置、选择怎样的供应商等。协同供应链共同的目标和愿景为这个模块制订了结构框架。而这个框架决定了供应链的设计与客户之间基本物料的流动，以及中期计划里面的供应链计划模块的结构（见图 9.13）。供应链计划模块将为战略网络计划模块提供模拟的主计划，为生产能力的提高提供有用的线索。

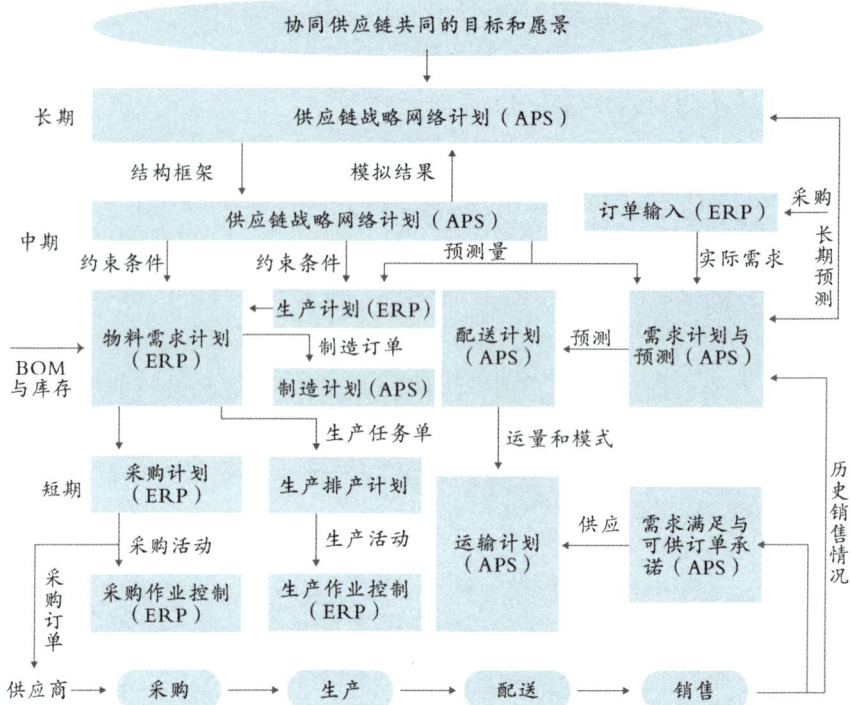

图 9.13　智能化的协同计划与决策

2）中期计划。中期计划主要实现与 ERP、配送及销售业务系统的集成，制订合理的生产及销售计划。系统从 ERP 系统里调用分销商往年的销售信息，通过销售代表的报告、市场研究数据等，对客户的需求进行预测并把数据传送到需求计划与预测模块。中期计划结合 ERP 的订单输入模块提供的实际需求信息，通过运算法则得到预测信息，最终把预测信息反馈到供应链计划模块以及 ERP 的 MPS 模块。供应链计划模块结合结构限制以及预测信息为 MPS 提供生产的瓶颈约束条件。MPS 模块把企业的战略目标、供应链计划大纲等宏观计划转化为生产作业与采购作业等微观作业计划，并把结果传递给 MRP 模块。MRP 根据得到的 MPS、产品结构、工艺路线和批量政策等特征，结合 ERP 系统提供的 BOM 与库存信息，把产品分解成具体操作的零部件的生产作业计划和原材料、外购件的采购作业计划。供应链系统的制造计划模块通过制造订单实现与 MRP 的交互，两者综合考虑了 BOM、库存状况以及采购进程等数据，利用 APS 运算法则，反复论证，得出将要排产的生产任务单以及采购任务单。此时的生产任务单主要包括的是要加工什么、加工多少以及什么时段完成等信息，采购任务单则包括需要什么、需要

多少及需求日期等信息。这些信息将分别提供给短期计划里的生产排产计划模块和采购计划模块。

3）短期计划。ERP 的采购计划模块在得到 MRP 的采购任务单后，根据供应链的环境特点，制订有关采购作业活动详细的时间安排。采购控制模块则通过设置与采购作业相关的参数，将采购物料的数量和质量控制在预定范围内。采购计划模块和采购控制模块同属于采购管理，而采购管理活动的深入、细化和扩展的结果，是形成 ERP 系统与其他供应链系统（包括 APS）的有效集成的关键，也是供应链（网）实现协同的关键环节。制作的采购订单将发给上一级供应商。APS 的生产排产计划模块用来解决实际加工过程中具体到工序、怎么加工、加工地点以及加工时间等信息，从而实现车间任务的准确排产。同时，通过接受对车间活动的监测数据，实现对车间变化信息的动态反映。ERP 的生产作业控制模块也会对 APS 的生产排产计划模块的生产活动进行监督控制。配送计划模块与运输计划模块利用批量和预期时间的短期协调能带来准确的生产—配送计划。

2. 供应链与物流协调子系统

系统协调是指多个子系统对其目标资源等进行合理安排，以调整各自的行为，最大限度地实现系统和各子系统的目标。系统协调的目的是希望通过某种方法来组织或调控各子系统，使之从无序转换为有序，达到协同状态。系统协同程度越高，输出的功能和效应就越大，结果就越有价值，因此，系统的整体功能应大于各部分子系统功能之和。

供应链是典型的需要协调的系统。首先，供应链是由不同利益主体构成的合作型系统，供应链成员在追求自身利润最大化的同时，往往会与其他成员或与系统整体目标产生冲突。如运输商为了降低运输成本，往往一次运输很多货物，而这样常常会增加库存成本。同理，制造商的优化目标是提高生产数量，而这往往会增加分销中心的库存压力，增加库存成本。其次，供应链是动态的，包含许多不确定性因素，如客户订单改变、运输延迟、价格变化、设备故障、紧急订单需求等，处理这些不确定因素需要对销售、财务、物料计划、生产计划、生产控制和运输这些部门的活动和运作进行协调和协作。供应链管理的目的就是协调和控制供应链成员间的物流、信息流、资金流，降低成本，提高利润和服务水平，使整个供应链获得的利益大于各成员企业单独获得的利益之和。供应链是基于"竞争—合作—协调"机制的，协调是供应链稳定运行的基础。

智能 Agent 技术可以支持供应链协调的实现。在基于多智能体的供应链与物流协调系统中，各个 Agent 代表不同的企业或部门，由一定的利益驱动联合在一起，相互协调与协作，共同完成产品从原材料经过加工、装配、销售直到最终用户手中的过程（见图 9.14）（庄品，2004）。

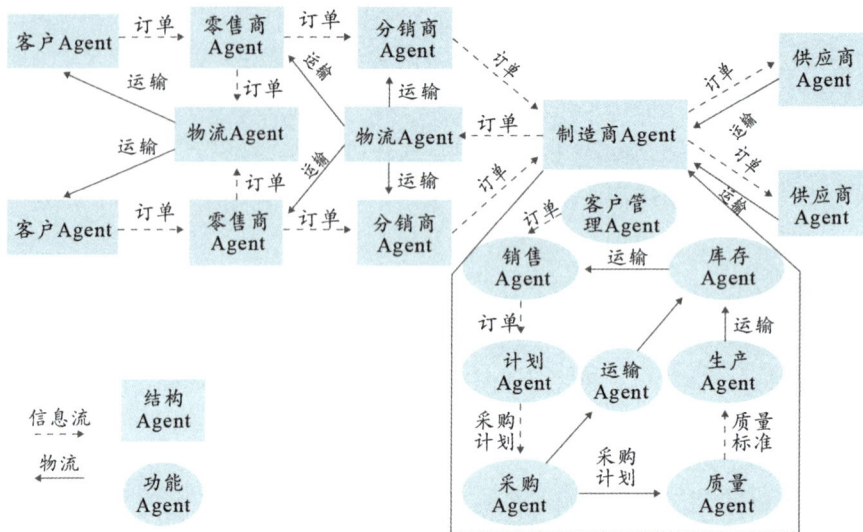

图 9.14　基于智能 Agent 的协调模型

供应链与物流管理系统中每个 Agent 有各自的优化目标，这些优化目标往往与其他 Agent 或供应链系统目标相冲突，因此，必须在 Agent 之间建立有效的协调机制，使各 Agent 能够共担风险，共享利润，增强信息共享与交流，从而提高供应链管理系统的整体绩效。

如何设计一个好的协调机制，使得供应链中各 Agent 能够有效地协调是要解决的重要问题。供应链管理系统中多 Agent 进行协调时，其协调结构有以下 3 种。

1）完全集中式。在完全集中式的多 Agent 系统中，协调方法是主控 Agent 完全控制从属者的行为，由主控 Agent 的一个具有全局信息的中心控制器来完成任务的分解，保证从属 Agent 的行为彼此协调。集中式协调方法降低了系统的复杂性，但要求中心控制器有较强的处理能力，要处理各种不同的冲突来达到全局一致，不适合动态、开放的环境。

2）完全分布式。在完全分布式的多 Agent 系统中，各 Agent 处于平等的地位，彼此之间行为的协调通过各 Agent 内部的推理机制或 Agent 之间的多次交互，必要时进行协商实现。完全分布式的多 Agent 系统最为灵活，但是在实现上比较困难，而且 Agent 之间多次的交互协商降低了系统的效率。

3）集中与分布结合。在集中与分布相结合的多 Agent 系统中，系统中的 Agent 组成层次结构，上层的监控 Agent 对下层的受控 Agent 有部分的控制能力。与单纯的集中式或分布式的协调方式相比，集中与分布相结合的协调方式的系统集成了前两种方式的优点，既具有相当的灵活性，又具有一定的效率，而且在实现上也比较容易。

3. 供应链和物流管理与控制子系统

供应链管理的基本思想是把产品的生产周期看成一个完整的动作过程，即一个供应链，并对其进行集成化的管理，从而避免或减少各过程环节之间的时间延误和资源浪费，用更短的时间、更少的总成本实现增值。供应链管理通常采用面向市场 / 客户的管理方法，以市场需求为原始驱动力来展开。具体地说，从客户订单开始，根据订单的具体要求（产品、品质、数量、日期等）组建一条最低成本、最大增值的供应链，包括原材料的采购、制造到销售的全过程，最终实现订单任务。供应链管理与控制具体可分 3 个阶段：合作伙伴选择、供应链规划及供应链运行控制（见图 9.15）。

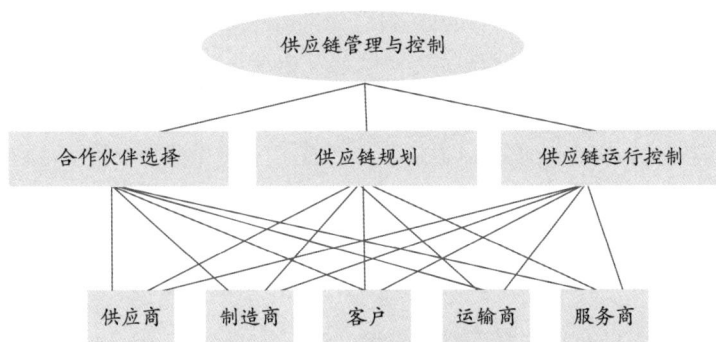

图 9.15　供应链智能管理与控制

（1）合作伙伴选择。核心制造企业根据客户的需求信息和其他渠道的市场信息做出市场需求的预测，制订出市场需求订单（包括直接需求订单和预测需求订单），根据需求订单的时间、质量、成本等方面的要求，量化成对合作伙伴（主要包括供应商、外协制造商、分销商和客户等）的评审指标，然后根据指标对合作伙伴进行资格评审和选择评审，在有限的选取范围内挑选出最佳的合作伙伴，组成供应链，结成战略联盟来服务市场。

（2）供应链规划。主要任务是对企业内的具体功能或具体操作做出修改调整。首先要求各节点企业间的信息共享（主要包括采购信息、生产信息、库存信息、客户服务信息等），这是供应链优化集成的最低要求，只有互相的充分了解，才有可能进行"无缝"连接；其次是各企业在了解的基础上提出自己的要求，由核心企业汇集，与各合作伙伴从供应链全局角度进行协商，规划整条供应链，使其发挥最大的效用。在规划过程中要遵循"利益共享，风险共担"的原则。

（3）供应链运行控制。供应链运行控制功能和控制流程如下：

1）由协调决策中心根据市场机遇（或订单）选择合作伙伴，即进行供应商、制造商、客户（包括分销商）的选择；

2）利用过程管理代理建立供应链运行逻辑模型，作为供应链业务流程协调和监控的基础；

3）在供应链运作过程中，一旦合作伙伴将执行进度或有关信息反馈到供应链管理集成平台时，过程管理代理参照运行逻辑模型进行调度，启动策略管理器决定由谁负责做，以及具体有什么要求等；

4）由过程管理器进一步查找负责该活动的合作伙伴，然后将信息交工作流引擎来决定下一步做什么；

5）过程管理器将由谁做、在哪里做、做什么等信息，作为任务信息，以 XML 格式加入到任务列表代理中；

6）最后由任务列表代理将这些信息发送至正确的地点，由相应的合作伙伴来完成。

供应链运行控制功能可以通过工作流技术实现，只要合作伙伴将有关进度信息或其他相关信息反馈到工作流系统中，系统就可以做出正确的响应，从而实现供应链业务流程的协调运作和监控。

四、沃尔玛的智能物流与供应链系统

（一）沃尔玛供应链与物流管理概要

沃尔玛百货有限公司由美国零售业的传奇人物山姆·沃尔顿先生于1962 年在阿肯色州成立，经过五十余年的发展，沃尔玛已经成为美国最大的私人雇主和世界上最大的连锁零售商。目前沃尔玛在全球十几个国家开设了超过 8 500 家商场，员工总数 220 多万。每周光临沃尔玛的顾客近 2 亿人次。2015 年沃尔玛全球的销售额达到 4 821 亿美元，连续多年荣登《财富》杂志世界 500 强企业和"最受尊敬企业"排行榜。

沃尔玛的业务之所以能够迅速增长，并成为零售业巨头，与其强大的供应链与物流系统是分不开的。沃尔玛在其供应链与物流系统的规划、建设与

管理方面也积累了大量经验，取得令人瞩目的成果。沃尔玛的供应链与物流管理具有以下特色。

1. 低成本的物流配送

稍了解沃尔玛的人都知道，低成本战略使物流成本始终保持低位，是像沃尔玛这种廉价商品零售商的看家本领。在物流运营过程中尽可能降低成本，把节省后的成本让利于消费者，这是沃尔玛一贯的经营宗旨。

沃尔玛在整个物流过程当中，最昂贵的就是运输部分，所以沃尔玛在设置新卖场时，尽量以其现有配送中心为出发点，卖场一般都设在配送中心周围，以缩短送货时间，降低送货成本。沃尔玛在物流方面的投资，也非常集中地用于物流配送中心建设。

2. 快速高效的物流配送中心

物流配送中心一般设立在 100 多家零售店的中央位置，也就是配送中心设立在销售主市场。这使得一个配送中心可以满足周边城市 100 多个销售网点的需求；另外运输的半径既比较短又比较均匀，基本上是以 320 千米为一个商圈建立一个配送中心。

沃尔玛各分店的订单信息通过公司的高速通信网络传递到配送中心，配送中心整合后正式向供应商订货。供应商可以把商品直接送到订货的商店，也可以送到配送中心。有人这样形容沃尔玛的配送中心，这些巨型建筑的平均面积超过 11 万平方米，相当于 24 个足球场那么大，里面装着人们所能想象的各种各样的商品，从牙膏到电视机，从卫生巾到玩具，应有尽有，商品种类超过 8 万种。沃尔玛在美国拥有 62 个以上的配送中心，为 4 000 多家商场提供服务。这些中心按照各地的贸易区域精心部署，通常情况下，从任何一个中心出发，汽车可在一天内到达它所服务的商店。

在配送中心，计算机掌管着一切。供应商将商品送到配送中心后，先经过采购计划核对、商品检验等程序，然后分别送到货架的不同位置存放。当每一样商品储存进去的时候，计算机都会把它们的方位和数量一一记录下来；一旦商店提出要货计划，计算机就会查找出这些货物的存放位置，并打印出印有商店代号的标签，以供贴到商品上。整包装的商品将被直接送上传送带，零散的商品由工作人员取出后，也会被送上传送带。商品在长达几千米的传送带上进进出出，通过智能条码和标签识别产品信息，然后把它们送到该送的地方去，传送带上一天输出的货物可达 20 万箱。对于零散的商品，传送带上有一些信号灯，有红的，有黄的，有绿的，员工可以根据信号灯的提示来确定商品应该被送往的商店，并将取到的商品放到一个箱子当中，以避免浪费空间。

配送中心的一端是装货平台，可供 130 辆卡车同时装货，在另一端是卸货平台，可同时停放 135 辆卡车。配送中心 24 小时不停地运转，平均每天接待的装卸货物的卡车超过 200 辆。沃尔玛用一种尽可能大的卡车运送货物，大约有 16 米加长的货柜，比集装箱运输卡车更长或者更高，在美国的公路上经常可以看到这样的车队。沃尔玛的卡车都是自己的，司机也是沃尔玛的员工，他们在美国的各个州之间的高速公路上穿行，而且车中的每立方米都被填得满满的，这样非常有助于节约成本。

公司 6 000 多辆运输卡车全部安装了卫星定位系统，每辆车在什么位置、装载什么货物、目的地是什么地方，总部都一目了然。因此，在任何时候，调度中心都可以知道这些车辆在什么地方，离商店还有多远。对此，沃尔玛精确到小时。如果员工知道车队由于天气、修路等某种原因耽误了到达时间，装卸工人就可以不用再等待，而可以安排别的工作。

3. 高效的物流配送

灵活高效的物流配送使沃尔玛在激烈的零售业竞争中技高一筹。沃尔玛可以保证，商品从配送中心运到任何一家商店的时间不超过 48 小时，沃尔玛的分店货架平均一周可以补货两次，而其他同业商店平均两周才能补一次货；通过维持尽量少的存货，沃尔玛既节省了存储空间又降低了库存成本。

经济学家斯通博士在对美国零售企业的研究中发现，在美国的 3 大零售企业中，商品物流成本占销售额的比例在沃尔玛是 1.3%，在凯马特是 9.75%，在希尔斯是 5%。如果年销售额都按照 250 亿美元计算，沃尔玛的物流成本要比凯马特少 19.625 亿美元，比希尔斯少 4.25 亿美元，其差额大得惊人。

（二）智能供应链与物流技术在沃尔玛的应用

沃尔玛之所以成功，很大程度上是因为它至少提前 10 年（较竞争对手）将尖端科技和供应链与物流系统进行了巧妙搭配，实现了智能化的供应链与物流管理。

早在 20 世纪 70 年代，沃尔玛就开始使用计算机进行管理；20 世纪 80 年代初，他们又花费 4 亿美元购买了商业卫星，实现了全球联网；20 世纪 90 年代，采用了全球领先的卫星定位系统（GPS），控制公司的物流，提高配送

效率，以速度和质量赢得用户的满意度和忠诚度。

沃尔玛所有的系统都是基于 UNIX 的配送系统，采用传送带和非常大的开放式平台，并采用产品代码，以及自动补货系统和智能标签识别系统。所有这些为沃尔玛节省了相当多的成本。沃尔玛一直崇尚采用最现代化、最先进的系统，进行合理的运输安排。

在智能供应链与物流技术应用方面，沃尔玛建设了一批相关的应用系统。

1. 建立全球第一个物流数据处理中心

20 世纪 70 年代沃尔玛建立了物流的管理信息系统（MIS），负责处理系统报表，加快了运作速度。20 世纪 80 年代初，沃尔玛与休斯公司合作发射物流通信卫星。物流通信卫星使沃尔玛产生了跳跃性的发展。1983 年采用了 POS 机，即销售站点数据系统。1985 年建立了 EDI，即电子数据交换系统，进行无纸化作业，所有信息全部在电脑上运作。1986 年又建立了 QR，称为快速反应机制。

沃尔玛在全球第一个实现集团内部 24 小时计算机物流网络化监控，使采购、库存、订货、配送和销售一体化。例如，顾客到沃尔玛店里购物，然后通过 POS 机打印发票，与此同时负责生产计划、采购计划的人员以及供应商的电脑上就会同时显示信息，各个环节通过信息及时完成本职工作，从而减少了很多不必要的时间浪费，加快了物流的循环。

2. 先进的物流信息技术

沃尔玛在日常的运作过程中将射频技术（Radio Frequency，RF）和条形码结合起来应用，能及时有效地对企业物流信息进行采集跟踪。特别是射频标识技术已在沃尔玛得到广泛应用。射频标识技术是一种非接触式的自动识别技术，它通过射频信号自动识别目标对象并获取相关数据，识别工作无须人工干预，可在各种恶劣环境下工作。2004 年，沃尔玛公司要求其前 100 家供应商，在 2005 年 1 月之前向其配送中心发送货盘和包装箱时使用无线射频识别（RFID）技术，2006 年 1 月前在单件商品中投入使用。同时，沃尔玛大规模采用了便携式数据终端设备。传统的方式到货以后要打电话、发 E-mail 或者发报表，而通过便携式数据终端设备可以直接查询货物情况。

3. "无缝"供应链的运用

物流的含义不仅包括了物资流动和存储，还包含了上下游企业的配合程度。沃尔玛之所以能够取得成功，很大程度上在于它采取了"无缝点对点"的物流系统。"无缝"的意思指的是使整个供应链达到一种非常顺畅的连接。沃尔玛所指的供应链是说产品从工厂到商店的货架这个过程应尽可能平滑，就像一件外衣一样是没有缝的。在供应链中，每一个供应者都是这个链当中的一个环节，沃尔玛使整个供应链成为一个非常平稳、光滑、顺畅的过程。这样，沃尔玛的运输、配送以及对于订单与购买的处理等所有的过程，都是一个完整网络当中的一部分，从而大大降低了物流成本。

在衔接上游客户上，沃尔玛有一个非常好的系统，可以使供货商直接进入到沃尔玛的系统，沃尔玛称之为"零售链接"。通过零售链接，供货商可以随时了解销售情况，对将来货物的需求量进行预测，产品成本也可以降低，从而使整个流程成为一个"无缝"的过程。

在沃尔玛和宝洁的案例中，沃尔玛利用 RFID 技术实现了便捷、快速、可靠的信息跟踪。这远远超越了传统条码需要人为的单条信息扫描的方式。比如，沃尔玛的系统和宝洁的系统之间实现了无缝的信息交换，在供应链全生命周期过程中，产品从生产完成贴标签之后就可以被一直跟踪，包括物流、配送、存储、进仓出仓及产品召回等全过程。

物流的循环没有结束，也没有开始，它实际上是循环的过程。在这个循环过程当中，任何一点都可以作为开始，而且循环涉及每一点。顾客购买了某一产品之后，与配送中心联系在一起的系统就开始自动进行及时的补货。配送中心实际上是一个中枢，有供货方的产品，然后提供给商场。供货商只需把货物提供给配送中心，可以减少很多成本。

沃尔玛有时采用空运，有时采用轮船运输，还有一些时候采用公路运输。在中国，沃尔玛百分之百采用公路运输，就是用卡车把产品运到商场，然后卸货，再自动放到商店的系统中。在沃尔玛的物流中，非常重要的一点是，沃尔玛必须确保商店所得到的产品与发货单上完全一致，因此，沃尔玛的整个过程都要确保是精确的、没有任何错误的。商店把整个卡车上的货品卸下来就可以了，而不用把每个产品检查一遍，因为它们相信过来的产品是没有任何失误的，这样就可以节省很多时间，而商店在接受货物以后就直接放到货架上，来卖给消费者。这就是沃尔玛物流的整个循环过程。

沃尔玛进行物流业务的指导原则，不管是在美国还是世界上其他地方，都是百分之百一致和完整的物流体系。不管物流的项目是大项目还是小项目，沃尔玛必须把所有的物流过程集中到一个伞形结构之下。在供应链中，每一个供应者都是供应链中的一个环节，沃尔玛必须使整个供应链是一个非

常平稳、光滑的过程，一个顺畅的过程。这样，沃尔玛的运输、配送以及对于订单与购买的处理等所有的过程，都是一个完整的网络当中的一部分。这样的优势是可以大大降低成本。在沃尔玛的供应链当中，能够做到这一点，就可以把所有环节上能够节省的钱都节省下来。这样，整个链条、整个环节就可以节省不少钱。

沃尔玛的物流部门实行的是每天 24 小时、每周 7 天的运作。沃尔玛的产品卖得非常多，物流的支持是非常必要的，必须确保这些产品是在不断地流向沃尔玛的商店，而没有任何停止的过程。

（三）沃尔玛智能供应链与物流管理的启示

沃尔玛的成功既可以说是优秀的商业模式与先进的信息技术应用的有机结合，也可说是沃尔玛对自身的"商业零售企业"身份的超越。

通过以上对沃尔玛的分析研究可以发现，沃尔玛给人们留下印象最深刻的，是它的一整套先进、高效的物流和供应链管理系统。沃尔玛在全球各地的配送中心、连锁店、仓储库房和货物运输车辆以及合作伙伴（如供应商等）都被这一系统集中、有效地管理和优化，形成了一个灵活、高效的产品生产、配送和销售网络。为此，沃尔玛甚至不惜重金，专门购置物流卫星来保证这一网络的信息传递。

沃尔玛的成功经验可能对我国相当多的企业来说有点"望洋兴叹"的感觉，且不说沃尔玛拥有自己的卫星和遍布全球的大型服务器，仅仅是沃尔玛的每一台货物运输车辆上都拥有卫星移动计算机系统这一点，我国企业就难以效仿。同样，维持这一庞大网络的 IT 投入和升级管理费用也并不是多数企业可以承担的。

目前我国已经有不少企业正在加紧信息化建设，其中有部分企业也在实施和应用供应链管理系统，但收效却很难与沃尔玛相比。原因在于某些供应链管理软件更多的是由 IT 技术人员和程序员来开发的，而代表了世界先进水平的管理思想和理念却很难模仿。另外，我国企业在构建全国范围内的供应链管理系统时，可能会遇到经验、人员、资金上的困难，更多的情况是面临着国内企业基础管理较弱、整体信息化程度不高的问题。在由"沃尔玛现象"引发的全球物流与供应链管理建设潮流中，我国逐步成为世界的制造中心，正在迎来一个物流管理与供应链管理发展的好机遇（包厚华，2012；李蔚田，神会存，2013）。

第10章

iCity 智能制造中的传感器及
传感网技术

传感器和传感网是智能制造的基石，是信息采集、处理的基础。智能制造对传感器和传感网的要求包含感知、识别、监测、通信等多个层面，期望传感器和传感网技术能够广泛地应用于生产的各个环节，增强制造的灵活性和互操控性。

本章首先从信息处理的角度描述了智能制造对传感器及传感网技术的需求，并以美国、德国新一代工业革命为引，阐明智能制造中传感器及传感网的广泛使用是一种必然趋势。对比看来，我国传感器及传感网产业虽然发展势头较好，但与国际先进水平的差距依然较大，目前还处于标准制定、技术攻关阶段，没有完全走上产、学、研相结合的道路。

随后，以国内外现有研究成果为基础，简要归纳了传感器及传感网的关键技术，并以工业需求为背景，预测未来 20 年传感器及传感网发展的方向。对于那些由于生产环境、自然环境恶劣导致状态实时监控难度大的工业场景来说，传感器和传感网是较为理想的选择。

智能制造中的传感器及传感网技术研究能够保障采集信息的多样性、有效性和传递信息的及时性、准确性，对改善工业生产中的过程控制、内部定位有很大帮助。

在信息采集、传递的基础上，面向离散加工和连续加工的过程控制模型，将测量、评估和控制有机结合，通过动态数据驱动、自适应控制等后处理手段，实时响应系统内、外部变化，优化系统运行，提高资源利用率和生产效率，提升系统决策优势和自适应能力，也为建立嵌入式、模块化集成传感模型，最终形成工业物联网奠定基础。

一、概　述

目前，信息化制造技术已被广泛地应用于工业领域，融入生产的各个环节以增强制造系统的灵活性和互操控性，为经济转型和城市发展提供支撑和动力，未来的制造业将逐步由智能制造驱动（路甬祥，2010）。

智能制造系统能够通过由传感器、执行器（Actuators）和传感网组成的智能传感系统与外界环境相交互，及时感知、持续监测、预处理、快速传递制造过程中产生的海量、多源数据。智能传感技术能够协助提升制造系统的信息处理效率，促进制造系统由能量驱动型向动态信息驱动型转变，提高制造的自主性，最终实现全面的过程控制。

随着微电子系统、嵌入式技术、无线网络技术的发展和应用，赛博物理系统（Cyber Physical Systems，CPS）的概念逐渐引起国内外关注，乃至引起国家层面的重视。维基百科对赛博物理系统的定义是：一类计算单元与物理对象通过通信网络高度集成的复杂系统[①]。从 2007 年开始，美国、欧盟、日本、韩国、中国的政府、研究机构、高校逐步开展对赛博物理系统的研究，时至今日赛博物理系统已成为学术界和工业界的热点（何积丰，2010）。

从长远来看，将计算、通信、控制能力嵌入制造设备中，不但可以增强设备的智能程度，还能够为赛博物理系统在网络系统、计算系统和控制系统方面面临的关键问题给出面向整体制造领域的解决方案。

二、需求与国内外现状

（一）需　求

智能制造中的传感器及传感网要求节点集监测、通信于一身，不仅具有感知和识别的功能，还能够对信息进行收发，支持快速构建智能制造工况、服务感知环境。智能制造过程平台需要通过智能传感系统对产品、过程、资源的状态进行实时数据采集、持续监控和预处理，以增强制造业实时质量监控能力，为企业实现完善的产品生命周期管理奠定基础。

传感器和传感网是智能制造的基石。智能制造企业对信息采集的覆盖率、功能要求日益提高，未来将更加需要集成化、智能化、微型化的嵌入式智能传感器，为不同的制造活动提供帮助。在智能制造的环境中，传感器间同步与协作是信息交互、数据分析的基础；传感器自校正与自诊断功能，以及对网络化的支持是智能制造节点必备的功能。随着传感器种类的增多，网络接口与协议标准的规范化程度不足已成为制约其推广的瓶颈，面向异构传感网的系统化通信协议及接口标准是智能传感节点广泛应用的前提。

信息处理能力是智能制造的核心。随着产品性能指标多元化程度、结构复杂度、精细度、功能完善度的不断提升，对海量、突发、多源制造信息的

---

① Wikipedia. Cyber-Physical System [EB/OL]. [2014-06-01]. http://en.wikipedia.org/wiki/Cyber-physical-system.

处理能力和效率成为检验制造系统智能化程度的重要指标。近年来，制造过程中的复杂系统越来越多，集测量、计算、分析、理解和管理于一身的先进制造架构包括大量终端设备、传感网络和控制系统，依赖多级模型完成数据表达，创造出了前所未有的数据量。通过预处理将非结构化数据转化为结构化数据，提高生产效率是制造业迫切的需求。

在制造过程中，传感网为不同制造活动提供了统一的交互平台，未来针对不同制造环境的网络组织模式将向着组网快速、组态灵活的方向发展；此外，制造信息传递的实时性、抗干扰性、可靠性和安全性对传感器网络架构、传感网服务质量提出了较高的要求，需要开展传感网信息安全、隐私保护、服务质量等方面的研究，以增强智能制造系统，乃至 CPS 的可重构和自适应能力。

传感器和传感网作为一种通用技术，除了用于智能制造领域外，在智能城市的其他领域也有着广泛的应用前景，是智能城市不可或缺的关键部分。

（二）现　状

2011 年 6 月 24 日，美国政府宣布了一项超过 5 亿美元的"先进制造伙伴关系"计划，通过政府、高校和企业的合作来强化美国制造业。该计划的筹划指导委员会于 2012 年 6 月提交了"致总统的一封信：如何夺回先进制造业竞争优势"的报告。该报告针对启动改革、拓宽人才渠道和改善商业环境 3 个关键领域提出 16 项战略性建议，并根据美国制造业的实际情况提出技术发展、共享基础设施、教育及劳动力发展、政策和超越（Outreach）5 个工作流目标；在技术发展工作流目标中，该报告针对"哪些先进制造技术对保持美国制造业竞争力起着重要作用"这一问题展开广泛调研，在工业界和高校的反馈中，先进传感、测量和过程控制技术（包括 CPS）分别排名第一和第二位，见图 10.1 和图 10.2（Faskianos，2012）。

2011 年 11 月，德国政府提出"高技术战略 2020 计划"，旨在通过技术改革确保德国在环境与能源、健康与食物、移动化、安全性和通信等方面的竞争优势，由"工业—科学研究联盟（Industry-Science Research Alliance）"负责研究、制定具体的中期（10～15 年）科技发展目标。2013 年 4 月，该联盟下的 Industrie 4.0 工作组发布《确保德国制造业的未来——实现主动战略 Industrie 4.0 的建议》报告，提出以 CPS 为核心的"第四次工业革命"概念，将嵌入式制造系统看作支撑智能工厂（Smart Factory）的核心模块，认为未来的智能工厂将以物联网（Internet of Things）和务联网（Internet of Service）为基础，建立在"感知—评估—控制"的过程控制流程下。在该报告的描述中，智能车间将是一个具备无线环境以及RFID、传感器、执行器等物理设施，基于服务的架构，主要起过程控制和精确内部定位等作用，见图10.3和图10.4①。

Industry Survey Results: Advanced Technologies Required to Retain and Grow U.S. Manufacturing

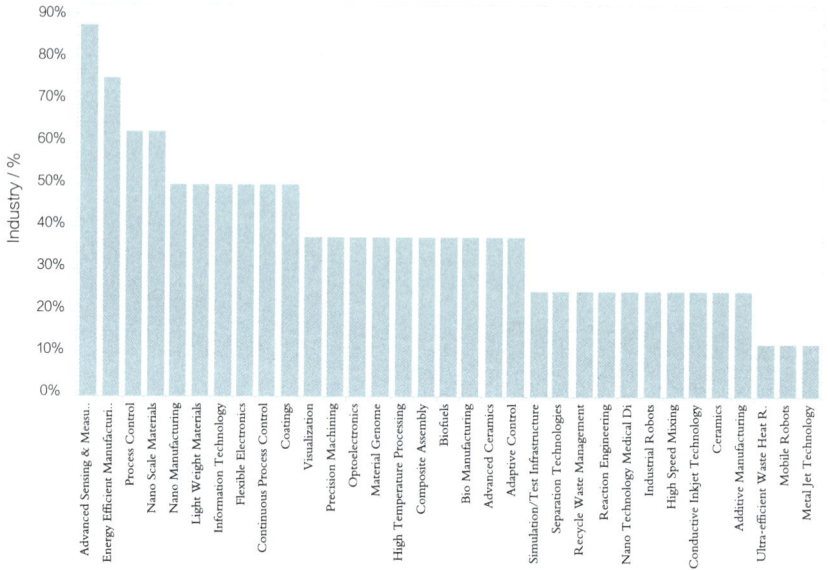

图 10.1　工业界调查反馈

University Survey Results: Advanced Technologies Required to Grow U.S. Manufacturing

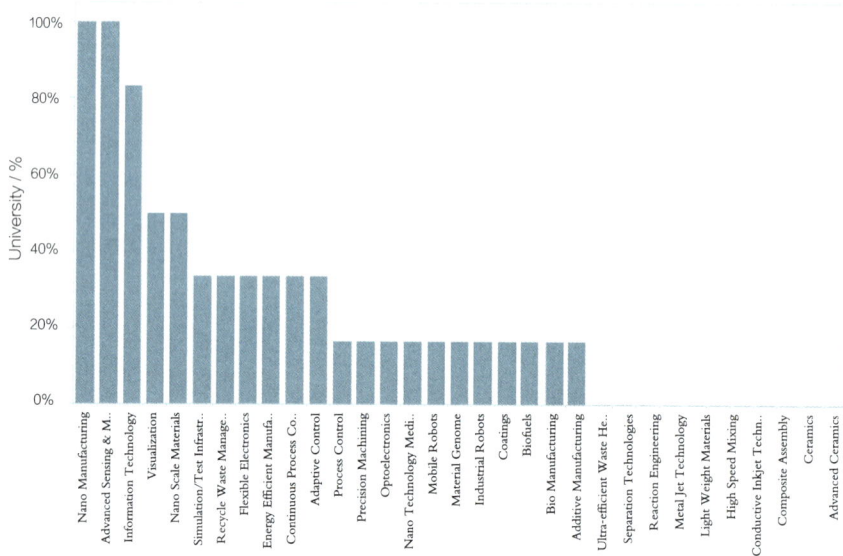

图 10.2　高校调查反馈

---

① Wikipedia. ZigBee. http://en.wikipedia.org/wiki/ZigBee.

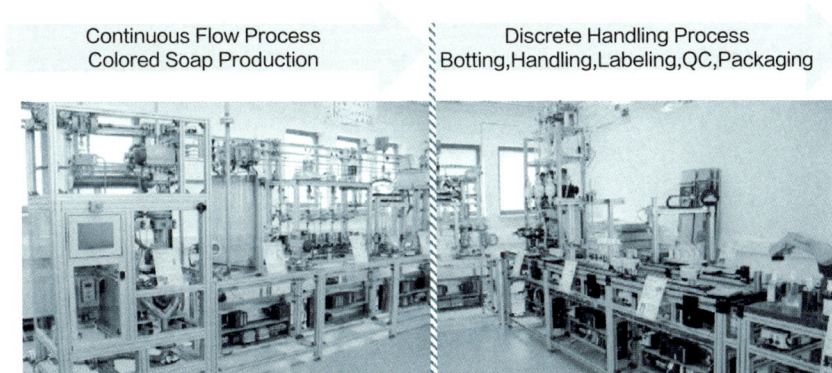

Continuous Flow Process
Colored Soap Production

Discrete Handling Process
Botting,Handling,Labeling,QC,Packaging

图 10.3　嵌入式、模块化传感系统在连续流和离散处理加工中的应用

图 10.4　嵌入式、模块化传感系统在精确内部定位中的应用

可以预计，智能制造中传感器及传感网的广泛使用是一种必然趋势，它们的出现将会给人类社会带来极大变革。

1. 传感器

我国传感器产业正处于由传统型向新型传感器发展的关键阶段，经历了仿制和引进阶段，正逐步走入自主创新阶段，在高精度压力传感器等个别领域也取得了重大突破，体现了新型传感器向高精度、微型化、智能化、数字化、集成化和网络化发展的总趋势。我国传感器产业布局主要以传感器国家重点实验室、传感器国家工程研究中心和生产型公司 3 方面组成（徐开先等，2013）。传感器产业基础面广，对敏感材料、工艺技术依赖性较强，属于技术密集、资金密集、人才密集的产业，其产品能够被国民经济各个行业所使用。

传感器技术作为现代信息技术支柱之一，越来越受到国家重视。2012年年初，工信部装备工业司公布《智能制造装备产业"十二五"发展路线图》，其中新型传感器及其系统——新原理、新效应传感器，新材料传感器，微型化、智能化、低功耗传感器，集成化传感器（如单传感器阵列集成和多传感器集成）和无线传感器网络，位列8项核心智能测控装置与部件之首。2013年2月，工信部、科技部、财政部、国家标准化管理委员会联合制定了《加快推进传感器及智能化仪器仪表产业发展行动计划》，计划在2025年前，我国传感器及智能化仪器仪表产业整体水平跨入世界先进行列，产业形态实现由"生产型制造"向"服务型制造"的转变，涉及国防和重点产业安全、重大工程所需的传感器及智能化仪器仪表实现自主制造和自主可控，高端产品和服务市场占有率提高到50%以上。

在传感器标准化方面，国际标准主要由IEC SC65B负责制定，已开展了多项智能传感器（Intelligent Sensors）的标准制修订工作（丁露，2009）。目前我国传感器标准规范匮乏，全国工业过程测量和控制标准化技术委员会于2013年9月成立标准起草工作组，着手实施智能传感器及工业生产应用等19项国家标准的起草工作[①]。目前国内外MEMS传感器的标准发展均较为薄弱，已颁布MEMS传感器标准的机构主要有国际电工技术委员会（IEC）和半导体工艺和设备技术委员会（SEMI）（陈勤等，2007）。IEC于2005年颁布了MEMS器件通用术语，还有两个试验方法在制定中；SEMI也有3项关于MEMS传感器的标准，主要涉及工艺；美国国家航空航天局（NASA）火箭发射中心于2004年发布了"MIG Industry Report Focus on Reliability"（MEMS Industry Group，2004），介绍了与MEMS相关的生产技术和可靠性评价方法。国内MEMS传感器的标准基本空白。

在工业过程控制方面，计算机技术已比较成熟，需要采集的信息不断增加，生产过程要求采用更多的各类传感器，诸如压敏、热敏、光敏、气敏、湿敏、磁敏和光电转换器件等，把大量非电量的物化参数转换成控制信息，以满足电力、石油化工、钢铁、有色金属等各个行业、各种工业过程的自动

---

① 全国工业过程测量和控制标准化技术委员会（SAC/TC124）秘书处. 关于物联网智能传感器及工业生产应用等19项国家标准起草工作组的有关规定 [EB/OL]. [2013-08-19]. http://www.tc124.com/hyxy.aspx?id=925.

化、智能化程度快速发展的需求。加工过程中合理地使用传感器能够有效增强操作者的感官功能以及机床操作的控制效果，并且已经成为加工过程中的一种良好的辅助手段，是加工过程智能化的重要基础。

以近年来在超精密加工中得到广泛应用的声发射传感器为例：声发射是材料或结构在受到外力或内力作用产生变形或断裂时以弹性波形式释放出的应变能（杜功焕等，2001）。声发射的覆盖频率范围很宽，可以从几赫兹的次声频到20赫兹～20千赫兹的音频，一直到数兆赫兹的超声频。声发射信号幅度的变化范围也很大，小到微观位错运动的微米量级，大到地震波米量级。当声发射释放的应变能达到足够强度且频率适当时，就可以产生人耳能够听得见的声音（袁振明等，1985）。明朝《天工开物》记载了原始的声发射检测技术："凡釜既成后，试法以轻杖敲之，响声如木者佳，声有差响则铁质未熟之故，他日易为损坏。"

图 10.5（Dornfeld，2013）集中对比了在不同的加工精度级别上和控制不同的工艺参数时几种常见传感器的应用情况。图 10.5 中各个图块颜色的深浅也示意了其相对应用量的大小。如图中所示，声发射技术不仅具有更宽的应用面，并且在高精度等级加工和表征亚表层损伤、材料各向异性方面更具有优势。

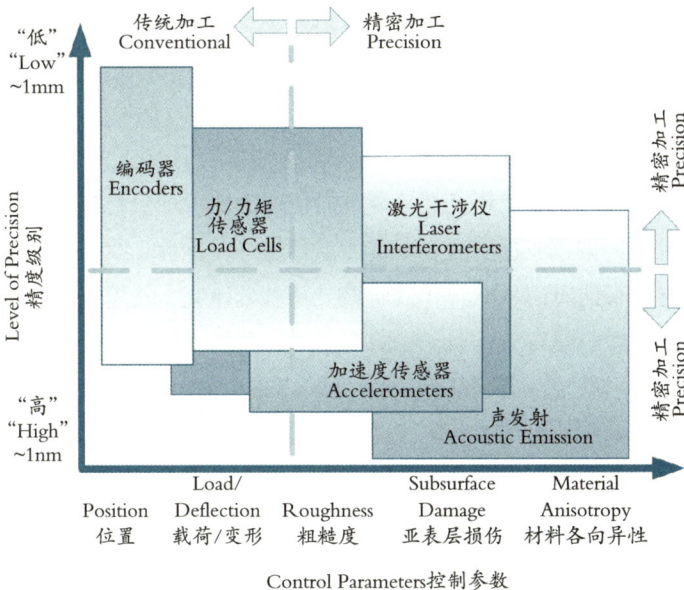

图10.5　不同加工精度和参数控制的传感器应用情况

改革开放以来，我国传感器技术及其产业取得了长足进步，产业布局基本形成，门类较为齐全，传感器元器件的设计、生产水平普遍提高。但今天活跃在国际市场上的仍是德国、日本、美国、俄国等老牌工业国家的企业，我国重大工程所使用的关键传感器也大多依赖进口。相比之下，我国传感器行业总体技术水平相对落后，中国传感器的应用范围较窄，更多的应用仍然停留在工业测量与控制等基础应用领域，与国外发达国家相比仍有较大差距：①科技创新差，核心制造技术严重滞后于国外，拥有自主知识产权的产品少，品种不全；②投资强度偏低，科研设备和生产工艺装备落后，成果水平低，产品质量差；③工业测控领域传感器标准化研究相对投入少、起步晚，滞后于世界工业信息化的发展水平；④研发与生产脱节，影响科研成果的转化，综合实力较低，产业发展后劲不足；⑤对于新型 MEMS 传感器的研发投入不够，总体技术水平较差，没有形成规模，仍以高校和研究所为主体，没有走上大学、研究所和企业合作开发的良性发展道路。

2. 传感网

发达国家如美国，非常重视无线传感网络（WSN）的发展。无线传感网的构想由美国军方提出，美国国防部先进研究项目局（Defense Advanced Research Projects Agency）于 1978 年开始资助卡内基－梅隆大学进行分布式传感网的研究。美国学术界和工业界联合创办了传感网络协会（Sensor Network Consortium），期望能促进传感器联网技术开发（张婷婷，2011）。2003 年 2 月的《技术评论》杂志（美国）将无线传感网络列为未来新兴十大技术第一位。

我国现代意义的无线传感器网络及其应用研究首次正式出现于 1999 年中国科学院"知识创新工程试点领域方向研究"的《信息与自动化领域研究报告》中，作为该领域提出的 5 个重大项目之一。目前，我国传感网产业正处于由研究成果向应用领域转化的阶段，从基础研究、技术攻关和示范应用等不同层次开展的项目，推动了我国传感网的发展进程。2006 年年初发布的《国家中长期科学与技术发展规划纲要（2006—2020 年）》中确定了智能感知技术和自组织网络技术两个与无线传感网络研究直接相关的前沿技术。国家自然科学基金委员会从 2002 年开始资助了一系列有关传感器的研究。国家重点基础研究发展计划（973 计划）于 2006 年资助了多项无线传感网络的基础理论研究。国家高技术研究发展计划（863 计划）也于 2006 年起资助了多项探索导向型和目标导向型项目。

目前 ISO/IEC JTC1、IEEE、ITU 和 IETF 等组织都在组织开展传感网标准研究工作。ITU 认为传感网必将成为下一代网络（NGN）的重要组成部分

（郭楠，徐全平，2009）。ISO/IEC JTC1 于 2007 年年底成立传感器网络研究组
（SGSN，现已被 ISO/IEC JTC1 WG7 取代），在传感网国际标准的制定方面开
展研究与探索（徐全平，张晖，2009）。IEEE 1451[①]协议族通过一套通用通信
接口实现将变送器（传感器和执行器）连接到网络系统的目的，一定程度上
能够解决总线标准不统一、网络兼容性等问题。ZigBee 技术[②]具有低功耗、低
成本、大容量和短时延等优点，其联盟提出的协议栈在上层组网方面也被广
泛接受。IEEE 802.15.4[③]定义了近距离无线通信的物理层和链路层规范，也已
广泛被使用。

　　中国传感器网络标准工作组（WGSN）于 2009 年 9 月在北京成立，偏
重传感器网络层面标准研究，已提出有关传感网的多项国家标准。2012 年 4
月，北京市率先提出了《北京传感器与传感网产业技术路线图研究》，指出了
未来 5 年北京传感网产业技术发展的总体目标、关键技术路线及在公共管理
等领域的具体发展举措。由我国发起的"传感网信息安全模型""传感网安
全数据融合"两项国际标准提案于 2011 年获得 ISO/IEC JTC1/SC6 接受，并
于 2012 年写入 ISO/IEC 29180 标准文本，正式发布（陈一星等，2013）。

　　无线传感网立足无线通信协议，利用传感器作为中间节点，传递被采集
物体"HOW"的问题。从工业现场总线到 Ad Hoc，传感网通过各类传感器
协同实时监测、采集装备的信息，并及时将数据传递给观察者以供决策。目
前传感器组网模式和网络协议等方向的研究较为成熟，传感网组网模式主要
有 3 种，见图 10.6、图 10.7、图 10.8（Park et al.，2007）。

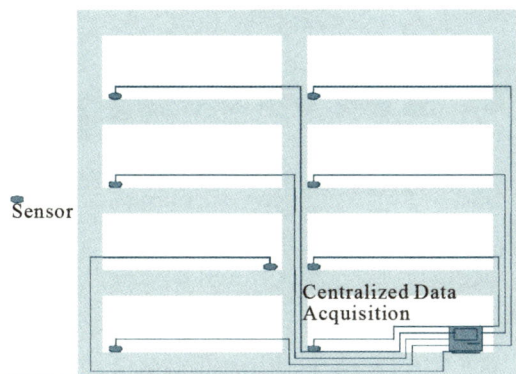

图 10.6　传感器阵列直连中央处理硬件

---

① Wikipedia. IEEE 1451. http://en.wikipedia.org/wiki/IEEE_1451.

② Wikipedia. ZigBee. http://en.wikipedia.org/wiki/ZigBee.

③ Wikipedia. IEEE 802.15. http://en.wikipedia.org/wiki/IEEE_802.15.

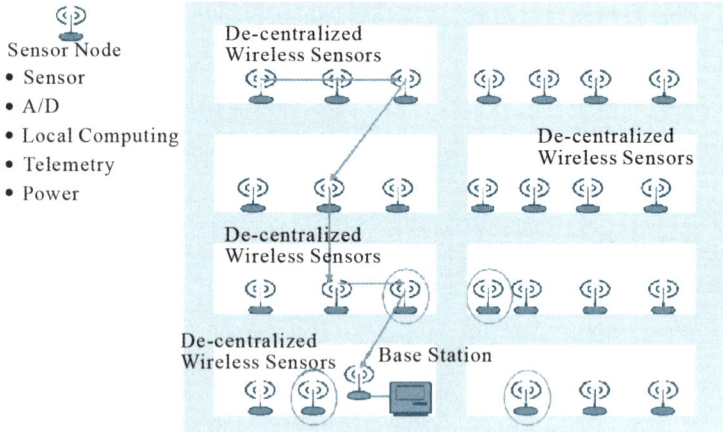

图 10.7　跳跃连接的分布式感知和处理

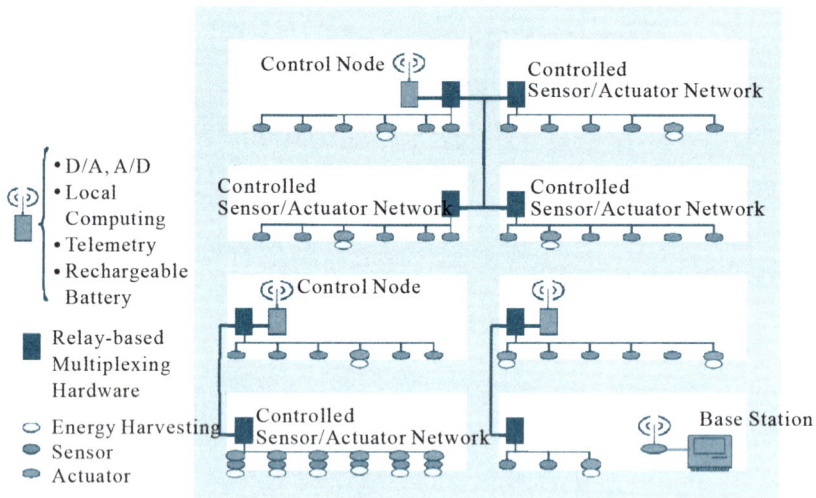

图 10.8　混合连接的分布式有源感知和处理

　　传感器阵列直连中央处理硬件是由传感器通过数据总线方式连接到中心化数据处理单元而构成传感网的模式，工业现场总线是符合这一模式典型的多点通信传感网。这种模式下传感器间相互独立，通过中心单元进行同步和无源传感，对工业干扰有较强的抗性；但是必须由 AC 电源供电，导线较长易造成单点失效，布线复杂、耗时，维护费用较高。跳跃连接的分布式感知和处理是以自组织形式构建网络的传感网模式（Ad Hoc），可以有效地克服有线传感网对范围、布线的限制，减少维护费用；但在此架构下多传感器并发请求所造成的数据碰撞会导致传感网可扩展性降低，且在有源传感（Active

Sensor）系统部署时存在着传感与作动单元时同步（Time Synchronization）问题。混合连接的分布式有源（Active Sensing）感知和处理是前两种模式的混合，类似于 Mesh 网络的分级结构。底层传感器通过有线连接到起多路复用器和多信号路由器作用的、基于中继（Relay-based）的组件上，多个基于中继的组件连接到一个分布式数据控制处理站上进行数据汇聚和预处理，然后通过无线传递给中心监控基站。这种分层分级策略可以有效地管理大规模分布式传感器。

　　传感网协议分为有线与无线两类。工业现场总线自 20 世纪 80 年代中期发展以来，得到众多设备制造商的支持。IEC 61158 国际标准定义了用于过程工业和制造业的 8 类主要现场总线协议，其中 ProfiBus、P-Net 和 WorldFIP 是欧洲 3 大现场总线标准。除此之外，应用于汽车制造、离散控制领域的 CAN 总线、面向对象设计的 LonWorks 总线等总线技术也得到用户的广泛认可。

　　后者的研究主要集中在网络层和链路层（任丰原等，2003），传感网路由协议分为平面路由协议、层次路由协议和位置路由协议（易平等，2009）。平面路由协议中各节点地位对等，结构简单，健壮性强，安全性较高，由于每个节点都需要学习全部路由信息，故网络规模受限。层次路由协议中通常指定一些节点担任簇头的角色，负责其区域内节点和区域间节点的通信，簇内成员功能简单，不需要维护路由，可扩展性和平均吞吐量高于平面路由协议，但簇头选择算法较为复杂。位置路由则要求每个节点必须装备 GPS 装备，以确定节点方位。

　　链路层协议用于建立可靠的点到点或点到多点通信链路，解决多跳共享的广播信道有效接入问题。出于节能需要，实现机制多采用随机介质访问模式，大部分链路层协议都在传统的载波侦听与多路访问（CSMA）机制之上进行改进，采用固定时间间隔的周期性侦听方案节省功耗，设计自适应传输速率控制策略提高公平性，但都存在着组网规模小和移动性差的问题。无线传感网现有的链路层协议可以分为基于调度算法（Scheduling-based）、非碰撞（Collision Free）、基于竞争（Contention-based）和混合型（Hybrid Scheme）4 大类（陈积明等，2006）。基于调度算法的链路层协议一般是分布式的，全部节点的时间通过同一个调度算法决定，使多个传感器节点可以没有冲突地在无线信道发送数据，但精确的时间调度加重了网络的负担。非碰撞的链路层协议在理论上完全避免了碰撞的可能，通过消除碰撞来节约能源、提高吞吐、减少时延，但协议复杂度较高。基于竞争的链路层协议采用载波侦听与冲突避免以及附加信令控制信息等机制来处理隐藏和暴露节点的问题,该类协议实时性较差,也没有优先级的保证。混合型链路层协议是将多种方法结合,获取一个折中的协议,可以较好地满足多种场景对传感器与传感网的需要。

此外,无线 Mesh 网络由 Ad Hoc 网络发展而来,骨干节点移动性较低,更注重数据的无线传输。无线 Mesh 网的路由协议大部分从 Ad Hoc 网的经典路由协议中直接引用,也存在着少量针对无线 Mesh 网自身特点的专属路由协议。未来传感网组网模式和协议设计将向着快速组网、大跨度数据传输和低消耗传输等方向发展。

制造业中的传感网包括有线网络和无线网络,其运行环境较互联网复杂,可能受到人为、恶意软件、系统缺陷和环境的攻击或不利影响,极端情况下会造成生产线被破坏,乃至环境灾难(如化工厂或军工厂),传感网安全性问题将越来越重要。同时,传感网还存在着各个系统自成一体、计算设备单一、缺乏自治和协调能力、网络运行环境不可靠等缺点,需要对节点定位和同步、服务质量管理、数据和隐私的保护等问题加强研究。

我国在传感网方面的研究产生了一定的成果,但总体仍处于初始阶段。部分高校和研究机构已开展无线传感网方面的相关课题研究,也形成了一些基于无线传感网的监测、控制系统。

三、关键技术

(一)传感器

智能制造系统对传感器高度依赖,同时也对传感器的各项性能提出更高的技术要求,需要加大关键技术研究,开发高性能的新型传感器。目前传感器正向高精度、微型化、智能化、集成化和网络化的方向发展。应用于智能制造的传感器具备以下特点:

1)传感器必须具备灵敏度高、精确度高、响应速度快、互换性好和可靠性高等特性;

2)传感器应设计成为微型嵌入式信息装置,具备高性能、小体积和低功耗特点,便于传感器的部署和使用以及与其他智能体的融合;

3)传感器既要具备信息感知、处理和传输的基本功能,也要有高度的自治和自适应能力,能够实现自动补偿、自动校正、自选量程、自寻故障;

4)传感器应实现传感器、处理器、RF 通信器和嵌入式软件的高度集成,

同时具备感知多种信息的能力，可加载各种嵌入式应用软件；

5）传感器应具备强大的无线通信能力，能够实现和其他传感器或执行器之间的信息自主交换（M2M 方式），同时具备路由和网络自组织能力，可充当无线传感网的智能节点。

1. 微纳制造技术

微电子机械系统（Micro-Electro-Mechanical Systems，MEMS）是在集成电路工艺的基础上发展起来的多学科交叉的新型学科，涉及微电子学、机械学、力学、自动控制学、材料学等多种工程技术和学科。完整的 MEMS 是由微传感器、微执行器、信号处理和控制电路、通信接口和电源等组成的一体化微型器件系统。

MEMS 传感器是设备与外界接触的"眼睛、耳朵和手指"，而微电子电路增强了 MEMS 器件的功能性，它们负责连接从机械传感器获得的信号到放大器和数字预处理器。单片集成可以减少负载电阻和杂散电容。MEMS 传感器的种类很多，包括惯性、光、声、射频、温湿度等。

CMOS-MEMS（Complementary Metal Oxide Semiconductor-MEMS）系统是构成小型化无线传感网络节点的关键。基于 CMOS 工艺的节点需要高性能的离散元器件，如电容、电感、开关和谐振器等。CMOS-MEMS 的制造方式为：在芯片设计中设置两个基本单元，一个单元是 CMOS 区，包括控制电路、信号处理电路、接口电路等外围电路；另一个单元是 MEMS 器件区，主要进行微结构的制造。未来 CMOS-MEMS 的集成化和系统化仍是发展趋势，包括数字接口、自测、校准、信号处理；补偿在内的更多精密的电路与多种不同种类的传感器将被集成在同一芯片上，形成智能化多功能的传感器系统。

随着尺寸的微小化，要从微观领域中的材料强度及表面效应等基础领域开始，对加工制造、微系统集成化、信息的交换处理和传输，以及控制等一系列关键技术进行研究，具体关键技术有微系统材料、微细加工技术、微系统的基础单元、微系统的集成与控制技术、微系统的测试评价技术、微系统的设计技术等。

2. 基于 RFID 和 MEMS 的新型传感器设计

RFID 技术目前仅用于物品的识别，可以非接触地读到一定距离内通过电子编码标示的物体。未来 RFID 技术的发展远不止停留在无线鉴别层面，它将成为一种泛在的基本单元技术，在网络通信和无线传感中得到广泛应用。如它的从环境中获取能量的能力可用于传感器的无源设计，它的超带宽、高覆盖无线通信功能可用于传感器的数据传输，它的设备标识功能可用于传感器的识别等。

MEMS 技术给无线传感器带来了革命性的变化。将 MEMS 技术应用于无线传感器，可以显著降低其体积和成本，同时大大提高无线传感器的整体性能和智能化水平，促进智能制造工业用传感器由灵巧型向智能化过渡。

智能化微传感器经历了 3 个过程，即首先实现温度补偿电路、输出电路等特殊电路的集成化；随之发展赋予传感器新的功能（识别功能、控制功能等），采用微处理器作为信号处理电路，并同传感器一体化；第三代智能微传感器是进一步提高集成规模，在一个芯片上构筑传感器系统，实现并行处理电路功能等更高级的功能。

MEMS 传感器是采用微电子和微机械加工技术而制造出来的新型传感器。它具有体积小、功耗低、高可靠、易集成等特点，是未来传感器发展的重要方向（王淑华，2011），在传感网和智能制造领域有着广阔的发展空间，是实现传感器高精度、微型化、智能化、集成化和网络化的主要途径。

RFID 和 MEMS 两者结合将是未来传感器发展的一个重要方向。基于 RFID 和 MEMS 技术的无源微型无线传感器（见图 10.9）可以将处理器、传感器、RFID 通信器和各种功能模块及信号处理电路集成在一个芯片上，成为一个片上系统，与普通的微型有源传感器（见图 10.10）（Chen et al.，2010）相比具有更低的功耗和更小的体积，能通过吸收 RFID 读写设备释放出的能量维持自身的运行，同时以被动无线通信的方式将检测数据传递给读写设备。读写设备只需不断地循环读取各传感器的数据，读取方式和现有的 RFID 标签类似，轮循时间根据系统对监测数据的实时性要求灵活设置。

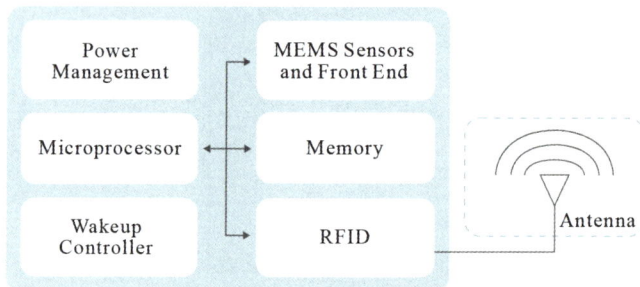

图 10.9　无源微型无线传感器

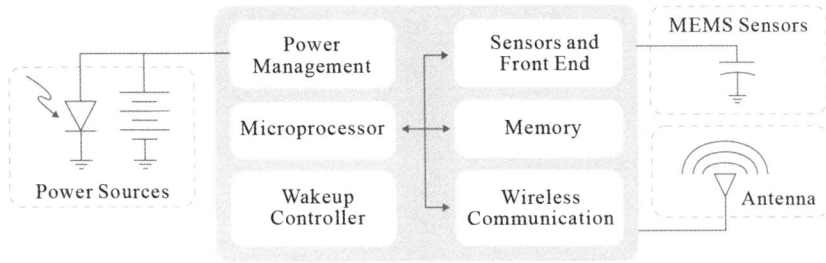

图 10.10　有源微型无线传感器

3. 多功能传感器自校正技术

传感器是获取信息的源头，其输入输出值的可靠性影响着整个工业生产过程。将不准确的、错误的数据用于工业控制和领导决策，将影响生产系统的正常运行，甚至可能引发灾难。近年来，随着监测的需要，多功能传感器应运而生。多功能传感器将多种不同类型的敏感单元集成在一起，用于在空间有限、关联处理等特殊应用场景下同时测量多个量值。随着MEMS 技术的发展，多功能传感器在国内外得到了广泛应用（徐敬波等，2007；王祁等，2011）。但由于多功能传感器功能复杂、敏感元件较多，发生故障的概率也较高，人们迫切希望传感器在发生采集、输出等异常时，能够进行自我校正，恢复正常状态，或者采用次优值代替异常输出，直至异常设备被更换，避免其他系统受到连带影响。

多功能传感器自校正技术涉及的领域范围较广，是传感技术、信息预处理技术、故障检测及恢复技术、计量技术和状态评估技术相结合的技术领域（申争光，2013）。其中比较关键的技术包括：故障预测和健康管理（Prognostics and Health Management，PHM）技术，多故障检测、隔离及恢复技术（Multi-Failure Detection Isolation and Recovery，MFDIR）。PHM最初主要面向航空航天等复杂系统和军事装备，其思想在大系统中屡见不鲜，但涉及传感器领域的很少。多功能传感器虽然体积不大，但在功能架构、敏感单元数量上均比普通传感器复杂，结构健康检测十分必要。在实际应用中，用户也希望能够直观地了解系统的健康度，需要研究定量的装备健康度评估技术；同时，传感器发生异常后，经过自校正技术可以实现短期恢复，但敏感单元自身硬件的健康度可能已经下降，此时如何对整个多功能传感器的健康状态进行评价也是一个值得研究的问题。

多功能传感器通常包含多类敏感单元，且大多工作在高压、高温、噪声、震动等恶劣环境下，容易发生故障。MFDIR 主要是指在故障发生时，快速检测出故障点，采取隔离措施，避免连带效应，并根据预设条件进行恢复的机制。该技术的研究目前着重于单敏感单元的故障诊断，故障隔离技术研究较少，数据恢复主要采用基于神经网络的算法，实时性较差，不容易收敛。将现有技术扩展到多功能传感器下，提高多故障间的隔离能力，避免单敏感单元的错误输入 / 输出导致传感器整体不可用是值得研究的方向。同时加强对数据恢复的算法研究、解决小样本下收敛慢的问题、加快突发故障的在线恢复速率也是未来研究的重要方向。

（二）传感网

智能传感网络能够拓展智能制造系统的工作效率和自适应能力，为系统协同工作搭建了良好的平台。传感网由动态节点构成，每个节点均具备感知、联网和计算能力，利用分布式路由算法完成动态自组网，使智能制造系统具备较强的识别、通信能力。传感网的特点决定其设计过程需面向高覆盖率、精确定位、协同处理等问题，同时还要考虑安全性、QoS（Quality of Service）等需求，形成安全、高效、稳定、分布式的数据传输结构。

1. 传感网共性技术

在大部分传感网中，有一些共性技术是不可或缺的，如节点识别定位技术、睡眠机制、全网时钟同步机制等。

节点识别定位是制造业对装备故障进行自查找与自诊断的基础。智能制造对识别定位的需求包括节点自身识别定位和外部目标识别定位（任丰原等，2003；Savarese，Rabaey，2001）。前者目前在工业中主要采用定点监测的方式，在装备所需节点较多时工作量巨大，效率较低，在军事上大多使用 GPS 定位。后者的目的是在掌握基准信息的基础上，通过对接收信号强弱、流量等信号量的分析，对附近节点的类型、状态等进行判断，获知网络拓扑图，目前主要应用于军事，制造业中应用较少。如何在低能耗的前提下，研究节点定位算法和模型，利用卫星、基站等外部无线设备，提高节点识别定位精确度，准确地获取节点实时状态是未来的重要研究方向。

传感器节点的资源有限，在节点不进行数据、控制操作时依然保持高能耗运行会增加节点的故障率，对节点的运行寿命影响较大。因此，需要一种动态的电源唤醒机制来调节整个传感器网络系统，在满足网络覆盖率的前提下，实现系统节能。目前对节点睡眠机制的研究有动态功率管理

（Sinhua，Chandrakasan，2001）和动态电压调度（Lm et al.，2001）。前者
对功耗器件状态组合的有效性进行分析，为节点设定不同的工作状态，在嵌
入式操作系统的支持下进行切换，降低功耗；后者基于负载状态动态调节电
压来减小功耗，已被应用到手机等设备上。未来传感网系统节能技术的研究
会逐渐向闭环控制系统方向发展，细粒度监控各个工作单元的负载，动态输
出能源支持处理器正常工作。

传感网中的节点在面对时间敏感的协同任务处理时，要求节点间必须保
持时钟同步，这也是装备进行自标定/自校正的基础。如何保证时间同步的
精度是一个技术难点。未来可以从 3 个方面着手研究：首先是利用基准时间
广播从外部校正传感网各工作单元的时钟，这种情况下时间精度依赖于广播
的时间间隔；其次是在传感节点中植入含有时间同步算法的芯片，利用传感
节点间的传输协议完成时间同步，这种情况下传感节点的能耗较大；第三是
研究高精度系统时钟，即每个传感器节点均只依赖自身的时钟记录事件，这
种情况对技术的要求最高。

2. 传感网 QoS 体系结构

传感网是带宽和能量都受限制的网络，而制造信息的传输对延迟、带
宽、抖动等参数都有比较高的要求。QoS 技术是动态传感网能否保质保量完
成传输任务的关键。随着在传感网络上传送综合业务的需求日益增加，保障
信息传输质量在智能制造过程中具有重要意义。面向传感网的 QoS 技术已经
在哥伦比亚大学、伊利诺伊大学和加州大学圣巴巴拉分校（UCSB）展开初
步研究。国内基于蚁群优化、博弈交叉、分层结构等机制的 Ad Hoc QoS 路
由算法研究业已逐步展开（柯宗武，2009；赵晓南，2011；张幸，2009）。网
络状态的动态变化、数据的汇聚与融合、数据传递模型以及节点的部署配置
是 QoS 研究考虑的要素。

传统网络的 QoS 保障主要通过保证业务和区分业务来解决，通过资源
保证和流量工程来满足 QoS 的需求。传感网中的 QoS 与传统网络有所区
别（文浩等，2009）：

1）以数据为中心，采取非端到端模式，传输路径中存在着大量干扰，
较固网更容易出现测量差错、集体分组丢失、集体延迟等问题。

2）资源有限，能耗要求严格，满足一类 QoS 需求的同时，也许会恶化
另外一个 QoS 指标。

3）节点冗余和数据冗余普遍存在，需要更有效地选择数据传输模型，

节点太少，就不能保证采集信息的精度；节点太多，又不能实现能量最小化使用。

这些区别使传感网 QoS 问题较传统网络复杂。现有的传感网 QoS 研究主要集中在网络层和数据链路层，从协议分析的角度对 QoS 指标进行研究，如拓扑动态变化的问题、预先路由协议对网络状态信息维护时所造成的节点资源浪费问题、按需路由协议对实时分组转发造成的延迟问题和 QoS 度量参数选择问题等，缺乏针对 QoS 体系结构的整体性、系统性研究。

未来传感网 QoS 体系结构会逐步趋向层次化。采用按需方式、分布式控制和分级结构，有效地实现能源最小化使用，可能是传感网 QoS 体系结构的发展方向。将数据链路层多址技术与网络层路由技术相结合，分层次进行资源调度，保障带宽的有效利用，通过资源预留来满足业务的 QoS 需求，是未来传感网 QoS 体系结构研究的新方向之一。此外，综合考虑 QoS 度量参数的影响权重，建立规范化描述，分析指标参数的关联性、映射关系也需要开展深入的研究。

3. 传感网信息安全技术

制造过程中，传感网可能面临网络威胁、节点威胁、物理威胁等信息安全威胁，直接影响制造系统的正常运行。当面临相应安全威胁时，传感网应当通过适当的安全机制和安全策略，实现制造系统的安全需求。

网络信息系统中的认证、密钥管理、访问控制、数据库安全、网络安全等关键技术，也是智能制造传感网信息安全的重要研究对象（牛少彰，2004）。由于传感器系统资源有限，传统的安全方法难以在其上直接应用，而针对传感网和传感器系统的各种攻击越来越多，安全问题已经成为制约系统发展，甚至智能制造概念的推广的关键因素。传感网信息安全技术主要包括身份认证技术、密钥管理技术、非法操作检测技术和容错技术等。

（1）身份认证技术。一般网络中的认证对象为人和服务，智能制造传感网的认证对象还包括设备与机器。传感网身份认证技术的目标是在低能耗的前提下，有效核实对方身份，避免不良行为节点污染传感网的信息和资源，对生产造成影响（陈宇，王晋东，2011）。现有安全身份认证方案通常分为两类：点对点认证及广播认证。点对点认证一般基于节点间的共享密钥对进行通信，广播认证是点到多点的安全认证。两种认证方式在智能制造中的应用均较为广泛，如设备与设备间的关联通信、操作人员通过无线方式调动整个机组协同工作等。操作人员与设备、服务与设备、设备与设备之间的低

功耗、高安全认证机制是未来研究的方向。

（2）密钥管理技术。密钥管理是身份认证的保障，目前主流的无线传感网的密钥管理主要分为确定性密钥管理方案、随机性密钥管理方案、基于多项式的密钥管理方案、公钥密码体制管理方案等（潘金秋，2012），几种方案各有利弊。考虑到无线传感网通常为低能耗、自组织网络，轻量级、高效率、实现简单、抗毁性强的密钥管理技术是未来研究的重点。

（3）非法操作检测技术。人为攻击和失误、系统漏洞、恶意软件、环境干扰等因素都可能通过传感网对智能制造系统发出非法或错误的控制指令，进而造成破坏性的影响。采用异常（统计）检测和误用（模式）检测相结合的方法检测非法操作需要进一步研究。

（4）容错技术。任何信息安全技术都无法保证系统的绝对安全，需要对智能制造传感网的失误、入侵和灾难等故障的容错技术进行深入的研究，以确保中小故障不影响系统的正常运行，且在严重故障发生时，系统能够安全地停止运转。基于错误检测、冗余（网络与软、硬件）和错误恢复机制的容错技术，对于保障智能制造系统的有效运行至关重要。

无线传感器网信息安全技术的研究是传感器网由理论大规模走向应用的基础。

四、发展趋势

以工业需求为背景，未来智能制造中的传感器及传感网技术将向着低成本、低功耗、恶劣环境生存能力、高容错能力、零维护成本的方向发展。

未来 5～10 年，智能制造中的传感器及传感网将面向产业转型升级和战略性产业发展的需求，在各领域不断推广，初步形成智能制造感知产业体系，部分领域取得原始技术突破。

未来 10～20 年，智能制造中的传感器及传感网将逐步完善监测、评估、控制的闭环能力，提升制造效率，为智能制造业的形成奠定基础。

（一）传感器

未来 5～10 年，流程工业用传感器和离散工业用传感器将紧密结合。随着 MEMS 技术的不断发展，微型化、智能化、集成化和网络化的新型传感器将大量涌现，传感器的灵敏度、精确度和稳定性将显著提高，使节点能够更全面、更有效、更精确地采集信息，为控制系统提供数据基础，逐步形成

MEMS 微机电系统。传感器的自检测、自补偿、自校正技术将不断发展，维护难度大大降低，恶劣环境下的使用寿命不断增长。

未来 10～20 年，随着 MEMS 和 RFID 技术的相互融合，将出现各种微型的无源无线传感器，并在一些特殊领域得到应用，解决传感器能源不足需要经常性人工更换电池的问题，为恶劣环境下大面积部署传感器奠定基础。随着传感器多功能自校正技术的发展，智能制造系统传感器的应用越来越广泛，几乎将遍布整个工业生产，真正实现对工业过程全生命周期的监控。

更进一步地说，传感器是物联网的重要支撑技术，是决定物联网能否最终实现的关键因素。

（二）传感网

未来 5～10 年，将形成面向不同智能制造环境的传感网，包括面向精确定位、协同处理的网络架构，满足快速自组网的通信协议，为智能制造系统间通信的安全、可靠、高效提供帮助。开展面向自组织网络的密钥管理、访问控制、数据库安全机制研究，使传感网能够有效地连接各个节点，快速、可靠地传递信息，提高生产效率。具备消除失误、故障和干扰影响的容错技术、基于误用和异常检测的非法操作识别技术的发展能够提升传感网的安全性和稳定性，避免误操作和环境条件差带来的影响。研究基于 Hash 和简单对称密钥的认证技术，以及基于复杂对称密钥和非对称密钥的认证技术，为智能制造系统提供轻量级、低开销的身份认证机制。

未来 10～20 年，将形成面向 QoS、低功耗制造等具体生产需求的网络拓扑架构及通信协议，低能耗、高服务质量的传感网络产生，为制造业提供快捷、高效、低成本的通信环境。随着面向制造信息安全的身份认证、操作检测系统，面向制造过程可靠性的容错技术等技术的发展，具有自学习能力的智能非法操作判别技术、具备消除恶意软件与非法攻击影响的容错技术将不断涌现，在前期研究的基础上，通过自学习、自判定、自修复等手段，避免人为破坏对生产设备的影响，保障工业过程的受控。从更长远的角度来看，适应嵌入式、可移动、可穿戴的传感系统是未来重要的发展方向，基于 M2M 的智能化技术是提升制造业的重要途径。

第11章

iCity 嵌入式系统

嵌入式系统是一个技术密集、资金密集、高度分散、不断创新的基于硅片的知识集成系统。而且，它是一个分散的工业，充满了竞争、机遇与创新，没有哪一个系列的处理器和操作系统能够垄断全部市场。即便在体系结构上存在着主流，但各不相同的应用领域决定了不可能有少数公司、少数产品垄断全部市场。2012年各国政府最重要的科技产业政策，无不集中在结合智能技术、云端环境的应用之上，包括物联网、智能电网、智能医疗、智能性消费性电子、智能建筑、智能汽车、环境监控等应用上，而此趋势背后所蕴藏的庞大商机，自然也吸引所有厂商竞相投入智能与物联网应用的技术与产品开发①。

嵌入式系统无疑是当前最热门、最有发展前途的IT应用领域之一，分散于各个具体应用行业。嵌入式系统产品以某行业系统和标准为基础，以适用的嵌入式技术为核心并结合应用软件和系统集成开发为特征。目前，我国嵌入式软件产业也正面临着巨大的发展机遇，但产业结构不合理、竞争力不强、专业化程度不高、产业链缺乏协作、产业标准尚未完善、政府扶植政策难以落实、企业规模偏小等问题仍然存在。

尽管产业规模比较大，但我国嵌入式软件产品主要依赖终端制造厂商自产、自销、自用，市场化、专业化和社会化程度较低，这必然会导致标准不规范、不统一，造成产品兼容性较差。目前，我国的嵌入式系统产业链上存在断点，产业链上的产业协同不够，这是制约产业发展的关键问题之一。如有的时候嵌入式软件企业找不到上下游企业，有了产品不知道卖给谁，想买产品也不知道向谁买，这很不利于整个产业健康发展，尤其是在集成电路芯片、软件和关键元器件等方面，基本上依赖国外。要改变目前这种被动局面，一个重要的举措就是发展嵌入式软件，使原来生产的低附加值的设备变成智能化的高附加值的设备。从某种意义上来说，通用计算机行业的技术是垄断的，而嵌入式系统则不同，它在各领域的产品和技术必然是高度分散的，这对各个行业的中小规模高技术公司而言，其创新余地很大。

---

① 信息产业部经运司. 电子工业 10 年经济与发展 2000—2010[R]. 2010.

现在国内嵌入式操作系统厂商普遍规模不大，难以与国际企业竞争。理想的发展模式应该是以合作开发技术、共同发展用户的方式，形成利益共同体，共同规划产业链，摸索一个以市场导向为主、技术导向为辅的合作模式，开拓一个长期共赢的合作方式。

一、概　述

（一）基本概念及定义

20世纪70年代出现的、最初的嵌入式系统很多没有操作系统，而只是使用一个简单的循环控制实现某个控制功能。没有嵌入式操作系统的缺点极大地制约了面向嵌入式系统的应用开发。随着嵌入式技术的不断发展，从80年代开始出现了各种各样的商用嵌入式操作系统，如比较著名的有VxWorks、pSOS和Win CE等，这些操作系统大部分是为专有系统而开发的。另外，具有强大的网络功能和低成本的嵌入式Linux系统也受到了越来越多的关注。随着国内外各种嵌入式产品的进一步开发和推广，嵌入式系统已经广泛地渗透到科学研究、工程设计、军事技术、各类产业以及人们的日常生活等方方面面中，嵌入式技术越来越和人们的生活紧密结合。

嵌入式系统是一种将嵌入了软件的计算机硬件作为其最重要的一部分的系统，是一种专用于某个应用或者产品的基于计算机的系统，它既可以是一个独立的系统，也可以是更大系统的一部分。由于其软件通常嵌入在ROM（只读存储器）中，因此，并不像计算机一样需要辅助存储器。有许多文献都给出了嵌入式系统的定义。Wolf（2008）认为，"如果不严格地定义，嵌入式计算系统是任何一个包含可编程计算机的设备，但其本身却不是一个通用计算机"。Morton（2000）认为，"嵌入式系统是一种电子系统，它包含微处理器或者微控制器"。Simon（1999）认为，"人们使用嵌入式系统这个术语，指的是隐藏在任一产品中的一个计算机系统"。Wilmshurst（2001）认为，①"嵌入式系统的首要功能并不是计算，而是受嵌入其中的计算机控制的一个系统。'嵌入'暗示了它存在于整个系统中，从外部观察不到，形成了更大整体的一个完整部分"；②"嵌入式系统是一种基于微控制器、软件驱动的可靠实时控制系统，以自治的、人工的或者网络方式进行交互，对各种物理变量进行操作，存在于各种环境中"。嵌入式系统通常由嵌入式处理器、嵌入式外围设备、嵌入式操作系统和嵌入式应用软件等几大部分组成，图11.1给出了嵌入式系统主要组成部分。其中硬件是嵌入式系统软件环境运行的基础，它提供了嵌入式系统软件运行的物理平台和通信接口；嵌入式操作系统和嵌入式应用软件是整个系统的控制核心，控制整个系统的运行，提供人机交互的信息等，应用软件可以并发地执行任务序列或者多任务。整个嵌入式系统组成结构见图 11.2。

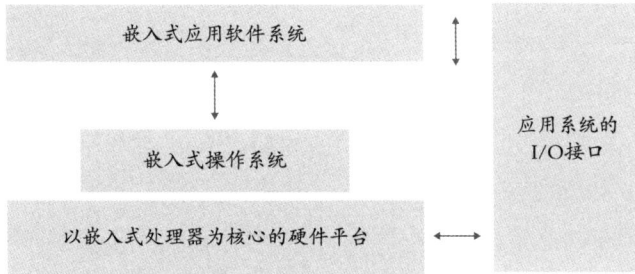

图 11.1　嵌入式系统主要组成部分

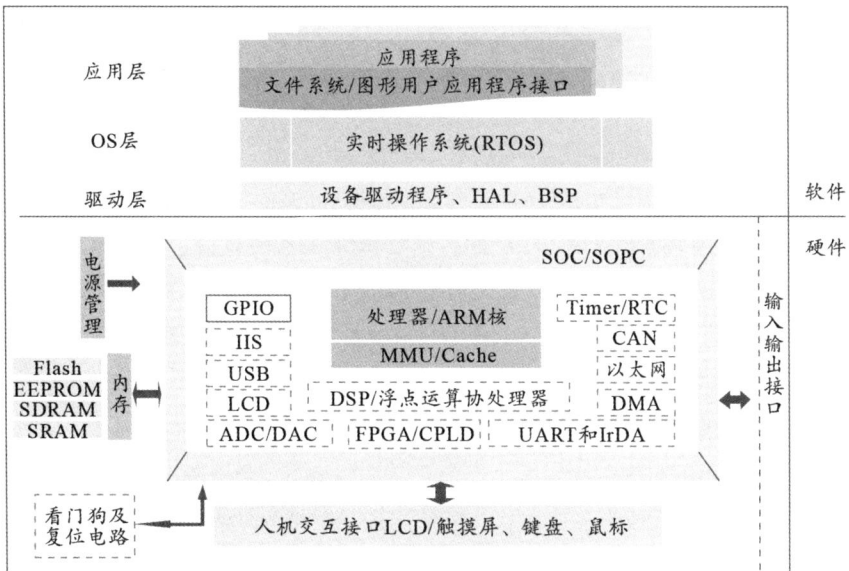

图 11.2　嵌入式系统的组成结构

实时操作系统（RTOS）用来管理应用软件，并提供一种机制，使处理器在一次进程调度时运行一个进程，并在各个进程（任务）之间进行上下文切换。RTOS 定义了系统工作的方式。它将对资源的访问组织成为系统的任务序列。它按照计划控制延迟（Latency）并满足最后期限，从而调度任务的执行（延迟指的是运行一项任务的各段代码之间，以及任务发生所需要的等待周期）。它在执行应用软件的过程中制定规则。小型嵌入式系统可能不需要 RTOS。嵌入式系统的软件设计受 3 个条件的限制：①可用的系统存储器；②处理器速度；③当以等待事件、运行、停止和唤醒的周期连续运行系统时，对功耗的限制。

（二）嵌入式系统的发展现状及趋势

近年来，随着计算机技术及集成电路技术的发展，嵌入式技术日渐普及，在通信、网络、工控、医疗、电子等领域发挥着越来越重要的作用。嵌入式系统无疑成为当前最热门、最有发展前途的 IT 应用领域之一，主要发展现状包括以下几个方面。

（1）嵌入式系统已经成为物联网行业的关键技术。如果把物联网用人体做一个简单比喻，传感器相当于人的眼睛、鼻子、皮肤等感官；网络就是神经系统，用来传递信息；嵌入式系统则是人的大脑，在接收到信息后进行分类处理。而物联网嵌入式系统优势渐显，嵌入式系统在物联网行业应用中发挥的作用也越来越重要。

（2）近几年来，为使嵌入式设备更有效地支持 Web 服务而开发的操作系统不断推出。这种操作系统在体系结构上采用面向构件、中间件技术，为应用软件乃至硬件的动态加载提供支持，即所谓的"即插即用"，在克服以往的嵌入式操作系统的局限性方面显示出明显的优势。

（3）嵌入式系统与人工智能、模式识别技术的结合，将开发出各种更具人性化、智能化的实际系统。智能手机、数字电视以及汽车电子的嵌入式应用，是这次机遇中的切入点。伴随网络技术、网格计算的发展，以嵌入式移动设备为中心的"无所不在的计算"将成为现实。

（4）随着芯片计算能力的提升，"计算机"会消失，而"计算"将会无处不在。由此带来的大量数据通信、数据分析等，将会对整个系统的安全与可靠性提出更高要求，由此将对可信嵌入式系统的发展提出新的需求。可信嵌入式系统是一种以系统性的严格标准研发、生产出的安全可靠的嵌入式系统，在医疗、航天航空、核工业等对信息安全要求严格的领域，有着广泛需求和应用。

（5）目前对于企业专用解决方案，如物流管理、条码扫描、移动信息采集等大都采用小型手持嵌入式系统。嵌入式系统不仅可以用于 ATM 机、自动售货机、工业控制等专用设备，和移动通信设备、GPS、娱乐相结合，嵌入式系统同样可以发挥巨大的作用。计算机应用的普及、互联网技术的实用以及纳米微电子技术的突破，正有力推动着 21 世纪工业生产、商业活动、科学实验和家庭生活等领域自动化和信息化的进程。全过程自动化产品制造、大范围电子商务活动、高度协同科学实验以及现代化家庭起居，为嵌入式产品带来了崭新而巨大的商机，同时还包括机器人以及规模较大的家用汽车电子系统、Web 可视电话、Web 游戏机、Web PDA（俗称电子商务、商务通）、WAP 电话手机及多媒体产品，如 STB（电视机顶盒）、DVD 播放机、电子阅读机等。

信息时代、数字时代使嵌入式产品获得了巨大的发展契机，为嵌入式市场展现了美好的前景，同时也对嵌入式生产厂商提出了新的挑战，从中我们可以看出未来嵌入式系统的几大发展趋势。

（1）嵌入式开发越来越向系统工程方面发展。目前很多厂商已经充分考虑到这一点，在主推系统的同时，将开发环境也作为重点推广。如三星在推广 Arm7、Arm9 芯片的同时还提供开发版及支持包（BSP），而 Window CE 在主推系统时也提供 Embedded VC++ 作为开发工具，还有 VxWorks 的 Tonado 开发环境、DeltaOS 的 Limda 编译环境等都是这一趋势的典型体现。

（2）嵌入式系统的结构更加复杂、智能化程度要求越来越高。这就要求芯片设计厂商在芯片上集成更多的功能。为了满足应用功能的升级，设计师们一方面采用更强大的嵌入式处理器如 32 位、64 位 RISC 芯片或信号处理器 DSP 增强处理能力，同时增加功能接口（如 USB），扩展总线类型（如 CAN BUS），加强对多媒体、图形等的处理，逐步实施片上系统（SOC）的概念。软件方面采用实时多任务编程技术和交叉开发工具技术来控制功能复杂性，简化应用程序设计，保障软件质量和缩短开发周期。

（3）嵌入式设备的网络互联将成为必然趋势。未来的嵌入式设备为了适应网络发展的要求，必然要求硬件提供各种网络通信接口。传统的单片机对于网络支持不足，而新一代的嵌入式处理器已经开始内嵌网络接口，除了支持 TCP/IP 协议，有的还支持 IEEE 1394、USB、CAN、Bluetooth 或 IrDA 通信接口中的一种或者几种，同时也需要提供相应的通信组网协议软件和物理层驱动软件。软件方面的系统内核支持网络模块，甚至可以在设备上嵌入 Web 浏览器，真正实现随时随地用各种设备上网。

（4）精简系统内核、算法，降低功耗和软硬件成本。未来的嵌入式产品是软硬件紧密结合的设备，为了降低功耗和成本，需要设计者尽量精简系统内核，只保留和系统功能紧密相关的软硬件，利用最低的资源实现最适当的功能，这就要求设计者选用最佳的编程模型，不断改进算法，优化编译器性能。因此，既要软件人员有丰富的硬件知识，又需要发展先进嵌入式软件技术，如 Java、Web 和 WAP 等。

（5）提供友好的多媒体人机界面。嵌入式设备能与用户亲密接触，最重要的因素就是它能提供非常友好的用户界面。图像界面、灵活的控制方式，使人们感觉嵌入式设备就像是一个熟悉的老朋友。这方面的要求使得嵌入式软件设计者要在图形界面、多媒体技术上痛下苦功。手写文字输入、语音拨号上网、收发电子邮件以及彩色图形、图像都会使使用者获得自由的感受。目前一些先进的 PDA 在显示屏幕上已实现汉字写入、短消息语音发布，但一般的嵌入式设备距离这个要求还有很长的路要走。

二、嵌入式系统的关键核心技术

嵌入式系统通常包括构成软件的基本运行环境的硬件和操作系统两部分。从硬件方面讲，目前具有嵌入式功能特点的处理器已逾千种，涉及数十种常用的体系架构，处理器速度越来越快，性能越来越强，而功耗和价格却越来越低。从软件方面讲，也有相当部分的成熟软件系统。国外商品化的嵌入式实时操作系统，已进入我国市场的有 WindRiver、Microsoft、QNX 和 Nuclear 等。我国自主开发的嵌入式系统软件产品如科银（CoreTek）公司的嵌入式软件开发平台 DeltaSystem、中科院推出的 Hopen 嵌入式操作系统。下面将对嵌入式系统的关键核心技术进行简要的比较分析。

（一）嵌入式操作系统

嵌入式操作系统（Embedded Operating System，EOS）是嵌入式系统发展的重要技术之一。EOS 是一种系统软件，负责嵌入系统的全部软、硬件资源的分配、调度，控制、协调并发活动，具有可裁减性，能够通过匹配相关模块来满足系统所要求的功能。

1. 嵌入式操作系统体系架构

一般操作系统只注重平均性能，如对于整个系统来说，所有任务的平均响应时间是关键，而不关心单个任务的响应时间。嵌入式实时操作系统最主要的特征是性能上的"实时性"，也就是说系统的正确性不仅依赖于计算的逻辑结果，也依赖于结果产生的时间。从这个角度上看，可以把实时系统定义为"一个能够在指定的或者确定的时间内，完成系统功能和对外部或内部、同步或异步事件做出响应的系统"。图 11.3 给出了嵌入式操作系统体系架构。

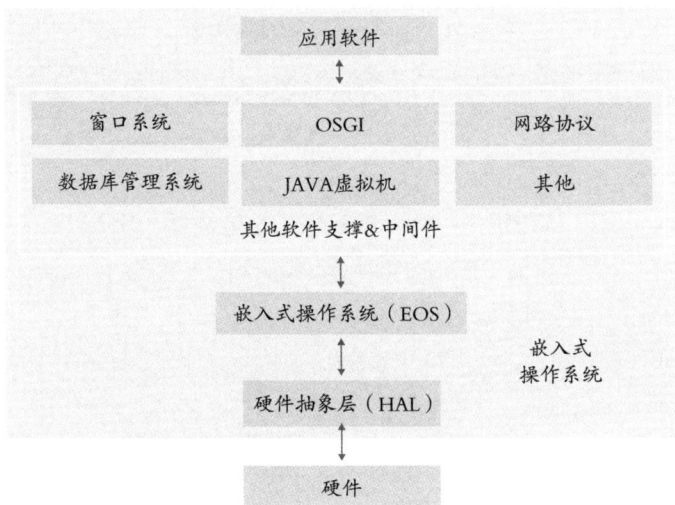

图 11.3 嵌入式操作系统体系架构

（1）硬件抽象层。有时也叫板级支持包，是一个介于硬件与软件之间的中间层次。硬件抽象层通过特定的上层接口与操作系统进行交互，向操作系统提供底层的硬件信息，并根据操作系统的要求完成对硬件的直接操作。

（2）嵌入式操作系统层。它是支持嵌入式系统应用的操作系统软件，是嵌入式系统（包括硬软件系统）极为重要的组成部分，通常包括与硬件相关的底层驱动软件、系统内核、设备驱动接口、通信协议、图形界面、标准化浏览器 Browser 等。

（3）中间层。中间件位于操作系统和应用软件之间，屏蔽了各种操作系统提供不同应用程序接口的事实，向应用程序提供统一的接口，从而便于用户开发应用程序，同时也使应用程序具有跨平台的特性。

（4）应用层。嵌入式应用程序运行于操作系统之上，利用操作系统提供的机制完成特定功能的嵌入式应用，不同的系统需要设计不同的嵌入式应用程序。它是整个系统功能的体现，系统的能力总是通过应用程序表现出来。一个简单的嵌入式系统可以没有支撑软件，甚至没有操作系统，但却不能没有应用软件，否则它就不能成为一个系统。

2. 嵌入式操作系统分类及比较

国外的嵌入式操作系统发展较早，一般分为 3 类：一类是实时 OS；一类是非实时 OS；还有一类是开源的 Linux 系统，它既有实时 OS，也有非实时 OS。各类嵌入式操作系统都具有不同的应用领域，表 11.1 给出了部分操作系统应用领域。

表 11.1 部分操作系统应用领域

操作系统	应用领域	地域
Cellvic	掌上电脑	美国
ChorusOS	电信	美国
Cmx	消费电子、汽车、医疗设备、通信、航空、工控	美国
ECos	信息电器（家电、通信）	美国
Embedix	消费电子、电信、工控、信息家电、运输、零售	美国
Epoc	无线信息设备	美国
Hopen	消费电子、信息家电、导航系统	美国
Inferno	网络设备、信息家电、工控、汽车、军事、航空	美国
LynxOS	电信、航空、防御系统	美国
Nucleus	消费电子、网络设备、无线、导航、办公设备、医疗设备	美国
OS9	消费电子、信息电器	美国
PalmOS	掌上电脑	美国
Penbex	掌上电脑	美国
pSOS	消费电子、工控、网络设备、航空、防御系统、汽车	美国
QNX	消费电子、电信	加拿大
Supertask	机顶盒	美国
VxWorks	消费电子、工控、网络设备、航空、防御系统、汽车、交通、医疗设备	美国
Win CE	消费电子	美国

在各类嵌入式操作系统中，Microsoft Windows CE 是从整体上为有限资源的平台设计的多线程、完整优先权、多任务的操作系统；VxWorks 是目前嵌入式系统领域实时性最好的系统；而 pSOS 属于 WindRiver 公司的产品，这个系统是一个模块化、高性能的实时操作系统，专为嵌入式微处理器设计，提供一个完全多任务环境，在定制的硬件上提供高性能和高可靠性，开发者可以根据操作系统的功能和内存需求定制成不同应用场合所需的系统，利用它来实现从简单的单个独立设备到复杂的、网络化的多处理器系统；QNX 是一个实时的、可扩充的操作系统，它提供了一个很小的微内核以及一些可选的配合进程；3Com 公司的 PalmOS 具有开放的操作系统应用程序接口（API），开发者可以根据需要自行开发所需要的应用程序；Micro-wave

的 OS9 是为微处理器的关键实时任务而设计的操作系统，它提供了很好的安全性和容错性，与其他的嵌入式系统相比，它的灵活性和可升级性非常突出；Lynx Real-time Systems 的 LynxOS 是一个分布式、嵌入式、可规模扩展的实时操作系统。表 11.2 给出了各种操作系统比较分析。

表 11.2　操作系统比较分析

操作系统	实时操作系统	实时性	可靠性	开发难度	开发成本	开发环境	开源	开发公司
VxWorks	是	高	高	中	高	好	否	WindRiver
RTEMS	是	高	高	高	中	中	是	OAR
Win CE	否	中	中	低	中	好	否	Microsoft
RTLinux	是	高	高	低	低	中	是	FSMlabs（负责维护）
uC/OS-II	是			低	低		是	
LynxOS	是	高	高					Lynx Real-Time Systems, Inc.
pSOS	是						否	WindRiver
eCos				低	低		是	
uCLinux	一般	中	高	低	低	中	是	
Linux	否	差	高	低，资源丰富	低，无版权费	中	是	

国内嵌入式操作系统发展起步较晚，近年来具有完全自主知识产权的国产嵌入式操作系统取得了较大进展。如 Hopen 嵌入式操作系统在手机、PDA、网络计算等产品中得到应用；DeltaOS 嵌入式操作系统也是国内具有代表性的嵌入式操作系统，该系统包括嵌入式实时内核、TCP IP 系统、文件系统等组件，分别在 IC 卡终端、飞行导航终端、便携式通信终端以及军工产品中得到应用；SMARTOS 嵌入式操作系统是一个可支持下一代 SOC 与多核芯片的实时多任务嵌入式操作系统。此外，基于开源的 Linux 嵌入式操作系统发展也很快，国内具有代表性的产品是 Linous 嵌入式操作系统，主要用于智能手机产品，如中兴通讯的嵌入式 Linux、北京大唐移动通信设备有限公司用于其 TD-SCDMA 的 Linux 系统。另外，嵌入式 Linux 还在网络计算机、PMP 等领域得到普及应用。

3. 嵌入式操作系统的主要关键部分

（1）微内核结构。大多数操作系统至少被划分为内核层和应用层两个层次。内核只提供基本的功能，如建立和管理进程、提供文件系统、管理设备等，这些功能以系统调用方式提供给用户。一些桌面操作系统，如 Windows、Linux 等，将许多功能引入内核，操作系统的内核变得越来越大。内核变大使得占用的资源增多，剪裁起来很麻烦。大多数嵌入式操作系统采用了微内核结构，内核只提供基本的功能，如任务的调度、任务之间的通信与同步、内存管理、时钟管理等。其他的应用组件，如网络功能、文件系统、GUI 系统等均工作在用户态，以系统进程或函数调用的方式工作，因而系统都是可裁减的，用户可以根据自己的需要选用相应的组件。

（2）任务调度。在嵌入式系统中，任务即线程。大多数的嵌入式操作系统支持多任务。多任务运行的实现实际是靠 CPU 在多个任务之间切换、调度。每个任务都有其优先级，不同的任务优先级可能相同，也可能不同。任务的调度有 3 种方式：不可抢占式调度、可抢占式调度和时间片轮转调度。不可抢占式调度是指，一个任务一旦获得 CPU 就独占 CPU 运行，除非由于某种原因，它决定放弃 CPU 的使用权；可抢占式调度是基于任务优先级的，当前正在运行的任务可以随时让位给优先级更高的处于就绪态的其他任务；当两个或两个以上任务有同样的优先级，不同任务轮转地使用 CPU，直到系统分配的 CPU 时间片用完，这就是时间片轮转调度。目前，大多数嵌入式操作系统对不同优先级的任务采用基于优先级的抢占式调度法，对相同优先级的任务则采用时间片轮转调度法。

（3）硬实时和软实时。有些嵌入式系统对时间的要求较高，称之为实时系统。有两种类型的实时系统：硬实时系统和软实时系统。软实时系统并不要求限定某一任务必须在一定的时间内完成，只要求各任务运行得越快越好；硬实时系统对系统响应时间有严格要求，一旦系统响应时间不能满足，就可能会引起系统崩溃或致命的错误，一般在工业控制中应用较多。

（4）内存管理。针对有内存管理单元（MMU）的处理器设计的一些桌面操作系统，如 Windows、Linux，使用了虚拟存储器的概念。虚拟内存地址被送到 MMU，在这里，虚拟地址被映射为物理地址，实际存储器被分割为相同大小的页面，采用分页的方式载入进程。一个程序在运行之前，没有必要全部装入内存，而是仅将那些当前要运行的部分页面装入内存运行。

大多数嵌入式系统针对没有 MMU 的处理器设计，不能使用处理器的虚拟内存管理技术，采用的是实存储器管理策略，因而对于内存的访问是直接的。它对地址的访问不需要经过 MMU，而是直接送到地址线上输出，所有程序中访问的地址都是实际的物理地址；而且，大多数嵌入式操作系统对内存空间没有保护，各个进程实际上共享一个运行空间。一个进程在执行前，系统必须为它分配足够的连续地址空间，然后全部载入主存储器的连续空间。

由此可见，嵌入式系统的开发人员不得不参与系统的内存管理。从编译内核开始，开发人员必须告诉系统这块开发板到底拥有多少内存；在开发应用程序时，必须考虑内存的分配情况并关注应用程序需要运行空间的大小。另外，由于采用实存储器管理策略，用户程序同内核以及其他用户程序在一个地址空间，程序开发时要保证不侵犯其他程序的地址空间，以使得程序不至于破坏系统的正常工作，或导致其他程序的运行异常。因此，嵌入式系统的开发人员对软件中的一些内存操作要格外小心。

（5）内核加载方式。嵌入式操作系统内核可以在 Flash 上直接运行，也可以加载到内存中运行。Flash 的运行方式是把内核的可执行映像烧写到 Flash 上，系统启动时从 Flash 的某个地址开始执行。这种方法实际上是很多嵌入式系统所采用的方法。内核加载方式是把内核的压缩文件存放在 Flash 上，系统启动时读取压缩文件在内存里解压，然后开始执行。这种方式相对复杂一些，但是运行速度可能更快，因为 RAM 的存取速率要比 Flash 高。

（二）嵌入式微处理器

嵌入式微处理器是嵌入式系统的硬件核心，一般分为嵌入式微处理器（Embedded Microprocessor Unit，EMPU）、嵌入式微控制器（Microcontroller Unit，MCU）、嵌入式 DSP 处理器（Embedded Digital Signal Processor，EDSP）和嵌入式片上系统（System on Chip，SoC）。

EMPU 一般是指通用 CPU，在应用中将微处理器装配在专门设计的电路板上，只保留与嵌入式应用有关的母板功能，这样可以减小系统体积和功耗。为了满足嵌入式应用的特殊要求，嵌入式微处理器虽然在功能上和标准微处理器基本一致，但嵌入式系统一般工作环境比较特殊，所以在工作温度、抗电磁干扰、可靠性等方面都做了各种增强，以满足嵌入式系统的工作环境。

MCU 又称单片机，它以微处理器内核为核心，芯片内部集成了存储器、总线、总线控制器、定时器、计数器、WatchDog、IPO、串行口、脉宽调制输出等各种必要功能和外设。单片机有各种系列，一般一个系列的单片机具有多种衍生产品，每种衍生产品的处理器内核都是一样的，不同的是存储器和外设的配置及封装。这样做可以使单片机最大限度地和应用需求相匹配，功能不多不少，从而减少功耗和成本。和 EMPU 相比，MCU 的最大特点是单片化，体积大大减小，从而使功耗和成本下降、可靠性提高。

目前主流的嵌入式微处理器系列主要有 ARM 系列、MIPS 系列、PowerPC 系列、Super H 系列和 X86 系列等，属于这些系列的嵌入式微处理器产品有上千种以上。嵌入式微控制器将 CPU、存储器（少量的 RAM、ROM）和其他外设封装在同一片集成电路里，常见的有 8051。微处理器的制造工艺、主频等方面的整体发展见表 11.3。

表 11.3　微处理器的发展

	20世纪80年代中后期	20世纪90年代初期	20世纪90年代中后期	21世纪初期
制作工艺	1～0.8μm	0.8～0.5μm	0.5～0.35μm	0.25～0.13μm
主频	<33MHz	<100MHz	<200MHz	<600MHz
晶体管个数	>500K	>2M	>5M	>22M
位数	8/16bit	8/16/32bit	8/16/32bit	8/16/32/64bit

随着半导体工艺的迅速发展，在一个硅片上实现一个更为复杂的系统的时代已来临，这就是嵌入式片上系统（SoC）。各种通用处理器内核将作为 SoC 设计公司的标准库。和许多其他嵌入式系统外设一样，SoC 已成为 VLSI 设计中一种标准的器件，用标准的 VHDL 等语言描述，存储在器件库中，用户只需定义出其整个应用系统，仿真通过后就可以将设计图交给半导体工厂制作样品。这样，除个别无法集成的器件以外，整个嵌入式系统大部分均可集成到一块或几块芯片中去，应用系统电路板将变得很简洁。这对于减小应用系统体积、降低功耗、提高系统可靠性非常有利。

嵌入式片上系统设计技术始于 20 世纪 90 年代中期，它是一种系统级的设计技术。如今，电子系统的设计已不再是利用各种通用集成电路 IC（Integrated Circuit）进行印刷电路板 PCB（Printed Circuit Board）板级的设计和调试，而是转向以大规模现场可编程逻辑阵列 FPGA（Field-Programmable Gate Array）或专用集成电路 ASIC（Application-Specific Integrated Circuit）为物理载体的系统级的芯片设计。使用 ASIC 为物理载体进行芯片设计的技术称为片上系统技术，即 SoC；使用 FPGA 作为物理载体进行芯片设计的技术称为可编程片上系统技术，即 SoPC（System on Programmable Chip）。SoC 技术和 SoPC 技术都是系统级芯片设计技术（统称为广义 SoC）。

到目前为止，SoC 还没有一个公认的准确定义，但一般认为它有 3 大技术特征：采用深亚微米（DSM）工艺技术、IP 核（Intellectual Property Core）复用以及软硬件协同设计。SoC 的开发是从整个系统的功能和性能出发，利用 IP 复用和深亚微米技术，采用软件和硬件结合的设计和验证方法，综合考虑软硬件资源的使用成本，设计出满足性能要求的高效率、低成本的软硬件体系结构，从而在一个芯片上实现复杂的功能，并考虑其可编程特性和缩短上市时间。使用 SoC 技术设计的芯片，一般有一个或多个微处理器芯片和数个功能模块。各个功能模块在微处理器的协调下，共同完成芯片的系统功能，为高性能、低成本、短开发周期的嵌入式系统设计提供了广阔前景。

SoPC 技术最早是由美国 Altera 公司于 2000 年提出的，是现代计算机辅助设计技术、电子设计自动化 EDA（Electronics Design Automation）技术和大规模集成电路技术高度发展的产物。SoPC 技术的目标是将尽可能大而完整的电子系统在一块 FPGA 中实现，使所设计的电路在规模、可靠性、体积、功能、性能指标、上市周期、开发成本、产品维护及硬件升级等多方面实现最优化。SoPC 的设计以 IP 为基础，以硬件描述语言为主要设计手段，借助以计算机为平台的 EDA 工具，自动化、智能化地自顶向下地进行。系统级芯片设计是一种高层次的电子设计方法，设计人员针对设计目标进行系统功能描述，定义系统的行为特性，生成系统级的规格描述。这一过程中可以不涉及实现工艺。一旦目标系统以高层次描述的形式输入计算机后，EDA 系统就能以规则驱动的方式自动完成整个设计。为了满足上市时间和性能要求，系统级芯片设计广泛采用软硬件协同设计的方法进行。表 11.4 给出了嵌入式微处理器的对比分析。

表 11.4　嵌入式微处理器的对比分析

	嵌入式微处理器	嵌入式微控制器	嵌入式DSP处理器	嵌入式片上系统
硬件尺寸（包括外围）	大	小	小	最小
功耗	大	小	中	中
开发难度	小	大	大	大
软件移植性	好	坏	坏	坏
成本	高	最低	低	中

续表

	嵌入式微处理器	嵌入式微控制器	嵌入式DSP处理器	嵌入式片上系统
性能	强	弱	较强	较强
应用领域	通用	较通用低端	专用	较通用高端
网络能力	强	弱	较弱	强
实时性	差	好	好	一般

（三）嵌入式支撑软件

嵌入式支撑软件，是指用于帮助和支持软件开发的软件，通常包括数据库和开发工具，其中以数据库最为重要。嵌入式数据库技术已得到广泛的应用，随着移动通信技术的进步，人们对移动数据处理提出了更高的要求。

嵌入式移动数据库或简称为移动数据库（EMDBS）。所谓的移动数据库是支持移动计算的数据库，有两层含义：首先是用户在移动的过程中可以联机访问数据库资源；其次是用户可以带着数据库移动。该系统由前台移动终端、后台同步服务器组成，移动终端上有嵌入式实时操作系统和嵌入式数据库，是支持移动计算或某种特定计算模式的数据库管理系统。数据库系统与操作系统及具体应用集成在一起，运行在各种智能型嵌入设备或移动设备上。其中，嵌入在移动设备上的数据库系统由于涉及数据库技术、分布式计算技术以及移动通信技术等多个学科，目前已经成为一个十分活跃的研究和应用领域。国际上主要的嵌入式移动数据库系统有 Sybase、Oracle 等，我国嵌入式移动数据库系统以 OpenBASE Mini 为代表。由于我国在该领域起步较晚，目前在技术上还存在较大差距。

（四）嵌入式应用软件

嵌入式应用软件，是指针对特定应用领域，基于某一固定的硬件平台，用来达到用户预期目标的计算机软件。由于用户任务可能有时间和精度上的要求，因此，有些嵌入式应用软件需要特定的嵌入式操作系统的支持。嵌入式应用软件和普通应用软件有一定的区别，它不仅要求其准确性、安全性和稳定性等方面能满足实际应用的需要，而且还要尽可能地进行优化，以减少对系统资源的消耗，并降低硬件成本。目前，我国市场上已经出现了各式各样的嵌入式应用软件，包括浏览器、Email 软件、文字处理软件、通信软件、多媒体软件、个人信息处理软件、智能人机交互软件、各种行业应用软件等。嵌入式系统中的应用软件是最活跃的领域，每种应用软件均有特定的应用背景，尽管规模较小，但专业性较强，所以嵌入式应用软件不像操作系统和支撑软件那样受制于国外产品与技术垄断，是我国嵌入式软件的优势领域。

三、嵌入式系统的应用领域

嵌入式系统的应用前景是非常广泛的，人们将会无时无处不接触到嵌入式产品，从家里的洗衣机、电冰箱，到作为交通工具的自行车、小汽车，到办公室里的远程会议系统等。特别是以蓝牙为代表的小范围无线接入协议的出现，使嵌入式无线电的概念悄然兴起。当嵌入式的无线电芯片的价格可被接受时，其应用可能会无所不在。在家中、办公室、公共场所，人们可能会使用数十片甚至更多这样的嵌入式无线电芯片，将一些电子信息设备甚至电气设备构成无线网络；在车上、旅途中，人们利用这样的嵌入式无线电芯片，可以实现远程办公、远程遥控，真正实现把网络随身携带。

（一）工业控制应用领域

基于嵌入式芯片的工业自动化设备将获得长足的发展，目前已经有大量的 8、16、32 位嵌入式微控制器在应用中。网络化是提高生产效率和产品质量、减少人力资源主要途径，如工业过程控制、数字机床、电力系统、电网安全、电网设备监测、石油化工系统。就传统的工业控制产品而言，低端型采用的往往是 8 位片机。但是随着技术的发展，32 位、64 位的处理器逐渐成为工业控制设备的核心，在未来几年内必将获得长足的发展。

（二）机器人应用领域

嵌入式芯片的发展将使机器人在微型化、高智能方面优势更加明显，同时会大幅度降低机器人的价格，使其在工业领域和服务领域获得更广泛的应用。微型机器人、特种机器人等也获得更大的发展机遇，无论是控制系统的结构还是机器人的智能程度方面都将得到很大的提高。以索尼的机器狗为代表的智能机器宠物是最典型的嵌入式机器人控制系统，除了能够实现复杂的运动功能，它还具有图像识别、语音处理等高级人机交互功能，它可以模仿动物的表情和运动行为。火星车也是一个典型例子，这个价值 10 亿美元的技术高度密集的移动机器人，采用的是 VxWorks 操作系统，它可以在不与地球联系的情况下自主工作。

（三）智能家居应用领域

这将成为嵌入式系统最大的应用领域，冰箱、空调等的网络化、智能化将引领人们的生活步入一个崭新的空间。即使你不在家里，也可以通过电话线、网络进行远程控制。在这些设备中，嵌入式系统将大有用武之地。特别是对于水、电、煤气表的远程自动抄表，安全防火、防盗系统，其中的嵌入式专用控制芯片将代替传统的人工检查，并实现更高、更准确和更安全的性能。目前在服务领域，如远程点菜器等已经体现了嵌入式系统的优势。

智能家居网络（E-Home）指在一个家居中建立一个通信网络，为家庭信息提供必要的通路，在家庭网络操作系统的控制下，通过相应的硬件和执行机构，实现对所有家庭网络上家电和设备的控制和监测。其网络结构的组成必然有家庭网关。家庭网关主要实现控制网络和信息网络的信号综合并有外界接口，以便远程控制和信息交换。不论是网关还是各家电上的控制模块，都需有嵌入式操作系统。这些操作系统必须具有内嵌式、实时性好、多用户的特点。南京东大移动互联技术有限公司研制的智能多媒体家庭网关，就是以嵌入式 Linux 作为该嵌入式设备的操作系统，设备之间的相互通信遵从蓝牙通信协议，可以支持多个设备同时接入固定电话网、互联网等其他外部网络。

（四）交通管理领域

在车辆导航、流量控制、信息监测与汽车服务方面，嵌入式系统技术已经获得了广泛的应用，内嵌 GPS 模块、GSM 模块的移动定位终端已经在各种运输行业获得了成功的使用。嵌入式语音芯片基于嵌入式操作系统，采用语音识别和语音合成、语音学层次结构体系和文本处理模型等技术，可以应用在手持设备、智能家电等多个领域，赋予这些设备人性化的交互方式和便利的使用方法；也可应用于玩具中，实现声控玩具、仿真宠物、与人对话的玩具；也能应用于车载通信设备，实现人机交流。该芯片也应用在移动通信设备中，如手机上短消息来时，我们不必费力地去看，而是可以听到声音。

（五）电子商务领域

以蓝牙为代表的小范围无线接入协议与嵌入式系统的结合，必将推动嵌入式系统的广泛应用。近来，基于这些协议的嵌入式产品层出不穷，包括公共交通无接触智能卡（Contactless Smart Card，CSC）发行系统、公共电话卡发行系统、自动售货机、各种智能 ATM 终端、各种电话系统、无线公文包、各类数字电子设备以及在电子商务中的应用，这些产品将全面走入人们的生活。这些产品以其微型化和低成本的特点为它们在家庭和办公室自动化、电子商务、工业控制、智能化建筑物和各种特殊场合的应用开辟了广阔的前景。

（六）环境工程与自然

嵌入式系统在环境工程中应用广泛，如水文资料实时监测、防洪体系及水土质量监测、堤坝安全监测、地震监测、实时气象信息监测、水源和空气污染监测等。在很多环境恶劣、地况复杂的地区，嵌入式系统将实现无人监测。

四、嵌入式系统的产业发展

嵌入式产业可大体分为嵌入式技术产业和嵌入式系统产业及代工产业。嵌入式技术产业是各种嵌入式系统产品的技术基础，它包括嵌入式 IC 设计生产（含嵌入式微处理器和 SoC 设计）、嵌入式操作系统（RTOS）及嵌入式软件中间件行业、MEMS 技术和智能传感器技术行业、嵌入式 IP 咨询服务和开发行业等（含 EDA 及开发工具业）。嵌入式系统产业是建立在行业需求基础上的基于系统结构设计、功能设计和工程设计的产业。代工产业如 IC 代工业、PCB 代工业等。

（一）国外嵌入式产业发展

从某种意义上来说，通用计算机行业的技术是垄断的。占整个计算机行业90%的PC产业，80%采用Intel的8x86体系结构，芯片基本上出自Intel、AMD、Cvrix等几家公司。在几乎每台计算机必备的操作系统和文字处理器方面，Microsoft的Windows及Word占80%～90%，凭借操作系统还可以搭配其他应用程序。因此，当代的通用计算机工业的基础被认为是由Wintel（Microsoft和Intel在20世纪90年代初建立的联盟）垄断的工业。

（二）国内嵌入式产业发展

据有关统计数据，我国嵌入式产业自 2000 年以来发展很快。2000—2005年，我国嵌入式系统软件年平均增速达 38% 以上，2005 年完成嵌入式系统软件收入 535 亿元，比 2004 年增长 35%，占全部软件业务收入的 13.7%。2005年我国软件产品出口达 35.9 亿美元，增长 28.2%，其中嵌入式系统软件出口

28.7 亿美元，占全部软件出口的 79.9%，拉动我国软件出口增长 22.5 个百分点。2006 年全国软件 100 强企业的前 10 名中，以嵌入式软件产品为主的生产企业就占了 6 家，可以说，嵌入式软件企业在软件行业中的比重越来越大。在 2008 年 10 月中国电子学会嵌入式系统专家委员会召开的工作委员会会议上，倪光南院士指出，中国电子信息产业 2007 年收入为 5.6 万亿元人民币，同比增长 18%，但是其利润很低，原因之一就是未掌握嵌入式系统关键技术。不掌握嵌入式系统的关键技术，就不能形成产业链结构，就不能引领市场的发展。2007 年嵌入式软件的收入占到了软件产业总收入的 21%，占出口软件总额的 68%，可见嵌入式软件的发展对中国软件产业发展的影响巨大。在制造业领域，嵌入式技术和软件应用带来的影响日益扩大，智能化装备市场的巨大需求将制造业与嵌入式技术的发展紧密地连在一起，嵌入式技术也成了传统产业技术改造和提升的一个重要支撑技术。此外，随着通信技术与网络技术的发展，信息家电与军事电子应用也对嵌入式技术有着极大的需求。因此，以嵌入式技术为核心的电子信息产业结构调整和优化升级是一件很重要的事情。

嵌入式系统产业伴随着国家产业的发展而发展，从通信、消费电子到汽车电子、智能安防、工业控制和北斗导航，今天嵌入式系统已经无处不在，在应用数量上已远超通用计算机。据相关机构统计，2012 年全球嵌入式软件的销售规模已经达到了 500 亿美元，而嵌入式体系产品的产值达 6 000 亿美元。在中国，嵌入式系统产业规模持续增长，相关统计表明，2012 年我国电子制造规模达 5.45 万亿元，位居世界第二，电视、程控交换机、笔记本电脑、显示器和手机等主要电子信息产品的产量居全球首位。

第 12 章

iCity 离散型智能工厂

21世纪经济全球化造就了全球市场一体化的同时，也深刻地改变了全球制造业原有的格局。激烈的市场竞争、昂贵的劳动力成本、趋于个性化的市场需求，使得制造企业必须具备更加灵活、更加智能的生产制造系统来快速响应市场需求，以保持其自身的竞争力。未来的制造工厂除了具备自动化和信息化基础以外，还应具备能够在市场需求变化和生产过经营过程进行智能化的感知、分析、决策、调整和控制能力。传统的制造模式和生产运作模式已无法适应这一发展趋势，取而代之的是以智能化为特征、以智慧制造为主要模式的新型制造工厂。

本章将以离散型制造工厂为对象，从发展背景、基本特征与内涵、体系架构、关键支撑技术以及典型案例等方面对离散型智能工厂加以阐述。

一、离散制造业智能化发展背景

离散制造业是制造业按照生产方式分类的一种。相对于连续制造，离散制造的产品往往由多个零件经过一系列并不连续的工序的加工最终装配而成，如属于生产资料生产的机械、电子设备制造业，属于生活资料生产的机电整合消费产品制造业。离散制造业大多属于传统制造业，但是随着信息技术特别是网络化技术的不断发展，离散制造业也在不断地发生着重要的变革。

20世纪60—70年代，面对用户需求量大和竞争比较缓和的市场环境，全球无论是装备制造商还是消费品生产企业，都以扩大生产规模、降低生产成本、抢占市场份额为目标，实现其产业化发展；到八九十年代，精益生产、敏捷制造等科学合理的制造技术对离散制造业的发展有着巨大影响，加之市场空间的不断缩小，追求产品质量、加快市场响应能力成为制造业发展的潮流。进入21世纪，在市场竞争日益激烈、生产成本不断降低和用户个性需求变化快等因素的影响下，在高新技术和先进制造理念的推动下，全球制造业正在向全球化、数字化、智能化和绿色化方向发展。相应地，离散制造业的发展也呈现出新的特征。

受到制造全球化、国际经济不断互动和融合发展的大环境影响，制造企业国际化的信息基础设施建设正日益受到世界各国政府和企业的高度重视；制造资源的优化配置逐渐由区域向一国乃至全世界范围扩展；价值链和产业链中与制造密切相关的各个环节间的全球化分工协作也日益成为各制造企业赢得市场竞争的主要发展战略（曹军，2011）。例如，波音公司的新产品波音787的设计和制造过程就完美展现了全球化制造的理念。飞机设计由美国、意大利、俄罗斯和日本共同完成；其研发和制造更是涉及美国、英国、法国、意大利、加拿大、瑞典、澳大利亚、日本、韩国和中国等多个国家和地区的顶级供应商。按价值计算，在组成波音787的400万个零部件中，公司自身只负责了大约10%的生产制造任务——尾翼及最后组装，其余零部件的生产则是由全球40余家合作伙伴共同完成：日本负责机翼的制造；意大利和美国其他地区的公司则是生产碳复合材料机身；起落架和方向舵则分别由法国和中国公司生产。通过这样的全球化协同分工制造，波音787产品研发费用节省了50%，进入市场的时间缩短了33%。仅2007年，波音公司就收到了全球677个产品订单，累计价值达到1 100亿美元。为寻求国际化大市场中的机遇，积极参与国际化分工协作，敏捷地响应客户的个性化需求，进而抢占制造领域的高端市场，制造企业之间更是加快了跨国并购、重组和整合，跨国公司得到了长足的发展壮大，并已经成为当代国际经济活动的核心组织者。

随着数字化制造理论和技术在离散制造领域应用的不断深入，数字化制造模式已成为国际化知名公司优化企业生产经营、提升市场竞争能力的主要手段。英国政府通过推出《数字英国》计划（王喜文，2010），大力发展电子通信和电子商务，做大互联网产业，为量大面广的中小型制造企业的信息化建设提供分类指导、咨询和绩效测评等服务，使70%以上的企业不同程度地实施了电子商务，也使英国成了欧洲最大的电子商务市场。美国航空航天制造商洛克希德马丁公司在其产品F-35战斗机的研制过程中，采用了数字制造技术，与传统方式相比，研制周期缩短至1/3，降低研制成本50%，开创了航空数字化制造的先河。波音公司在新一代战神航天运载工具的研制和C130的航空电子升级中，采用MBD/MBI（基于模型的定义和作业指导书）技术，缩短了装配工期57%，将数字化制造推向制造现场的更深层次（王伟，李俊峰，2012）。通用汽车公司应用数字制造技术，将轿车的开发周期由原来的48个月缩短到24个月，碰撞实验的次数由原来的几百次降到几十次，应用电子商务技术降低销售成本10%（刘光伟等，2009）。世界第四大白色家电制造商海尔集团通过应用PDM实现了产品研发全流程的整合，实施模块化支持企业即需即供的战略以及面向敏捷制造和供应链环节的信息化技术的应

用，形成了极具特色的数字化制造模式，提升了集团的综合竞争力。长安汽车公司也建立了以三维数字化设计为核心的汽车产品开发系统、以 ERP 系统为核心的管理信息系统和以制造执行系统为核心的生产制造过程信息化系统，大大提高了企业的整体效益和市场竞争能力，新产品的贡献达到了 80%，自主产品的开发量占到了总量的 60% 左右，采购成本和销售费用得到显著降低，有力支撑了企业的数字化发展。

进入 21 世纪后，随着离散制造企业产品性能不断完善、产品结构进一步复杂化和精细化、功能趋于多样化，产品所包含的设计信息和工艺信息量急剧增加，生产线和生产设备内部的信息流量增加，制造过程和管理工作的信息量也随之剧增，导致制造技术发展的热点与前沿转向了提高制造系统对于爆炸性增长的制造信息处理的能力、效率及规模上；同时，为在激烈的全球竞争中保持优势，制造企业要最大化利用资源，将生产变得更加高效；为适应不断变化的客户需求，制造企业必须尽可能地缩短产品上市时间，对市场的响应更加快速；为满足市场多元化的需求，制造企业还要快速实现各环节的灵活变动，将生产变得更加柔性，这就要求制造系统更加高效、灵活、敏捷、柔性和智能。随着 RFID、传感器网、工业无线网络、MEMS 和传感器等物联网技术和普适计算技术的成熟和发展，以无处不在的感知和智能化信息服务为代表的新一代信息化制造技术——泛在信息制造——将成为促进先进制造技术发展的新驱动力，使得人们由现在对制造设备的生产过程、人机交互过程以及供应链与生产物流过程的"了解不足"，向三维空间加时间的多维度泛在感知和透明化发展（中国科学院先进制造领域战略研究组，2009）。以泛在技术为基础的计算模式将具有环境感知能力的各种类型的终端、移动通信、信息获取、上下文感知、智能软件与人机交互等技术如空气和水一样，自然而深刻地融入制造行为所触及的各个角落。泛在制造信息感知空间作为下一代制造信息服务的基础设施，将原有离散的、杂乱的、模糊的、滞后的制造过程和管理流程变得更加透明、有序、清晰、实时，并且增加了大量的感知、判断、分析、决策等智能化元素，进而有助于大幅度提高制造效率，改善产品质量，降低产品成本和资源消耗，为用户提供更加透明化和个性化的服务。

在技术发展与市场竞争的双重驱动下，传统工厂的生产运作模式正在逐渐地被带有智能特征的新型制造模式所代替，制造智能化正在迅速地得到全球主要工业强国和企业的高度重视，一批具有高度自动化、柔性和智能特征的新型制造工厂——智能工厂，正在汽车、装备制造等典型离散制造领域悄然兴起。作为世界顶尖的汽车制造企业之一，宝马公司通过应用完整的机器人系统、分布式自动化技术和现场总线盒系统、工具装备助理智能系统（TAS）、粉末罩光清漆智能化涂装技术、智能化工具和测试等，建立起了完整的智能生产线，为公司带来了显著的经济效益。如粉末罩光清漆智能化涂装技术的应用，使每辆轿车节省了 1.5 千克的溶剂；机器人系统的应用，降低了工人的劳动强度，极大地提高了产品的质量、精度以及安全性能。

如今，随着环境的持续恶化和对可持续发展呼声的日益高涨，工业发达国家和制造业大国更加注重资源节约、环境友好、可持续发展，加入了绿色特征的智能化制造已经成为现代制造工厂所必备的重要特征之一，同时也是制造企业未来发展的方向。新型的绿色制造的目标是从设计、制造、包装、运输、使用到报废处理的整个产品生命周期中，对环境负面影响最小，资源利用率最高，并使企业经济效益和社会效益协调优化。美国、欧洲和日本等工业发达国家和地区的制造企业相继形成了针对绿色制造的法律法规和标准，如 ISO 14000 环境管理标准体系，OHSAS 18000 职业健康与安全管理标准体系，欧盟的 ROHS、WEEE、EUP 指令等。我国政府也加大了对绿色制造的重视和支持力度，并在《国家中长期科学和技术发展规划纲要（2006—2020 年）》中，将绿色制造列为制造业领域发展的 3 大思路之一。

离散型智能工厂的产生和发展是一个长期的阶段性的渐进过程，它顺应全球制造业总体发展趋势，符合制造全球化、数字化、智能化和绿色化发展要求，是人类经济、社会、科技共同发展和作用的必然结果。

二、离散型智能工厂的内涵与特征

离散型智能工厂是建立在面向物联的泛在信息感知和智能信息服务基础环境之上，采用基于泛在信息的智能制造模式和管理模式组织生产，具有高度自动化、柔性化和智能化特点，环境友好，人机和谐，面向未来的新型制造企业。它是以物联技术为基础，以泛在感知技术、人工智能技术与先进制造技术的融合应用为支撑，通过增强机器对制造环境与自身状态的感知能力、增强机器设备对人的指令及行为的理解能力、增强制造系统的动态响应和快速重构能力，实现生产制造过程中人和机器间的能力互补，对产品和环境变化的快速应变，从而大幅度提高生产效率（见图 12.1）。

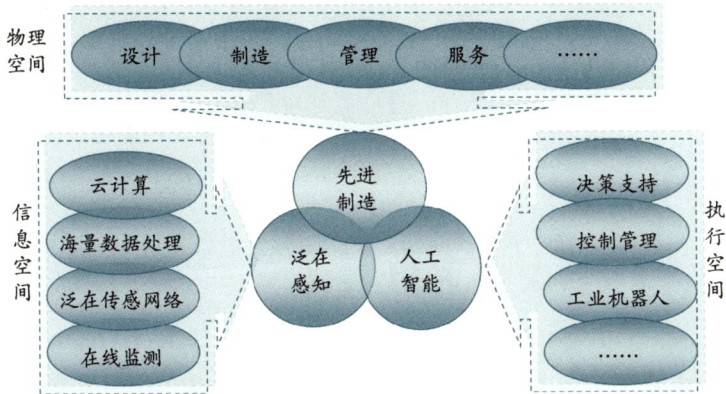

图 12.1　离散型智能工厂的支撑技术

离散型智能工厂的基本特征概括而言可以划分为以下几个方面。

1. 智能化生产

（1）高度自动化基础上的柔性化生产。高度自动化、少人化甚至无人化的生产是智能生产的主要特征。制造系统具有协调、重组及扩充特性，系统各部分可依据工作任务，自行组成最佳系统结构；生产线能根据客户个性化要求、生产工艺自动调整并组织生产，能根据当前生产实际状况实时地、自动地调整制造资源和生产排程，达到生产智能调整和生产高度柔性化。

（2）面向智能设备的智能化加工。智能的加工设备能够识别工件身份标识，能够智能地选择相应的加工工艺，自动加载数控加工工艺程序，自动装夹与校准，自动选择刀具；能够实时监测加工状态，并根据实时工况自动优选加工参数和自动调整自身状态（张定华等，2010）。

（3）制造资源精准化、自动化周转。在制品、工具等制造资源在工序流转过程中按照精细化的生产指令进行物资转运与集配，如在制品转运过程中的行车调度、刀具调拨、工装夹具配备、人员到位等。

（4）个性化装配与工艺指导。在装配环节，根据在制品身份标识，系统自动载入在制品相关信息及生产工艺文件，用以指导生产。

（5）自动化质量检测与处理。在检测环节，利用自动化检测仪器设备对所要求的各种检测参数进行自动检测，自动生成检测报告和处理意见。

2. 智能化管理

（1）制造资源智能化管理。通过各种传感器及其他信号采集设备实时感知生产环境内各生产资源（人员、车辆、可移动设备、容器等）的状态信息（包括各种状态参数、空间位置等），并对感知到的实时信息进行综合分析，从而实现对各种状况的预报、预测、优化控制等。

（2）自我学习及维护能力。通过系统自我学习功能，在制造过程中实现知识库补充、更新，自动执行故障诊断，并具备故障排除与维护或通知正确的系统执行的能力。

（3）制造全过程动态跟踪与追溯。制造全过程跟踪（包括进度跟踪、质量跟踪、位置跟踪、状态跟踪等）与追溯（包括产品质量追溯、资源消耗追溯、生产过程追溯等）。

（4）生产全景监控、分析与实时优化调度。结合信号处理、推理预测、仿真及多媒体技术，将实境展示设计与制造过程，可视化展示及监控生产全过程，分析与预警提示生产过程的动态泛在信息，实时优化调度人机协作的生产。

3. 智能化设备

（1）设备自诊断与自调整。可采集与理解外界及自身的状态信息，并分析、判别及规划自身行为，根据设备运行情况对预期故障状况进行诊断并进行预警和自调整。

（2）自主感知、识别、通信与决策能力。自动感知周围环境变化并根据情境变化智能化地调整自身行为，自动识别加工对象身份并根据加工对象的个性化特征执行特定工艺操作，具备与其他智能设备进行自主信息交互和通信的能力，具备信息智能化分析与决策能力。

（3）智能化的人机交互能力。人机之间互相协调合作，各自在不同层次相辅相成，支持多种方便灵活的访问与接入方式，丰富友好的信息展示，支持交互式高级人机对话。

（4）绿色环保。噪音、油污等环境指标监控，能耗、资源消耗监控，能源优化利用等。

4. 智能化物流

（1）自动化与智能化仓储。复杂库存操作的自动化与无人化（或少人化），库存物品、设备及装置的自管理、自诊断与自维护，库存状态、库房系统运行状态以及环境状态的智能化感知、监控、判断、分析、决策，库存信息实时动态调整，对上下游请求与服务的无缝接入。

（2）智能化工具管理。工具身份统一标识，自动化存取，维修维护智能化分析，流转过程实时监控。

（3）智能化物流供应。利用识别技术实现物料消耗、物流周转过程的智能化监控，物流各个环节信息实时采集利用，物流定位跟踪。

5. 智能化环境

（1）环境感知。生产现场空间环境包括温度、湿度、噪声、电磁辐射、光线、水电油等实际参数的信息采集与获取，实现生产环境自调整。

（2）一体化的网络环境（顾新建等，2010）。将工厂内底层网络与上层网络、有线网络与无线网络实现互联，构建生产现场集成网络环境，充分发挥无线网络的技术优势，支持多种无线传输协议的无线网络互联。

正是由于新型离散型智能工厂具有上述有别于传统工厂的显著特征，才使其在诸多方面具有显著优越性。

1. 更透彻的感知

1）企业对其内外环境具有十分强大的感知能力，能够通过感知网络快速感知与企业相关的各种信息。感知网络的基础是泛在网络（见图 12.2）。

2）感知网络汇集了来自各生产资源、各种流程、各种设备和系统的信息。通过对制造环境、设备与工件状态、制造能力的感知和处理，达到物理空间与信息空间融合，实现生产过程透明可视化。

3）感知网络为不同企业服务，使企业所感知的信息的范围扩展，深度加深，信息的"搜全率"和"搜准率"有极大的提高。

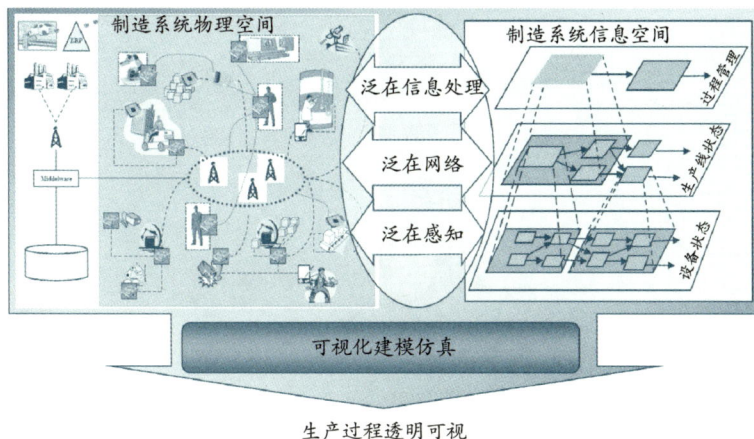

图 12.2 基于泛在信息的生产过程监控

2. 更广泛的互联互通

企业能够通过泛在网络（互联网、无线网和物联网）实现企业内外信息互联互通，用户的需求得到精准和及时的满足，资源得到充分利用，工作效率得以实现最大化，各种浪费被控制在最低程度，节能减排取得巨大成功。

3. 更彻底的人机融合

1）生产状态实时透明可视，生产过程智能精益管控；

2）人介入制造系统的手段更加丰富，人机功能平衡系统智能协调；

3）对动态不确定生产条件和生产环境的适应性和灵活性增强；

4）系统快速配置与智能重构；

5）人与制造系统能力互补、和谐统一。

4. 更深入的智能化

1）海量工业信息实时知识挖掘、仿真优化及专家经验与业务规则相结合，实现生产过程智能管控（见图12.3）；

2）不同层面的知识融合化；

3）企业管理和控制的高效精准化；

4）面对复杂环境变化的自组织化；

5）有效利用外部资源的协同化。

图12.3　海量工业感知信息处理原理

离散型智能工厂要实现高效、精细、快速、智能、人性化的管理，需要一种全新的管理模式，其特点是：

（1）管理的透明化。管理信息对全体员工透明，不仅有助于员工对管理中出现的问题快速反应，而且有助于提高员工的主人翁意识。

（2）管理的扁平化。支持企业实现自我管理为主的管理模式，减少了管理成本，同时提高了管理效率。

（3）管理的精细化。由于所获取的数据和信息比较完整和及时，所以可以实现管理的精细化，如成本计算的精细化。

（4）管理的人性化。根据员工的特长、能力、爱好等，分配给员工最合适的任务，扬长避短，并提供循序渐进的途径。

（5）管理的智能化。利用计算机强大的数据挖掘和分析能力以及丰富的企业内外数据，可以支持快速的智能管理决策。智慧的管理网络将使企业管理更加智能和可控。

三、离散型智能工厂的体系结构

（一）体系架构

图 12.4 为基于泛在感知计算的离散型智能工厂参考体系架构，包括 6 层，分别为生产资源层、业务环境层、信息交互层、信息处理层、智能服务层和系统支撑层，各个层次的具体含义如下所述。

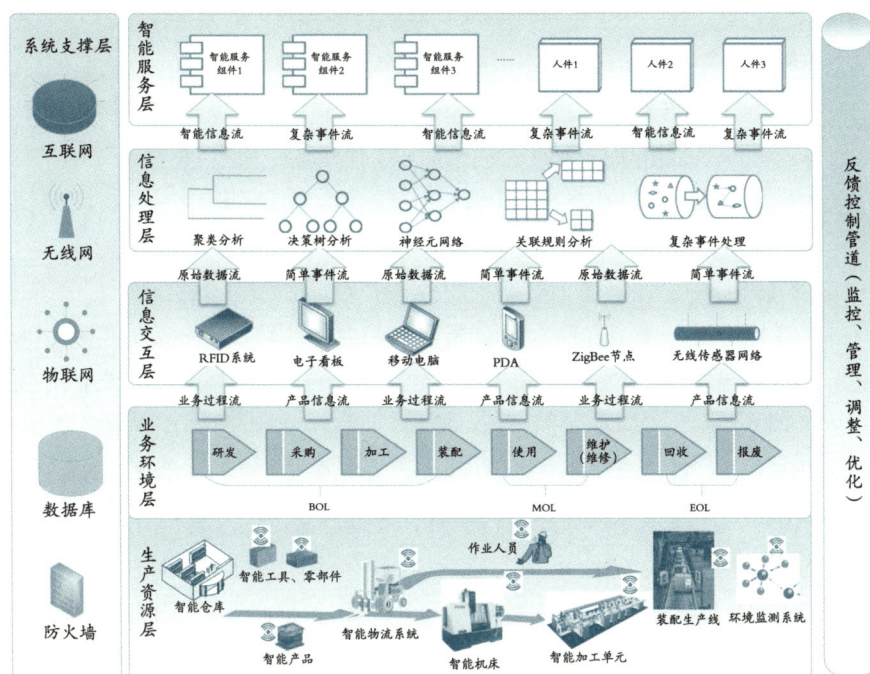

图 12.4　基于泛在感知计算的离散型智能工厂参考体系架构

1. 生产资源层

生产资源层由智能化的生产资源、系统构成，具体包括：

（1）智能仓库。除了具备典型自动化仓库的基本特征以外，还作为整个生产物流的一部分，根据生产需求信息和物流运作信息，采取一定的策略实现生产库存的最优化和生产补给的自动化。

（2）智能产品、智能工具、零部件。利用自动识别技术对产品、智能工具、零部件进行身份唯一标识，同时能够实时记录和更新自身的属性信息和状态信息，为制造、物流和管理智能化提供基础条件。

（3）智能物流系统。主要由各种物流搬运单元（搬运机器人、机械手等）、物流运输单元（移动式物流设备、传送带等）、物流存放单元（物流堆栈）组成。智能物流系统的特点是物流对象自动识别、自动判断执行动作、实时物流调度。

（4）智能机床及智能加工单元。具备上述智能设备所描述的特征。此外，智能加工单元可以看作是智能机床、智能机器人和智能物流系统相结合的、封闭的柔性制造生产单元。

（5）智能装配生产线。具有工件、产品、工具自动识别，自动工艺加载与生产指导，自动需求统计等功能，兼顾自动化装配和自动测量等自动化技术，最大限度地降低和辅助人为活动。

（6）智能环境监测。通过无处不在的传感器网络实时监测包括声、热、光、电等能够反映制造环境信息，与企业管理和生产相关的环境状态信息，同时能够智能地调整相应系统，实现环境智能化。

2. 业务环境层

业务环境层包含了产品全生命周期范围内的各个业务环节，可划分为BOL、MOL和EOL等3个阶段（唐任仲等，2011）。其中BOL可具体分为研发、采购、加工、装配等，在这一阶段，产品主要由制造企业进行控制，供应商负责原材料、零部件的供应；MOL包括使用、维护（维修）等阶段，在这一阶段，产品主要由客户进行控制，通过产品产生对客户有利的效益，制造企业可能参与进来对产品进行远程监控和维修；EOL包括回收、报废等阶段，这一阶段需要客户和制造企业一起参与，根据产品的具体情况，对产品进行拆卸和再利用。产品在BOL、MOL和EOL等3个阶段产生了大量的信息，这些信息需要按照合理的粒度和时间点进行采集。

3. 信息交互层

信息交互层建立在业务环境层的基础上，包含了大量的智能感知计算设备，主要是对产品全生命周期范围内业务过程流里的数据进行实时采集、传输、预处理和访问。典型的智能感知计算设备包括 RFID 系统、电子看板、移动电脑、PDA、ZigBee 节点等，通过这些设备，能第一时间采集到各种信息。同时，制造系统中的管理人员、操作工等可以通过这些智能感知计算设备，按照自己的需求，设定访问或查询条件，访问制造资源、制造过程的状态信息，访问的结果多以图形和报表的形式返回。

4. 信息处理层

信息处理层主要是对信息交互层产生的原始数据和简单事件进行进一步的加工、处理，提取其语义信息。对数据和事件的处理依赖于一系列的智能算法和技术，如针对数据进行挖掘和分析的有效方法有聚类分析（Clustering Analysis，CA）、决策树分析（Decision Tree Analysis，DTA）、神经元网络（Neutral Network，NN）、关联规则分析（Association Rule Analysis，ARA）等；而针对简单事件进行处理的方法则有复杂事件处理技术（Complex Event Process，CEP），目前已经在事件驱动的架构（Event-Driven Architecture，EDA）中得到广泛应用。通过这些智能算法，使大量简单的原始数据和事件映射和转换为高层的信息、复杂事件及知识，为进一步实现对制造系统的反馈控制奠定基础。

5. 智能服务层

第 5 层为智能服务层，是支撑智能工厂各种应用的核心，实现支持多系统多协议的信息交互、感知信息处理与智能化应用、感知层资源管控与维护以及支持外部系统访问与集成应用等基本功能，主要根据经过处理的信息或知识对制造系统进行必要的反馈控制和调整。智能服务层中包含了两种类型的智能体：一是智能服务组件（Intelligent Service Component，ISC）。智能服务组件以面向服务的架构（Service-Oriented Architecture，SOA）实现，每个智能服务组件实际上就是一个存储在计算机系统中的智能模型，服务组件提供一个接口，可以响应外部的服务请求，被外部服务请求者调用。不同的服务组件还可以按照一定的服务规则进行编排，从而组合完成更多样化、更复杂的服务请求。二是所谓的人件（Human Ware，HW）。人件包括人（尤其是专家）的思维、知识和经验，并具有良好的学习能力和适应能力，对智能服务组件是一种极佳的补充，能较好地弥补智能服务组件的局限性。人件和智能服务组件共同构成了智能制造系统的大脑，能根据信息快速进行决策，动态地对制造系统的行为进行控制。目前，该层相应的技术和系统产品尚不成熟，与大规模应用尚存在较大差距，需要开展针对生产过程的信息处理与挖掘技术、工业异构系统集成服务以及工业语义中间件等关键技术的研究，解决资源之间异构带来的信息共享、流程协同和管理维护等问题，并开发智能化的软件系统和工具。

6. 系统支撑层

第 6 层为系统支撑层，主要包含互联网、无线网、物联网等网络系统，数据库和防火墙。智能工厂是基于泛在信息的智能制造模式，需要实现人、机、物之间随时随地的通信。人与人、人与物、物与物之间能通信，必须由一个畅通的、安全的、智能的网络系统作支撑。基于无线传感网络、工业现场总线、工业以太网、互联网等各种有线及无线网络通信，通过标准化的异构网络互联技术、智能接入技术、智能路由等新技术、新设备，构建起新型的、一体化的、能够无缝接入的智能化网络系统，为企业生产管理和工业控制系统通信提供一个标准的、安全的、统一的信息传输环境。系统支撑层提供了智能工厂运行的保证：通过互联网、无线网、物联网等网络系统，制造业务人员能通过各种类型的智能感知计算设备随时随地访问所需要的资源、获取所需要的服务，而不受到设备、场所的限制；通过数据库，智能制造环境中的各类原始数据、智能信息能被有效、合理地进行存储，对于大型集团公司的智能制造系统，其数据可存储在企业自备的服务器集群中，对于中小企业，可存储在信息服务提供商（典型的如 Google、Amazon 等）的云存储端；通过防火墙等信息安全措施，能切实保证智能制造系统应用的安全性，尤其是对 RFID 标签进行有效保护，防止信息泄露。

（二）典型功能单元及系统

1. 智能化仓库

智能仓储是离散智能工厂生产物流和供应链智能化的一个重要环节。具有智能化的仓库通常需要具备两部分功能：一是能够面向形态、性能各异的复杂物品在无人或少人参与的情况下，自动、快速地完成存储、移动、分拣、组合等各种复杂库存操作，并且能够实现对库存物品、设备及装置的自管理和自维护；二是能够对库存状态、库房系统运行状态以及环境状态进行智能化的感知、监控、判断、分析、决策，能够与物流上下游系统、设备完成自动化或智能化的信息交互，实现上下游请求与服务的无缝接入。第一部分功能解决库存基础业务操作的精准化和自动化，主要通过自动化立体仓库技术、工业机器人、自动化物流设备、物联网技术等来实现；第二部分功能则是为了解决仓储管理与仓储服务的智能化，主要通过构建具有智能感知功能、智能信息处理功能以及开放服务功能的智能化库存管理系统来实现。

目前典型的智能化仓库解决方案主要有自动化立体仓库、基于三维定位GIS 的智能仓库等。其中自动化立体仓库是以高层立体货架为主要标志，以成套先进搬运设备为基础，以先进的计算机控制技术为主要手段，高效率地利用空间、时间和人力进行出入库处理。典型的自动化立体仓库通常由高层立体存放架、带有智能标识的货箱与托盘、有轨巷道堆垛机、周边搬运设备、用于拆分和组合作业的工业机器人等几部分组成。实际组成单元见图 12.5、图 12.6。

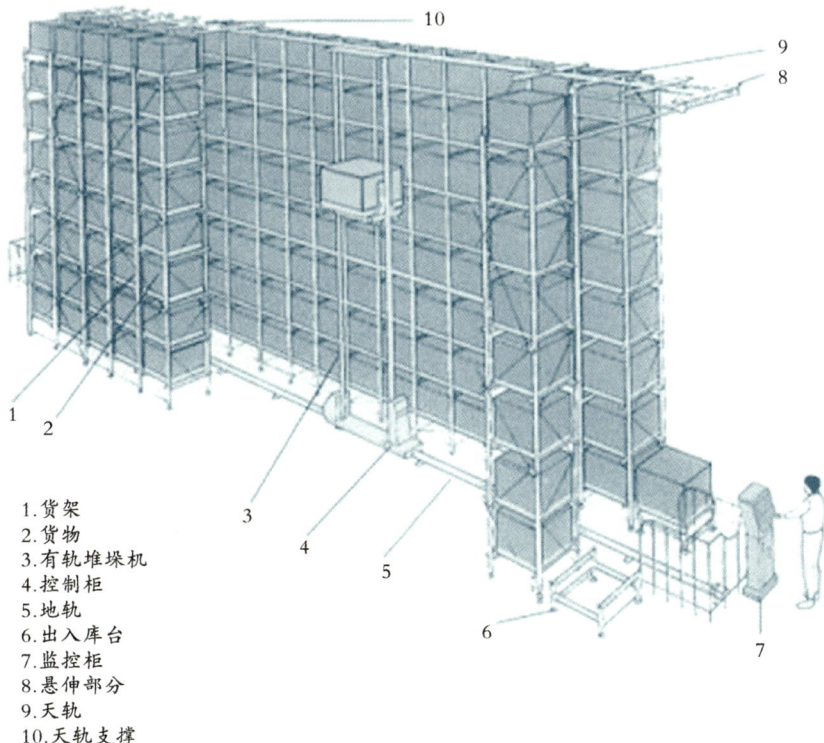

1.货架
2.货物
3.有轨堆垛机
4.控制柜
5.地轨
6.出入库台
7.监控柜
8.悬伸部分
9.天轨
10.天轨支撑

图 12.5　自动化立体仓库基本组成示意图

图12.6 自动化立体仓库应用现场

基于三维定位 GIS 的智能仓库面向无固定轨道、主要利用叉车作业的离散型库存应用。该类型的智能仓库通过在仓库环境内安装若干个信号发射器，自动叉车上面安装三维定位终端装置，进而实现自动叉车在库房空间内的精确定位。一般来说，信号发射设备可以无限级联扩展覆盖面积，定位终端装置可以根据环境安装不同特性的接收天线，提高定位精度和稳定性。基于三维定位 GIS 的智能仓库通过自动叉车定位和仓储管理系统能够提供叉车的精确实时定位，实现实时资产定盘点、叉车导航等功能，实现智能准确的仓储管理，提高生产效率（见图 12.7）。

图12.7 基于三维定位 GIS 的智能仓库示意图

2. 智能物件

智能物件是指那些能够提供关于自身或者与其相关联的对象的数据，并且能够将这些数据进行通信的物体（臧传真，范玉顺，2007）。RFID 和 WSNs 能够很好地实现这种思想，因此，被称为智能物件技术。离散制造工厂中的智能物件指的是带有 RFID 电子标签和 WSN 传感器节点的人员、机械设备、在制品、物料、工具、容器等与生产相关或用于生产现场的各种有形资源。比较常见的智能物件见图 12.8。

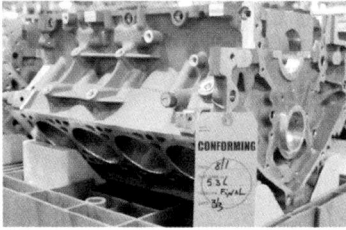

(a) 装配中的内嵌RFID标签
智能螺栓的发动机缸体

(b) 装有电子标签的托盘

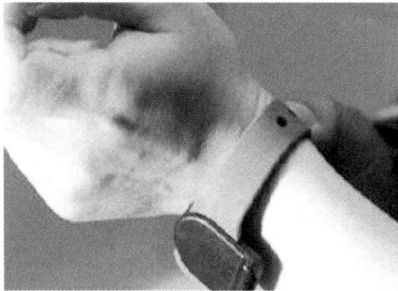

(c) 用于人员定位和身份
标识的电子标签

(d) 用于叉车等移动设备的
定位标签

图 12.8　应用于离散制造现场的几种典型智能物件

智能物件在离散制造现场的应用使传统的参与生产的生产资源成了有各自的身份标识、能够为生产管理者自动识别的对象。利用布置在生产现场的数据采集装置实时获取生产过程中的人员、在制品、工装设备、物料配件等带有时空和逻辑信息的状态数据，实现对生产对象的自动识别与信息交互，使这些"有身份"的个体的物理状态（时间、位置、移动速度等）和逻辑状态（到位与否、上工与否、完成与否等）被管理者实时获取并加以利用，从而让其从原来的"哑巴""瞎子""聋子"变为能够主动和管理者交流、按指令作业的智能体。

智能物件在仓储、物流、生产等整个过程的有效部署，使得离散制造工厂在生产管理方面具备以下几个方面的突出优势：

1）协助制造系统的相关人员随时随地、透明地、无缝地访问制造资源、制造过程，而不受到时间、地点的约束和限制。

2）由于完成了物理空间向信息空间的映射，因此，能构建上层管理和底层制造过程之间的数字化通道，有利于实现制造过程的监控、调度和优化。

3）由于能实时地了解制造系统的状态，因此，缩小了管理的时间间隔，管理层能够根据生产实际情况随时对现场资源和作业流程进行适当的调整，从而大大增强生产管理的灵活性，降低管理的滞后性，为构建实时企业提供坚实保障。

4）实现了对产品全生命周期范围内相关信息（尤其是使用信息、维修信息）的采集，更好地实现产品全生命周期管理，尤其是在产品的 MOL 和 EOL 阶段，有助于为客户提供更好的制造服务。

3. 智能物料配送

在智能化离散制造车间的生产过程中，物料配送是非常重要的环节。配送过程自动化、需求分析智能化、资源使用最优化是智能化物料配送的基本特征，即需即送，实时供应，以达到减少物料浪费，同时能对物料进行跟踪，降低物料在配料点的库存量，改善车间物料的流动状况，最终达到有效控制制造成本的效果，是智能物料配送的主要目标。如何保证车间生产所需的各种物料资源在正确的时间、以正确的数量运送到正确的加工位置是离散智能工厂物料配送的关键问题之一。

目前典型的智能物料配送解决方案主要有以下几种。

（1）自动导引车（Automated Guided Vehicle，AGV）。自动导引车是指具有磁条、轨道或者激光等自动导引设备，沿规划好的路径行驶，以电池为动力，并且装备安全保护以及各种辅助机构（例如移载、装配机构）的无人驾驶的自动化车辆。通常多台 AGV 与控制计算机（控制台）、导航设备、充电设备以及周边附属设备组成 AGV 系统，其主要工作原理表现为在控制计算机的监控及任务调度下，AGV 可以准确地按照规定的路径行走，到达任务指定位置后，完成一系列的作业任务。控制计算机可根据 AGV 自身电量决定是否到充电区进行自动充电。与物料输送中常用的其他设备相比，自动导引搬运车的活动区域无须铺设轨道、支座架等固定装置，不受场地、道路和空间的限制，因此，在自动化物流系统中，最能充分地体现其自动性和柔性。图 12.9 为采用 AGV 物料配送的离散制造现场。

（2）机床自动上下料装置。机床自动上下料装置是将待加工工件送装到机床上的加工位置和将已加工工件从加工位置取下的自动机械装置，又称工件自动装卸装置。机床自动上下料装置是目前比较流行的机床成线应用的重要组成部分，是组成自动生产线必不可少的辅助装置。目前机床上下料装置也称为车床上下料机器人，主要由搬运机器人、工件自动识别系统、自动启动装置、自动传输装置组成，根据数控车床加工的要求配备不同的手爪（如机械手爪、真空吸盘、电磁吸盘等），实现数控车床的车削加工对各种工件的抓取搬运，具有定位准确、工作节拍可调、工作空间大、性能优良、运

行平稳可靠、维修方便等特点。车床上下料集成采用的工业机器人有龙门式
（直角坐标）机器人和多关节型机器人等。

图 12.9　采用 AGV 物料配送的离散制造现场

　　直角坐标机器人机械手的空间运动是用 3 个相互垂直的直线运动来实现
的。直角坐标机器人机械手有悬臂式、龙门式、天车式 3 种结构。直角坐标
机器人机械手的工作空间为一空间长方体，由于直线运动易于实现全闭环的
位置控制，因此，其运动位置精度高（见图 12.10、图 12.11）。

图 12.10　直角坐标机器人机械手

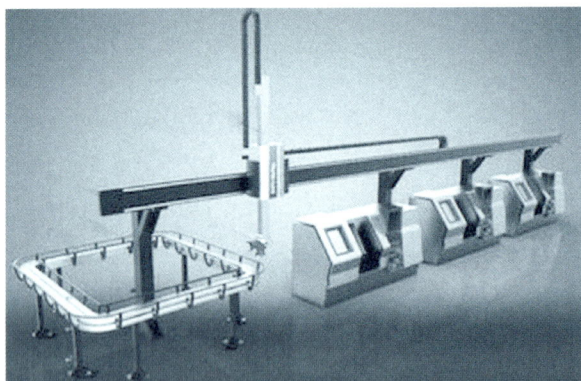

图 12.11　直角坐标机器人机械手典型应用案例

多关节型机器人机械手的空间运动是由 3 个回转运动实现的，如图 12.12 所示。相对机器人机械手本体尺寸，其工作空间比较大，动作灵活，结构紧凑，占地面积小。多关节型机器人有很高的自由度，可达 5 ～ 6 轴，适合于几乎任何轨迹或角度的工作。采用标准关节机器人配合供料装置，就可以组成一个自动化加工单元。一个机器人可以服务于多种类型加工设备的上下料，从而省自动化的成本，如图 12.13 所示。由于采用多关节型机器人单元，自动化单元的设计制造周期短，柔性大，产品变形转换方便，甚至可以实现较大变化的产品形状的换型要求。有的多关节型机器人可以内置视觉系统，对于一些特殊的产品还可以通过增加视觉识别装置对工件的放置位置、相位、正反面等进行自动识别和判断，并根据结果进行相应的动作，实现智能化的自动化生产；还可以让机器人在装卡工件之余，进行工件的清洗、吹干、检验和去毛刺等作业，大大提高了机器人的利用率。多关节型机器人可以正面安装、倒立安装，或者安装在轨道上服务更多的加工设备。

图 12.12　用于机床自动上下料的多关节型机器人机械手

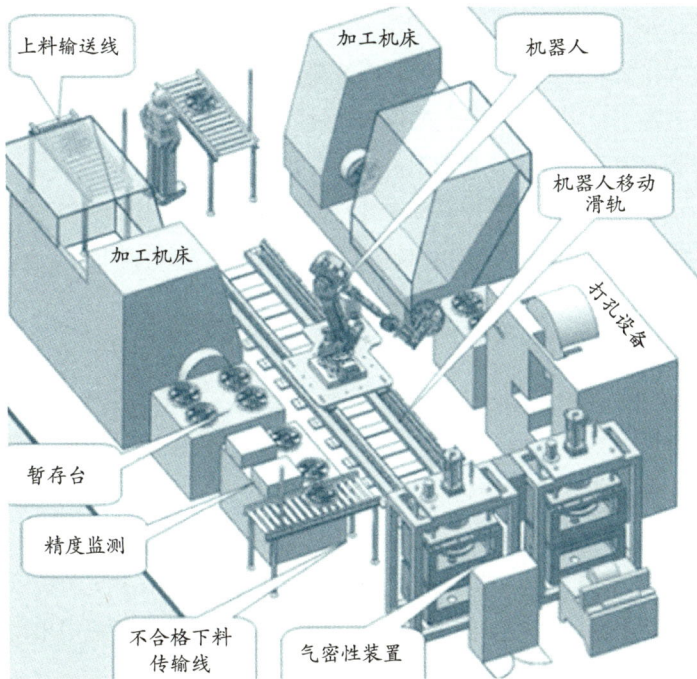

图12.13　基于多关节型机器人机械手的智能加工线应用案例

（3）基于三维定位的配送系统。基于三维空间定位的物流配送系统是随着物联网技术在制造现场的应用而发展起来的。它的基本原理是利用 UWB 等先进的三维空间定位技术对制造现场内的物流小车或物流搬运设备进行实时精确的定位，并根据事先规划的物料配送任务，动态获取配送小车当前位置信息以及车间制造资源的布局信息，以配送路径或时间最优为目标，建立制造车间物料实时配送路径优化决策模型，进而实现制造现场物流资源的智能调度和物料配送方案的最优化。

基于 UWB 的三维定位技术的原理是：在车间四周的关键位置布置 UWB 读写器，在配送小车的前端配置有源电子标签，UWB 阅读器通过读取该电子标签计算出其与配送小车的距离，得出配送小车的具体位置，达到对配送小车位置的实时定位与跟踪。在实际应用中，一般需要利用虚拟建模技术构建制造车间布局模型。在完成数字化制造车间的精确布局后，针对已规划的物料配送任务，通过制造车间物料优化模型，确定该次配送任务的最优路径，并即时显示在车间布局平台上，为物料配送人员提供路径导航。车间物料配送人员根据此路径进行物料的配送。同时，数字化制造车间物料实时配送的最优路径即时显示在车间布局虚拟模型上，为车间管理人员提供物料配送过程的动态跟踪与监控。

目前，该项技术的典型应用为汽车装配线上车身的定位跟踪（贺琳，2009）。3D 装配车辆实时定位系统通过粘贴在装配车辆上面的标签完成。这些标签本身就是小型应答器，它们的位置通过安装在生产线上面的固定传感器和超宽带射频技术确定。位置和识别信息用于相关事件分析，信息同时直接输送到信息系统。超宽带技术的优点是可以发送超短脉冲，消耗能量极低（小于 0.1 毫瓦／平方米），也即对其他系统不会产生负面影响，不会损害员工健康。

4. 智能制造装备

智能制造装备通常指具有感知、分析、推理、决策和控制功能的制造装备，是先进制造技术、信息技术和智能技术在装备产品上的集成和融合，体现了制造业的智能化、数字化和网络化的发展要求。在离散制造领域，典型的智能制造装备有智能机床（或智能加工中心）和智能工业机器人两大类。

（1）智能机床。智能机床就是对制造过程能够做出决定的机床。智能机床了解制造的整个过程，能够监控、诊断和修正在生产过程中出现的各类偏差，并且能为生产的最优化提供方案。

美国的智能加工平台计划（SMPI）也给出了智能数控机床的特征（孙名佳，2012）：

1）知晓自身的加工能力与条件，并且能与操作人员交流、共享这些信息；

2）能够自动监测和优化自身的运行状况；

3）可以评定产品与输出的质量；

4）具备自学习与提高的能力；

5）符合通用标准，机器之间能无障碍地进行交流。

智能机床首先能够实现加工过程智能化，即能够借助先进的检测、加工设备及仿真手段，实现对加工过程的建模、仿真、预测，对加工系统的监测与控制；同时集成现有加工知识，使加工系统能根据实时工况自动优选加工参数，调整自身状态，获得最优的加工性能与最佳的加工质效。

1）加工过程仿真与优化。针对不同零件的加工工艺、切削参数、进给速度等加工过程中影响零件加工质量的各种参数，通过基于加工过程模型的仿真，进行参数的预测和优化选取，生成优化的加工过程控制指令。

2）过程监控与误差补偿。利用各种传感器、远程监控与故障诊断技术，对加工过程中的振动、切削温度、刀具磨损、加工变形以及设备的运行状态与健康状况进行监测；根据预先建立的系统控制模型，实时调整加工参数，并对加工过程中产生的误差进行实时补偿。

3）通信等其他辅助智能。将实时信息传递给远程监控与故障诊断系统，以及车间管理的生产过程执行系统。

智能机床的出现，为未来装备制造业实现全盘自动化创造了条件。首先，通过自动抑制振动、减少热变形、防止干涉、自动调节润滑油量、减少噪声等，可提高机床的加工精度、效率。其次，对于进一步发展集成制造系统来说，单个机床自动化水平提高后，可以大大减少人在管理机床方面的工作量。人能有更多的精力和时间来解决机床以外的复杂问题，更能进一步发展智能机床和智能系统。第三，数控系统的开发创新，对于机床智能化起到了极其重大的作用。它能够收录大量信息，对各种信息进行储存、分析、处理、判断、调节、优化、控制。它还具有工夹具数据库、对话型编程、刀具路径检验、工序加工时间分析、开工时间状况解析、实际加工负荷监视、加工导航、调节、优化，以及适应控制等重要功能。

随着机床成线技术的发展和推广应用，基于多种智能数控机床的数字化智能加工生产线是新型离散型智能加工工厂的典型标识。这种生产线将高档数控机床、自动搬运设备、在线测量设备、数控编程软件及其他自动化设备整合在一起，由联网、采集、编程、监测和优化 5 个层次构成分布式控制和网络化管理系统，是面向典型系列工件的、具备自适应和柔性化特征的智能制造生产线。图 12.14 就是由多种数控机床组成、由智能工业机器人实现机床自动上下料的智能加工生产线案例。

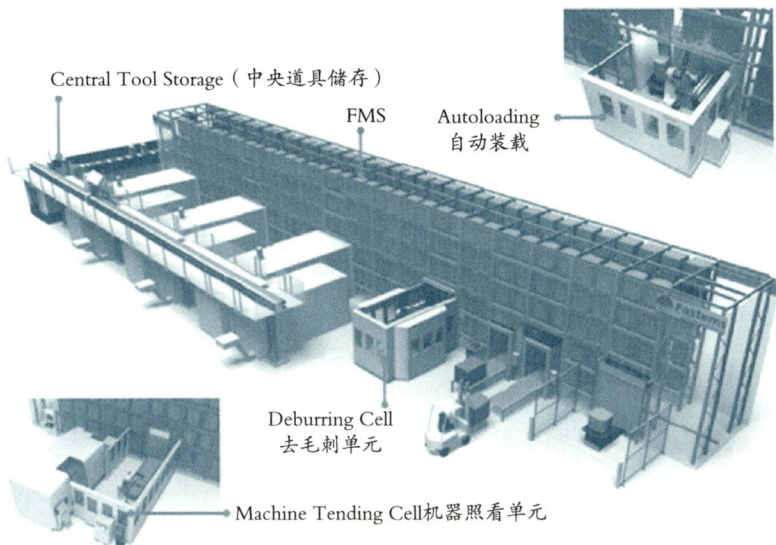

图 12.14　基于多台智能数控机床的柔性加工系统（FMS）应用示意图

　　通过机床成线技术形成的基于多台智能数控机床的柔性加工系统（FMS）逐渐成为一种趋势，特别适合于多品种、中小批量的生产加工。这种系统是可以根据客户需求而定制的柔性制造系统，其广泛配置从单一机床到组合型柔性系统，包含多种机床型号、物料管理、机器人单元、仓储功能等。任何配置的多层系统都易于根据需求进行扩展和修改。多层系统具有较大的仓储量和最小的占地面积，可帮助工厂有效地增加生产量，根据需要扩展柔性制造系统。该系统能完成十多种不同零件的小批量自动化加工。多托盘和上下料工位有效地节省了夹具更换时间，而且同一个夹具可以进入不同机床完成零件加工，提高了机床的利用效率。

　　应用 FMS 进行自动化生产的优势在于：

　　1）生产效率提高，缩短了供货时间；

　　2）机床产能最大化；

　　3）减少操作人员数量，实现无人操作；

　　4）自动调度安排，及时动态调整；

　　5）通过自动化生产工艺优化产品质量；

　　6）提高了部件的可追溯性；

　　7）可以层层叠加，节省了地面空间；

　　8）精益生产，及时供货，大大节省了物流成本；

　　9）厂区整洁有序，大大提升了公司的形象；

　　10）控制系统的自动排单和动态调整功能保证了整个生产的最优状态；

　　11）刀具管理，连接工厂的 IT 系统（MRP，CAD/CAM 等），可以采集各种所需的生产数据和报告，供管理和分析。

　　（2）智能工业机器人。工业机器人是集机械、电子、控制、计算机、传感器、人工智能等多学科先进技术于一体的现代制造业重要的自动化装备。经过四十多年的发展，工业机器人已在越来越多的离散制造领域得到了应用，尤其在汽车产业中，工业机器人得到了广泛的应用，如在毛坯制造（冲压、压铸、锻造等领域）、机械加工、焊接、热处理、表面涂覆、上下料、装配、检测及仓库堆垛等作业中，机器人已逐渐取代了人工作业。

　　传统的工业机器人只能死板地按照人给它规定的程序工作，不管外界条件有何变化，自己都不能对程序也就是对所做的工作做相应的调整。如果要改变机器人所做的工作，必须由人对程序做相应的改变。从近几年来世界各国推出的机器人产品来看，工业机器人技术正在向智能化、模块化和系统化发展，其发展趋势主要为：

1）结构的模块化和可重构化；

2）控制技术的开放化、PC 化和网络化；

3）伺服驱动技术的数字化和分散化；

4）多传感器融合技术的实用化；

5）工业环境设计的优化和作业的柔性化以及系统的网络化和智能化。

工业机器人正在向第三代智能机器人发展，它除了具有第一代和第二代机器人的特点以外，还可携带各种传感器，如视觉传感器、力学传感器等。通过各种传感器，机器人能够感知到外界的各种信息。装配力控制、视觉功能等智能技术，使机器人具有触觉和视觉，进而对具体操作或动作进行调整。图 12.15 为有视觉的散件拾放机器人，它通过视觉的方法检测出目标工件的原来位置和当前位置之间的偏差，从而将程序整体偏移进行补偿。图 12.16 中用于发动机装配的工业机器人利用力传感器测量推入力和拧紧力，通过融合力控制技术实现机器人控制策略，使机器人的动作根据力传感器的反馈信号不断做出调整。

图 12.15　带有视觉传感器的智能机器人

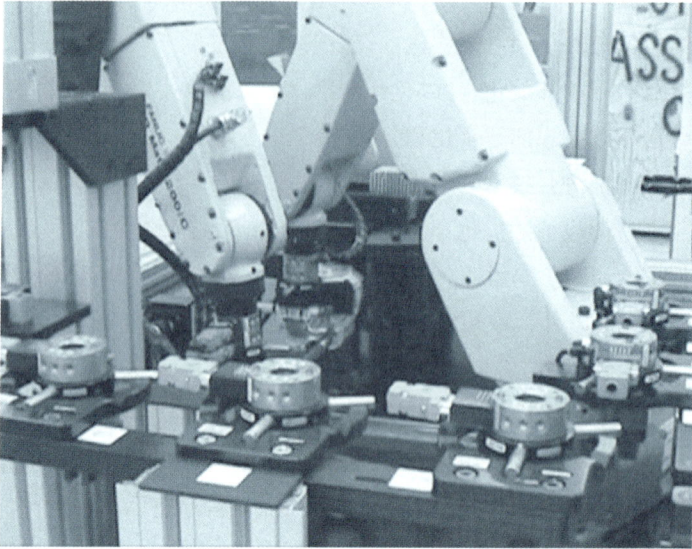

图 12.16 带有力传感器的工业机器人

　　智能机器人不但对外界环境具有感觉能力，而且具有独立判断、记忆、推理和决策的能力，能适应外部环境和对象，完成更加复杂的动作。在工作时，它通过传感器获得外部的信息，并进行信息反馈，然后灵活调整工作状态，保证在适应环境的情况下完成工作。智能机器人大多应用于弧焊和搬运工作中，如汽车制造行业和工程机械行业中用于汽车及工程机械的喷涂、焊接及搬运。图 12.17 是基于智能机器人的车身自动化焊接生产线。

图 12.17 基于智能机器人的车身自动化焊接生产线

5. 智能装配线

在各种类型的自动化装配生产线上，以工业机器人为核心，集成适合于不同生产作业的机器人工作站或生产线是目前工业生产自动化的热门发展方向。配有机器人单元的装配作业具有高柔性、灵活的设计，改变了人工装配和专用装配机械的局限性。装配线具有可拓展性，以适应工艺和产品的频繁变化。

基于工业机器人及自动化物流系统的智能装配线主要由如下几个部分组成：

（1）自动化输送线。将产品自动输送，并将产品工装板在各装配工位精确定位，装配完成后能使工装板自动循环；设有电机过载保护，驱动链与输送链直接啮合，传递平稳，运行可靠。

（2）机器人系统。通过机器人在特定工位上准确、快速完成部件的装配，能使生产线达到较高的自动化程度；机器人可遵照一定的原则相互调整，满足工艺点的节拍要求；备有与上层管理系统的通信接口。

（3）自动化立体仓储供料系统。自动规划和调度装配原料，并将原料及时向装配生产线输送，同时能够实时对库存原料进行统计和监控。

（4）全线主控制系统。采用基于现场总线的控制系统，不仅有极高的实时性，更有极高的可靠性。

（5）条码数据采集系统。使各种产品制造信息具有规范、准确、实时、可追溯的特点，系统采用高档文件服务器和大容量存储设备，快速采集和管理现场的生产数据。

（6）产品自动化测试系统。测试最终产品性能指标，将不合格产品转入返修线。

（7）生产线监控、调度、管理系统。采用管理层、监控层和设备层 3级网络对整个生产线进行综合监控、调度、管理，能够接受车间生产计划，自动分配任务，完成自动化生产。

下面以汽车整车装配智能化生产线为例介绍智能化装配线应用（胡昌华，2013）。

汽车整车智能化装配包含多个方面，如在线车型与线边设备智能化互联互通、智能化的密封检测及液体加注站、整车智能化加注、智能化的拧紧工作站、智能化的线边物流等。

在线车型与线边设备智能化互联互通即采用物联网技术，通过赋予装配线上的每个工位及线边设备独立 IP 地址，实现在线车辆与线边设备互联互通，组成智能化在线车辆识别系统。实现智能化互联互通之后，可以通过网络传输车型信息，取代传统的扫描枪确认方式，能显著降低工作时间，提高工作效率，防止出错。与此同时，实现了智能化的互联互通，也为其他先进技术的应用提供了条件，如自动装配、工艺参数自动匹配、灯光指示等。

（1）智能化的密封检测及液体加注站。汽车制动系统、发动机冷却系统、空调制冷系统、燃油供给系统等的密封性能需要在线进行严格的正压或负压检测。智能化的加注站不仅可以对整车管路系统的加注参数进行自动匹配，对检测数据自动进行检测分析和预警，通过灯光指示及系统控制防止错加、漏加，还可以对密封检测不合格的车辆予以声光报警，并停止加注，实现检测、加注、数据分析一体化。

（2）智能化的拧紧工作站。在装配线上建立配有智能化伺服拧紧系统的拧紧工作站，将拧紧站附近的多工位需要拧紧的操作进行集中。通过智能化管理系统实现伺服拧紧工作站的各个伺服拧紧机及其拧紧设备自动识别车型、套筒匹配指示，实现拧紧力矩自动调整、拧紧精度自动校正和转速自调节等工艺参数智能匹配，完成拧紧后采集每台车的拧紧数据并进行分析及预警。通过集中拧紧的工作站，将拧紧作业、拧紧工具和工装进行集中配置，通过伺服设备和信息系统设备，将拧紧工作接入装配智能化管理系统，形成一个完整的智能拧紧闭环。

（3）智能化的线边物流。智能化的线边物流可以实现车型零件的精准匹配、灯光指示精准拾取、输送智能化、智能指示排序等。通过装配智能系统与 MES 系统和电子货架互联互通，实现零件的准确分拣。

对于中小零件的上线：连接 MES 系统的整车装配智能系统，将车型信息传递给集配区智能货架，通过灯光指示，引导集配人员按要求将零件放入集配车的指定位置，由集配小车将按辆份集配的零件送至线边。

对于大零件的上线：连接 MES 系统的整车装配智能系统将车型信息传给车间或仓库的排序区，通过智能指示终端，引导操作员按生产线上车型的顺序将零件排序后采用智能小车或同步输送线送至各工位。

采用智能物流货架进行装配零件的拾取指示，可自动计数，实现防错。利用该智能系统可进行 BOM 数据验证，及时发现零件消耗异常。

（4）机器人智能化装配。在装配中采用机器人系统，通过机器人接收智能系统传递的车型信息，自动识别工位上的车型，自动完成抓取零件、定位、安装工作，再进入下一个循环。

（5）智能化的在线质量趋势预警。工艺参数监控、智能防错防漏、质量跟踪追溯等，都要求有智能化的在线质量趋势预警。在汽车装配线上实行智能化的在线质量趋势预警，可以对以下环节进行更好的预警：

1）数据实时采集。通过互联互通的功能，采集每辆在线车辆的工艺参数实际数据，如螺栓与螺母拧紧力矩、玻璃涂胶轨迹、管路系统泄漏量、管路系统的真空检测值、液体加注量、制动力值、ABS 各参数变化等。

2）在线异常趋势预警。建立工艺参数控制数据模型，将实际测得的数据与智能系统中的理论数据进行比较分析，做出趋势图。一旦发现有变差的趋势，即向相关人员发出预警信息，以便提前采取措施。如可以利用综合转毂检测的 ABS 动态数据定期做出质量管理的图表，分析 ABS 系统的质量波动状态和变化趋势，以便提前采取相应的对策。

3）建立车辆电子档案管理。即每台车从主要零件的装配和检测的工艺参数，直到整机的性能试验数据，包括每台车所装配的零件状态与批次、装配过程中的主要工艺参数、车载电脑的运行状态、电子防盗密码等，都通过网络传给 MES 计算机辅助质量保证系统进行储存，建立完整的电子档案。

4）车辆异常跟踪。每台车的装配信息和检测数据都将即时通过网络传输到装配智能管理系统，对每台车的制造过程进行监控，一旦发现某工位的在线车辆未完成规定的操作却流向下一工位即发出预警信息，在系统后续状态进行跟踪，对异常状态进行记录和预警，如螺栓未拧紧、某种液体未加注等，并在系统内锁定该车，未返工合格不能打出合格证。

6. 智能供应链

智能供应链的特点是：

（1）灵活。能充分利用资源，确保环境可持续发展，同时还能平衡成本、质量、服务和时间之间的关系。

（2）可视。实现整个供应链的可视性，跨价值链的连通，支持协作（在供应链网络中共享决策制订），并且是智能的（优化的分析）。

（3）内部同步。标尺和仪表板提供关于过去、当前和未来趋势的分析，并在供应链中实时传达。

（4）降低风险。可高效且迅速地发现、降低并调整供应链上的风险。

（5）以客户为中心。能够满足日益严苛的客户需求，更精确地提供同步供求以及可追溯性。

智能供应链可以满足 21 世纪的需求，可以提高效率（如动态供求均衡、

预测事件检测和解决、降低库存水平和产品位置高度可视性）、降低风险（如降低污染和召回事件的发生频率及其影响、减少产品责任保证金、减少伪劣消费产品），也能降低供应链的环境保护压力（如降低能源和资源消耗、减少污染物排放）。

智能供应链的具体应用有：

（1）供应链网络优化。供应链物流网络似乎很简单——仅仅是开发一个能将商品从供应商送到客户手里的系统，然而，若深究一步，就会发现，冗余而低效的设施、高库存成本和低负载率等因素严重影响了供应链网络的运行。当前市场不断变化，合并、收购、进入新领域或推出新产品频频发生，这些都使商品配送更加复杂。

（2）智能供应链通过使用强大的分析和模拟引擎来优化从原材料至成品的供应链网络。这可以帮助企业确定生产设备的位置，优化采购地点，亦能帮助制订库存分配战略。使用后，公司可以通过优化的网络设计来实现真正无缝的端到端供应链，这样就能提高控制力，同时还能减少资产，降低成本（交通运输、存储和库存成本），减少碳排放，也能改善客户服务（备货时间、按时交付、加速上市）。

四、离散型智能工厂关键技术

1. 制造资源、制造过程的全面可视化技术

对制造资源，人们通过携带的微型交互设备（如 PDA、手机、智能手表等），可查找一定范围内（小到工厂，大到一个特定的地理区域）所有资源的信息，如资源当前所在位置、上一时刻的状态、当前时刻的状态、下一时刻可能的状态、所参与或涉及的过程等，这些资源可以是人员、物料、工具等。对制造过程，可访问某一具体制造任务目前的进度、质量状况、未来状态、所涉及的资源等，如针对某一装配订单，可访问到该订单已经进展到哪个工位、合格数、不合格数、质量缺陷原因、什么时候能够完成（系统自动计算）、是否按期交货（系统自动判断）、有哪些工人、哪些供应商、哪些设备参与了对此过程的支持。

2. 销售订单的智能执行技术

在客户端，客户通过各种泛在计算设备随时随地输入销售订单，系统基于实时现场数据（包括业务过程数据和设备工况数据），自动计算当前制造车

间可用工作能力，并与订单完成所需要的能力进行比较，以此判断订单是否可以被接受，如果订单可以被接受，则提交该订单。在企业端，针对客户已经提交的订单，系统根据车间当前和未来一段时间的作业情况自动排产，生成生产任务单，并发送实时消息给各个业务部门（如采购部、生产部、质保部等）。在订单执行过程中，系统可对订单进行全程跟踪，包括其是否领料、到达哪个工位、加工或装配质量状况如何等，并及时通知客户。当订单交付后，出现质量问题，客户能随时随地进行质量追溯。

3. 生产过程的知识服务技术

在产品生产过程中，如某道工序完成后，根据产品的信息自动提示搬运工需要将半成品送到规定的工序上，并根据相同工序中各个工位的当前负荷能力计算哪道工位空闲能力较多，可承接更多的生产任务，并自动选择各种调度规则，从而实现生产过程的实时调度。此外，工人配备某些可穿戴式装置，根据加工装配的物料随时自动检索对应的装配作业指导书，指导工人进行有效作业。

4. 生产（含加工、装配）过程的防错（主动提醒与纠正）技术

大批量定制（Mass Customization，MC）将成为未来制造业的主流生产模式，而模块化设计则是大批量定制的核心和基础。在此条件下，大量相似的零部件、模块在有限的生产线上进行组合，极易出现物料错装、漏装的现象，造成无谓的返工、拆卸等浪费。在泛在制造环境下，系统能自动判断这些错误，以声音、光线等形式提醒操作者。需注意的是，这种提醒不是事后的提醒，而是事件发生前就开始提醒，避免时间的浪费和返工拆卸的损失。

5. 生产事件的自动处理和消息推送技术

将生产过程中每道工序的料废信息（因供应商责任引起的物料报废）第一时间通过短信息的形式发送到供应商手机上，告知质量缺陷情况，提醒供应商加强质量管理，吸取教训，并及时补充物料，防止物料报废而产生的物料短缺风险；将产品中每道工序的完工信息及时报告给客户，使客户能够远程跟踪订单；将生产过程中的各类与设计有关的缺陷信息及时发送到设计者手中，并与产品设计知识库相对接，将缺陷信息汇集起来，分类归并，为今后的设计提供经验和参照。

6. 制造现场的环境感知技术

工人要有适宜的工作环境才能高效率地工作，减少错误的发生；有些设备不能在高湿、高温的环境下长期工作。部署在现场的传感器采集到生产现场环境信息，如照明度、风速、空气温度、湿度、有害气体含量，甚至电磁辐射等，及时反馈给上层决策系统，以实现对生产现场的环境干预，如开空调降温或升温、开换气机及时更换空气、调整光线的亮度等，从而构建一个和谐、适宜的制造环境。

7. 采购订单的全过程跟踪技术

当外购（包括外协）订单下达并经过供应商确认后，企业能对采购订单的执行情况实行远程跟踪，查询订单的执行情况，如订单采购物料的到齐情况、是否已经领料出库、已经加工到哪个工位、在生产过程中发生了哪些质量问题、是否已经完工入库、是否已经发货等，并通过 GPS 系统对运输环节进行跟踪。在此过程中如果有问题或存在交付不及时的时候，及时发送提醒消息给相关供应商。

8. 设备的可穿戴式检（查）（维）修技术

一些复杂、重要、关键的制造设备配置了 RFID 标签（芯片），以存储其维修历史记录等信息，当人们戴上可穿戴装置靠近该设备时，只要获得了访问接入权限，眼睛前的屏幕上便可自动显示该设备的编码、型号、设备名称、维修历史、关键零部件等信息，甚至还可通过无线网络从远程中央数据库中自动读取该设备的维修指导手册，并根据故障情况自动定位到手册对应的页或段落，以帮助维修人员在现场快速定位故障、以正确的方法修理设备。

9. 设备或复杂产品突发故障的临界辨识与判断、风险评估技术

对企业而言，设备（如数控加工中心、高档数控机床等）是最重要的制造资源。根据设备上各类传感器采集的信息，自动判断设备的健康状况，对于处于亚健康状态的设备，自动提醒管理者，并对由此产生的风险进行评估，及时做好生产任务的调整工作，如生产任务的外包、外协、物料的直接采购等。对于客户而言，复杂产品（如大型汽轮机、水力发电机、中央空调等）是其最重要的生产设施。通过各类传感器，制造企业可以对自己生产的

产品远程、在线地进行监控、诊断，当产品存在故障隐患时，以短信息方式通知相关维修人员和技术支持人员做好服务准备、仓库管理员备好需更换的零部件，随时待命，一旦发生故障，及时赶赴现场进行维修，确保产品工作性能。

五、离散型智能工厂典型案例

（一）西门子数字化工厂案例[①]

西门子（中国）有限公司位于成都高新区的西门子工业自动化产品成都生产研发基地（SEWC）是全球最先进的电子工厂之一，于 2013 年 9 月投产，是西门子在中国建立的首家，也是西门子全球第三大"数字化企业"（见图 12.18）。

图 12.18　位于成都高新区的西门子工业自动化产品生产基地

该工厂把高度的数据集成成功运用到生产全过程中，实现了数字化精益生产管理，以及透明、精确的生产、监控与物流。通过 NX 及 Teamcenter 等西门子 PLM 软件平台进行产品研发设计及模拟仿真，通过 PROFINET 实现 MES 与控制层互联，通过全集成自动化（TIA）解决方案实现生产线全线监控，通过一体化的信息流实现订单管理、生产规划和物流输送全面贯通。这正是 ERP、PLM、MES、TIA 和西门子生产系统构成的强大的数字化企业平台，实现了从产品开发到生产运营的无缝数据集成，不但加速了成都工厂的产品上市时间，更使产品一次性通过率达到 99% 以上，为企业带来了前所未有的

---

① 未来制造数字之道——西门子的数字化体验. http://www.industry.siemens.com.cn.

灵活性。下面介绍几个该工厂的典型应用。

1. 协同快速的数字化研发

成都工厂承担着西门子全球工业自动化产品研发的角色。之所以能胜任，与 NX 及 Teamcenter 等西门子 PLM 数字化解决方案的全面应用不无关系。它支持产品开发中从设计到工程和制造的各个方面，并集成了多学科仿真，还能够提供全系列先进零部件制造应用的解决方案，这是其他计算机辅助设计软件所无法实现的。研发部门的工程师们可以通过 NX 软件进行模拟设计，还可以在设计过程中进行模拟组装，真正实现"可见即可得"。由于 NX 软件的应用而实现的数字化设计，可以大大缩短产品从设计到分析的迭代周期，也减少了多达 90% 的编程时间，产品的上市时间也缩短 50%。

在 NX 软件中完成设计的产品，都会带着专属于自己的数据信息继续"生产旅程"，由研发环节产生的数据将在工厂的各个系统间实时传递。这些数据一方面通过 CAM（计算机辅助制造系统）向生产线上传递，为完成接下来的制造过程做准备，另一方面也被同时"写"进数字化工厂的数据中心——Teamcenter 软件中，供质量、采购和物流等部门共享。采购部门会依据产品的数据信息进行零部件的采购，质量部门会依据产品的数据信息进行验收，物流部门则是依据数据信息进行零部件的确认。共享的数据库是 Teamcenter 的最大特点。当质量、采购、物流等不同部门调用数据时，他们使用的是共享的文档库，并且通过主干快速地连接到各责任方。即使数据发生更新，不同的部门也都能第一时间得到最新的数据，这就使得西门子成都工厂研发团队的工作变得简单、高效了许多，避免了传统研发制造企业的研发和生产环节或不同部门之间由于数据平台不同造成的信息传输壁垒。

2. 轻松高效的数字化生产

西门子全集成自动化解决方案（TIA）用可编程控制器（PLC）来引导生产流程，用视觉系统来识别质量，用自动引导小车来传递产品。PROFINET 现场总线连接并传送数据，在很大程度上替代了人类的大脑、视觉和手臂，不仅使人的工作变轻松了，更能确保生产各环节的可靠、灵活与高效。图 12.19 为西门子成都工厂生产现场。

图 12.19　西门子成都工厂生产现场

在生产层部署西门子数字化企业平台，用于生产现场与制造过程管理，将枯燥的制造生产变得轻松。每天由西门子 MES 系统生成的电子任务单都会显示在生产员工工作台前方的电脑显示屏上，实时的数据交换间隔小于 1 秒，实现电子任务单实时更新显示。西门子 MES 系统 SIMATIC IT 完成传统制造企业生产计划调度的职能，实现任务单无纸化并省去了不同生产线交流的复杂环节。生产订单由 MES 统一下达，在与 ERP 系统高度的集成之下，可以实现生产计划、物料管理等数据的实时传送。此外，SIMATIC IT 还集成了工厂信息管理、生产维护管理、物料追溯和管理、设备管理、品质管理、制造 KPI 分析等多种功能，可以保证工厂管理与生产的高度协同。

装配作业工作台的零件盒上都配有指示灯。当自动引导小车送来一款待装配的产品时，电脑显示屏上会出现它的信息，传感器扫描了产品的条码信息，并将数据实时传输到 MES 系统，MES 系统再通过与西门子 TIA（全集成自动化系统）的互联操纵零件盒指示灯，相应所需零件盒上的指示灯亮起，操作工就知道该安装什么零件了。这种设计可以满足自动化产品"柔性"生产的需求（即在一条生产线上同时生产多种产品）。有了指示灯的帮助，即使换另外一种产品操作员也不会装错零件。装配完成后，员工确认其装配好的产品，按下工作台上的一个按钮，自动化流水线上的传感器就会扫描产品的条码信息，记录当前工位的数据。MES 系统 SIMATIC IT 将以该数据作为判断基础，向控制系统下达指令，指挥小车将它送去下一个目的地。

在到达下一个工序前，产品要通过严格的检验程序。视觉检测是数字化工厂特有的质量检测方法。以可编程控制器（PLC）产品为例，在整个生产过程中针对该类产品的质量检测节点就超过 20 个，相机会拍下产品的图像，与 Teamcenter 数据平台中的正确图像作比对，以分辨产品制造瑕疵。与传统制造企业的人工抽检相比，自动化视觉检测方法可靠又快速得多。

在经过多次装配并接受过多道质量检测后，成品将被送到包装工位。再经过人工包装、装箱等环节，包装好的自动化产品就会通过升降梯和传送带被自动运达物流中心或立体仓库。

3. 数字化物流精准有序

西门子成都工厂采用精准有序的数字化物流系统。自动化流水线上的传感器会对引导小车上产品的条码进行扫描，扫描得到的数据就会"告诉"软件系统在该装配环节需要的物料是什么，员工按动按钮，物料就会从物料库自动输送出，并通过流水线上传感器的"指挥"，送到指定位置。这一过程是"全透明"且不需要人工干预的。该过程主要通过 ERP、西门子 MES 系统 SIMATIC IT 以及西门子仓库管理软件来实现。对于装配生产线员工而言，在需要物料时甚至都不必转身，只要轻触工作台上的电脑显示屏，三四分钟后，所需的物料就会被准确地从车间的物料中间库中输出，并送到他面前。同时利用西门子 PLM 和 MES 的信息互联，西门子还可以根据物料储备、交货时间等信息，在全球的工厂之间实时调配生产计划，以达到资源利用和物料配送的最佳组合。

由于采用了数字化物流系统，彻底摒弃了传统制造企业中靠员工看任务单并亲自去物料库中选取的过程，员工频繁往返于工位和库存地点的现象不再出现，同时也杜绝了由于看错任务单而造成效率低下的问题。

车间采用拉式生产的方式，物料依据精益生产"以需定产"的原则，每天从物料仓库中提出备用。中间库只作为车间内物料的中转站，更大批的物料存储在布局紧凑的高货架立体仓库中。采购的物料经过质量检验之后都会储存在这里，并通过两座升降梯与车间相连。仓库共有近 3 万个物料存放盒，物料的存取并不用叉车搬运，而是通过"堆取料机"用数字定位的模式进行抓取。由于不必考虑叉车通过的距离，物料库的设计更紧凑，节约了仓库的空间（见图 12.20）。在生产流程的各工序，只在需要时收到货品，零售商也只会在收到顾客实际需要数量时才会从供货商那里进货。通过上述措施保证工厂能够"适时、适量、在适当地点生产出质量完善的产品"。

图 12.20　西门子成都工厂立体仓库

（二）宁夏小巨人智能工厂案例（王学军，2005）

小巨人机床有限公司是日本山崎马扎克公司（Yamazaki Mazak）在中国的独资公司，位于银川市的高新技术开发区内，于 2000 年 5 月 28 日正式投产，先进的生产设备和厂房构成了世界一流的机床制造环境。小巨人公司的建成受到了制造业的广泛关注，公司投产仅半年即获日本经济新闻社授予的"2000年度全球最先端技术企业奖"。高效率的生产得益于公司引入了全新的机床制造概念。小巨人公司从接到订单到发货物流及信息流通均能迅速准确完成，并实现高效率的生产运营。支撑这一切的是小巨人公司全新的制造概念，即加工过程柔性化、数字化、精益化，管理网络化、信息化、智能化。

小巨人工厂的智能化主要体现在智能生产线、智能化网络环境和智能生产中心 3 个方面。

1．智能生产线

小巨人的智能化工厂拥有了大件加工线（见图 12.21）、中小壳体加工线、轴承及盘类零件加工线、精密加工线、部件装配线、涂装作业线、总装作业线等多条种类齐全的自动化生产线。

大件加工线由 1 台 V60 和 1 台 V80 大型龙门式双交换工作台 5 面体加

工中心（均为 Mazak 公司产品）组成，用于加工中心和数控车床的床身、立柱、滑座、工作台等大型零件的加工。一次装夹可以完成几乎所有工序的粗精加工，零件各部分的位置精度得到了可靠有效的保证。设备配置了先进的 Mazatrol Fusion 640M 数控系统，通过网络接口接入企业内部网络，可实现 24 小时连续工作，16 小时无人运转。

图 12.21　小巨人大件加工线现场

主轴箱加工线由 1 台 Mazak 公司生产的 FH880 卧式加工中心、10 个交换托盘、1 台清洗机和 1 台自动上下料机器人组成，用于主轴箱等大中型箱体类零件的加工，可以一次装夹 10 种不同零件进行加工，真正实现了多品种单件自动化生产，并且同样实现 24 小时连续工作和 16 小时无人运转（见图 12.22）。

图 12.22　小巨人智能化主轴箱加工线现场

中小壳体零件加工线由 3 台 Mazak 公司生产的 FH6800 型卧式加工中心、32 个交换托盘、1 台清洗机、1 台自动上下料机器人组成，用于中小型壳体类零件的加工。其特点是 FMS 控制软件采取了冗余设计，可以在 1 台机床发生故障时，自动将其工作转由另两台机床完成，因此，可以实现多品种单件自动化生产和长时间的无人运转（见图 12.23）。

图 12.23　小巨人中小壳体零件加工线现场

同时还建造了全自动立体仓库（见图 12.24）、精密检测室，以及恒温超净室，用于机床主轴部件、主轴箱部件、换刀部件等精密部件的装配及无故障考核试验。

图 12.24　小巨人全自动立体仓库现场

2.　智能化网络环境

小巨人机床有限公司内的每一个角落都被计算机网络所覆盖，构成了一个庞大的信息神经系统，为各种指令的迅速下达、各种信息的及时反馈提供了可靠而有效的手段。工厂中主要的加工设备均使用了先进的 Mazatrol Fusion 640M 数控系统，该数控系统所提供的独有的双向通信功能使管理人员不仅可以通过网络直接向设备传送加工数据等信息，而且还可以实现加工设备的实时远程监控。在这样的网络环境基础上，通过使用 MRP（Material Requirement Plan，材料需求计划）和 CPC（Cyber Production Center，智能生产中心）软件，使工厂的生产和管理过程实现了并行化、网状化，大幅度降低了生产过程中的非加工时间，从而有效提高了生产效率（见图 12.25）。

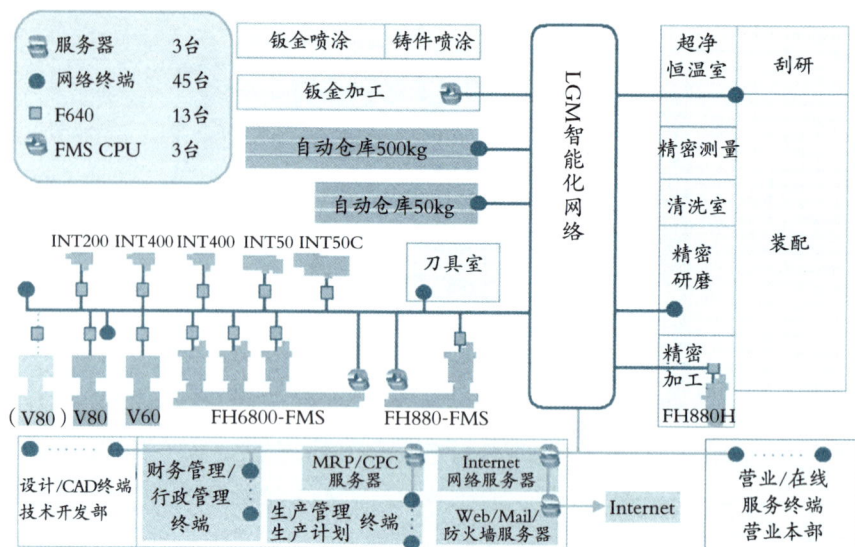

图 12.25　小巨人智能化网络结构

3. 智能生产中心

该软件由 4 个子系统构成，它们分别是加工程序自动编制系统、智能化日程管理、智能刀具管理和智能监控系统。

（1）加工程序自动编制系统（CAMWARE）。CAMWARE 是一种易学易用的交互式零件加工程序自动编制系统。该系统使用通用的 DXF 或 IGES 格式从 CAD 图纸中获取零件的形状信息，根据每台加工设备的设备信息和工厂内的刀具数据库数据，通过简单的操作针对现有的设备和刀具配置生成零件的加工程序以及刀具、加工时间数据，并通过网络将这些数据直接传送到相应的加工单元和管理系统软件。实现了加工工艺编制、加工程序编制、工艺路线安排和刀具资源配置的并行作业。

（2）智能化日程管理系统（Cyber Scheduler）。Cyber Scheduler 可以根据订单要求数量、加工时间数据（由 CAMWARE 提供）及工时成本信息，迅速自动编制出对顾客的交货期和报价。另外根据合同要求的交货期及生产现场每个加工单元、工位的现状，做出零件、部件的作业计划及整机的装配和出货计划，并通过网络在每天早晨自动将精确的日工作日程发送到每个现场终端及每台机床控制器上。智能化日程管理使工厂的每个加工单元、加工工位实现了实时的、精确的作业调度，最大限度地减少了机器的空闲时间，给顾客报出的交货期和价格更具准确性和竞争力。

（3）智能刀具管理系统（Cyber Tool Manager）。Cyber Tool Manager

486

根据 CAMWARE 提供的刀具信息和 Cyber Scheduler 提供的工作任务信息对每台设备的刀库刀具数据进行分析，再针对每个加工任务提出：①加工需要但未装入刀库的刀具清单；②刀库中多余的刀具清单；③刀库中虽有但加工过程中将达到寿命期的刀具清单。然后通过网络将这些信息发送到每个相应的加工单元和刀具室。有了这些信息，操作者和刀具管理人员就可对刀具进行快捷、高效的管理。

（4）智能监控系统（Cyber Monitor）。Cyber Monitor 将现场每台机床及每个工位的加工状态通过网络实时反馈到管理者及相关部门的 PC 机终端上，使管理者及相关部门在任何地方都可以实时了解到加工现场的工作情况及计划的执行情况，做出准确判断，必要时及时下达相应指令。另外，Mazatrol Fusion 640M 数控系统的双向通信功能可以让管理软件直接调用其工况记录数据库，使工场工作量的统计可以完全由计算机自动进行。

（三）三一智能工厂应用案例

三一集团主要从事工程机械的研发、制造、销售，产品包括建筑机械、筑路机械、起重机械等 25 大类 120 多个品种。自 2008 年起，三一集团从推动精益生产模式、开展各大生产车间流程化改造入手，积极推动数字化工厂和信息系统逐步融合，进一步打造智能化工厂。

1. 三一集团数字化工厂建设①

2009 年 4 月，三一首先在重起事业部引入"数字化工厂"进行新产业园规划，并获得成功。通过数字化工厂的成功应用，起重机二期基建周期缩短了 50%，降低设备投资 4 000 余万元，降低基建成本 100 多万元，厂房设备空间占用率提升了 14%，仓库日配送减少 570 多次。此后，数字化工厂在集团内迅速得到推广。北京南口产业园、上海临港产业园、昆山 9 号小挖厂房、泵送 18 号厂房等重点新建工程，陆续应用数字化工厂技术开展工艺布局、物流规划、作业仿真等应用验证和优化工作。

此后，三一数字化工厂技术应用逐渐深入，近两年来，流程信息化总部数字化工厂研究所联合事业部实施了一系列项目，从广度和深度上拓展了数字化工厂技术的应用。目前集团已开展工艺规划、装配仿真、物流仿真、工厂仿真、机加仿真、机器人仿真、三维作业指导，完成了从工艺分析、规划

---

① 三一全面打造世界超级工厂. [2013−09−10]. http://www.sanygroup.com.

到发布全业务流程的数字化应用。利用 DPE 工具，重起事业部对小吨位转台焊接线、中吨位装配线进行了工艺分析与分解，为生产线的规划提供了多种备选方案及评估分析，支持了在不同规划前提条件和目标下的工艺规划。在搅拌设备的装配工艺改善中，运用装配仿真对装配过程进行模拟，根据仿真反馈的结果，优化装配顺序。指导卸料工位 L 形专用工装设计和装配操作，不仅提高了装配效率，还实现了少人化。

2. 基础设施智能化

一是人员的智能化。三一重工目前有 7 000 多名服务工程师，全部采用基于智能手机的智能移动应用；生产线上的工人采用 PDA 来完成质检报告；办公管理人员可通过手机进行审批 OA、查阅邮件，实现了移动办公。

二是设备的智能化。生产线上的机床等大型设备，通过数字化接口进行集中管理，参数、控制、状态等通过系统管理，小的工具也通过智能化手段管理，如制造机器人中的焊接机都是通过信息化手段控制，超过阈值就会报警，还有在线安全监测也是智能化设备。

三是物流的智能化。三一重工的物流仓库是智能化一体仓库，能够实现物料的自动调取，并通过自动小车把物料自动输送到生产现场，基本实现生产物流的自动化运作。生产过程中的一些物料都带有 RFID 自动可识别标签，可以直接检测状况，内部有些车辆、调试设备进出园区均采取自动识别的方式。在产品上部署多达 30 多种智能传感器，可以对产品进行远程监控和产品诊断。客户开通账号进入系统后可以查看到他的机器设备的状态：在什么地方、在做什么操作、健康状态怎么样、油耗多少、有多少油、前面的运行轨迹怎么样、运行多长时间，甚至可以对目标对象进行周界限制管理。

3. 研发数字化

三一重工新产品开发，要通过数字化的验证阶段，经过数字化验证之后才进行产品的试生产，能够在虚拟环境下进行全球化协同研发。目前，三一重工在德国、美国、巴西组成团队开始协同做某些产品的研发。研发数字化也是通过数字化对产品进行管理，三一重工的 3 000 多种产品都在统一的研发平台进行管理，提高了管理水平，研发的成功率也很高。

4. 车间管理智能化

三一重工在制造车间实施全流程智能化改造，并将 RFID 技术、智能传

感器技术、工业无线传感网技术、国际开放现场总线和控制网络的有线／无线异构智能集成技术、信息融合与智能处理技术等融入生产各环节。2012 年 11 月 8 日，上海仁微电子科技有限公司"基于半有源 RFID 技术在汽车生产线工序管理系统"在湖南邵阳三一重工汽车生产线管理中成功应用。系统中，待生产车辆配置半有源电子标签，生产线上不同工位各安装一套低频激活器天线（位置判断，仁微电子特有定位机制），同时在整个车间相关位置安装 2.4G 工业级全向读写器，用于接收半有源标签发出的信号。待加工车辆进入生产线不同工位时，信息监控中心实时显示处于哪道工序、还有几道工序可以完工、每道工序用时多久、每个工位耗时多久等。该系统实现了大型汽车生产线的流水作业智能化统计、生产过程实时工序监控、各工位耗时自动统计等，取代了传统的人工统计方式，最大限度地实现了大型生产型企业的信息化和智能化（见图 12.26）。

图 12.26　基于半有源 RFID 技术在三一重工生产线管理系统中的应用

与现有的企业信息化技术融合，实现复杂工业现场的数据采集、过程监控、设备运行维护与诊断、产品质量跟踪追溯、优化排产与在线调度、用能优化及污染源实时监测等应用；建设基于物联网的能源管控平台，利用传感器网络、短距离无线通信等在内的物联网技术实时在线监测和控制能耗设施，并根据实时能耗信息，实现优化控制和集约化生产。详见图 12.27。

5. 工业园区智能化

在园区实施智能物流、智能环保、智能电网、智能安防等应用，在仓储、调度、跟踪监控和产品追溯等环节实现对物品、集装箱、车辆和人员的全程状态监测和智能调度，构建高效率、低成本和安全的现代物流体系。园区范围内建设基于物联网技术的大气质量监测平台，并针对重点排污企业建设排放物监测系统，实时获取企业排污信息；利用物联网技术建设园区内的智能安防系统，构建智能化、全方位的立体安防体系和高效的智能楼宇管理系统；构建面向园区的智能电网，包括输电线路状态监测、数字变电站等。

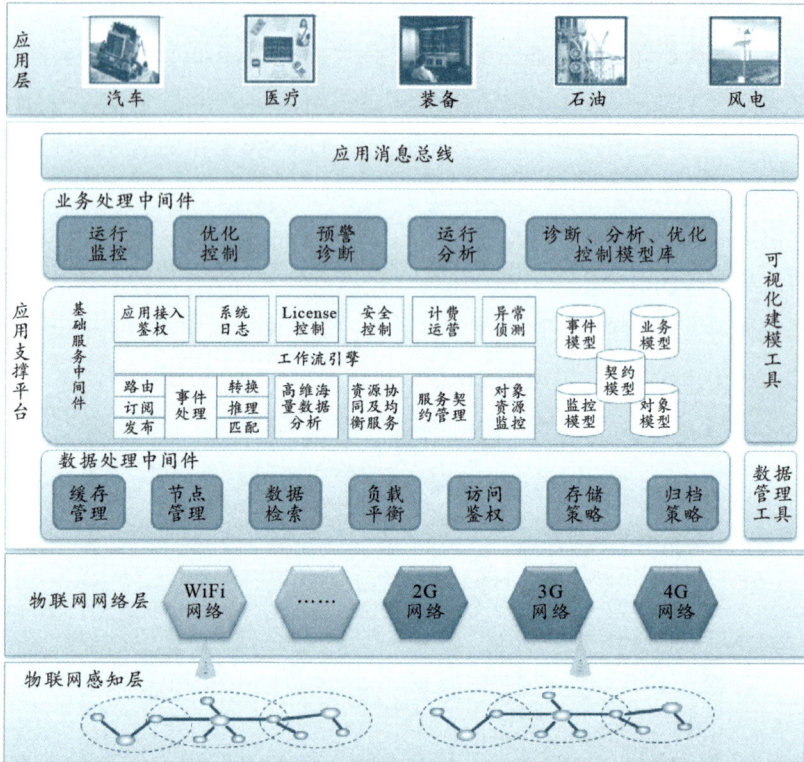

图 12.27　工业现场分析与装备健康运行监测平台与应用解决方案

6. 供应链敏捷化

供应链系统支持销售、采购、制造等业务，在内部通过数字化工厂、生产制造执行系统，在外部主要是通过三一重工自己开发的全球制造商门户与供应商对接。ERP 系统能够完成生产计划的智能调度，供应商门户可以让供应商与三一重工实现系统集成，可以直接看到要订购的物料、原材料、订单，并可以在系统中做出反馈，最后发送物料，形成闭环管控。

7. 人力资源管理精细化

三一重工的在线培训、考试招聘、绩效等都可以在在线系统中操作，目前，人力资源完全实现了无纸化，每个人都可以在线看到自己的业绩，也能接受在线培训。

8. 财务管理一体化

公司财务分成业务层、管控层、决策层 3 层。核算已经嵌入到采购、制造、销售等业务系统中，对成本核算进行管理控制。管控层上，资金计划、费用报销等都有专门的系统支撑。决策层上，三一重工有较多的财务报表产生，根据前端信息产生的报表可以帮助领导层做决策分析。

9. 客户关系管理自动化

三一重工有自己开发的 CSM 客户服务管理系统，还有反映客户实时状态信息的系统、供应商门户、分销商管理系统等，信息化手段很好地弥补了同客户的空间、时间距离。

10. 经营业绩可视化

经营业绩可视化，也就是商业智能。通过商业智能引擎把日常经营数据展示给领导，这些数据包括整个集团层面的数据到工厂车间的数据，甚至到每个员工的数据，用多层次、完整、快捷的报表呈现出来。对于人事系统，只要输入员工的名字、工号，就可以查到每个员工的信息，可以查到每个部门、每个事业部、每个工厂的信息，只需几分钟时间。销售等系统也都能提供基础信息给领导。

第13章

---

iCity 流程型智能工厂

我国在"十二五"规划中，明确提出要把"全面提高信息化水平，推进信息化和工业化深度融合"作为"十二五"时期我国经济建设的一项主要任务，这是对信息化和工业化关系的再强调，是对坚持信息化和工业化融合方向的再明确，也是转变经济发展方式取得实质性进展的具体要求。我国在快速发展的同时，也面临着持续发展的巨大压力和挑战，走可持续发展之路，坚持信息化、智能化是制造工业的必然选择。

大批量、高效率的流程工业生产是构成人类物质文明的重要基础。流程工业迈向智能化是后工业时代的历史必然。智能工厂将由低级到高级、由简单到复杂，实现决策过程的智能化、自动化、自主化，形成高效的流程工业中枢神经系统，通过现有技术的集成整合、灵巧运用、模式再造，应对各种外部条件变化，实现质量、效益、环境要素的整体优化。

本章将以流程型制造工厂为对象，从发展历程、基本特征与内涵、智能化与非智能化的区别、技术路线以及典型案例等方面对流程工业工厂的智能化趋势加以阐述。

一、流程工业智能化发展历程

流程工业是形成人类物质文明的基础工业。流程工业或称过程工业（Process Industry），是指通过物理变化和化学变化进行的生产过程，实现大宗原料型工业产品的生产、加工、供应、服务。其原料和产品多为均一相（固、液或气体）的物料，而非由零部件组装成的物品。其产品质量多由纯度和各种物理、化学性质表征。流程工业的主要代表包括化工、石化、钢铁、有色、建材、食品、生物制品及医药工业等。流程工业在全球500强行业中有70余家，占15%，其营业收入约占总收入的16.5%，我国流程企业年产值约占全国企业年总产值的60%。流程工业的发展状况直接影响国家的经济基础。流程工业的具体特点如下：

1）大批量连续生产。在生产过程中，流程工业的物流和能流都是连续、稳定的。生产装置各工序间衔接紧凑、严密，工艺流程相对稳定不变，一套装置往往只能生产固定的产品。

流程企业由于主要是大批量生产，订单通常与生产无直接关系。企业只有满负荷甚至超负荷生产，才能降低单位产品成本，在市场上具有竞争力。因此，在流程工业企业的生产计划中，年度计划更具有重要性。年度生产计划和销售计划，决定了企业的物料平衡，即物料采购计划。一般情况下，企业按月份签订供货合同以及结算货款。每日、每周生产计划的物料平衡依靠原材料库存来保证和调节。

2）流程工业的开车、停产程序十分复杂而且代价巨大，一般不允许轻易停工。工段之间、设备之间、操作变量之间的耦合现象十分突出，对某一参数进行调节往往会引起其他参数以及后续流程产品质量的变化，牵一发而动全身。因此，流程工业产品质量的控制要求从全过程的角度考虑，对流程中所有的单元设备进行协调控制，同时必须确保测量、控制的精度和稳定性，才能保证生产的正常进行。相比之下，离散制造业虽然也要求控制的精确性和稳定性，但工序内部操作条件的变化一般不会影响到其他工序。

3）流程工业和离散制造业的优化目标与调节手段不同。流程工业以安全、稳定、均衡、长周期、高负荷、高质量、高收率、低物耗能耗和小污染为目标，调节手段主要是保证生产过程的工艺参数尽量维持在最优操作工况。而离散制造业往往以缩短供货周期、提高设备利用率为主要目标，以调整生产计划、优化排序、优化分配负荷为调节手段。

4）流程工业的生产常常是在高温高压、易燃易爆以及有毒的条件下进行的。从安全和环保的角度出发，对生产环境、管理和控制提出了很高的要求。

5）流程工业企业采用大规模生产方式，生产工艺技术成熟，控制生产的工艺条件的自动化设备比较成熟，如 DCS、PLC，因此，生产过程多数是自动化的，生产车间的人员主要是管理、监视和设备检修。

6）流程工业的生产过程中会产生各种协产品、副产品、废品、回流物等，而且对物资的管理需要有严格的批号。如制药业中的药品生产过程要求有十分严格的批号记录，从原材料、供应商、中间品以及销售给用户的产品，都需要记录。出现问题时可以通过批号反查出是谁的原料、哪个部门、何时生产的，直到查出问题所在。而离散制造业就不存在这种要求。

现代的大中型工厂是一个分工精细的复杂机构。1992 年美国普渡大学应用工业控制实验室的 Williams 教授提出了 Purdue 企业参考体系五层结构（Purdue Enterprise Reference Architecture，PERA），见图 13.1。

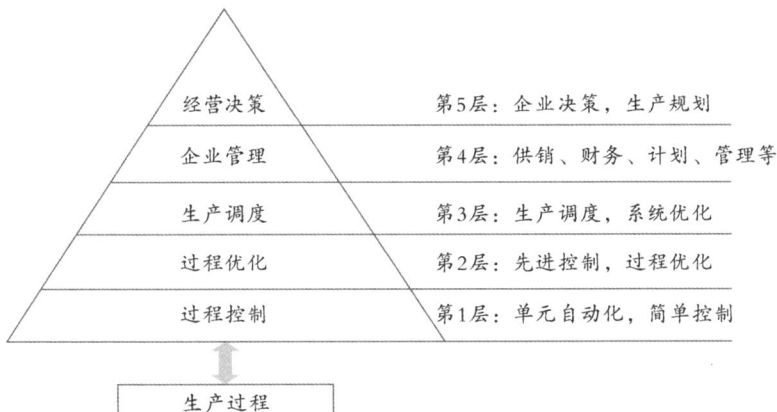

图13.1　流程工业 Purdue 企业参考体系结构

Purdue 企业参考体系结构重点解决了流程企业计算机集成制造的分层结构问题。它反映了流程工业企业不同层次的运行需求：战略上企业需要根据市场做出合理的生产规划；管理上企业需要根据产品订单和原料供应情况，安排相应的供销方案；生产上企业需要精确计算投入的原料量、生产工艺、能源需求，精确调度设备和人力资源；在过程层面上，企业需要通过计划、调度、控制、协调等一系列手段，把各个环节、各种资源统筹优化，合理安排产品的生产进度，控制产品成本，提高劳动生产率和效益；而在底层的装置层面上需要对各单元工况进行有效的控制，保证产品的质量和过程的稳定（王华，郭梅，2013）。

20 世纪末 21 世纪初，随着计算机信息技术的高速发展、计算机软件应用技术的不断普及，企业信息化建设的水平不断提高。在内部信息化建设的实践中，流程工业综合自动化系统的结构也已由传统的 Purdue 企业参考体系结构转变为企业资源管理（ERP）、制造执行系统（MES）、过程控制系统（PCS）的 3 层结构（顾佳晨等，2003）。PCS 强调的是设备的控制：通过控制优化，减少人为因素的影响，提高产品的质量与系统的运行效率。而在上层以 ERP 为代表的企业管理信息系统强调的是企业的计划性：它们以生产能力、客户订单和市场需求为计划源头，力求充分利用企业内的各种资源、降低库存、提高企业的整体运作效率。而制造执行系统 MES 将上层的经营计划与下层的制造过程统一了起来，它在经营计划管理层与底层控制之间架起了一座桥梁，填补了两者之间的空隙。一方面，MES 可以对来自 ERP 软件的生产管理信息进行细化、分解，将来自计划层的操作指令传递给底层控制层；另一方面，MES 可以采集设备、仪表的状态数据，实时监控底层设备的运行状态，再经过分析、计算与处理，从而方便、可靠地将控制系统与信息系统整合在一起，并将生产状况及时反馈给计划层。ERP、MES、PCS 3 个系统的集成，克服了企业内部采购信息、生产信息、销售信息、库存信息、财务信息等各为一体、互不相通的"信息孤岛"问题，使企业能够对生产经营活动进行有效的监控和管理。

20 多年时间内，国内大多数企业，特别是石油石化、钢铁等行业，一直在努力进行对应于 3 个层面的信息化建设：PCS 层面，不断强化 APC 与 RTO（先进控制和实时优化）技术的推广与应用；MES 层面，大力推进 MES（生产管理）系统的建设；ERP 层面，大力推进 ERP 系统规范应用及深化应用工作，同时也有效开展了该层面综合展现系统的建设。这些项目的实施取得了显著的经济效益和社会效益，也同步提升了基础设施建设水平。如李德芳等介绍了近年来中国石化在信息化建设方面取得的进展（李德芳，索寒生，2014）：PCS 层面，通过实施炼化装置 APC 技术，改善了过程动态控制性能，减少了过程变量的波动幅度，最终达到了增强装置运行稳定性、提高目标产品收率、降低运行成本等目的。到 2012 年，企业 APC 应用数量已达 142 套，年创经济效益 5 亿元。MES 层面，通过生产执行系统 MES 在 36 家企业的推广应用，对于物料的管理粒度进一步细化，做到了"班跟踪、日平衡、旬确认、月结算"，实现了"日清日结"，统计月结时间也从原来的 40 小时缩减到 17 小时。自 MES 系统投用以来，平均降低能耗 2%、物耗 0.1%，提高综合商品率 0.25%，加工损失率呈逐年下降趋势。在 ERP 层面，利用优化模型进行网络排产，提高了排产计划的准确率和管理效率，降低了管理成本。通过原油资源和生产方案的整体优化，35 家炼油企业的进口原油硫含量同比提高 0.09 个百分点，API 度（American Petroleum Institute Gravity）下降 1.27，酸度上升 0.1mg KOH/g，降本增效效果明显。通过完善 252 套化工装置投入产出模型，19 家化工企业实现了多个生产方案的效益对比分析，全年增创效益 9 亿多元。

流程工业已在信息获取、信息集成、信息分析方面取得了显著的成效，信息工具的成熟运用已经成为流程工业生产、管理、经营不可或缺的要素。信息系统已成为流程工业的中枢神经系统。

但我们也应该看到，这样的中枢神经系统仍然是初级的、非智能化的。一个重要的难题在于企业面对信息系统产生的大量数据，仅仅依靠商业分析工具，简单地生成大量的展示图和报表，仍不能很好地满足企业管理层的决策需要，没有产生良好的应用效果。特别是在瞬息万变的市场需求下，企业的所有决策都需要在风险与收益当中做出平衡，同时决策者们面对系统中海

量的生产运行数据，仅凭简单的信息集成、简单的规则和经验难以做出最优最好的判断（夏茂森，2013）。

近年来，随着自动化、信息化技术的逐步普及和不断推进，互联网、物联网、云计算等新一代网络技术的兴起，经济全球化带来的影响日益深刻，传统的流程工业正面临新一轮变革的发展。未来工厂往哪里去？这是所有流程工业企业，也是全世界共同关注的话题。自 2009 年开始，世界各国的制造组织开始提出流程工业的"智能化"概念。智能工厂是流程工业未来工厂的发展方向，是信息中枢神经系统演化的高级阶段，集中体现了工业化、信息化深度融合的内涵。

埃克森美孚一直致力于建立一个能够在全球的工厂之间共享数据和管理信息的信息平台。已建成的有信息安全标准平台、产品生命周期管理系统，以及远程操作及数据可视化系统；在建的有标准装置建模系统、全球实时优化系统、地区炼油计划调度系统、全公司级管理监控及无线通信系统等。公司以"高效和可持续的运行"为目标，实现了30多个工厂约100台热电装置的集成化管理。这一系统将公司75%的炼油能力与其润滑油和化工业务整合了起来，同时通过操作管理系统，提升了装置的安全性能。此外，公司还开发了基于不同组分的炼油分析系统，能够实现炼油过程中每一个分子的最优利用。最后，通过对实时的生产过程建立更高精度的模型，公司极大地提升了各产品联合计划和调度的能力。

宝洁公司运用"高速计算"技术对复杂的问题进行建模和仿真，避免了生产昂贵的试验品，大幅度削减了实验成本。高性能的计算矩阵能够满足复杂过程的计算需求，如计算流体力学模型的建模和企业级装置的流体混合问题的求解。此外，通过"高速计算"，设计人员还能够模拟不同形状的瓶子在运输流水线上的传输过程，避免了在设计新的包装外观时需要进行现场试验的过程。通过这些功能，宝洁公司能够更快和更经济地解决生产制造过程中的关键问题，如判断方案的可行性和确定最优的生产计划等。

中国首钢集团通过实施智能制造技术大大节省了人力成本和资源成本，同时提升了过程的安全性和环保性。全厂仅需 2 万名工人，其中的高炉装置仅由 100 名受过高等教育的员工从类似于航天发射指挥中心的中央控制室监控指挥。该厂投产后年产 900 万吨优质钢，能够回收过程中 99.5% 的固体废料和98% 的废水，固体颗粒物数量减少至 0.44 千克／吨，装置的碳排放量也相应地减少。这座智能的钢铁厂预计将为周围的中小型企业创造 100 万个新的就业机会，并为曹妃甸工业区吸纳更多的优秀企业和人才。而与之相对应的新华钢铁公司,员工近 6.5 万人,由于没有采用智能制造技术,仅高炉装置便需要 1 000 多员工进行操作,且操作具有一定的危险性。而且钢产品的产量和性能都要低于首钢的水平。在 2008 年奥运会期间,新华钢铁厂被强制关停,累计减排约 1.8 万吨固体颗粒物排放量(Davis et al.,2012)。

上述实例体现了流程工业智能化的巨大潜力。目前智能工厂还没有形成公认的、统一的定义,智能工厂的叫法也比较多,如"智慧工厂""智能制造"等。2005 年,英特尔公司更形象地提出了"熄灯工厂"的建设理念。实际上,分析这些不同名称的文献描述,殊途同归,其核心都离不开"智能化"。

2009 年由 IBM 提出的"智慧工厂"包含了 3 个方面:①实时数据挖掘分析。生产数据的存储与处理具有实时性,可以利用存储的数据从事数据挖掘分析,从而改善与优化制造工艺过程。②信息互联互通。通过互联网、无线网和物联网,实现企业内外信息互联互通。③高度智能化。智慧工厂充分利用互联网、无线网、物联网、云计算、云制造所带来的影响,通过人机协同的有机化、产品创新的高效化、企业管理的精准化,使制造过程具有高度的智能化(见图 13.2)。

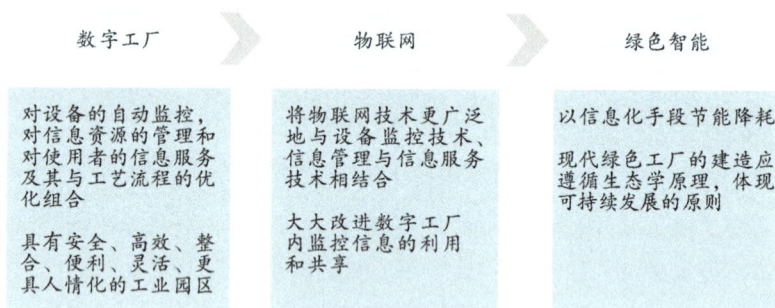

图 13.2 智慧工厂的内涵

德国政府在 2013 年正式提出了国家高技术战略"工业 4.0",并已投入 2 亿欧元,旨在支持工业领域新一代革命性技术的研发与创新。"工业 4.0"概念包含了由集中式控制向分散式增强型控制的基本模式转变,目标是建立一个高度灵活的个性化和数字化的产品与服务的生产模式。在这种模式中,传统的行业界限将消失,并会产生各种新的活动领域和合作形式。创造新价值的过程正在发生改变,产业链分工将被重组。德国学术界和产业界认为,"工业 4.0"概念即是以"智能制造"为主导的第四次工业革命,通过充分利用信息通信技术和网络空间虚拟系统——信息物理系统(Cyber-Physical System)相结合的手段,将制造业向智能化转型。工厂的智能化被看作是继

18 世纪的机械生产代替手工劳动、19 世纪的生产流水线代替小作坊生产、20 世纪的高度自动化生产代替工人生产之后的第四次工业革命。

美国在 2012 年成立了智能制造领导企业联盟（Smart Manufacturing Leadership Coalition，SMLC）。SMLC 由美国 25 家跨国公司、8 家大型制造集团、6 所大学、1 个国家实验室以及 4 个高性能计算中心组成。SMLC 的目标是通过研究智能制造的方法、标准、技术平台、服务并通过实践，建立一个可共享的、开放的智能制造平台，解决智能制造系统开发和部署的难题，以便于智能制造技术的大范围推广，从根本上改善制造业的面貌，提升制造业的全球竞争力（见图 13.3）。

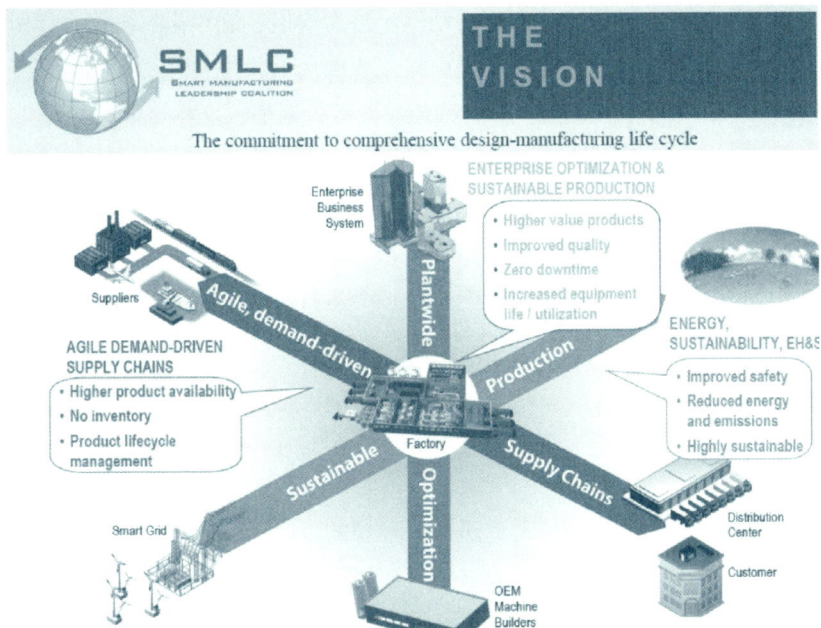

图 13.3 SMLC 描绘的智能制造愿景

中国科技自动化联盟于 2013 年提出了"智慧工厂 1.0"的概念。"智慧工厂 1.0"认为，在现阶段，中国制造业应将实现装备的电子化、数字化、网络化作为主要目标，为未来的智能化、知识化和服务化奠定基础。同时，针对"智能装备制造商"和"终端制造业用户"都提出了切实可行的升级目标。科技自动化联盟计划利用 3～5 年的时间，通过制订实施方案、建立样板工程等方式使概念落地，并不断对这一框架进行完善，助力中国制造业的转型升级之路[①]。

[①] 引自 http://www.meb.com.cn/news/2013_06/17/2191.shtml。

从上面情况可以看出，目前对于智能工厂还没有形成公认的、统一的定义，智能化工厂的内涵也众说纷纭。但其实施技术也都离不开各类学科前沿技术的集成整合、灵巧运用、模式再造。我们认为，流程工业的智能化是一个动态的历程，而非静态的终点。正像生物界神经系统的演化规律一样，流程工业的生产系统将由低到高实现智能化的演化。流程工业智能工厂的产生和发展必将是一个长期的过程，它将与离散型工业一道深刻地影响人类的经济、社会形态，最终帮助人类迈入智能化时代。

从自动化的角度来说，流程工业智能化的本质是在不同的技术层面由低到高，逐步地帮助人、取代人的过程。如果说，前三次工业革命是低级、可重复性、以体力劳动为主的人类活动逐步被大规模、流程化的机器生产所取代，那么，流程工业智能化的发展则将逐步取代那些过去需要人类智慧或者说脑力劳动为主才能完成的工作，如装置的运行调整、企业的经营决策。

马丁·福特，一位来自硅谷的软件企业家，在其 2009 年出版的著作《未来之光：自动化、技术发展和未来的经济》(*The Lights in the Tunnel: Automation, Accelerating Technology and the Economy of the Future*) 中指出，超过 5 亿个工作岗位或多或少都能够由一个运行在计算机上的软件代替。10 年之内，这其中的很多岗位很有可能销声匿迹。

二、流程工业智能工厂的特征与内涵

流程工业智能工厂是一种先进的、理想的生产运行模式，它建立在控制与信息系统的基础上，使工厂能够随时随刻适应市场需求的变化，高效地组织生产，同时具有极高的生产效率、极好的环境友好性，能够在确保安全稳定生产的基础上，实现低能源消耗、低原材料消耗、零污染排放。智能工厂的核心是智能化、自动化、自主化的决策。所谓的智能工厂就是，依托于现代传感技术及时、准确地获得生产过程的各类信息，依托计算机和网络技术进行海量数据的集成、分析和数据挖掘，依托精确有效的模型对生产和经营过程进行建模分析，依托先进的控制和优化技术进行智能决策，最终实现生产过程高效、绿色、安全和可持续的目标。

流程工业智能工厂包含如下几个关键特征。

1. 自动化

智能工厂的自动化是指从手工操作到自动控制，从低级的单回路控制到

高级的复杂系统控制，从单元先进控制到区域集成优化的转变，是过程生产的基础手段。

（1）生产过程具有自我感知能力。在智能工厂中，生产过程需要具有自我感知的能力，能够认识到自己在整个流程中的作用和影响力。运用自我感知能力，一方面生产过程能够实时感知自身的状态，并及时、准确地发布自身状态信息，方便其他装置采取合适的措施加以应对；另一方面，生产过程也能够接收相关的信息，并配合其他装置的操作。

（2）时刻保证工况的经济、稳定。流程工业智能工厂必须时刻保持工况处于相对稳定的状态，除此之外，通过先进控制技术，还能保证装置工况在动态切换过程中的经济性和稳定性。

（3）生产过程具有自适应和学习能力。智能工厂的自动化还包括过程的自动学习能力。拥有自动学习能力的装置能够自动侦测过程中出现的各种情况，对于过去发生过的问题，智能工厂能够有条不紊地采取最优措施进行处理，而对于过去没有出现过的新问题，智能工厂也能够根据过程知识采取可靠的方法进行处理，并不断积累相应的经验，使得过程知识更加完善，经验更加丰富。

2. 数字化

借助覆盖工业现场的感知网络快速感知与工厂相关的各类信息，智能工厂的数字化能够实现物理制造空间与信息空间的无缝对接，极大地拓展人们对工厂现状的了解和监测能力，为精细化和智能化管控提供前提。

快速的传感器网络利用先进的传感器测量过程中的各种参数（温度、压力、流量、组分等），并将其转化为数字信息在数据网络中快速传递。在智能工厂的各个系统之间，所有信息都能够自由传递，不受时间、地点和数据格式的限制。

3. 可视化

智能工厂的可视化是指实现生产状态、工业视频等各类信息的高度集中和融合，为操作和决策人员提供一个直观的工厂真实场景，确保迅速准确地掌握所有信息和快速决策。

（1）生产过程的可视化。可视化的工厂必须包括生产过程的可视化，通过智能系统能够清楚地判断各装置的生产情况，例如装置的加工能力、目前的生产负荷、订单的完成情况等。

（2）决策过程的可视化。决策过程的可视化是智能工厂更为重要的特点，通过智能系统能够清楚地判断当前的利润增长点，显示当前生产过程的主要瓶颈，并提示可能的经营风险，如生产资料、产品价格的波动，或者设备可能的故障等。决策过程的可视化还包括智能化的人机交互接口，能够在不同层次之间实现人机协调合作。

4. 模型化

智能工厂的基础是模型的广泛运用。利用生产运行数据和专家知识，智能工厂将生产过程的行为和特征上升成为各类工艺、业务模型和规则，根据实际需求，调度合适的模型来满足各种生产管理活动的具体需要。

（1）过程预测模型的应用。智能工厂依靠过程模型预测未来的过程状态，从而提前感知过程参数的变化趋势。过程工业的生产过程大都具有长周期、大时延等特点，通过过程模型提前预测过程参数的变化趋势能够更好地控制各类过程。

（2）生产计划和调度模型的应用。通过生产计划和调度模型的广泛应用，能够有效地配置生产过程中消耗的各种资源，包括原料、能量、劳动力等，并产生最大的效用。解决生产计划和调度问题最为关键的是建立反映过程特性的准确的计划和调度模型。通过对调度模型的求解，能够找到所有可能的计划和调度方案中的最优方案，提升企业的生产效率和整体效益。

5. 集成优化

通过一体化的模型和优化，将现有流程工业的工艺过程、生产过程、管理业务流程高度集成，实现各个管理环节和各流程间的紧密衔接与整体优化，在满足设备、能源、物料约束的前提下，从全局角度实现优化。更理想的，这样的优化能够考虑生产和经营过程的动态特性，能够应对外部经济因素（产品预期、价格预测、市场容量、原材料供应波动等）的变化，能够将质量、效益、环境等综合因素透明、恰当地纳入优化体系之中。

三、流程工业智能化与非智能化的显著区别

智能化的工厂，不仅带来技术的革新，更多带来的是运行理念、运行模式、运行流程的颠覆性的重组，需要销售、调度、财务、工艺、设备、控制等不同领域知识的无缝融合。

1. 智能化业务转型

（1）从设备投资转向知识投资。在投资工厂时，传统的思维模式投资于生产设备，依靠设备数量的增加扩大规模，提高经济效益；而在智能工厂中，投资于与设备有关的知识更为重要。知识投资主要包括投资于设备有关的传感器和过程模型，通过设备不断的自我学习，能够不断完善过程知识，依靠设备生产效率的大幅度提升达到提高经济收益的目的。如在进行过程综合设计时，流程工艺的设计、流程结构的设计、管网的设计与设备的位置设计都将在一个统一的模型下同时进行考虑。综合设计模型以最大化利润为目标，能够在满足相关规定的前提下找到结构合理、节约材料、绿色环保的设计方案。在生产过程中，模型还能自我更新，根据实际情况修正模型的结构和参数，时刻反映过程的当前状况，因此，智能设备也具有容许故障的能力。

（2）从响应到预测。通过过程知识的不断积累，在变化的外部和内部环境下，智能工厂能够预测条件的变化，而不仅仅是对变化的条件做出响应。智能工厂能够准确、快速地预测市场和自身的变化可能带来的风险（包括经济风险、生产安全风险等）和可能存在的机遇（如对某种产品的大量需求等）。所有的不确定因素都能够借由模型进行分析和理解，并且所有可能发生的情况、所有的应对措施都能够被智能工厂所分析、比较，最终选择最优的应对办法。

（3）从被动到主动。智能工厂能够主动承担起零事故、零排放、环保、健康、安全的重任，从而改变以往只是被动地追求排放达标、质量合格等生产要求。

（4）从处理问题到预防问题。智能过程能够通过传感器收集所需的数据，并加以深入分析，以预测过程趋势和将要发生的问题，从而采取行动，消除问题，或减小其带来的影响。智能工厂的每一个部分都能够实时地监测过程参数，并通过动态模型积极地预测未来可能会出现的各种问题。任何偏离正常状态的趋势都会被注意到并记录下来，之后控制器会收集相关信息，分析问题的原因并找到解决的办法，在问题出现之前对其进行干预。这一积极预防问题的理念贯彻于整个智能工厂，既包括预防核心的生产过程出现事故，也包括预防安全、健康、环保和人力资源等各方面的问题。

（5）从战术到战略。智能工厂能够从战略高度应对实际挑战。从智能工厂的战略决策层直到装置层都与工厂对于未来的战略预期深度整合，通过战略计划和路线图的实施，智能工厂能够逐步接近预期目标。在实现预期目标的过程中，智能工厂能够将当前状态与目标不断进行对照，根据当前的状态调整实现目标的途径。借助知识与模型，智能工厂能够保证每一步都采取最优的行动以达成目标，并保证步骤之间的连贯性和继承性。

战略思维将会渗透到企业管理的每个层面。市场营销将会通过信息和知识系统挖掘潜在的商业机会，找准企业在市场上的最优定位；人力资源管理将会保证人力资源能够为战略目标的达成提供最有效的支持；资产管理能够为企业运营提供最安全的保障，充分考虑生产经营风险的管理；技术信息管理能够保障数据的完整性和准确性，支持企业做出富有洞察力的战略决策。

（6）从本地到全球。智能过程不仅仅包含本地的多套装置和地区间的多个工厂，它还能连接全球的制造商和整条供应链上的各个企业。分布式的数据环境能保证信息在全球工厂之间同步分享。从本地智能工厂到全球智能工厂的过程不仅仅是智能工厂的规模在扩大，更是一种基于相互分享信息、协作共赢的新商业文明的出现。

2. 智能化技术转型

（1）从操作与模型分离到模型与操作相结合。模型是流程工业智能化的基础。智能工厂的模型将随着时间的推移和过程的改进不断演化，直至该模型能够准确预测过程在任何状态下的表现。此外，模型的开发与实施也会由两个互相分离、互不相关的状态转变为相互影响的综合过程。所有的过程和装置的设计、研发都将在基于模型的仿真环境下进行，而模型集也将随着知识的增加而不断扩充，直至可以取代真实的工厂环境。因此，进入智能化时代之后，所有新建的工厂都将是虚拟工厂模型的一个实例，生产流程、原料供应、人力资源都将按照虚拟工厂的模型进行配置和组合。

（2）从分散的智能到分布式智能。智能工厂的一大特点是将有用的信息送到有用的地方去。为此，智能工厂将有效的数据及信息分散保存，并通过模型加以综合利用，如对过程操作进行模拟、过程状态的软测量及监控，等等。智能工厂的决策和控制系统将是分布式的：智能工厂中的每一个节点都能够接收到与之相关的所有节点的信息，而每一个节点也都会将自身的信息和智能传输给与之相关的其他节点。独立的、对系统的其他部分不产生影响的本地决策和控制将在节点内部被处理掉；而具有相互影响的决策则会被智能系统综合考虑。工厂的智能将会被恰到好处地运用，并且与人的智能无缝结合。

（3）从非智能系统到自我感知的系统。自我感知的系统能够了解自身

在智能工厂中的地位和作用，清楚自身与其他系统的关系，并了解对方的需求。通过这些认识，自我感知的系统能够理解整个工厂的发展目标，需要自身采取哪些行动才能实现这些目标，从而不断调整自身的状态以适应整个企业的需求。

（4）从出乎意料的工业到可预知的工业。智能工厂的所有动态过程都将是安全的、可预知的。所有的不确定性过程，包括计划外的加工顺序、失败的过程操作、原料短缺、产品不合格及安全事故等都将被逐步消除。随着对整个生产过程认识的不断深入，所有突发状况的发生概率都能够被限制在一个很小的范围内。

四、流程工业智能工厂技术路线

智能工厂将从信息集成、信息粗加工、数据挖掘，到工厂运行信息的全方位融合，最终实现内涵型、效益型、环境友好型的聪明决策和精细化操作运行。具体来说，流程工业智能工厂的技术路线可以分为5个演进阶段。

（1）数据转化为知识。在智能工厂中，任何数据都能够被准确地收集并传递给有需要的用户，经用户的分析和处理得到有效的信息。这些信息能够帮助管理者更好地适应新形势，包括应对需求变化和价格波动等不确定因素带来的风险，从而更快、更好地达成经营目标。具体内容包括：①开发适合流程制造业的通信标准和工具；②设计新一代传统网络与执行器，收集数据，使用更优控制方法，积累基于模型的状态评估和偏差检测知识；③利用标准方法构建流程企业及其各种活动的模型。

（2）知识产生运营和操作模型。运营和操作模型是过程知识的一种外在表现形式，通过操作模型，我们能够准确地了解过程中包含的所有原料和组分，并对相关的操作、反应和转化的实时动态过程进行有效控制。这就要求我们：①能够快速建模和评估分子属性；②开发用于故障检测、隔离和根源分析的工具；③实施开发、管理和验证模型的方法；④开发用于实时、大规模操作的算法。

（3）运营和操作模型成为企业关键资产。在这一阶段，不同层次的运营和操作模型被整合起来，形成一个基于知识的综合智能工厂。这些模型包含了过程知识和操作经验，通过人、模型和实际过程的有机结合，实现对生产过程的综合计划、调度和管理。如解决调度问题时需要考虑各装置特性，包括物耗、能耗、开机时间、加工能力以及它们与产量的动态关系，一个好的装置模型能够准确预测各种工况下的产量，从而为解决调度问题提供可靠的依据。因此，在智能工厂中，运营和操作模型也将与人力资源和固定资产一道，成为企业的关键资产：①为数据驱动的资产全生命周期管理积累知识并形成数据模型；②将模型作为公司关键资产进行开发和维护；③使过程操作中的设备能够自动地识别和响应工况变化；④开发智能实时工具来监控变化，对潜在过程或绩效风险主动做出反应；⑤实现装置状态数据可视化。

（4）模型推动全局应用。模型、智能装置和信息化系统在先进流程工业企业里的应用已经越来越广泛，如依靠过程模型有效地控制过程操作条件的变化，实现装置的变负荷生产；通过企业级生产计划和调度优化节能降耗，提升企业经济效益。然而，现代企业的生产越来越依赖全球化的协作过程，因此，真正的智能工厂还需要帮助企业更好地参与全球的合作与分工，实现整条供应链的共赢。为此，我们还需做更多的努力，包括：①采用统一的度量机制评估和集成全局生产过程；②开发跨供应链的集成技术和标准；③集成企业和装置层面的计划，实现多目标优化；④开发标准化的跨行业最佳实践和工具。

（5）人、知识、模型构建复合型KPI。智能工厂优质、高效的生产过程不是与生俱来的，它还取决于人、知识和模型的水平。为了达到智能生产的目标，未来企业的关键绩效指标（Key Performance Indicator, KPI）将是包括人、知识和模型三者在内的复合型指标。智能工厂的最终目标是实现所有已知信息的充分利用，并通过计算机不断地学习新的知识，建立并完善过程模型，最终利用人、知识和模型保证企业所做的每一步决策都满足安全、经济、环保的要求。为了实现这一目标，一些重要的举措包括：①提供广泛的知识捕捉和知识管理解决方案；②流程制造的在岗培训；③建立复合型KPI；④提升新员工的发展；⑤坚持长期培训和学习。

五、流程工业智能工厂典型案例

中国石化是一体化能源化工公司，业务包括油气勘探开发、石油炼制和油品销售、化工产品生产和销售、石油和炼化工程服务、国际贸易以及科技研发、开拓新能源及非油业务等领域，是中国最大的成品油和石化产品供应商，世界第二大炼油生产商，世界第四大乙烯生产商，加油站总数位居世界第二。在2012年《财富》世界500强中，中国石化排名第5位。

中国石化将"建设世界一流能源化工公司"作为发展目标，确定在原有资源战略、市场战略、一体化战略、国际化战略的基础上新增差异化战略和绿色低碳战略，更加强调充分发挥独特竞争优势，更加强调走新型工业化道路，建设资源节约型、环境友好型企业。

《中国石化"十二五"信息化规划》明确提出建设智能工厂，选择 2 ～ 3 家炼化企业，开展智能工厂试点建设，强化企业集中集成、业务协同、预测预警、科学决策能力，实现工厂运营的自动化、数字化、可视化、模型化和集成化，为建成世界一流能源化工公司的发展愿景提供支撑[①]。

中国石化的信息化举措包括（见图 13.4）：①建立了以 ERP 为核心的经营管理平台、以生产执行系统（MES）为核心的生产营运平台以及信息基础设施与运维平台；②建立了信息化的组织体系、运维支持体系、标准化体系和考评体系，制定了较完善的信息化管理制度，形成了一支 5 000 余人的信息化专业队伍；③开展了 ERP 应用达标、典型企业培养、技能竞赛等信息化"比学赶帮超"活动，公司上上下下信息化意识显著增强，信息化工作积极性大为提高。

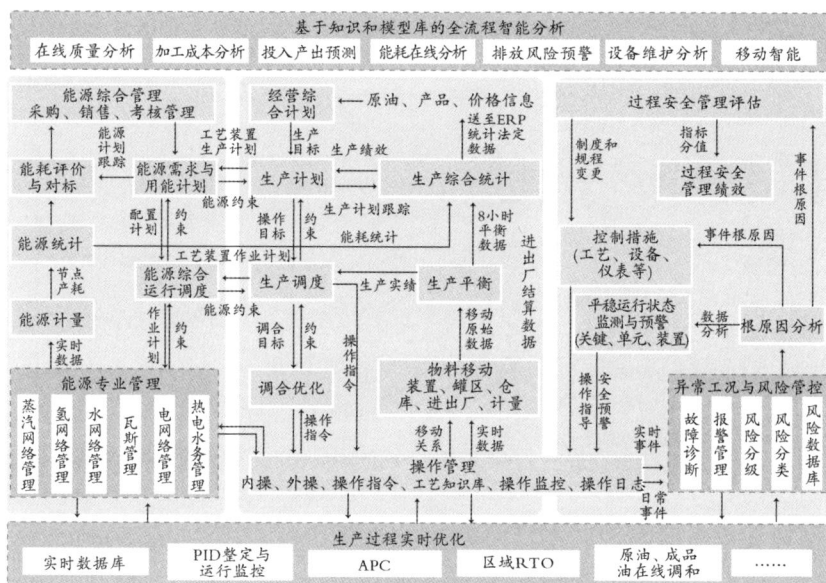

图13.4 中国石化智能工厂建设蓝图

中国石化智能工厂建设的主要内容包括以下 4 个方面。

（1）全厂计划调度一体化。全厂自上而下地实现了对综合生产指标、全流程运行指标、过程运行控制指标、控制系统设定值过程的自适应的分解与调

---

① 引自 http://www.emanu.cn/article/tagname/9275。

整，以满足市场需求和生产工况的频繁变化。中国石化在产品质量、安全管控和能源产耗等约束条件下还研发了计划调整的多周期优化分解方法，以满足计划和调度的协同。此外，中国石化基于现场实际运行参数来模拟生产过程中的各种不确定事件，建立仿真系统来评估不同优化方案，并建立了面向多目标的综合评价体系（见图13.5、图13.6）。

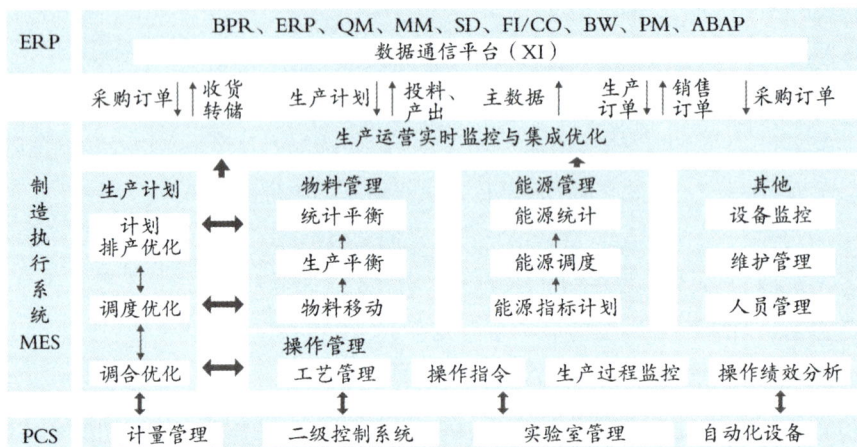

图13.5 中国石化计划调度一体化系统

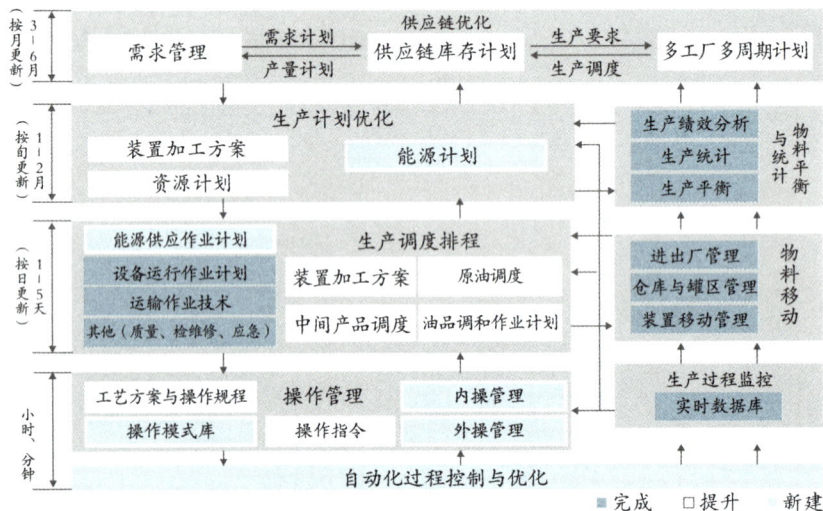

图13.6 中国石化计划和调度一体化建设项目

（2）能源管理。通过实施能源管理实现能流的全流程、全工质、全口径、全过程的线上闭环管理，做到供需有计划、产耗要透明、过程能跟踪、评价常态化。通过建立和运用能源模型，支撑最经济的产能和用能模式，在保障能源供给和生产安全的条件下，能源生产成本最低，蒸汽、水等能源工质最优化利用和最少损耗。此外，通过能源管理还能够获取和对标主要耗能装置的能耗，为节能工作提供改进方向。

实施能源管理的主要工作包括（见图 13.7）：①全过程能流管理——对装置、公用工程等进出能源量及能流移动进行管理；②能源优化评价——为装置、设备等耗能进行对标管理；③用能指导——考核节能指标，为装置能源优化运行提供指导；④能源介质管理——保障能源介质的合理、经济、安全、稳定运行。

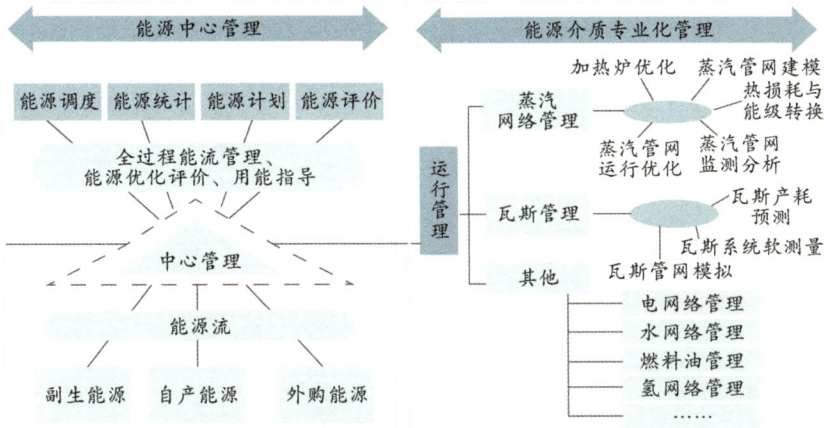

图 13.7　中国石化智能工厂能源管理建设项目

（3）装置过程实时优化。中国石化装置过程实时优化的目标是将过程优化的应用范围从单装置进一步扩大到全厂的生产过程，同时由开环优化走向闭环优化，提高常规自动化的投用率，利用 APC 解决设定值下装置的平稳操作问题，通过实时优化（RTO）保证各个设定值成为最佳工艺条件并获得最大化经济效益。除此之外，还需对原油调和与成品油调和过程进行优化，稳定物性，满足加工和产品出厂需求（见图 13.8、图 13.9）。

（4）实时与周期相结合的安全过程管控。中国石化的安全过程建设主要依靠 MES 实时报警事件和工况监测数据，结合异常工况智能分析与预警技术，实现对设备、单元、装置的安全运行状态监测与预警，并为其安全运行提供实时操作指导。通过建立风险注册数据库和根原因分析模型，并将实时异常工况响应与周期性安全评估相结合，调查者能够发现事故的主要原因，并给出防控措施和实施计划。此外，石化智能工厂还将物联网技术应用到石化安全过程管控领域，实现巡检作业智能化，识别危险区域的人员和环境安全状态，并辅助指导工厂维修和维护任务（见图 13.10、图 13.11）。

图 13.8　装置过程实时优化系统架构

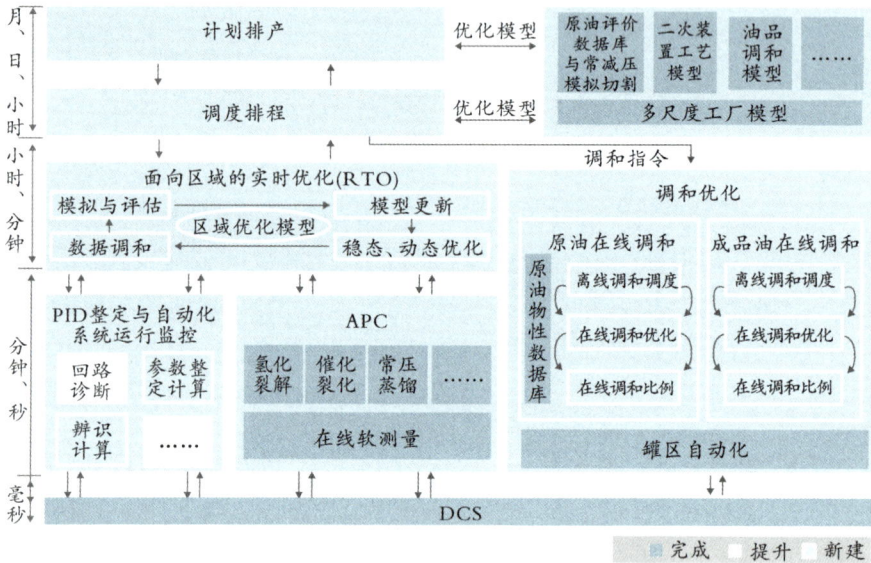

图 13.9　中国石化装置过程实时优化建设项目

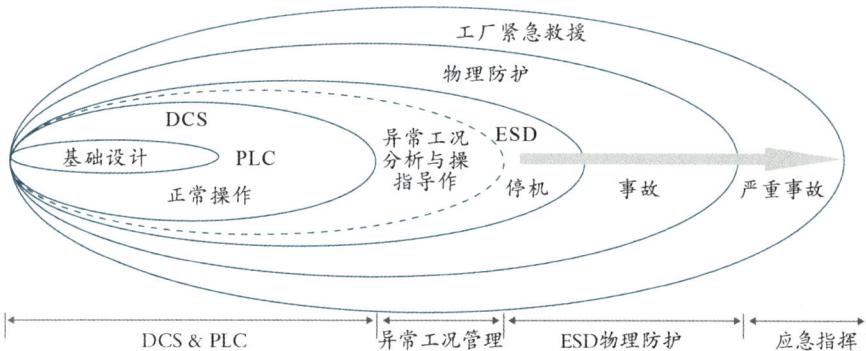

图 13.10　安全过程管控体系

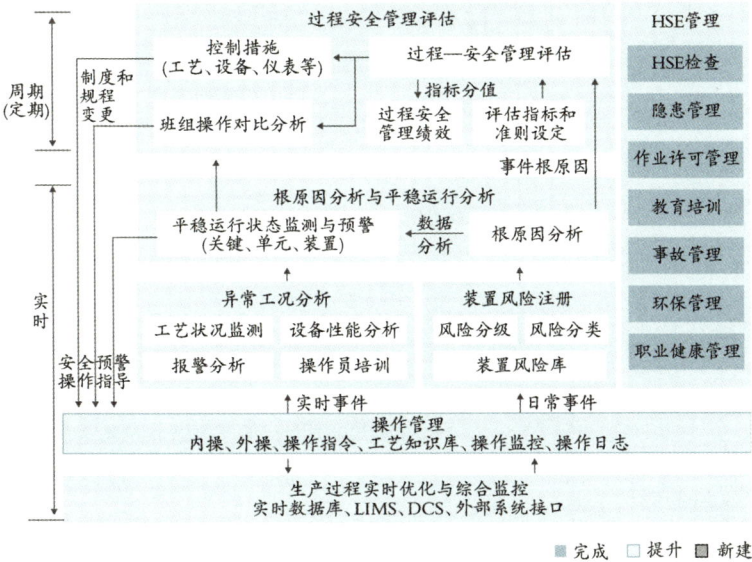

图 13.11　中国石化安全过程管控建设项目

（5）基于知识和模型库的全流程智能分析。中国石化通过建立石化行业知识库，固化操作规则和经验，实现流程知识的共享，并在经营与生产数据集成的基础上，围绕生产、运营、能源、设备、质量等各个主题，构建了面向主题的智能分析平台。智能分析平台能够将工艺和业务知识与数据挖掘的方法相结合，将数据和信息转化为指导生产和运营的辅助决策知识，形成主题化分析应用，从而优化过程运行（见图 13.12）。

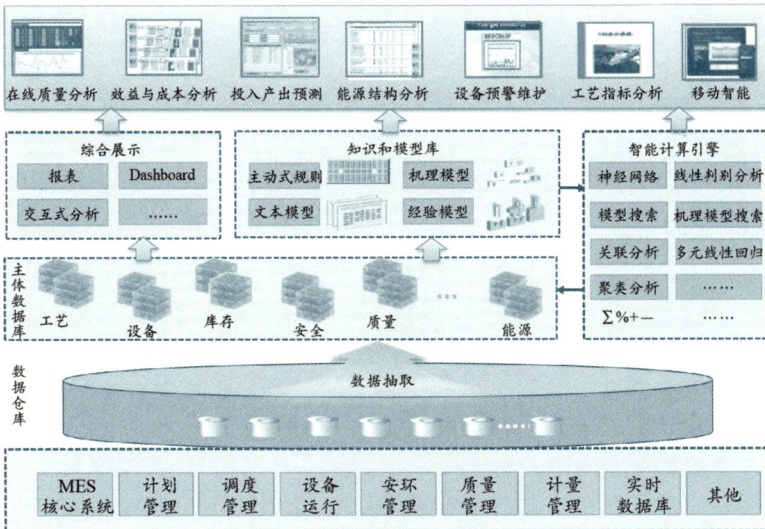

图 13.12　全流程智能分析系统结构

第14章

iCity 云制造系统

本章重点介绍智能制造密切相关的云制造关键技术，包括云制造系统总体技术，制造资源和能力的智能感知与接入、处理技术，制造资源和能力虚拟化与服务化技术，云制造系统按需高效智能构建及管理技术，云制造系统智能系统运行、评估与维护技术，云制造系统安全与可靠性技术，云制造系统标准化技术，云制造系统中的数字化制造技术。

一、云制造系统概念与内涵

（一）云制造与云制造系统定义

云制造是一种基于网络（如互联网、物联网、电信网、广电网、无线宽带网等）的、面向服务的智慧化制造新模式。它融合发展了现有信息化制造（信息化设计、生产、实验、仿真、管理、集成）技术及云计算、物联网、服务计算、智能科学、高效能计算、大数据等新兴信息技术，将各类制造资源和制造能力虚拟化、服务化，构成制造资源和制造能力的云服务池，并进行统一的、集中的优化管理和经营，用户只要通过云端就能随时随地按需获取制造资源与能力服务，进而智慧地完成其制造全生命周期的各类活动（李伯虎等，2010c）[1]。云制造是制造信息化的新模式和新手段，见图 14.1。

（二）云制造系统概念模型

云制造系统由制造资源和制造能力、制造云、制造全生命周期应用 3 大部分组成。它有 3 种用户角色，即制造资源提供者、制造云运营者、制造资源使用者。其运行部分包括一个核心支持（知识）、两个过程（接入、接出），云制造的概念模型如图 14.2 所示（李伯虎等，2010a）。资源提供者通过对产品全生命周期过程中的制造资源和制造能力进行感知、虚拟化接入，以服务的形式提供给第三方运营平台（制造云运营者）；制造云运营者主要实现对云服务的高效管理、运营等，根据资源使用

---

① 本章内容参考了众多文献，为节约篇幅，正文中原则上只标明 1 篇文献，但本书末参考文献中则列出了所有文献。

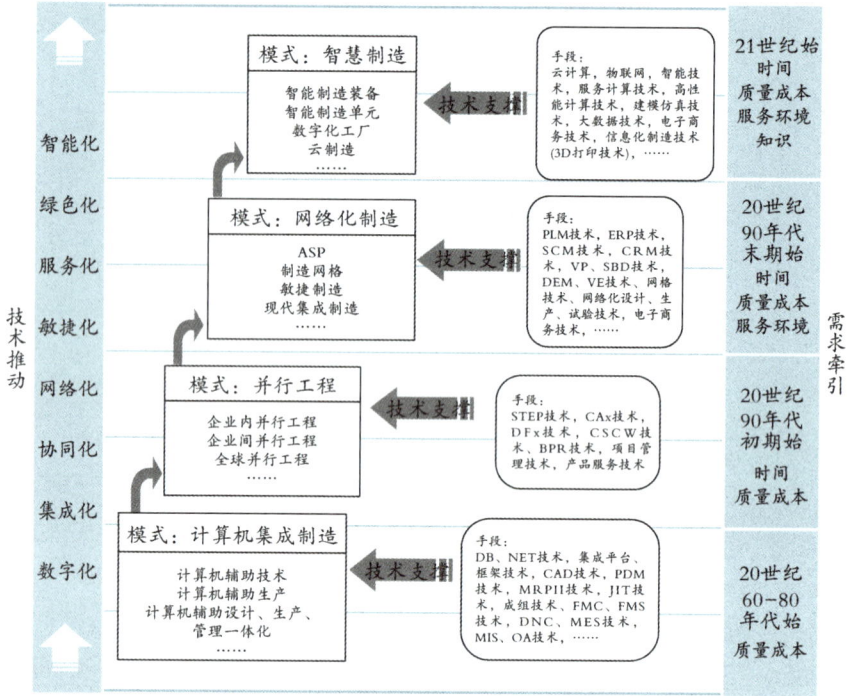

图 14.1　云制造是制造信息化的新模式和新手段

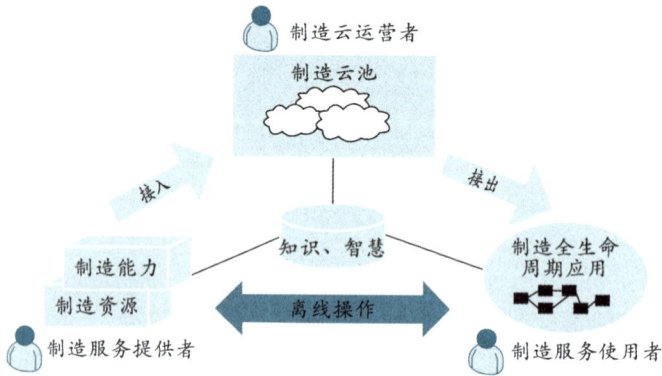

图 14.2　云制造运行原理

者的应用请求，动态、灵活地为资源使用者提供服务；资源使用者能够在制造云运营平台的支持下，动态按需地使用各类应用服务（接出），并能实现多主体的协同交互。在制造云运行过程中，知识起着核心支撑作用，知识不仅能够为制造资源和制造能力的虚拟化接入和服务化封装提供支持，还能为实现基于云服务的高效管理和智能查找等功能提供支持。

　　云制造系统将各类制造资源和制造能力虚拟化、服务化，构成制造资源和制造能力的服务云池，并进行协调的优化管理和经营，使用户通过终端和网络就能随时按需获取制造资源与能力服务（Zhang, Luo et al., 2012），进而智慧地完成其制造全生命周期的各类活动，实现智能制造与设计。

首先，需要将各种制造资源与制造能力封装为云服务并接入系统，构成制造云池，这一过程称为制造资源的"接入"。然后，根据不同用户的制造需求，云服务系统能够从制造云池中自动发现并协调构成相互隔离的各个虚拟化制造环境，这一过程称为"接出"。并且，在云制造全生命周期过程中，知识起到了核心支撑的作用，包括基于知识的制造资源和能力虚拟化封装和接入，云服务描述与"制造云"构建，云服务搜索、匹配、聚合、组合，高效云服务调度、优化配置与运行，容错管理、任务迁移，及业务流程管理等。

（三）云制造系统体系结构

云制造的系统体系结构主要由资源和能力层、云制造服务平台层及服务应用层 3 层组成。其中，云制造服务平台层又分为感知接入层、虚拟资源和能力层、核心功能层及用户界面层（见图 14.3）（李伯虎等，2011）。

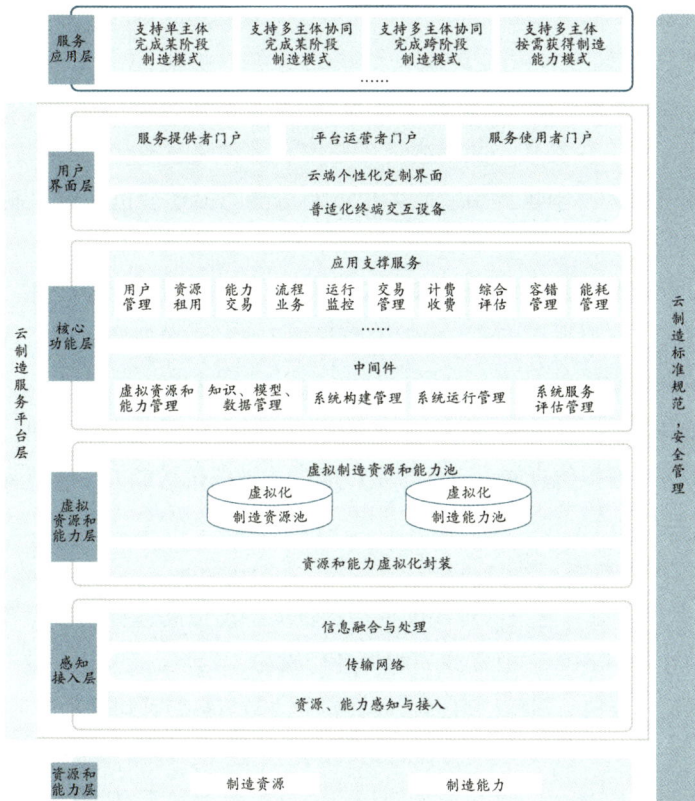

图 14.3　云制造平台架构

1. 资源和能力层

制造资源包括设计资源、仿真资源、生产资源、试验资源、管理资源及集成资源等。

制造能力包括设计能力、仿真能力、生产能力、试验能力、管理能力及集成能力等。

2. 云制造服务平台层

（1）感知接入层

1）资源、能力感知与接入。提供对于各类制造资源和能力的感知和接入支持，包括采用识别、适配器、传感等技术对制造资源和能力的状态信息进行感知、采集和监控等。

2）传输网络。提供对于各类制造资源和能力的网络互联与通信的支持，包括互联网、移动网等。

3）信息融合与处理。提供对于资源和能力感知获得的信息的分析、融合、处理等功能。

4）资源和能力虚拟化封装。提供对于各类制造资源和能力的虚拟化封装的支持，对于各类软、硬制造资源采用制造资源虚拟化技术映射为虚拟制造资源模板，对于各类制造能力根据制造能力描述规范为虚拟制造能力模板。

5）虚拟制造资源池。支持对于虚拟制造资源模板的存储管理，包括虚拟设计资源、虚拟仿真资源、虚拟生产资源、虚拟试验资源、虚拟管理资源及虚拟集成资源等。

6）虚拟制造能力池。支持对于虚拟制造能力模板的存储管理，包括虚拟设计能力、虚拟仿真能力、虚拟生产能力、虚拟试验能力、虚拟管理能力及虚拟集成能力等。

（2）中间件层

1）虚拟资源和能力管理中间件。提供支持虚拟制造资源和能力的管理中间件，包括对各种虚拟资源和能力进行描述、封装、注册、部署、发布、查找、匹配、监控、跟踪、动态组合、异常侦测与报警管理等。

2）知识、模型、数据管理中间件。提供支持云制造服务有关的知识、模型、数据库管理中间件，包括知识、模型、数据的定义与存取及库的建立、维护、传输、运行管理等。

3）系统构建管理中间件。提供支持云制造服务系统构建的管理中间件，包括云制造服务的发现、组织、调度、优化、集成管理等。

4）系统运行管理中间件。提供支持云制造服务系统运行的管理中间件，包括云制造服务系统运行中服务的绑定、协同、运控、传输、组合、容错、迁移、恢复及监控管理等。

5）系统服务评估管理中间件。提供支持云制造服务系统质量评估的管理中间件，包括云服务资源、能力和系统的效用、可靠、安全及综合评估管理等。

（3）应用支撑服务层

1）用户管理。提供对于各类用户的管理，包括用户账号、用户角色权限、用户资源配合的管理等。

2）资源租用。提供对于各类制造资源的租用功能的支持，包括制造资源发布管理、资源应用模板定制、资源查找和匹配、资源应用实例申请审核、资源应用实例交易协商、资源应用实例部署、资源应用实例运行时动态调度、资源应用实例监控、资源应用实例容错、资源应用实例回收、资源应用实例计费等。

3）能力交易。提供对于各类制造能力进行交易的支持，包括制造能力服务化与发布、能力查找与匹配、能力申请审核、能力交易协商、能力交易协议管理、能力调用、能力 QoS 评价、能力使用计费等。

4）流程业务。提供对于制造流程业务管理的支持，包括制造流程建模、流程所需资源和能力配置定义、流程模板库管理、流程实例化与调用、流程运行时控制、流程执行监控、流程计费等。

5）运行监控。支持对于多主体协同制造应用运行时的监控管理控制，包括运行时状态的采集、分析、异常侦测、预警等。

6）交易管理。支持对于各种制造资源和能力交易的商务流程管理，包括价格管理、交易流程定义、交易流程执行、协议管理、电子支付管理、交易评价等。

7）计费收费。支持对于各种制造资源和能力使用的定量计费收费管理，包括费率设置、资源使用计费、能力使用计费、流程业务计费、用户账户账单、电子支付管理等。

8）综合评估。支持对于各类服务质量的评估管理，包括用户评估、交易评估、服务评估、资源和能力评估等。

9）容错管理。支持对于多主体协同制造过程中节点故障的容错管理，包括运行监控、异常侦测、事件报警、迁移管理、状态恢复等。

10）能耗管理。支持对于制造资源使用过程中的能耗管理和控制，包括能耗监控、能耗预测、能耗优化策略设置、能耗优化执行、能耗统计等。

（4）用户界面层

1）普适化终端交互设备。支持终端用户使用主流的普适化交互设备，包括 PC 终端、移动平板电脑、移动终端如手机等。

2）云端个性化定制界面。支持制造全生命周期各类用户角色所需的个性化界面，采用云端个性化定制界面技术供用户配置，包括根据任务需求对界面支撑环境、界面显示内容、交互方式和技术的定制。

3）门户。为 3 大类用户即服务提供者、平台运营者、服务使用者提供 3 类门户的支持，包括服务提供者门户、平台运营者门户、服务使用者门户。

（5）服务应用层

1）支持单主体完成某阶段制造模式。平台必须提供对于单主体（单用户）完成某阶段（如设计）制造应用的支持。

2）支持多主体协同完成某阶段制造模式。平台必须提供对于多主体（多用户）协同完成某阶段制造应用的支持。

3）支持多主体协同完成跨阶段制造模式。平台必须提供对于多主体（多用户）协同完成跨阶段（如跨设计与生产）制造应用的支持。

4）支持多主体按需获得制造能力模式。平台必须提供对于多主体（多用户）按需获得制造能力应用的支持。

二、云制造系统技术体系与技术特征

（一）云制造系统技术体系

云制造技术体系包含 12 大类关键技术：总体技术，资源和能力感知技术，资源和能力的虚拟化、服务化技术，虚拟化制造服务环境的构建与管理技术，虚拟化制造服务环境运行技术，虚拟化制造服务环境评估技术，可信虚拟化制造服务技术，知识、模型与数据管理技术，普适人机交互技术，服务平台应用技术，信息化制造技术，产品服务技术。见图 14.4（李伯虎等，2011）。

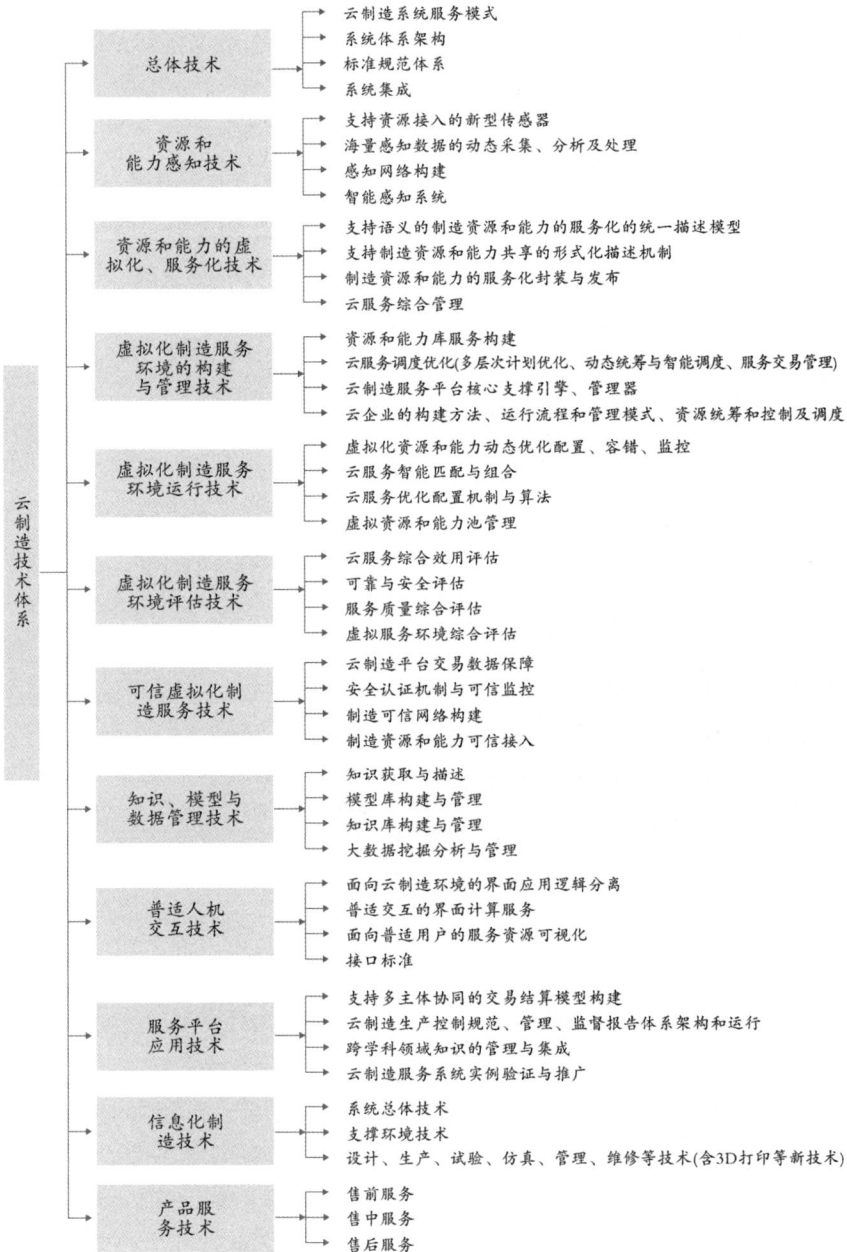

图 14.4　云制造技术体系 12 大类关键技术

（二）云制造系统技术特征

与已有的信息化制造技术相比，在数字化（共性特征）的基础上，云制造更为突出的典型技术特征可以概括为 5 点，即制造资源和能力的物联化、虚拟化、服务化、协同化、智能化，其综合体现为"智慧化制造技术特征"。

1. 制造资源和能力的物联化

先进制造模式实现的核心是制造全生命周期活动中人和组织、管理和技术的集成与优化。为此，云制造融合了物联网、信息物理融合系统（CPS）等最新信息技术，提出了要实现软硬制造资源和能力的全系统、全生命周期、全方位的透彻的接入和感知，尤其是要关注硬制造资源如机床、加工中心、仿真设备、试验设备、物流货物等制造硬设备，以及能力，如人和知识、组织、业绩、信誉、资源等的接入和感知。

如图 14.5（李伯虎等，2012）所示，云制造模式下，各种软硬制造资源能够通过各种适配器、传感器、条形码、RFID、摄像头、人机界面等，实现状态自动或半自动感知，并且借助 3G/4G 网络、卫星网、有线网、互联网等各种网络来传输信息，在对各种软硬制造资源的状态信息进行采集和分析的基础上，能够进一步服务于云制造的业务执行过程（Zhao et al., 2012），如基于对化工反应装置的温度、压力、负载等信息的感知与分析，为计划排产和任务调度提供依据；基于对物流货物的实时跟踪，辅助虚拟企业组织中上下游成员的交易执行过程监控与管理。

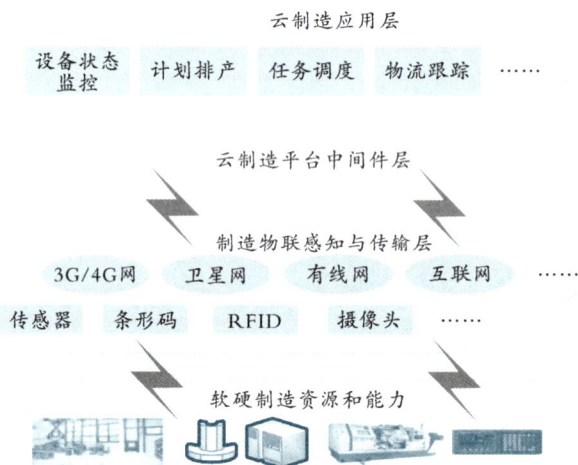

图 14.5　制造物联层次

2. 制造资源和能力虚拟化

虚拟化源于计算领域对虚拟机的研究，是当前云计算的核心技术。制造资源和能力虚拟化是指对制造资源和能力提供逻辑和抽象的表示与管理，它不受各种具体物理限制的约束。虚拟化还为资源和能力提供标准的接口来接收输入和提供输出。虚拟化的对象可分为制造系统中涉及的制造硬设备、网络、软件、应用系统及能力等。

如图 14.6（李伯虎等，2012）所示，在云制造系统（制造云）中，用户面对的是虚拟化的制造环境，它降低了使用者与资源和能力具体实现之间的耦合程度。通过虚拟化技术，一个物理的制造资源和能力可以构成多个相互隔离的封装好的"虚拟器件"，多个物理制造资源和能力也可以组合形成一个粒度更大的"虚拟器件"组织，并在需要时实现虚拟化制造资源和能力的实时迁移与动态调度。虚拟化技术可使制造资源和能力的表示、访问简化并进行统一的优化管理，它是实现制造资源和能力服务化与协同化的关键技术基础。

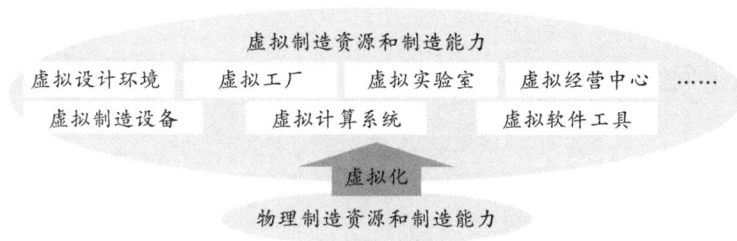

图 14.6 虚拟制造资源和能力

3. 制造资源和能力服务化

制造云中汇集了大规模的制造资源和能力，基于这些资源和能力的虚拟化，通过服务化技术进行封装和组合，形成制造过程所需要的各类服务，如设计服务、仿真服务、生产加工服务、管理服务、集成服务等（李孝斌等，2012）。其目的是为用户提供优质廉价的、按需使用的服务。如图 14.7 所示，按需服务主要体现在两方面：一是通过对云资源和能力的按需聚合服务，实现分散资源和能力的集中使用；二是通过对云资源和能力的按需拆分服务，实现集中资源和能力的分散使用。以制造资源和能力的服务及其组合为基础构建的制造模式，具有标准化、松耦合、透明应用集成等特征，这些特征能够提高制造系统的开放性、互操作性、敏捷性和集成能力。

云制造的服务特点：按需动态架构（按照用户需求，随时随地提供制造服务），互操作（支持制造资源间与制造能力之间的互操作），协同（面向制造多用户的协同、大规模复杂制造任务的协同），异构集成（支持分布异构的制造资源和能力的集成），超强、快速、无限能力（可快速、灵活组成各类服务以响应需求），全生命周期智慧制造（服务于制造全生命周期，利用智能信息制造技术实现跨阶段的全程智慧制造）。

云制造能随时随地为制造企业按需提供"多、快、好、省"的服务，支持制造企业向"产品"加"服务"为主导的"集成化、协同化、敏捷化、绿色化、服务化、智能化"的新经济增长方式发展，以支撑各类先进制造模式（如敏捷制造、并行工程、虚拟样机工程、大批量定制、精益制造等）的实现，提高企业的市场竞争能力。

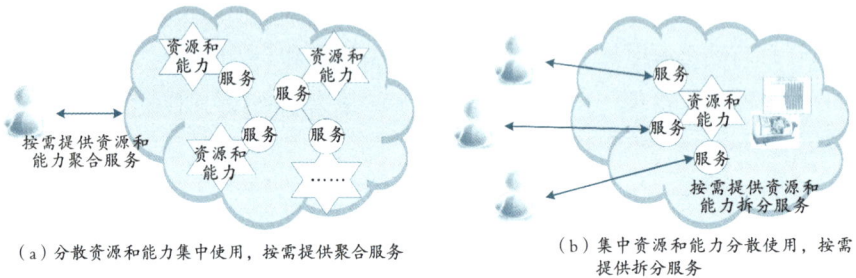

(a) 分散资源和能力集中使用，按需提供聚合服务　　(b) 集中资源和能力分散使用，按需提供拆分服务

图 14.7　制造资源和能力按需服务的两种方式

4. 制造资源和能力协同化

协同是先进制造模式的典型特征，特别是对复杂产品的制造而言尤为重要。云制造使制造资源和能力通过标准化、规范化、虚拟化、服务化及分布高效能计算等信息技术，形成彼此间可灵活、互联、互操作的"制造资源和能力服务协同"模块，如图 14.8 所示（李伯虎等，2012）。通过协同化技术，这些云服务模块能够动态地实现全系统、全生命周期、全方位的互联、互通、互操作，以满足用户需求。

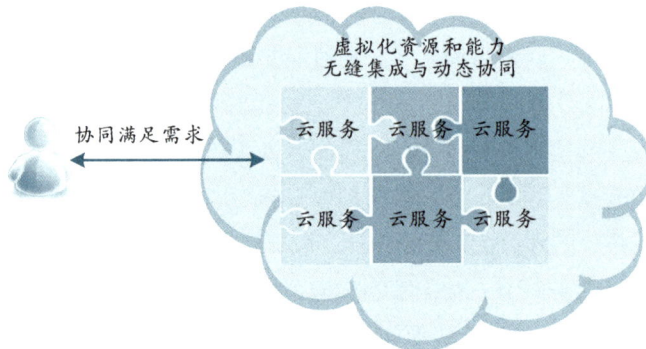

图 14.8　即插即用的资源和能力服务协同

除了在技术层面的协同化，云制造为敏捷化虚拟企业组织的动态协同管理也提供全面支撑，实现多主体按需动态构建虚拟企业组织及虚拟企业业务协同运作中的有机融合与无缝集成。

5. 制造资源和能力智能化

云制造的另一典型特征是实现全系统、全生命周期、全方位的深入的智能化。知识及智能科学技术是支撑云制造服务系统运行的核心，制造云在汇集各种制造资源和能力的同时，也汇集了各种知识并构建了跨领域多学科知识库（Hu，Zhang，Hu et al.，2013）；并且随着制造云的持续演化，云中积累的知识规模也在不断扩大。知识及智能科学技术渗入制造全生命周期的各环节、各层面提供智能化支持。

如图 14.9（李伯虎等，2012）所示，在云制造模式下，知识及智能科学技术为两个维度的全生命周期提供支持，一是制造全生命周期活动，二是制造资源和能力服务全生命周期。一方面，知识及智能科学技术渗入制造全生命周期活动中的论证、设计、生产加工、实验、仿真、经营管理等各个环节，能够提供所需的各类跨领域多学科多专业知识。另一方面，知识及智能科学技术融合于制造资源和能力服务全生命周期的各个环节：资源和能力描述、发布、匹配、组合、交易、执行、调度、结算、评估等。知识及智能科学技术覆盖了这两个维度构成平面中的各个坐标点，为云制造提供全方位的智能化支持。

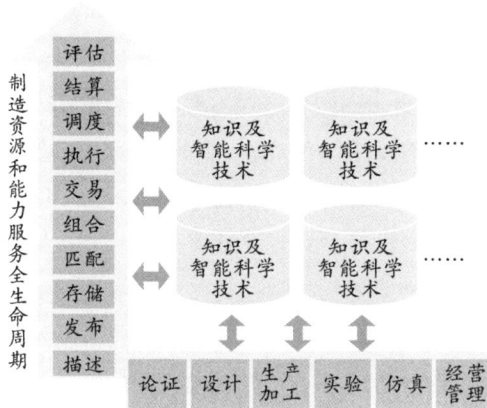

图 14.9　知识型智能制造

（三）云制造系统技术基础

1. 云计算

云计算是网格计算、分布式计算、并行计算、效用计算、网络存储、虚拟化、负载均衡等计算机技术和网络技术发展融合的产物，是一种计算服务模式。它把大量高度虚拟化的资源管理起来，组成一个大的资源池，用来统一提供服务，并且服务通过网络以按需、易扩展的方式提供给用户。云计算的应用模式主要有 3 种：SaaS（软件即服务）、PaaS（平台即服务）、IaaS（基础设施即服务）。目前，对于云计算的认识在不断地发展变化，云计算仍没有普遍一致的定义。典型的云应用有 IBM 的蓝云——Blue Cloud、亚马逊的弹性计算云——Amazon、微软的"云 + 端"——Azure 等。我国的云计算起步相对较晚，但政府和企业积极参与到云计算的研究及平台搭建中，取得了一批显著的成果，典型的企业如用友、浪潮、东软等。云计算技术的出现为解决当前网络化制造存在的资源服务模式、资源共享与配置问题提供了新的思路和契机（李伯虎等，2010c）。

2. 物联网

物联网（Internet of Things，IoT）是依托射频识别技术的物流网络。随着技术和应用的发展，当前物联网的内涵已经发生了较大变化，被广泛认可的含义为：物联网是通过射频识别（RFID）、红外感应器、GPS、激光扫描器等信息传感设备，按约定的协议，把任何物品与互联网连接起来，进行信息交换和通信，以实现智能化识别、定位、跟踪、监控和管理的一种网络。物联网的核心技术包括射频识别（RFID）装置、无线传感网络、红外感应器、全球定位系统、Internet 与移动网络、网络服务、行业应用软件。在这些技术当中，又以底层嵌入式设备芯片开发最为关键，引领整个行业的上游发展。物联网的核心和基础仍然是互联网，是在互联网基础上延伸和扩展的网络。它是继条码技术之后，再次变革商品零售结算、物流配送及产品跟踪管理模式的一项新技术。物联网技术使物理制造资源服务化，从而也可以像软件和计算资源一样通过互联网实现充分共享与增值。

3. 面向服务的计算

面向服务的计算（Service-Oriented Computing，SOC）是当前备受工业

界与学术界关注的主题。面向服务的计算所关注的重点之一就是以标准的方式支持系统的开放性，进而使相关技术与系统具有长久的生命力。面向服务的计算是一种新型的计算模式，它把服务作为基本的组件来支持快速、低成本和简单的分布式甚至异构环境的应用组合。服务作为一种自治、开放以及与平台无关的网络化构件，可使分布式应用具有更好的复用性、灵活性和可增长性。基于服务组织计算资源所具有的松耦合特征会给企业带来许多好处，遵从 SOA 的企业 IT 架构不仅可以有效地保护企业投资，促进遗留系统的复用，而且可以支持企业随需应变的敏捷性和先进的软件外包管理模式。企业在把其关键功能服务化后，可以使企业间的电子商务以更高效、灵活的方式开展。面向服务技术的发展及广泛应用，为网络化制造的协同和创新提供了强有力的技术支撑。

4. 高性能计算

高性能计算（High Performance Computing，HPC）指通常使用很多处理器或者某一集群组织的几台计算机的计算系统和环境。HPC 系统有许多类型，其范围从标准计算机的大型集群，到高度专用的硬件。大多数基于集群的 HPC 系统使用高性能网络互联，如那些来自 InfiniBand 或 Myrinet 的网络互联。基本的网络拓扑和组织可以使用一个简单的总线拓扑，在性能很高的环境中，网状网络系统在主机之间提供较短的潜伏期，所以可改善总体网络性能和传输速率。随着高性能计算机计算速度的不断提高，其标准也在不断变化之中。当前，网格计算可以看作高性能技术的一种重要应用形式，但在许多方面不同于传统的 HPC 环境。大多数传统 HPC 技术基于固定的和专用的硬件，结合一些专门的操作系统和环境来产生高性能的环境。相比较而言，网格可以使用日用硬件、不同平台，甚至被配置成可以使用现有基础设施中的多余容量。尽管存在一些不同，但两个系统有许多相似之处，特别是查看跨节点的工作分工和分配时。在两种情况下，都可以使用 Web 服务来帮助支持系统操作。通过使用开放标准并允许支持更广范围的操作系统和环境，Web 服务和网格技术可能在高性能计算解决方案的功效和灵活性方面带来很大的不同。

5. 智能技术

智能科学研究智能的本质和实现技术，不仅要进行功能仿真，而且要从机理上研究、探索智能的新概念、新理论、新方法，是由脑科学、认知科学、人工智能等综合形成的交叉学科。其中人工智能研究主要应用人工的方法和技术，模仿、延伸和扩展人的智能，实现机器智能。智能技术是为了有效地达到某种预期的目的，利用知识所采用的各种方法和手段。经过几十年的发展，智能技术及其应用已经成为 IT 行业创新的重要生长点，其广泛的应用前景日趋明显，如智能机器人、智能化机器、智能化电器、智能化楼宇、智能化社区、智能化物流等，对人类生活的方方面面产生了重要的影响。相关智能科学技术的发展，为用户通过网络实现服务按需使用提供了更为便捷的手段和智能支持。

三、云制造系统关键技术

（一）云制造系统总体技术

为了给云制造服务平台、系统的搭建与运行提供理论指导，需要深入研究符合制造企业发展的云制造运营、交易、组织等模式，研究系统理论架构，提出云制造技术的共性标准、规范。

云制造是一种服务的网络化制造新模式，与传统敏捷制造、网络化制造、制造网格相比，其最大的区别在于其分散资源集中使用、集中资源分散服务的资源共享与使用模式，基于网络的制造能力按需使用、自由流通和交易模式等（张霖等，2011）。为实现以上云制造目标和模式，必须对云制造模式开展研究，研究内容包括：①云制造资源共享与集成模式；②云制造资源组织模式；③云制造系统运行与应用模式；④云制造商业模式；⑤云制造计费与盈利模式；⑥基于云制造的信息集成模式。

（二）制造资源和能力的智能感知与接入、处理技术

云制造的目标之一是实现制造资源和制造能力的全面共享、按需使用、自由流通，从而提供制造资源和能力的利用率，实现增效。其核心研究对象之一是制造资源，因此，如何实现各类物理制造资源（包括软硬资源，如各类设计工具、分析工具、机床设备、3D 打印设备、3D 扫描设备等）的状态、性能参数、状态的智能感知和在线实时接入，是云制造所需解决的关键科学问题。图 14.10 为面向制造的智能物联技术应用架构。具体关键研究问题包括：

1）制造资源智能感知、物联与智能信息处理，包括专用设备的云制造接入技术、各种加工设备的云制造接入技术、设计与计算资源的云制造接入技

术、职能部门的云制造接入技术、云计算互接入技术、物联网接入技术等。

2）海量制造资源和能力感知接入技术，如感知数据的采集与去噪技术、实时感知数据处理技术。

3）大数据技术，如海量历史感知数据分布式存储技术、海量感知数据的智能挖掘技术、大规模并行处理（MPP）数据库等。

4）制造云用户终端接入、管理技术，如云用户终端制造接入标准及认证服务、制造云用户授权及费用核算服务。

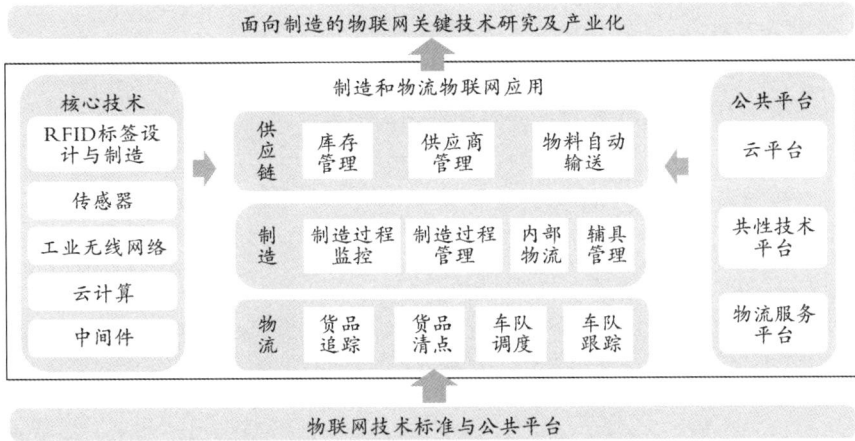

图 14.10　面向制造的智能物联技术应用架构

资源感知与适配接入的设计思想是以云制造服务平台为依托，以实现服务平台中的物理制造资源智能感知、资源物联及相关感知信息的智能分析处理为研究目标，采用基于光纤光栅传感的先进感知技术实现复杂工况环境中对于物理制造资源运行状态多物理量参数的动态感知，并开发出满足云制造应用需求的光纤传感系统与装置；此外，通过建立面向云制造服务平台资源感知与互联的网络体系结构，开展云制造资源感知层中基于物联网的新一代网络物联技术和信息智能处理技术研究，设计出面向异构网络环境的物理制造资源嵌入式接入装置、异构网络的互联融合方法与网关装置，以及面向感知信息的智能分析与预处理系统，实现云制造服务平台中制造资源虚拟化及云端适配接入，使物理制造资源、网络设施与云制造服务平台无缝结合（李瑞芳等，2012）。

所采用的方法是通过现场调研、资料查阅、技术分析论证等方式制订出系统工具的设计方案及相关标准。同时，在设计开发过程中以实验研究与理论分析研究相结合为手段，从机械学、信息学、力学、材料学等学科交叉融合的角度，展开制造资源智能感知、资源物联以及感知信息分析与预处理相

关理论和技术的研究，进而开发设计出满足企业应用需求的资源感知与适配接入工具。最后，通过在典型物理资源上的系统安装与集成分析评估系统的运行性能以及在云制造服务平台中的有效性。

所遵循的设计原则是紧密结合企业的应用需求以及云制造服务平台的运行机制和特点，系统工具的设计开发过程应与集团企业平台保持高度一致，不仅在理论和技术上有较好的创新和突破，并在集团企业中具有较高的实用性，满足工业企业运行需求。

（三）制造资源和能力虚拟化与服务化技术

主要研究内容包括异构制造资源和多领域制造能力的统一描述（张霖等，2013）、广域网环境下异构制造资源和多领域制造能力的虚拟化、多主体异构制造资源和多领域制造能力的服务化。

1. 云制造资源和能力虚拟化技术

云制造的目标是为用户提供可随时获取的、按需使用的、安全可靠的、优质廉价的制造全生命周期服务，而实现这一目标的前提是构建规模巨大的虚拟制造资源池。支撑这一目标的核心技术是制造资源虚拟化技术。简单来说，制造资源虚拟化就是通过物联网、信息物理系统（CPS）、计算系统虚拟化等技术，实现物理制造资源（硬制造资源和软制造资源）的全面互联、感知与反馈控制，并将物理制造资源转化为逻辑制造资源，解除物理制造资源与制造应用之间的紧耦合依赖关系，以支持资源高利用率、高敏捷性、高可靠、高安全、高可用的虚拟云制造服务环境（Ren et al.，2013a，2013b）。

具体来讲，云制造资源虚拟化使得云制造具有以下优势：

1）资源的全面共享。支持各种软、硬制造资源的感知和接入。

2）资源按需透明使用和节能降耗。服务环境的构建与运行均根据资源需求动态调度和增减资源，以达到高利用率。

3）高敏捷性与可伸缩性。虚拟资源与物理资源的松耦合以及模板映射机制，使虚拟资源池的规模能够随云业务量需求的变化敏捷伸缩，内容灵活变更。

4）高可靠性。通过容错技术，使单点故障发生时任务环境可动态迁移至其他物理资源继续运行，确保多主体协同运行不受影响。

5）高安全性。支持对物理制造资源的多层次多粒度安全隔离，一旦遭受攻击也能够保证任务迁移至其他物理资源继续运行。

6）高可用性与普适化。支持对制造全生命周期各种用户按需定制个性化的终端设备、运行环境、界面内容、交互方式。

如图 14.11 所示是支持云制造系统的虚拟化技术。各项关键技术主要为虚拟化云制造服务环境的六方面目标提供支持，即资源全面共享、环境敏捷构建、资源优化使用、高可靠协同、用户高可用、安全可信等（任磊等，2011）。

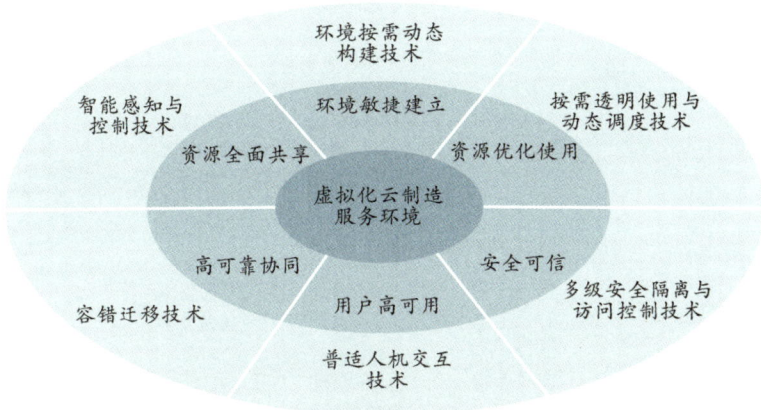

图 14.11　云制造资源和能力虚拟化技术

2. 云制造资源和能力服务化技术

在云制造模式下，资源是指产品全生命周期（制造初期、制造中期、制造末期）所涉及的资源要素的总和。根据资源的存在形式及使用方式的不同，又可分为制造资源和制造能力。

制造资源是指物理存在的、具有静态传输介质的一种资源形式，如加工设备、仿真软件、模型、知识、数据文档等客观存在的物理资源。制造资源按其存在形式及使用方式，可分为软资源、硬资源、其他相关资源。软资源主要是以软件、数据、模型、算法、知识为主的制造资源；硬资源主要是指产品全生命周期过程中的计算资源、制造设备、物料资源等；其他相关资源主要指除硬资源、软资源之外的制造资源集合，如人力资源、用户信息资源、各种服务培训、信息咨询，以及仓库、运输工具等。

关于制造能力目前并没有统一的定义。综合现有各种关于制造能力的解释和分析，在云制造环境下，我们将制造能力理解为：在某一具体活动过程中产生，体现了一种对制造资源配置和整合的能力，反映了制造企业或制造实体完成某一任务及预期目标的水平，包含了制造全生命周期过程中的各类能力，如设计能力、仿真能力、生产加工能力等（Ren et al., 2013a, 2013b）。其中所述制造资源是指前述各类软硬资源，是制造能力形成的基础。云制造模式下资源的分类见图 14.12。

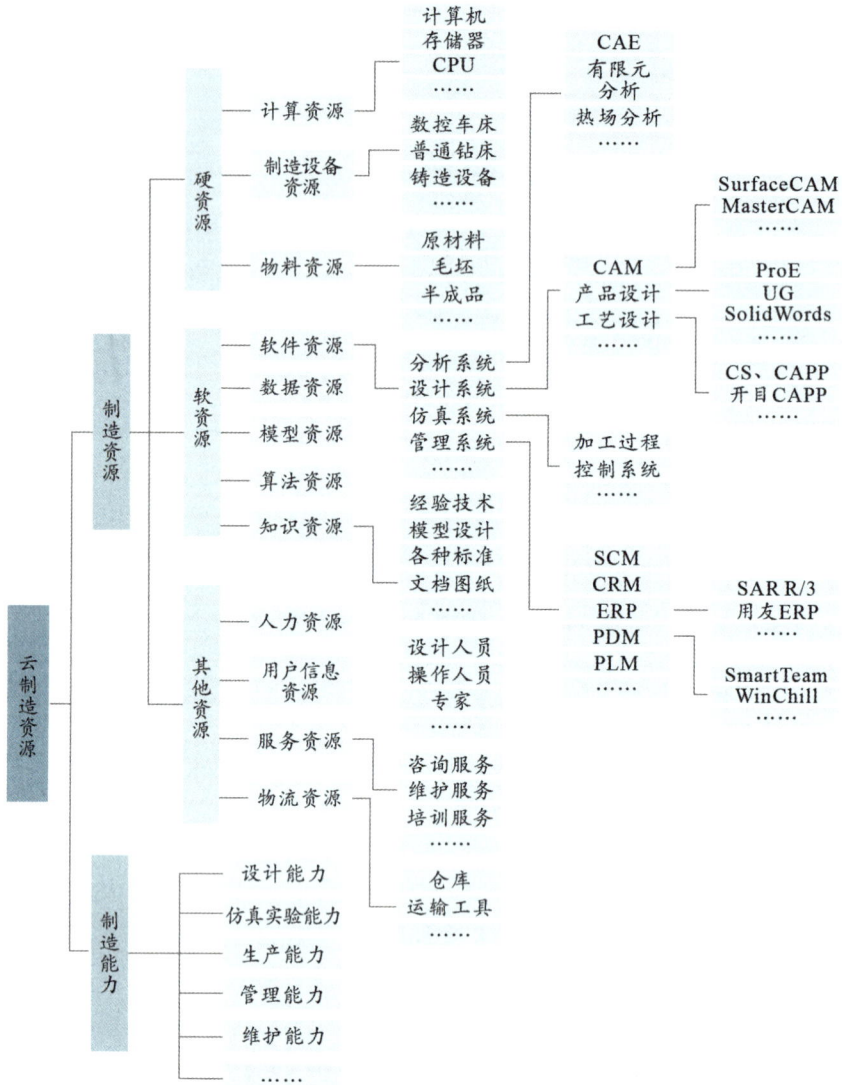

图 14.12　云制造模式下资源分类

基于上文对资源的分类，制造资源构成了一棵以云端资源为根节点，多层次、动态、分布异构的制造资源分类树。在上述分类的基础上，这里结合面向对象的思想把资源分为如下几类：软资源类、硬资源类和其他相关资源类。软资源类包括人力资源类、软件资源类和知识资源类等子类，硬资源类包括制造设备资源类、计算资源类和物料资源类等子类。云制造环境下，对复杂多变的制造资源建模的好坏直接影响到制造资源的描述、封装、存储、发布和检索的性能（见图 14.13）（Ren et al., 2013a，2013b）。

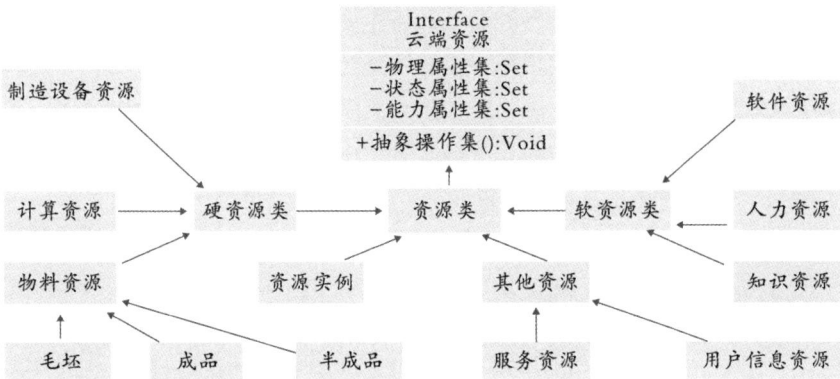

图 14.13　UML 描述的云制造资源类

云制造资源服务化封装主要包括云制造资源的建模与描述、云制造资源实现类的开发、部署资源到虚拟资源池中 3 部分。模板库提供了资源描述模板和实现模板，以简化、规范资源服务化封装操作。资源服务化封装过程描述如下：

步骤 1：描述制造资源。根据资源种类选择相应的资源描述模板，根据模板要求填写相应的资源属性，形成 XML 格式的资源属性文档。

步骤 2：制造资源实现类。由于即使同一种类的制造资源功能，实现方式也可能不相同，因此，查到资源实现模板后，需要考察是否适合自己的要求，并可能进行一些改动，打包形成资源实现类。

步骤 3：部署资源到云服务池。把描述好的资源部署到资源封装模块中。资源封装模块获得资源实现类的相关信息，完成资源的服务化封装。在具体调用执行资源时，资源封装模块自动加载资源实现类，与具体的资源交互，完成调用过程。

（四）云制造系统按需高效智能构建及管理技术

制造云中汇集了大规模的制造资源和能力，需要对各类制造资源、制造能力、制造知识（制造云）进行自动配置与部署，构建一个自治的、自维护的、动态扩展的制造服务云体系。主要是通过对云资源和能力的按需聚合服务，实现分散资源和能力的集中使用，并通过对云资源和能力的按需拆分服务，实现集中资源和能力的分散使用。其难点是如何实现按需动态架构（按照用户需求，随时随地提供制造服务），异构集成（支持分布异构的制造资源和能力的集成），以及超强、快速、无限能力响应（可快速、灵活组成各类服务以响应需求）。为了实现云制造系统的按需高效智能构建与管理，重点对以下技术进行研究：①云制造系统体系架构；②制造云动态构建技术；③云端服务的接入管理，包括统一接口定义与管理、认证；④高效、动态的制造云组建、聚合、存储方法；⑤云制造系统中任务的动态构建与部署、分解、资源服务协同调度优化配置方法；⑥云制造模式下资源交易、共享、互操作模式；⑦云服务提供模式及推广、云用户（包括提供方和使用方）管理、授权机制等。

下面就制造云动态构建过程主要涉及的几个典型的核心关键技术进行较深入的阐述，包括资源属性、资源虚拟化、虚拟资源服务化、云服务部署等技术（见图 14.14）（张霖等，2010）。

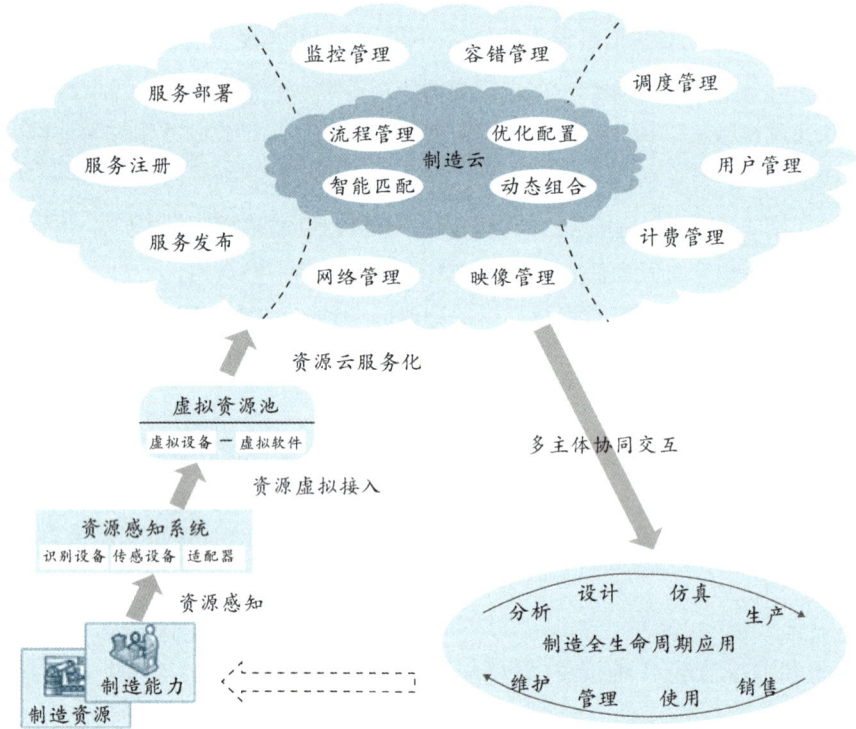

图 14.14　制造云动态构建

1. 资源属性

为了更好地支持制造云平台对各类资源的智能接入和高效共享，根据资源的定义及分类，可将资源属性分为静态属性和动态属性。静态属性是指资源的标志信息，如资源名称、功能、使用情况等静态描述信息；动态属性指资源的活动状态，如资源在运行过程中的安全、可靠性等动态描述信息。

2. 资源虚拟化

虚拟化是适用于所有云架构的一种基础性设计技术，同样也是制造云平台的实施基础。所谓云制造资源虚拟化，是指通过虚拟化技术（如 VMware，Xen，Denali 等）来实现物理资源到虚拟资源的透明化映射，进而弱化软硬件设备、数据、网络等不同层面资源之间的物理依赖，以达到集约化和透明化管理，从而实现虚拟环境下对底层资源的动态调配及按需使用。

3. 虚拟资源服务化

为构建基于服务的、智能高效的制造云平台，还需要将虚拟资源池中的各类虚拟资源依据相关的资源描述规范，并选取合适的服务描述语言，进行统一的封装，最终以云服务的形式发布到制造云平台中。因此，首先需要对各类异构资源进行建模，构建支持语义的资源描述模型；然后根据资源描述模型特点，选取相应服务描述语言（如以 HTML 为基础的知识及本体表示语言（Simple HTML Ontology Extension，SHOE）（黄沈权等，2012）、DARPA 代理标记语言（DARPA Agent Markup Language，DAML）+OIL（Ontology Interchange Language）（McGuinness et al.，2004）、Web 本体描述语言（Web Ontology Language，OWL）（CarsTensen，1997）等）实现对资源服务的数字化描述，并对服务描述信息进行有效分类、存储及信息的推理融合，最终为云服务基于知识的优化配置等操作提供支持。

4. 云服务部署

由于云制造模式有很强的灵活性和动态性，对于大量的不同类型的云服务，能够提供产品全生命周期的各个阶段应用，因此，在虚拟资源服务化后，需要一个伸缩性强的云服务部署平台，来对制造云中的云服务进行集中、高效的管理。根据云服务在平台中的运营模式及云服务提供者的参与情况，云服务的部署可分为面向完全托管的部署和面向部分托管的部署。

（五）云制造系统智能系统运行、评估与维护技术

云制造资源服务综合管理操作中涉及服务的搜索、匹配、组合、交易、执行、调度、结算、评估等操作，存在于产品论证、设计、生产加工、实

验、仿真、经营管理等产品全生命周期的每个环节（Studer et al., 1998）。需要研究如何利用制造领域知识构建知识库，结合智能科学技术，构建云制造平台中间件，实现云制造服务智能协同运行、评估与维护。

制造通常涉及大量制造资源服务，大量用户不仅需要使用各制造资源服务协同完成某阶段，而且在各阶段之间也需要协同利用制造资源服务开展工作，如图 14.15 所示（Tao et al., 2012a，2012b，2012c）。云制造系统具有高度的复杂性、互操作性与重用性，其服务质量（QoS）评估、综合效用评估、容错、迁移等系统管理问题亟须解决。研究内容包括：①云制造服务高效、智能化的搜索与匹配技术；②制造领域本体、知识库、案例库；③云服务综合评估；④云制造系统服务协同运行技术；⑤云服务动态组合及服务网络动态演化技术；⑥云制造模式下企业业务流程的动态构造、管理与执行（合同管理、交易支付等）；⑦云制造资源服务优化配置管理。

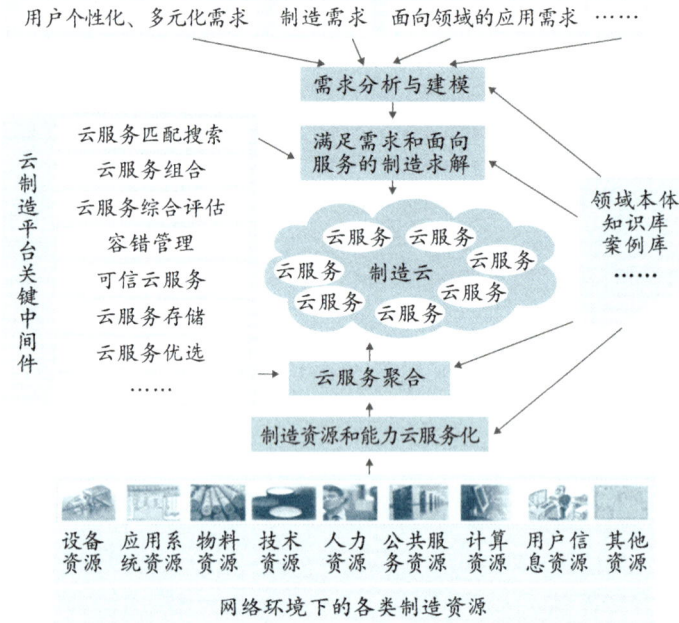

图 14.15　基于知识的云制造服务智能协同运行架构

为实现云制造服务的高效管理和优化应用，云制造平台的各种制造服务需要建立量化的综合评估方法，如云制造服务 QoS 综合评估、云服务交易主体信任评估、云服务绿色评估等。

云制造服务 QoS 综合评估是对服务历史状态、运行状态和服务效果的总体评价，如图 14.16 所示。首先，建立云制造服务 QoS 评价指标体系模型和评估方法，进行云制造环境下 QoS 的抽象分类和建模，并在此基础上给出云服务 QoS 综合评估的指标体系决策模型。然后，针对该模型，解决交易主体信任关系的量化问题，如采用基于历史交易经验和移动加权平均法的信任评估算法、基于指标评价熵的云服务 QoS 综合评估算法等（Tao et al.,2012a，2012b，2012c）。同时，需要构建开发用于云制造服务 QoS 评估的工具。最后，将 QoS 评估工具应用于云制造平台，通过对服务质量的管理实现服务效益的优化。

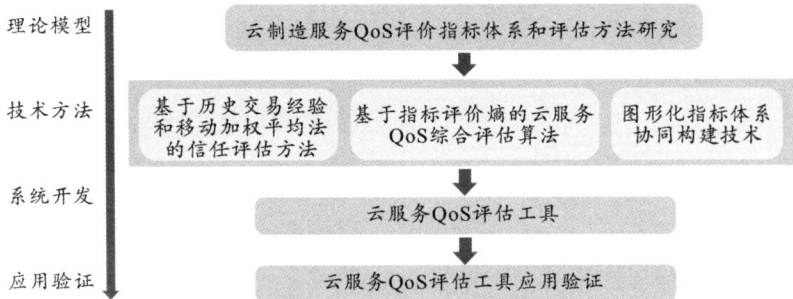

图 14.16　云服务评估工具研究方案

　　服务绿色评估是对制造过程中原材料和能源的构成、来源及生产的方式等进行实时监测和定量评估，用于量化能耗管理和优化。作者所在团队研究开发了基于 BOM 的云服务绿色评估应用，其原理是利用制造云中在产品设计、工艺设计、制造装配等各环节中产生的各类清单数据，包含工程物料清单（EBOM）、计划物料清单（PBOM）和生产物料清单（MBOM）等，见图 14.17，计算各种特征化指标，如能源消耗指标和排放物指标，为服务资源的优化选择提供依据。其关键技术包括：①建立产品生命周期的评估模型；②构建云服务节能减排评估的基础数据库，如能源数据库、排放数据库、节能减排相关标准数据库、原材料数据库、产品数据库以及工艺数据库等。

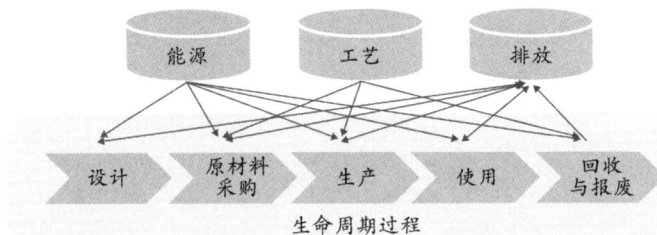

图 14.17　云制造模式下产品制造全生命周期绿色评估方法

网络动力学相关理论可用于研究云服务组合动态网络的演化过程，如图14.18所示（Ling et al.，2012）。首先研究资源服务可组合关系，比如分析云服务可组合关系并映射表示成相应的有向边，建立可组合云服务网络相应的基本构成元素。然后研究资源服务组合网络的构建规则，如使用无标度模型进行加权和有向的改进和修正，建立相应的云服务组合网络及其动态演化模型，分析云服务组合网络中服务节点状态变化以及各种外力因素对组合网络的影响；归纳分析构成组合网络动态演化的基本演化操作，研究各个基本演化操作对组合网络节点的影响；对整个云服务组合网络随时间发生的动态演化行为进行综合建模，并分析相应的动力学特性。最终，在服务组合网络动力学特性分析结果的基础上，分析云服务组合网络节点对于蓄意攻击、随机故障及其他外力因素作用下的鲁棒性和脆弱性，研究提高节点稳定性、调用率、安全性等的控制策略。

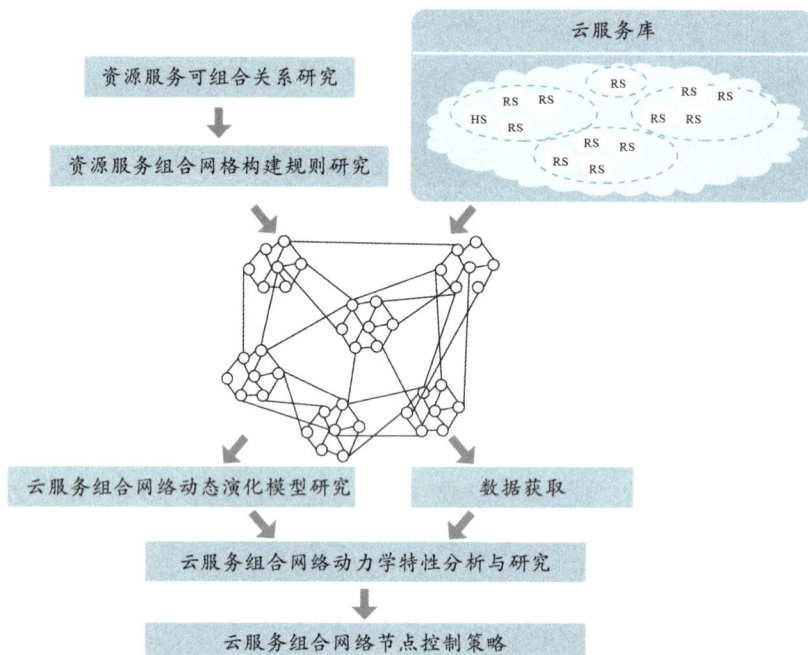

图14.18 云服务组合网络构建与动态特性研究

制造云在汇集各种制造资源和能力的同时，也汇集了各种数据、模型、经验和知识，见图14.19，并且随着制造云的持续演化，云中积累的知识规模也在不断扩大。知识和知识服务在云制造系统中起着非常重要的作用：首先，各类数据、知识等的聚集，可为制造全生命周期提供直接的服务，提升创新能力；其次，知识对云制造服务平台本身的支持，使得平台具有高度的智能，从而支持制造过程的智能化；再者，云制造系统中存在海量的数据和知识，通过大数据技术进行分析、挖掘，可提供个性化服务。

图 14.19 云制造知识服务

制造企业的知识共享和知识创新，有利于提高企业的核心竞争力。云制造环境下跨学科领域知识的管理，需要解决知识表示、知识获取、知识组织、知识表示、知识检索和推理、知识评价、知识反馈等关键技术，如基于本体的跨学科领域知识建模、基于本体的知识检索技术等。

（六）云制造系统安全与可靠性技术

安全是信息产业领域永恒的主题，同时安全也是相对的和有前提的。云制造中面临的安全问题有 80% 是传统 IT 业就存在的安全问题，剩下 20% 的安全问题来自于：新技术的使用带来的新的管理问题；老技术的新用法带来的老的安全问题的扩大化；新的服务模式带来的潜在问题；云制造中特有的制造云端硬件资源安全以及与其相应的管理等问题。

和云计算面临的挑战一样，安全也是云制造推广应用中所面临的主要挑战。从资源的软、硬件角度来说，云制造中的安全与可靠性技术问题可以分为软安全和硬安全。软安全是指安全管理与安全策略，网络安全、内容安全、服务安全等安全技术，可靠性评估、安全性评测等安全模型，云制造平台安全文化等。硬安全是指云制造资源中的硬件资源的安全，包括制造云服务提供端的物理生产设备的安全与管理，制造云平台中的路由器、服务器等网络硬件资源的安全，硬件系统的容灾处理和安全修复等。

按照云制造的运行原理，云制造安全与可靠性技术问题可以分为以下 3 个方面：①从云制造资源和服务提供者角度，必须确保云制造资源的安全接入与安全管理，确保接入的资源不会被恶意访问或破坏，且能够提供可靠的服务等；②从云制造资源和服务使用者角度，必须确保所访问的资源和服务是可信的，所提交的任务不会被破坏且正确执行，不会被提供恶意或伪造的结果；③从云制造资源和服务运营者角度，必须提供安全可信的支付和交易环境，防止云服务数据中心不会被破坏和攻击，提供访问控制、安全认证等功能，保证信息的安全传输，提供安全与可靠性评估等。这些问题都归结于云制造安全与可靠性问题，这些问题不解决，云制造的落地应用与推广就难以成为现实，因此，必须对云制造安全与可靠性技术进行研究。

其主要技术研究路线包括：①云制造安全体系（见图 14.20），建立一个标准的云制造安全运营体系框架与云制造系统的安全管理规范，包括系统和平台安全、网络通信安全、企业核心数据安全、用户间信任安全、防止第三方的恶意攻击和破坏等技术与规范。②可信云制造技术，如制造终端嵌入式可信硬件、云制造终端可信接入与发布、云制造可信运营、可信计算、可信软件、可信制造、系统和服务可靠性技术等。③云制造网络与数据安全技术，如资源虚拟化安全技术，安全的网络管理技术，云存储的加密和访问控制技术，云后端的系统升级和补丁技术，数据安全技术，杀毒软件作为服务、防火墙软件作为服务、数据的完整性校验、内容安全、云制造网络中传输安全等技术。

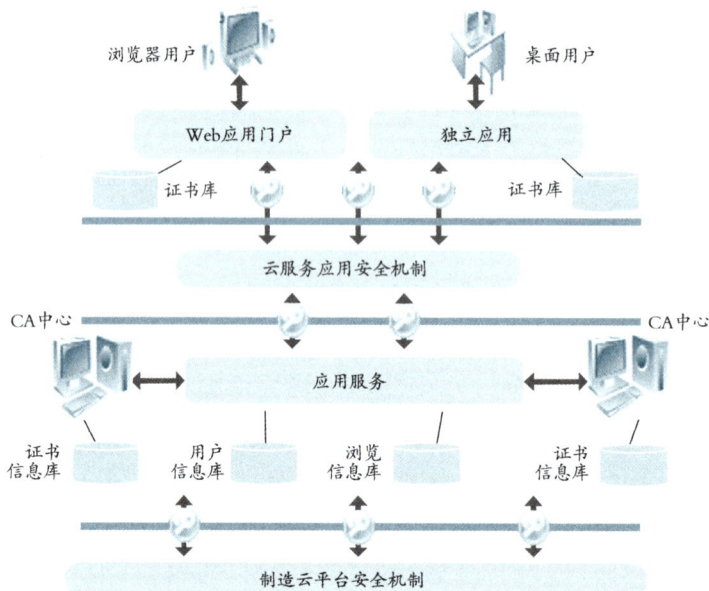

图 14.20　云制造安全体系

云制造平台在运行中，系统和平台本身存在安全隐患，加上网络通信安全隐患，以及 RSP 和 RSD 在使用过程中缺乏信任、担心企业核心数据泄露等问题，严重阻碍了云制造的推广应用。而由于目前网络化制造给企业带来的利润空间不大，大型 IT 企业针对网络化制造开发的专门安全产品十分匮乏（李伯虎等，2010c）。

目前的技术可以避免来自其他用户的安全威胁，但是对于服务提供商，想要从技术上完全杜绝安全威胁还是比较困难，在这方面需要非技术手段作为补充，如安全管理策略。

云制造安全框架从上到下可以由 3 个主要层次组成：安全治理风险管理及合规层、安全运维层、基础安全服务和架构层。其中安全治理风险管理及合规层是后两者的理论依据，安全运维层是对云制造中信息安全的全生命周期的管理，而基础安全服务和架构层则是云制造安全建设技术需求和功能的实现者。

与此同时，对云制造平台系统中的安全与可靠性评估模型和策略及评估工具的研发也是保障云制造安全与可靠性的重要手段。图 14.21、图 14.22 为云制造系统平台的安全性评测模型和可靠性评测模型。

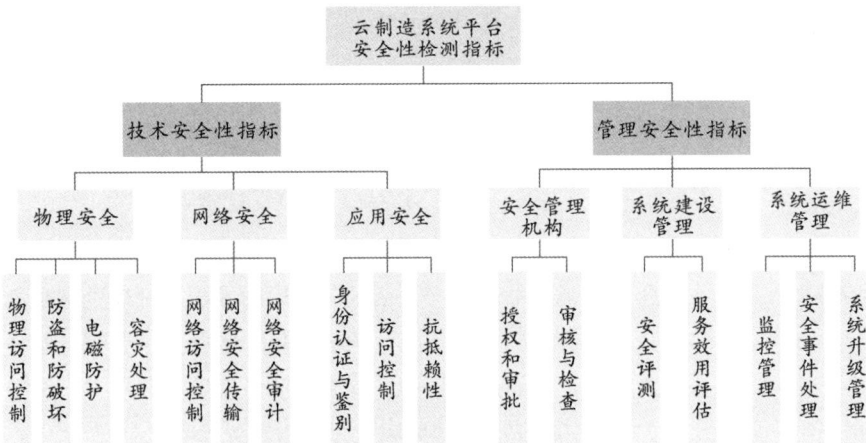

图 14.21　云制造系统安全性评测模型

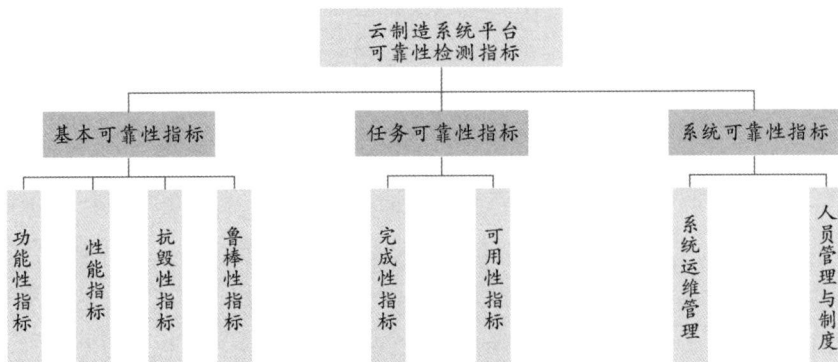

图 14.22　云制造系统可靠性评测模型

（七）云制造系统标准化技术

需要研究企业云制造服务平台共性标准与规范，支持各类企业云制造服务平台、系统的搭建和高效运行，支持跨区域、跨行业及不同规模企业的云制造服务平台的集成。需要制定制造企业云服务平台中制造资源和能力描述标准与规范、云制造资源与服务互操作标准、云制造平台运营标准与规范等。

能力交易、服务和需求描述、集成等标准和规范是指导云制造服务平台研究和开发的关键，是保证平台能够实现和推广应用的核心，因此，建立一套科学的云制造标准和规范体系，以及制定指导云制造服务平台研究、开发、实施和应用的一系列具体的标准和规范非常重要。云制造标准规范体系主要包括：①云制造服务模式和平台体系架构标准；②云制造资源接入标准和规范、制造资源和能力描述标准和规范、制造资源虚拟化标准和规范；③云制造应用的服务流程描述规范、云制造资源与服务互操作标准、云制造平台运行服务标准、与企业现有系统集成标准和规范；④云制造平台安全标准和规范；⑤云制造平台运营标准和规范等。

北京航空航天大学牵头实施了863计划主题项目"云制造服务平台关键技术研究"，与其他参与单位共同完成了云制造系统体系结构标准和云制造术语标准，其中云制造术语标准已通过国家标准委员会评审。

云制造系统体系架构标准包括基本功能概述、整体功能体系结构、各功能的基本要求等内容；云制造术语标准包括云制造通用术语、制造资源和制造能力的接入和感知、制造资源和制造能力的虚拟化和服务化、云制造服务系统的构建、云制造服务系统的运行管理、云制造服务系统的评估、云制造安全、云制造人机交互与可视化、云制造模式与应用等分类术语。

（八）云制造系统中的数字化制造技术

1. 设计制造数字化技术

设计制造数字化指通过实现产品设计制造手段和过程的数字化，缩短产品开发周期，降低制造成本，提高创新能力。它包括以产品3D数字化模型为主要特征的产品结构设计与分析、工艺设计、数控编程、产品数据和过程管理、面向过程的优化设计工具等以及相应的应用软件。另外还包括一些大型应用系统，如基于知识工程的功能仿真系统、产品虚拟样机和虚拟实验系统、制造过程仿真与优化系统、网络环境下产品协同设计与制造系统等。

2. 管理数字化技术

管理数字化指通过实现企业内外部管理的数字化，促进企业重组和优化，提高企业管理效率和水平。如支持企业现代管理与电子商务的基于主动成本控制和成本经营模式的中国式动态可重构 CERP 系统、支持企业内外部集成的基于 XML 的企业信息化集成平台、面向供应链管理的企业应用系统、面向企业客户关系管理的企业应用系统、面向电子商务的企业过程重组的过程建模仿真与优化软件构件、面向产品全生命周期的质量管理构件、商务智能和群体决策支持构件等。

3. 装备数字化技术

数字化装备指通过实现制造装备的数字化、自动化和精密化，提高产品的精度和加工装配的效率。主要关键技术包括数控系统中产品信息集成接口及新型 CNC、系统标准和新型单元技术。其中新型单元技术包括嵌入式 SOC 设计技术、基于现场总线的网络化技术、智能化技术、远程监控与诊断技术、主动质量控制技术等新型数控机床单元技术。

4. 生产过程数字化技术

生产过程数字化指通过实现生产过程控制的自动化和智能化提高企业生产过程自动化水平。主要关键技术包括制造执行系统、基于新一代现场总线协议的控制系统、实时数据集成技术、过程控制技术、过程优化技术和流程工业生产计划与动态调度技术。

四、云制造系统应用案例

（一）集团企业云制造系统案例

在航天集团企业云制造系统案例中，明显的特色是：面对为大客户提供更快交付（T）、更好品质（Q）、更低成本（C）的航天复杂产品和服务的需求，支持总体整合航天产业链中的研究所、供应商、外协厂等能力服务，并基于云端的产品数据管理和产品计划管理进行排产、协作和管控，从而对航天产业链中的信息流、物流、资金流进行集成和优化，促进航天产业经济发展方式由传统的资源投入型向基于信息化的产业链整合优化型转变。这是总承式的产业链整合模式，构建的是面向某类复杂产品的垂直平台（见图 14.23）。

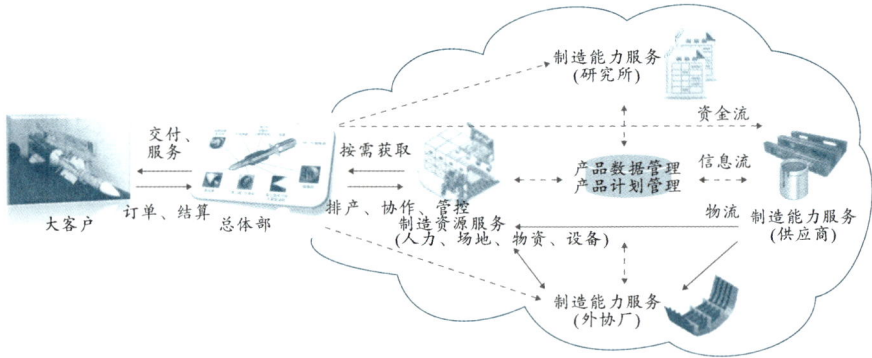

图 14.23　总承式产业链整合模式

　　针对航天复杂产品的研制，国家各方面的投入巨大，因此，航天集团企业的产业资源和能力十分丰富。然而，传统的模式是按照产品型号进行投资建设，使得制造资源和制造能力往往被封闭在少数单位内为少数型号所用，导致制造资源和制造能力运转忙闲不均，制造资源和制造能力共享敏捷度不够，制造资源和制造能力协同效率不高。鉴于此，笔者团队参与的航天集团企业云制造系统，对航天产业的资源和能力进行了整合和共享。

　　目前，航天集团企业云制造系统整合了分散在各主体单位中的共 100 万亿次的高性能计算资源（以峰值计算能力计）、320TB 的存储资源；10 多种、300 套机械、电子、控制等多学科大型设计分析软件及其许可证资源；总装联调厂等 3 个厂所的高端数控加工设备及企业单元制造系统；航天复杂产品制造过程各阶段的专业能力（如多学科虚拟样机设计优化能力，多专业、系统和体系仿真分析能力，高端半实物仿真试验能力等）。

　　针对集团企业内部高效协作的需求，集团企业云制造平台提供研发、采购、生产、营销、服务等的高效协同服务，以提高集团企业资源和能力的利用率，提高企业各部门、企业单元的协同效率，提升企业整体竞争能力和创新能力。

1. 协同研发

　　当前，笔者团队已经将协同研发模式在北京某大型汽车研发企业成功实施应用。该汽车研发企业是我国专业的汽车整车设计研发机构，具有以造型设计、工程设计和样车试制试验 3 大设计中心为主体的完整的汽车技术自主研发体系，并具备同时开发 4 个整车项目的能力，每年可承担 10～12 个开发项目。

　　汽车是复杂的机电液控耦合系统，汽车研发是一个非常复杂的系统工程，涉及 2 000～3 000 个核心零部件，动力、底盘等系统零部件可达 500 个以上。传统模式下，要进行一款汽车整车设计需要组建新的设计团队，进行新的研发环境配置，需要统一设计场地、统一管理，设计模型汇总后要进行集中校验，同时还需要与分布在全国各地的协作单位进行现场沟通、签署模型文件，研发成本高、周期长，资源利用率低。

该项目打造的协同研发系统主要实现（见图 14.24）：①利用系统标准化，规范了企业研发工具、研发环境及研发流程。②支持在线异地协同设计，实现设计流程串行到并行的转变。③改革传统研发模式，摒弃集中开发和集成，将非核心设计工作众包给社会化企业和个人，实现社会化研发。快速构建设计原型，利用虚拟样机快速设计原型，利用 3D 打印快速打造原型。

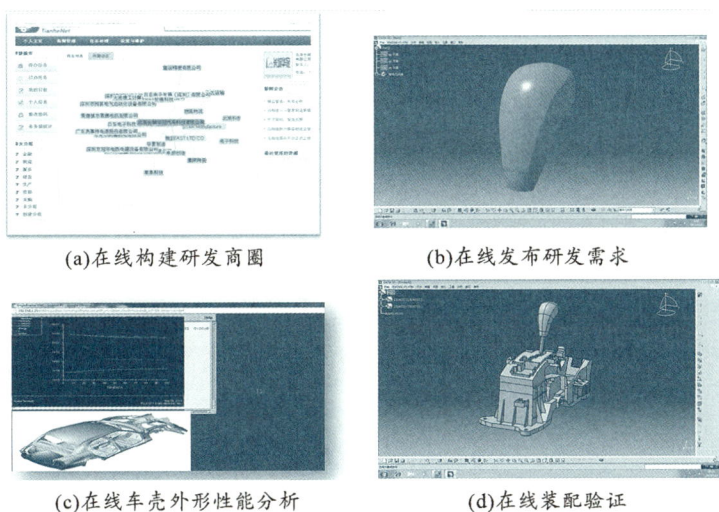

(a)在线构建研发商圈　　　　　(b)在线发布研发需求

(c)在线车壳外形性能分析　　　　(d)在线装配验证

图 14.24　协同研发应用效果

2. 协同采购

目前，协同采购已经在轻工纺织行业得到了成功应用，形成了行业应用案例。纺织行业采购业务具有物料采购零库存、种类繁杂、采购时效性高的特点，棉花等原材料采购市场价格波动大，采购时效性要求高；纺织机械配件种类繁多，采购员工作量大；同时办公用品等物料零库存的要求使得单次采购量小、采购频度高；此外缺乏有效的管控及流程规范使得新物料采购准确率低。这些都使得纺织企业采购业务工作量大，采购管控难，采购成本居高不下。

该项目建设的协同采购系统主要实现（见图 14.25）：①业务全程跟踪，

整体管控。业务员通过平台能够对采购业务的状态信息进行查询监控；物流部长、采购科长能够对所有采购员的订单情况进行监控、跟踪；公司高层可以按需对整体采购情况进行管理和监督。②健全和规范业务过程，促进公司业务标准化、规范化。平台按照实际采购业务需求定制标准化的采购流程和表单，保证每一笔订单按照规范准确、高效下达。③有效管控供应渠道。通过提升行业聚集度，汇总行业动态信息，敏捷反映市场需求（商机分析），按供应商、物品型号等关键信息自动分析物料价格走势（报价统计），协助优选合格供应商，实现供应渠道优化。④为公司业务的精细化管理、考核提供依据。系统对采购业务的采购订单、比价议价等关键信息和环节进行全程记录，并提供这些信息的统计分析，为进一步开展采购业务的精细化管理和考核提供数据支撑。

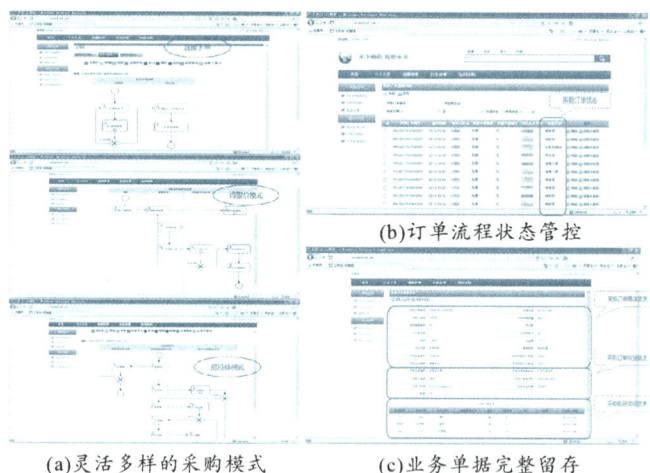

(a)灵活多样的采购模式   (b)订单流程状态管控   (c)业务单据完整留存

图14.25   协同采购应用效果

3. 协同生产

目前，最有代表性的协同生产应用案例是航天集团企业云生产系统。某航天集团企业现有生产格局包括3大区域、多条大型数字化生产线、数百家配套协作单位。航天复杂产品的生产具有多品种、小批量、变批次、研制和批产混线等特点。特别是研制型号、技术状态变更较多，工艺过程、能力需求具有不确定性，再加上由于生产工艺复杂、工艺链条较长，对众多品类统筹进行生产策划的时候往往不是很准确，因此，生产系统难以发挥最大的产能。所以，优化内部资源及外部能力的工艺分工、提高生产进度和质量的管控要求是打造云生产系统的目的。

该项目打造的云生产系统主要实现（见图14.26）：①基于三维模型的结构设计、工艺设计、工艺分析，支持模型共享、信息传递、版本管理以及基线控制。②基于知识库的工艺链条管理，支持快速搜索、智能匹配制造资源和制造能力。③从可制造及有限资源和能力约束的角度自动进行多任务规划、仿真分析，确保产能平衡及计划准确性。④支持通过云生产系统门户在线下单，支持对每一笔订单的生产状态（数量、工序完成比例和质量）实施可视化跟踪监控。

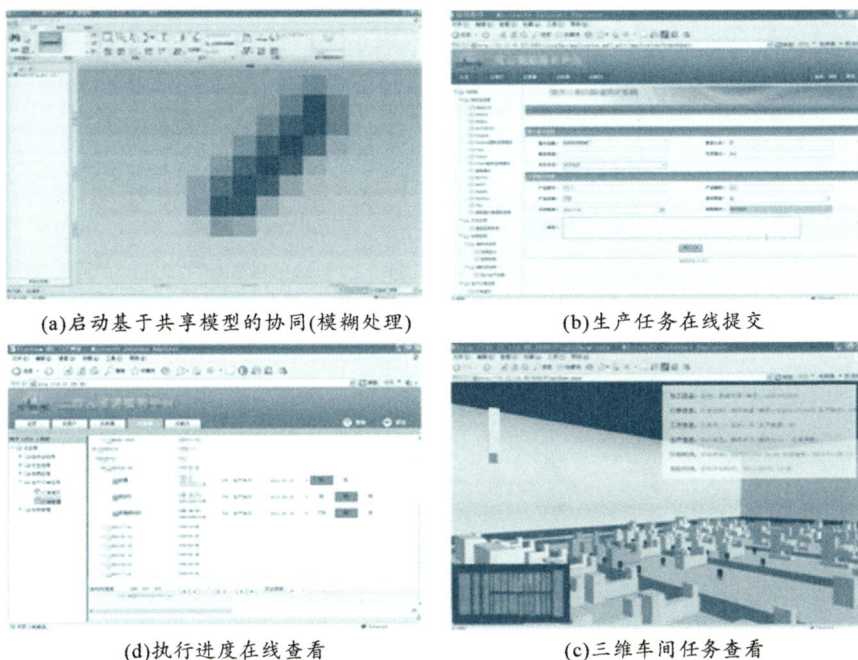

(a)启动基于共享模型的协同(模糊处理)

(b)生产任务在线提交

(d)执行进度在线查看

(c)三维车间任务查看

图14.26　协同生产应用效果

4. 协同营销

笔者团队在家电行业实施了一个比较有代表性的协同营销案例。在该案例中，某家电企业是国家火炬计划重点高新技术企业、国内燃气具及相关配套厨卫电器产品专业制造龙头企业，年产燃气具、厨卫电器1 500万台。该企业在营销环节的渠道包括商超、百货、家电专卖、建材橱柜、电商、海外等，拥有一级经销商近300家，零售网点约2万个，安装服务网点6 000多个。繁多而庞大的渠道导致的结果是难以及时准确地获取终端信息，难以清晰全面地掌握货物流向，因此，亟须对销售服务全过程、产品全生命周期进行监控。

该项目打造的云营销系统主要实现（见图14.27）：①企业内部的精细

化管理（由企业内部的 ERP 实现）向企业外部的营销渠道延伸，支持总部对联营公司与经销商，零售网点、安装网点与维修网点，导购员、安装工与维修工的多级扁平化管理。②销售、安装、服务环节的一体化，支持基于产品条码的全生命周期跟踪、监控，优化信息流、物流、资金流。③基于大数据的商业智能，掌控订单、价格、费用、渠道、产品、库存、推广等信息，支持开展精准营销和预测。

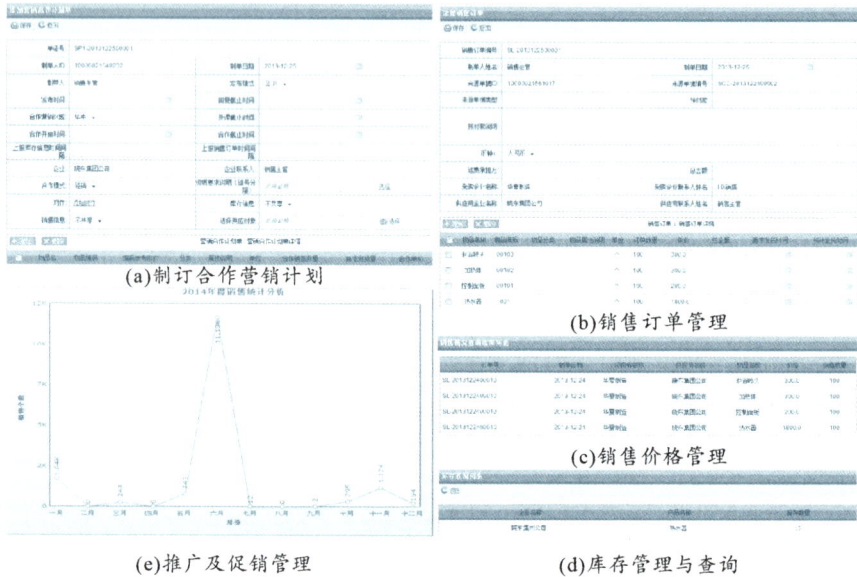

(a)制订合作营销计划

(b)销售订单管理

(c)销售价格管理

(e)推广及促销管理

(d)库存管理与查询

图 14.27　协同营销应用效果

5. 协同服务

目前，笔者团队实施的最复杂的协同服务应用案例是航天集团企业的售后服务，所以服务体系分布广泛，在全国范围内有数十个大中型后勤仓库、数百个后勤保障服务站，服务层级涵盖军区级、旅团级、营连级多个层次；服务方式种类众多，包括重大任务保障、返厂大修、上门维修、定期巡检、远程技术支援等。加之，航天复杂产品的型号众多、组成复杂，通常需要调动多个配套企业联合保障，对备品备件的预估调配、维修任务的统计分析等也有很高的要求。

该项目打造的云服务系统主要实现（见图 14.28）：①标准化广域范围内的售后服务体系，支持分级精细化、可视化管理（驾驶舱）。②基于 SBOM 的产品履历管控与技术状态跟踪，支持多供应商协同服务（上门维修、重大任务保障等）。③远程服务的电子化、可视化（交互式电子手册、视频系统、培训系统），支持远程诊断及技术支援。④基于 RFID 的备品备件监控管理，支持智能决策（备件生产计划决策、库存优化决策）。

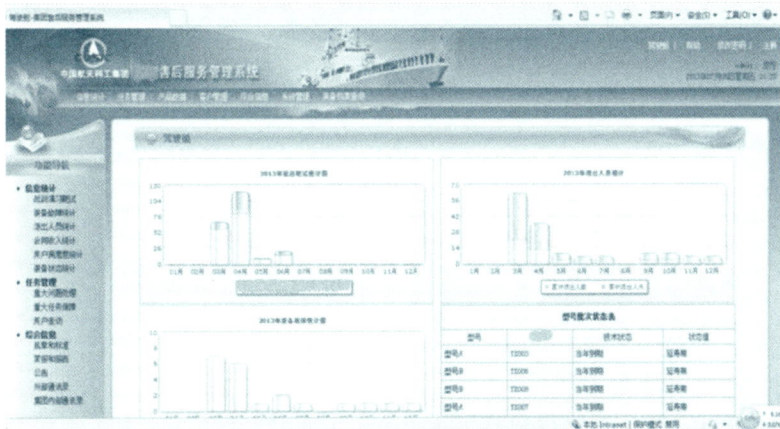

(a)进入售后服务驾驶舱了解任务情况

(b)查看装备履历及技术状态信息

(c)维护和查看电子维修手册

图 14.28　协同服务应用效果

在实际共享的过程中，航天集团企业云制造系统提供了 3 种应用模式，这 3 种应用模式同时也是产业链业务协作的基础之一（见图 14.29）。

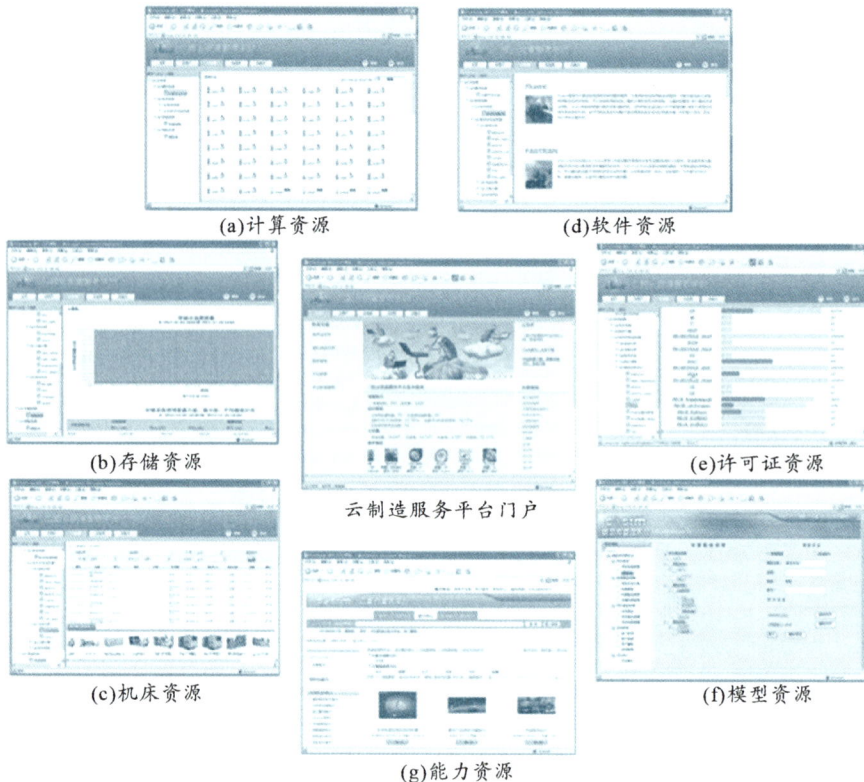

(a)计算资源   (d)软件资源

(b)存储资源

云制造服务平台门户

(e)许可证资源

(c)机床资源

(f)模型资源

(g)能力资源

图14.29　航天集团企业云制造系统的资源和能力

（1）批作业应用模式。支持多主体用户以可批处理的作业文件形式提交各自的计算密集型的分析任务（如航天复杂产品气动、热等场分析）或者生产订单类任务。云制造系统可以帮助用户找到合适的制造资源和能力来处理任务，让用户享受到制造资源和能力聚集所带来的效率的成倍提升；如果当前待处理的任务过多时，云制造系统还可以根据优先级安排任务在队列中等待，让用户解放出来去做其他工作。用户可以实时查看任务的当前状态、查看任务被处理的过程并取回任务被处理完的结果（见图14.30）。

（2）虚拟交互应用模式。支持多主体用户向云制造系统提交对制造资源和能力的使用需求或者对个性化制造资源和能力环境的定制需求，以敏捷获得和操作云端的环境来完成制造任务（如结构设计、工艺设计，甚至半实物仿真试验等）。云制造系统可以自动帮助用户创建虚拟化的制造资源和能力环境，并将操作界面推送到用户的桌面。用户不需要知道制造资源和能力环境的具体位置，也不需要知道制造资源和能力环境的维护方法，从而将精力集中到自己擅长的业务领域（见图14.31）。

(a)选择批作业服务

(b)提交作业文件和
运行环境需求

(c)查看作业执行过程

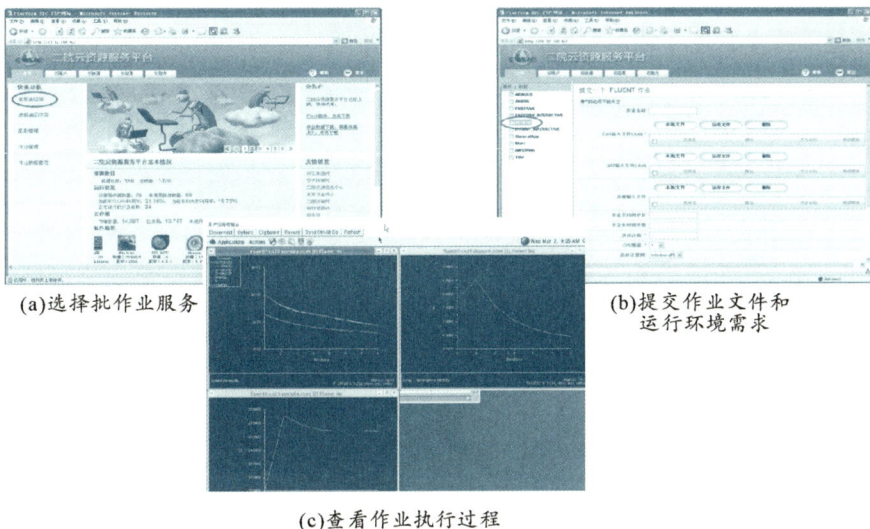

图14.30 批作业应用效果

(a)选择虚拟交互服务

(b)提交运行环境需求

(c)运行环境构建

(d)通过虚拟交互执行制造任务

图14.31 虚拟交互应用效果

（3）协同互操作应用模式。支持多主体用户基于不同的制造资源和能力共同创建并协同完成制造任务（如多学科虚拟样机设计优化、半实物仿真试验等）。云制造系统可以自动帮助用户创建时空一致的协同环境，在广域分布环境（或者部分的高性能集群环境）自动执行并发互操作或业务流程流转，动态查找、调用、同步相应的制造资源和能力完成某些子任务。多主体用户可以实时查看任务的当前状态，根据提示参与协同过程，并通过三维可视化等方式跟踪云端协同制造的中间结果（见图 14.32）。

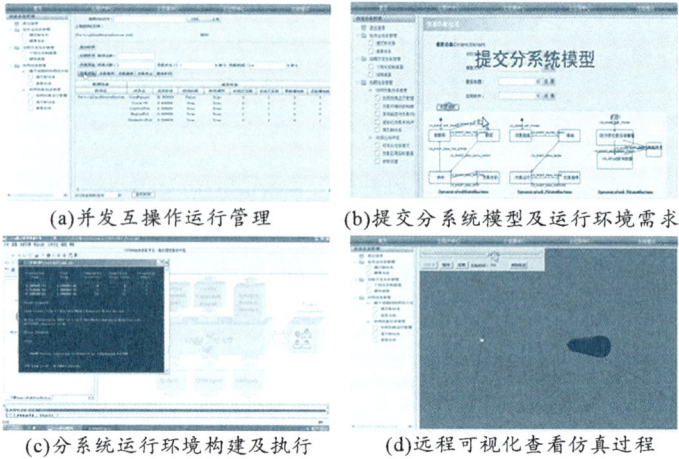

(a)并发互操作运行管理

(b)提交分系统模型及运行环境需求

(c)分系统运行环境构建及执行

(d)远程可视化查看仿真过程

图 14.32　协同互操作应用效果

从应用效果上来看，云制造系统显著提升了航天复杂产品研制的 T（开发时间）、Q（质量）、C（成本）、S（服务），特别是明显提升了某航天复杂产品气动设计的进度，由原来的一月一轮缩短为一周一轮气动方案；有效支撑虚拟样机对某航天复杂产品飞行过程中关键的 x.x 秒环节的性能验证；使集团企业范围内制造资源和制造能力的平均利用率提高了 5% 以上（经过第三方评测机构的证明）。

（二）中小企业群云制造系统案例

自 2010 年以来，笔者所在团队的数百名同事在我国 863 计划及智慧城市建设等项目的支持下，已经在航天复杂产品、轨道交通装备和以中小企业为主的产业链、产业集群等方面开展了应用示范。当前，云制造在国内外已经产生了一定的影响力。特别是在国内，云制造吸引了各地工业城市决策部门的目光，政府部门一把手、分管工业市领导、经信部门领导纷纷来访、参观考察，希望将云制造作为转变地方产业经济发展方式的抓手。

顺应地方产业经济转型升级的需求，本团队移植航天集团企业云制造基础支撑平台，整合"国家队"资源、高端制造能力，打造了商业化的云制造系统"天智网"（见图 14.33），在"政府引导、社会参与、市场化运作"的模式下提供开放服务。目前，本团队已经在北京、武汉、佛山、襄阳、孝感、无锡、宁波等地分别启动了规划和实施工作。"天智网"也已服务超过 2 500

家企业用户，涉及汽车及零配件、装备制造、家电、电子、生物医药、化工、纺织等产业。

图 14.33 "天智网"首页

"天智网"提供了面向产业链与产业集群的公共服务平台，是一种全新的云端产业生态环境，可协助地方产业经济突破在资源环境上的束缚，支持：

（1）产业资源与能力整合共享。针对企业信息化水平提升的需求，整合并提供软硬制造资源、制造能力、产业配套服务，以盘活存量社会资源，降低产业整体发展成本。

（2）产业链业务协作。针对企业间高效协作的需求，提供研发、采购、生产、营销、服务等的协同服务，以加强全产业链管控，提升产业链辐射带动能力及区域整体竞争能力。

（3）产业对接、交易。针对企业社交及商机发掘的需求，提供商圈构建、商机对接，开展服务型制造、社会化制造，以获取高端服务，弥补本地产业链短板，敏捷响应市场，改善 T、Q、C、S、E（环境清洁）、K（知识含量）。

"天智网"致力于打通产业链，优化价值链，构建云制造产业联盟。未来制造业的竞争将不再是单个企业之间的竞争，而是产业链之间的竞争，产业链的质量、整合水平和优化能力将是制胜的关键。

在地方产业经济中，大众消费品的制造企业往往只是产业链条的一环，企业需要依靠层层的分销服务渠道向广大用户提供产品和服务。在大部分传统企业面临互联网转型的今天，"天智网"可帮助传统制造企业以客户为中心，以信息透明为方向，实现渠道扁平化管理、资源的社会化利用，使销售、服务甚至研发、生产更加一体化，支持用户体验线上线下相结合、现实虚拟相结合；支持从售出到全程服务、从服务到再次售出；支持基于大数据开展精准营销、动态预测并逐步实现个性化定制（见图14.34）。

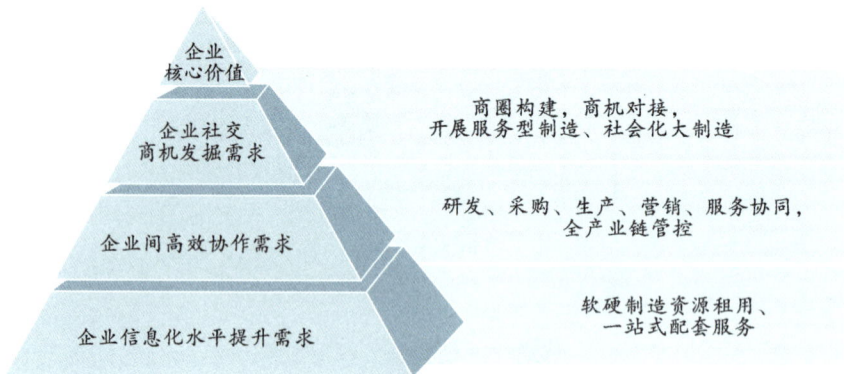

图14.34 "天智网"应用价值

针对地方产业经济提升创新能力、提高产品附加值、加快转型升级的需求，"天智网"可协助进行产业对接、交易，通过引进、整合高端的制造资源和制造能力，通过发布产业链各环节商机来将产业需求公开发布（一个采购商机的例子见图14.35），以线上线下相结合的方式开展产业配套，支持本地企业开展关键技术攻关、快速原型开发、产品试验检测等。

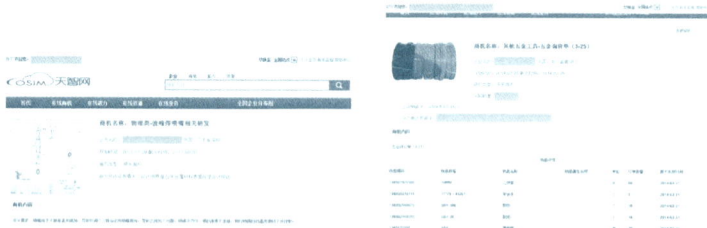

图14.35 "天智网"商机、能力示意图

目前，"天智网"采用推-拉式的登云策略。一方面，通过政府引导地方龙头企业推动上下游数百家配套企业登云，将其线下业务搬到线上，提高协作效率；另一方面，通过高层推动2 000家航天军民融合企业登云，中电集团等国内优势央企、科研院所登云，吸引地方广大企业上线社交，提升制造水平。

航天产业具有"一主两翼"的格局，"一主"是指航天防务业务，"两翼"是指装备制造和信息技术业务。多年的独立自主发展，使得航天产业具有相对完整的学科专业和制造工艺；多年的奋起追赶、超越，使得航天产业具有相对高端的制造"基因"。通过产业对接、交易，可为地方企业的产品和服务注入航天的技术和元素，提升市场竞争力和品牌形象（见图14.36）。

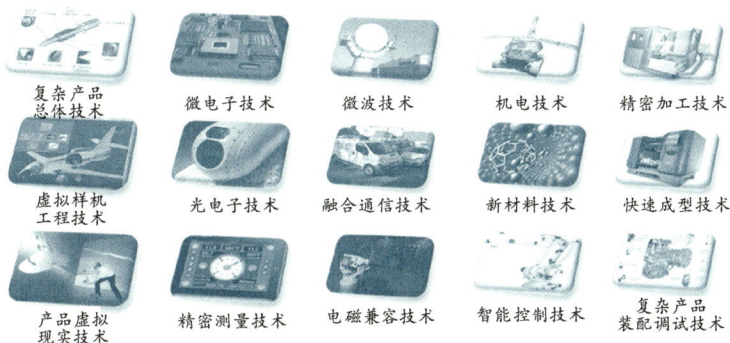

图 14.36　航天制造能力示意图

五、云制造系统发展

（一）云制造使云计算在制造领域落地与拓展

云制造是在云计算提供的 IaaS（基础设施即服务）、PaaS（平台即服务）、SaaS（软件即服务）基础上的延伸和发展，它丰富、拓展了云计算的资源共享内容、服务模式和技术。图 14.37 展示了云制造的服务模式、内容与技术基础。

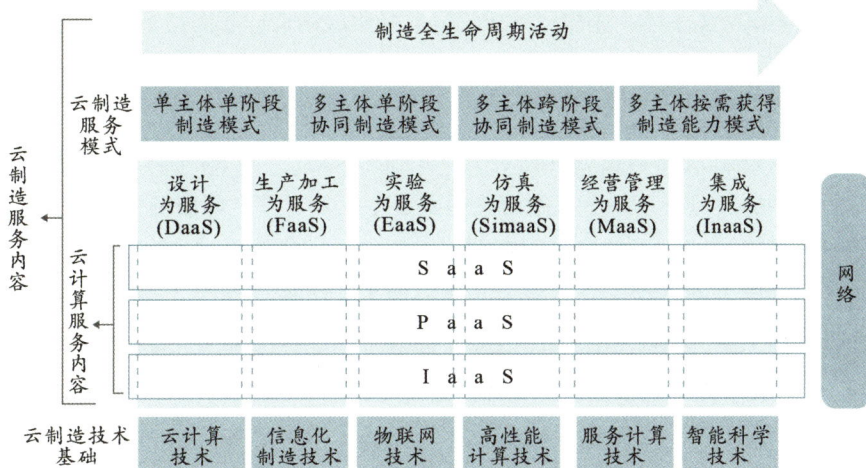

图 14.37　制造的服务模式、内容与技术基础

1. 在资源共享的内容方面的拓展

如图 14.38 所示，云计算共享的资源类型主要为计算资源（如存储、运算器、软件、数据等），云制造共享的资源类型除计算资源外，还要加上其他制造资源和制造能力，包括硬制造资源（如机床、加工中心、计算设备、

仿真设备、试验设备等各类制造硬设备）、软制造资源（如制造过程中的各种模型、数据、软件、信息、知识等）、制造能力（如制造过程中有关的论证、设计、生产、实验、管理、集成等能力）。

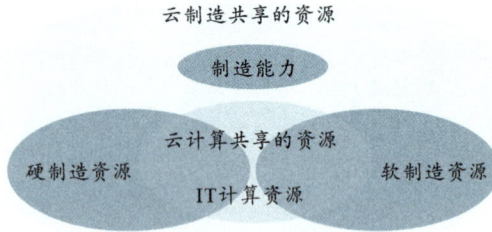

图 14.38　云制造与云计算在资源共享内容方面的比较

2.　在服务的内容与模式方面的拓展

云计算主要提供用户网上提交作业（单项、批处理）与操作计算资源的服务，云制造主要提供用户网上提交任务，以及交互、协同和全生命周期制造服务，包括 4 种服务模式：①支持单主体（单用户）完成某阶段（如设计）制造；②支持多主体（多用户）协同完成某阶段制造；③支持多主体（多用户）协同完成跨阶段（如跨设计与生产）制造；④支持多主体（多用户）按需获得制造能力。

云制造与云计算在服务内容方面的比较如图 14.37 所示。首先，云计算所提供的 3 类服务——基础设施即服务（IaaS）、平台即服务（PaaS）、软件即服务（SaaS），同样也涵盖在云制造的服务体系中，并与制造全生命周期各环节服务相互交叉。在设计、生产加工、实验、仿真、经营管理等各个服务环节中，当需要计算设备基础设施时，能够提供诸如高性能计算集群、大规模存储等 IaaS 类服务；当需要特定计算平台的支持时，能够提供诸如定制操作系统、中间件平台等 PaaS 类服务；当需要各类专业软件工具辅助制造过程时，能够提供诸如 SaaS 类服务。更为重要的是，云制造中除了包括 IaaS、PaaS、SaaS 外，更加重视和强调制造全生命周期中所需的其他服务，如论证为服务（Argumentation as a Service，AaaS）、设计为服务（Design as a Service，DaaS）、生产加工为服务（Fabrication as a Service，FaaS）、实验为服务（Experiment as a Service，EaaS）、仿真为服务（Simulation as a Service，SimaaS）、经营管理为服务（Management as a Service，MaaS）、集成为服务（Integration as a Service，InaaS）等。

3. 在技术方面的拓展

为了实现云制造的资源共享和服务模式，云制造融合了云计算、物联网、高性能计算、服务计算、智能科学等信息技术与信息化制造（信息化设计、生产加工、试验、仿真、经营管理、集成）等多种新兴技术。云计算技术为制造所需的各类信息的智能处理和决策提供了使能服务与新制造模式；物联网技术为制造领域中各类物与物之间的互联和实现制造智慧化提供了使能技术；高性能计算技术为求解复杂制造问题和开展大规模协同制造提供了使能技术；面向服务的技术为快速构造虚拟化制造服务环境提供了使能技术；智能科学技术为制造资源和能力的智能化提供了使能技术；信息化制造技术是云制造的基础技术。

（二）云制造是智能制造的一种模式与手段

云制造将知识及智能科学技术渗入制造各环节、各层面，推动两个维度的全生命周期智能化发展：

一是支持制造全生命周期活动的智能化。包括智能化的论证、设计、生产加工、试验、仿真、经营管理、集成、维修、保障等活动。

二是支持制造资源和能力服务全生命周期活动的智能化。包括云服务智能搜索、匹配与动态组合技术，服务的敏捷化和智能化，以及高效智能云服务调度与优化配置。协同服务之间互操作的实现不仅建立在词法层面，而且基于协同服务之间的语义理解实现更深层次的智能协同。

智能化云制造将推动支持制造全生命周期智能化的智能产业发展，包括提供产品、工程和服务。

（三）云制造技术的发展

1. 技术与应用

云制造是一项战略性的系统工程，它的发展将是一个长期的、可持续的渐进过程，需要采取"需求驱动、技术主导，政策先行、示范推广"的发展模式，需要"政、产、学、研"的共同努力。云制造技术应是螺旋式良性循环发展，其发展方针是"需求牵引、技术融合、自主创新、应用见效"，其发展路线应该"以服务模式牵引云制造系统开发，以云制造系统带动云制造技术突破，以云制造新技术促进云制造系统新发展，而云制造新系统又进一步用于新的服务模式"，从而成为一个良性可持续循环发展的新型制造业生态系统。

要围绕转变经济增长方式、增强企业市场竞争能力的目标，走良性循环发展的路线：从增强企业市场竞争能力的应用需求出发，由需求驱动来建立系统，通过系统建设带动技术与产品研发，技术与产品的发展进一步促进系统的改进完善，系统进一步推动新的应用，周而复始。

云制造的应用目标是促使制造企业向"产品"加"服务"为主导的"集成化、协同化、敏捷化、绿色化、服务化、智能化"的新经济增长方式发展，进而加快我国制造业实现"敏捷制造、绿色制造、服务型制造、智能制造"。

2. 云制造落地

当前我国的云制造技术与应用发展应围绕建立和运营"私有云制造服务中心"及"公有云制造服务中心"为重点开展相关工作。

"公有云"基于互联网构成。"公有云"强调企业间制造资源和制造能力的整合，提高整个社会制造资源和制造能力的利用率，实现制造资源和能力交易。由云制造服务平台资源提供者向平台提供本企业剩余或空闲的制造资源和能力，并通过云制造平台实现交易，获取一定的利润。云制造服务平台资源使用者可以按需购买和租用平台提供的资源和能力，从事相关的制造活动，通过减少资源购买和提高能力来降低企业成本和提高企业竞争力来获取利润。云制造服务平台运营者向资源服务提供者和使用者提供交易服务，通过收取服务费获取利润。

"私有云"基于企业网构成。私有云的构建与运行者、资源提供者和使用者是集团和集团企业下属相关厂所、研究单位或企业，其主要目的是强调企业内或集团内制造资源和制造能力的整合与服务，优化企业或集团资源和能力利用率，减少资源和能力的重复建设，降低成本，提高竞争力。

3. 云制造服务产业链

云制造服务中心的建设和运营，一方面能够促进制造企业间的交流和协作，提高企业间资源和能力的共享程度，实现智能化的按需使用，降低企业的生产制造成本和业务运营成本，增强企业个体的盈利能力和综合竞争能力；另一方面也将催生一大批为制造企业提供技术服务、设计服务、管理服务、营销服务、维修服务、保障服务、物流服务的服务型企业，形成新型的云制造服务产业链，从而实现我国制造业的"敏捷化、绿色化、服务化、智能化"。随着相关技术的发展，云制造的模式和手段也将随之完善和发展。

4. 专业人才培养

虽然我国在国际上首先提出云制造理念，目前在云制造基础理论研究和关键技术攻关上处于国际领先水平，但云制造理论的深入研究以及云制造技术的产业应用、推广和运营维护等仍急需大批的专业化人才，需要组建引领产业技术前沿、具有国际视野的高层次研究队伍，培养一大批实现云制造技术应用的开发及工程化人才，以及推动产业化的高级管理人才。

.

参考文献
REFERENCES

阿里研究中心. 2011. "沙集模式"调研报告 [R]. [2011-02-22]. http://wenku. baidu.com/link?url=rXnJPIe60sgS4gRcY5pAQmVwzWzJvwZqDlSpTxbQ4b WUUWNs0uPwBvpoitut3qgip-87AodQEngC-E0_pXiIJ2o31jKwWy9s5spS9Ue2DDe.

安德烈亚斯·格布哈特. 2004. 快速原型技术 [M]. 曹志清, 丁玉梅, 宋丽莉, 译. 北京: 化学工业出版社.

白培康. 2009. 选择性激光烧结快速成型技术研究及应用现状 [J]. 航空制造技术, (3): 51-53.

白向荣. 2013. 浅谈 GMP 认证后的药品生产现场管理 [J]. 中国新技术新产品, (24): 157.

柏逢明. 2006. 音频检测技术与仪器 [M]. 北京: 国防工业出版社.

包厚华. 2012. 基于云计算和物联网的供应链库存协同管理和信息共享机制 [D]. 广州: 华南理工大学硕士学位论文.

毕晓静, 肖军华. 2011. 在线分析仪器、技术及其应用 [C]. 中国化学会第六届全国仪器分析及样品预处理学术研讨会.

蔡自兴, 徐光祐. 2010. 人工智能及其应用 [M]. 4 版. 北京: 清华大学出版社.

曹军. 2011. 全球化背景下制造业的发展趋势及我们的对策 [J]. 天津经济, (12): 32-36.

柴天佑. 2003. 流程工业信息化的发展状况及对策 [J]. 中国制造业信息化, 32(5): 30-34.

柴跃廷. 2001. 敏捷供需链管理 [M]. 北京: 清华大学出版社.

陈积明, 林瑞仲, 孙优贤. 2006. 无线传感器网络通信体系研究 [J]. 传感技术学报, 19(4): 1290-1295.

陈君. 2011. 基于云计算的供应链信息协同研究 [J]. 商业时代, (11): 28-29.

陈勤, 范树新, 张维波. 2007. MEMS 传感器的标准化现状与发展对策 [J].

传感器与微系统，26(8)：6-8.

陈星，唐一鸿，王平，王浩. 2013. 传感器网络信息安全国际标准提案介绍 [J]. 信息技术与标准化，(8)：53-55.

陈循介. 2007. 智能化：世界机床技术的发展方向 [J]. 中国工业报，(3)：1.

陈宇，王晋东. 2011. 无线传感网身份认证协议研究 [J]. 技术研究，(12)：46-48.

陈宇. 2013. 智能社会与物联网 [J]. 网络传播，(3)：12-13.

成舸. 2012. 三一重工的新起点 [N]. 中国科学报，2012-07-12.

崔凯. 2012. 基于 CBR 的发动机智能设计的研究 [D]. 山东：山东大学硕士学位论文.

戴凌燕，陈劲. 2003. 产品创新的新范式：用户创新 [J]. 经济管理·新管理，(12)：16-20.

党小云. 2013. 基于多 Agent 的协同供应链管理系统 [D]. 大连：大连海事大学硕士学位论文.

丁露. 2009. IEC/TC65 国际标准化最新动态分析 [J]. 仪器仪表标准化与计量，(6)：12-14.

杜功焕，朱哲民，龚秀芬. 2001. 声学基础 [M]. 南京：南京大学出版社.

杜洪礼，吴隽，俞虹. 2011. 物联网技术在企业供应链管理系统中的应用 [J]. 物流科技，(3)：6-8.

杜品圣. 2014. 智能工厂——德国推进工业 4.0 战略的第一步（下)[J]. 自动化博览，(2)：50-55.

范帅，柴旭东，李潭. 2010. 定性定量故障诊断平台中的知识处理方法 [J]. 计算机集成制造系统，16(10)：2166-2173.

范帅，李伯虎，柴旭东，侯宝存，等. 2011. 复杂系统中定性定量集成建模技术研究 [J]. 系统仿真学报，23(10)：2227-2233.

方宗晓. 2011. 富阳将用五年时间打造"智慧城市" [N]. 富阳日报，2011-07-22.

甘佳，段桂江. 2012. 云制造服务信任评估技术 [J]. 计算机集成制造系统，18(7)：1527-1535.

甘绮翠，等. 2009. 智慧地球赢在中国（IBM 商业价值研究院计划书）[R].

高宏伟. 2012. 计算机双目立体视觉 [M]. 北京：电子工业出版社.

高镜媚. 2013. 传感器及智能化仪器仪表在重点领域的应用概述 [J]. 仪器仪表标准化与计量，(4)：18-21.

高原. 2009. 基于 Petri 网的间歇过程智能监控技术研究 [D]. 北京：北京化工大学硕士学位论文.

高枝荣, 王川, 张育红, 李继文. 2009. 在线色谱分析及其在石化中的应用问题探讨 [J]. 化工自动化及仪表, 36(1): 71-74.

顾佳晨, 刘晓强, 孙彦广, 等. 2003. 流程工业 MES 的现状与发展 [J]. 冶金自动化, 27(4): 9-12.

顾新建, 祁国宁, 唐任仲. 2010. 智慧制造企业——未来工厂的模式 [J]. 航空制造技术, (12): 26-28.

顾新建, 方小卫, 纪杨建, 李晓, 等. 2014. 制造服务创新方法和案例 [M]. 北京：科学出版社.

郭楠, 徐全平. 2009. 传感器网络国际标准化综述 [J]. 信息技术与标准化, (11): 24-26.

何光东. 1998. 交流伺服控制技术研究 [D]. 杭州：浙江大学博士学位论文.

何积丰. 2010. Cyber-Physical Systems [J]. 中国计算机学会通讯, 6(1): 25-29.

何小荣. 2003. 化工过程优化 [M]. 北京：清华大学出版社.

贺东京, 宋晓, 王琪, 徐程. 2011. 基于云服务的复杂产品协同设计方法 [J]. 计算机集成制造系统, 17(3): 533-539.

贺琳. 2009. BMW 在装配线采用 RFID 系统精确定位车辆和工具 [EB/OL]. [2009-08-05]. http://news.rfidworld.com.cn/2009_8/200985119444756.html.

胡安瑞, 张霖, 陶飞, 罗永亮. 2012. 基于知识的云制造资源服务管理 [J]. 同济大学学报 (自然科学版), 40(7): 1093-1101.

胡昌华. 2013. 汽车整车装配智能化技术展望 [R]. 2013 先进制造业大会, 2013-03-30.

胡建峰. 2011. 汽车车身三坐标测量与数据处理的研究 [D]. 长沙：湖南大学硕士学位论文.

黄河, 但斌, 刘飞. 2001. 供应链的研究现状及发展趋势 [J]. 工业工程, (3): 16-20.

黄沈权, 顾新建, 张勇为, 杨青海, 等. 2012. 云制造环境下支持演化的制造云服务元建模 [J]. 计算机集成制造系统, 18(6): 1327-1336.

暨绵浩. 2009. 高精高速伺服驱动技术现状及发展趋势 [J]. 伺服控制, (3): 24.

姜峰. 2012. 1 分钟淘宝卖出 6 万件商品 大数据时代来临 [N]. 人民日报, 2012-12-24.

蒋腾旭. 2007. 智能优化算法概述 [J]. 电脑知识与技术, (4): 507-530.

凯伦·布特纳. 2013. IBM 新十年的新规则——智慧的供应链管理愿景 [EB/OL]. (2013-01-10)[2014-11-15]. http://www.ibm.com/cn/services/bcs/iibv.

柯宗武. 2009. 无线多媒体传感网络 QoS 路由算法研究 [D]. 武汉：武汉理工大学博士学位论文.

李伯虎. 2011. 云制造——制造领域中的云计算 [J]. 中国制造业信息化, (10)：24-26.

李伯虎, 柴旭东, 侯宝存, 李潭, 等. 2009. 一种基于云计算理念的网络化建模与仿真平台——"云仿真平台" [J]. 系统仿真学报, (17)：5292-5299.

李伯虎, 张霖, 柴旭东. 2010a. 云制造概论 [J]. 中兴通讯技术, 16(4)：5-8.

李伯虎, 张霖, 柴旭东. 2010b. 云制造——制造中的云计算 [C]. 第二届中国云计算会议. 北京：中国电子学会.

李伯虎, 张霖, 王时龙, 陶飞, 等. 2010c. 云制造——面向服务的网络化制造新模式 [J]. 计算机集成制造系统, 16(1)：1-7.

李伯虎, 张霖, 任磊, 柴旭东, 等. 2011. 再论云制造 [J]. 计算机集成制造系统, 17(3)：449-457.

李伯虎, 张霖, 任磊, 柴旭东, 等. 2012. 云制造典型特征、关键技术与应用 [J]. 计算机集成制造系统, 18(7)：1345-1356.

李德芳, 索寒生. 2014. 加快智能工厂进程, 促进生态文明建设 [J]. 化工学报, 65(2)：374-380.

李涤尘, 田小永, 王永信, 等. 2012. 增材制造技术的发展 [J]. 电加工与模具, (S1)：20-22.

李国勇. 2009. 过程控制系统 [M]. 北京：电子工业出版社.

李怀学, 巩水利, 孙帆, 等. 2012. 金属零件激光增材制造技术的发展及应用 [J]. 航空制造技术, (20)：26-30.

李建忠, 鱼凤萍. 2007. 汽轮机安全监测系统 (TSI) 应用分析与改进 [J]. 宁夏电力, (4)：47-49.

李鹏波, 胡德文. 2006. 系统辨识基础 [M]. 北京：中国水利水电出版社.

李仁发, 谢勇, 李蕊, 李浪. 2012. 信息—物理融合系统若干关键问题综述 [J]. 计算机研究与发展, 49(6)：1149-1161.

李瑞芳, 刘泉, 徐文君. 2012. 云制造装备资源感知与接入适配技术 [J]. 计算机集成制造系统, 18(7)：1547-1553.

李潭, 李伯虎, 柴旭东, 范帅. 2011. 面向复杂定性系统的知识建模及联合仿真方法研究 [J]. 系统仿真学报, 23(6)：1256-1260.

李潭，李伯虎，柴旭东，燕雪峰. 2011. 复杂产品多学科虚拟样机元建模框架研究 [J]. 计算机集成制造系统，(6): 1178–1186.

李潭，李伯虎，柴旭东. 2012. 面向云仿真的层次化仿真服务描述框架研究 [J]. 计算机集成制造系统，18(9): 2091–2098.

李蔚田，神会存. 2013. 智能物流 [M]. 北京：北京大学出版社.

李小丽，马剑雄，李萍，陈琪，周伟民. 2014. 3D 打印技术及应用趋势 [J]. 自动化仪表，35(1): 1–4.

李孝斌，尹超，龚小容，尹胜. 2012. 机床装备及其加工运行过程云制造服务平台 [J]. 计算机集成制造系统，18(7): 1604–1612.

李应平. 2014. 3D 打印：技术、材料、现状 [J]. 中国材料科技与设备，2014(3): 77–79.

李元，郭丽琴，李伯虎，等. 2009. 一种基于扩展 BOM 的多分辨率建模方法 [C]. 第三届中国导航、制导与控制学术会议: 829–834.

林峰，舒少龙. 2010. 赛博物理系统发展综述 [J]. 同济大学学报（自然科学版），38(6): 1243–1248.

林廷宇，李伯虎，柴旭东，李潭. 2012. 面向云制造的模型自动组合技术研究 [J]. 计算机集成制造系统，18(7): 1379–1386.

刘光伟，万世明，何万飞，等. 2009. 论航空钣金模具数字化设计制造技术的发展 [J]. 航空制造技术，(20): 42–47.

刘海涛. 2009. 光固化三维打印成形材料的研究与应用 [D]. 武汉：华中科技大学博士学位论文.

刘建国. 2008. 混合流水线生产计划与调度问题研究 [D]. 南京：南京航空航天大学博士学位论文.

刘轲. 2013. 基于无线网络的智能视频监控与异常检测 [D]. 成都：电子科技大学硕士学位论文.

刘培，黄玲，石小明，等. 2013. 基于三坐标测量机的白车身质量控制 [J]. 汽车零部件，(5): 39–41.

刘珊. 2012. 电商大数据：淘宝数据王国的构建 [J]. 媒介，(9): 12–13.

刘忠明，李岩. 2013. 化工工艺设施安全联锁装置有效性的评价分析 [J]. 科技致富向导，(27): 259.

卢秉恒，李涤尘. 2013. 增材制造 (3D 打印) 技术发展 [J]. 机械制造与自动化，42(4): 1–4.

陆超. 2006. 工业现场总线与以太网接口技术和通讯协议的研究 [D]. 无锡：

江南大学硕士学位论文.

路甬祥. 2012. 走向绿色和智能制造——中国制造发展之路 [J]. 中国机械工程, 21(4)：379-399.

罗坤明, 黄道平, 朱学峰, 等. 2005. 蒸馏装置智能监控与事故预报系统 [J]. 控制工程, (S2)：138.

罗强, 刘德荣. 2014. 3D 打印技术在矫形外科的应用 [J]. 中国修复重建外科杂志, 28(3)：268-271.

罗文. 2014. 德国工业 4.0 战略对我国推进工业转型升级的启示 [EB/OL]. [2014-08-07]. http://cyyw.cena.com.cn/2014-07/30/content_235467.htm.

罗永亮, 张霖, 陶飞, 张雪松, 等. 2012. 云制造模式下制造能力建模关键技术 [J]. 计算机集成制造系统, 18(7)：1357-1367.

吕红伟. 2007. 面向供应链管理的数据挖掘应用研究 [D]. 北京：北京交通大学硕士学位论文.

马丽. 2013. 物联网在供应链管理中的应用及发展趋势研究 [J]. 现代营销, (6)：38-40.

米克朗公司. 2007. 铣削技术领域的革命——智能加工 [J]. 电气制造, (7)：82-84.

[美] 尼古拉斯·卡尔. 2008. IT 不再重要：互联网大转换的制高点——云计算 [M]. 闫鲜宁, 译. 北京：中信出版社.

牛少彰. 2004. 信息安全概论 [M]. 北京：北京邮电大学出版社.

潘金秋. 2012. 无线传感器网络密钥管理研究 [D]. 济南：山东财经大学硕士学位论文.

胖永新, 何伟明. 2009. 旋转机械振动信号处理的发展及现状 [J]. 水电站机电技术, (6)：51-54.

彭坤, 季筱燕, 王雷雷. 2011. SPC 技术在南通宝钢炼铁生产中的应用 [J]. 天津冶金, (5)：3-6.

祁国宁, 顾新建, 谭建荣. 2003. 大批量定制技术及其应用 [M]. 北京：机械工业出版社.

钱积新, 赵均, 徐祖华, 等. 2007. 预测控制 [M]. 北京：化学工业出版社.

钱夕元, 荆建芬, 侯旭暹. 2004. 统计过程控制 (SPC) 及其应用研究 [J]. 计算机工程, (19)：144.

仇保兴. 2011. 重建城市微循环——一个即将发生的大趋势 [J]. 城市发展研究, 18(5)：1-13.

任丰原，黄海宁，林闯. 2003. 无线传感网络 [J]. 软件学报，14(7): 1282–1291.

任磊，张霖，张雅彬，陶飞，等. 2011. 云制造资源虚拟化研究 [J]. 计算机集成制造系统，17(3): 511–518.

任午令. 2003. 电子商务环境下供应链管理集成平台及其关键技术研究 [D]. 杭州：浙江大学博士学位论文.

[美] 桑德拉·阿莫特，王声宏. 2009. 大脑开窍手册 [M]. 北京：中信出版社.

单以才，李一民，刘世豪，等. 2009. 智能机床的研究现状与发展趋势 [J]. 工具技术，(9): 4.

邵贵平. 2006. 智能供应链管理 [J]. 中国储运，(2): 4–6.

邵蕊. 2013. 少人化、无人化、智能化小巨人进入新里程 [J]. 现代零部件，(9): 30–32.

申争光. 2013. 自确认多功能传感器的关键技术研究 [D]. 哈尔滨：哈尔滨工业大学博士学位论文.

石小燕. 2011. 华为云手机提供三大云服务业务 [N]. 科技日报，2011-08-10.

苏生荣. 2009. 我国机械制造业现状与发展前景 [J]. 中国科技信息，(15): 155–156.

司凯. 2012. 基于低碳经济的我国机械制造业发展战略研究 [J]. 国土与自然资源研究，(2): 17–18.

宋刚，张楠. 2009. 创新 2.0：知识社会环境下的创新民主化 [J]. 中国软科学，(10): 60–66.

孙名佳. 2012. 数控机床智能化技术研究 [J]. 世界制造技术与装备市场，(4): 75–76.

孙明科. 2009. 企业电动机的监测与故障诊断 [J]. 化学工业与工程技术，30(1): 54–57.

孙鑫. 2006. 供应链协调与调度问题研究 [D]. 天津：南开大学博士学位论文.

谭建荣，顾新建，祁国宁，徐福缘. 2008. 制造企业知识工程理论、方法与工具 [M]. 北京：科学出版社.

唐任仲，白翱，顾新建. 2011. U–制造：基于U–计算的智能制造 [J]. 机电工程，28(1): 6–10.

唐在峰. 1998. 紫外光固化技术浅淡 [J]. 印刷世界，(1): 21–22.

唐震，李伯虎，柴旭东，等. 2008. 普适化仿真网格研究 [J]. 计算机集成制造系统，14(7): 1313–1321.

唐震，李伯虎，柴旭东. 2008. 上下文感知在普适化仿真网格中的应用 [J].

计算机集成制造系统，14(8)：1550–1558.

唐震，李伯虎，柴旭东，宋长峰. 2009. 普适化仿真网格中仿真服务迁移技术的研究 [J]. 系统仿真学报，(12)：3631–3636.

陶飞，张霖，郭华，罗永亮，等. 2011. 云制造特征及云服务组合关键问题研究 [J]. 计算机集成制造系统，17(3)：477–486.

田俊峰. 2005. 不确定性条件下供应链管理优化模型及算法研究 [D]. 成都：西南交通大学博士学位论文.

童明荣. 2010. "智慧城市"建设：制造业企业转型升级的新机遇 [J]. 宁波经济（三江论坛），(11)：15–17, 21.

王洪波. 2013. 物联网信息融合技术及存在的问题研究 [J]. 计算机应用研究，(8)：2252–2258.

王华，郭梅. 2013. 从传统工厂到数字化、智能化工厂 [J]. 电子世界，(20)：205–206.

王冀. 2004. 沃尔沃抛出"全金程"物流方案 [N]. 中国汽车报，2004–12–06.

王琳. 2007. 宜居城市理论与影响因素研究 [D]. 杭州：浙江大学硕士学位论文.

王楠. 2012. 基于实时状态信息的混流装配生产优化与仿真技术研究 [D]. 武汉：华中科技大学博士学位论文.

王祁，赵树延，宋凯. 2011. 多功能自确认传感器 [J]. 传感技术学报，24(4)：527–531.

王淑华. 2011. MEMS 传感器现状及应用 [J]. 微电子技术，(8)：516–521.

王伟，李俊峰. 2012. 从波音航天工具研发看"数字化"制造 [C]. 中国航天科技集团公司 2011 数字化制造论坛论文集，2012–10–31.

王喜文. 2010.《数字英国》：力图打造世界"数字之都" [J]. 信息化建设，(12)：47–48.

王秀丽. 2010. 安全联锁系统在二硫化碳化工装置中的应用 [J]. 辽宁化工，(4)：441.

王学军. 2005. 小巨人智能网络化数字工厂的建设之路 [J]. 航空制造技术，(4)：58–61.

王彦桂，陈宇. 2010. 基于 GMP 的制药企业 MES 系统设计及研究 [J]. 机电工程技术，39(8)：23–25.

王耀南，余群明. 2000. 智能数控系统技术进展 [J]. 电气时代，(6)：7.

韦文思. 2009. 基于工业以太环网的人员定位系统的设计 [J]. 工矿自动化，(6)：78.

维克托·迈尔–舍尔维恩，肯尼斯·库克耶. 2013. 大数据时代[M]. 杭州：浙江人民出版社.

魏峰，王宗彦，吴淑芳，等. 2010. 基于实例推理的机械产品智能设计平台[J]. 机械设计与制造，(11)：253-255.

魏杰. 2008. 面向工业应用的无线传感网络系统实现[D]. 成都：电子科技大学硕士学位论文.

魏源迁，徐金相，章宗城. 1995. 智能制造技术及系统[J]. 中国机械工程，(6)：14-16.

文浩，林闯，任丰原，周嘉，曾荣飞. 2009. 无线传感网络的QoS体系结构[J]. 计算机学报，32(3)：432-440.

闻超. 2009. 基于ERP与APS集成模型的协同供应链计划研究[D]. 成都：电子科技大学硕士学位论文.

吴澄，等. 2013. 信息化与工业化融合战略研究——中国工业信息化的回顾、现状及发展预见[M]. 北京：科学出版社.

吴晓晓，石胜友，侯俊杰，杨海成. 2012. 航天云制造服务应用模式研究[J]. 计算机集成制造系统，18(7)：1595-1603.

席裕庚. 1993. 预测控制[M]. 北京：国防工业出版社.

席裕庚，李德伟，林妹，等. 2013. 模型预测控制——现状与挑战[J]. 自动化学报，39(3)：222-236.

夏茂森. 2013. 流程工业智能工厂建设技术的研究[J]. 信息技术与信息化，(6)：46-52.

肖人彬，陶振武，刘勇. 2006. 智能设计原理与技术[M]. 北京：科学出版社.

肖莹莹，柴旭东，李伯虎，王秋生. 2012. 混合蛙跳算法的收敛性分析及其改进[J]. 华中科技大学学报(自然科学版)，40(7)：15-18.

信息产业部经运司. 2010. 2010年电子工业统计资料汇编[R].

信息产业部经运司. 2010. 电子工业10年经济与发展2000—2010[R].

胥军，李金，湛志勇. 2011. 智能物流系统的相关理论及技术与应用研究[J]. 科技创新与生产力，(4)：13-18.

徐剑晖. 2009. 基于复杂适应系统的供应链库存控制及仿真模型[D]. 武汉：华中科技大学硕士学位论文.

徐敬波，赵玉龙，蒋庄德，等. 2007. 一种集成三轴加速度、压力、温度的硅微传感器[J]. 仪器仪表学报，28(8)：1393-1398.

徐开先，徐秋玲，刘沁. 2013. 传感器产业现状和产业结构思考[J]. 仪表技

术与传感器，(9): 1–5.

徐全平, 张晖. 2009. 无线传感器网络标准化综述 [J]. 信息技术与标准化, (3): 4–7.

徐烨檬. 2012. 顺德成国家首个智能制造试点 [N]. 南方日报, 2012–02–20.

鄢萍, 阎春平, 刘飞, 等. 2013. 智能机床发展现状与技术体系框架 [J]. 机械工程学报, 49(21): 2–5.

杨晨, 李伯虎, 柴旭东, 张法广, 等. 2012. 面向云制造的云仿真支撑框架及应用过程模型 [J]. 计算机集成制造系统, 18(7): 1444–1452.

杨海成, 祁国宁. 2003. 制造业信息化工程: 背景、内容与案例 [M]. 北京: 机械工业出版社.

杨海成. 2010. 云制造是一种制造服务 [J]. 中国制造业信息化, (6): 22–23.

杨帅. 2012. 数控滚齿智能编程系统及其热误差补偿技术的研究 [D]. 重庆: 重庆大学硕士学位论文.

杨文位. 2008. 我国机械制造业的发展策略 [J]. 农业科技与装备, (4): 96–97.

叶鹏. 2013. C 市天然气公司生产安全预警信息系统方案设计 [D]. 长春: 吉林大学硕士学位论文.

易平, 吴越, 邹福泰, 李建华. 2009. 无线自组织网络和对等网络原理与安全 [M]. 北京: 清华大学出版社.

殷国富. 1994. 机械智能 CAD 的结构模型和发展趋势 [J]. 计算机科学, 21(3): 53–56.

尹超, 黄必清, 刘飞, 闻立杰, 等. 2011. 中小企业云制造服务平台共性关键技术体系 [J]. 计算机集成制造系统, 17(3): 495–503.

尹超, 张云, 钟婷. 2012. 面向新产品开发的云制造服务资源组合优选模型 [J]. 计算机集成制造系统, 18(7): 1368–1378.

尹胜, 尹超, 刘飞, 李孝斌. 2011. 云制造环境下外协加工资源集成服务模式及语义描述 [J]. 计算机集成制造系统, 17(3): 525–532.

应保胜, 吴明华, 周济, 等. 1990. TDES——三系列工业汽轮机方案设计专家系统 [J]. 热能动力工程, 5(4): 1–5.

喻思成. 2014. 希望建立生态系统完全颠覆以前传统的 IT 的结构 [EB/OL]. [2014–09–23]. http://www.chnsourcing.com.cn/outsourcing-news/article/88111.html.

袁楚明, 何岭松, 陈幼平, 等. 2003. 数字化智能维护技术研究现状及发展趋势 [J]. 机械与电子, (5): 34–36.

袁振明，马羽宽，何泽云. 1985. 声发射技术及应用 [M]. 北京：机械工业出版社.

曾令卫. 2003. 以Internet速度推动产品研发创新——"CPC＋TRIZ"的协同威力[EB/OL]. [2003-07-29]. http://www.3722-e.com/article/detail.asp?articleid=5369.

臧传真，范玉顺. 2007. 基于智能物件的实时企业复杂事件处理机制 [J]. 机械工程学报，43(2)：22-32.

战德臣，赵曦滨，王顺强，程臻，等. 2011. 面向制造及管理的集团企业云制造服务平台 [J]. 计算机集成制造系统，17(3)：487-494.

张定华，罗明，吴宝海，等. 2010. 智能加工技术的发展与应用 [J]. 航空制造技术，(21)：40-43.

张铎，姚黎荣. 2011. 畅想物联网供应链解决方案 [J]. 中国自动识别技术，(6)：32-35.

张晶莹. 2003. 智能设计综述 [J]. 装备制造技术，(3)：52-55.

张霖，罗永亮，陶飞，任磊，等. 2010. 制造云构建关键技术研究 [J]. 计算机集成制造系统，16(11)：2510-2520.

张霖，罗永亮，范文慧，陶飞，等. 2011. 云制造及相关先进制造模式分析 [J]. 计算机集成制造系统，17(3)：458-468.

张霖，区和坚，罗永亮，陶飞. 2013. 云制造的研究及应用现状 [J]. 新材料产业，(8)：63-68.

张楠，李飞. 2013. 3D打印技术的发展与应用对未来产品设计的影响 [J]. 机械设计，30(7)：97-100.

张溯. 2013. 某轿车装配生产线物料准时化供应研究 [D]. 沈阳：沈阳工业大学硕士学位论文.

张婷婷. 2011. 无线传感网络技术研究与应用 [J]. 科技信息，(2)：231.

张晓，苗长新. 2012. 基于模糊与综合的汽轮机故障诊断专家系统 [J]. 煤炭工程，(12)：28-31.

张幸. 2009. Ad Hoc网络中 QoS 路由协议研究 [D]. 合肥：中国科技大学硕士学位论文.

张雅彬，李伯虎，柴旭东，杨晨. 2012. 基于虚拟化技术的云仿真运行环境动态构建技术 [J]. 计算机集成制造系统，34(3)：619-624.

张翼英，张茜，西莎，等. 2012. 智能物流 [M]. 北京：中国水利水电出版社.

赵立权. 2005. 智能物流及其支撑技术 [J]. 情报杂志，(12)：49-53.

赵晓南. 2011. 无线 Mesh 网络路由协议研究和改进实现 [D]. 合肥：中国科技大学硕士学位论文.

赵云龙. 2006. 先进制造技术 [M]. 西安：西安电子科技大学出版社.

郑锋. 2003. 混合型生产过程建模与调度优化 [D]. 西安：西北工业大学博士学位论文.

中国机械工程学会. 2011. 中国机械工程技术路线图 [M]. 北京：中国科学技术出版社.

中国科学协会学术部. 2014. 中国科协第 81 期新观点新学说学术沙龙文集：大数据时代对建模仿真的挑战与思考 [M]. 北京：中国科学技术出版社.

中国科学院先进制造领域战略研究组. 2009. 中国至 2050 年先进制造科技发展路线图 [M]. 北京：科学出版社.

中华人民共和国科技部. 2014. 智能制造科技发展"十二五"专项规划 [EB/OL]. [2014-11-15]. http://www.most.gov.cn/tztg/201204/W020120424327129213807.pdf.

周建频. 2005. 基于 Agent 的供应链动态适应与自动协商 [D]. 成都：西南交通大学博士学位论文.

周雷鸣. 2002. 丰田汽车零部件全球供应链管理库存控制简介 (三)——分销市场库存管理概念的实施 (2)[J]. 汽车与配件, (13)：34-35.

周默鸣. 2002. 波音知识管理护航中国航空公司 [EB/OL]. [2002-09-06]. http://www. 21cbh.com/HTML/2002-9-2/6470.html.

周鲜成, 贺彩虹, 刘利枚. 2010. 基于物联网的智能物流系统研究 [C]. The 3rd International Conference on Computational Intelligence and Industrial Application (PACIIA)：299-302.

周煜人. 2005. 数据挖掘技术在供应链库存控制中的应用 [D]. 长沙：中南大学硕士学位论文.

朱波. 2013. 基于支持向量机的自动加工过程质量控制方法研究 [D]. 重庆：重庆大学博士学位论文.

朱云龙, 陈瀚宁, 申海. 2013. 生物启发计算 [M]. 北京：清华大学出版社.

庄品. 2004. 供应链协调控制机制研究 [D]. 南京：南京航空航天大学博士学位论文.

ABHIJIT D, DOUGLAS D. 2013. A design environment for cyber-physical systems [J]. ACM Transactions on Embedded Computing Systems, 12(1): 50.

BIEGLER L T. 2010. Nonlinear programming: concepts, algorithms, and applications to chemical processes [C]. Philadelphia: Society for Industrial and Applied Mathematics.

BISCHOFF R, GUHL T. 2009. Robotic visions to 2020 and beyond—The strategic research agenda for robotics in Europe [J]. Robotics & Automation Magazine IEEE, 17(1): 15–16.

BISCHOFF R, KURTH J, SCHREIBER G, et al. 2010. The KUKA–DLR lightweight robot arm—a new reference platform for robotics research and manufacturing [C]. Munich, Germany: 6th German Conference on Robotics (ROBOTIK), June 7–9: 1–8.

BOGRDAN P, JAIN S. 2013. Pacemaker control of heart rate variability: A cyber physical system perspective [J]. ACM Transactions on Embedded Computing Systems (TECS): Special Section, (12): 50.

CARSTENSEN P H. 1997. Towards information exploration support for engineering designers [C]. Advances in Concurrent Engineering–CE97, Technomic. Lancaster, Pennsylvania: 26–33.

CHAI X D, HOU B C, FAN S, et al. 2009. Research on key technologies of an integrated intelligent SBA supporting environment [C]. Grand Challenges in Modeling & Simulation (GCMS' 2009): 237–243.

CHEN G, HANSON S, BLAAUW D, SYLEVSTER D. 2010. Circuit design advances for wireless sensing applications [J]. Proceedings of the IEEE, 98(11): 1810–1820.

CRIS WILSON JR. W, BOLAND T. 2003. Cell and organ printing 1: Protein and cell printers [J]. The Anatomical Record Part A: Discoveries in Molecular, Cellular, and Evolutionary Biology, 272(2): 491–496.

DAVIS J, EDGAR T, PORTER J, et al. 2012. Smart manufacturing, manufacturing intelligence and demand–dynamic performance [J]. Computers & Chemical Engineering, 47: 145–156.

DORNFELD D A. Process monitoring and control for precision manufacturing [EB/OL]. [2013–04–30]. http://wenku.baidu.com/link?url=hJ–GLaQMFdHpnFo8 OOpTgDsSVoplAhaEHE26wMSrhMM4–IH0iM3bHmqTohd62YJcPK4uMlI DdnTU3HtgoswliWt2PDMVt–hzE09jyWgkY9a.

DYSON L E. 2004. Improving business performance through supply chain intelligence: An Australian perspective [C]. Amman, Jordan: Proceedings of the 2004 International Business Information Management Conference, July 4–6: 342–348.

FAN S, LI B H, CHAI X D. 2008. A survey of multi-domain unified modeling of complex product and optimization design techniques [C]. 2008 Asia Simulation Conference/7th Intl. Conf. on Sys. Simulation and Scientific Computing: 1732–1737.

FARAHANI R D, CHIZARI K, THERRIAULT D. 2014a. Three-dimensional printing of freeform helical microstructures: A review [J]. Nanoscale, 6(18): 10470–10485.

FARAHANI R D, LEBEL L L. 2014b. Processing parameters investigation for the fabrication of self-supported and freeform polymeric microstructures using ultraviolet-assisted three-dimensional printing [J]. Journal of Micromechanics and Microengineering, 24(5): 1–12.

FASKIANOS I A. 2012. President's Council of Advisors on Science and Technology: Report to the President on Capturing Domestic Competitive Advantage in Advanced Manufacturing (Annex 1) [R]. July: 25–26.

FRECHETTE S. 2008. Model Based Enterprise for Manufacturing [EB/OL]. [2008–03–11]. http://www.nist.gov/manuscript-publication-search.cfm?pub_id=908343.

GEORGIA INSTITUTE. 2013. A Roadmap for U.S. Robotics 2013 Edition [R].

GEYER. 2013. The challenge of sustainable manufacturing—four scenarios 2015—2020 [EB/OL]. (2013–01–10)[2014–11–15]. http://www.ifz.tugraz.at/Archiv/International-Summer-Academy-on-Technology-Studies/Proceedings-2003.

GIBSON I, STUCKER B, ROEN D V. 2009. Additive Manufacturing Technologies: Rapid Prototyping to Direct Digital Manufacturing [M]. New York: Springer-Verlag New York Inc.

GIBSON L, SHI D P. 1997. Material properties and fabrication parameters in selective laser sintering process [J]. Rapid Prototyping Journal, 3(4): 12–13.

GROSSMANN. 2009. Mathematical programming approaches to enterprise-wide optimization of process industries, fields industrial optimization seminar [C]. Toronto, Canada: Fields Industrial Optimization Seminar, October.

GUO N, MING C L. 2013. Additive manufacturing: technology, applications and research needs [J]. Frontiers of Mechanical Engineering, (8)3: 215–243.

HENTGES J. 2009. PTC_MBD Organizational Schema Standards for ProEngineer [EB/OL]. [2009–09–15]. http://model–based–enterprise.org/docs/MBD_ Schema–RevB.pdf.

HOU B C, CHAI X D, LI B H, LI T. 2011. Research on independent and dynamic fault–tolerant and migration technology for cloud simulation resources [C]. Grand Challenges in Modeling & Simulation (GCMS'2011), The Hague, Netherlands, June 27–30: 290–296.

HU A, ZHANG L, TAO F, HU X. 2013. Lifecycle management of knowledge in a cloud manufacturing system [C]. Proceedings of the ASME 2013 International Manufacturing Science and Engineering Conference MSEC2013. Madison, Wisconsin, USA, June 10–14.

HU X, ZHANG L, HU A, ZHAO D, et al. 2013. Knowledge semantic search in cloud manufacturing [C]. The 25th European Modeling and Simulation Symposium. Athens, Greece, Sept. 25–27.

HUANG B, LI C, YIN C, ZHAO X. 2013. Cloud manufacturing service platform for small–and medium–sized enterprises [J]. The International Journal of Advanced Manufacturing Technology, 65(9–12): 1–12.

HUANG X D, LI B H, CHAI X D. 2008. The research and development of a toolkit for the modeling and simulation of complex system [C]. 2008 Asia Simulation Conference/7th Intl. Conf. on Sys. Simulation and Scientific Computing: 428–431.

IFR STATISTICAL DEPARTMENT. 2013. World Robotics, Industrial Robots 2013 [R].

IFR. 2012. History of Industry Robots [R].

KECHAGIAS J. 2007. Investigation of LOM process quality using design of experiments approach [J]. Rapid Prototyping Journal, 13(5): 316–323.

KHALIL S, NAM J, SUN W. 2005. Multi–nozzle deposition for construction of 3D biopolymer tissue scaffold [J]. Rapid Prototyping Journal, 11(1): 9–17.

KURIHARA T. 1996. Next generation manufacturing systems (NGMS) in the IMS Program [G]. In: Okino N. (Ed.). Advances in Production Management Systems. Berlin: Springer.

LEE E A. 2008. Cyber physical systems: design challenges [C]. Proceedings of the 11th IEEE Symposium on Object Oriented Real Time Distributed Computing. DOI: 10.1109/ISORC.

LI B H, CHAI X D, HOU B C, et al. 2008. Research and application on virtualization service oriented infrastructure for networkitized M&S [C]. Sixth International Conference on Grid and Cooperative Computing: 658–664.

LI B H, CHAI X D, HOU B C, et al. 2009. Cloud simulation platform [C]. Grand Challenges in Modeling & Simulation (GCMS' 2009): 303–307.

LI B H, CHAI X D, YAN X F, HOU B C. 2011a. Multi–Discipline Virtual Prototype Modeling and Simulation Theory and Application [M]. New York: Nova Science Publishers, Inc.

LI B H, LI T, HOU B C, CHAI X D. 2011b. Research on high–efficiency simulation technology for complex systems [C]. Grand Challenges in Modeling & Simulation (GCMS' 2011): 27–30.

LI B H, CHAI X D, ZHANG L, LIN T Y, et al. 2012. New advances of the research on cloud simulation [C]. Advanced Methods, Techniques & Applications in Modeling & Simulation: 144–163.

LI J, MISENER R, FLOUDAS C A. 2012. Scheduling of crude oil operations under demand uncertainty: A robust optimization framework coupled with global optimization [J]. AIChE Journal, 58(8): 2373–2396.

LI T, CHAI X D, LIN T Y, LI B H. 2010a. Research and application on meta modeling framework of multidiscipline virtual prototyping [C]. ICMSC2010: 341–346.

LI T, LIN T Y, CHAI X D, HOU B C. 2010b. A component–based meta modeling framework for complex product virtual prototype [C]. CMD2010: 444–448.

LIN T Y, LI B H, CHAI X D, et al. 2008. The research of tool integration technology for complex products' collaborative simulation platform [C]. 2008 Asia Simulation Conference/7th Intl. Conf. on Sys. Simulation and Scientific Computing: 564–568.

LIN T, CHAI X D, LI B H. 2011. Research on key technologies of resource management in cloud simulation platform [C]. The 23rd European Modeling and Simulation Symposium. Rome, Italy, September 12–14: 508–515.

LIN T, CHAI X D, LI B H. 2012. Top–level modeling theory of multi–discipline virtual prototype [J]. Journal of Systems Engineering and Electronics, 23(3): 425–437.

LIN T Y, LI B H, CHAI X D, YANG C. 2013. A multi–centric model of resource and capability management in cloud simulation [C]. Proc. of 8th EUROSIM

Congress on Modeling and Simulation: 555–560.

LING X, JIN H, IBRAHIM S, CAO W, et al. 2012. Efficient disk I/O scheduling with QoS guarantee for xen–based hosting platforms [C]. 2012 12th IEEE/ACM International Symposium on Cluster, Cloud and Grid Computing: 81–89.

LIPSON H, KURMAN M. 2012. Fabricated: The New World of 3D Printing [M]. New York: John Wiley & Sons Inc.

LIU Y, ZHANG L, TAO F, WANG L. 2013. Development and implementation of cloud manufacturing: An evolutionary perspective [C]. Proceedings of the ASME 2013 International Manufacturing Science and Engineering Conference MSEC2013. Madison, Wisconsin, USA, June 10–14.

LM C, KIM H, HA S. 2001. Dynamic voltage scheduling technique for low–power multimedia application using buffers [C]. In: Proceedings of the International Symposium on Low Power Electronics and Design. California: ACM Portal Press: 34–39.

LUO Y L, ZHANG L, HE D J, REN L, et al. 2011. Study on multi–view model for cloud manufacturing [J]. Advanced Materials Research, (201): 685–688.

LUO Y, ZHANG L, TAO F, REN L, et al. 2013. A modeling and description method of multidimensional information for manufacturing capability in cloud manufacturing system [J]. The nternational Journal of Advanced Manufacturing Technology, 69(5): 961–975.

MCGUINNESS D L, FRANK VAN HARMELEN. 2004. OWL web ontology language overview [J]. W3C Recommendation, (2): 10.

MEMS INDUSTRY GROUP. 2004. MIG industry report focus on reliability [R]. The Internet Archire Presidio of San Francisco: 8–9.

MITCHELL M. 2013. Transforming your supply chain to on demand [EB/OL]. (2013–01–10) [2014–11–15]. http://www.ibm.com.

MITRA S, GROSSMANN I E, PINTO J M, et al. 2012. Optimal production planning under time–sensitive electricity prices for continuous power–intensive processes [J]. Computers & Chemical Engineering, 38: 171–184.

MORTON T D. 2000. Embedded Microcontrollers [M]. New York: Pearson Education: 694.

MYLARASWAMY D, BULLEMER P, EMIGHOLZ K. 2000. Fielding a multiple state estimator platform [C]. NPRA Computer Conference.

NAIRN G. 2000. 空中客车：基于知识的技术加速飞机设计 [EB/OL]. [2000–06–

16]. http://www.vsharing.com/k/KM/2001-12/438549.html.

NAKAMURA E F, LOUREIRO A A F, FRERY A C. 2007. Information fusion for wireless sensor networks: methods, models, and classifications [J]. ACM Compeer Survey, 39(3): 1-55.

NGMTI COMMUNITIES. 2005. Next-Generation Manufacturing Technology Initiative [EB/OL]. [2005-05-20]. https://www.imti21.org/documents/ngmti_mbe_roadmap.pdf.

NIKOLAUS K. 2013. Building the nuts and bolts of self-organizing factories, pictures of the future [R]. Spring: 19-23.

PARK G, FARRAR C R, TODD M D, HODGKISS W, et al. 2007. Energy harvesting for structural health monitoring sensor networks [R]. LA-14314-MS.

PARK J, TARI M J, HAHN H T. 2000. Characterization of the Laminated Object Manufacturing (LOM) process [J]. Rapid Prototyping Journal, 6(1): 48-54.

PROBERT A. 2013. Supply chain intelligence [EB/OL]. (2013-01-10)[2014-11-15]. http://www.businessobjects.com.

RAJKUMAR R, LEE I, SHA L, et al. 2010. Cyber physical systems: The next computing revolution [C]. Proc of DAC. New York: ACM: 731-736.

REN L, ZHANG L, TAO F, ZHAO C, et al. 2013a. Cloud manufacturing: From concept to practice [J]. Enterprise Information Systems, 9(2): 186-209.

REN L, ZHANG L, ZHAO C, CHAI X. 2013b. Cloud manufacturing platform: Operating paradigm, functional requirements, and architecture design [C]. Proceedings of the ASME 2013 International Manufacturing Science and Engineering Conference MSEC2013. Madison, Wisconsin, USA, June 10-14.

REN L, ZHANG L, WANG L, TAO F, et al. 2014. Cloud manufacturing: Key characteristics and applications [J]. International Journal of Computer Integrated Manufacturing, (4): 1-15.

ROUSH W. 2008. 10 emerging technologies that will change the world [J]. Technology Review, 19(4): 27-31.

SAVARESE C, RABAEY J. 2001. Locationing in distributed Ad-hoc wireless sensor network [C]. In: Proceedings of the IEEE International Conference on Acoustics, Speech and Signal Processing (ICASSP).

SIMON D E. 1999. An Embedded Software Primer [M]. New York: Addison-Wesley Educational Publishers Inc.: 448.

SINHUA A, CHANDRAKASAN A. 2001. Dynamic power management in wireless sensor network [J]. IEEE Design and Test of Computer, 18(2): 62–74.

STUDER R, BENJAMINS V R, FENSEL D. 1998. Knowledge engineering: Principles and methods [J]. Data & Knowledge Engineering, 25(1): 161–197.

TAI D Y, XU F Y, HU W. 2012. Cooperation concept and implementation of cloud manufacturing [J]. Computer Integrated Manufacturing Systems (in Chinese), 18(7): 1575–1583.

TANG L A, XIAO L. 2012. Trustworthiness analysis of sensor data in cyber-physical systems [J]. Journal of Computer and System Sciences, 79: 383–401.

TAO F, ZHAO D, ZHANG L. 2010. Resource service optimal-selection based on intuitionistic fuzzy set and non-functionality QoS in manufacturing grid system [J]. Knowledge and Information Systems, 25(1): 185–208.

TAO F, CHENG Y, ZHANG L, ZHAO D. 2012a. Utility modelling, equilibrium, and coordination of resource service transaction in service-oriented manufacturing system [J]. Proceedings of the Institution of Mechanical Engineers, Part B: Journal of Engineering Manufacture, 226(6): 1099–1117.

TAO F, ZHANG L, LU K, ZHAO D. 2012b. Research on manufacturing grid resource service optimal-selection and composition framework [J]. Enterprise Information Systems, 6(2): 237–264.

TAO F, GUO H, ZHANG L, CHENG Y. 2012c. Modelling of combinable relationship-based composition service network and the theoretical proof of its scale-free characteristics [J]. Enterprise Information Systems, 6(4): 373–404.

TARHAN B, GROSSMANN I E, GOEL V. 2009. Stochastic programming approach for the planning of offshore oil or gas field infrastructure under decision-dependent uncertainty [J]. Industrial & Engineering Chemistry Research, 48(6): 3078–3097.

THE OFFICE OF THE DEPUTY UNDER SECRETARY OF DEFENSE FOR ADVANCED SYSTEMS AND CONCEPTS. 2009. DoD Manufacturing Technology (ManTech) Program [EB/OL]. [2009-08-23]. https://www.dodmantech.com/About/StrategicPlan.

Tsinghua Successfully Develops the First Domestic 3-D Cell Assembly Machine [J]. Tsinghua Science and Technology, 2005(2): 269.

WARNECKE H-J. 1993. Die Fraktale Fabrik: Revoltion der Unternehmenskutur [M]. Berlin: Springer-Verlag.

WARNECKE H-J. 1995. Aufbruch zum Fractalen Unternehmen [M]. Berlin:

Springer-Verlag.

WILMSHURST T. 2001. An Introduction to the Design of Small Scale Embedded Systems [M]. London: Palgrave Macmillan: 448.

WOLF W. 2008. Computers as Components: Principles of Embedded Computing System Design [M]. San Francisco: Morgan Kaufmann: 544.

WOLFGANG W. 2012. Industry 4.0: From smart factories to smart products [R]. Forum Business Meets Research, May.

XIAO Y Y, CHAI X D, LI B H, YANG C, LIN T Y. 2013. Modified shuffled frog leaping algorithm for simulation capability scheduling problem [C]. 13th International Conference on Systems Simulation, Singapore: 71–81.

YANG C, LI B H, CHAI X D. 2011. Research on co-simulation task scheduling in cloud simulation platform [C]. The 23rd European Modeling and Simulation Symposium: 421–430.

YANG C, CHAI X, ZHANG F. 2012. Research on co-simulation task scheduling based on virtualization technology under cloud simulation [G]. In: Xiao T, Zhang L, Mei F (eds.). AsiaSim 2012. Berlin: Springer: 421–430.

YANG C, LI B H, CHAI X D, CHI P. 2013a. An efficient dynamic load balancing method for simulation of variable structure systems [C]. Proc. of 8th EUROSIM Congress on Modeling and Simulation: 525–531.

YANG C, LI B H, CHAI X D. 2013b. Ivy: A parallel simulator for variable structure systems under multi-core environment [J]. International Journal of Service and Computing Oriented Manufacturing, 1(1): 103–123.

YOU F, GROSSMANN I E. 2008. Design of responsive supply chains under demand uncertainty [J]. Computers & Chemical Engineering, 32(12): 3090–3111.

ZHANG D Z, LIU Q, XU W J. 2013. Access convergence of mechanical equipments to heterogeneous networking environment in internet of things for manufacturing [J]. Journal of Convergence Information Technology, 8(4): 902–911.

ZHANG L, GUO H, TAO F, LUO Y, et al. 2010. Flexible management of resource service composition in cloud manufacturing [C]. IEEE International Conference on Industrial Engineering & Engineering Management: 2278–2282.

ZHANG L, LUO Y, TAO F, LI B H, et al. 2012. Cloud manufacturing: A new manufacturing paradigm [J]. Enterprise Information Systems, 8(2): 1–21.

ZHANG L, MAI J, LI B H, TAO F, et al. 2014. Future manufacturing industry with cloud manufacturing [G]. Schaefer D (ed.). Cloud-based Design and Manufacturing (CBDM). Berlin: Springer: 127-152.

ZHANG Y B, CHAI X D, HOU B C, REN L. 2010a. Research on the application pattern of cloud simulation based on virtualization-based simulation technology [C]. 2010 International Conference on Future Information Technology: 397-401.

ZHANG Y B, LI B H, CHAI X D, HOU B C, REN L. 2010b. Research on virtualization-based simulation environment dynamically building technology for cloud simulation [C]. 2010 International Conference on Information Security and Artificial Intelligence: 394-398.

ZHAO Y Y, LIU Q, XU W J, GAO L. 2012. Modeling of resources capability for manufacturing equipments in cloud manufacturing [J]. Applied Mechanics and Materials, (271): 447-451.

ZHU Y, LEGG S, LAIRD C D. 2011. Optimal operation of cryogenic air separation systems with demand uncertainty and contractual obligations [J]. Chemical Engineering Science, 66(5): 953-963.